피를 부르는
영토
분쟁

TERRITORIAL DISPUTES

OUTLOOK

이 책은
관훈클럽정신영기금의 저술 지원을 받아
출간했습니다.

피를 부르는 영토분쟁

초판 1쇄	2022년 10월 20일
지은이	강성주
	sjkang807@hanmail.net
펴낸이	정경화
펴낸곳	아웃룩
디자인·편집	정경화
등록	2022년 3월 4일, 제2022-000025호
이메일	hwa4238aa@gmail.com
전화	010-9393-4238 (도서출판 아웃룩)
주소	서울시 관악구 쑥고개로2다길 2, 101호 아웃룩
인쇄	유림프로세스
ISBN	979-11-978210-6-6
가격	25,000원

• 잘못 만들어진 책은 바꿔드립니다.

TERRITORIAL DISPUTES

피를 부르는 **영토분쟁**

- 러시아
- 유럽
- 팔레스타인
- 독도
- 아시아
- 아프리카, 남미, 극지방

서문

영토분쟁은
지금도 **전 세계 100여 곳**에서 진행 중이다.

전쟁(戰爭)은 국가 간 중대한 이해관계가 서로 충돌할 때 무력으로 이를 해결하는 행위를 말한다. 마치 '테러가 최후의 이성(理性)'이라는 아나키스트의 독백 같지만, 전쟁도 문제 해결의 한 방법임이 분명하다. 분쟁(分爭)은 전쟁과 비슷하지만, 일반적으로 강도나 규모가 덜한 다툼이다. 분쟁 가운데 영토, 민족이나 종족, 종교 등으로 인한 다툼은 쉽게 전쟁으로 이어진다. 일정 영토의 주권을 놓고 서로 다투는 영토분쟁은 지난 6월 캐나다와 덴마크 간 51년 만에 합의된 북극 한스섬(Hans Island) 분쟁처럼 대화로 해결되는 경우도 있으나 대부분은 전쟁을 통해 해결된다. 그렇지만 팔레스타인의 경우는 네 차례나 전쟁을 겪으며 여러 차례 협정을 맺기도 했으나 상황은 되레 복잡해졌다.

영토분쟁은 평시에는 저강도의 다툼이 계속되나 계기가 생겨 발화점에 이르면 전쟁으로 치닫는다. 근대가 시작됐다는 1648년부터 1987년까지 300여 년 동안 지구상에서 발생한 전쟁 177건 가운데 85%에 해당하는 149건이 영토문제와 관련된 전쟁이라는 통계가 말해주듯이 국가 간 영토분쟁은 상당히 중대한 분쟁이며 위험한 다툼이다.

그래서 많은 나라들이 영토분쟁이 심화되지 않도록 세심하게 관리하고, 해결을 위해 노력한다. 영토분쟁은 주로 인접한 나라 간에 발생하고, 전쟁이나 식민지배 또는 역사의 진행 과정에서 영토의 관할권이 바뀌면서 발생한다. 1차 세계대전이 끝나면서 오스만제국의 분할이 있었고, 2차 대전이 끝나면서 일본의 영토분리(分離)가 있었다. 20세기 말 러시아나 유고 등 연방(聯邦)의 해체가 발생하면서 생긴 영토분쟁은 지금도 피를 뿌리고 있다. 전쟁에서 이기면 땅과 노예, 여성을 얻어서 나라도 개인도 부유해지던 석기시대(石器時代)의 전쟁 유전자는 아직도 남아있다.

2022년 2월 24일, 러시아는 예상대로 인접 우크라이나를 침공했다. 며칠이면 러시아의 승리로 끝날 것 같다는 외부의 예측은 빗나갔다. 미국과 유럽연합이 우크라이나를 지원했다. 양측에서 군인과 민간인 등 20만 명 가까이 이미 숨지거나 다쳤다. 전쟁이 끝나도 사람들은 그 후유증에 시달리며 불행하다고 느낄 것이다. 전쟁이 진행되면서 합병 등 영토변경이 발생했고, 이 영토변경은 훗날 다시 영토분쟁의 대상이 될 가능성이 높다.

이웃 일본은 2022년 7월 독도의 영유권을 주장하는 내용이 담긴 「방위백서」를 18년째 펴냈다. 일본 학생들은 "다케시마(독도의 일본 명칭) 영토 문제가 여전히 미해결 상태로 존재한다"고 배운다. 일본 정부가 분쟁의 불씨를 인공적으로 배양하고 있다. 일본인 80%는 "다케시마(竹島)를 일본의 고유 영토"라고 생각한다는 여론조사도 나왔다.

미국 노드 텍사스(North Texas) 대학이 발표한 「영토문제의 전쟁상관성(ICOW)」 데이터베이스에 따르면, 전 세계에는 109건의 영토분쟁이 존재하고 있다. 여기에는 그 뿌리가 수천 년을 거슬러 올라가는 팔레스타인 분쟁에서부터, 나날이 열기를 더해가는 남중국해의 분쟁에 이르기까지 다양하다. 중국(PRC)은 왜 남중국해의 작은 섬에 시멘트와 모래를 퍼부어 활주로와 접안 시설을 건설할까? 인도, 파키스탄, 중국군은 산소가 희박해 걷기도 어려운 히말라야의 고산지대에서 동상과 눈사태에 시달리면서도 왜 초소를 지키고 있을까? 코소보의 인종청소는 피할 수 없었는가?

일본은 '독도는 빼앗아 오고, 센가쿠 열도는 지키고, 남쿠릴 열도는 되찾아 온다'는 원칙아래 행동하고 있다.
평화와 상식과 진실이 점점 희박해지고 있는 현실 세계에서 영토분쟁에 대한 우리나라의 대처는 적절하고 충분한가?

필자는 취재기자로 일하면서 1982년의 포클랜드전쟁, 1990년 이라크의 쿠웨이트 침공과 걸프전쟁, 소련(蘇聯)의 해체와 캅카스 지역의 분쟁, 동유럽 특히 유고연방의 해체와 코소보 인종청소 등 많은 전쟁과 학살을 지켜봤다. 현장 취재를 다니면서 이런 내용들을 깊이 있고 폭넓게 시청자들에게 전달하고 싶었지만, 부서 이동이나 시간 제약으로 기회를 놓쳐버렸다. 일선을 떠났으나 그 궁금증은 여전했는데, 코비드(COVID)-19로 인한 봉쇄로 갇혀 지내는 시간이 늘어나면서 이 오랜 궁금증을 풀 수 있었다.
이 책은 6개 부분으로 구성됐다. 18, 19세기 뒤늦게 영토를 확장하고 그 후유증으로 전쟁이 이어지는 러시아를 중심으로 발생하는 분쟁(1부)과 유럽에서 저강도로 지속되고 있는 제국의 흔적을 간직한 분쟁(2부)에 이어 뿌리 깊은 팔레스타인 분쟁(3부)을 앞부분에서 살펴보았다. 이어 우리나라와 일본 간의 독도(獨島) 논쟁(4부)과 중국해와 오호츠크해 그리고 히말라야의 험준한 산줄기에서 계속되는 아시아 지역의 분쟁(5부)에 이어 아프리카와 남미, 극(極)지방에서 진행되는 분쟁(6부)을 후반부에서 살펴봤다.
이 가운데 팔레스타인 분쟁과 한-일 간의 독도 논쟁은 비교적 자세하게 정리했다. 팔레스타인 분쟁은 그 과정과 원인이 길고 복잡해 영토분쟁의 한 원형으로 간주하고 긴 뿌리를 더듬어봤다. 독도(獨島)는 우리가 직면한 분쟁으로 '충분히 알아야 효과적으로 대응할 수 있다'는 마음에서 일본 외무성의 주장과 이를 반박하는 우리 학계의 성과를 꼼꼼하게 살펴보았다.

다른 분쟁의 경우에도 현황과 역사적 배경을 짚어보면서 역사적 맥락, 그 사건이 일어났을 당시의 상황을 살펴봤다. 그리고 각주(脚註)를 활용해 설명을 곁들였다. 영토분쟁 자체가 긴 역사의 산물이어서, 해당 지역의 역사나 지리에 대한 설명이 필요했다. 함께 읽으면 이해에 도움이 되리라고 생각한다.

하지만 이런 노력에도 불구하고 이 책에서 나타나는 오류나 실수는 모두 전적으로 필자의 잘못이고 책임이다. 두렵지만, 너무 늦기 전에 길을 나서야 하지 않겠는가? 집필과 출판, 교정에 이르기까지 많은 분들의 도움과 이해가 있었다. 관훈클럽정신영기금의 지원은 가뭄 속의 단비였다. 또 출판을 위해 친구들이 십시일반으로 조성한 펀드도 큰 도움이 됐다. 좋은 추억을 만들어준 여러분께 감사를 표한다. 역시 인생은 아름답다.

2022.10.20.
강성주

목차

서문 7

제1부 러시아, 욕심 많은 제국의 후예들
   1. 러시아제국의 형성 17
   2. 우크라이나: 노보로시야(Novorossiya)의 재현? 20
   3. 몰도바: 트란스니스트리아 분쟁 42
   4. 발트 3국과 러시아 월경지 칼리닌그라드 45
   5. 캅카스: "이제는 분쟁의 땅" 55
   6. 체첸(Chechen): "200년의 독립투쟁" 62
   7. 조지아: 2개는 독립, 1개는 잔류 70
   8. 아르차흐(Artsakh): 이슬람국가 안의 기독교 영토 77
   9. 나흐츠반(Nakhchivan): 기독교국가 안의 이슬람 영토 86
   10. 카스피(Caspi)해: "특수한 지위의 바다" 89

제2부 유럽
   1. 제국의 잔재들 97
   2. 지브롤터(Gibraltar): 아직도 영국 땅 99
   3. 세우타(Ceuta), 멜리야(Melilla): 스페인제국의 흔적 104
   4. 키프로스(Cyprus): 지중해 분단국 111
   5. 이미아[카르다크]섬: 에게해의 독도 116
   6. 코소보(Kosovo): 비극적인 인종청소 119
   7. 피란만(Gulf of Piran): 아드리아해의 숨겨진 보석 122
   8. 네움(Neum): 두브로브니크를 지켜라 126
   9. 올리벤사(Olivenza): 오렌지전쟁의 결과 131

제3부 팔레스타인, 가장 오래된 분쟁
  1.가장 오래된 영토분쟁: 팔레스타인(Palestine)의 두 민족　139
  2."더 이상은 못 참겠다"　142
  3.성경(聖經)에 기록된 분쟁의 뿌리　160
  4.추방, 박해, 학살　172
  5.100년 전의 약속들　192
  6."가나안으로 돌아가자"　204
  7.홀로코스트(Holocaust)　222
  8.나크바(Nakbah)　233
  9.PLO, 테러와 평화　241
  10.팔레스타인 난민들　253
  11."다시, 아브라함"　260

제4부 독도, 오래된 우리 땅
  1.독도:대한민국 주권과 독립의 상징　277
  2.일본의 도발　279
      ①일본은 옛부터 독도 존재를 인식하고 있었다　281
      ②한국은 독도를 인식하지 못했다　289
      ③일본은 17세기 중엽, 독도 영유권을 확립했다　302
      ④17세기 말, 독도도해는 금지하지 않았다　319
      ⑤안용복의 진술은 믿을 수가 없다　331
      ⑥1905년 독도 편입은 영유의사 재확인이다　337
      ⑦샌프란시스코강화조약, 한국 독도 분리 실패　359
      ⑧주일미군, 일본 독도영유 인정　384
      ⑨한국, 독도 불법 점거　389
      ⑩국제사법재판소(ICJ)에 가자　394
  3.북한: "독도는 신성한 조선의 령토"　397

제5부 아시아, 거칠어지는 바다와 산맥의 언저리

1. 센카쿠(尖閣)열도: 뚜껑을 열 때가 왔는가   407
2. 동중국해: 해저자원과 이어도(離於島)   418
3. 남중국해(南中國海) 분쟁: 4개의 군도   427
4. 쿠릴(Kuril)열도 분쟁: 오호츠크해의 찬바람   458
5. 히말라야, 주변의 30억 인구   463
6. 카슈미르 분쟁: 인도-파키스탄   467
7. 악사이친(Aksai Chin): 중국령 카슈미르   483
8. 도클람(Doklam) 분쟁: 닭의 목을 지켜라   494
9. 아루나찰 프라데시: 맥마흔라인의 남쪽   497

제6부 아프리카, 남미, 극지방

1. 서(西)사하라: 사하라의 서쪽 끝   507
2. 차고스제도: 인도양의 미군 기지   512
3. 마요트(Mayotte): "프랑스 땅으로 남겠다"   516
4. 트로믈랭(Tromelin)섬   519
5. 코리스코(Corisco)만의 섬들: "석유가 더 나올까?"   522
6. 일레미 트라이앵글(삼각지구): 잊혀진 분쟁   525
7. 비르 타윌(Bir Tawil): 아프리카의 무주지   528
8. 포클랜드 제도(Falkland Islands): 40년 전의 전쟁   531
9. 남극(南極, Antarctica): 마지막 원시 대륙   541
10. 북극 한스섬: 2022년, 위스키전쟁 끝나다   545

피를 부르는
영토 분쟁
TERRITORIAL DISPUTES

1

러시아 Russia

ERRITORIAL DISPUTES

피를 부르는 영토분쟁 **러시아** 편

1. 러시아제국의 형성

러시아는 욕심은 많지만, 땅덩어리가 커서 그런지 사실 그렇게 발 빠른 나라가 아니다. 서유럽 국가들이 신항로 개척 시대를 맞아 해외로 나갈 때 러시아는 몽골 지배에서 벗어난 주변 공국(公國)들과의 힘겨루기를 통해 몸집을 불려 나갔다. 서유럽의 포르투갈, 스페인, 영국, 네덜란드, 프랑스가 신대륙 등에서 식민지를 만드는 동안, 러시아차르국(1547~1721)과 뒤이은 러시아제국(1721~1917)은 동으로 남으로 영토를 확장해 나갔다.

러시아가 유럽 강국 대열에 낄 수 있었던 것은 로마노프(Romanov) 왕조(1613~1917)의 4번째 차르(Czar)인 표트르 1세(재위 1682~1725) 때부터다. 2m가 넘는 키에 미남형 외모의 차르는 러시아제국의 전신인 러시아차르국[001]을 유럽화하고 당시 발트해를 장악하고 있던 스웨덴을 상대로 21년간의 대(大)북방전쟁에서 승리한 뒤 '전(全) 러시아의 황제'[002] 라고 칭하며 강국 러시아제국을 세계에 선보인다.

그는 대제(大帝)라는 호칭(표트르 대제)에 걸맞게 군사력 증대에 주력해 특히 러시아 해군의 토대를 만들고 상트페테르부르크(Saint-Petersburg)[003]를 건설해 제국

---

001 이반 4세(이반 뇌제, Ivan the Terrible. 1530~1584)는 공국(公國) 수준이었던 러시아 대공국을 국가의 반열에 올렸다. 이반 4세가 차르(Czar)의 호칭을 쓰면서 그가 다스리던 '러시아대공국'도 '러시아차르국'(1547)으로 개편되고, 그 뒤 표트르 1세 때 '러시아제국'으로 바뀐다.
002 전(全)러시아라는 호칭은 키예프[키이우]공국(882~1240)이 분열되고, 몽골의 지배(1240~1480)를 받으며 소규모 공국(公國)으로 쪼개졌다가 다시 모스크바대공국 아래 근대적인 러시아가 탄생되는 과정에서 적(赤) 러시아(서부 우크라이나 지역), 백(白) 러시아(벨라루스 지역), 흑(黑) 러시아(벨라루스의 서부지역), 소(小) 러시아(우크라이나 중동부 지역) 등으로 따로 발전해 나갔다. 러시아제국은 키예프[키이우]대공국의 적통을 이어받은 정통성을 내세우기 위해 '전(全) 러시아'라는 용어를 사용했다.
003 1703년 표트르(피터)대제가 건설을 시작한 이 도시는 1713~1918년까지 러시아제국의 수도였다. 상트페

의 수도로 삼았다(1713). 그는 해상무역의 활성화를 통해 과학기술 도입과 발전에 힘썼으며, 14등급의 관료 등급제를 도입하는 등 근대적인 관료체제를 확립하고, 키릴문자를 서구화하고, 슬라브족의 달력도 서양의 율리우스력으로 통일했다. 우리의 세종대왕 같은 러시아제국의 표트르대제였다. 황제 스스로 평복을 입고 서유럽 사절단(1698)에 포함돼 선진 유럽의 대포 조작 기술을 배우고, 조선소에서 실습도 하고 수학과 기하학을 배우는 등의 열성에 힘입어 러시아제국은 전반적으로 산업과 국방 분야 기술이 크게 향상된다.

표트르대제 이후 러시아는 향상된 군사력을 바탕으로 이후 수 세기 동안 주변 여러 지역을 잇달아 병합하면서 서서히 제국의 덩치를 키워간다. 전쟁의 승리에 따른 영토의 확장과 국력 신장은 그 당시 제국의 문법이었고, 국력의 선순환이었다.

러시아는 폴란드 분할(1773, 1795)에서 가장 큰 몫을 차지했고, 크림칸국(Crimean Khanate)을 병합하고(1783) 오스만제국과의 전쟁에서도 승리해 캅카스 지역의 조지아, 아르메니아를 얻었으며(1792) 북으로는 스웨덴을 격파하고(1790) 베링해를 건너 아메리카 식민지(알래스카)를 경영하고(1799) 페르시아 카자르 왕조와 싸워 페르시아 북부를 차지했다(1813).[004] 이후 러시아는 청(淸)의 국력이 시들해지자 아이훈조약(1858)과 베이징조약(1860)을 통해 흑룡강 이북과 연해주까지 획득, 만주(滿洲)를 영향력 아래 두게 된다.

이런 와중에 러시아는 알렉산드르 1세(1777~1825) 시절 나폴레옹의 침략(1812)을 막아 내는 데 성공해 유럽 제국들로부터 강대국(強大國)으로 인정받기에 이른다. 이런 거칠고 숨 가쁜 시기를 지나 둘러보니, 러시아는 흑해로부터 태평

테르부르크라는 이름은 1914년 1차 대전 중 적대국인 독일식 이름이라는 이유로 페트로그라드로 바뀐다. 1924년 레닌이 사망하자 이 도시는 레닌그라드로 불리다가, 소련이 붕괴되면서 주민투표를 거쳐 1991년 11월 7일 다시 최초의 이름인 상트페테르부르크로 돌아왔다.

004 페르시아의 카자르(Qajar) 왕조(1781~1925)는 왕조 초기 러시아의 침입을 격퇴하고 아프가니스탄까지 강역을 넓혔으나, 두 번째에는 패배해, 캅카스 지방을 빼앗기는 것은 물론 러시아의 치외법권을 인정하는 바람에 다른 열강들에게도 이를 인정해, 페르시아(이란)의 식민지화가 가속된다. 결국 페르시아는 북부 캅카스를 러시아에게, 동남부와 아프가니스탄을 영국에게 빼앗기고, 팔레비 왕조(1925~1979)로 교체된다.

양, 나아가 러시아령 아메리카(1732~1867)까지 차지하는 광대한 제국이 됐다. 그러나 러시아는 위도가 높아 겨울이 길고 추워 농업에는 적합하지 않은 국토인데, 바다가 얼어 겨울철에는 꼼짝하기가 어려운 나라였다. 자연히 남진(南進)정책을 추진했지만, 살기 좋은 남쪽은 빈 땅이 많지 않았다. 러시아의 남진정책은 발칸반도, 중앙아시아, 동아시아 등 크게 세 방면에서 이루어지면서 이를 막아내려는 관련국들과 전쟁도 많이 치렀다

1917년 사회주의 혁명이 성공하면서 남진이나 확장정책은 멈췄으나, 사회주의 이념(理念)과 공산혁명의 수출은 계속돼 다른 나라와의 관계는 그렇게 좋지 않았다. 게다가 러시아는 수 세기에 걸친 영토 확장 과정 곳곳에서 무리수를 저질렀다. 현재 영토분쟁은 공산주의 정권 시절에는 민족문제에 대한 터부 때문에 잠복해 있던 부작용이 소비에트연방(소련)이 해체되면서 뒤늦게 곪아 터진 결과이다. 제국 시절에 뿌린 씨가 공산주의 압제를 지나 이제 탈이 나고 있다. 중앙아시아의 이슬람 공화국들은 1991년 이후 독립한 까닭에 큰 문제 없이 지나가고 있지만, 캅카스 지역이나 우크라이나, 쿠릴열도 등은 조용하게 지나기 어렵게 됐다.

2. 우크라이나: 노보로시야(Novorossiya)의 재현?

러시아의 침공

침공 | 동유럽 우크라이나(Ukraine)는 현재 러시아의 "야만적이고 용서받기 어려운" 침공에 의연하게 대응하고 있다. 2022년 2월 24일 시작된 이 전쟁은 우크라이나가 미국과 EU 등 서방국가들의 지원에 힘입어 예상외로 선전하고 있다는 평을 듣고 있다. 개전 7개월째를 맞아 급기야 러시아는 군인 동원령까지 내렸다(9.21). 러시아가 강제 징집을 뜻하는 30만 명 규모의 제한적인 동원령까지 내린 것은 2차 세계대전 이후 처음이어서, 이번 전쟁이 러시아 뜻대로 풀리지 않고 있다는 사실을 보여준다.

당초 언론들은 러시아가 침공하면 우크라이나는 "며칠 내로" "길어야 일주일 내에" 항복할 것이라는 관측을 쏟아냈으나 우크라이나는 개전 8개월째(2022.10) 의외로 강인하게 버티며, 초반 러시아에게 뺏긴 동부 지역의 국토를 되찾는 모습까지 보인다.

러시아는 개전 초기 우크라이나의 수도 키이우[Kyiv] 점령에 실패한 뒤, 동부의

---

005 총리 재임 중 푸틴 러시아 대통령과 60여 차례나 만나고 친러시아적인 행보를 보였던 앙헬라 메르켈 전 독일 총리(재임 2005~2021)는 러시아의 우크라이나 침공을 "야만적이고, 국제법을 무시한 기습으로, 용서할 수 없다"고 비난했다. ("독일은 왜 프랑스보다 '러시아 때리기'에 앞장서나" 2022.6.8. CBS노컷뉴스, 조은정 기자)

006 러시아가 우크라이나를 침공한 뒤(2022.3.1) 주한우크라이나대사관은 '우크라이나의 지명이 침략국인 러시아식으로 잘못 사용되고 있다"고 호소하면서 표기를 바로 잡아줄 것을 요청했다. 우크라이나 대사관이 예시한 지명은 키이우(키에프), 크름반도(크림반도), 하르키우(하르코프), 루한시크(루간스크), 드니프로(드네프르), 키이우루시공국(키예프루시공국) 등이다. 그런데 우크라이나의 특정 음소(音素)는 '으'와 '이' 사이로 발음하는데, 한글에서는 이 부분이 구별되지 않는 문제가 있다. 우크라이나의 요청과 국립국어원 또 외

러시아 침공 첫날 포격으로 불타는 키이우. 2022.2.24. 사진=우크라이나 대통령실

돈바스(Donbass) 등 동남부 굳히기로 전쟁의 초점을 옮기고 전열을 가다듬고 있다. 러시아는 현재 우크라이나 국토의 15% 정도(9만여 ㎢)를 합병했다(9.30.). 우크라이나와 서방 지원국가들은 이번 전쟁이 2022년 겨울을 넘기며 장기전으로 갈 수도 있다고 보고, 전투 상황 외에도 에너지와 식량, 추가 무기 지원 등 여러 문제를 점검하고 있다.

개전 6개월째 이미 두 나라는 군인과 민간인 등 이미 20만 명 가까이 사상자를 기록했으며, 400조 원 이상의 전비를 지출했다. 특히 침략을 당한 우크라이나는 해외로 피난을 떠난 665만 명을 포함해 약 1,300만 명의 난민이 발생했으며, 전후 복구 비용만도 1,000조 원이 넘을 것으로 보도됐다.[007] 이번 겨울을 넘기며 전쟁이 장기화될 경우 인명과 재산 피해, 복구 비용 등은 엄청나게 늘어날 것이다. 러시아의 침공으로 일어난 이 전쟁은 그 영향이 교전 당사국이나 인접한 유럽에 국한되지 않고 전 지구적이며, 피해 분야도 천연가스와 석유 등 에너지, 밀과 옥수수 등 식량, 각종 첨단무기는 물론 동맹관계나 국제정치와 세계 경제에

래어심의위원회 등의 규정도 서로 어긋나, 이를 보도하는 언론사 간에도 표기가 서로 다른 경우가 있다. 우크라이나 영토전쟁을 다루는 이 부분의 글에서는 키이우, 크림반도, 하르키우, 루한시크, 드니프로, 키이우 루시공화국 등을 쓰기로한다.

007 이용성기자, "끝이 안보이는 우크라전...6개월새 15만명 사상, 전쟁비용 414조원" 2022.8.24., 조선일보

끼치는 영향 등 모든 분야에 어려움과 변화를 가중시킬 것으로 전망된다. 심지어 코비드(COVID)-19 바이러스의 창궐로 2년 이상 봉쇄됐던 세계는 러시아-우크라이나 전쟁까지 겹치면서, 앞으로 아주 새로운 질서가 형성될 가능성까지 거론된다.

문제는 이번 전쟁으로 지난 2014년부터 두 나라 사이에서 계속되어온 분쟁이 완전하게 종결되기는 어려울 것이라는 사실이다. 다른 영토분쟁의 경우에서 나타나듯이, 국제환경이나 양국 관계가 달라지면 몇십 년 뒤 아니면 더 오랜 시간 뒤에도 분쟁의 불씨는 되살아날 수 있기 때문이다. 그 부분은 역사의 신, 클리오(Clio)의 영역으로 넘어간다.

푸틴, 노보로시야의 꿈 | 2021년 초부터 이상한 기미를 보이던 러시아가 우크라이나를 기어코 침공하자, 외신들은 우크라이나의 안전을 보장한다는 「부다페스트(Budapest) 안전보장각서」에 앞장서 서명한(1994.12) 러시아가 침공했다는 사실에 경악한다. 1991년 구소련이 해체되면서, 소련이 우크라이나, 벨라루스, 카자흐스탄 등 3개국에 배치했던 핵탄두와 미사일을 폐기하는 대신, 러

우크라이나는 국토 중앙을 흘러내리는 드니프로강(江)을 기준으로 동서부로 나눠진다.
동부와 서부는 언어, 인종, 성향 등 여러 면에서 다른 점이 많다.

시아, 미국, 영국 등 3개국이 국가안전과 경제적 지원을 보장한다는 데 합의했다. 그런데 보장각서의 당사자가 침공을 했으니, 언론들은 "야만적인 행위"라고 격하게 비판한다.

안전보장 각서를 맺을 당시 우크라이나에는 핵탄두 1,700여 개, 카자흐스탄 1,400여 개, 벨라루스에는 800여 개가 배치돼 있었고, 이 핵탄두들은 1996년 6월까지 안전하게 폐기됐다.

그 이후 2014년 러시아가 전략요충지 크림반도를 침략해 합병했을 때도 미국 등은 러시아에 맞서 싸울 군대를 파견하지 않고, 별 효과도 없는 경제제재 조치만 취했다. 그때부터 러시아는 우크라이나 침공을 준비해 왔을지도 모른다.

이번 전쟁은 러시아와 우크라이나의 전쟁이지만, 미국과 유럽연합(EU) 등이 동맹해 러시아에 대응하는 전쟁이기도 하다. 러시아는 현재 중국과 북한 등으로부터 지지받고 있어, 이 전쟁은 패싸움 양상을 보이고 있다. 세계인들은 이 전쟁이 더 위험하고 더 큰 전쟁-핵전쟁-으로 비화하는 것은 아닌지 매우 걱정스러운 눈길로 지켜보고 있다.[008]

러시아의 우크라이나 침공 초기, 서방 언론들은 푸틴이 노보로시야의 재현을 꿈꾸고 있다고 보도했다. 노보로시야(Novorossiya), '새 러시아'(New Russia)라는 뜻으로 지난 2014년 러시아가 우크라이나의 크림반도를 강제 합병하고, 돈바스의 루한시크주와 도네츠크주의 분리 독립운동을 배후에서 지원할 때 나왔던 용어다.

노보로시야는 1783년 제정러시아의 예카테리나 2세(Yekaterina Ⅱ, 재위 1762~1796)가 흑해 연안을 지배하던 크림칸국(Crimean Khanate)을 멸망시키고

---

008 2022년 5월 23일 다보스에서 열린 세계경제포럼(WEF) 연차총회에서 헨리 키신저 전 미 국무장관은 "전쟁을 빨리 끝내기 위해서는 러시아가 강제로 합병을 선언한 크림반도와 돈바스 지역에 대한 러시아의 지배를 인정하고 우크라이나는 중립적인 완충국가가 되어야 한다"고 말한 반면, 사업가 조지 소로스는 "이번 전쟁은 열린사회와 닫힌사회의 충돌"이며, "메르켈 전 독일 총리가 친러 · 친중 정책을 추진한 결과 러시아의 영향력이 커졌다"고 비판했다. 한편 우크라이나 젤렌스키 대통령은 키신저의 제안에 대해 "마치 1938년 (2차 대전의 발발을 막는다는 명분으로 나치 독일의 무리한 요구를 수용한) 뮌헨협정을 연상시킨다"며 "수용할 수 없다"고 반박했다. 러시아는 최악의 경우 핵무기 사용 가능성도 흘리고 있다.

이 지역을 직할통치 하면서 따뜻한 남부 지역에 새로운 영토를 획득했다고 '노보로시야'라고 이름 지었다. 우크라이나 남동부의 루한시크주, 도네츠크주, 오데사주, 크림반도와 러시아의 크라스노다르주, 스타브로폴주, 아디게야공화국 일대와 몰도바의 트란스니스트리아 등이 포함된다. 당시 크림칸국은 오스만제국의 비호를 받으며 러시아를 침입해 주민을 수만 명씩 잡아가 노예로 파는 등 인신매매와 약탈을 자행해 악명이 높았다. 제정러시아가 노보로시야를 선포하자 주민들은 기뻐했다.

그러나 2014년과 2022년 블라디미르 푸틴(V.Putin)이 일으킨 침략전쟁에 대한 해당 지역주민들의 반응은 싸늘하다 못해 아주 적대적이다. 지난 2014년 4월 러시아가 우크라이나로부터 크림반도를 강제로 합병할 때, 루한시크와 도네츠크주가 러시아의 지원을 받아 우크라이나로부터 분리 독립을 외치며 「루한시크인민공화국」과 「도네츠크인민공화국」을 창설하고, 이 두 공화국이 다시 「노보로시야연방국」의 창설을 발표했으나, 이 연방국은 1년 만에 국기를 내렸다(2014.5~2015.5).

2022년 9~10월, 푸틴은 우크라이나의 루한시크, 도네츠크, 자포리자, 헤르손 등 동남부 4개 주(州)에 대한 합병절차를 마치고, 러시아 영토로 편입했다. 푸틴은 지난 2014년 크림반도도 이렇게 해서 합병했다.

미국과 유럽 등은 이 합병을 인정하지 않고 있으며 "2차 대전 이후 가장 큰 규모의 영토 침탈"(BBC, 10.1)이라고 비판하고 있다. 21세기 푸틴의 팽창 야욕은 역사에서 어떤 평가를 받을까? 아니, 그 이전에 이 "야만적이고 용서받기 어려운" 전쟁을 그는 어떻게 마무리 할까? 전쟁이 끝나고도 그의 임기는 지켜질까? 의문이 꼬리를 문다. 한번 살펴보자.

크림반도 분쟁 | 러시아의 남쪽 울타리에 해당하는 캅카스(Caucasus)의 여러 나라가 그러하듯이, 우크라이나도 이중(二重)의 영토분쟁을 안고 있었다. 하나는 크림반도(半島)를 둘러싼 러시아의 국가간 분쟁이었고, 다른 하나는 동부 돈바

스 분리주의자들의 분리·독립 움직임을 막아야 하는 내부 분쟁이었다.

크림반도는 노보로시야의 요충지로 2014년 당시부터 러시아군의 직접 개입으로 분리 독립과 합병 등이 진행됐다. 돈바스 지역의 분리주의자들은 해당 지역의 20% 정도만 확보하고 7년 이상 우크라이나 정부군과 충돌하며 분리를 추구해 왔으나, 이번 러시아의 침공으로 기어코 합병이 성사됐다.

제정러시아 시절(1783)부터 건설된 크림반도의 세바스토폴(Sevastopol)항은 흑해함대사령부의 모항으로, 부동항을 소망하는 러시아의 가장 중요한 해군 기지다. 그리고 각종 자원이 풍부한 돈바스 지역도 '바늘에서 인공위성까지' 모든 필요한 전략물자를 생산할 수 있는 구소련의 핵심 공업지대로 전 러시아에

러시아 경제지 Ekspert(2014.6.13.)에 실린 옛 소련의 프로파간다. '돈바스는 러시아의 심장'이라고 했다.

009 　우크라이나 동부의 도네츠크주와 루한시크주 일대를 가리키는 지명으로, 우크라이나 최대의 광공업지대이다. 면적은 53,200㎢로 인구는 660만 명이다. 제정러시아 시절부터 광공업, 철강, 군수산업의 중심지로 발전했다. 우크라이나 서부는 비옥한 곡창지대인 데 반해, 이 지역은 러시아에서 넘어온 기술자와 근로자들이 옛날부터 많이 거주하는 데다 러시아와 국경을 접하고 있어, 러시아어 사용인구도 많은 등 친러시아 성향을 보여왔다.

혈액을 공급하는 '러시아의 심장'(Donbass, the Heart of Russia)이라고 불렸다.[010] 이런 관계로 돈바스 지역은 친(親)러시아 성향을 보여왔다.

러시아의 크림반도 침공은 야누코비치 우크라이나 대통령(재임 2010~2014)의 친러 정책에 반발해서 발생한, 유로마이단 사태(2013.11~2014.2)가 발단이 됐다. 구소련에서 독립한 이후 우크라이나는 친러 정권과 친서방 정권이 교대로 집권했다. 러시아는 친러 정권과는 관계가 좋았으나, 친서방 정권과는 불편했다. 친서방 정권은 유럽연합(EU)이나 나토(NATO) 가입을 공약하면서 유권자들을 파고들었다. 구소련에서 독립은 했으나, 경제 상황이 어렵자 친서방 정권은 유럽연합에 가입해 활로를 찾으려 했고, 이들에 대한 지지가 점차 높아가자, 러시아의 불안감도 커져갔다. 우크라이나와 크림반도의 전략적, 경제적 가치가 너무 크기 때문이다.

러시아와 크림 합병조약 서명식(2014.3.18), 크렘린궁. 왼쪽부터 악쇼노프 크림 총리, 콘스탄티노프 크림의회 의장, 푸틴 대통령, 찰리 세바스토폴 시장. 사진 AP=연합뉴스 DB

010 1920년대 소비에트연방의 정착과 성공을 위해 공산당은 "돈바스는 러시아의 심장"이라는 프로파간다를 소련 전역에 선전했다.

이런 문제를 해결하고자 러시아는 2014년 봄 크림반도 내의 친러분리주의자를 부추겨 분리·독립 움직임을 유도했고, 이를 기화로 흑해함대사령부에 주둔하고 있던 러시아군을 동원해 크림자치공화국 수도인 심페로폴, 해군기지인 세바스토폴 등 주요 지역을 점령하고, 합병조약에도 서명하고, 법적인 절차도 다 마쳤다(2015.1.1.).

이후 러시아는 우크라이나의 크림 자치공화국을 러시아의 공화국으로, 세바스토폴을 연방시로 승격시켰다. 세바스토폴은 모스크바, 상트페테르부르크에 이어 러시아의 세 번째 연방시가 됐다. 러시아가 크림반도를[011] 중시하는 모습이 드러난다.

돈바스 분쟁 ㅣ 2014년 크림반도 위기가 발생하자 동부 돈바스의 도네츠크(Donetsk)주와 루한시크(Luhansk)주의 친러 분리주의자들도 우크라이나로부터 분리·독립을 선언했다. 이들은 5월 주민투표의 찬성을 거쳐 「도네츠크인민공화국」과 「루한시크인민공화국」창설을 선언하고, 두 공화국이 합쳐 「노보로시야연방국」을 창설한다고 선언했다. 두 인민공화국은 유엔 가입국으로부터는 승인받지 못한 미승인국으로 7년을 지냈다. 또 돈바스 지역의 도네츠크와 루한시크인민공화국은 2014년 9월 러시아, 우크라이나 등 4자 간에 반정부 분리주의 활동과 교전 등을 금지하는 정전협정[민스크협정]을 맺고 자제했으나, 러시아의 침공으로 이번에 다시 전쟁터가 됐다.

이번 우크라이나 침공 개시 사흘 전(2.21) 러시아는 루한시크인민공화국(LPR)과 도네츠크인민공화국(DPR)의 독립을 각각 승인했다. 러시아는 표면적으로는 이들 두 공화국의 분리 독립 투쟁을 돕고 인명피해를 막기 위한다는 명분으로 우크라이나를[012] 침공했다.

---

011 흑해 요충지 크림반도는 26,945㎢로 200만 명의 주민 가운데 러시아계가 65%, 우크라이나계가 16% 정도를 차지한다. 우크라이나에 속할 때는 세바스토폴특별시와 크림자치공화국으로 구성돼 있었으나, 러시아와 합병한 뒤에는 세바스토폴연방시(50만명)와 크림공화국이 됐다.

012 루한시크인민공화국과 도네츠크인민공화국을 승인한 유엔 회원국은 러시아, 시리아, 북한 등 3개국이다. 북한 최선희 외무상은 2022년 7월 13일 두 나라의 독립을 인정하는 서한을 보내, 자주 평화 친선의 이념에

미국 등 국제사회는 2014년에도 러시아에 경제제재 조치를 취했고, 2022년에도 여러 가지 제재를 추가로 취했다. 이에 러시아도 보복 조치로 유럽지역에 대한 천연가스 공급량을 줄였다. 올겨울 러시아 천연가스에 의존도가 높은 독일과 불가리아, 슬로베니아, 오스트리아 등 동유럽 국가들의 큰 어려움이 예상된다. 또 전쟁으로 인한 휴경 등으로 러시아와 우크라이나의 밀과 옥수수를 수입하는 아프리카나 중동국가들의 식량난도 예상된다.

그러나 러시아로서는 서방측의 경제제재를 당하더라도 국가안보에 핵심적인 역할을 하는 우크라이나가 북대서양조약기구에 가입해 친(親)서방화 되는 것을[013] 막는 일이 훨씬 더 급했다. 러시아는 크림반도와 동남부 4개주의 합병처럼 어떤 경우에도 러시아의 핵심 이해가 걸린 우크라이나가 서방측으로 기우는 것을 좌시하지 않겠다는 정책이 확고해 보인다.

러시아의 핵심 이익

현실적 이익 | 러시아의 침공을 받은 우크라이나는 중진국 수준이지만 강대국이 될 잠재력이 큰 나라다. 4,116만 명의 인구, 60만 3,628㎢ 규모의 넓은 국[014]

따라 국가 관계를 발전시켜나가겠다고 발표했다. 미국과 유럽연합(EU)은 북한의 이러한 행위를 즉각 규탄했다. 루한시크는 이번 전쟁 전 영토가 8,352㎢였으나 7월 초 26,684㎢로 주 전체를 차지했다. 도네츠크도 전쟁 전 8,436㎢인 영토를 이번 러시아의 침공으로 26,517㎢로 넓혀 도네츠크주 전체를 차지한 것으로 보인다.

013 러시아가 우크라이나를 침공한 데는 지난 1990년 봄 미국과 유럽의 주요 국가(서독, 영국, 프랑스) 지도자들이 "냉전이 종식되고 독일이 통일되더라도 NATO를 동쪽으로 확장하지 않겠다"는 약속을 여러 차례 했으나, 이를 어기고 동유럽 국가들을 NATO에 가입시켜 러시아의 안보를 위협했다는데 근본적인 원인이 있다는 설명이 있다. 북대서양조약기구(NATO)는 미-소가 첨예하게 대립하던 1949년 공산주의 세력에 대항하기 위해 창설된 미국과 유럽 중심의 집단군사동맹 체제다. 회원국은 미국과 영국 벨기에 등 서구 16개국에 구소련 붕괴 후 체코 헝가리 폴란드 등 14개 국가가 추가로 가입해 모두 30개국이다. 나토와 대결하던 바르샤바조약기구는 1955년 창설됐으나 소련 붕괴 후인 1991년 해산됐다.

014 이 총인구는 2022년 1월 1일 우크라이나 정부가 발표한 인구지만, 2월 하순에 시작된 러시아의 침공으로 인한 전쟁을 피해 700여만 명이 나라 밖으로, 또 다른 6000여만 명이 나라 안 다른 지역으로 피난하고 있어, 정확한 인구는 전쟁이 끝나고 다시 조사할 필요가 있다. 그러나 우크라이나의 인구는 독립 이후 계속 감소 추세다. 1991년 인구는 5,200만 명이었으나 정치와 사회 불안, 또 경제 상황 악화로 취업 등 국외 이주가 계속돼 2021년의 경우 3,700만 명으로 감소했다는 통계가 있다.

토, 비옥한 농지와 전략적 가치가 높은 여러 지하자원의 부국으로 서방 측이나 러시아 모두 탐내는 땅이다. 이런 우크라이나가 소련 붕괴 후 점차 서방 쪽으로 기울자 러시아는 초조한 나머지 크림반도를 합병했다. 크림반도의 남쪽 끝에는 러시아 흑해함대사령부가 있는 세바스토폴(Sevastopol) 항(港)이 있기 때문이다. 구소련이 해체된 뒤 러시아는 흑해와 지중해 지역의 해군력 유지를 위해, 우크라이나로부터 세바스토폴을 임대(賃貸) 형식으로 사용하고 있었다. 사실 세바스토폴뿐만 아니라 크림반도는 광대한 러시아를 지키는 남쪽의 요새(要塞)[015] 역할을 하는 요충지역인데, 1954년 니키타 후루쇼프 서기장이 우호(友好) 차원에서 크림반도를 우크라이나에 넘겨주었다. 당시에는 구소련이 해체되기 전이어서 문제가 없었으나, 러시아와 우크라이나로 별도의 공화국이 되고 사이가 불편해지자 상황이 달라졌다. 또 2014년 러시아의 부추김을 받아 분리 독립을 선언한 동부 돈바스 지역도 구소련 시절부터 철강, 항공, 우주, 핵발전 등 전략산업 군수산업의 중심지였다.

우크라이나는 러시아산 천연가스가 유럽으로 가기 위해 거쳐 가는 지역이다. 지난 2006년과 2009년 가스분쟁[016]에서도 나타났듯이 유럽에 대한 안정적인 가스공급과 신뢰도 유지를 위해서 러시아는 우크라이나를 놓아주기가 어려운 입장이다.

한국이 위치한 한반도(韓半島)도 지정학적인 가치가 높다고 말하지만, 우크라이나의 지정학(地政學)적 가치는 더 높다는 평가다. 러시아와 유럽을 동서로 잇고,

---

015 러시아의 최남단으로 흑해에 돌출해 있는 크림반도(Crimean Peninsula)는 27,000㎢ 넓이로, 18세기에 러시아 땅이 됐다. 크림반도에서는 제정러시아의 남진정책을 저지하기 위한 1854년 크림전쟁, 2차 대전 때도 치열한 전장이 됐다. 1941년 10월부터 1942년 7월까지 계속된 세바스토폴 공방전에서 소련은 95,000명의 사상자와 함께 패배한 기록이 있다. 구소련 해체 뒤 러시아는 우크라이나와 20년 임대 계약을 맺고(1997), 세바스토폴항을 사용해 왔다. 러시아는 겨울에 얼지 않는 항구를 확보하기 위해 19세기 말에는 한국의 원산, 중국의 여순을 조차(租借)하기도 했다. 흑해의 세바스토폴항은 겨울에 얼지 않는 곳이다.

016 우크라이나는 러시아가 공급하는 가스의 최대 소비국이자 유럽으로 가는 러시아산 가스의 주요 통과 국으로 2006년부터 가스 공급 가격을 놓고 갈등을 빚어왔다. 우크라이나는 러시아가 중앙아시아 국가로부터 가스를 싸게 사들여 우크라이나에 유럽 수준의 높은 가격을 받는 데 불만을 품어왔고 러시아는 우크라이나의 친서방적인 정책(조지아에 대한 무기 공급, 러시아 흑대함대 이동 제한, 나토 준회원국 가입 신청 등)에 불만을 품어왔다.

흑해(Black Sea)와 발트해(Baltic Sea)를 남북으로 연결해 주는 유라시아 대륙의 교차점이어서 사방으로 팽창이나 진출이 용이한 점이 높은 평가를 받는다. 역사를 보면 아시아 기병들이 유럽을 침략할 때 지나갔으며 제정러시아가 흑해와 지중해로 진출할 때 확보한 지역이다.

그래서 구소련이 해체되고 30년이 지났지만, 러시아가 끈을 놓지 못하고 있고, 나토(NATO)도 동쪽으로 팽창하는 한계선으로 우크라이나를 염두에 두고 있다. 러시아가 다시 강대국이 되려면 우크라이나를 품어야 하고, 미국도 러시아의 강대국화를 막기 위해서는 우크라이나를 러시아로부터 떼놓아야 하는 딜레마의 땅이다. 우크라이나 국민들의 친서방화 요구를 담은 2004년 오렌지혁명과 2014년 유로마이단 사태는 이런 이해의 충돌이 바탕이 돼 발생했다.

러시아의 역사 단절 | 이런 현실적인 딜레마 못지않게 역사적 딜레마도 큰 문제이다. 우크라이나가 러시아에서 떨어져 나가면 러시아의 고대사(古代史) 구성에 큰 구멍이 생긴다. 역사의 단절에서 나아가, 나라의 뿌리가 약해진다. 우리 한(韓)민족이 고구려 백제 신라로 나누어졌듯이, 슬라브족은 키이우[키예프]공국(公國)[017]에서 러시아, 우크라이나, 벨라루스 등 세 나라가 갈라져 나왔다. 동(東)슬라브족으로 분류되는 러시아, 우크라이나, 벨라루스의 역사적 기원은 서기 882년에 성립된 키이우루스(Kievan Rus) 즉 키이우공국이다. 100년 뒤(989), 블라디미르 1세가 동방정교회를 키이우공국의 국교로 정했다.[018] 이를 계기로 러시아에 비잔틴 문화와 동방정교회가 퍼져나간다. 키이우[키예프,Kyiv]는 자연스럽게 동방정교회의[019]

---

017 키이우공국(公國)은 동슬라브족이 세운 최초의 국가이다. 882년에 성립된 키이우공국은 동로마 정교회를 받아들이고 키릴문자를 수용하는 등 종교와 문자, 법전을 만들어 지금의 러시아 우크라이나 벨로루시의 기원이 됐으며, 1240년 몽골의 침략으로 붕괴했다.

018 키이우(Kyiv, 러시아어로 키예프)공국의 블라디미르 1세는 비잔틴제국에서 일어난 반란을 진압하기 위한 군사력 파견을 요청받았다. 비잔틴의 바실리우스 2세는 "도와주면 여동생을 키이우로 시집 보내겠다"고 약속했다. 그러나 반란이 진압된 뒤 비잔틴은 "이교도와 결혼시킬 수 없다"고 발을 빼자, 블라디미르 1세는 동방정교회로부터 세례를 받고, 988년 황제의 여동생 안나와 결혼한다. 그 뒤 블라디미르는 동방정교회(Eastern Orthodox Church)를 키이우공국의 국교로 정한다. 블라디미르 1세는 동방정교회의 성인(聖人)으로 봉해졌다.

019 류리크 왕조(862~1610)의 키이우공국은 몽골의 침략으로 1240년 망하고, 동슬라브족은 크게 두 방향으로 나뉜다. 하나는 모스크바 쪽으로, 몽골 지배자들은 북쪽에 치우쳐 있고 고분고분한 모스크바를 간접

중심이 된다.

그 뒤 몽골이 이 지역을 침략해, 키이우공국이 멸망한다(882~1240). 몽골은 중앙아시아를 지나 우크라이나 동부 지역까지는 직접 지배했고, 몽골에 유화적인 모스크바[러시아]에 대해서는 다루가치(達魯花赤)[020]를 파견하는 간접 지배를 실시해 약간의 독자성을 유지하도록 했다. 그러나 서쪽과 북쪽은 몽골에 심하게 저항해 리투아니아와 폴란드의 영향권으로 들어간다.

키이우공국을 멸망시킨 킵차크칸국[汗國, 1240~1502][021]도 전성기가 지나가면서 모스크바대공국, 크림, 아스트라한, 카잔, 이흐[일], 카자흐 등 6개의 칸국으로 분열한다[022]. 이 가운데 모스크바대공국(1283~1478)이 러시아짜르국(1547~1721), 제정러시아(1721~1917), 소비에트사회주의공화국연방(1917~1991)을 거쳐 현재의 러시아연방(1991.12~)으로 이어진다. 이런 역사성 때문에 우크라이나 수도 키이우가 러시아 역사 그리고 동방정교회에서 차지하는 비중은 굉장하다. 이런 이유로 러시아는 전쟁 초기, 키이우에 집착했는지도 모르겠다.

유럽의 빵 바구니

세계 3대 흑토지대 | 우크라이나는 땅이 넓고 비옥해 오래전부터 '러시아의 곡

통치하고, 몽골에 빼앗기지 않은 우크라이나 서부지역에는 갈리시아-볼히니아 왕국의 지배 하에 있다가 1349년 리투아니아-폴란드의 지배로 들어간다. 몽골 침략 시기 키이우 주민들과 정교회는 모스크바로 이동하게 된다.

020 몽골 정부가 파견하는 총독, 지사를 뜻한다.

021 이 지역을 정복한 몽골과 타타르인들은 추위에 강한 민족들이었다. 러시아를 정복한 유일한 민족이 몽골족인데, 특히 겨울 추위 때문에 프랑스(나폴레옹, 19세기)와 독일(히틀러, 20세기)이 러시아 침공에 실패한 데 비해, 몽골(13세기) 기마병들은 겨울에 진창이 없이 땅이 언 관계로 더욱 빨리 이동하고 승리했다. '칸(汗)'은 아시아 북방 유목민족의 왕(王)을 가리키는 호칭이다. 칸이 다스리는 나라가 '칸국(汗國)'이다.

022 칭기스 칸(1189~1206) 사후, 몽골제국은 원(元) 나라와 4개의 칸국(킵차크, 일, 차가타이, 오고타이 칸국)으로 분열된다. 이 가운데 지금의 러시아 땅에 자리 잡은 킵차크칸국은 600만 km² 넓이로, 뒤에 모스크바대공국(大公國, 1283~1547, 현 러시아영토의 대부분), 크림 칸국(1430~1783, 크림반도 등 흑해 연안 일대), 아스트라한 칸국(1466~1556, 볼가강 하류 일대), 카잔 칸국(1438~1552, 볼가강 중류 지역 일대), 이흐 칸국(1466~1502, 드니프르강~우랄강 일대 초원지대), 카자흐 칸국(1465~1847, 카자흐평원 일대)으로 분열됐다.

물창고' 또는 '유럽의 빵 바구니'라고 불렸다. 흑토(黑土)[023]는 비료가 필요 없을 정도의 비옥한 땅인데, 전 세계 흑토의 25%가 우크라이나에 몰려있다. 우크라이나는 드니프로(Dnipro)[024]강이 비옥한 국토의 중간을 가로지르며 흑해로 흐르고 있어 물 걱정이 없다. 우크라이나의 전체 농경지 면적은 42만㎢로, 드니프로강의 서쪽인 서부 우크라이나는 예부터 농업이 주 산업으로 발전했고, 동부는 풍부한 수자원과 석탄을 바탕으로 중화학공업과 이를 기반으로 한 군수산업이 크게 발달했다.

우크라이나의 밀 생산량은 2,837만 톤(2019)으로 세계 7위다. 2019년 전 세계 밀 생산량 7억 6,500만 톤 중, 인구가 많은 중국과 인도가 각각 1억 톤 이상을 생산했고, 러시아가 7,450만 톤, 미국이 5,200만 톤, 프랑스가 4,060만 톤으로 5위권을 구성한다.

옥수수의 경우는 전 세계의 11억 톤이 넘는 생산량 가운데, 미국이 3억 톤 이상을 생산해 단연 1위, 중국이 2억 톤, 브라질이 1억 톤이 넘는 생산량을 기록했다. 그 뒤가 아르헨티나 5,700만 톤, 우크라이나가 3,600만 톤으로 나타난다. 2019년의 경우 우크라이나는 밀 생산량 세계 7위, 옥수수 생산량 세계 5위의 곡물 대국이다.[025]

60만㎢가 넘는 넓은 국토에 4,116만 명(2022)인 인구도 우크라이나계가 78%, 러시아계가 17%이고, 이들이 사는 지역도 드니프로강을 경계로 서부는 우크라이나어를 사용하는 우크라이나계가 많이 살고, 동부와 크림반도 등에는 우

---

023 흑토는 체르노젬(Chernozem)이라고 하는데, 일반적으로 우크라이나의 흑토지대, 미국의 프레리(Prairie), 남미의 팜파스(Pampas)를 세계 3대 곡창지대라고 한다. 우크라이나 국토의 절반이 흑토여서, 러시아는 제정러시아 때부터 이 지역에 눈독을 들였다. 우크라이나는 2011년 세계 곡물 수출 3위를 차지했고 2021~2022에도 밀수출 4위를 기록했다. 세계곡물위원회(IGC)는 우크라이나를 밀뿐만 아니라 옥수수 보리 호밀 등의 최대 수출국으로 분류한다.

024 드니프로강은 러시아 발다이 구릉의 빙하에서 발원해 러시아, 벨라루스, 우크라이나를 남북으로 관통해 흑해로 흘러 들어가는 2,200km 길이의 큰 강이다. 우크라이나 서부는 강수량이 적지만, 드니프로강의 풍부한 수자원을 바탕으로 물 걱정 없이 농사를 짓는다. 또 드니프로강에는 수력 발전소가 여럿 건설돼 하류에 도네츠크(Donetsk), 드니프로(Dnipro) 등 중공업 도시를 발달시켰다.

025 KOSIS(Korean Statistical Information Service), 농업생산량(밀, 옥수수, 2019년) 통계

크라이나어와 러시아어를 사용하는 러시아계가 많이 산다. 정치적 성향도 서부는 친(親)유럽, 친서방적인 데 비해, 동부는 친(親)러시아적이다.

그런데도 구소련 해체 이후 러시아, 벨라루스, 우크라이나 3국 가운데 우크라이나가 가장 경제발전이 더디다는 이유로 동부와 서부가 극심하게 대립하고, 친러와 친서방을 오가는 극단적인 정치 상황이 우크라이나를 그동안 어렵게 만들었다는 분석이다.

우크라이나 대기근(Holodomor) | 우크라이나와 러시아의 관계를 이야기할 때 빠뜨릴 수 없는 사건이 하나 있다. 1930년대 초, 우크라이나의 대기근 사태, 홀로도모르(Holodomor)다.[026] '유럽의 빵 바구니'라는 우크라이나로서는 엄청나게 아픈 기억이다.

홀로도모르가 발생하기 전, 남부 러시아에서는 전조(前兆)가 있었다. 러시아는

1933년 당시 우크라이나 수도 하르키우[하리코프]의 길거리에서 아사한 농부들 시체 옆으로 시민들이 무심하게 지나가고 있다. 사진=위키피디아

---

026 2차 대전 중 나치 독일의 유대인 대학살을 '홀로코스트'(Holocaust)라 부르듯이, 1932~1933년 구소련 시절 우크라이나에서 발생한 대기근은 '홀로도모르(Holodomor)'라고 부른다. 구소련의 의도적이고 악의적인 아사정책(餓死政策)의 피해자라는 의미다.

1차 세계대전(1914~1917)과 적백내전(1918~1922) 등으로 1,000만 명 정도의 민간인 사상자를 냈다. 10년 가까이 계속되는 전쟁과 내전으로 일손이 부족한데다 가뭄 등으로 러시아는 이미 1921~1922년 사이 5만 명의 아사자를 경험했다. 신경제정책(NEP, 1921~1927)이 끝나고, 스탈린은 1928년부터 경제개발 5개년계획을 시작하면서 공업과 농업 생산성 향상을 위해 강제력을 동원하면서까지 집단화를 강행했다. 소련에는 신경제정책의 시행으로 '부농(富農) 계급'이 다시 생겨났고, 이 '부농'이 고착화되면 소비에트 정부의 정당성이 훼손될 가능성이 컸다. 기근을 경험한 스탈린은 '농업은 식량 공급의 원천이고 농업 분야가 소비에트 정부의 통제를 벗어나면 위기가 온다'고 생각했다. 계획경제로 도시화가 시작되고, 지역에 따라 산업인력이 부족하게 된다. 스탈린은 농민들을 도시로 이주시켜 부족한 노동력을 해결하려 했다.

우크라이나에서는 농업 집단화(集團化)에 대한 반발이 거셌다. 유럽 영향을 많이 받은 서부 우크라이나 농업지대에는 농토의 개인 소유가 많았고, 부농(富農)인 쿨라크(Kulak)[027]들이 많았다. 우크라이나 농민들은 거세게 저항했다. 이들은 수확한 농산물을 불태우거나 가축을 도살하기도 했다.

그런데 스탈린이 누군가? 우크라이나 농민들의 마음이 떠나면서 곡물 생산량이 크게 줄었지만, 곡물 징발은 도리어 늘어난다. 스탈린은 우크라이나 농민들의 종자(種子) 곡식까지 빼앗았다. 배고픔에 지친 우크라이나 농민들이 "들판에서 곡물을 줍다 발각되면 '인민의 재산을 훔쳤다'는 이유로 그냥 총질을 해댔다"고 2009년 2월 25일에 비밀이 해제된 구소련의 비밀문서는 기록하고 있다. 우크라이나 농민들이 굶어 죽고 있다는 보고가 올라가도 스탈린은 비축해 놓은 300만 톤~1,000만 톤의 전략곡물을 풀지 않았다. 오히려 외부에서 우크라이나로 반입되는 곡물에 대한 단속을 강화하고, 우크라이나인들이 식량을 구

---

027   쿨라크는 제정러시아 말기 스톨리핀 총리(재임 1906~1911)의 농업개혁 정책으로 인해 생겨난 대지주, 부농 계층을 말한다. 숫자는 12%에 불과하지만, 이들이 러시아 전체 곡물의 50%를 생산했다. 이들은 소련의 사유재산 금지 정책으로 서서히 몰락하다가, 스탈린 시절에 사라진다.

하러 거주지역을 벗어나지 못하게 했다. 이런 과정을 거쳐 세계의 곡창지대에서 수백만 명의 아사자(餓死者)가 나오는 아이러니한 사건이 발생한다. 또 그 배고픔의 후유증으로 수백만 명이 목숨을 잃는 바람에 1,000만 명이 희생됐다는 말이 나온다.[028]

스탈린정부가 우크라이나인들의 집단적 아사(餓死)를 방치한 데는 단순히 곡물 징발이나 집단농장화에 대한 반대를 처벌하는 선을 지나 연방 중앙에 반대하는 개별 공화국을 엄혹하게 다룸으로써, 연방체제의 중앙집권화를 더욱 강고하게 하려는 정치적인 목적도 있었다고 분석된다.

우크라이나는 지금도 해마다 11월의 넷째 토요일을 국가추모일(國家追慕日)로 정해 당시 참상의 기억을 이어가고 있다. 우크라이나 특히 서부 우크라이나의 반(反)러시아 정서는 여기에 뿌리를 두고 있다.

"우리 시대의 게티스버그 연설"이라는 평가를 받는 젤렌스키(V. Zelenskyy, 2019년 취임) 대통령의 연설(2022.9.11)도 이러한 정서를 이어가고 있다. 젤렌스키 대통령은 "너희는 아직 우리가 하나의 민족이라고 생각하는가? 너희는 아직 너희가 우리를 겁먹게 하고, 무너뜨리고, 우리의 양보를 받아낼 수 있다고 생각하는가? 너희는 아직 아무것도 이해하지 못하는가? 우리가 누구인지, 우리가 무얼 위해 살아가며, 우리가 무얼 말하고자 하는지 이해하지 못하는가? …"[029]

2022년 러시아의 침공을 받은 우크라이나는 2021년 가을에 밀을 파종했지만 지난 2월부터 시작된 러시아의 침공으로 밀 수확에 지장이 발생했다. 해바라

---

028 당시 우크라이나의 공식 인구 통계를 근거로 계산해도 최하 250만 명이 세상을 떴고, 대기근의 후유증으로 수년 후 사망한 숫자까지 계산하면 500만~600만 명이 희생됐다고 본다. 반(反)러시아 우크라이나 단체 등에서는 당시 스탈린 정부가 취한 통계 조작까지 감안한다면 인구의 25%인 1,000만 명이 희생됐다고 주장한다. 러시아인이 '의도적으로 우크라이나인을 학살할' 것이라는 시각도 있다. 우크라이나의 홀로도모르와 관련한 영화로 2021년 개봉된 〈미스터 존스(Mr. Jones)〉가 있다. 홀로도모르의 참혹한 현장을 목숨을 걸고 잠입·취재해 이를 외부에 알린 영국 출신「가레스 존스」기자의 실화를 담았다. 또 2017년 개봉된「홀로도모르: 우크라이나 대학살」(Bitter Harvest)도 있다.
029 장상진 기자, "수십년 읽힐 명문" 외신극찬…젤렌스키 연설문 어떻길래" 2022.9.15., 조선일보 이 연설문은 지난 9월 11일 젤렌스키 대통령의 텔레그램에 게시된 것을 언론이 인용해 보도하면서 세계적으로 화제가 되고 있다.

기와 옥수수의 경우, 2022년 봄 파종 시기를 놓쳤기 때문에 밀에 이어 수확량이 많이 감소할 것으로 예상된다. 우크라이나의 흉년은 우크라이나뿐만 아니라, 우크라이나의 곡물에 의존하는 인근 아프리카와 중동 국가들에 영향을 끼쳐 물가나 생활고 등 큰 피해가 예상된다. 그래서 유엔이 나서서 이들의 어려움을 호소한다. 또 천연가스에서 비료 원료인 암모니아와 요소를 추출하는데, 러시아의 침공으로 이 분야에 장애가 발생할 경우, 튀니지, 레바논, 예멘, 시리아 등에서도 비료 부족으로 인한 흉작도 예상되는 등 러시아의 우크라이나 침공은 전 세계적으로 식량 부족 파동을 불러일으킬 수 있다.

2004년 오렌지혁명

우크라이나는 동·서부가 상당히 이질적이어서 갈등이 심각하다. 1991년 구소련이 해체된 이후 실시된 선거에서는 10여 년간 친(親)러 세력인 동부파(派)가 집권하고 있다가, 2004년 오렌지혁명을 거치면서 친(親)서방 서부파가 집권한다. 2004년 제3대 대통령 선거, 1차 투표에서 과반수 득표 후보가 없어, 결선투표가 실시된다. 전 총리 빅토르 유센코가 야당 후보로 친서방계고[030], 현직 총리 빅토르 야누코비치가 여당 후보로 친러시아계다[031]. 유센코 후보는 우크라이나의 유럽연합(EU) 가입을 주장했고, 야누코비치 후보는 이를 반대했다. 11월 결선 결과, 친(親)러 성향의 '야누코비치의 당선'이 발표된다.

이 발표 직후 유센코의 지지 기반인 서부 우크라이나와 수도 키이우 등에서 부정선거를 규탄하는 시위가 벌어진다. 야당 지지자들은 집회와 시위에

---

030 3대 대통령 유센코(1954~)는 우크라이나 북부에서 출생. 회계사로 우크라이나 국립은행 총재와 총리 등을 지낸 뒤, 율리아 티모센코와 함께 정치활동을 시작한다. 대통령 후보 시절 과다 다이옥신 투입으로 인해 생명의 위협을 받기도 했으나, 선거에서 승리해 2005~2010 대통령 재임한다.
031 4대 대통령 야누코비치(1950~)는 엔지니어 출신이다. 동부 도네츠크 주지사를 역임했고, 2002년 11월 총리를 지낸 후, 2004년 11월 대선에서 패배한다. 2006년 8월 야당 대표로 다시 총리를 지내고, 2010년 대선에서 48.95% 득표로 대통령에 당선돼 2010.2~2014.2까지 재임했다.

우크라이나 수도 키이우에서 친서방 성향의 유셴코 후보를 지지하는 시민들이 대선 결선투표의 선거 부정에 항의하는 시위를 벌인다(2004.11~.12). 언론은 이를 '오렌지혁명'이라고 이름 지었다. 사진=위키피디아

서 오렌지색의 머플러와 수건 등을 흔들었는데, 서방 언론에서 이를 '오렌지혁명'(Orange Revolution)이라고 명명하고 계속 관심을 쏟았다. 선거 부정을 확인한 선거관리위원회는 재선거(再選擧)를 실시했고(12.28), 야당의 유셴코가 51.99%의 득표로 어렵게 당선자가 된다. 당선은 됐지만 유셴코 대통령(재임 2005~2010)은 아주 입장이 어려웠다. 지지자들은 "유럽연합(EU)과 북대서양조약기구(NATO) 가입"을 외치고, 반대편에서는 "가입할 경우 분리·독립하겠다"고 위협했다. 그래도 유셴코는 이라크에 파병하고 미군과 함께 합동훈련을 하는 등 친서방 노선을 걸었다. 2010년 4대 대통령선거에서 연임을 노리던 유셴코는 1차 투표에서 탈락하고, 총리를 지낸 티모셴코와 지난 대선에서 실패했던 야누코비치가 결선투표에서 격돌해, 야누코비치가 당선된다.[032] 동부 도네츠크 주지사를 지내기도 한 야누코비치(재임 2010~2014)는 소문난 친러시아계 정치인이다.[033] 그는 전(前) 정부에서 추진하던 북대서양조약기구(NATO) 가입을 철

---

032   율리아 티모셴코(1960~)는 우크라이나 동부에서 출생해 경제학을 공부하고 에너지 관련 기업가로 성공했다. 2004년 오렌지혁명 때 유셴코와 함께 주요 역할을 했다. 국회의원과 총리(2005, 2007~2010)를 지내고 대통령 후보로 나섰다.
033   2010 결선투표에서 티모셴코는 서부 우크라이나에서 최대 91%의 득표를 기록했고, 야누코비치는 동부 우크라이나에서 93%를 기록하기도 하는 등 동서 갈등이 첨예하게 드러난다.

회하고, 러시아군의 철수 요구도 없던 일로 하고, 러시아 흑해함대사령부가 위치한 크림반도의 세바스토폴에 대한 임대 기한을 2017년에서 2042년까지로 연장해 주었다. 야누코비치는 이어 유럽연합(EU)과의 협력협정 체결을 중단시키고, 러시아와 우호협력조약을 추진했다. 친서방파 국민들의 불만이 폭발한다.

2013~2014 유로마이단

친러 대통령 퇴진 | 2013년 11월 21일 야누코비치의 친(親)러 정권은 유럽연합(EU)과의 협력협정 체결을 중단한다고 발표했다. 그날 밤 분노한 키이우 시민 2,000여 명이 시내 독립광장(獨立廣場)에 모여 시위를 벌였다.[034] 이들은 우크라이나가 다시 러시아와 손잡을 경우 가뜩이나 어려운 경제가 러시아에 예속되면서 유럽이나 미국 경제권과 멀어질 것을 우려했다.[035] 친러파 정부는 강경하게 대응했다. 시위는 연일 이어지면서 규모가 점점 커졌다. 계속되는 반정부 시위는 더욱 격렬해지고, 정부의 대응도 거칠어졌다. 새해 2월(2014)에 들어서자 정부는 실탄 발사도 주저하지 않았다. 2월 18일 경찰의 발포로 시위대 23명이 사망하고, 19일에는 8명, 20일에는 47명이 사망한다. 시위대 측의 투석이나 무장 공격으로 경찰도 10여 명 사망한다. 인접국들이 극단으로 치닫는 이 사태의 중재에 나섰으나 효과를 내지 못한다. 의회는 만장일치로 야누코비치 대통령을 탄핵했고(2.22). 시위대는 이튿날 대통령궁을 점령한다. 야누코비치는 제2의 도시이자 옛 수도였던 동부의 하르키우(Kharkiv)로 피신해 있다가(2.21), 탄핵이 결정되자 국경을 넘어 러시아로 도망간다.

---

034 '유로마이단'은 유럽을 뜻하는 '유로'(Euro)와 광장을 뜻하는 우크라이나어 '마이단'(Meydan)을 합친 말로, 이 시위가 처음 키이우[키예프] 시내의 '독립광장(마이단 네잘레주노스티)'에서 발생했기 때문이다. 결국 유로마이단은 "키에프의 독립광장에서 발생한 친(親)유럽 시위"라는 뜻으로 통한다.

035 유라시아경제연합(EAEU, Eurasian Economic Union)은 유럽연합(EU)에 맞서기 위해 러시아, 벨라루스, 카자흐스탄 3개국이 2012년에 발족한 경제연합으로 현재는 아르메니아, 키르기스스탄까지 모두 5개국이 함께 하고 있는데, 가입국의 정치 경제 군사 문화의 통합을 목표로 하고 있다. 러시아는 옛날부터 우크라이나에게 서방(유럽)과의 '완충국' 역할, 러시아의 버퍼링존(Buffering Zone, 완충지대)역할을 맡겨왔다.

크림반도의 이상 기류 | 이 무렵 이미 러시아는 다른 생각을 구체화한다. 유로마이단 사태가 진전되면서 친(親)러 성향의 야누코비치가 점차 밀리고 친(親)서방 과도정부가 구성되자, 러시아는 과도정부에 대해 "쿠데타로 권력을 탈취한 합법적이지 않은 정권"이라고 비난한다. 일부 친러 성향의 언론들은 "우크라이나가 친서방으로 간다면, 크림반도는 러시아에 돌려주어야 할 것"이라고 러시아의 속마음을 내비치기도 했다. 제정러시아 때부터 20세기 중반까지 러시아 영토였던 크림반도는 우크라이나와 인구 구성이 크게 다르다. 크림반도만 따질 경우 러시아계 60%, 우크라이나계 20%, 타타르계 등 소수민족 15%다.[036] 크림반도의 주민구성은 물론 분위기도 러시아 쪽이 강했다. '돌려받아야 한다'는 이야기는 이런 연유에서 나온 말이다. 친러계 주민들이 시위를 하는 가운데, 러시아는 "크림반도 주민들이 주민투표나 의회의 결정 등으로 병합을 요청해 오면 신속히 검토할 것"이라면서 부채질했다(2014.2.25). 크림반도 세바스토폴 해군기지에 주둔하고 있던 러시아군이 세바스토폴 특별시 청사와 공항, 군기지를 점령하고 러시아 깃발을 게양한다(2.27). 우크라이나는 크림반도를 장악한 6천여 명의 러시아 정예군을 제압할 방법이 없었다. 도리어 우크라이나 정부군 기지가 러시아군이나 친러 무장세력에게 포위 공격을 받는 형편이 됐다.

이런 상황에서 크림자치공화국과 세바스토폴 특별시는 독립을 선언했다(3.11).[037] 이어 16일, 크림반도의 러시아 귀속(歸屬)을 위한 주민투표가 실시돼 97%의 찬

---

036 우크라이나 전체의 인구 구성은 우크라이나계 78%, 러시아계가 17%로, 크림반도의 러시아계 인구 집중은 특별하다. 타타르인은 크림반도가 제정러시아에 의해 복속되기 전부터 거주하던 선주민에 해당한다.

037 러시아는 땅이 넓고 소수 민족이 많아서 행정 조직이 좀 복잡하다. 구소련은 15개의 소비에트사회주의공화국이 모여서 만든 연방공화국이었지만, 1991년 해체돼 15개의 공화국으로 분리됐다. 구 소련의 적통을 잇는 러시아공화국은 85개의 지방행정 조직(연방주체)를 갖는데, 우선 지역에 따라 46개의 주(州)와 9개의 변경주(Krai), 3개의 연방시(모스크바, 상트페테르부르크, 세바스토폴)로 나누고, 인종에따라 소수민족을 우대한다는 23개의 자치공화국, 3개의 자치구(區), 1개의 자치주(유대인자치주)로 이뤄져 있다. 크림자치공화국은 러시아가 아니라 우크라이나에 소속된 자치공화국으로, 우크라이나공화국은 24개의 주(州), 1개의 자치공화국(크림자치공화국), 2개의 특별시(키이우, 세바스토폴)로 구성된다. 우크라이나는 전체 면적이 603,600㎢인데, 크림반도의 면적 27,000㎢를 빼고, 576,600㎢로 표기하는 자료도 있다. 유엔은 캐나다 독일 폴란드 등이 제출한 러시아의 크림반도 합병무효 결의안을 2014년 3월 27일 총회에서 통과시켰다(유엔총회결의 68/262호). 우리 정부도 찬성한 이 결의안은 "2014년 3월 16일에 있었던 주민투표를 무효로 한다"고 규정하고 있다. 크림반도의 주민 70% 이상이 러시아계이다.

성으로 통과되고, 18일에는 푸틴 러시아 대통령과 세르게이 악쇼노프 크림자치공화국 총리, 알렉세이 찰리 세바스토폴 시장 등이 모여 「러시아-크림공화국 합병조약」에 서명하고, 21일에는 러시아 상원이 합병조약을 비준하고 관련 정부조직법 등을 통과시킨 데 이어 푸틴 대통령이 최종 서명을 마친다.

무력을 동원한 러시아의 크림반도 합병이 잘 짜여진 각본에 따라 일사천리로 끝났다. 유엔총회의 무효결의안, 서방 측의 경제제재가 취해지지만, 이에 흔들릴 러시아가 아니다. 러시아는 지난 1954년 후르쇼프 서기장이 "국내 행정 편의를 위해 크림반도를 우크라이나에 편입시켰으나, 크림반도는 오랫동안 러시아 영토였다"고 말한다.

우크라이나 국기(國旗)

우크라이나의 국기는 같은 비율을 가진 파란색과 노란색의 가로줄 무늬로 구성된 이색기(二色旗)다. 우크라이나 지역에 성립된 최초의 공화국인 우크라이나인민공화국(1917~1921) 시절 만들어졌다. 그 후 구소련의 구성 공화국을 거쳐 1992년 1월 28일 다시 독립하면서 옛 국기를 되찾았다. 아래쪽의 노란색은 밀[麥]과 불[火]을 의미하고, 위 파란색은 하늘[天]과 물[水]을 의미해, 파란색과 노란색은 오랫동안 우크라이나를 상징했다. 우크라이나인민공화국 탄생의 기반이 됐던 서부 르비우(Lviu)시에서 발생한 1848년 자유주의 혁명 당시 시민들이 이 깃발을 들고 시위하면서 우크라이나 국민들에게 깊은 인상을 남겨, 1917년 인민공화국이 탄생할 때, 국기로 채택된다. 이 국기는 우크라이나 흑토지대의 잘 익은 밀밭과 깨끗한 하늘을 상징하기도 해, 현지에서는 '황색-청색기'라고 불린다. 아래의 실제 풍경과 비교해보면 국기의 상징이 실감 난다.

3. 몰도바: 트란스니스트리아 분쟁

몰도바, 라틴계 국가

몰도바공화국(Republic of Moldova)은 동유럽 우크라이나와 루마니아 사이에 있는 내륙 국가다. 1991년 8월 구소련으로부터 독립을 선언했으며, 인구 260만 명(2021), 국토 면적 33,800㎢의 작은 나라다. 구소련의 구성공화국으로 오랫동안 함께 지냈지만, 유일한 라틴계 국가인 몰도바는 현재 유럽연합(EU) 가입을 준비 중이다. 주민도 루마니아계가 80% 이상이고 루마니아어를 사용한다. 몰도바 동부에 드네스트르(Dniester)강(江)이 흐르고, 이 강의 동쪽에 트란스니스트리아(Transnistria)라는 길쭉한 나라가 몰도바로부터 독립을 선언하고 러시아의 군사적 보호를 받고 있는 「트란스니스트리아몰도바공화국」(PMR), 줄여서 「트란스니스트리아」다. 몰도바와 분쟁 중인 지역이다.

트란스니스트리아는 몰도바가 구소련으로부터 독립을 선언하자 석 달 뒤, 몰도바로부터 독립을 선언했다. 면적은 4,163㎢, 인구는 46만 5,000명(2020)이다. 이 지역이 몰도바와 따로 떨어져 나온 가장 큰 이유는 몰도바는 이웃 루마니아와 같은 민족이고 루마니아어를 사용하는 데 비해, 트란스니스트리아는 몰도바인이 30%에 불과하고 러시아인과 우크라이나인이 60% 이상이고 언어도 러시아어를 사용한다. 뿌리가 러시아 쪽이고 노보로시야 지역이다. 트란스

038　트란스니스트리아는 '드네스트르강의 건너편'이란 뜻이다. 우크라이나와 인접한 몰도바공화국(Republic of Moldova)과 트란스니스트리아 몰도바공화국(Pridnestrovian Moldavian Republic)은 서로 분쟁 중이기는 하지만, 인접한 우크라이나 전쟁에 휘말릴 가능성 때문에 전전긍긍하고 있다.

니스트리아의 후견국인 러시아는 몰도바가 언젠가는 뿌리가 비슷한 이웃 루마니아와 합병할 것이라고 보고, 친러 성향의 트란스니스트리아의 분리주의자들을 사주해 독립을 선언하도록 하고 지금까지 뒤를 봐주고 있다.

몰도바는 트란스니스트리아의 독립 선언에 대해 이듬해(1992.3) 무력으로 대응해 전쟁이 벌어졌다. 트란스니스트리아는 몰도바 국내총생산(GDP)의 40%, 전력(電力)의 90%를 공급하는 중요한 지역이기 때문이다. 트란스니스트리아의 독립전쟁은 4개월 만에 양측에서 1,500명의 사망자를 내고 러시아의 중재로 마무리됐다. 러시아는 평화유지군이라는 이름으로 두 나라 국경 지역에 군대를 파견하고 있으나, 실제로는 몰도바가 트란스니스트리아를 침공하지 못하도록 방어하는 역할을 하고 있다. 트란스니스트리아는 독립을 선언했지만, 국제적으로 승인을 받지 못한 미승인국인 관계로 주민들은 몰도바 여권이나 러시아 여권을 사용하고 있다.

역사 | 19세기 말 왈라키아(Wallachia)공국(公國)과 몰다비아(Moldavia)공국은 오스만제국의 지배에서 벗어나 함께 루마니아왕국(1881~1947)을 건설했다. 이[039]

---

039 1877~1878 사이 발칸과 캅카스 지역에서 발생한 러시아-튀르크 전쟁에서 러시아가 승리하면서, 발칸에서는 루마니아, 세르비아, 몬테네그로가 오스만의 지배에서 완전히 벗어나 독립하고 러시아도 캅카스 지역을 확보한다. 왈라키아와 몰다비아는 루마니아 지역에 있던 작은 공국이었다.

때 동쪽의 러시아제국과의 경계선이 드네스트르강이었고, 트란스니스트리아는 이 강의 동쪽에 길쭉하게 붙은 러시아 땅이었다. 2차 세계대전에서 독일 편을 들었던 루마니아는 서진(西進)하는 소련군에게 항복했고, 구소련은 루마니아 왕국을 약화시키기 위해 루마니아의 몰도바를 따로 떼어낸 뒤, 자국의 영토인 트란스니스트리아와 합쳐 「몰도바소비에트사회주의공화국」을 만들어, 연방에 편입시켰다(1945~1991).

그 연유로 구소련이 해체될 때, 트란스니스트리아의 러시아계 주민들이 몰도바에서 분리·독립을 결정했고, 러시아가 이들을 후원하고, 몰도바와 짧은 독립전쟁을 벌일 때에도 군사적으로 지원해 주었다.

몰도바-EU | 트란스니스트리아를 국가로 인정하는 나라는 같은 처지의 미승인국인 캅카스 쪽의 「압하지야」「남오세티야」「아르차흐공화국」뿐이다. 러시아도 몰도바와의 관계를 고려해 아직 트란스니스트리아를 국가로 승인하지 않고 있다.

우크라이나와 EU(유럽연합) 가입국인 루마니아 사이에 위치한 몰도바는 서유럽 세력과 친러시아 세력이 오랫동안 대립해 왔다. 몰도바는 현재 EU 가입을 추진하고 있다. 친러시아계 대통령인 이고르 도돈(재임 2016~2020)에 이어 지난 2020년 11월에 당선된 「마이아 신두」대통령은 친서방 성향으로 2021년 12월 로이터통신과의 인터뷰에서 "가급적이면 이른 시일 안에 EU에 가입하고자 한다"고 밝혔다. 러시아는 이에 불만을 품고 몰도바에 공급하는 천연가스의 공급가격을 올리는 등 몰도바의 친서방 행보를 막기 위해 애쓰고 있다.

4. 발트 3국과 러시아 월경지 칼리닌그라드

에스토니아

발트 3국 중에서 에스토니아(Estonia)가 인접 러시아와 영토분쟁을 벌이고 있다. 에스토니아가 구소련에 속해 있을 때는 크게 문제 되지 않았으나, 구소련 해체 후 독립국이 되면서 국경을 획정하는 과정에서 옛날 영토 문제가 불거졌다. 라트비아도 영토 문제가 있었으나 지난 2007년에 해결됐다.

발트 3국 중 제일 위쪽에 있는 「에스토니아공화국」은 45,000㎢ 넓이에 130만 명(2018)이 살고 있다. 수도는 탈린(Tallinn)이다. 에스토니아는 현재 러시아 레닌그라드주(州)의 이반고로드(Ivangorod)를 놓고 러시아와 영토분쟁 중이다. 이반고로드는 발트해로 흘러 들어가는 나르바강을 사이에 두고 에스토니아의 나르바 시와 마주 보고 건설된 도시로, 1492년 러시아의 이반 3세가 이곳에 요새를 건설한 뒤, 자신의 이름을 따 「이반고로드」라고 했다.

1917년 볼셰비키 혁명 후 러시아가 내전(內戰)에 돌입하자 에스토니아도 독립을 선포하고 볼셰비키 혁명정부를 상대로 독립전쟁을 시작했다. 그 결과 에스토니아는 타르투조약(Tartu Peace Treaty)을 맺으면서 독립을 쟁취하고(1920.2) 국경선도 새로 확정한다. 이 조약에 따라 이반고로드와 그 일대가 에스토니아

---

040 이반고로드의 에스토니아 이름은 야닐린(Jaanilin)이다. 현재 러시아가 점유하고 있다. 이반고로드는 러시아 상트페테르부르크에서 서쪽으로 159km 떨어져 있으나 철도로 연결돼 있고, 7.7㎢에, 인구는 10,454명(2018)이다.

041 발트해로 흘러 들어가는 나르바강의 이름을 딴 나르바(Narva) 시는 에스토니아 최고 동쪽에 위치한 도시이며, 인구 56,000여 명으로 탈린, 타르투에 이어 세 번째로 큰 도시이다.

발트해로 흘러드는 나르바강을 사이에 두고 이반고로드 요새(오른쪽)와 에스토니아의 헤르만 요새(왼쪽)가 마주 보고 있다. 사진=네이버 블로그, 독서 같은 여행 비니버미집

영토로 인정되고, 남쪽의 페초리(Pechory)(현 러시아 프스코프주) 일대 2,000㎢의 땅도 에스토니아 영토가 된다.

그 뒤 에스토니아 등 발트 3국은 구소련에 편입된다. 1944년, 2차 대전에서 러시아가 독일을 물리치고 다시 서유럽으로 진격할 때, 러시아는 "타르투조약으로 에스토니아에 병합된 일부 지역 주민들의 요청에 따라 이 지역을 다시 러시아에 편입하기로 했다"고 발표하고, 땅을 다시 뺏어갔다. 러시아는 이를 '행정분리'(行政分離)라고 했다.

역사는 다시 바뀌어 구소련은 해체되고 에스토니아는 독립국이 되었다. 이제는 EU의 가입국으로 다시는 러시아와 섞이지 않을 듯한 각오다. 에스토니아는 1992년 러시아에 대해 "구소련 시절 뺏어간 땅을 내놓으라"고 요구했고, 러시아는 "못 준다"고 버텼다. 러시아는 "1991년 독립한 에스토니아는 1920년의 에스토니아와는 별개의 국가이므로, 타르투조약에 명시된 국경선을 인정할 수 없다"고 버틴다.

그렇지만 아무리 러시아라고 해도 계속 버틸 수 없었는지, 2000년대 들어 두 나라는 몇 차례 국경 협상을 계속했다. 2014년 두 나라 외무장관이 국경조약에 합의했지만, 그 직후 러시아가 우크라이나의 크림반도를 합병하고 돈바스 분리주의자를 지원하는데 반발해, 에스토니아 의회는 비준 절차를 중단했다. 이에 따라 이반고로드에 대한 러시아의 점유가 계속되고 있고, 영토분쟁도 끝난 것이 아니다.

라트비아 | 에스토니아 아래쪽의 「라트비아공화국」은 64,000㎢ 넓이에 192만 명(2018)이 살고 있다. 수도는 리가(Liga)다. 라트비아는 동북쪽 러시아와의 국경지대 압레네(Abrenes) 지역 1,000㎢를 놓고 러시아와 분쟁했으나, 현재는 해결된 상태다.

라트비아도 구소련이 해체된 뒤 재(再)독립하면서, 지난 1920년 8월 독립전쟁 당시 볼셰비키 정권과 맺은 평화조약(리가조약)에서 라트비아 영토로 인정했던 압레네 일대를 내놓으라고 요구했다. 러시아는 2007년 12월 두 나라의 국경조약을 확정하면서 이 지역을 라트비아에 반환했다.[042]

이 국경협상에서 드러난 재미있는 사실 한 가지는 라트비아를 비롯한 발트 3국은 2차 대전 이후 구소련의 구성 공화국으로 함께 한 기간을 '소련에 의한 점령(occupation)' 기간으로 해석하는 데 비해, 러시아는 각국의 자발적인 투표(vote)를 통해 모든 일이 이루어졌다며 점령을 인정하지 않는 등 역사해석에 차이를 보이고 있다.

칼리닌그라드(Kaliningrad)

임마누엘 칸트 | 발트 3국 중 제일 아래쪽에 위치한 리투아니아와 폴란드에 둘러싸여 있는 러시아 월경지 칼리닌그라드(Kaliningrad)는 옛 독일의 「쾨니히스베르그」(Königsberg)라는 이름으로 더 유명하다. 그래도 친근하게 다가오지 않는다면, 독일 철학자 칸트(I.Kant)가 태어나고 시계보다도 더 정확하게 동네를

---

042 로이터 통신의 패트릭 라닌기자, 2007년 12월 18일. "러시아와 라트비아 드디어 국경조약 조인"(Patrick Lannin, "Russia, Latvia finally seal border treaty" Reuters, 2007.12.18)

산책해, 주민들이 그의 모습을 보고 시계를 맞췄다는 전설(?)의 땅이다. 독일(동프로이센) 땅이었는데, 2차 대전에서 패배해, 러시아에 빼앗긴 땅이다. 현재 분쟁은 없지만, 분쟁이 잠재된 땅이어서 살펴본다.

역사 | 현재 칼리닌그라드는 러시아 주(州)의 이름이며 도시 이름이기도 하다. 월경지(越境地)라는 이름이 말해주듯 러시아 본토와는 많이 떨어져 있고, 북쪽에 리투아니아, 남쪽에 폴란드, 서쪽으로는 발트해에 접해있다. 주 전체 면적은 15,125㎢이고 100만 명(2021) 남짓 거주하는데, 90% 가까이가 러시아인이다. 이 가운데 칼리닌그라드시는 224㎢에 49만 3천 명(2021)의 주민이 거주한다.

칼리닌그라드의 전신인 쾨니히스베르그는 독일 통일의 주역인 프로이센의 발상지였으나, 독일이 세계 2차 대전에서 패배한 뒤 이 지역의 북쪽은 러시아에, 남쪽은 폴란드로 넘어갔다. 그리고 이름은 당시 소련 최고회의 의장「미하일 칼리닌」의 이름을 따서 칼리닌그라드(Kaliningrad)가 됐다. 구소련 붕괴 후 발트 3국 등이 독립하면서 칼리닌그라드는 러시아 본토와는 육로가 끊긴 월경지[역

러시아 월경지, 칼리닌그라드.

외 영토]가 됐다. 그렇지만 칼리닌그라드는 러시아의 4개 함대 가운데 가장 막강한 발트함대의 사령부가 위치한 군사적으로 중요한 지역이다. 러시아가 오매불망 추구하는 부동항(不凍港)이 여기에 있다.

독일도 이 지역의 역사성을 감안해 러시아로부터 되찾는 방안도 검토했지만, 분단된 독일의 통일이 더 중요하다고 생각해 이 지역을 되찾는 일을 일단 포기했다. 2차 세계대전을 일으킨 전범국가로서의 책임을 소홀히 하고 이 지역의 과거 영유권 문제를 제기할 경우, 러시아와 폴란드의 여론이 악화되고, 인접국들이 돕지 않으면 통일이 어려워진다는 점을 감안한 독일 지도자들의 결단으로 기록된다. 그 대신 독일 민간 재단이나 기업들은 역사성이 풍부한 칼리닌그라드를 복원하고 유지하는 사업에 대한 경제적 지원을 아끼지 않고 있다.

분리주의 움직임 ｜ 칼리닌그라드를 둘러싼 리투아니아와 폴란드 두 나라가 2004년 유럽연합(EU)에 가입하고 솅겐조약에도 동의하자, 러시아와 EU 간에 긴장 관계가 형성된다. 칼리닌그라드 주민들의 비자(visa) 문제 때문이다. 구소련 해체 직후에는 리투아니아와 폴란드가 옛정을 생각해 월경지인 칼리닌그라드 주민들이 비자를 받지 않고도 간단한 절차만 밟고 러시아 본토로 갈 수 있게 편의를 봐줬다. 그러나 리투아니아와 폴란드가 2004년 EU에 가입해 솅겐조약의 적용을 받게 되면서, EU와 러시아 사이에 협상이 필요하게 됐다.

이 협상 과정에서 칼리닌그라드 주민들은 주변국보다 낙후되고 월경지로 고립돼 살기보다는 독일로 아예 복귀하거나 독립을 하거나 아니면 자치권을 갖는 자치공화국이 돼야 한다는 목소리가 커졌다. 칼리닌그라드주가 작지만, 나라로 독립하거나 홍콩처럼 특별행정구가 되는 방안, 아니면 유엔(UN)의 신탁통치

---

043 러시아 해군은 북방함대, 발트함대, 흑해함대, 태평양함대 등 4개의 함대와 카스피해 전단, 지중해 작전 편대 등을 갖추고 있다. 그 가운데 발트함대(Baltic Fleet)는 1703년 표트르대제에 의해 창설된 오래된 함대로 러일전쟁 때도 참전했다.

044 솅겐조약(Schengen Agreement)은 유럽 각국이 공통의 출입국 관리 정책을 실시해 가입국 간에는 국경 검문도 철폐하고 범죄 수사도 협조하자는 조약이다. 대부분의 유럽연합(EU) 가입국과 유럽자유무역연합(EFTA)의 4개 국가가 가입해 있다.

를 받는 국제발트자유시가 돼, EU나 셍겐조약에 가입하면, 주민들이 편리하고 경제적으로도 도움이 된다는 주장이 힘을 얻었다.

이런 과정을 거치면서 힘든 협상 결과, 러시아와 유럽연합(EU)은 간이통행증발급을 통해 이 문제를 해결했다. 정식 비자에 비해 시간과 돈이 절약된다.

발트 3국과 중국

연대로 이룩한 독립의 길 | 발트 3국(Three Baltic States)은 세 나라가 나란히 붙어있어 편의상 그렇게 부르지만, 에스토니아(Estonia)는 핀란드계 민족들의 터전이었고, 그 밑의 라트비아(Latvia)와 리투아니아(Lithuania)는 발트족 계열의 민족들이 살고 있었다.

중세 이후 이 지역에서 덴마크, 독일, 러시아, 스웨덴, 폴란드 등이 패권 다툼을 벌였고, 1569년부터 이 지역의 대부분은 「폴란드-리투아니아 연방」045의 지배를 받다가, 19세기 이후에는 제정러시아의 지배를 받았다. 1917년 러시아혁명이 성공하고, 러시아가 1차 세계대전에서 빠져나오기 위해, 독일과 일방적으로 맺은 「브레스트-리토프스크 조약」046에 따라 러시아의 지배에서 벗어나면서, 1918년 각각 독립한다.

독립도 잠시, 러시아와 독일은 1939년 8월 불가침조약을 맺고, 독일은 구소련과 발트 3국 합병에 동의한다. 이후 발트 3국은 소련 점령하에 있었다.

---

045 「폴란드-리투아니아 연방」은 '두 국민의 공화국'이라는 이름처럼, 폴란드왕국과 리투아니아 대공국(大公國)이 합쳐져 1569년에 건설됐다. 16, 17세기 이 나라는 100만㎢에 650만 국민을 가진 유럽의 강국 가운데 하나였으나, 차츰 힘을 잃어 가면서 주변의 러시아, 프로이센, 오스트리아 등이 강성해지면서 영토 분할이 거듭돼 1795년(폴란드 3차 분할), 역사에서 사라진다.

046 1918년 3월, 러시아 볼셰비키정권과 동맹국(독일, 오스트리아-헝가리, 불가리아, 오스만제국) 사이에 맺어진 평화조약을 말한다. 볼셰비키 정권은 동맹국들의 공격을 막아내기 어려웠고, 국내에서의 혁명에 반대하는 세력이 강해, 불리한 조건을 감수하고라도 전쟁을 끝내야 하는 다급한 입장이어서 엄청 불리한 조건의 평화조약을 맺었으나, 1차 대전이 동맹국 측의 패배로 끝남에 따라 이 부담에서 벗어날 수 있었다. 그 주요 내용은 ①러시아는 독일에 발트 3국을 할양하고, 오스만제국에게는 남캅카스의 카르스주(州)를 양도한다 ②우크라이나인민공화국의 독립을 인정한다 ③독일에 60억 금마르크를 배상금으로 지불한다 등이다.

1989년 8월 23일, 200만 명 이상의 발트 3국 국민들이 늘어서서 만든 독립의 길(Baltic Way) 인간 띠 잇기 행사. 이들은 '자유(Freedom)'를 뜻하는 "Laisves"(리투아니아), "Brivibas"(라트비아), "Vabadus"(에스토니아)를 한마음으로 외쳤다. 사진=위키피디아

구소련이 해체되던 80년대 말, 발트 3국이 독립을 요구하면서 1989년 8월 23일 독소불가침조약 50주년을 맞아 벌인 평화적인 시위는 전 세계로부터 주목을 받았다. 바로 발트 3국의 수도인 탈린-리가-빌뉴스를 잇는 678km의 「인간 띠 잇기」였다. 시위와 전쟁 대신에 노래로 자유를 되찾는다는 신선함에 세계인들이 감동의 박수를 보냈다. 러시아는 바로 그 지점에서 졌다.

발트 3국은 1차 대전과 2차 대전 사이 21년간 존재했던 독립국가를 복원했으며, 그 사이에 있었던 구소련의 점령과 소련의 연방 구성은 정통성을 인정하지 않고, 불법적인 행위였다고 간주했다. 치욕과 억압의 시기를 이렇게 산뜻하게 역사에서, 국민의 기억에서 지워버리고 청소할 수 있다니! 이것 역시 자유의 발트 3국 다웠다. 발트 3국은 국민소득이 2만 달러(2018) 안팎의 아주 조용하고 깨끗한, 크지 않은 나라들로 2002년 북대서양조약기구(NATO)와 유럽연합(EU)에 가입을 신청했으며 나토에는 2004년 3월에, EU에는 2004년 5월에 가입했다

리투아니아 | 발트3국 중 마지막인 「리투아니아공화국」은 65,000㎢ 넓이에

287만 명(2018)이 살고 있다. 수도는 빌니우스(Vilnius)다. 리투아니아는 에스토니아나 라트비아와 달리 역사의 한 장에서 「폴란드-리투아니아 연방」이라는 대국(大國)의 경험이 있다. 200년 이상 지속된 대국의 유전인자(DNA)다. 이 연방국은 바르샤바(Warsaw), 크라쿠프(Krakau), 빌니우스(Vilnius) 등 세 곳을 수도로 삼아 국가를 운영했다.

리투아니아는 2021년 11월 빌니우스에 타이완대표부를 개설하는 새로운 외교 관계를 수립해 세계를 놀라게 하고, 중국(PRC)과는 외교적으로 불편한 관계로 들어간다. 그래서 외신들은 리투아니아를 "중국과 맞짱뜨는 세계 유일의 국가"라면서 놀란 눈으로 추이를 주시하고 있다. 리투아니아에 일격을 당한 중국은 2021년 11월 10일 "베이징 주재 리투아니아 대사를 소환하라"고 요구하면서, 리투아니아에 주재하는 중국대사를 소환하겠다고 발표했다. 중국은 리투아니아가 "하나의 중국이라는 원칙, 중국의 대표성을 무시하는 조처"를 취했다고 비난했다. 그리고 중국은 경제보복을 시작한다. 리투아니아로 가는 화물열차의 운행을 중단시키고 수입품 통과도 거부했다. 이어 중국은 외교 관계를 대

2021년 11월 문을 연 「리투아니아 주재 대만대표부」 현판. 타이완(臺灣)이라는 국명이 선명하다. 사진=위키피디아

---

047 타이완의 대표처 설치에 이어 리투아니아도 2022년 3월 26일 타이완에 대표처(경제문화 판사처) 설치를 신청했다. (2022.3.27, 연합뉴스)

리대사급으로 낮추고, 공관 명칭도 대사관에서 대표처로 낮췄다.

이에 대해 리투아니아는 대통령이 직접 나서서 "리투아니아는 주권국가로서 스스로 대외정책을 결정한다"라고 반박했다. 외교부 장관은 이미 예상했다는 듯이 "경제적 압박을 받는다 해도 한 국가는 외교적 결정을 독립적으로 내려야 한다. 협박을 당해도, 중국 언론의 질타를 받아도 견뎌야 한다"고 말했다. '자유의 발틱 3국'다운 의연함이 드러난다.

중국의 이러한 보복에 가만히 있을 타이완이 아니다. 타이완은 타이완국가발전기금에서 2억 달러 규모의 펀드를 만들어, 리투아니아산 상품의 수입과 산업에 투자하겠다고 발표했다. 그리고 이 투자는 반도체를 비롯해 레이저, 생명공학 등에 우선순위를 두고 있다고 밝혔다.[048]

일반인들은 잘 모르는 내용인데, 레이저 분야는 리투아니아가 세계적인 경쟁력을 갖고 있다. 레이저는 반도체산업에서도 활용된다. 피코초(ps)[049] 단위 레이저의 경우 리투아니아가 세계 시장 점유율이 50%가 넘고 미 항공우주국(NASA), 유럽입자물리연구소(CERN), IBM, 도요타 등이 주요 고객이다. 이 레이저 기술이 타이완의 반도체와 어울리면 시너지 효과를 낼 수 있을 것으로 업계에서는 보고 있다.

17+1 기구 탈퇴 | 앞에서 간단하게 살펴봤지만, 리투아니아 등 발트 3국은 오랫동안 독일과 러시아 등 인근 강대국에 점령과 압박을 받아온 역사적 경험이 있는데, 근년 타이완(臺灣)이 중국으로부터 국가의 존립을 위협받는 상황이 계속되자 타이완과 리투아니아 두 나라 사이에서 공감대가 크게 확대된 것으

---

048 이슬기 기자, "대만, 유럽의 '反中파트너' 국가에 반도체·부품 투자 몰아준다", 2022.1.17. 조선일보
049 인간의 시력으로는 16분의 1초보다 짧은 순간에 일어나는 현상을 볼 수 없다. 불교에서 아주 짧은 시간을 찰나(刹那)라고 표현하는데, 그 시간은 75분의 1초(0.013초)로 계산된다. 그러나 산업 분야에서는 10억분의 1초는 나노(nano)초, 1나노초보다 1,000배 더 짧은 시간, 즉 1조분의 1초를 1피코(pico)초라고 하고, 이보다 다시 1,000배 짧은 시간, 즉 1,000조분의 1초를 1펨토(femto)초라고 하고, 이보다 다시 1,000배 짧은 시간 즉 100경분의 1초를 1아토(atto)초라고 한다. 1초에 지구를 7바퀴 이상 돈다는 빛도 1 피코초에는 0.3mm만 이동할 수 있다. (사이언스타임즈 라운지, 2014.9.1. 이성규 객원 편집위원, "1피코초의 찰나를 찍는 카메라"에서 요약). 솔직히 필자는 이런 짧은 시간 개념은 이해가 안 된다.

로 보인다. 리투아니아는 타이완에 대한 중국의 거칠고 공격적인 대응에 불만을 품고 지난 2012년에 출범한 「중국-중·동유럽경제협력체」인 17+1기구[050]에서 탈퇴했다. 이어 2022년 8월 에스토니아와 라트비아까지 탈퇴해, 이 협력체는 14+1이 됐다. 라트비아 외교부와 에스토니아 외교부는 각각 성명을 발표하고, 17+1 기구에서는 빠지지만, 유럽연합(EU)과 중국 사이의 경제협력 관계에는 참여할 것이라고 밝혔다. 관측통들은 최근 중국이 타이완해협에서 위협적인 행동을 보인 데다, 우크라이나를 침공한 러시아와 밀착하는 중국에 대해 경계하는 것으로 보인다고 분석했다.

---

050 17+1 기구는 중국과 중·동유럽 국가와의 경제협력협의체(Cooperation between China and Central and Eastern European Countries), 2012년 출범할 당시는 16+1이었는데, 2019년 그리스가 여기에 합류하면서 17+1이 됐다. 그러나 리투아니아가 2021년 탈퇴하고, 2022년 8월 11일 에스토니아와 라트비아가 동조 탈퇴하면서, 14+1 체제가 됐다.

5. 캅카스: "이제는 분쟁의 땅"

신화와 역사의 땅

 구소련이 해체되고 난 뒤 제일 먼저 터진 지역이 캅카스 지역이다. 남부 러시아의 흑해와 카스피해 사이에 위치한 크고 작은 두 개의 캅카스(Caucasus, 코카서스)산맥을 중심으로 한 이 지역은 조용하고 아름답고 고풍스러운 풍경과 순박한 삶의 모습이 살아있어 인기 여행지역으로 떠오르고 있지만 속으로는 울고있다.

기원전 3,000년 아나톨리아고원, 흑해의 남쪽에 나타난 히타이트(Hittite)인들은 캅카스를 '카스 카스(Kaz-kaz)'라고 불렀다. 이 지역 이름의 원형이다. 그리스 신화에서는 프로메테우스(Prometheus)가 하늘의 불(火)을 훔쳐 인간에게 선물하자, 화가 난 제우스(Zeus)는 프로메테우스를 캅카스산 정상에 쇠사슬로 묶어놓고, 매일 독수리가 그의 간(肝)을 쪼아 먹게 하는 형벌을 내렸다. 또 영웅 이아손(Iason)이 아르고(Argo)호를 타고 황금양털(Golden Fleece)을 구하기 위해 원정을 간 지역이 캅카스산 아래 콜키스(Colchis), 현 조지아공화국의 콜키다(Kolkhida)일 정도로 신화와 역사가 함께 살아있는 곳이다.

---

051 캅카스는 아시아 서북부 흑해와 카스피해 사이에 위치한 산악지역이다. 대(大)캅카스산맥과 소(小)캅카스산맥은 100㎞ 정도 떨어져 있으나 또 다른 산맥으로 서로 연결돼 있다. 러시아, 조지아, 아제르바이잔, 아르메니아, 튀르키예, 이란 등이 서로 국경을 맞대고 있어 이 지역 패권을 둘러싼 다툼과 전쟁이 잦았다. 카스피해에서는 원유가 생산되고, 여러 개의 송유관이 건설돼 있다. 이 지역은 우랄산맥과 더불어 유럽과 아시아의 경계를 이루는 지역으로 백인(白人)을 뜻하는 '코카시언(caucasian)'이라는 말이 여기서 나왔다.

052 조지아공화국의 고대 역사에는 BC 6~ BC 1세기 사이 콜키스왕국이 흑해의 동쪽 연안(현 조지아의 서쪽 지역)에 성립했다고 기록돼 있다. 고대 조지아의 첫 번째 국가로 간주된다.

미항공우주국(NASA)이 촬영한 캅카스 항공사진. 흑해(왼쪽)와 카스피해(오른쪽)가 짙은 남색으로 나타난 가운데, 눈 덮인 캅카스산맥이 선명하다. 위쪽이 '볼쇼이(大)캅카스산맥'이고, 아래쪽이 '말리(小)캅카스산맥'이다. 사진=위키피디아

또 아르메니아는 로마가 기독교를 국교로 삼은 서기 392년보다 79년이나 앞선 서기 313년에 기독교를 공인해, "세계 최초의 기독교 국가" "노아(Noah)의 직계 후손"이라고 자랑한다. 그런가 하면 "불(火)의 나라"로 불리는 튀르크계의 이슬람국가인 산유국 아제르바이잔도 이웃에 함께 있다.

캅카스 지역은 유럽의 최고봉(엘브루스, 5,642m)을 품고 있는 대캅카스산맥이 흑해와 카스피해를 연결하듯 남동 방향으로 길이 1,200km 최대 폭 160km로 가로지르고 있는 데다 그 100㎞ 아래에 다시 길이 600㎞의 소 캅카스산맥이 있고, 조지아의 수람(Suram)산맥은 이 두 개의 캅카스산맥을 이어주면서 동시에 조지아를 동·서로 갈라준다.

역사적으로 이 지역에는 마케도니아, 로마, 페르시아, 비잔틴, 아랍, 몽골, 오스만, 러시아제국 등이 차례로 등장해 세력을 다투었다. 그만큼 전략적 요충지

이다. 유럽이 아시아로, 아시아가 다시 유럽으로 건너가는 지점이고 기독교와 이슬람이 서로 세력을 다투는 지역이다. 훨씬 뒤의 일이지만, 카스피해 지하에 매장된 막대한 원유는 이 지역의 지정학적인 가치를 무한대로 증대시켰다.

지역의 소수민족들도 서로 교류하면서 아시아인도 유럽인도 아니게 되고, 종교도 이슬람교, 동방정교, 기독교, 유대교, 토속종교 등이 모자이크를 이루고 있다. 그래서 캅카스(Caucasus) 지역은 "세계에서 가장 다양한 언어와 문화를 지닌 지역"이라는 평가를 받는다.

캅카스, 제국의 무덤 | 캅카스 지역은 근대로 넘어와 러시아제국, 오스만제국, 페르시아제국 사이에 진행된 여러 전쟁의 현장이 된다. 러시아는 땅이 거칠고 기후가 열악해 탐내는 사람들이 별로 없는 시베리아와 동쪽으로의 영토 확장은 비교적 순조로웠다. 그러나 캅카스산맥 언저리나 캅카스 이남의 페르시아 쪽으로 눈을 돌리게 됨에 따라 페르시아나 오스만과도 다툼을 벌이게 된다. 전쟁의 결과에 따라 땅의 주인도 바뀌었다.

19세기로 들어서면서(1804) 먼저 전쟁을 시작한 나라는 제정러시아다. 러시아는 7년 전 1797년 전쟁의 패배를 설욕하기 위해 카자르(Qajar) 왕조의 페르시아로 쳐들어간다. 두 제국은 지금의 다게스탄(Dagestan), 조지아(Georgia), 아제르바이잔(Azerbaijan), 북부 아르메니아(Armenia) 등을 놓고 다툰다. 절치부심한 러시아가 10년 전쟁 끝에 승리하고 그 땅들을 되찾아갔다(1813).

다시 1826년 이번에는 지원을 약속하는 영국의 부추김에 넘어간 페르시아가 전쟁을 시작했지만, 참혹하게 패배하고 지난번 전쟁에서 빼앗긴 캅카스 북쪽 땅에 이어 캅카스 남쪽 땅도 완전히 넘겨줬다. 그래서 페르시아의 옛 속담 가

---

053   페르시아제국은 현 이란(Iran) 땅에 명멸했던 여러 제국을 일반적으로 부르는 말이다. 기원 전의 아케메네스왕조의 페르시아(BC 550~BC330)를 페르시아제국이라고 하지만, 그 뒤의 사산왕조, 사파비왕조, 카자르왕조, 팔레비왕조의 페르시아까지도 포함해 부르기도 한다. 페르시아라는 이름은 이란 남부 지역의 파르스(Pars)에서 유래했는데, 고대 아케메네스 왕조의 수도였다.

054   이 지역은 160여 년간 러시아의 땅이 됐다가, 1991년 소련의 해체 이후 조지아, 아르메니아, 아제르바이잔으로 살아난다.

운데는 "왕이 미치면 캅카스로 쳐들어간다"는 말이 전해온다. 이제 캅카스 패권 경쟁에서 페르시아는 탈락했다.

남은 두 제국, 러시아와 오스만은 전쟁을 계속한다. 러시아는 1828년 오스만제국과의 전쟁에서도 승리해 캅카스의 강자로 등장하지만 1853년의 크림전쟁(Cremean War)에서 패배해, 크림반도를 잃고, 캅카스 남쪽 지역을 오스만으로 넘긴다.

그러나 20년 뒤(1877~1878) 다시 러시아와 오스만은 발칸과 캅카스에서 붙어 러시아가 승리함에 따라, 러시아는 남(南)캅카스 지역을 되찾아 아예 병합해버린다. 러시아가 페르시아나 오스만으로부터 땅을 빼앗고 나서, 이 지역의 소수민족들을 굴복시키는 전쟁을 러시아는 캅카스전쟁(Caucasian War, 1817~1864)이라고 부른다.

거칠게 살펴봐도 이렇게 복잡하다. 이 복잡함 속에 민족과 종교, 나라의 경계가 섞이고 유럽과 아시아라는 대륙의 경계도 나뉜다. 러시아는 우랄산맥을 기준으로 서쪽은 유럽, 동쪽은 아시아로 나누고, 캅카스도 대(大)캅카스산맥의 북쪽은 유럽, 그 남쪽은 아시아로 분류하는 등 유럽과 아시아의 경계선이기도 하다.

이 험준한 산속에는 수천 년, 수백 년의 시간도 함께 묻힌다. 그래서 이 지역에서 문제가 생기면 그 모든 것을 한꺼번에 내놓고 풀어야 하니, 여간 복잡한 게 아니다. 1991년 12월 소련(소비에트사회주의공화국연방:USSR)이 해체된다. 그 충

---

055 러시아와 오스만은 1568년부터 1차 대전에 이르기까지 크림전쟁을 포함해 12차례 전쟁을 치른다. 1828~1829년의 전쟁은 그리스독립전쟁의 여파로 일어났는데, 러시아는 발칸반도 말고도 캅카스 전쟁에도 열심을 보여, 아르메니아와 아제르바이잔의 북부 지역을 빼앗았다. 18세기부터 러시아는 오스만제국을 무너뜨리기 위해 동쪽의 캅카스와 서쪽의 발칸반도에서 계속 전쟁을 일으킨다.

056 이 전쟁도 오스만제국을 무너뜨리려는 러시아제국의 군사적 정치적 시도 가운데 하나로, 불가리아 몰다비아 세르비아 몬테네그로 등이 독립하는 결과를 가져왔다.

057 소련은 1922에서 1991년까지 존재했던 세계 최초의 사회주의 국가다. 1917년 2월 혁명으로 제정러시아(1721~1917)가 막을 내리고 수립된 임시정부가 10월 혁명으로 물러나고, 볼셰비키(러시아 사회민주노동당의 다수파)가 정권을 잡는다. 볼셰비키는 1922년까지 계속된 내전에서 승리하고, 1922년 12월 30일 소련(USSR)의 성립을 선언한다. 연방에 참여한 15개 소비에트사회주의공화국(SSR)은 연방 해체 후 그대로 독립국가가 된다. 소련 시절 인구 100만이 되지 않는 소수민족은 그 규모에 따라 자치공화국, 자치주, 자치구 등을 이루었다.

격파가 크다.

캅카스 지역 44만㎢ 가운데 산맥 북쪽은 러시아로, 남쪽은⁰⁵⁸ 그루지야, 아르메니아, 아제르바이잔으로 나누어진다. 그리고 공산주의 체제 아래에서 잠복해 있던 민족문제가 표면화되면서 분쟁이 되고, 그동안 발생했던 여러 차례 전쟁으로 주고받은 영토 변경 문제까지 얽히게 된다. 그래서 캅카스 지역은 세상에서 가장 풀기 어려운 두 가지 문제, 즉 민족 문제와 영토 문제가 얽힌 지역이 된다. 캅카스의 골짜기에 자리한 나라들부터 살펴본다. 캅카스 산악 지역에는 공식적으로 48개 민족이 거주하는 것으로 등록돼 있고, '캅카스 3국'이라는 아르메니아, 아제르바이잔, 조지아 등 3 개의 나라와 13개 소수민족 자치공화국이 있다. 이 13개의 자치공화국 가운데는 미승인 자치 공화국이거나 분쟁 중인 경우도 많아, 이들 사이에서 영토분쟁이 진행 중이다.

남 캅카스 | 대캅카스 남쪽에는 조지아, 아르메니아, 아제르바이잔 등 3개 나라가 있다. 조지아(Georgia)에는⁰⁵⁹ 압하지야(Abkhazia), 남오세티야(South Ossetia), 아자리야(Ajaria) 등 3개의 소수민족 자치공화국이 있다. 이 가운데 압하지야와 남오세티야는 친러(親露) 성향으로 조지아로부터 사실상 독립을 이루었다.

다음, 아르메니아(Republic of Armenia)에는 아제르바이잔의 월경지⁰⁶⁰ 영토인 나흐츠반(Nakhchivan)공화국이 자리하고 있다. 그리고 아제르바이잔(Republic of

---

058 캅카스 산맥 북쪽은 시스캅카스(Ciscaucasus), 남쪽은 트랜스캅카스(Transcaucasus), '자캅카스'라고 부른다.

059 구소련에서 1991년 4월 독립한 조지아는 독립 당시 그루지야로 불렸으나, 2005년 국명을 조지아로 바꾸고 그렇게 불러달라고 요청해 한국은 2011년부터 조지아(Georgia)라고 부른다. 나라 이름도 '조지아공화국'이 아니라 그냥 '조지아'로 표기한다. 조지아는 6만 9,700㎢ 면적에 372만 명(2020)이 거주한다. 아자리야자치공화국은 2,900㎢ 면적에 30여만 명이, 압하지야공화국은 8,432㎢면적에 24만 명 정도(2016)가 거주한다. 남오세티야공화국-알라니야국은 3,900㎢ 면적에 5만 6,000명(2021)이 거주하고 있다. 나라 이름과 관련해서는 2022년 봄 터키 정부도 자신의 나라 이름을 '칠면조' '바보 멍청이' 등의 뜻이 있는 터키(Turkey)가 아니라 '터키인들의 땅'이라는 뜻을 지닌 '튀르키예(Türkiye)'로 개명했다.

060 월경지(越境地)는 '경계 너머의 땅'이란 뜻으로 '특정한 나라나 행정구역에 속하면서, 본토와는 떨어져 다른 나라 영토나 다른 행정구역에 둘러싸인 땅'을 말한다. 아제르바이잔의 월경지인 나흐츠반공화국은 5,363㎢ 면적에 40만 명 정도의 인구를 지니고 있다.

4개의 나라와 13개의 자치공화국. 남.북 캅카스 지역의 국가와 자치공화국들. 러시아(북캅카스)에는 8개의 자치공화국들이 산재해 있다. 아래쪽(남캅카스)에는 조지아, 아르메니아, 아제르바이잔 등 3국 안에 5개의 자치공화국이 있으나, 이들은 미승인 자치공화국으로 분쟁 중이다.

Azerbaijan)에는 아르메니아가 실효지배하는 월경지 아르차흐공화국(Republic of Artsakh)[061]이 섬처럼 들어서 있다. 이 또한 이상한 구성이다. 아르메니아와 아제르바이잔은 지난 2020년에도 아르차흐공화국 문제 때문에 양측에서 7천여 명의 전사자를 내는 한 달 반에 걸친 전쟁을 했을 정도로 사이가 나쁘고, 각각의 월경지들은 독립을 선언하고 있어, 분쟁 양상이 심각하다. 뒤에 자세하게 살펴본다.

북 캅카스 | 대캅카스산맥 북쪽은 모두 러시아 영토이지만, 산맥을 따라 8개의 소수민족 공화국들이 흩어져 있다. 아디게야(Adygea), 칼미크(Kalmykia), 다

---

061 아르차흐공화국의 면적은 구소련 당시 나고르노-카라바흐자치주일 때는 4,388㎢이었으나 그 뒤 전쟁을 통해 영토를 넓혀서 11,458㎢까지 확장됐다가, 2020년 전쟁에서 밀려 3,170㎢로 줄어들었다. 인구는 15만 명(2015) 정도이다.

게스탄(Dagestan), 잉구세티야(Ingushetia), 카바르디노-발카리야(Kabardino-Balkaria), 차라카이-체르케시야(Karachay-Cherkessia), 북오세티야-알라니야(North Ossetia-Alania) 그리고 체첸(Chechen) 등 8개다. 러시아가 슬라브 계통의 발칸제국(Balkans)들에게 민족주의를 심고 이들의 독립을 부추겨서 발칸반도가 19세기 20세기 '유럽의 화약고'(powder keg of Europe)였다면, 그 화약고는 러시아로 돌아와 이제 캅카스가 21세기의 화약고(火藥庫)로 등장하는 느낌이다.

6. 체첸(Chechen): "200년의 독립투쟁"

독립 투쟁

'테러리스트' | 체첸(Chechen)은 북(北)캅카스 지역의 소수민족인 체첸인의 공화국 이름이기도 하고 소수민족 이름이기도 하다. 체첸은 구소련 붕괴 이후 러시아와 2차례의 전쟁을 치러가면서 독립국가의 꿈을 이루기 위해 투쟁하고 있으나, 독립의 가능성은 아주 낮다.

현실적으로 힘에서 너무 밀리고 테러리스트로 낙인찍혀 국제여론에서도 지지받지 못하고 있다. 하지만 체첸인들의 독립을 향한 열망은 여전해, 분출을 멈춘 휴화산 상태다.

15,300㎢의 자그마한 국토에 140만 명(2016) 정도가 살고 있고, 이 가운데 체첸인이 95% 이상이다. 체첸은 수니파 무슬림의 나라다.[062] 체첸인의 존엄과 정체성을 지키기 위해 여러 차례 제정러시아에 대항했으나 힘에 밀려 제정러시아[063]에 합병되고(1859), 그 과정에서 희생도 많았다.[064] 제정러시아는 체첸을 합병하

---

062 이슬람에서는 창시자 '무함마드의 모범'을 '순나(sunnah)'라고 하고, 이를 따르는 이슬람을 수니(Sunni)파 이슬람이라고 한다. 전 세계 이슬람의 87~90%를 차지한다. 이와 대비되는 종파가 시아(Shia)파 이슬람으로, 무함마드의 후계자를 둘러싼 신학적 법률적 논점의 차이에서 갈라졌다.

063 제정러시아가 북캅카스에 눈독을 들이고 남하할 때, 이 지역의 동쪽 편에 살던 체첸인들은 극렬히 저항한 반면 서쪽에 살던 체첸인들은 러시아에 굴복해, 제정러시아는 이들을 구별해 동쪽 지역을 "체첸(Chechen)", 서쪽 지역을 "잉구시[잉구세티야](Ingushetia)"라고 불렀다. 구소련 시절에는 이웃 잉구시와 합쳐 체첸-잉구시자치공화국을 구성했으나, 1992년 12월 잉구시와 분리됐다.

064 산업화, 서구화가 늦은 제정러시아는 뒤늦게 18세기부터 본격적으로 팽창정책을 추구해 영토를 늘려나간다. 먼저 시베리아를 지나 알라스카까지 국토를 확장하고 이어 남진(南進)을 추진한다. 러시아는 우선 북(北)캅카스 지역의 확보를 위해, 페르시아와 오스만과 전쟁을 벌이는 한편, 인종과 종교가 다른 해당 지역의 소수 민족에 대한 학살과 강제 추방을 병행했다. 이로 인한 희생자는 40만명(러시아 정부 공식 추산)에

기 훨씬 이전인 1830년부터 인근 오스만으로부터의 침략이나 전쟁에 대비한 다며 캅카스에 군대를 보내 실질적으로 이 지역을 지배하고 있었기 때문에, 체첸인들은 러시아에 대항해 지금까지 '200년 동안' 독립투쟁을 하고 있다고 말한다.

그때부터 거칠고 사나운 체첸인들은 러시아 중앙과 각을 세우고 기회만 되면 분리와 독립을 추구해 왔다. 체첸과 가까운 아르메니아와 조지아는 기독교인이 다수지만, 카스피해 근처의 아제르바이잔, 다게스탄공화국, 잉구세티아공화국, 체첸 등은 이슬람교를 믿는 무슬림이 다수이다.

짧은 독립 | 1917년 볼셰비키혁명이 일어나면서 러시아제국이 기울어지자 체첸(Chechnya)과 잉구세티아(Ingushetia), 다게스탄(Dagestan), 북오세티야(North Ossetia - Alania), 카바르디노-발카리아(Kabardino-Balkaria), 스타브로폴 크라이(Stavropol Krai), 압하지아(Abkhazia) 등 캅카스산맥의 7개 소수 민족 지역은 「북캅카스산지공화국」(Mountainous Republic of the Northern Caucasus)을 창설해 짧은 기간 독립국가가 된다(1917.3~1922.11). 42만 7,000㎢ 면적에 1,122만 명의 인구를 가진 제법 큰 나라였다. 헌법을 제정하고 수상도 선출했다. 1919년 베르사이유회담에도 대표단을 보내, 독립을 승인받기 위해 노력했다.

그러나 이 산지(山地)공화국도 적백내전(赤白內戰)이 끝나가면서 볼셰비키 군대의 무력 공격으로 역사 속으로 사라지고, 체첸인들은 체첸-잉구시공화국[065] 시대를 맞이한다. 엄혹한 스탈린 치하에서도 체첸인들은 독립의 꿈을 이루기 위해 몇 차례 무장봉기를 시도했으나 진압당하고, 지식인과 민족지도자 10만 명이 검거돼 처형 또는 강제 이주를 당한다.

침략자 독일과 협력 | 독립을 갈망하던 체첸인들에게 또 기회가 왔다. 제2차 세계대전이 발발하면서 독일군이 유전 중심지인 카스피해 바쿠(Baku)를 향해 진

서 150만 명에 이르고, 이와 비슷한 숫자가 거주지에서 추방돼 오스만제국으로 건너갔다. 이 난리를 러시아에서는 '캅카스전쟁'(1817~1864)이라고 부른다.

065 구소련 시절 소수민족의 공화국은 도중에 없어지고 합쳐지고 하는 등의 변화가 있었지만, 많을 때는 27개로 집계된다. 현 푸틴 치하의 러시아연방에는 22개의 소수민족 자치공화국이 있다.

격해왔다. 체첸인들은 독립을 얻기 위해 캅카스 일대를 점령한 나치 독일군에 협력한다. 그러나 독일이 2차 대전에서 패배하자, 체첸은 '조국의 적(敵)'과 손잡고 '위대한 조국 소비에트연방'에 총을 겨눈 대가, 반역(反逆)의 대가를 혹독하게 치른다.

1944년 스탈린은 체첸-잉구시공화국 주민 50만 명을 중앙아시아의 카자흐스탄으로 강제 이주시킨다.⁰⁶⁶ 이 과정에서 20여만 명이 사망했고 살아남은 이들은 스탈린이 죽고 4년 뒤에야 고향 땅으로 돌아와 체첸공화국을 재건할 수 있었다(1957). 다시 34년이 지나고 1991년 소련이 해체된다.

1차 체첸전쟁 | 1991년 12월, 구소련(蘇聯)이 해체되자, 중앙에 다시 힘의 공백이 생겨난다. 남(南)캅카스 지역에는 그루지야(조지아), 아르메니아, 아제르바이잔이 독립했다. 그러나 북(北)캅카스의 체첸, 잉구세티야, 북(北)오세티야, 다게스탄 등은 예전처럼 소수민족 자치공화국으로 남는다. 2백 년 동안 독립의 기회를 기다려온 체첸인들은 이 기회를 그냥 넘길 수 없었다.

이때 체첸에 등장한 인물이 구소련군 장성 출신의 조하르 두다예프(Johar Dudayev)⁰⁶⁷다. 두다예프는 나라 이름을 「이치케리야체첸공화국」⁰⁶⁸으로 바꾸고 초대 대통령이 된다.⁰⁶⁹ "200년의 꿈이 이뤄졌다"고 체첸인들은 열광한다.

---

066 소련의 소수민족 강제 이주는 우리 한(韓)민족도 피해자였다. 스탈린은 1937년 중-일 전쟁이 본격화되자 연해주의 한민족이 일본제국군의 앞잡이 노릇을 할 우려가 있다며 20만 명을 중앙아시아 지역으로 강제 이주시킨다. 이를 주도한 스탈린과 당시 비밀경찰 두목 라브렌티 베리야는 러시아인이 아니라 모두 체첸의 이웃 조지아(그루지야)인이었다.

067 두다예프(1944~1996)는 체첸에서 강제 이주한 부모를 따라 카자흐스탄에서 13년(1944~1957)을 보냈다. 모스크바 공군 학교를 졸업, 공군 장교로 복무하고, 체첸인으로서는 가장 높은 계급인 소장까지 승진했다. 1차 체첸전쟁 중 1996년 4월 21일 전사했다.

068 이치케리야체첸공화국(Chechen Republic of Ichkeria, 1991.11.9.~2007)은 러시아 정교와 키릴문자도 버리고 라틴문자를 채택하는 등 탈러시아 정책을 추진한다. 그러나 1994년 어려운 경제 사정을 놓고 두다예프 대통령과 친러시아 세력 간에 다툼이 발생하자, 러시아는 지원 병력을 파견해 1차 체첸전쟁이 발생한다.

069 두다예프는 1991년 10월에 체첸공화국의 대통령 선거에서 당선되나 당시 소련 연방은 이미 8월부터 해체되기 시작해, 러시아 등 15개 공화국으로 재편되는 과정에 있었다. 그래서 두다예프는 11월 2일 '이치케리야체첸공화국'으로 독립을 선포했으나, 옐친이 이끄는 러시아도 소련 연방에서 독립을 선언한 상태여서, 두다예프를 저지할 입장이 아니었다. 소련연방의 공식 해체는 1991년 12월 26일이다.

구소련은 해체됐지만, 소련이 가졌던 모든 권한과 책임은 러시아로 인계됐기 때문에 러시아 옐친(Yeltsin)대통령(재임:1991.7~1999.12)은 이치케리아체첸공화국의 창설에 대해 비상사태를 선포하고 러시아군을 급파한다. 두다예프도 계엄령을 선포하고 맞선다.

1994년 12월, 러시아의 침공으로 체첸에서 전쟁(1차)이 벌어진다. 러시아군의 공격으로 체첸의 수도 그로즈니(Grozny)가 폐허로 변하고 많은 민간인 피해자가 발생했다. 전쟁 중 두다예프 대통령은 전화 통화 추적을 통해 위치가 노출되는 바람에 추적 중이던 러시아 공군기로부터 미사일 공격을 받고 폭사한다. 소련군 5,732명, 체첸군 15,000명, 체첸 민간인 10만 명 이상이 목숨을 잃었고, 체첸의 테러와 게릴라전으로 러시아도 큰 피해를 입었다. 1차 체첸전쟁은 '5년간 정전한다'는 조건의 평화협정이 맺어지면서 끝난다(1996. 8). 체첸의 독립 선언에 대해서는 마무리를 짓지 않아, 체첸이 약간 승리한 전쟁으로 평가된다.

2차 체첸전쟁 | 그런데 뜻하지 않은 일이 벌어진다. 1999년 8월, 체첸군의 강경파 리더인 바샤예프가 러시아 내에 '이슬람공화국'을 건설하겠다며 2,000여 명의 대원들을 이끌고 이웃 다게스탄을 침공했다.

---

070 소비에트사회주의공화국연방(CCCP, USSR)은 1922~1991까지 존재한 세계 최초의 사회주의국가로서, '소비에트연방' 혹은 '소련(蘇聯)'이라고 불렀다. 1922년, 6개 사회주의공화국(러시아, 호라즘, 부하라, 우크라이나, 벨루루시, 자캅카스)으로 출발한 '소련'은 1930년대를 전후해 15개 공화국으로 늘어났고, 1991년 12월 15개의 독립된 공화국으로 분리됐다. '러시아(연방)'는 15개 독립공화국 가운데 하나로 구(舊)소련의 모든 국제적인 권리와 국제법상의 관계를 승계했다.

071 체첸의 수도는 '그로즈니(Grozny)'다. 러시아어로 그로즈니는 '무서운 것'이라는 뜻이다. 러시아의 폭군 이반(Ivan) 3세를 러시아인들은 '이반 그로즈니'라고 한다. '무시무시한 이반'이란 뜻이다. 체첸의 수도 이름이 왜 그로즈니가 됐을까? 200년 이상 끊임없이 저항하는 체첸 사람들이 무시무시하다는 뜻이 아닐까?

072 샤밀 바사예프(Shamil Basayev, 1965~2006)는 강경파 체첸 반군지도자, 2차 체첸전쟁을 일으켰다. 1991년 체첸 대통령 선거에 출마했으나 두다예프에게 낙선하고, 1995년 6월 체첸의 부데노프스키에서 병원을 점령하고 1,500명을 인질로 잡아, 러시아군의 체첸 철수를 요구해, 세계적인 관심을 모았다. 이 인질 사건을 계기로 러시아가 협상에 나서면서 1차 체첸전쟁이 마무리돼 바사예프는 체첸의 영웅이 됐다. 1996년 다시 대선에 나섰으나 온건파인 마스하도프에게 패배하고 1998년 잠시 부총리를 맡기도 했으며, 99년 8월 다게스탄을 침범해 2차 체첸전쟁의 도화선에 불을 댕겼다. 이후에도 테러를 이어가다 2006년 7월 10일 잉구세티아공화국 남부에서 탄약과 무기가 가득한 트럭의 폭발 사고로 사망했다. 이 폭발은 러시아 비밀경찰과 군 당국의 공작으로 파악된다. 바사예프에게 걸린 현상금은 3억 루블(1,000만 달러)이었다.

이때 총리 블라디미르 푸틴이 체첸을 응징하기 위한 전쟁을 결단한다. 전광석화처럼 2차 체첸전쟁이 시작됐다(1999.9). 푸틴은 체첸에 대한 전면 공습을 개시하고 훈련된 지상군도 투입해 5개월 만에 체첸을 장악했다.[073] 3만 명의 체첸군 중 14,000명 정도가 희생되고, 살아남은 사람들은 남쪽의 캅카스 산속으로 숨어들었다. 바샤예프도 지뢰를 밟아 한쪽 다리를 절단하는 중상을 당한다. 2차 체첸전쟁은 러시아군의 승리로 조기에 끝났다. 1차 전쟁 당시 반군을 제대로 진압하지도 못하고 대외적으로도 무기력한 모습을 보인 옐친에 비해, 2차 전쟁을 전광석화처럼 끝낸 푸틴 총리(대통령권한대행)[074]에게 러시아 국민의 박수가 쏟아진다. 2000년 새 밀레니엄이 시작되면서 러시아에서 푸틴의 시대 또한 시작된다.

테러, 테러…

캅카스 산악 지대로 숨어든 바사예프 반군은 이후 테러로 투쟁 방향을 돌린다. 테러로 러시아와 세계의 여론을 움직여 러시아의 전쟁 수행의 의지를 꺾으려는 전략이었다.

테러 1 | 2002년 10월 23일, 모스크바 시내 오페라극장을 체첸 반군이 점거해 700여 명의 관객을 인질로 잡고 "일주일 내로 체첸에 주둔 중인 러시아 군의 즉각 철수"를 요구했다. 그러나 러시아는 4일 만에(10.26) 극장 안에 마취 가스

---

073 현 러시아연방 대통령 블라디미르 푸틴(1952년생)은 대학 졸업 후 국가보안위원회(KGB)에 들어가 연방이 붕괴하는 1991년까지 근무했다. 이후 고향인 상트페테르부르크 부시장, 옐친 대통령 비서실 차장, 그리고 KGB의 후신인 연방보안국(FSB) 국장을 거쳐, 1999년 8월 총리(6대)에 임명되자 곧 체첸에 대한 강경책을 펴서 각광을 받고, 옐친이 퇴진하자, 2000년 3월에 실시 된 대통령 선거에서 당선된다. 소련의 해체라는 큰 정치적 격변에 직면한 국민들에게 젊고 강력한 지도자라는 장점이 어필한 것으로 분석된다. 이후 푸틴은 2000~2008 대통령 연임(3, 4대)을 마치고 2008~2012 총리, 2012~2018 다시 대통령(6대), 2018~2024까지로 예정된 대통령(7대) 임기를 수행 중이다. 3 연임 규정을 피하기 위해 5대 대통령(2008~2012)은 드미트리 메드베데프(1965년생)가 수행했으며, 이후 메드베데프는 2012~2020 총리를 지내다, 2020년 1월 국세청장 출신의 미하일 미슈스틴(1966년생)에게 총리직을 물려주었다.
074 보리스 옐친(1931~2007) 러시아 대통령은 1991년과 1996년 두 차례 대통령에 선출됐으나, 건강 문제로 2차 체첸전쟁 중이던 1999년 12월 31일 사임했다.

를 주입해 인질극을 진압했다. 관객과 민간인 140여 명이 희생됐고, 체첸 반군은 33명이 사망, 3명이 생포됐다.

테러 2 | 2004년 9월 1일 새 학기 개학일. 북오세티야자치공화국의 베슬란시(市)에서 체첸 반군이 베슬란제1학교의 학생과 학부모 1,181명을 인질로 잡고 점거에 들어갔다. 7살부터 18살까지의 학생들과 학생들의 입학식에 따라온 학부모 모두가 인질이 돼, 체육관에 갇혔고 인질범은 32명이었다. 아수라장이 된 진압이 끝난 뒤, 어린 초등학생 180여 명을 포함해 인질 334명이 사망하고, 783명이 부상한 것으로 집계돼, 전 세계가 경악했다.

어떤 경우에도 어린이와 부녀자는 풀어준다는 인질 사건의 공식도 깨져버렸다. 이 사건으로 체첸반군은 민족 독립을 위한 투쟁 세력이 아니라 테러리스트로 이미지가 나쁘게 됐다. 여론과 민심도 돌아섰다.

베슬란 제1학교 인질 사태로 희생된 학생들의 사진이 걸려있는 벽. 범인 중 유일한 생존자는 그 뒤 종신형을 선고받았다. 사진=위키피디아

---

075 러시아와 투쟁하는 체첸 반군은 1991년 창설을 선언한 이치케리야체첸공화국 소속 무장 병력을 말한다. 이 인질극 테러도 바사예프가 계획한 것이라고 알려졌다.

테러 3 | 체첸 사태가 사람들의 뇌리에서 멀어져갈 무렵인 2013년 봄, 미국 동부 유서 깊은 도시 보스턴(Boston). 해마다 4월 셋째 월요일 보스턴마라톤이 열리는 날이다. 4월 15일 그 날 제117회 보스턴 마라톤이 열려, 선두 그룹은 이미 결승선을 통과한 오후 4시 무렵, 결승선 부근에서 압력솥 장비를 이용한 사제폭탄이 연달아 터져 3명이 사망하고, 280여 명이 부상했다.

범인은 체첸 출신의 형제로 밝혀졌다. 경찰 신문 과정에서 동생 조하르는 "다음번에는 뉴욕 타임스퀘어에서 폭탄테러를 계획하고 있으며, 자신들은 급진파 이슬람 성직자인 안와르 알-올라키(Anwar al-Awlaki)[077]의 강연을 듣고, 테러를 결심하게 됐다"고 말했다. 경찰도 "이슬람 극단주의에 영향을 받은 이들 형제가 범행을 저지른 것은 맞지만, 이슬람 테러 집단과 연계된 것 같지는 않다"고 말했다. 동생인 조하르는 2006년 폭사한 체첸 강경 반군 지도자 샤밀 바사예프에 관심을 가진 여러 흔적이 드러나, 형과 함께 이슬람 과격사상에 심취했을 수 있다는 보도가 나왔다.[078]

테러의 뿌리 | 1, 2차 체첸전쟁에서 체첸인 100만 명 가운데 20만 명이 숨지고, 30만 명은 고향을 떠나 난민이 됐다. 러시아군도 2만 명 가까이 전사했다. 면적 15,300㎢에 인구 120~140만에 불과한 체첸이 러시아로부터 독립을 줄기차게 고집하는 이유는 단순하다. 민족도 종교도 언어도 다른데, 힘에 밀려

---

076   이들 형제는 체첸 출신의 아버지와 다게스탄자치공화국 출신인 어머니 사이에서 태어났다. 이들은 테러 사흘 뒤인 4월 18일, 메사추세츠공과대학(MIT)에서 경찰의 총을 뺏으려다 총격전 끝에 형 타메를란 차르나예프(Tamerlan Tsarnaev, 27세)는 사살되고, 동생 조하르(Johar Tsarnaev, 20세)는 부상으로 체포돼, 2015년 5월 재판에서 사형 판결을 받는다. 조하르는 경찰 조사에서 "다음에는 뉴욕 타임스퀘어에서 폭발물 테러를 생각하고 있었다"고 진술했다. (2014.4.26., CNN보도, "Boston bombing suspects planned Times Square attack" Bloomberg says) 그러나 2020년 7월 연방항소법원은 조하르에 대한 사형인 1심을 파기하고 재판을 다시 할 것을 명령했다. 언론들은 조하르가 유죄임은 틀림없으나 보스턴 테러는 숨진 형이 주도했고, 동생 조하르는 주도적으로 참여한 사실이 없다는 등 여론이 동정적이라고 보도했다. 이럴 경우 조하르는 가석방 없는 종신형을 받을 가능성이 높다.
077   알 올라키는 1971년 미국에서 태어나 7살 때 예멘으로 건너가서 성장한 뒤 다시 미국으로 돌아와 콜로라도주립대학을 졸업했다. 급진파 이슬람 성직자(Imam)인 올라키는 9.11테러의 배후자로 지목된 거물 테러리스트로, 2011년 9월 30일 예멘에서 차량 이동 중 공중 폭격을 받고 사망했다. (2011.10.1., 매일경제 "9.11테러 최고 거물 알올라키 폭격에 사망")
078   유철종 기자, "보스턴 테러 용의자 체첸반군 지도자에 관심가져" 20113.4.28 연합뉴스

200년을 눌려 살았고, 이제는 독립하겠다는 입장이다.

그러나 러시아는 카스피해에서 생산되는 원유의 송유관이 체첸을 통과하고 있는 데다 체첸에 매장된 원유도 많기 때문에 포기할 수 없다고 맞선다.[079] 또 슬라브족이 80% 이상이지만, 200개 가까운 다민족 국가인 러시아연방의 유지를 위해서도 체첸의 이탈을 막아야 한다는 점도 중요했다. 그럴 경우, 캅카스 산악 지대에 흩어져 있는 소수민족들의 자치공화국들이 연쇄적으로 이탈할 가능성이 커, 분리 독립에 관대할 수 없는 입장이다. 게다가 체첸의 무슬림들은 이슬람근본주의에 동조하는 세력이 많아,[080] 아프가니스탄에서 소련군과 싸웠던 전사들이 체첸전쟁 때 몰려와 지원하기도 했고, 알카에다 추종 세력들도 합세하고 있어, 러시아는 물론 미국 등 전 세계가 반(反)테러 전선 차원에서 주목하고 있다.[081] 독립을 희구하는 체첸인들은 아직도 마음속의 불길을 끄지 못하고 있다.

---

079 카스피해의 원유 송유관 가운데 북쪽으로 가는 송유관은 카스피해의 바쿠와 흑해의 노보로시스크를 잇는 1,330km 길이다. 이 송유관은 중간에 체첸의 수도인 그로즈니를 지나고 있었다. 그러나 러시아는 2차 체첸전쟁을 겪으면서 그로즈니를 우회해서 가는 우회 송유관을 새로 건설했다.

080 바사예프 등 체첸에는 '코란의 가르침대로 살아야 한다'는 엄격한 율법을 강조하는 이슬람 근본주의의 하나인 와하비즘(Wahhabism) 신봉자들이 다수이다.

081 2002.10.30., 중앙일보, "모스크바 인질극 부른 체첸분쟁"

7. 조지아 : 2개는 독립, 1개는 잔류

현재 조지아(Georgia) 안에는 3개의 자치 공화국이 있다. 이 가운데 압하지야(압하스)와 남오세티야 등 2개는 조지아로부터 분리,독립해 사실상 미승인국(未承認國)[082]이 됐다. 아자리아는 곡절은 겪었지만, 조지아 내에 남아있다.

구소련이 해체되면서 조지아가 독립할 무렵, 친(親)러 성향의 압하지야와 남오세티야는 조지아로부터 분리.독립을 선언하고 전쟁을 불사했고, 러시아가 이들의 독립전쟁을 지원하고 또 지금까지 군사적 경제적으로 후견을 맡고 있다. 이 가운데 남오세티야는 2022년 7월 러시아 편입을 위한 주민투표를 계획했으나, 우크라이나 전쟁 등을 고려해 연기하기로 했다.[083]

압하지야공화국 | 압하지야(Abkhaziya)[084]는 조지아 내 흑해(黑海) 쪽 연안에 있는 미승인국이다. 고대 그리스의 식민도시에서 출발해 8세기 압하지야왕국을 거쳐 몽골, 오스만제국, 러시아제국, 소련 등으로 지배자가 변한 것은 캅카스의 여러 나라들과 비슷하다.

---

082 미승인국은 말 그대로 '국제적으로 국가의 지위를 인정받지 못한 국가'를 말한다. 국민, 영토, 주권이라는 국가의 3요소를 갖추었는데도 국제적인 승인이라는 제4의 요소를 갖추지 못한 나라의 경우도 있다. 우크라이나 영토 내 루한시크, 도네츠크, 조지아의 압하지야, 남오세티야, 아르메니아의 아르차흐공화국 그리고 아프리카의 소말릴랜드 등 10여 개 나라들이 여기에 해당한다.

083 지난 2022년 5월 8일 선거에서 당선된 남오세티야공화국의 알란 가글로예프 대통령은 타스통신과의 인터뷰에서 남오세티야는 러시아와의 통합 노선을 추구하고 있으며, 우크라이나와 전쟁을 치르고 있는 러시아에서 신호가 오는 대로 통합투표를 반드시 실시하겠다"고 밝혔다(유철종 기자, "조지아서 독립 '남오세티야', 러 편입 주민투표 실시 거듭 확인", 2022.5.11., 연합뉴스). 러시아는 친러 성향 독립국이나 반정부 세력에게는 일단 군사적 지원을 통해 해당 지역을 장악하도록 한 뒤, 친러 자치정부를 세우고 자체적으로 독립투표를 실시해, 러시아에 병합을 요청하도록 하는 순서로 곳곳에서 강제병합을 실시하고 있다.

084 압하스(Abkhas, Abkhaz)는 주로 압하지야(Abkhziya)에 사는 압하스인(人)을 나타낸다. 그러나 이 지역을 압하스로 부르는 기록도 많다.

압하지야(압하스)는 볼셰비키혁명 이후 조지아 안의 소수민족 자치공화국(1931)으로 설치됐다. 조지아가 구소련으로부터 분리를 앞두고 실시한 독립투표를 거부하고(1991.3), 소련 연방 체제에 잔류를 희망했다. 그래서 조지아는 구소련으로부터 독립한 뒤, 자국으로부터 독립하겠다는 압하지야에 무력으로 대처했다. 1992년 8월 조지아가 군인이 없다시피 한 압하지야를 점령한 뒤, 압하지야인에 대해 약탈과 살인, 폭행 등을 저질렀고, 조지아 군의 만행에 격분한 캅카스 산악지대에서 은신하던 소수민족 중심의 무장단체들이 압하지야를 지원한다. 러시아의 지원을 받는 이들은 압하지야와 연대해, 조지아 군을 격퇴하면서 거주하던 조지아 인에 대해서도 보복한다. 2년을 끌던 전쟁은 러시아의 중재로 휴전이 됐다(1994, 모스크바협정).

압하지야는 승리한 전쟁인데도 분(憤)이 풀리지 않았다. 이들은 휴전협정을 위반하면서까지 수후미에 사는 조지아인들에 대해 보복한다.[085] 2주일간의 보복에

---

085 '수후미(Suhumi) 학살'이라고 불린 이 사건은 압하지야의 친러시아 분리주의자들이 휴전 중이던 1993년 9월 27일 당시 압하지야공화국의 수도 수후미를 침공해, 거주민 중 조지아인 1만 명 정도를 학살한 사건을 말한다.

서 만여 명의 조지아인이 사망하거나 실종됐다. 압하지야인들은 인종청소에 이어 강제 추방을 계속해, 전쟁이 끝나고 나니 압하지야의 인구가 반으로 줄어든다.[086] 조지아인들이 거주하던 2만 동 이상의 주택이 파괴되고, 수백 개의 학교, 유치원, 교회, 병원 등이 파괴됐다. 조지아에서 친(親)서방 성향의 미헤일 사카슈빌리 정권(2004~2013)이 출범한 뒤, 남오세티야와 조지아 사이에서 전쟁이 터지자, 압하지야는 조지아로부터 완전 독립을 선언했다. 후견국 러시아는 2008년 8월 압하지야와 남오세티야를 독립국으로 공식 승인했다.

압하지야공화국(Republic of Abkhazia)은 8,660㎢의 면적에 인구 24만 5,000명(2020)의 소규모 독립국이다. 종교는 동방정교가 주류(60%)이고, 수니파 무슬림(16%)이 다음이다. 압하지야는 비록 미승인국이긴 하나 막강한 러시아가 뒤를 봐주고 있어, 조지아로부터 독립했다고 보여지고, 영토분쟁도 잠복 상태로 들어갔다.

남(南)오세티야공화국-알라니야국[087] | 남오세티야도 조지아 내의 미승인국이다. 조지아와 남오세티야자치주는 구(舊)소련이 해체되기 직전인 1989년부터 갈등 관계에 들어간다.[088] 공용어 문제를 두고 조지아와 남오세티야 간에 의견의 차이가 생기고 이 갈등이 점점 커져, 남오세티야는 1991년 11월 독립을 선언하[089]

---

086 1989년 전쟁 전 압하지야의 인구는 52만 5천 명으로 조지아인이 반(半) 정도, 압하지야인이 20% 정도 차지했다. 그러나 전쟁 중 조지아인 수천 명이 사망하고, 20만 명 이상 추방 또는 출국해, 전쟁 후에는 전체 인구가 21만 6천 명으로 감소했고, 2015년 조사에도 24만 명으로, 압하지야인이 반을 차지하게 됐다.

087 남오세티야가 8세기 때 옛 왕국인 알라니야(Alania)를 쓰는 이유는 자신들의 조상이 고대 스키타이족의 하나인 알란(Alan)족이라는 믿음에서 비롯된다. 알란족은 8세기경 캅카스 지역에서 알란왕국을 세워 수백 년간 살아왔다. 그래서 '남오세티야-알라니아'라는 새 국명(國名)은 오세티야 인들의 과거와 현재를 상징하고 있는 셈이다. 남오세티야는 러시아에 속해있는 북오세티야-알라니아와의 통합도 염두에 두고 지난 2017년 나라 이름을 '남오세티야-알라니야'로 바꿨다.

088 구소련은 1991년 12월 26일 소련 내 모든 공화국의 독립을 인정하고 핵무기의 발사 시스템 등 모든 권한이 러시아의 옐친 대통령에게 넘어갔다. 조지아 등 소련의 15개 구성 공화국들은 1991년 8월에서 12월 사이에 모두 독립공화국이 되면서 연방에서 탈퇴했다. 조지아는 1991년 4월 소련으로부터 분리를 선언하고, 독립 준비를 해왔다.

089 당시 그루지아공화국 내에서 민족주의 움직임이 활발해지기 시작한 1989년, 그루지아 내의 남오세티야자치주에서도 민족주의 움직임이 활발해진다. 이에 위기를 느낀 그루지아가 그루지아어를 공용어로 사용하도록 남오세티야자치주 정부에게 지시하고 자치주 정부도 이 지시에 따른다. 그러나 남오세티야 자치주의회는 주민자치(自治)를 무시한다며, 정부의 결정에 반대했다. 오세티야인들은 한 발 더 나가 남오세티야'자

고 조지아와 전쟁을 시작한다.

1991년~1992년 사이의 1차 남오세티야 전쟁에는 동족인 북오세티야가 지원하고 또 구소련군도 지원하면서, 1년 반이나 끌었다. 조지아와 남오세티야 사이에 정전협정이 체결되고(1992.6), 평화유지군이 배치됐다. 조지아도 구소련으로부터 갓 독립한 신생국인데 자국 영토 내의 남오세티야와 압하지아 등에서 독립을 선언하니, 이들을 제압할 수가 없었다.

2006년 남오세티야공화국은 그동안의 독립 열기를 모아 독립 찬반투표를 실시한다. 선거 결과는 당연히 독립파의 압승이지만, 조지아는 이 결과를 인정하지 않으면서 지역에 또다시 긴장이 고조된다. 2년 뒤 남오세티야공화국 내의 조지아 측 평화유지군 부대에서 폭탄테러가 발생한다(2008.8.1). 이로 인해 다시 전쟁이 발생했으며, 러시아도 즉각 개입해, 12일 만에 전쟁은 끝난다. 러시아의 압승으로, 조지아는 남오세티야마저 잃게 된다.

남오세티야공화국-알라니아국은 면적 3,900㎢(제주도의 2배 정도)에 인구 5만 남짓한 자그마한 독립국이다. 오세트인이 90% 정도 차지하고 있다. 종교는 동방정교회나 기독교인이 다수다.

사실 대(大)캅카스산맥 남북(南北)에 걸쳐서 살고 있던 오세트 민족은 볼셰비키 혁명 과정에서의 앞잡이 노릇을 인정받았으나, 캅카스산맥을 경계로 러시아의 국경이 그어지는 바람에 북(北)오세티야공화국은 러시아 영토에, 남오티야자치주는 조지아 영토에 위치하게 됐지만, 연방체제가 지속될 때는 별문제가 없었다. 소속 공화국은 달라도 같은 연방[소련]이었기 때문이다. 그러나 소련이 해체된 뒤는 다른 이야기가 된다. 현재 남오세티야는 북오세티야와의 통일을 위해, 조지아가 아니라 러시아와의 합병을 한 뒤 다음 단계로 남·북오세티야가 한 나라가 되는 2단계 통일 전략을 쓰고 있다. 양분된 오세티야가 통일을 위해 러시

치주'를 '자치공화국'으로 격상시켜달라고 요구한다. 조지아는 이 요구를 거부한 데 이어 1990년 12월 '남오세티야자치주'를 폐지하기에 이른다.

090 러시아에 속한 북오세티야공화국-알라니아국은 면적이 7,987㎢에 인구가 70만 명을 넘는다. 남오세티야보다 국토는 2배 이상, 인구는 12배가 넘는다.

아를 도구로 쓰고 있는 셈이다. 다음 단계로 만약 '통일된 오세티야'가 독립을 선언한다면 러시아는 어떻게 대응할지 벌써부터 걱정이 된다.

아자리아 | 조지아 내의 3번째 공화국, 아자리아자치공화국(Autonomous Republic of Adjara)은 조지아의 서남쪽 흑해 연안이면서 튀르키예와 국경을 맞대고 있는 공화국으로 이슬람을 믿는 조지아계 아자르족이 96%를 차지하는 문화적 특성 때문에 일찍부터(1921) 자치 공화국이 됐다.

2,880㎢의 국토에 33만 6,000명이(2014) 거주한다. 친러 성향이 강한 공화국으로 2003년 장미혁명으로 조지아의 세바르드나제 정권(1992~2003)이 끝나고, 아자리아에서도 독재자 아슬란 아바시제(재임 1991~2004)가 부패와 선거 부정에 연루된 사실이 드러나 러시아로 축출됐다. 이어 2007년 러시아군도 철수했다. 그 후 자연스럽게 아자리아에서는 조지아의 통치력이 회복되면서 분쟁은 사라졌다.

미승인국

위에서 살펴본 압하지야, 남오세티야-알라니아 두 공화국은 러시아, 니카라과, 베네수엘라, 나우루, 시리아 등 5개 유엔회원국과, 같은 처지인 다른 6개의 미승인국으로부터 승인을 받았다. 물론 유엔(UN), 미국, 유럽연합(EU) 등은 이 두 나라를 승인한 적이 없다. 이들의 후견국인 러시아는 2014년 11월 압하지야군(軍)과 러시아군을 통합하는 조약을 체결했다. 또 2015년 3월 러시아와 남오세티야는 양국의 군과 세관을 통합해 운영하고, 남오세티야 출신 근로자들이 러시아 내에서 취업할 경우 임금을 우대해 주는 데 합의했다. 이 두 가지 경우에 대해 조지아는 "러시아가 두 나라를 합병하는 첫발을 뗐다"며 비난했다. 조지아는 압하지야와 남오세티야를 분쟁지역으로 부르면서 "러시아에 점령된

---

091 유엔 등 국제기구로부터 승인받지 못하거나 거기서 축출된 나라들이 모이는 '대표 없는 국가 민족기구'(UNPO, Unrepresented Nations and Peoples Organization))라는 기구가 있다. 국제사회가 정식 국

조지아의 영토"(Russian-occupied Georgian territories)라고 부른다. 이 두 나라는 러시아가 군대를 주둔시켜서 지켜주고 있는 데다가, 미국이나 유럽연합 등이 달리 도와줄 방법이 없어서 상당 기간 이런 상태가 유지되면서, 분리 독립이 기정사실화 될 것으로 보인다.

캅카스의 소용돌이

 캅카스는 수십 개의 민족이 모여 사는 다민족 지역이다. 1990년을 전후해 구(舊)소련에 소속된 15개 공화국이 각각 독립할 때, 공화국 안의 소수민족 자치공화국들도 성향에 따라 독립하려는 움직임을 보였다. 특히 캅카스 지역처럼 민족 언어 종교 등으로 서로 갈등을 겪고 있는 경우, 독립의 의지는 더 강했을 것이다. 소련이라는 틀을 깨고 나오려는 15개 공화국과 공화국의 틀을 깨고 독립하려는 소수민족의 자치공화국들, 이중의 소용돌이가 여러 지역에서 생겨났고, 캅카스 지역에서 더욱 심했다.

몇 가지 이유가 있다. 1917년 공산 혁명이 일어나 소비에트연방이 자리를 잡으면서, 소비에트 지도층들은 민족(民族) 문제를 가볍게 봤다. "혁명의 대의(大義)가 중요하지 민족과 민족문제는 있다 하더라도 소비에트(Soviet) 안에서 녹아들 것"으로 봤다.[092] 그래서 민족, 문화, 종교, 고유 언어 등 모든 민족적 특성을 무시하고 마구잡이로 공화국이나 자치 공화국의 경계선을 획정했다.

오세티야도 그렇다. 오세티야, 압하지야가 포함된 조지아는 1801년 제정러시

가로 인정하지 않는 국가와 민족 구성체들이 1991년 결성한 대안 국제기구로, 현재 39개 회원이 가입해 있다(2020). 티베트, 대만, 카탈로니아, 크림 타타르, 압하지야공화국 등이 회원으로, 국제기구에 대표를 파견하지 못하고, 자연재해를 당해도 공식적인 원조를 받지 못하고 분쟁이 생겨도 중재 등의 지원도 받지 못하고 있다.

092 레닌은 '민족주의는 파시즘과 동일하다'고 말해, 악(惡)으로 평가했다. 로자 룩셈부르크는 '공산주의가 성취되면 민족이라는 개념은 자연히 소멸될 것이다'라고 말했다(한국국방연구원, 지역별 분쟁 현황, 조지아-압하지야 분쟁). 유대인인 레닌이 러시아 내의 유대인에게 행한 정책이나, 조지아 출신의 스탈린이 조지아에 대해서 강제 이주 등 폭정을 멈추지 않은 점을 보면, 이들은 민족 개념이 없거나 약했던 것으로 보인다.

아의 땅이 됐다. 제정러시아를 이은 볼셰비키정권은 내전이 끝난 뒤인 1922년 코카서스 지역을 장악하면서 오세티야를 양분해, 북(北)오세티야는 러시아로, 남(南)오세티야는 조지아 소속으로 갈라버린다.[093] 19세기 유럽의 제국주의자들이 아프리카와 중동 등에서 수시로 저지른 것처럼 러시아도 하나의 민족 공동체를 두 개로 갈랐다. 공산 독재에서나 가능한 일이었다. 그런데다가 소련 해체 이후의 시대적인 분위기는 무력과 강제를 일삼던 구소련 시대가 아니었다. 개혁과 개방, 자유주의의 바람이 한바탕 지나간 뒤였다. 그 느슨해진 틈새를 비집고 민족 간의 갈등이 새어 나왔다. 또 캅카스 산악지역, 특히 조지아는 카스피해의 원유 산지와 멀지 않고 러시아의 송유관들이 지나는 전략 요충지[094]였다. 러시아의 통제력이 느슨해졌는데 미국과 유럽이 이 지역을 그냥 둘 리는 없지 않은가?

미국은 냉전 시절부터 소련과 중국 등을 자국의 우호국들을 동원해 포위하는 전략을 구사해왔다. 비록 옛날 같지는 않지만, 진영(陣營)은 사라져도 국익(國益)은 언제나 존재하고, 정치는 이러한 국내외의 이익을 위해 봉사하는 속성이 있다.

러시아의 입장도 있다. 러시아와 조지아는 구소련 시절, 연방 안의 동맹이요 형제 나라였다. 주변의 공화국들은 연방의 핵심인 러시아를 보호하고 러시아와 서방 블록과의 완충 역할을 맡도록 구상해 왔는데, 주변 공화국들이 그냥 미국이나 유럽 쪽으로 넘어가도록 둘 수는 없는 일이었다. 그래서 개입이 필요해진다. 지금 진행 중인 러시아의 우크라이나 침공에도 그런 측면이 다분히 있다.

---

093 볼셰비키는 이 지역을 연방에 편입하면서 캅카스산맥을 경계로, 북쪽은 러시아(연방)공화국으로 하고 산맥 남쪽은 조지아, 아르메니아, 아제르바이잔으로 갈라놓았다. 양분된 오세티야는 8,000㎢에 50여만 명이 포함된 북오세티야자치공화국(1924), 남오세티야자치공화국은 3,900㎢에 5만여 명(1922)으로 갈랐다. 물론 소수민족을 갈라놓아 그 힘을 약화시키려는 정치적인 의도는 있었다고 봐야한다.

094 카스피(Caspi)해는 길이 1,030km, 너비 435km, 면적은 37만1,000㎢에 이르고, 해저에는 500억 배럴의 원유와 8조 4000억㎥ 규모의 천연가스가 매장된 것으로 추정된다. 현재 카스피 원유는 아제르바이잔의 바쿠(Baku)에서 조지아의 트빌리시(Tbilish)를 거쳐 흑해의 수프사(Supsa)로 가는 송유관, 트빌리시와 터키의 에르주룸을 거쳐 지중해의 세이한(Ceyhan)으로 가는 송유관과 장차 유럽으로 직접 연결되는 송유관(2020년 현재 터키까지 건설) 등 모두 3개의 송유관이 지난다.

8. 아르차흐(Artsakh): 이슬람국가 안의 기독교 영토

월경지 공화국

아르메니아의 월경지 「아르차흐공화국」(Republic of Artsakh)[095]은 아제르바이잔 영토 중간에 섬처럼 자리 잡고 있다. 이슬람 국가인 아제르바이잔 영토 안에 기독교(아르메니아정교) 국가 아르메니아 영토가 월경지(Exclave) 형태로 존재하니, 그 존재 자체가 서로 불편하고 분쟁의 씨앗이 된다.

아르차흐공화국은 1992년 독립을 선언했으나 국제적으로 승인을 받지 못하고 있다. 그 때문에 아르메니아와 아제르바이잔 간에 몇 차례 전쟁을 거치면서, 전쟁의 승패에 따라 국토 면적이 4,388㎢(1992)에서 11,400㎢(1994)로 늘어나거나 또 3,170㎢(2020)로 줄어들기도 한다.

인구 또한 독립할 당시에는 아르메니아계 주민이 14만 5,000명(77%), 아제르바이잔계 주민 4만 명(21.5%) 등 모두 19만여 명이었으나, 전쟁을 거치면서 아제르바이잔계 주민들이 떠나버려 인구가 감소했다. 2002년에는 전체 인구가 14만 5,000명으로 줄었고, 최근에는 12만 명(2021)으로 집계된다. 주민 구성도 아르메니아계가 95% 이상이 됐다.

아르차흐는 구소련이 해체되면서 아제르바이잔이 독립하자, 아제르바이잔으로부터 독립을 선포하고 나고르노-카라바흐공화국(NKR, Nagorno-Karabakh

---

095 '나고르노-카라바흐'를 아르메니아인들이 '아르차흐'라고 부르는 것은 이 지역에 존재했던 고대 아르메니아 왕국(BC189~AD387)의 10번째 주(州) 이름이 '아르차흐'인 데다, 위치도 현재의 나고르노카라바흐와 거의 겹치고 있다는 역사적 사실에 근거하고 있다.

아르메니아와 아제르바이잔 안에는 상대국가의 월경지 영토가 하나씩 있어, 분쟁이 자주 발생한다.

Republic)을 창설했다. 나고르노-카라바흐는 2017년 나라 이름을 '아르차흐공화국'으로 바꿨다. 아르차흐자치공화국의 본국인 아르메니아는 29,743㎢의 면적에 296만 명(2021)의 주민이 있고 97% 이상이 아르메니아계이다. 구소련에서 독립한 뒤 몇 차례 전쟁을 거치면서 다른 민족들이 거의 빠져나갔다.

역사 | 아르메니아와 아제르바이잔, 이 두 나라는 산악고원지대인 나고르노-카라바흐(아르차흐) 지역을 둘러싸고 오래전부터 영유권 갈등을 계속해 왔다.

이 지역은 기원전부터 기독교도인 아르메니아인들의 거주지역이었는데, 7세기 중반 페르시아(Persia)가 이 지역을 점령하고 이슬람교도들이 옮겨와 살면서 갈등이 시작된다. 이후 1차 세계대전에서 오스만제국이 패배하고 그 지배하에 있던 여러 민족이 독립국가 건설을 선언하는데, 아르메니아와 아제르바이잔도 각각 독립을 선언했으나, 결국 구소련(소비에트연방)에 편입된다.

당시 소련은 아시아 지역 국가들로 공산주의를 확산시키고 지지를 확보하기 위해 노력했다. 그래서 이슬람의 나라인 아제르바이잔을 발판으로 신생 튀르키예와도 새로운 관계 형성을 원하고 있었다. 소련의 스탈린(J. Stalin)은 나고르노-카라바흐 지역을 아제르바이잔의 영토로 인정하는 대신, 주민의 절대다수가 아르메니아계인 점을 감안해 나고르노-카라바흐 지역을 자치주(自治州)로 지정한다. 그 당시는 아르메니아와 아제르바이잔이 모두 소비에트연방(USSR)의 구성공화국이었으므로, 공화국 간의 국경선도 행정적인 구획 정도에 불과해 통행도 자유로웠고, 사소한 다툼도 모스크바 중앙 정부의 중재가 통했고 중앙의 통제가 무서워 소리 높여 싸우지도 못했다.

하지만 소련이 붕괴하기 3년 전인 1988년부터 나고르노-카라바흐 지역의 아르메니아계 주민들이 분리 독립을 선언하면서 갈등이 커진다. 1991년 소련이 해체되면서 이들은 나고르노-카라바흐공화국 수립을 선포하고 "장차 아르메니아와 통합하겠다"고 나선다.

4차례 전쟁 | 1992년 '나고르노-카라바흐의 독립을 지지하는 아르메니아'와 '나고르노-카라바흐의 이탈을 막으려는 아제르바이잔' 간에 기어코 전쟁(戰爭)이 벌어진다. 1차 전쟁에서는 아르메니아가 우세를 유지해 나고르노-카라바흐 자치주 외곽 땅까지 지배하게 된다. 영토가 4,400㎢에서 11,400㎢로 늘어났다. 이 전쟁으로 사상자는 양측에서 3만 명이 나왔고 100만 명 가까운 난민이 발생했다. 1994년 5월 휴전이 성립됐으나, 평화에까지 이르지 못했다. 사소한 충돌이나 중대한 의견 차이가 계속 존재했다는 뜻이다. 2016년 4월 2차 전쟁에서는 전투기와 전차, 대포가 동원되는 충돌이 발생해 며칠 사이 양측에서 200명 가까운 사상자가 발생하기도 했다.[096] 두 나라는 휴전에 합의했다고는 하나, 갈등의 뿌리가 깊은 나머지, 간간이 무력 충돌이 있었다. 2020년 다시 대규모 무력 충돌이 발생한다. 아제르바이잔은 같은 이슬람 국가인 튀르키예로부터 지원을 받았고, 러시아와 친밀한 아르메니아는 러시아의 지원을 기대했다. 3차 전쟁에서는 기습공격을 당한 아르메니아가 패배했다(2020.9~2020.11).

이들의 충돌은 이어져, 2022년 9월 13일 다시 재발했다. 양국은 지난 2020년 러시아까지 포함한 3자 휴전협정을 지키지 않는다고 서로 비난했다. 양국에서

---

[096] "아제르-아르메니아, 나고르노카라바흐서 무력 충돌 중단" 매일경제, 2016.4.5

수백 명 단위의 전사자가 발생했다. 미국과 EU, 교황청 등은 이들 간의 전쟁을 멈추기 위해 동분서주하면서 큰 불길을 잡았다. 러시아와 우크라이나 사이의 전쟁으로 가스 공급이 지장을 받는 가운데, 세계 주요 가스 생산국인 아제르바이잔까지 전쟁할 경우, 유럽은 올 겨울 아주 힘든 시간이 될 것으로 보인다.

분쟁의 뿌리

너무 다른 두 나라 | 아르차흐공화국 영토분쟁을 이해하기 위해서는 아제르바이잔과 아르메니아의 과거와 이 지역 기독교와 이슬람 간에 얽힌 원한을 살펴봐야 한다. 카스피해 연안의 아제르바이잔(Azerbaijan)은 오스만의 영토였으나 러시아-튀르크전쟁(1877~1878)에서 오스만이 패배함에 따라 러시아 영토가 됐다가 1918년 제정러시아가 소멸하면서 독립해, 아제르바이잔민주공화국으로 태어난다. 하지만 2년 뒤 구소련(USSR)에 포함됐다가 1991년 말, 소련이 붕괴한 뒤 독립한다. 면적은 8만 6,600㎢, 인구는 약 1,000만 명(2019) 정도로 대부분 이슬람교를 믿는다. 수도 바쿠(Baku)는 카스피해 원유 생산의 중심지이다.

반면 아르메니아민주공화국은 현재 조지아와 튀르키예, 아제르바이잔, 이란 등에 둘러싸인 세계 최초의 기독교 공인 국가이다. 5세기 초에 동로마제국과 사산(Sassanid)조 페르시아의 영토로 양분됐다가 1045년 셀주크터키(Seljuk Turks)의 침략을 받고, 전체가 이슬람 영향권으로 넘어간다.

16세기부터 19세기 사이 서(西)아르메니아는 오스만의 영토가 됐고, 동(東)아르메니아는 페르시아의 영토로 바뀌었다가, 19세기 들어 러시아는 페르시아로부터 동아르메니아를 뺏는다. 1차 대전과 러시아 혁명이 끝나고 아르메니아는 구소련에 편입됐고(1922), 1990년 독립을 선언한다. 면적은 2만 9,000㎢, 인구도 300만 명(2020)에 불과한 소국이다. 국경을 맞대고 있는 아르메니아와 아제

---

097 페르시아의 한 왕조라는 뜻에서 사산조 페르시아(사산 왕조 페르시아)라고 쓰는데, 사산 왕조는 서기 224년에서 651년까지 페르시아(이란 일대)를 다스렸다.

르바이잔은 종교와 민족이 이렇게 너무 달랐다.

1920년, 슈사 학살 | 지금부터 100년 전 나고르노-카라바흐의 중심도시 슈사(Shusha)[098]는 인구 4만이 넘는 제법 큰 도시였다. 아르메니아인(아르메니아정교회)과 아제르바이잔인(무슬림)의 거주 구역이 따로 떨어져 있었다. 그런데도 수시로 주민들 간에 충돌이 생겼고 간혹 무장 충돌도 발생했다. 그러던 1919년 6월 중순, 약 2천 명의 아제르바이잔 민병대원들이 슈사 외곽의 아르메니아인 마을인 하이발리켄드(Khaibalikend)에 들이닥쳐, 마을을 노략질한 뒤 방화해, 600명의 아르메니아 인들이 목숨을 잃었다.

1920년 3월 학살의 광풍이 휩쓴 슈사의 아르메니아인 거주구역. 폐허로 변한 도시 너머로 멀리 성모교회(성당)가 보인다. 사진=위키피디아

098 나고르노카라바흐의 주도(州都)인 슈사의 당시 인구는 43,869명으로 이 가운데 아르메니아인은 23,396(53%), 아제르바이잔인은 19,121(44%)로 조사됐다(1916년).

분노한 아르메니아인들은 파리평화회의[099]가 끝날 때까지, 대안을 내놓지 않으면 독립하겠다고 결의한다. 해가 바뀌며 시한이 넘었지만, 대안은커녕 불벼락이 내렸다.

아제르바이잔 군은 1920년 3월 22일 안개가 짙게 깔린 밤, 슈샤에 거주하는 주민들과 함께 아르메니아인 거주 구역에 대한 방화, 약탈, 강간, 노약자 살해 등 끔찍한 학살에 들어간다. 닷새 동안 계속된 대학살의 참상은 할 말을 잊게 만든다. 기록을 보면 "학살이 끝난 뒤 아르메니아인 거주 구역에서는 사람의 모습을 볼 수 없었다" "경찰 서장의 시신은 인간 횃불(human torch)로 쓰였고, 성직자는 혀가 뽑힌 채, 잘린 목이 창끝에 꿰어져 길거리에 달려 있었다" "우물은 여성과 어린이의 시신으로 꽉 차 있었다" 등등 끔찍한 표현이 나온다. 이 학살의 희생자 숫자에 대해서는 500~2,000여 명으로, 기록에 따라 차이가 있다.[100] 그러나 아르메니아의 기독교도들은 이 슈샤학살과는 비교도 안 되는 끔찍한 학살을 이미 두 차례 겪은 적이 있다. 이슬람인 튀르키예에 의해 자행된 아르메니아인 집단학살(Genocide)은 20세기 최악의 인종학살 중 하나로 기록된다. 잠시 더 살펴보자.

1차 학살 | 이슬람 제국인 오스만은 1877~1878년 제정러시아와 캅카스 지역[101]의 패권을 놓고 승부를 겨뤘으나 패배한다. 캅카스산맥 남쪽에서 살던 무슬림들은 러시아가 이 지역을 합병하자, 이슬람국가인 오스만의 영토로 건너간다. 이들은 "기독교도인 아르메니아인들이 러시아 군대와 협력해 무슬림들을 몰

---

099 세계1차 대전을 마무리하기 위한 파리평화회의(파리강화회담)은 1919년 1월 개최해 1년 동안 전후 뒤처리 문제를 논의한 뒤인 1920년 1월 21일 국제연맹 첫 총회 개최로 마무리된다.

100 아르메니아계로서 미국 UCLA대학 명예교수인 리차드 호바니시안(Richard Hovannisian, 1932~)교수는 500명이 희생됐다고 말하고, 대소련백과사전(Great Soviet Encyclopedia, 1970)은 2,096명이 희생됐다고 기록했다

101 러시아-튀르크 전쟁'은 1877.4~1878.3.까지 발칸반도와 캅카스산맥에서 발생했다. 러시아 측은 오스만제국을 흔들어 버리기 위해 불가리아, 세르비아, 몬테네그로, 몰다비아, 왈라키아 등과 한편이 됐다. 오스만이 전쟁에 패하면서 러시아는 캅카스의 여러 지역을 빼앗아 합병했고, 발칸에서는 오스만 치하에 있던 세르비아, 몬테네그로, 루마니아 등이 독립하고 보스니아와 헤르체고비나는 자치권을 얻었다. 1878년 3월 러시아-튀르크 전쟁을 마무리 지으면서 두 제국은 〈산스테파노 조약〉을 맺는다.

아냈다"는 말을 하고 다녔다. 이때부터 오스만 내의 무슬림들 사이에는 '아르메니아인들은 적국인 러시아와 내통해 독립을 위해 테러를 벌이는 위험한 사람들'이라는 인식이 널리 퍼진다. 이런 과정을 통해 오스만제국 내에는 민족과 신앙이 다른 아르메니아 기독교인들에 대한 혐오와 증오의 씨앗이 심어진다. 역사를 보면, 이런 씨앗은 말라 죽지 않으면 언젠가는 싹을 틔우고 피를 보게 하는 악마의 속성을 지녔다.

당시 오스만 내 아르메니아인 사회는 아나톨리아고원의 동부 지역에서 농업과 목축 등에 종사하는 사람들과 이스탄불 등 도시 지역에서 상업과 무역업, 건축가, 하급 관리로 일하는 공동체 등 성격이 다른 두 개의 공동체가 있었다.

10여 년 뒤인 1894년, 오스만 동부 '대(大)아르메니아'[102] 지역에서 두 민족 간에

1913년~1916년 오스만제국에 주재한 미국 대사였던 헨리 모겐소(Henry Morgenthau) 경은 1918년 출판한 회고록 「모겐소대사의 이야기」를 통해, 오스만제국의 아르메니아인 집단학살에 대해 기록하고 있다. 모겐소 대사는 "1915년 봄부터 여름까지 몇 달 동안 아르메니아 지역에서 이런 광경은 도처에서 목격됐다"고 기록했다.
사진=위키피디아

102 고대 아르메니아는 한때 로마제국에 대항할 정도로 강성했으나 이후에는 외세에 많이 시달려, 나라가 분열되고, 빼앗기는 아픔을 겪는다. 역사상 대(大)아르메니아는 지금의 아르메니아와 튀르키예 동부, 시리아와 이라크 일부 등을 포함하는 지역이다.

큰 충돌이 발생했다. 오스만정부가 군대를 동원해 충돌을 진압하는 과정에서 아르메니아인 2만여 명이 학살됐고, 다른 도시 지역에서도 아르메니아인에 대한 무슬림들의 공격이 이어졌다. 아르메니아인도 끈질기게 테러를 가하는가 하면 정치적인 결사체들을 구성해 저항했다. 아르메니아인들은 이 사건을 오스만제국의 '1차 학살'이라고 말한다.

2차, 150만 대학살 | 세상은 20세기로 넘어왔다. 1914년 1차 세계대전이 발발했다. 오스만은 독일 등과 함께 동맹국 편에, 러시아는 연합국으로 참전해 또 적대관계가 형성됐다. 러시아 군대가 오스만의 동북부 국경 지역을 점령했다. 이때 오스만 내 아르메니아인 수천 명이 러시아군으로 참전하거나 오스만에 대한 게릴라 활동을 전개했다. 오스만에 점령된 서(西)아르메니아의 독립과 탈환을 위해서 오스만의 적대국인 러시아를 편들었다. 이들의 게릴라 활동으로 무슬림들이 희생되고, 마을이 파괴되자 전에 심어 두었던 혐오와 증오의 씨앗이 싹을 틔운다.

1915년 4월, 오스만정부는 서(西)아르메니아 지역에 거주하는 아르메니아인들에 대해 지금의 시리아와 이라크 사막 지역으로 강제 이주를 명령한다. 이 과정에서 100~150만 명의 아르메니아인들이 총 맞아 죽고, 병들어 죽고, 목말라 죽고, 굶어 죽었다.

이에 대해 튀르키예 정부는 "전쟁 수행 과정의 이주정책으로 20만 명 정도가 희생됐다"고 말한다. 이건 좀 심한 발뺌이다. 일반적으로는 당시 오스만제국이 아르메니아인을 의도적으로 학살해 100만에서 150만 명이 희생됐다고 본다. 이 사건은 '2차 집단학살'(Genocide)로 역사에 기록된다.

2012년 프랑스 의회는 「아르메니아인 대학살 부인(否認) 금지법」을 제정해, 이 잔인한 학살 자체를 부인하는 사람을 처벌할 수 있도록 했다.[103] 아르메니아는 대학살

---

103 프랑스 하원은 지난 2011년 12월 22일, 아르메니아 사태를 '인종학살'(Genocide)로 보는 공인된 역사 해석과 다른 발언을 공개적으로 할 경우 최대 징역 1년에 45,000유로의 벌금을 부과할 수 있다는 법안을 통과시켰다. 한 달 뒤 상원도 이 법안을 통과시켰다. 이 과정에서 프랑스 내에서는 "사르코지 대통령이 수십만에 이르는 아르메니아계 표를 의식해서 하는 쇼"라고 하는 등 논란 끝에 2012년 2월 28일 프랑스 헌법

(大虐殺)이 일어났던 4월 24일을 국가 추모일(追慕日)로 지정해 지금 지키고 있다.

재판소는 이 법안이 위헌(違憲)이라고 결정했다. "역사해석은 표현의 자유에 해당하는 것으로, 공인된 해석이라도 반대에 속하는 말을 못 하게 하는 것은 표현의 자유를 침해하는 것"이라고 판결했다. 헌재는 또 역사학자들의 책임에 해당하는 영역에 헌법재판소는 들어가기를 원하지 않는다고 밝혔다. (프랑스 헌재 '아르메니아인 학살 부인 금지법' 위헌판결, 한겨레, 2012.2.29.)

9. 나흐츠반(Nakhchivan): 기독교국가 안의 이슬람 영토

캅카스의 4차 전쟁

 영토분쟁에서의 '4차 전쟁'은 중동전쟁을 연상시키지만, 캅카스 지역에서의 4차 전쟁은 기독교국가 「아르메니아공화국」과 이슬람국가 「아제르바이잔공화국」 사이의 전쟁이다. 이들은 1992, 2016, 2020년에 이어 2022년 9월에 또 새로운 전쟁을 시작했다. 개전 일주일 만에 벌써 양측에서 수백 명이 전사했다는 보도가 잇따른다. 앞에서 살펴봤지만, 아르메니아는 아제르바이잔 안에 섬처럼 아르차흐공화국이라는 월경지(越境地)를 갖고 있다. 아제르바이잔

은 섬 모양은 아니지만 아르메니아와 이란, 튀르키예 사이에 월경지 「나흐츠반(Nakhchivan)자치공화국」을 두고 있다. 이 두 개의 월경지 영토를 둘러싸고 두 나라의 다툼이 반복되고 있다.

나흐츠반[러시아 발음, 나히체반]은 5,363㎢ 국토가 거의 산지이며, 46만여 명(2020) 인구 대부분이 아제르바이잔계다. 당연히 이슬람국가다. 아르메니아 전설에 따르면 나흐츠반시(市)는 대홍수에서 살아남은 노아(Noah)가 방주(Noah's Ark)에서 내려와 처음으로 건설한 도시지만, 오랫동안 이란의 지배를 받았다. 나흐츠반의 본토인 아제르바이잔공화국은 86,600㎢의 면적(아르메니아의 월경지인 아르차흐자치공화국를 제외하면 75,200㎢)에 959만 명(2015)의 주민이 있으며, 이란의 영향을 오래 받아 시아파 회교 국가이다.

역사 | 나흐츠반은 19세기까지 페르시아[이란]의 땅이었고, 러시아가 페르시아와의 전쟁(1804~1813)에서 이기자 이 땅은 러시아제국으로 넘어갔다. 제정러시아 시대만 해도 지금 두 나라 사이에서 분쟁이 되고 있는 아르메니아 남부와 아르차흐 일대는 민족 구분 없이 서로 어울려 살고 있었다. 제정 러시아가 무너진 혼란기(1917~1918)에 아르메니아와 아제르바이잔이 서로의 민족국가를 세우기 위해 민병대를 구성해 싸울 때, 아제르바이잔민병대가 오스만군의 도움을 받아 이 지역을 장악하고, 아르메니아계 주민들을 죽이거나 몰아냈다. 아르메니아 민병대 역시 나흐츠반을 뺀 아르메니아 남부지역을 점령해, 나흐츠반은 월경지로 남게 됐다. 분쟁이 발생하는 영토는 그럴만한 전쟁이나 영토 변경의 역사가 숨어있기 마련이다.

이 지역은 볼셰비키정권이 러시아 중앙권력을 장악하게 됨에 따라, 소비에트연방(USSR)의 구성국이 됐다가, 1990년 전후 각각 독립하면서 다시 다툼을 시작한다. 소비에트연방 시절에는 월경지라는 사실이 크게 불편하지 않았던 것은 다른 월경지의 경우와 같다. 아르메니아 일부에서는 이 나흐츠반이 아르메니아의 역사성이 짙은 자신들의 옛 영토라고 주장하면서 되찾아 오자고 말하지만, 이웃이 튀르키예와 이란과 같은 이슬람 강국(强國)들이어서 아르메니아 정부는 조심하고 있다. 나흐츠반 주민들은 본토인 아제르바이잔을 오갈 경우, 이란이나 튀르키예를 경유해 오가야 했다. 그러나 지난 2020년 전쟁(3차)의 휴전안 조항에 나흐츠반과 아르차흐 등 각자의 월경지 등을 잇는 육상교통로 재개통 등을 포함해 운송과 통신의 자유화 규정이 포함돼 있어, 기대를 하고 있었는데, 이 조항들이 지켜지지 않으면서 4차 전쟁이 벌어진 것으로 보인다.

아르메니아의 수도 예레반과 아제르바이잔 수도 바쿠를 연결하는 철도도 있지만, 전쟁으로 운행이 중단된 지 오래고, 항공편도 서로 영공 통과를 허용하지 않아, 나흐츠반은 교통이 아주 불편하다.

10. 카스피(Caspi)해: "특수한 지위의 바다"

27년간의 분쟁 | 카스피해(Caspian Sea)는 그 이름에 '바다(海)'가 붙을 정도로 넓다. 371,000㎢다. 22만㎢인 남북한이 충분히 들어갈 수 있다. 러시아, 카자흐스탄, 투르크메니스탄, 이란, 아제르바이잔 등 다섯 나라에 둘러싸인 내륙호(內陸湖)며 염수호(鹽水湖)다. 구소련 시절에는 카스피해의 이용에 관해, 소련과 이란 두 나라만 협의하면 됐다. 그러나 1991년 구소련이 해체된 후 이 두 나라 외에도 카자흐스탄, 투르크메니스탄, 아제르바이잔 3국의 입장도 동등하게 중요하게 됐다. 카스피해와 관련된 자원은 어업보다도 지하 부존자원, 바로 석유와 천연가스의 문제가 더 우선한다. 카스피해 해저에는 500억 배럴의 원유와 8조 4천억㎥ 규모의 천연가스가 매장된 것으로 추정돼, 관련국들이 지대한 관심을 갖고 있다. 이러한 규모는 페르시아만과 서(西)시베리아에 이어 세계 3위 규모다. 1846년부터 대규모 유정 굴착이 시작되면서 아제르바이잔의 수도 바쿠(Baku)는 이 지역에서 가장 큰 도시로 성장했다. 소련도 건국 초기 바쿠 앞 바다에서 생산되는 원유에 크게 의존했다.[104] 그러나 구소련이 해체되면서 카스피해 주변 5개국은 카스피해 지하의 자원에 대해 관심을 쏟다가 결국 경계선을 놓고 충돌하기 시작한다.

바다인가 호수인가 | 분쟁의 핵심은 카스피해가 바다인가 호수인가로 모아진

---

104 바쿠는 구소련 시절 모스크바, 레닌그라드[상트페테르부르크], 키예프, 타슈켄트 다음가는 제5의 도시였다. 19세기 중반 석유가 발견되면서 급속하게 성장했고, 2차 대전 당시 석유가 급했던 독일은 바쿠를 점령하기 위해 이 지역을 침략했으나(1942~1943) 스탈린그라드[현, 볼고그라드]에서 양측이 2백만 명의 인명 피해를 내는 큰 전투 끝에, 소련에게 패배해 미수에 그친다. 1940년 소련은 전체 원유의 71.5%(1억 7천만 배럴)를 바쿠 유전에서 뽑아 썼다. 시간이 흐르면서 바쿠 유전에 대한 소련의 의존도는 떨어져 70년대 5.7%, 80년대 2.4%까지 떨어진다.

러시아와 이란 등 카스피 영유권 관련 5개국은 지난 2018년 카스피해가 "특수한 지위의 바다"라고 결론을 내리면서 분쟁을 끝냈다

다. 확립된 국제법과 관례는 바다일 경우와 호수일 경우에 각각 적용하는 기준이 달라지기 때문이다. 또 적용되는 국제법규와 기준이 달라지면 각국의 경계선이 달라진다.

이란은 카스피해가 호수라고 주장하며 호수일 경우에 적용하는 국제법 원칙대로 관련 5개국이 20%씩 권리를 배분해야 한다고 주장했다. 그러나 카자흐스탄, 아제르바이잔, 투르크메니스탄은 자신들의 연안에 자원 매장량이 많기 때문에 바다라는 입장을 고수해왔다. 27년을 끌던 이 분쟁은 지난 2018년 8월, 관련국 사이에서 합의에 이른다. 이들은 "카스피해는 바다이다. 그러나 보통 바다가 아니라, 특수한 지위를 가진 바다인 내륙해(內陸海)다"라고 합의했다. 나온 결론을 보면 보통 사람 5명이 하루만 들여다보면 낼 수 있는 결론인데, 5개국이 27년을 끌었다. 그만큼 국익과 관련한 협상은 쉽지 않다. 카스피해 연안 5개국 회의가 열렸던 카자흐스탄의 나자르바예프 대통령은 "관련 5개국은 해안선으로부터 15해리까지를 영해로, 다음 10해리까지를 배타적 조업 수역으로 설정하기로 했다"고 밝혔다. 그리고 "카스피해 자원에 대한 권리는 연안 5개국에만 귀속된다는 원칙도 합의했다"고 밝혀, 미국과 영국 등 다른 나라들이 얼씬거리는 상황을 막기 위해 못을 박았다. 또 연안국 외의 군대가 카스피해로 진입하는 것은 인정하지 않기로 합의했다.[106] 그러나 과거 소련과 50:50으로 카스피해를 양분해 온 이란은 내심 불만이 많은 분위기다. 이란의 하산 로하니 대통령은 "이번 합의는 법적 지위에 관한 합의일뿐 구체적인 권리 조정과 경계 획정은 더 논의를 해야 한다"고 말해 구체적인 부분에서는 의견의 차이가 남아

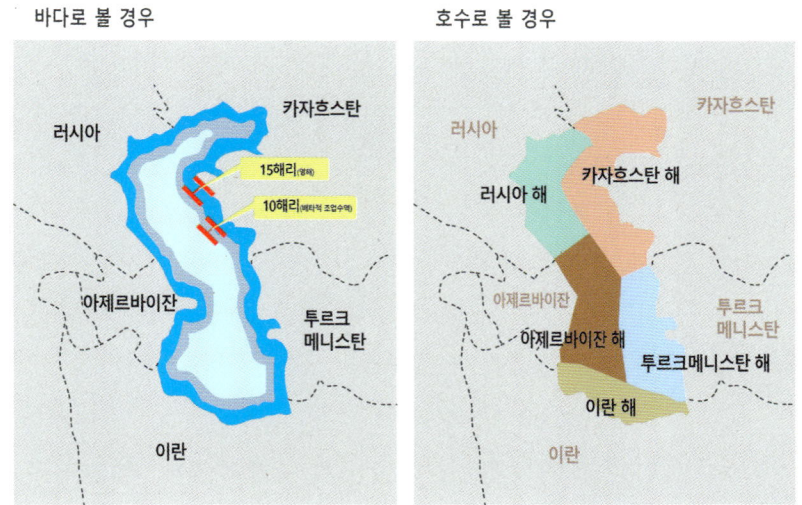

카스피해를 바다로 볼 경우와 호수로 볼 경우, 그 경계선이나 행위의 범위가 크게 달라진다. 그래서 관련 5개국은 27년 동안 논의를 해왔다.

---

105 카스피해가 일반 바다라면 1982년에 합의된 유엔해양법협약(UNCLOS)이 적용돼, 연안국은 12해리 범위 내에서 영해와 대륙붕을 갖고, 다시 12헤리에 대해서는 접속수역으로, 그리고 연안에서부터 200해리까지는 배타적 경제수역을 설정할 수 있다. 12해리 영해 밖은 공해(公海)로서 통항권이 보장된다. 그런데 카스피해는 특수한 성격의 내륙해이므로, 15해리까지 영해, 그리고 영해에서 10해리까지만 배타적 조업 수역으로 인정했다. 길이 1,000km가 넘고 폭이 400km가 넘어도, 200해리의 배타적 경제수역을 주장하기가 어려운 것이다.

106 흑해와 지중해를 잇는 터키해협(보스포루스와 다르다넬스 해협)의 통행에 관해서는 1936년 맺어진 몽트뢰조약(Montreux Convention)이 있다. 터키는 상선에 대해서는 전시나 평시 관계없이 자유롭게 통행을 할 수 있게 하지만, 군함이나 터키의 교전국 함정에 대해서는 제약을 가할 수 있도록 하고 있다.

있음을 시사했다.[107]

지난 2018년의 합의에 따라 연안 5개국은 석유와 천연가스 개발에 대해서 일단 청신호를 켰다. 그러나 이러한 단서 조항 때문에 본 합의가 무효로 되는 경우를 우리는 역사에서 숱하게 보아왔다. 그래서 카스피해는 잠재적인 영토분쟁지역으로 보고, 계속 지켜보아야 할 필요가 있다.

107　카스피해는 호수 아닌 바다…. 27년 만에 영유권 분쟁 종지부" 2018.8.13. 한국경제신문,

피를 부르는 영토분쟁 **러시아** 편

피를 부르는
영토
분쟁
TERRITORIAL DISPUTES

2

유럽 Europe

피를 부르는 영토분쟁 **유럽** 편

1. 제국의 잔재들

유럽의 역사는 전쟁의 역사라는 생각이 들 정도로 전쟁이 꼬리에 꼬리를 물고 계속됐다. 고대 그리스의 도시국가 때부터 전쟁은 점점 규모를 키워 페르시아 전쟁까지 이어졌다. 로마 또한 전쟁으로 제국을 키워갔다. 역사에 나오는 정복(征服)이란 말 자체가 전쟁을 전제로 했다. "다른 나라나 민족을 정벌해 복종" 시키는 방법이 전쟁 말고 뭐가 또 있었을까? 정복과 전쟁이 생존과 발전의 원동력이었다. 이를 피하는 민족이나 집단은 소외되고 끝내는 소멸됐다. 암흑시대라는 중세(中世)도 일반적으로 서로마제국이 멸망한 476년부터 동로마제국이 멸망한 1453년까지로 구분 한다. 이 기간에도 왕권과 교황권의 대립과 보복이 있었고, 이슬람 국가와 기독교 국가 간의 전쟁이 이어졌다. 지금으로서는 이해하기도 어려운 십자군전쟁이 200년 동안 간헐적으로 진행된 때가 이 시절이다. 영토를 넓히고 영향력을 키우기 위한 선택도 역시 정복과 전쟁이었다. 전쟁을 막기 위한 왕가 간의 혼인도 그 영향력은 제한적이었고, 때로는 전쟁의 원인이 되기도 했다.

시간은 흘러가도 인간의 지혜는 한계가 분명했다. 가톨릭의 문제점을 고쳐보겠다던 프로테스탄트도, 문화나 예술의 융성도 전쟁을 막지는 못했다. 신대륙 발견의 기쁨도 잠시 그것은 전쟁의 수출, 전선의 확대나 다름없었다. 식민지 획득을 위한 전쟁과 그 속박에서 벗어나려는 식민지의 해방전쟁, 이렇듯 전쟁의 악순환이 반복되었을 뿐이다. 동양의 몽골제국, 오스만제국도 유럽을 공포에 몰아넣었다. 산업 발전은 전쟁수단의 발전을 가져왔고 이것은 다시 전쟁으로 인한 대량 살상을 초래했다. 역설적으로 인류는 끊임없는 전쟁과 정복을 통해 생존하고 교류해왔다. 다행히 2차 대전 이후로는 큰 전쟁이 없지만, 작은 규모의 전쟁은 계속됐다. 지금 당장 러시아가 과거 연방 형제국이 우크라이나를 침공해 전쟁 중이지 않는가?

땅은 인간 역사의 출발점이다. 인간이 지상에서 생활하기 시작하면서 역사는 시작됐지만, 인간은 그 역사를 기록하는 수단도 갖기 전, 전쟁부터 시작했다. 그래서 인간이 사는 그 땅이 바로 역사이고 영토다. 근대로 오면서 나라와 민족이 결부되고 난 뒤, 그 땅은 전쟁이 아니고서는 좀처럼 주고받기가 어려운 괴물과 같은 존재가 되어 버렸다. 경제적 이해관계는 타협과 조정이 가능하지만, 어느 한 민족이나 집단이 터 잡고 살아온 땅은 타협과 양보가 끼어들기 어려운 원칙의 문제, 존재와 정체성의 문제가 되면서 계속 굴러가니 상황은 점점 어려워진다. 이런 경향은 특히 유럽이 심했다. 근대와 현대 문명이 앞섰던 유럽에는 제국의 오래된 잔재들이 아직도 곳곳에 남아있다.

2. 지브롤터(Gibraltar): 아직도 영국 땅

300년 이상 영국영토

지브롤터는 유럽 이베리아(Iberia)반도의 서남쪽 끝에 위치한 영국의 해외영토(자치령)다. 영국의 해외영토 14개소 가운데 유럽에 속한 유일한 곳이고, '유럽에 남아 있는 최후의 식민지'라는 말도 듣고 있다. 외교와 국방을 제외하고는 고도의 주민자치로 운영되는 지브롤터는 그 위치에서 드러나듯이 스페인과 영국 사이에 영토분쟁 지역이다. 지브롤터는 길이 5km, 너비 1.3km로 뾰족하게 나온 지형으로 면적은 6.5㎢(200만 평) 남짓한 그리 넓지 않은 땅이다. 현재 인구는

남쪽 상공에서 본 지브롤터. 사진=위키피디아

3만 3,000명(2020)으로 국적은 영국(英國)이다. 국왕의 대리인인 총독(Governor)이 있으며, 작지만 공항도 있고, 군사용으로도 쓰이는 항구는 시설이 좋다.

지중해의 전략적 요충지인 지브롤터는 1713년부터 300년 이상 영국 땅이었으며, 스페인은 반복적으로 반환을 요구하고 있다. 스페인의 반환 주장에 대해 영국은 주민투표를 통해 이 문제를 해결해 나가고 있다. 주민투표를 실시하면 주민 90% 이상이 영국령 잔류를 희망하고 있다. 그런 스페인도 바로 바다 건너편 아프리카 북단에 해외영토를 갖고 있어, 모로코(Morocco)로부터 영토 반환을 요구받고 있다.

스페인 왕위계승 전쟁 | 지브롤터는 1713년 위트레히트(Utrecht) 조약으로 스페인에서 영국으로 넘어갔다. 이 조약은 스페인 왕위계승 전쟁(1701~1714)을 마무리하는 조약으로, 프랑스가 영국·네덜란드와 체결한 조약이다. 그래서 지브롤터의 현재를 알기위해서는 300년 전에 있었던 스페인 왕위계승 전쟁을 잠시 살펴볼 필요가 있다.

스페인은 아메리카 대륙 발견 이후 유럽의 부자 국가로 부상해, 영화를 누리고 있었는데, 1700년 11월 국왕 까를로스 2세[001]가 왕위를 이을 후손도 없이 39살로 세상을 뜨자 말 그대로 난리가 났다. 스페인 왕위계승 전쟁(War of the Spanish Succession, 1701~1714)이 벌어진다. 당시 스페인은 멕시코, 중남미, 필리핀 등 해외 식민지가 많은 나라였는데, 까를로스 2세는 세상을 뜨기 직전에 프랑스 루이 14세의 외손자이면서 자신에게도 손자(孫子)뻘인 프랑스의 '펠리페 앙주 공(公)'을 후계자로 지명해, 앙주 공이 스페인의 '펠리페 5세'(FelipeⅤ)가 된다.

이러한 왕위계승에 불만을 갖거나 불안을 느낀 나라들끼리 벌인 전쟁이 바로 스페인 왕위계승 전쟁이다. 이 전쟁은 프랑스와 스페인이 한편이 되고, 영국과

---

001 스페인 국왕 까를로스 2세(1661~1700)는 '광인왕(el Hechizado)'이라는 별칭이 말해주듯 허약하고 장애가 있었던, 스페인 합스부르크(Habsburg) 왕가의 마지막 왕이었다. 합스부르크왕가의 유전병인 긴 턱 때문에 음식을 씹어 삼키기에도 불편했다고 전해진다. 4살 때 즉위해 어머니가 10년간 섭정했다. 사후 후계자 문제로 왕위계승 전쟁이 일어난다.

네덜란드, 오스트리아가 다른 한편이 되었던 전쟁이다. 프랑스와 스페인이 왕위계승을 통해 한편이 될 경우, 해상무역에서 불리해질 것을 우려해 영국과 네덜란드가 동맹하고, 또 합스부르크(Habsburg)왕가의 오스트리아는 자신의 가문에서 왕위를 계승해야 하는데, 프랑스 부르봉(Bourbon)왕가에서 계승했다며, 영국과 네덜란드 측에 가담해 큰 전쟁이 벌어져 10년 이상 싸우게 된다. 이 전쟁은 1713년 위트레히트(Utrecht)조약과 1714년 라슈타트(Rastatt)조약으로 정리된다. 이 전쟁을 통해 프랑스와 스페인은 왕위계승은 인정받았으나, 영토를 많이 뜯겨 전체적으로는 패배했다는 평가를 받는다. 영국은 이 전쟁 때 점령했던 요충지 지브롤터와 지중해 미노르카(Minorca)섬을 전리품으로 획득한다. 하지만 미노르카섬은 50년도 못 돼 다시 스페인 품으로 돌아가고, 지브롤터는 아직 영국령으로 남아 있다.

2차 세계대전 때는 독일의 폭격을 받기도 했고, 1969년에는 스페인의 독재자 프란시스코 프랑코(1892~1975)가 이 땅을 되찾기 위해 군대를 동원해 지브롤터를 봉쇄하고 모든 상품의 반입·반출을 막았으나 실패로 돌아갔다. 16년 만인 1985년 지브롤터 봉쇄가 풀리면서 스페인에서 지브롤터를 출입할 수 있게 됐다.

저강도 분쟁은 계속 | 2016년 6월, 영국이 국민투표를 거쳐 유럽연합(EU) 탈퇴[브렉시트(British+Exit)]를 선언하자, 지브롤터(Gibraltar)에 대한 관심이 부쩍 높아진다. 스페인은 계기만 있으면 지브롤터를 돌려 달라고 국제사회에 호소하지만, 대세를 바꿀 수는 없었다. 우선 주민들이 압도적으로 영국령에 남기를 희망하고, 영국 역시 지브롤터에 큰 애착을 보인다. 당시에도 영국은 "전쟁을

---

002 사보이아공국은 시칠리아섬과 밀라노공국 일부를 받았고, 오스트리아는 스페인령 네덜란드와 나폴리왕국, 사르데냐, 밀라노공국 일부를 받았고, 영국은 지브롤터와 미노르카섬을 받아냈다.
003 작은 섬'이라는 뜻을 가진 미노르카(Minorca)섬은 700㎢ 정도의 넓이며, '큰 섬'이라는 뜻을 가진 그 옆의 '마요르카(Majorca)'는 제주도의 2배 정도의 상당히 큰 섬으로 우리나라의 애국가(愛國歌)를 작곡한 안익태(安益泰, 1906~1965) 선생이 말년을 보낸 곳으로 우리에게도 알려졌으며, 휴양지로서 유럽인들의 사랑을 받는 곳이다.
004 1756년 발생한 미노르카 해전은 프랑스-스페인 연합 함대가 영국 함대를 격파한 전투로, 이 전투에서 패배한 영국 제독은 패전의 책임을 물어 총살당한다.

하더라도 지브롤터를 지키겠다"고 반응했다.

브렉시트에 대한 오랜 논란(2016.6~2021.1)을 거쳐, 영국은 유럽연합(EU)을 탈퇴하지만, 지브롤터는 주민들의 강력한 요구에 따라 솅겐지대로 남아[005], 유럽연합 국가들과의 자유로운 이동이 유지되고 있다[006]. 현재 스페인 노동자 15,000여 명이 지브롤터로 출퇴근하고 있고 지브롤터에 거주하는 5,000여 명의 영국인과 유럽연합 주민들도 지브롤터 밖으로 출퇴근하고 있다.

지브롤터가 영국령이 된 지 만 300년이 되는 지난 2013년에도 영국과 스페인은 신경전을 벌인 적이 있다. 그해 7월 스페인 어선 수십 척이 지브롤터 해역을 침범했다가 영국에 의해 쫓겨나자 스페인은 이에 대한 보복으로 스페인에서 지브롤터로 넘어가는 국경의 검문검색을 강화해 지브롤터를 골탕 먹이려고 했다. 인구가 많지 않아 일손이 부족한 지브롤터는 출퇴근하는 주변 스페인 근로자들의 노동력에 많이 의존하는데, 5~10분이면 국경을 통과해 일터로 가던 스페인 근로자들이 검문 때문에 5~6시간씩 국경에 발목이 잡히자 스페인 노동자들이 도리어 정부에 격렬하게 항의해 스페인이 스스로 물러났다.

'유럽 최후의 식민지' 지브롤터를 300년 이상 지키는 영국의 비법은 주민투표다. 지브롤터 반환 요구가 심해지면 영국은 주민투표를 실시해 높은 지지율을 근거로 그 요구를 물리치곤 했다. 지난 1967년과 2002년의 주민투표가 좋은 예로, 주민의 98%가 영국령을 희망해, 스페인을 머쓱하게 했다.

자발 타리크=지브롤터

지중해의 3대 요충지는 지브롤터해협, 수에즈운하, 터키의 보스포루스해협이

005　솅겐지대는 솅겐조약(Schengen Agreement)에 가입한 26개국을 일컫는 것으로, 이 안에서는 출입국 절차가 대폭 간소화돼 자유로운 이동이 보장된다. 룩셈부르크 남부의 솅겐에서 서독, 프랑스, 네덜란드, 벨기에, 룩셈부르크 등 5개국이 모여 상호 국경개방 조약을 맺은 것이 솅겐조약의 출발이다. 그 후 가입국이 늘어났으며, 회원국들은 비자(visa)정책도 통일하기로했다.
006　박대한 기자, "영국령 지브롤터-스페인 간 이동의 자유 계속 보장키로" 2020.12.31. 연합뉴스

꼽힌다. 영국은 러시아의 남하(南下)를 막기 위해, 보스포루스(Bosphorus)해협과[007] 지브롤터해협을 활용해 왔다. 아프리카 대륙의 북쪽 모로코(Morocco) 땅이 불과 14~20Km 거리로 육안으로도 관찰할 수 있는 지브롤터해협은[008] 아프리카 대륙을 제압하고 지중해의 출입을 감시할 수 있는 군사적 요충지이다. 지브롤터해협(Strait of Gibraltar)을 경계로 그 밖은 대서양, 안쪽은 지중해가 된다.

고대 그리스인들은 지브롤터를 지나면 바다가 절벽으로 변해 물이 쏟아지는 지구의 바깥이라고 여겨, 늘 두려워했다. 북아프리카의 무어(Moor)인들이[009] 서기 711년 이베리아반도를 침략할 때 또 1492년 물러갈 때도 이 지브롤터해협을 통과했다.

지브롤터라는 지명도 711년 이 지역을 처음으로 점령한 무어인 장군 타리크 이븐 지야드(Tariq ibn Ziyad)의 이름을 따서 지은 '자발 타리크'(Jabal Tāriq: '타리크의 산')에서 유래했다. 해발 462m의 바위산 '자발 타리크'는 오래전부터 인간들에게 깊은 인상을 남겨, 그리스 신화(神話)에서도 이 바위산이 나올 정도다.[010]

---

007 보스포루스해협은 흑해와 마르마라해를 잇고, 아시아와 유럽을 가르는 터키의 해협이다. 남북의 길이는 30㎞, 너비는 750~3,000m이다.
008 러일전쟁(1904~1905) 당시 영국은 일본과 영일동맹을 맺은 동맹국인 관계로, 러시아 함대의 스에즈운하 통행에 비우호적인데다, 대형 함정인 관계로, 러시아 발틱함대가 아프리카 남단을 돌아서 블라디보스토크로 가면서 석탄과 식량, 식수 등의 보급에 어려움을 겪었으며, 10,000km를 더 항해하는 바람에 군인들의 사기와 영양 상태 등이 많이 저하됐다고 한다.
009 무어(Moor)인은 흔히 아랍인과 유목민족인 베르베르인과의 사이에서 태어난 약간 검은 피부의 이슬람계 인종으로 북아프리카와 이베리아반도에 많이 거주한 사람들을 지칭하지만, 이런 구분보다는 '8세기부터 15세기까지 이베리아반도를 점령했던 아랍계 이슬람교도에 대한 통칭'으로 많이 사용된다.
010 그리스 신화 가운데 헤라클레스(Heracles)가 12가지의 힘든 시험을 받는 가운데 게리온의 소떼를 몰고 가는 시험을 받던 중, 세상의 서쪽 끝에 온 기념으로 지브롤터해협에 두 기둥을 박고 왔다고 한다. 그래서 북쪽은 지브롤터의 바위산(Rock of Gibraltar, 자발 타리크)이고 남쪽은 아프리카 북단의 세우타에 있는 몬테 아초와 모로코에 있는 제벨 무사 두 곳 가운데 하나라고 한다.

3. 세우타(Ceuta), 멜리야(Melilla): 스페인제국의 흔적

스페인 영광의 흔적

스페인(Kingdom of Spain)이 이처럼 목을 매고 있는 지브롤터를 되찾지 못하는 데는 스페인 사정도 있다. 주민투표에서 절대다수의 주민이 영국 잔류를 희망하고 있는 점, 국력이나 군사력이 열세인 점도 장애가 되지만, 스페인도 바로 지중해 건너 아프리카 북단의 모로코(Morocco)에 해외영토가 있다.[011] 자신들도 모로코와 분쟁 중인 해외영토가 있는데, 영국에 대해서만 지브롤터를 내놓으라고 목소리를 높이기가 어려운 입장이다.

바로 모로코 북쪽 해안의 멜리야(Melilla)와 세우타(Ceuta), 플라사스 데 소베라니아(Plazas de Soberania) 영유권 문제다. 영국령 지브롤터나 스페인의 타리파(Tarifa)[012]항과 마주 보는 북아프리카 모로코에는 스페인이 1497년에 취득한 멜리야와 1668년 「리스본조약」으로 취득한 세우타 그리고 몇 개의 섬들이 스페인의 해외영토로 남아 있어 모로코와 분쟁 중이다.

---

011 제국주의 시절 빈번하게 사용하던 식민지(colony)라는 단어는 오늘날에는 사용하지 않는다. 해외영토(overseas territory)는 '모든 주권을 빼앗긴 다른 나라의 한 지역'과 같은 나쁜 의미가 빠진 중립적인 단어이다. 미국 영국 프랑스 등 일부 국가들이 해외에 속령(屬領)을 유지하고 있으나, 자치를 많이 허용하면서 달라진 관계를 유지하고 있기 때문이다.

012 타리파(Tarifa)는 지브롤터의 서쪽에 위치한 스페인 항구이다. 계절에 따라 다르지만, 타리파와 모로코 탕헤르(Tanger) 사이에는 주민과 관광객을 위한 페리가 하루 12편씩 오가고 있으며, 지브롤터와 탕헤르 사이는 모로코 출신 근로자들의 편의를 위해 일주일에 한 편 페리가 왕래한다.

자유무역항, 세우타(Ceuta)

세우타(Ceuta)는 북아프리카 모로코 해안에 있으며, 고대부터 교역이 활발했고 지금도 자유무역항이다. 애초에는 카르타고(Cartago)인이 건설했으나 그 뒤 로마, 아랍, 포르투갈 등으로 주인이 바뀌다가 1415년부터 포르투갈이 지배했다. 1580년 스페인 왕이 포르투갈 왕을 겸하면서 스페인으로 넘어갔다가, 1640년 스페인과 포르투갈이 다시 분리됐으나, 리스본조약에 의해 정식으로 스페인 영토가 됐다.

세우타의 면적은 18㎢에 9만 명 정도의 주민이 있다. 공항이 없는 관계로 페리 등 해상을 통해 외부와 연결되며, 스페인과는 헬리콥터가 운행되고 있다. 세우타와 멜리야는 그 지리적 이점 때문에 스페인이 1986년 유럽연합에 가입하기 이전부터 자유무역항으로 활용됐다.

자유무역항, 멜리야(Melilla)

멜리야는 세우타와 함께 아프리카 본토에 위치한 두 개의 스페인 해외 영토 중 하나다. 세우타 보다 좀 좁은 12㎢의 면적에 8만 6,487명(2019)의 주민이 거주한다. 스페인은 7백여 년 동안(711~1492) 북아프리카 아랍계인 무어(Moor)인에게 점령당한 나라를 되찾는 레콩키스타(Reconquista)가 끝나자, 지중해 건너 북아프리카의 모로코까지 진격해 무어인들로부터 빼앗은 땅 가운데, 멜리야를 지금까지 실효적으로 지배하고 있다. 멜리야에는 소규모의 공항이 있어, 마드리드(Madrid), 말라가(Malaga) 등과 여객기도 운항되며 수많은 모로코인이 자유무역항 멜리야로 출퇴근하고 있다. 1995년 자치법이 발효돼 세우타와 함께 자치도시로[013] 운영되고 있다. 멜리야에는 지난 2019년 아프리카 난민들이 유럽으로 건너가기 위해 몰려들어 큰 혼란이 빚어지자, 그 이후 아프리카 난민들의 입경을 막기 위해 국경관리에 신경을 쓰고 있다.

자유무역항 멜리야 전경. 사진=위키피디아

---

013 스페인에서 1995년 자치법이 통과되면서 생긴 자치시(autonomous city)는 아프리카에 있는 해외속령 2개(멜리야, 세우타)를 말하는데, 일반적인 도시와 자치지방의 중간에 해당하는 성격으로, 25명으로 구성된 자치의회를 갖고 있고, 스페인 하원에 1명, 상원에 2명의 의원을 보낸다. 스페인에는 마드리드, 카나리아 제도, 바스크, 안달루시아, 카탈루냐, 갈리시아 등 17개의 자치지방이 있고, 각 자치지방은 3~4개 주로 나뉘어 모두 50개 주(州)가 있다.

국제관리지역 탕헤르(Tanger) | 아프리카 대륙 북서부에 위치한 모로코는 고대에는 페니키아(Poenicia)인들의 무대였고, 내륙으로는 베르베르(Berber)인 등 유목민들의 터전이었다. 17세기 이후에는 이슬람 알라위 왕조가[014] 다스렸다.

20세기 들어서면서 뒤늦게 식민지 경쟁에 뛰어든 독일로부터 1905년과 1912년 등 두 차례 침략의 위기를 겪기도 했으나 영국과 프랑스 등이 간섭해 간신히 독일의 압력으로부터는 벗어났다. 그래서 형식상으로는 독립을 유지했으나, 1912년 프랑스와 스페인 두 나라의 보호령이 됐고, 전략 요충지 탕헤르(Tanger)는 영국, 이탈리아, 프랑스, 스페인, 네덜란드 등 유럽 7개국이 관리하는 국제관리 지역이 돼, 자유무역항으로 기능했다.

2차 대전이 끝나고 프랑스령 모로코는 1956년 3월에, 탕헤르는 8월에, 그리고 서(西) 사하라(Western Sahara)를[015] 제외한 스페인령도 8월에 각각 모로코왕국에 반환됐다. 스페인령(領) 서사하라는 10여 년 뒤인 1969년 모로코왕국으로 반환됐으나 실제적인 스페인의 완전 철수는 마드리드협정이 체결된 1976년이다. 그러나 마드리드협정이 체결되기 전 서사하라의 완전한 독립을 주장하는 살라위(Sahrawi)족[016] 중심의 폴리사리오 전선(Polisalio Front)이라는[017] 반군조직이 결성돼 서사하라의 독립을 주장하고 있어, 별도의 분쟁지역이 되고 있다.

---

014 알라위(Alaouite)왕조는 무함마드(570~632, 이슬람의 창시자)의 외손자 하산 이븐 알리(시아파 이슬람의 두 번째 이맘, 625~670)를 조상으로 보고 있으며, 1631년부터 모로코를 다스려왔다.

015 아프리카 북서부 대서양 연안 지역으로 모로코, 알제리, 모리타니와 인접하고 있다. 26만 6천㎢ 넓이에 60만 명 정도가 거주하고 있다.

016 살라위(사와라위)족은 서사하라 지역에 거주하는 유목민족이다. 서사하라 이외에도 알제리, 모로코, 모리타니 등 인접 국가에 흩어져 거주하고 있으며, 40~60만 명 정도로 추산된다. 인종적으로 베르베르족의 혈통을 물려받았으며 살라위족(Sahrawi people)은 서사하라의 민족운동과 깊은 연관이 있다.

017 모로코로부터 서사하라의 독립을 쟁취하기 위해 1973년부터 활동하는 살라위족의 반군운동이다. 폴리사리오(Polisario)는 '사기아 엘 함라(Saguia el Hamra)와 리오 데 오로(Rio de Oro)의 해방을 위한 대중 전선'의 줄임말이다.

국경선 400m

모로코에 있는 스페인의 또 다른 해외영토인 '플라사스 데 소베라니아'(Plazas de Soberania)는 '주권(主權)이 미치는 장소(場所)들'이라는 뜻으로 세우타와 멜리야를 제외하고 스페인이 갖고 있는 모로코 해안의 작은 섬들을 말한다.

이런 길고 이상한 이름은 "이 섬들이 18, 19세기 제국주의 국가들이 마구잡이로 해외 식민지를 개척할 때 획득한 땅이 아니라, 오래전부터 스페인의 주권이 행사되던 땅들"이라는 의미를 갖고 있다.

스페인의 주권이 미치는 군도(群島)는 크게 3개로 일반 주민은 거주하지 않고 군인들과 등대 등이 있다.

먼저 차파리나스 군도(Islas Chafarinas)는 3개의 섬으로 총면적 0.52㎢로[018] 1848년 스페인령으로 편입됐다.

다음, 알우세마스 군도(Islas Alhucemas)도 3개의 섬으로 총면적은 0.046㎢(만 3천여 평)로 1673년 스페인 땅이 됐다. 이 섬에서는 지난 2012년에는 '아랍의 봄' 이후 혼란스러운 아프리카를 탈출한 난민들이 몰려와 스페인으로의 망명을 요청해 국제적으로 화제가 되기도 했다.

마지막으로 페뇽 데 벨레스 데 라 고메라(Penon de Velez de la Gomera)는 0.019㎢(6천 평) 정도로 자그마한 땅인데, 1934년까지는 섬이었으나, 폭풍으로 모래가 밀려와 이제는 모로코와 붙어버렸다. 이 섬이 모로코 영토와 맞닿는 부분이 400m에 불과해 '세계에서 가장 짧은 국경선'이라는 말을 듣는다.

이들 스페인 영토에 대해 모로코는 영유권을 주장하지만, 스페인은 "돌려줄 땅은 모두 돌려주었다"며 "현재 모로코 지배 세력인 알라위트(Alaouite) 왕조는 1691년에 성립됐고, 스페인은 그 이전에 이 땅들을 취득했으므로 모로코는 이 땅들에 대한 영유권을 주장할 수 없다"는 입장을 고수하고 있다.

이 3개의 영토 말고, 지중해상 두 개의 섬이 스페인의 "주권의 장소들"에 추가

---

018 1ha는 10,000㎡이고, 우리 평수로 3,000평 정도다. 52ha는 15만 6,000평 정도의 넓이다.

될 수 있다.

페레힐섬 | 먼저 페레힐(Perejil)섬은 파슬리섬(Parsley Island)이라고도 불리는데, 모로코 해안에서 250m 떨어진 넓이 4만 5,000평(가로세로 480m) 규모의 바위섬이다. 세우타에서는 서쪽으로 8km 정도 떨어져 있다. 민간인 거주자는 없고 방목하는 염소들이 살고 있다. 지난 2002년 스페인과 모로코 양국의 군인들이 이 섬을 놓고 충돌했던 적이 있다.

7월 11일 새벽, 12명의 모로코 해군이 이 섬을 점령했다. 모로코군은 소총을 휴대했으며, 텐트를 치고 모로코 깃발을 게양했다. 이튿날, 모로코 국기가 휘날리는 것을 발견한 스페인 해양 순시선은 이 사실을 세우타 수비대와 본국에 보고했다. 스페인은 '이 섬이 세우타에 부속된 스페인의 영토이므로, 이 섬에서 병력을 철수시키라'고 모로코 측에 통보했다. 모로코는 거부했다. 모로코는 이 섬이 마약 거래상들, 불법 이민자들의 은신처로 이용된다는 정보가 있어 이를 단속하기 위해 상륙했다고 대꾸했다. 모로코는 이어 해군 병력 대신에 해병대 병력을 파견해 영구 주둔 준비에 들어간다.

이에 스페인은 7월 18일 순양함, 잠수함, F-18, 미라지 F-1 전투기까지 대기시킨 가운데 4대의 유로콥터에 분승한 28명의 특공대를 페레힐섬에 상륙시켜, 모로코 해병대를 진압한다. 스페인 군은 '포로' 6명을 헬리콥터로 세우타 수비대 본부로 이송해, 육로를 통해 평화적으로 모로코 측에 인계했다. 훈련 같기도 하고 단막극 같기도 한 영토분쟁이 일주일 만에 막을 내렸다. 그렇지만 이런 애교스러운 분쟁도 분쟁이다. 사람이 살지 않는 바위섬이라도 충돌의 경우 이런 모습을 보인다. 다행히도 이 군사적 충돌은 미국이 중재 역할을 맡아 무혈(無血)로 끝날 수 있었다.

알보란 섬 | 또 하나의 섬은 아프리카 모로코 해안에서 50km, 스페인 알메리아(Almeria)에서 90km 떨어진 알보란(Alboran)섬이다. 서부 지중해에 위치한 이 섬을 스페인은 1540년 튀니지아 출신 해적 알 보라니(Al Borani)로부터 빼앗

앉다. 지금은 해군 수비대와 자동 점멸 등대가 있으며 민간인 거주자는 없다. 넓이는 0.06㎢(2만 평) 정도다.

지난 1960년대 구소련의 어부들이 이 섬에 상륙해 집을 짓고 숙소 겸 대피소로 사용하려는 시도가 몇 차례 있은 뒤, 스페인 정부는 군대를 상주시키고 있다. 현재는 아프리카 난민들이 유럽으로 향하다가 이 섬에 상륙하기도 하고, 근해에서 표류하다가 스페인 해군으로부터 구조되기도 해, 외신에 그 이름이 보도 되곤 한다.

스페인은 이외에도 아프리카 서해상에 카나리아 제도(Canary Islands)를 영토로 소유하고 있다. 이 섬은 영유권 분쟁 대상이 아니다. 스페인 본토에서는 2,000km(1,400~2,200) 정도 떨어진 지역으로 「테네리페」와 「그랑 카나리아」 등 7개의 큰 섬으로 이루어진 스페인의 17개 자치 지방 중 하나이다. 면적은 다 합쳐 7,492㎢로 221만 명이(2019) 거주하고 있다. 그랑 카나리아의 라스팔마스(Las Palmas)[019]는 우리나라의 원양어업의 기지로서 우리에게 익숙하다. 카나리아제도는 자연경관이 아름다워 관광지로서 유럽인들의 사랑을 받는다.

---

019 라스 팔마스(Las Palmas de Gran Canaria)는 인구 40만 정도로 카나리아제도에서 가장 큰 도시이다. 대항해 시대 이후 대서양 횡단의 보급 기지로 등장한 자유무역항이다. 한국은 1966년부터 북태평양에 이어 대서양 어장을 개척하기 위해 라스팔마스를 원양 어업 기지로 활용했다. 1977년 3월, 테네리페 공항에서의 여객기 충돌 사고로 583명이 사망하는 최악의 항공 참사가 발생하기도 했다.

4. 키프로스(Cyprus): 지중해 분단국

지중해 분단국가

지중해 동부의 섬나라 「키프로스공화국」(Republic of Cyprus)은 1960년 8월 영국으로부터 독립했으나 1974년 7월 15일 그리스군의 조종을 받은 군사쿠데타가 발생해 그리스와의 통합을 시도했다. 쿠데타 직후 이 지역과 이해관계가 깊은 튀르키예는 식민종주국 영국에게 개입을 요구했으나 거절당하자, 키프로스에 군대를 투입해 영토의 40%가까운 북부지방을 점령하고 「북키프로스터키공화국」(TRNC)를 창설했다.

키프로스 섬은 그 지리적 위치와 역사적인 상황 때문에 남부에는 그리스계 주민들이, 북부에는 터키계 주민들이 많이 몰려 살고 있다. 키프로스공화국은 많은 유엔(UN) 회원국들, 유럽연합(EU), 미국 등의 승인을 받고 2004년에는 유럽연합의 회원국이 되고 2008년에는 유로존에 가입했다. 북키프로스는 튀르키예 한 나라로부터 승인을 받았다. 현재 두 나라 사이에는 1964년부터 파병된 유엔평화유지군의 완충지대(그린 라인)가 설치돼 있다.

남북 간에 통일이나 연방국가 설립을 위한 여러 차원의 대화 노력이 계속되고 있으나 아직 성공하지 못했다. 그러나 양분된 수도 니코시아(Nicosia)는 현재 남·북 키프로스인들이 자유롭게 오가고 있다. 저강도 분쟁이다.

1974년 쿠데타 | 군사쿠데타로서는 좀 늦은 감이 있지만, 1974년 7월 15일 지중해 섬나라 키프로스공화국에서 친(親)그리스 군사 쿠데타가 발생했다. 2차

키프로스는 영국군 기지 2개소를 존치하는 조건으로 1960년 독립했고, 1974년 군부 쿠데타로 터키가 침공하면서 남북으로 분단된 상태다.

세계대전이 끝나고 새로 독립한 나라들이 많았던 1950~70년대, 그때는 군사 쿠데타가 세계 곳곳에서 발생했다.

닷새 뒤 4만 명의 튀르키예군이 키프로스공화국 동북부 해안에 상륙한다(7.20). 이어 키프로스에 살던 튀르키예계 주민들이 북키프로스터키공화국(Turkish Republic of Northern Cyprus, TRNC)이라는 새 공화국을 세웠다. 키프로스가 남북으로 분단됐다.

수도 니코시아(Nicocia)도 남북으로 나눠서 각자 수도로 사용하고 있다. 예루살렘이 동서로 분단됐다면, 니코시아는 남북으로 분단돼 있다. 제주도 다섯 배 크기(9,251㎢)에 120만 명 정도가 사는 키프로스의 분단과 영유권 다툼은 우리의 분단 현실을 함께 살펴보게 한다. 키프로스는 지중해에서 시칠리아, 사르데냐 다음 세 번째로 큰 섬이다. 터키와 70km, 시리아 레바논 등 레반트(Levant) 지역과는 100km, 남쪽으로 이집트와는 300km, 서쪽으로 그리스와는 530km 떨어진 위치이다.

---

020 2018년 기준으로, 남쪽 키프로스공화국은 5,896㎢, 북쪽의 북키프로스터키공화국은 3,355㎢(36%)이다. 인구는 두 나라 합쳐서 2018년 기준으로 118만 9천 명으로 조사됐다.

영국은 19세기 말, 남하하는 러시아제국을 막아내면서, 식민지 인도(印度)로 가는 길목인 스에즈운하를 방어하기 좋고, 오스만도 견제할 수 있는 이 섬에 눈독을 들인다. 1878년 베를린회의[021]에서 영국은 "러시아의 위협이 없어지면 돌려준다"는 조건으로 오스만으로부터 키프로스를 조차한다.

복잡한 키프로스

기원전 9000년경의 거주지 유물이 출토되는 키프로스는 서기 650년경 이슬람에 복속되고, 1571년 오스만제국의 영토가 된다. 오스만 치하에서도 이슬람의 종교 관용정책에 따라 그리스 정교회와 무슬림들이 한 마을에서 사이좋게 잘 살았다. 19세기로 넘어오면서 그리스독립전쟁(1821~1829)의 일환으로 키프로스 내 그리스인들이 반란을 일으키고, 이를 오스만의 군대가 잔인하게 진압한 이후 그리스와 터키 양측이 감정적으로 첨예하게 대립한다. 제1차 세계대전이 터지면서 오스만제국이 독일 쪽으로 참전하자, 영국은 아예 키프로스를 합병해 식민지로 만든다. 영국의 식민지 상태로 키프로스에서 다수를 차지하는(80%) 그리스계 주민들은 '그리스는 하나다'라는 에노시스(Enosis)[022] 운동에 심취한다. 제2차 대전이 끝나도 마찬가지였다. 영국은 패권국가 미국과 함께 동서 냉전을 수행하면서, 홍콩과 키프로스를 꽉 쥐고 놓지 않았다. 1960년 키프로스는 독립이 됐으나, 분열의 씨앗도 함께 뿌려졌다. 주민의 다수를 차지한 그리스계(78%)와 소수인 튀르키예계(22%) 공동(共同)정부는 대통령은 그리스계, 부통령

---

021 베를린회의는 1877~1878 사이에 벌어진 「오스만-러시아 전쟁」의 뒤처리를 위해 열린 회의이다. 오스만제국은 러시아가 주도하는 동방정교회연합군(러시아, 불가리아 공국, 세르비아 공국, 몬테네그로 공국, 몰다비아-왈라키아 연합공국, 보스니아혁명군, 불가리아의용군)과의 전쟁에서 패배한다. 이 전쟁으로 오스만이 지배하는 발칸반도에서 민족주의가 크게 일어나서 독립국가들이 점차 생겨나고 이 지역에 대한 러시아의 영향력이 커진다. 러시아는 또 캅카스 지역을 획득했다. 영국은 이 회담에서 오스만을 지지하고 중재해 준 대가로 오스만에게 키프로스의 조차를 요구해, 이를 관철시킨다.

022 에노시스(Enosis)는 그리스어로 '하나 되기' '통합' 등을 뜻하는 말인데, 에노시스운동은 세계에 흩어져 있는 그리스인을 하나로 뭉치게 하는 구심점을 만들자는 움직임을 말한다. 그리스판 민족주의 운동이고 그리스는 위대하다는 생각을 겸한다. 독립 후 그리스의 초대 대통령인 카포디스트리아스의 조상이 키프로스 출신이어서, 그리스계 키프로스인들은 "키프로스는 그리스다"라는 말을 즐겨 외쳤다.

은 튀르키예계가, 내각구성은 7:3, 의회도 7:3으로 나누고, 군대는 6:4로 나눠 맡았다. 정부 청사 앞에는 중앙에 키프로스공화국의 국기가, 좌우로는 그리스와 튀르키예 국기가 함께 펄럭였다. 1국(國) 3국기(國旗). 본 적이 없는 풍경이 펼쳐지는 아주 취약한 대통령제 국가였다. 그리스계가 인구의 78%를 차지는데, 소수의 튀르키예계가 지분 이상을 차지한다고 불만이 팽배했다. 튀르키예계는 최악의 상황은 면했지만, 소수라는 근본적인 불안과 불만에 떨어야 했다. 여기에 기름을 부은 것은 마카리오스 대통령이 튀르키예계 주민의 권리를 제한하는 헌법개정을 시도하자 이에 반발한 튀르키예계가 분리독립을 요구하며 내전이 발생했다(1963.12). 이듬해 유엔군이 파견돼 전쟁을 막을 정도였다. 튀르키예계 공무원들은 사표를 쓰고, 튀르키예계 주민은 북으로, 그리스계는 남으로 인구이동이 시작된다. 수도 니코시아에도 그리스계와 튀르키예계가 사는 구역이 갈라지고, 이를 구분하는 경계선이 생겨났다. 유럽의 좌경화(左傾化)가 심해진다고 판단한 그리스 군부가 쿠데타를 일으키면서(1973), 키프로스 군부의 다수파인 에노시스파도 그리스와의 합병을 주장하며 쿠데타를 일으켰다(1974). 초대 대통령이자 정교회 주교인 마카리오스 대통령은[023] 망명했다. 닷새 뒤, 7월 20일 새벽, 전투기의 폭격과 함께 튀르키예군이 키프로스에 상륙한다. 이틀 만에 키프로스의 북쪽 땅(전체의 36%)을 차지하고 수도 니코시아를 반분(半分)한다. 남부의 키프로스 공화국은 이를 '튀르키예의 침공'이라고 비난했고, 북부의 튀르키예계는 '주민 보호를 위한 평화작전'이라고 불렀다. 그 뒤 튀르키예는 본국의 주민 7만 명을 북(北)키프로스로 이주시켜 1983년 11월 15일 북키프로스터키공화국(TRNC)을 창설한다. 분단이 고착된다.

---

023   마카리오스 3세(1913~1977)는 키프로스의 그리스정교회 대주교이자 정치인이다. 마카리오스 대통령은 초기에는 그리스와의 합병을 찬성하는 입장이었으나, 뒤에 터키계 주민들의 반대에 봉착하자, 키프로스가 독립적으로 존재하는 것이 좋다는, 중도좌파적인 입장을 취했다. 나토(NATO) 가입을 반대하는 등 중도좌파적인 입장 때문에 '지중해의 카스트로'라는 비난을 받기도 했고, 3선 임기 중 그리스와의 합병을 원하는 우파 군사쿠데타가 일어나, 국외로 망명했다.

2003년 자유왕래

분단된 키프로스도 분단 30년 만인 지난 2003년 4월부터 UN군이 관리하는 그린라인이 개방돼 자유롭게 왕래하고 있다. 남북으로 갈라져서 사는 니코시아(Nicosia) 시민들은 8곳의 검문소를 통해, 남북을 오가며 쇼핑도 하고 식사도 하고 다닌다. 같은 분단국가로서는 참 부러운 광경이다.

유엔의 중재로 1970년대부터 통일에 관한 논의를 이어온 키프로스는 2004년, 코피 아난 사무총장이 제안한 연방국가(聯邦國家) 통일안이 주민투표에 부쳐졌는데, 북측에서는 65%의 찬성이 나왔으나 남측에서는 24%의 찬성만 나와 부결되기는 했지만, 통일에 관한 대화를 이어 가기에는 충분했다.

2010년에는 반기문 총장이 키프로스를 방문해 중재를 개시하면서 2014년 2월 남북 키프로스 정상회담과 공동선언도 발표됐다. 이어 2015년 북키프로스에서 통일론자인 무스타파 아큰즈(Mustafa Akinci)가 대통령으로 당선되면서 남쪽과의 통일 대화에 적극적으로 나서고 있다.024 2016년 11월 스위스에서 열린 키프로스 남북정상회담에서 양측은 각각 자치권을 갖는 연방제(聯邦制)통일에 원론적으로 합의를 이뤘지만, 북 키프로스에 주둔한 35,000명에 이르는 튀르키예군의 철군 문제, 분단에 따른 주민 재산권 보상025 또 역사 해석 문제 등에 관해서 의견의 차이가 크다. 그러나 북측은 36%에 이르는 북측의 국토를 28~29% 선으로 줄이자는 남측의 제안에 대해서도 긍정적으로 검토하고 있어, 대화는 계속 이어질 것으로 보인다.

---

024 2020년 10월 18일의 제5대 대통령 선거에서는 총리 출신의 에르신 타타르가 새 대통령에 당선됐다. 타타르 대통령은 전임자에 비해 남북 통합에 소극적이라는 평가를 받는다.
025 키프로스 동쪽 지방인 파마구스타 주의 해변 휴양지인 바로샤(Varosha)는 1970년대 초까지 유럽인들에게 큰 인기를 끌었다. 그러나 터키군이 북쪽을 접수한 이래 그리스인들이 철수하고 이 해변 휴양지는 철조망으로 둘러싸인 채 사람의 통행이 끊어진 버려진 도시, 유령도시가 됐다. 인구도 당시 4만 명에서 226명으로 감소했다(2011년). 50년 가까이 지난 지금은 동식물의 생태계가 복원되고 환경이 살아나고 있다. 터키 쪽에서 이를 다시 개발해 관광자원화할 계획을 가졌으나, 옛날 그리스계 주민들이 재산권 보상을 요구하고 있어, 개발도 중단되고 일반에게는 출입이 금지되고 있다. 현재 키프로스공화국을 상대로 한 200여 건의 보상 소송이 법원에 제소돼 있다.

5. 이미아[카르다크]섬: 에게해의 독도

"에게해의 독도"

이미아(Imia)섬은 에게해(Aegean Sea)에 있는 무인도로 2개의 작은 돌섬이다. 면적은 20,000㎡다. 이 섬은 그리스와 터키 사이에 분쟁 중인 섬으로, 우리 언론에서는 '에게해의 독도'라고 부르기도 한다. 튀르키예에서는 이 섬을 카르다크(Kardak)섬이라고 부른다. 이 바위 섬은 두 나라 사이에서 전개되는 에게해 분쟁의 상징처럼 간주되고 있다. 이런 분쟁은 1923년 체결된 로잔 조약(Treaty of Lausanne)에 뿌리를 두고 발생한다.

두 나라 사이에서 문제가 되는 에게해 분쟁은 이미아섬을 비롯해 범위가 광범위하다. 영해와 영공의 경계 설정 문제, 배타적경제수역(EEZ) 경계 설정과 대륙붕 자원개발 문제 그리고 비행정보구역 경계설정 등이 제기돼 있으며, 튀르키예는 에게해의 무인도(암초)를 '주권 미확정 지역으로 설정하자'는 회색지대(Grey zone) 설정을 그리스에 제의하는 등 여러 현안이 있어서 날카롭게 대립하고 있다. 특히 지난 2010년 미국의 지질조사 결과 동지중해에는 17억 배럴의 석유와 3조 5,000억㎥의 천연가스가 매장된 것으로 나타나자 해상에서의 대립은 점점 격해진다. 양국의 배타적경제수역(EEZ)이 겹치는 데서 오는 문제다. 그래서 두 나라는 동지중해의 해양 관할권 분쟁을 해결하기 위해 지난 2002년부터 2016년까지 60차례의 회담을 이어왔으나 해결에 이르지 못했다. 양국은 회담 중단 5년만인 지난 2021년 1월 차관급 회의를 재개했다.

파란 바다 위에 많은 섬이 흩어져 있는 에게해의 풍경은 많은 관광객을 모으지만, 이곳에 사는 사람들은 마음이 편치 않다. 99년 전에 체결된 조약 때문이다.

1923, 로잔조약 | 99년 전의 로잔조약으로 튀르키예는 해안에서 4.8km(3마일) 밖에 있는 모든 섬을 그리스에 넘겼다. 1차 대전이 끝나면서 패전국이 된 당시의 오스만제국은 영국, 프랑스, 이탈리아, 그리스 등 연합국에 의해 영토가 갈가리 찢겨 아나톨리아고원 정도밖에 남지 않는 지경에 이른다. 이에 튀르키예 국민들이 튀르키예독립전쟁(1919~1923)을 시작한다.

이 전쟁은 아타튀르크 케말 파샤(1881~1938)의 지도아래 성공적으로 진행됐다. 이 독립전쟁의 결과 맺은 조약이 바로 「로잔조약」이다. 이 조약에서 튀르키예는 이스탄불을 포함하는 유럽 쪽 육상 영토(동트라키아)[026]냐, 에게해의 섬이냐 하는 선택에 직면했다. 결국 튀르키예는 유럽 쪽의 육상 영토를 선택하고 4.8km 밖의 에게해의 섬(예외 3개)을 모두 그리스에 넘긴다. 튀르키예 코앞 에게해의

---

026 트라키아(Thracia)는 역사적으로 발칸반도의 남쪽을 가리키는 지명이다. 북트라키아(현 불가리아남부), 서트라키아(그리스의 북동부), 동트라키아(현 튀르키예의 유럽부분)를 말한다. 이 가운데 동트라키아는 23,764㎢로 튀르키예 전국토의 3%에 불과하지만, 인구는 14% 이상을 차지한다. 로마 때는 루멜리아(Rumelia)라고 불렸다.

그 많은 섬이 모두 그리스의 영토가 된다. 두 나라의 에게해 분쟁의 뿌리는 이렇게 시작됐다.

수많은 섬이 각각 영해와 영공을 갖게 되니, 튀르키예의 공군기, 해군 함정 등은 기동에 많은 제약을 받게 되고, 1996년에는 양국 군함들이 해상에서 대치하며 전쟁 일보 전까지 가기도 했다. 특히 동지중해 해역에서 대규모 천연가스와 석유가 발견되면서 갈등은 점점 커진다. 급기야 튀르키예는 99년 된 조약을 개정할 필요가 있다고 공공연하게 문제를 제기한다.[027] 그러나 그리스는 별 반응을 보이지 않고 있다.

---

027 그리스와 튀르키예 관계는 우리나라와 일본과의 관계 비슷하다. 사이가 아주 좋지 않다. 그리스가 오스만 제국의 지배를 오래 받았다(14세기~1821). 에르도안 튀르키예 대통령은 튀르키예 국가원수로서는 65년 만에 그리스를 방문해 가진 그리스 대통령과의 정상회담 모두 발언에서, 1923년에 체결된 로잔조약의 개정 필요성을 주장해 그리스를 당혹하게 했다. (2017.12.7., 매일경제)

6. 코소보(Kosovo): 비극적인 인종청소

세르비아의 성지(聖地)

 발칸반도의 코소보공화국(Republic of Kosovo)은 유고연방이 해체(1992.4)된 이후 인종청소 등의 비극적 사태를 겪고 2008년 2월 세르비아(Serbia)로부터 독립을 선언했다. 아직 유엔(UN)에 가입하지 못했지만, 103개국이 넘는 회원국의 승인을 받고 있다(2018년 말). 세르비아와 보스니아, 러시아, 중국 등이 코소보의 독립을 인정하지 않고, 유엔의 가입에 반대하고 있다. 그러나 코소보는 IMF(국제통화기금), 세계은행 등에는 가입해 활동하고 있다. 세르비아는 코소보가 자국의「코소보-메토히야 자치주」라면서 독립을 인정하지 않고, '분리주의자들이 점거하고 있는 자국 영토'라고 주장하고 있다.[028]

코소보를 적대시하고 있는 세르비아나 보스니아 등은 세르비아정교를 믿는 남슬라브족이지만, 코소보는 이슬람교를 믿는 알바니아계 민족이 대다수다. 코소보는 10,887㎢ 넓이에 인구 181만 명(2020) 정도다.

코소보가 위치한 발칸반도는 "세계의 화약고"라는 별칭을 가진 지역답게 인종, 종교, 역사, 국경 등이 복잡다단하다.

코소보 또한 그 역사가 복잡하다. 세르비아에게 코소보는 자신들의 정신적 고향인 중세 세르비아왕국의 발원지이자(1217) 세르비아 정교의 총 본산지이고,

---

028 이런 성격의 영토로는 우크라이나의 루한시크와 도네츠크공화국, 몰도바의 트란스니스트리아, 아제르바이잔의 아르차흐공화국, 조지아의 압하스와 남오세티야공화국 등이 있다. 이런 나라들은 러시아나 시리아 등 몇 개 나라의 승인을 받았는데 비해, 코소보는 100개국이 넘는 유엔 가입국으로부터 승인을 받은 점이 다르다.

옛 유고연방은 세르비아, 크로아티아, 코소보 등 7개 나라로 분리됐다.

장렬한 코소보평원 전투가 진행돼 코소보왕국이 패배를 기록한 땅이다. 즉 세르비아인에게 코소보는 유대인에게 있어 예루살렘과 같은 성지로 인식되는 지역이다.

알바니아(Albania)인들 역시 이 지역에 대한 집념이 강하다. 이들은 슬라브 민족이 코소보에 정착하기 이전부터 알바니아인들이 코소보의 선주민으로서 조상 대대로 살아온 지역이라고 주장한다. 코소보 주민의 90% 이상이 무슬림인 알바니아인이다. 2차 세계대전 중 유고(Yugo)를 점령한 나치독일은 코소보를 알바니아로 떼주기도 했지만, 2차 대전이 끝난 뒤에는 유고연방에 속했다.

인종청소, 전범재판

유고연방은 1974년 코소보의 자치권을 인정했으나, 1992년 유고연방을 승계

한 신유고연방은 코소보의 자치권을 박탈한다. 이에 반발해 코소보가 독립을 선언하자, 신유고연방은 군대를 보내 알바니아 민족주의 움직임을 탄압하고 1998년 악명높은 인종청소(Ethnic cleansing)를 단행해, 만 3천여 명의 알바니아 이슬람교도들을 살해한다.

이에 놀라고 격분한 미국과 유럽은 NATO군을 동원해 무력 개입을 하고, 코소보를 유엔의 관리 하에 뒀다가 국민투표를 거쳐 2008년 독립선언을 하도록 지원했다.

인종청소를 주도했던 독재자 슬로보단 밀로세비치(Slobodan Milosevic)는 세르비아사회주의공화국, 세르비아, 세르비아몬테네그로 대통령(1989~2000)등으로 재임하면서 세르비아 패권주의를 내세워 크로아티아, 보스니아, 코소보 등 곳곳에서 전쟁을 벌이고 인종청소를 자행해 20만 명을 죽음으로 내몰고 300만명을 난민으로 만든 악명높은 독재자였다. 퇴임 후 전쟁범죄로 기소돼 헤이그의 국제형사재판소(ICC)에서 재판을 받기위해 수감 중 교도소에서 2006년 3월 숨진채 발견됐다. '발칸의 도살자' 밀로세비치, 당시 나이는 64살이었다.

---

029 신유고연방은 유고사회주의연방을 계승한 국가로 1992년에 창설됐으나, 2003년 세르비아공화국과 몬테네그로공화국으로 다시 분리됐다.

7. 피란만(Gulf of Piran): 아드리아해의 숨겨진 보석

아드리아의 숨겨진 보석

피란(Piran)만은 아드리아(Adria)해 북부의 베네치아(Venezia)만에 속하는 아주 작은 만(灣)이다.[030] 베네치아만 동쪽에 트리에스테(Trieste)만이 있고 그 오른쪽에[031] 피란만이 있다. 피란만은 면적이 19㎢로, 엄청 작다. 보통 지도에는 잘 나오지도 않는다. 하지만 관련 국가에서 갖는 의미는 작지 않다. 만(灣)의 이름 '피란'은 「슬로베니아(Slovenia) 공화국」 이스트라(Istra)반도의 아름다운 항구도시 피란(Piran)에서 따왔다.[032]

지중해에 속하는 아드리아해(Adriatic Sea)는 이탈이아반도와 발칸반도 사이에 있다. 서쪽은 이탈리아 한 나라인 데 비해 동쪽 발칸반도 쪽은 슬로베니아, 크로아티아, 보스니아헤르체고비나, 몬테네그로, 알바니아와 접하고 있다.[033] 유역

---

030 베네치아(베니스)공화국은 서기 697~1797년 사이에 존재했던 도시국가였다. 지중해 해양 강국으로 지중해의 무역을 독점하고 아드리아해 연안에 베네치아의 귀족들이 통치하는 속국도 건설했다. 키프로스와 에게해의 여러 섬을 차지하고, 1500년 오스만제국과의 전쟁에서 패하면서 동지중해의 제해권을 포기한다. 이어 스페인 등이 신대륙을 발견하면서 무역 주도권이 대서양으로 넘어가면서 쇠퇴의 길을 걷는다. 베네치아는 1797년 나폴레옹에 의해 무너진다.

031 트리에스테(Trieste)는 이탈리아 동북부, 슬로베니아와의 국경 근처에 있는 항구도시다. 이 도시는 19세기 중반부터 1차 세계대전이 끝날 때까지 「오스트리아헝가리제국」이 지중해로 통하는 유일한 항구로 번성했으나, 1차대전 후 이탈리아의 도시가 됐다. 1946년 영국의 처칠 수상이 "발트해의 스테틴에서 아드리아해의 트리에스테까지 철의 장막(Iron Curtain)이 유럽 대륙을 가르고 있다"고 연설하면서 유명세를 타기도 한 지정학적인 요충지다.

032 피란(Piran)은 슬로베니아 이스트라(Istra)반도에 있는 작지만 아름다운 도시이다. 도시 면적이 70ha(21만 평) 규모에 3,733명의 주민이 살고 있다. 피란만(灣)의 이름은 이 도시 이름에서 따왔다. 슬로베니아공화국은 구유고슬라비아에서 분리돼 1991년 독립한 나라로 수도는 류블랴나.

033 옛날 유고연방[유고슬라비아(Yugoslavia) 사회주의 연방공화국]은 동구권 해체가 이뤄지던 1991~1992

면적은 235,000㎢로 한반도보다 약간 넓다. '아드리아해의 진주(珍珠)'라는 칭송을 듣는 크로아티아의 두브로브니크(Dubrovnik)가 세계적으로 유명하지만, 피란도 마찬가지로 아름답다.

연방 해체 뒤, 분쟁

피란만은 1991년 슬로베니아(Slovenia)와 크로아티아(Croatia)가 유고연방[유고슬라비아 사회주의 연방공화국]에서 분리·독립하면서 분쟁이 시작됐다. 피란만은 슬로베니아와 크로아티아가 유고연방이었을 때는 연방 차원에서 피란만 해역을 함께 이용했기 때문에 통항이나 어로 등에 아무 문제가 없었다. 독립이 급한 두 나라는 해양 경계선을 정확하게 정해 놓지 않고 독립선언부터 해 버렸다(1992).

슬로베니아의 아름다운 항구도시 피란.
하루 동안에 다 둘러볼 수 있을 정도로 작은 인구 4천 명 규모의 아름다운 도시다. 사진=강아람

년 사이에 각각 독립해, 현재는 7개의 독립국으로 나뉘어졌다. 〈몬테네그로〉〈보스니아헤르체고비나〉〈북마케도니아〉〈세르비아〉〈슬로베니아〉〈코소보〉〈크로아티아〉 등 크고 작은 7개 나라로 갈라졌다.

이럴 경우 적용되는 해양 관련법의 원칙은 인접 두 나라 영해의 중간선(中間線)을 해양 경계선으로 정하도록 규정하고 있다. 크로아티아는 이 중간선 경계에 동의했지만, 슬로베니아는 반발했다. 유고연방 시절, 슬로베니아가 피란만의 70%에 해당하는 해역을 소유·관리했는데 줄어들었다는 불만이었다.

그리고 더 큰 문제는 중간선을 따를 경우 슬로베니아는 공해(公海)로 연결되는 회랑(corridor)으로 접근이 안 되는 치명적인 문제가 있었다. 슬로베니아는 피란만을 통해 유일하게 바다(아드리아해, 지중해)와 접하는데, 중간선을 따를 경우, 이탈리아나 크로아티아의 영해(領海)를 통해서만 공해(公海)로 나갈 수 있는 문제가 생기면서, 이 작은 만이 영토분쟁의 불씨로 등장하게 된다. 개인 간 관계에서도 그렇지만, 국가 간에도 관계가 불편해지면 인접국의 영해를 마음대로 사용하는 일이 어려워질 수도 있기 때문이다.

PCA 중재 | 2004년 슬로베니아가 유럽연합(EU)에 가입할 때까지도 이 분쟁은 해결이 안 돼, 피란만 분쟁은 EU의 문제로 비화한다. 먼저 EU 회원국이 된 슬로베니아는 그 뒤 크로아티아가 EU 가입을 신청하자 "크로아티아가 국경 문제에 협조하지 않는다"라는 이유로 거부권을 행사해 크로아티아의 가입이 좌절됐다. 다급해진 크로아티아는 2008년 슬로베니아에게 국제상설중재재판소(PCA)의 중재를 받자고 제안하고 2009년 중재에 합의한다. 그러나 2015년 슬로베니아가 PCA와 모종의 거래를 한 흔적이 나오면서, 크로아티아가 중재 과정에서 탈퇴하는 사건이 발생했다.

2017년 6월 PCA의 중재안이 나왔다. PCA는 "피란만의 중간선이 아닌 3분의 2 지점을 따라 해상경계선이 설정돼야 한다"고 결정하고 "양국은 6개월 이내에 이 판결을 이행하라"고 명령했다. 슬로베니아는 좋아했지만, 크로아티아는

---

034 PCA(국제상설중재재판소)는 평소에는 법관 명단만 준비해 두다가, 분쟁의 양 당사자가 중재 재판을 합의해서 신청하고 법관을 합의해서 선정하면(1, 3, 5인 등 3가지) 중재 재판을 시작한다. 국제사법재판소(ICJ)와 함께 네덜란드의 헤이그에 있고 판결에 구속력이 있으나, 패소한 국가가 이 결과를 받아들이지 않으면 제재할 수단이 없다는 점이 ICJ와 다르다. 2016년 7월 PCA가 중국과 필리핀 간의 남중국해 분쟁에 관해 필리핀의 주장이 옳다는 중재안을 내놨으나, 중국이 이행을 거부하고 있다.

슬로베니아와 크로아티아의 중간선 경계가 국제상설중재재판소(PCA)의 중재로 왼쪽으로 좀 넓혀지는(붉은 점선) 방향으로 중재가 성립됐으나, 크로아티아 의회의 반대로 이 중재안이 거부돼, 분쟁이 계속되고 있다.

"이미 2015년에 중재 절차에서 탈퇴했다"며 이 결정이 무효라고 주장했고 의회의 비준도 받지 못했다.

슬로베니아는 당연히 이 중재 결과를 인정하고 피란만에 해양경찰을 배치해, PCA가 중재한 경계선을 넘어오는 크로아티아의 어선들에 대해서 경고 방송을 하고 벌금 고지서도 발급하고 있다. 크로아티아도 이 벌금 전쟁에 참전해 종전의 경계선을 넘어오는 슬로베니아의 어선들에 대해 대응하고 있다. 그래서 아름다운 아드리아해에서는, 저강도의 해상 영유권 분쟁이 진행 중이다. 사실 슬로베니아와 크로아티아는 사이가 아주 좋다. 유럽연합(EU) 회원국이고, 북대서양조약기구(NATO) 회원국이다.

이렇게 사이가 좋은 나라도 영토분쟁 문제에 이르면 등을 돌리기 일쑤여서 지난 2018년 2월 장 끌로드 융커(재임 2014~2019) EU 집행위원장('유럽의 대통령')은 "2025년부터 발칸반도 국가들은 국경 분쟁 문제를 먼저 해결해야, EU에 가입할 수 있다"고 선언했다. 임기 5년 집행위원장이 말년에 토로한 이 말은 발칸반도의 복잡함을 잘 나타내 주고 있다.

8. 네움(Neum): 두브로브니크를 지켜라

'아드리아해의 진주'를 지킨다

 우리 입장에서 보면 유럽, 지중해, 아드리아 해변의 웬만한 도시나 골목은 다 아름답다. 전부 그림엽서 수준이다. 앞에서 설명한 피란(Piran)만의 상황은 말로 설명이 어려워서 고생했는데, 지금 살펴볼 네움도 꼭 지도를 살펴 가면서 읽어야 이해가 될 정도다.

아드리아해의 오른[東]쪽은 발칸반도인데, 여기에는 유명한 역사 도시이며 해변 관광지인 "아드리아해의 진주" 두브로브니크(Dubrovnik)와 네움(Neum)이[035] 있다. TV프로그램에 자주 등장해 이제는 우리 관광객들도 많이 찾는 크로아티아의 두브로브니크는 월경지(越境地)이다. 즉 크로아티아 수도 자그레브에서 육로로 두브로브니크로 가려면, 보스니아-헤르체고비나(Bosnia-Herzegovina) 영토 20km를 거쳐야 한다. 바로 이 20km 지역이 네움이다. 네움 일대는 225㎢에 주민은 4,960명이다(2013). 내륙국가 보스니아-헤르체고비나는 유일하게 네움을 통해 바다로 나갈 수 있다. 네움은 보스니아에게 인천이요 부산이다.

영토분쟁의 측면에서 보면 이 네움은 아주 흥미로운 곳이다. 앞에서 피란만 분

---

035 아드리아해 동쪽 크로아티아의 이 지역은 달마티아(Dalamtia) 지방이라 불린다. 자다르, 두브로브니크, 스플리트, 네움 등 유명 관광지를 포함하고 있는 아름다운 해안지역이다. 중세에 크로아티아왕국, 11세기 이후 베네치아공화국의 지배를 받았다.

쟁을 다룰 때도 언급했지만, 옛 유고연방이 존재했을 때는 아무 문제도 없던 일들이 1991년 이후 연방이 7개의 나라로 분리되면서 문제가 된다. 이 네움의 경우는 피란만의 경우와는 달리 잘 해결된 경우로서 자초지종이 흥미롭다.

네움의 역사

이슬람 오스만제국은 서유럽으로 진출하고자 하는 욕심이 강했다. 1529년 오스트리아 공격이 실패로 돌아간 지 150여 년이 지난 1683년, 오스만은 다시 오스트리아 공격에 나선다. 하지만 오스만은 이번에도 기독교 국가 연합군에 밀려 서유럽으로의 진출에 실패하면서 발칸 지역에서의 지배력도 약화된다.

이 전쟁을 끝내면서 맺은 「카를로비츠(Karlowitz)조약」에 따라 베네치아공화국은 오스만으로부터 달마티아(Dalmatia) 지역을 획득한다. 그런데 달마티아의 라구사(Ragusa)공화국(1358~1808 :현재의 두브로브니크)은 지중해 무역권을 둘러싸고 베네치아와 오랫동안 싸워온 관계로 아주 불편한 사이였고, 소국(小國)이었다. 베네치아와 국경을 접하게 된 라구사공화국은 안보 불안을 해소하는 방안으로 서쪽의 네움(Neum)과 동쪽의 수토리나(Sutorina) 등 해안 지역 요충지

시인 바이런은 두브로브니크를 "아드리아해의 진주"라 했고, 조지 버나드 쇼는 "지상에서 낙원을 찾고자 하거든 두브로브니크로 가라"고 했다. 두브로브니크를 지키기 위해 라구사는 네움과 수토리나를 오스만에 내줬다.

두 곳을 완충용으로 오스만에 양도한다(1699).

베네치아가 육로를 통해 자신을 쉽게 공격하지 못하게 좌우로 오스만제국을 끼워 넣은 것이다. 오스만은 바닷가인 달마티아 지방을 제외한 육지 쪽(현재의 보스니아헤르체고비나)은 이미 영토로 보유하고 있었기 때문에 양도받은 두 해안 도시도 영토에 편입해 지중해의 무역창구로 삼았다.

1945년 성립된 옛 유고연방도 네움을 보스니아의 영토로 인정해, 네움은 보스니아의 일부가 됐다.[036] 이것이 그대로 이어져 왔다.

분쟁 위기

유고연방이 해체된 뒤 이런 네움의 위상에도 위기가 온다. 연방 시절에는 네움이 보스니아의 영토라고 하더라도 행정구역만 다르지, 나라(유고연방)는 같은

---

036 당시 함께 양도된 수토리나는 오스트리아-헝가리제국, 유고왕국 등에 속하다가 2차대전 후 유고연방 내 몬테네그로 소속이 된다. 유고연방 해체 후 보스니아와 몬테네그로는 수토리나 영유권을 놓고 다퉜으나, 2015년 몬테네그로(Montenegro) 소속으로 합의했다.

나라여서, 크로아티아 본토와 두브로브니크를 오가는 데는 불편이 없었다. 그러나 연방 해체 후 독립국가가 되고 나서는 국경을 두 번 건너는 불편이 생겼다. 그래서 크로아티아는 네움 지역이 역사적 지리적으로 보스니아보다 크로아티아와 가깝다며 네움의 반환을 요구한다.[037] 네움을 크로아티아에 돌려준다면 바닷길이 완전히 막혀버리는 보스니아 입장에서는 네움의 반환을 완강하게 거부한다. 강이나 바다를 통해 외부와 연결이 없는 내륙국가는 국력이 금방 약해진다는 교훈을 보스니아도 잘 알고 있다.

2013년 유럽연합(EU)에 가입한 크로아티아는 네움을 돌려받을 가능성도 미정인데다, 세계적인 관광지인 두브로브니크의 관광객 유치를 위해 네움 앞바다를 건너 월경지 영토를 연결하는 펠레샤츠(Peljesac)대교를 건설하기로 한다. 그러면 육로로 네움[보스니아 영토]을 거치지않고 두브로브니크를 오갈 수 있게 된다. 이 다리는 중국도로교량공사(CRBC)가 4억1,300만 달러에 수주해 2018년 공사에 들어갔다. 폭 4차선의 현수교로 길이는 2,440m에 이른다. 2021년에

---

037 분리 독립 당시인 1991년 인구조사에 따르면, 네움 인구의 88%가 크로아티아인이고 보스니아인은 4%에 불과했다.

교량 건설은 끝났고, 접속도로 등 마무리 공사도 순조롭게 진행돼 2022년 8월에 개통됐다.[038]

보스니아와 네움은 크로아티아의 이 교량 건설을 내심 반기고 있다. 모든 영유권 분쟁이 역사적인 뿌리를 갖겠지만, 네움(Neum) 문제를 해결해 가는 관련국가들의 해법은 영유권 문제로 골치를 썩이고 있는 다른 나라에 아이디어를 줄 수 있을 듯하다.

---

038 〈크로아티아 남북부 연결 '펠레샤츠 대교' 개통〉, 2022.8.1., KBS뉴스, 크로아티아 본토와 두브로브니크 등이 위치한 펠레샤츠반도를 잇는 이 다리는 4년 만에 공사가 끝났다. 북부

9. 올리벤사(Olivenza): 오렌지전쟁의 결과

대륙의 끝, 포르투갈

19세기 사람 나폴레옹(1769~1821)은 스페인과 전쟁 등 여러 차례 험한 일들을 겪은 뒤 "피레네산맥(The Pyrenees) 너머는 유럽이 아니다"라고 했다. 그렇다면 피레네산맥을 넘고, 너른 스페인 평원을 지나서 마지막에 만나는 포르투갈은 당연히 유럽이 아니겠다. 그럼, 아프리카인가?

21세기, 포르투갈은 유럽이다. 그것도 멋진 유럽이다. 유럽의 서쪽 끝이 바로 포르투갈의 서남단에 있는 로카곶(Cabo da Roca)이다. 그곳에는 "여기, 육지가 끝나고 바다가 시작되는 곳… (Here, where the land ends and the sea begins…)"이라는 포르투갈의 전설적인 애국 시인인 루이스 드 카몽이스의 '루시아드'(The Lusiads)의 한 구절이 바위 위에 깊이 새겨져있다.[039]

15세기 말에 본격적으로 시작된 대항해시대, 포르투갈과 스페인은 선진 해양 강국이었다. 지금은 상황이 달라졌지만, 이베리아(Iberia)반도는 유럽의 서쪽 끝이라는 지정학적인 위치 때문에 신대륙이나 아프리카, 아시아로 나가는 전진기지였고, 중세 지중해 중심의 무역에서 해상강국 이탈리아와 유럽 여러 나

---

039 카몽이스(1524~1580)는 포르투갈의 항해가 바스코 다 가마(1469~1524)의 인도양 항로 발견을 기념하기 위해 '루시아드(포르투갈 제목, Os Lusíadas)'를 썼다. 이 시는 고대 로마 버질(Virgil)의 아에네이드(Aeneid)나 그리스의 호머(Homer)의 일리아드(Illiad)나 오디세이(Odyssey)에 비유되곤 하는 포르투갈의 국민 서사시이다. 카몽이스는 군 복무 중 부상과 수감 생활 등 여러 가지 복잡한 일로 마카오(Macau)로 도망 와서 살던 시기에 이 서사시를 썼으며, 1572년 출판했다. 시의 원제목 '우스 루지아다스'는 로마 공화정 시절(BC 509~BC27) 이베리아반도 중서부에 위치한 로마의 속주 루시타니아(Lusitania) 지방에 거주했던 인도·유럽 계열의 민족을 뜻하고, 포르투갈인들은 자신들의 조상이 루시타니아인 이라고 말한다.

라의 중간에 위치해 무역 중계지로서의 역할도 중요했다. 두 나라 사이는 나쁘지 않았다. 스페인과 포르투갈 사이 1,200km에 이르는 긴 국경은 1297년 알카니세스(Alcanices)조약⁰⁴⁰에서 결정된 이후 지금까지 유지되고 있는 유럽에서 가장 오래된 국경이다.

이 조약에서 변한 곳이 딱 한 곳인데, 바로 올리벤사(Olivenza) 지역이다. 면적은 430km², 인구 12,000명 정도(2018)가 사는 조용한 지역이다.

올리벤사는 1297년 이후 1801년까지 500년 이상 포르투갈의 영토였다. 1801년 프랑스와 스페인의 육군이 연합해 포르투갈을 침공한다. 이 전쟁(오렌지전쟁)에서 승리한 스페인이 포르투갈로부터 양도받은 땅이 바로 올리벤사다.

---

040 포르투갈은 12세기 포르투(Porto) 지방의 백작이 왕을 자칭하면서부터 생겨났다. 당시 이베리아반도는 남부에 아랍인(무어인)들의 이슬람 제국이 있었고, 북부에는 갈리시아, 레온, 카스티야, 나바라, 아라곤 등 다수의 왕국이나 봉건 영주들이 경쟁하는 관계였다. 이슬람에 빼앗긴 기독교도의 땅을 되찾자는 레콩키스타(722~1492) 과정에서 이 백작령은 초기에는 갈리시아왕국 후기에는 레온왕국에 속하다가 1139년에 포르투갈 왕국으로 발전하고 이 지역에 대한 레콩키스타가 끝난 뒤 1297년 알카니세스에서 카스티야와 조약을 맺고 오늘날의 포르투갈-스페인 국경을 확정한다.

1801년이 어느 때인가? 역사학자들은 프랑스 대혁명(1789년)과 그 여파로 유럽 대륙에서 일어난 전쟁을 프랑스혁명전쟁(1792~1802)으로, 그리고 나폴레옹이 프랑스 통령으로 집권한 이후 일으킨 전쟁을 나폴레옹전쟁(1803~1815)으로 구분한다. 나폴레옹전쟁은 앞선 프랑스혁명전쟁 당시 해결되지 못한 문제들이 원인이 되어 발발했다.

포르투갈도 이 광풍(狂風)의 피해자였다. 프랑스는 영국의 해군력을 두려워했고 포르투갈은 영국의 동맹국이어서 프랑스와는 불편한 관계였다. 포르투갈은 스페인과의 동군연합(同君聯合)을 깨고 스페인과의 분리 전쟁(1640~1668)을 수행할 당시 영국의 지원을 잊지 않고, 계속 영국 편을 들었다. 그래서 나폴레옹은 먼저 포르투갈을 손봤다. 이 포르투갈 응징 전쟁이 소위 '오렌지전쟁(1801)'[041]이다. 포르투갈은 1297년 이래 500년 이상 보유한 땅을 스페인에게 양도했다. 스페인 땅이 된 지는 200년 남짓하다.

그런데 오렌지전쟁으로 땅을 빼앗긴 4년 뒤 1805년 트라팔가(Trafalgar) 해전에서 나폴레옹이 몰락한다. 포르투갈은 스페인에 빼앗긴 올리벤사 생각이 간절했다. 나폴레옹 시대를 결산하고 새로운 유럽 구성을 위한 회의가 바로 빈회의(1814.9~1815.6)다.

"회의는 춤춘다"

빈 회의는 한마디로 프랑스혁명 이전의 유럽 왕정체제를 다시 복구하고 유지하는 것이 목표였다. 역사의 회귀, 반동이었다.

---

041 오렌지전쟁은 나폴레옹의 프랑스 육군과 스페인 육군이 연합해 포르투갈을 침공한 전쟁이다. 1801년 5, 6월에 걸쳐 일어난 짧은 전쟁이다. 전쟁이 일어나기 전 프랑스는 영국의 동맹인 포르투갈에 대해서 영국과의 관계를 끊고 영국 해군의 포르투갈 기항을 금지하라고 요구했지만, 포르투갈이 거부해, 전쟁이 일어났다. 패전한 포르투갈은 바다호스(Badajoz)조약을 맺고, 영국 선박의 기항을 금지하고 영토 일부를 스페인에 내줬다. 이때 빼앗긴 땅이 올리벤사이다. '오렌지전쟁'이라는 이름은 스페인 육군 지휘관이 아직 이기지도 못한 전쟁에서 당시에는 귀했던 포르투갈의 오렌지를 따서 스페인 왕비에게 바치면서 "곧 승리하겠다"고 아첨성 보고를 한데서 생긴 말이다.

이 회의에는 영국, 프로이센, 오스트리아, 러시아, 프랑스 등 당시 5대 강국 외에도 스페인, 포르투갈, 나폴리왕국, 스웨덴-노르웨이 연합왕국, 교황청, 오스만제국, 네덜란드 등 수십 개 왕국과 나라들도 대표를 파견해, 회의 불참에서 오는 불이익을 받지 않으려고 동분서주했다. 수많은 파티와 모임이 계속됐다. 거기서 나온 말이 "회의는 춤춘다. 그러나 진전은 없다" 였다. 그렇지만 회의 결과를 담은 최종 의정서는 많은 나라의 국경을 바꾸는 내용을 비롯해 스위스의 영세중립국을 보장하는 내용 등 엄청난 내용을 담고 있었다. 200년이 지난 지금까지 많은 나라들을 규율하고 있다.

이 가운데는 "스페인은 올리벤사를 포르투갈로 반환하기 위한 가장 강력한 조치를 취하기 위해 노력한다"라는 조항도 들어있었다. 빈회의는 프랑스가 패전국, 영국이 승전국이었는데 포르투갈은 승전국 영국의 동맹국이었다.

그러나 스페인은 "그 조항은 최선을 다해 노력한다는 것이지, 꼭 그렇게 한다는 의미는 아니다"라면서 올리벤사의 반환을 미뤘고, 그 상황은 200년 이상 계속되고 있다.

스페인도 '올리벤사 지역 주민 여론조사를 해보면, 포르투갈이 아니라 스페인 잔류를 더 희망한다'는 좋은 소재가 있는데도 그냥 쉬쉬하고 있다. 그 사실을 널리 알릴 경우, 영국과 분쟁 중인 지브롤터(Gibraltar)의 반환에 지장이 있을까 봐 그런다.

피를 부르는 영토분쟁 **유럽** 편

피를 부르는
영토
분쟁
TERRITORIAL DISPUTES

3

팔레스타인 Palestine

피를 부르는 영토분쟁 **팔레스타인** 편

1. 가장 오래된 영토분쟁: 팔레스타인(Palestine)의 두 민족

BC 18세기 무렵부터 팔레스타인 지역에 살던 유대인들은 세 차례(66~135)나 로마제국에 대항하다가 거의 전멸을 당하고, 살아남은 사람들은 전 세계로 뿔뿔이 흩어진다. 고향 땅을 떠난 유대인들은 지중해 주변, 이베리아반도[001]나 영국 등 서유럽에서 살다가 점점 동쪽으로 삶의 터전을 옮겼다. 그 사이 1,800년이 지나갔다. 19세기가 되면 유대인들은 대부분 폴란드, 루마니아, 우크라이나, 러시아 등 동유럽에 몰려 있었고, 정작 예루살렘 등 팔레스타인 땅에는 1~2만 명의 유대인들이 기독교 순례객들에게 구걸하듯이 어렵게 살고 있었다. 그 땅은 이슬람의 땅이 된 지 오래였다. 유대인이 삶의 터전을 옮겼다고 말하지만, 실상은 뿌리 깊은 반(反)유대주의에서 비롯된 박해와 탄압과 학살을 피해 이리저리 쫓겨 다녔다. 일부 유대인들은 멀리 중국, 남미까지 건너가 활동했지만[002], 그들의 주 무대는 유럽이었다. 전쟁이나 질병 등 큰일이 없을 때는 유대인들도 잘 어울려 살았다. 그들도 정착한 지역이나 사는 동네에서 그저 기도하면서 편안하게 살고 싶어 했다. 그러나 사회가 불안하고 위기가 닥치면 유대인은 제일 먼저 희생자가 됐다. 나라 없

---

001 지금 스페인, 포르투갈이 자리한 이베리아반도는 58만㎢다. 고대 그리스인이 '피레네(요정의 이름)의 서쪽'인 이곳을 이베리아(Iberia)라고 부른 데서 유래했고, 이 말에서 히스페니아, 에스파냐 등이 나왔다.

002 장종회 기자 "1천 년 中 유대인 슬픈 역사", 매일경제, 2011.8.17. 1605년 베이징에서 활동하던 예수회 선교사 마테오리치(1552~1610)는 당시 북송(北宋)의 수도 카이펑(開封) 출신 유대인 학자 아이티언을 만났으며, 아이티언은 "카이펑에 유대인이 살고 있다"고 말한 것으로 기록하고 있다. 중국인들은 카이펑의 유대인을 '파란 모자를 쓰는 회족'[藍帽回回]이라고 불렀다. 아랍인 여행가 이븐 바투타(1304~1368)도 중국 여행에서, 항주(杭州)에는 6개의 소도시가 있는데, 12,000명의 병사가 주둔하는 첫 번째 도시를 지나자 "유대인 문(門)이라는 성문을 통해 제2 도시에 들어갔다. 거기에는 유대인과 기독교인 그리고 태양을 숭배하는 터키인이 거주하고 있는데 인구가 꽤 많다"는 기록을 남겼다. ('이븐 바투타 여행기' 창작과비평사, 2권, 336p). 또 유대인들은 알람브라 칙령에 따라 1500년대 초, 브라질 등으로 이주해 대규모 농장을 경영하거나 무역업에 종사했다.

는 민족은 마치 뿌리 뽑힌 나무 같다. 그들의 삶은 언제나 불안하고 근본적으로 고사(枯死)의 위험에 시달린다. 근세를 지나면서 유럽의 여러 민족과 왕국들이 국가를 창설할 때면 나라 없고 땅 없는 유대인들은 어김없이 공포를 경험했다. 사는 곳이 고향이고 태어난 곳이 조국이라고 생각하며 살아온 유대인들에게 점차 강해지는 각 지역의 민족주의와 반유대주의는 상상 이상의 불안일 수밖에 없었다. 천 년 이상 유대인들의 머릿속에 맴돌던 문제는 "우리에게도 편하게 발 뻗고 살 조국이 필요하다"였다. 이렇게 말 만하고 생각만 하던 유대인들이 시오니즘(Zionism)에 빠져들게 된 시기는 19세기가 20세기로 바뀌는 무렵이다.

폴란드, 우크라이나, 러시아에 살던 유대인들이 짐을 싸서 팔레스타인 가나안 땅으로 몰려들 때, 천 년 이상 이 땅에서 살아온 아랍계 주민들은 황당했을 것이다. "하나님이 오래전에 약속하신 땅"(Eretz Israel)이라는 비현실적인 구호를 외치면서 몰려드는 유대인들의 모습을 보고는 그들은 얼마나 어이없었을까? 1947년 11월, 유엔이 아랍계 인구의 3분의 1에 불과한 유대인들에게 팔레스타인 땅을 반(半) 이상 배당하는 결의(총회 결의안 181호)를 할 때, 아랍인 공동체의 분노는 얼마나 컸을까? 3분의 1 인구에 불과한 집단이 30%가 아니라 56%의 땅을 배당받는다면, 우리인들 참았을까? "지금은 억울하더라도 일단 이 44%를 받고, 다음 단계를 고민합시다"라고 용기 있게 국민을 설득하는 아랍 지도자는 왜 없었을까? 아니, 분명히 그런 지도자가 있었을 텐데 소수라는 이유로 그 목소리는 묻혔을 것이다. 이스라엘 건국 이후 두 민족 간의 투쟁은 백약이 무효인 상태로 70년 넘게 계

---

003 1971년 제작된 뮤지컬영화 "지붕 위의 바이올린(Fiddler on the roof)"은 1905년 우크라이나(당시 러시아제국 영토)에 살던 유대인 마을과 유대인들의 삶을 잘 묘사한 영화다. 딸이 다섯인 유대인 가정에서 일어나는 일들과 혁명기에 접어든 러시아제국의 어수선한 상황 등이 잘 표현됐다. 이 유대인 마을은 당국의 추방령으로 주민들이 미국으로 팔레스타인으로 모두 떠나면서 영화는 끝난다. 영화 주제가 "해가 뜨고, 해가 지고"(Sunrise, sunset)는 고단함 속에서도 삶은 이어진다는 주제를 전한다.

004 11년 전(2011) 온건파에 속하는 아무드 압바스 팔레스타인 자치정부 수반은 "지난 1947년 영토를 분할해, 이스라엘과 팔레스타인 두 국가를 세우도록 정한 유엔의 분할안을 팔레스타인과 아랍국가들이 거부한 것은 실수라고 생각한다"고 말한 적이 있다. 압바스 수반은 "그러나 우리와 아랍권 전체의 실수를 빌미로, 이스라엘이 64년 동안 팔레스타인을 못살게 구는 것은 정당하지 않다"고 이스라엘 언론과의 인터뷰에서 말했다. ("팔 수반, 1947 유엔 분할안 거부는 실수" 2011.10.29., 연합뉴스)

속되고 있다. 그 뿌리는 수천 년이나 된다. 가지가 이렇게 무성한데 땅속 뿌리는 얼마나 자랐을 것인가? 비극적인 영토분쟁의 전형, 팔레스타인 이야기, 유대인들의 이야기를 먼저 듣는다.

2. "더 이상은 못 참겠다"

1) 1881, 알렉산드르 2세 니콜라예비치

1881년 3월 13일, 제정(帝政)러시아 수도 상트페테르부르크에서 러시아 제국의 제12대 알렉산드르 2세 니콜라예비치 황제가 무정부주의자에게 폭살(爆殺)[005] 당한다. 알렉산드르 2세는 오스만제국과 전쟁을 벌여 영토를 확장하고, 4,000

'알렉산드르 2세 암살사건' 〈일루스트릴테 차이퉁〉(1881)의 삽화.

---

005 러시아제국의 황제 겸 폴란드 국왕인 니콜라이 1세(재위 1825~1855)의 아들인 알렉산드르 2세(재위 1855~1881)는 1861년의 농노해방령을 내렸고, 법률제도를 정비하고 대학 교육 확대 등을 추진해 '해방자'(Emancipator) 또는 '계몽 군주'(Enlightened Prince)라는 칭송을 듣는다. 유대인에게도 대체로 관대한 편이었다. 그는 미국에 알라스카(Alaska) 160만㎢를 매각했지만, 아편전쟁 이후 청나라로부터 흑룡강 이북의 60만㎢(1858, 아이훈조약)와 연해주 16만㎢(1860, 베이징조약)를 확보해 블라디보스토크 건설을 추진했다. 알렉산드르 2세는 아버지 니콜라이 1세를 도와 크림전쟁을 수행하면서 러시아의 낙후성, 농노제의 폐해 등을 절감해 근대적 개혁을 추진했다.

만 명의 농노(農奴)를 해방시키고 법률제도를 정비하고 지역 재판관을 선출제로 바꾸었으며 가혹한 형벌 제도를 폐지했다. 그는 또 귀족의 특권도 축소하고 대학교육과 산업발전에도 힘쓴 개혁적인 황제로서 체격이 좋고(186cm) 잘 생겨서 인기 좋은 짜르(Czar)였다. 그래서 제정러시아 국민들은 머지않아 자신들의 조국도 영국과 프랑스같이 입헌군주국으로 발전해 잘 살게 되리라는 희망에 차 있었다.

알렉산드르 2세 니콜라예비치. 사진=위키피디아

그러나 이 비극적 사건으로 즉위한 알렉산드르 3세는 농노해방을 제외한 선황의 개혁 조치를 모두 무효화시키는 반동 정치를 시작한다. 이 와중에 황제의 암살범 가운데 유대인이 포함돼 있다는 소문이 퍼지며 유대인에 대한 러시아의 민심이 싸늘하게 바뀐다. 새 황제는 이러한 민심을 이용해 유대인 억압정책도 실시한다. 그 무렵(1882) 러시아 내에는 400만 명의 유대인이 살고 있었다. 1825년, 160만 명이었는데 50년 동안 많이 늘었다.[006]

포그롬(Pogrom)의 발생 | 알렉산드르 3세는[007] 즉위 이듬해에 유대인에 관한 임시조치법을 선포했다. 이 법은 1882년 5월에 선포돼 '5월 법'(May Laws)이라고 불렸다. 주요 내용은 벨라루스, 리투아니아, 몰도바 등 우랄산맥 서쪽의 유럽 러시아로 넓게 퍼져 있던 유대인 지정 거주지역(Pale of Settlement)을 더욱 제한하고, 토지 취득이나 고등 교육의 기회도 크게 제한했다. 또 러시아 주민들이

---

006 이러한 증가세는 유대인의 이주도 있지만, 알렉산드르 2세 재위 기간 동안의 영토 확장이나 국경 변경에 따라 해당 지역에 살던 유대인이 자동으로 편입된 데서도 기인한다.

007 알렉산드르 3세(재위 1881~1894)는 아버지의 폭살 때문에 아주 강경한 정치를 펼쳤다. 이런 강경한 반동 정치는 지식인들과 노동자들의 불만의 원인이 됐다. 사후 그의 아들 니콜라이 2세(1868~1918)도 비슷한 정치를 계속해 이 두 부자의 반동정치, 전제정치가 러시아 볼셰비키 혁명을 불러온 원인이 됐다는 평가도 있다. 1917년 레닌의 볼셰비키 혁명이 성공하고 1918년 7월 니콜라이 2세가 가족과 함께 처형되면서, 1613년부터 러시아를 통치해 온 로마노프(Romanov)왕조가 막을 내린다.

마을이나 공동체에서 유대인 추방도 요구할 수도 있도록 했다. 선황의 폭살에 대한 반작용으로 유대인 옥죄기였다.

러시아제국 전체 분위기가 이렇게 흘러가자 유대인이 사는 도시와 마을에서 반유대인 폭동인 포그롬(Pogrom)008이 시작된다. 포그롬은 들불처럼 빠르게 확산됐다. 그전까지 러시아나 동유럽에 만연해 있던 반유대주의가 가난한 농부나 저소득층 등 서민들에 의한 일탈 행동이었다면, 새로 발생한 포그롬은 어느 정도 배운 사람, 재산이 있는 사람들에 의해 주도된다는 점이 달랐다. 마을과 도시에서 유대인에 대한 폭행, 방화, 강간, 살해 등이 이어졌다. 이런 포그롬은 1881년에서 1884년 사이 우크라이나와 남부 러시아를 휩쓸고, 잠시 잠복했다가 1903년에서 1906년 사이 러시아의 서부와 남부, 벨라루스와 우크라이나 등에서 다시 발생했다.

차별과 박해와 생명의 위협을 피해 동쪽으로 계속 이동해 유럽의 끝 러시아에 다다른 유대인들에겐 더 이상 갈 곳이 없었다. 우랄산맥을 넘어가면 거기는 유럽이 아니었다. 시베리아는 말 그대로 '잠자는 땅'(Sleeping Land)이었다.

러시아 탈출 | 동쪽으로 더 나갈 길이 막힌 유대인들은 몇 가지로 반응했다.009 우선 러시아를 떠난다. 차별이 없고 자유가 있는 신세계인 미국(美國)으로 떠나거나 옛날 조상들이 살다가 떠나온 서유럽으로 다시 돌아가는 행렬이 이어진다. 러시아를 떠나 미국으로 이주한 유대인은 1891년부터 1900년 사이에 59만여 명, 1901년부터 1910년까지 160만여 명, 1911년부터 1914년까지 86만여 명으로 모두 300만 명 가까이 됐다. 이 시절의 러시아 이민을 1차 이민(First010

---

008 포그롬(Pogrom)은 '박해(迫害)' 또는 '폭동'이라는 뜻의 러시아어로, 19세기에서 20세기 사이 우크라이나를 비롯한 남부 및 서부 러시아(유럽 러시아) 일대를 휩쓴 러시아인들의 반유대주의 폭동과 멸시, 학대를 말한다. 포그롬은 러시아제국 내 유대인 최대 거주 지역인 흑해 연안 항구 도시 오데사(Odessa)에서 1821년 발생했다. 오데사에서는 포그롬이 1859년, 1871년, 1881년, 1905년에도 발생했다. 1821년 오데사 포그롬은 러시아인에 의한 유대인 박해가 아니라, 오데사 지역의 라이벌 민족 집단인 그리스인과 유대인 사이의 경제적인 알력 관계에 의해 발생했다. 러시아, 동유럽의 포그롬은 끊어졌다 이어지기를 계속하면서 1917년 러시아 혁명 때까지 이어진다.

009 정의길 선임기자, "왜 유대교는 '조국'을 건설하려 했을까" 한겨레21(1365호), 2021.5.28

010 러시아제국 내에서 포그롬이 본격적으로 발생한 19세기 후반에서 1차 대전이 발발하는 1914년까지 미

Wave)이라고 한다. 이때 미국으로 건너간 유대인들은 많은 부를 축적해 뒷날 이스라엘 건국에 큰 힘이 된다.

또 미국 이민보다는 숫자는 적지만 유대교 성경(Hebrew Bible), 즉 구약성경에서 말하는 마음의 고향 가나안(Canaan)으로 돌아가기 위한 이주도 많이 늘었다. 이들은 '시온(Zion) 땅이 황량하기는 하겠지만 매일 불안에 떨면서 내일을 기약할 수 없는 러시아보다는 낫겠지'하는 심정으로 가나안 땅으로 향했다. 이들은 이주 초기 선주민인 아랍계 팔레스타인 주민들과 비우호적인 관계를 맺게 된다.

마지막 부류인 일부 지식인들은 알렉산드르 3세를 반대하는 연장선상에서 당시 새로 정립된 사회주의 이념에 심취해 제정러시아와 현실 세계의 압제를 뒤엎고 완전히 '새로운 세상'을 만드는 일에 관심을 갖고 활동하게 된다. 이들은 반러시아 집회나 시위 활동을 계속하고 관련 책이나 팸플릿을 만들어 배포하고 교육하다가 공산주의 혁명에 적극적으로 가담한다.

호베베이 시온 | 포그롬이 횡행해도 남아있던 유대인들은 러시아 각지에서 '시온을 사랑하는 사람들'이라는 뜻의 호베베이 시온(Hovevei Zion)[011]을 결성하고, 러시아를 피해 1884년 폴란드의 카토비체(Katowice)[012]에서 34명의 대표가 모여 머리를 맞댄다. 이들은 선언문에서 "유럽 사회에 동화하려는 유대인의 노력이 허사로 돌아갔으며, 하나님이 유대민족에게 '약속한 땅' (Eretz Israel)으로 돌아가 거처로 삼아야 한다"고 결의했다.

'시온을 사랑하는 사람들'은 기도만으로는 하나님의 약속이 실현되기는 어려

국으로 이민을 떠난 인구는 300만 명을 넘는다. 이 대규모 이주는 주로 유대인들에 의한 것으로 이것을 1차 대량 이주(First Wave)라고 하고 러시아 혁명이 일어나고 주도권 다툼이 계속된 적백내전 시기의 대량 이주는 2차 이민(Second Wave)이라고 한다. 2차 이민 때는 유대인 외에도 제정러시아의 귀족들이나 지배층들도 많았다.

011 히바트 시온(Hibbat Zion)이라고도 불리는 이들은 러시아 국내의 반유대주의 때문에 회의를 갖지 못하고, 1884년 선언문에서 '그동안의 동화(同化) 노력이 허황된 꿈이었음을 지적하고, 에레츠 이스라엘(Eretz Istael)에 자신들의 거처를 마련하는 일의 중요성'을 강조한다. 이들의 꿈은 10여 년 뒤 스위스의 바젤에서 열린 제1회 세계시오니스트대회로 결집돼 진전을 이룬다.

012 카토비체가 지금은 폴란드 땅이지만 1884년 당시는 독일령으로 지명도 카토비츠(Kattowitz)였다.

우니, 각지의 유대인들이 적극적으로 행동에 나서야 한다고 천명했다. 신앙적 시오니즘에서 나아가, 인종적 민족적 정치적 현실적 시오니즘으로의 변환을 유도했다. 회의의 결론처럼 그나마 쉬운 길은 가나안 땅으로 이주하는 것이었다.[013] 일부 적극적인 호베베이 시온 회원들은 1882년 오스만 당국의 제지를 무릅쓰고 팔레스타인에 첫 정착지(settlement)를 마련한다. 호베베이 시온은 정치적 시오니즘(Zionism)[014]의 마중물로 평가받는다. 이들의 이러한 결의는 13년 뒤, 테오도르 헤르츨(T. Herzl)박사에 의해 다시 맹렬한 기세로 살아난다.

2) 1894, 알프레드 드레퓌스

유대인 반역자 ｜ 유대인들의 민족주의를 일깨운 또 하나의 사건은 알렉산드르 2세 폭살 사건이 발생한 지 10여 년 뒤, 유럽의 중심 프랑스에서 발생한다. 1894년 12월 22일, 프랑스 육군의 알프레드 드레퓌스(Alfred Dreyfus, 1859~1935) 대위가 군 기밀정보를 적대국인 독일에 넘긴 국가 반역 혐의로 군사재판에서 종신 유배형과 공개 군적(軍籍) 박탈을 선고받는다. 확실한 증거도 없이 추정과 억지로 만들

알프레드 드레퓌스(1859~1935).

---

013 가나안(팔레스타인) 지역에서는 이미 1878년부터 시온주의자에 의한 농업식민지가 본격적으로 건설되기 시작했다. 최초의 농업식민지는 텔아비브 동쪽 10km 떨어진 페타 티크바(Petah Tikvah, '희망의 문')에서 첫 삽을 뜬다.

014 시오니즘(Zionism, 시온주의)은 팔레스타인의 옛날 유대인들이 살던 땅(Eretz Israel)에 유대인 국가를 건설하자는 유대 민족주의 운동으로, 1884년 오스트리아의 나탄 비른바움(Nathan Birnbaum, 1864~1937)이 처음으로 사용했다. 유대인이 유럽에서의 박해를 피해 평화롭게 살기 위해서는 하나님이 오래전에 약속한 가나안 땅, 즉 '에레츠 이스라엘'로 돌아가 유대인 국가를 건설하는 수밖에 없다는 주장이다. 시온(Zion)은 구약성경에 나오는 지명으로, 고대 예루살렘에 있던 두 개의 언덕 중, 동쪽에 있던 언덕의 이름이다. 구약 예레미아서(書)에 시온은 유대인들이 바빌론 유수(幽囚, 포로 생활)에서 돌아가야 할 구원의 장소로 묘사된다. 유대인들의 팔레스타인 이민에 대해 당시 일부 아랍계 지도자들은 유럽 출신의 유대인들이 아랍 근대화에 도움이 될 것으로 판단해, 이들의 이민을 지지하는 모습도 보였다.

어 낸 반역죄(反逆罪)였다. 드레퓌스 대위가 독일계 유대인이라는 사실 때문이었다.

프랑스 군이 이러한 무리를 범한 데는 이유가 있다. 프랑스는 별 준비도 하지 않고 일으킨 프러시아와의 전쟁(1870~1871)에서 치욕적인 패배를 당해 국가 위상이나 국민 사기가 한없이 추락해 있었다. 드레퓌스 사건은 프랑스 내에 만연한 반(反)독일 분위기015와 반(反)유대주의016, 쇼비니즘에 가까운 프랑스 국가주의017 등 복잡한 배경이 작용한 사건으로, 유대인 혈통의 장교 한 명[드레퓌스]을 적국 독일의 스파이로 만들어 군적을 박탈하고 먼 섬으로 종신 유배를 보냈다. 그러나 이것은 끝이 아니라 시작에 불과했다.

2년 뒤(1896) 프랑스 군 정보국에 근무하는 고위 장교(피카르 중령)가 당시 드레퓌스 간첩죄 관련 서류를 검토한 끝에, 드레퓌스를 진범으로 지목할 근거가 없다는 점 그리고 드레퓌스에게 유죄의 증거가 됐던 서류의 필체가 정보국의 다른 장교(에스테라지 소령)의 필체와 일치한다는 점을 들어, 드레퓌스 사건의 재심(再審)을 요구하다가 해외 근무로 쫓겨나고, 진범 에스테라지 소령은 체포됐다가 슬그머니 석방된다.

새로운 증거와 진범이 나왔으므로 이 사건은 당연히 재심이 열려야 했지만, 프

---

015 비스마르크가 주도하는 독일 통일은 북부 독일에서는 마무리됐으나, 프랑스의 영향력이 강한 남부 독일까지 통합하고 또 벨기에에 대한 프랑스의 합병 야욕을 막기 위해서는 전쟁이 불가피해진다. 그런 와중에 프랑스는 준비 없이 독일에 선전포고했으나 패배한다. 이 전쟁(1870.7~ 1871.5)에서 독일이 승리하고, 독일은 파리 근교 베르사이유 궁(宮)에서 독일제국[제1 제국]의 성립을 선포했다. 독일(프로이센)이 나폴레옹에게 패한 지 64년 만이었다. 프랑스는 이때 알자스로렌 지방도 뺏기고 배상금도 물었다. 이후 프랑스에서는 반독일 분위기가 크게 일어난다.
016 프랑스 대혁명(1779) 이후 유럽에서는 최초로 프랑스가 1791년 유대인에게 시민권을 부여했고, 그 뒤를 이어 그리스가 1830년, 영국이 1858년, 이탈리아가 1871년, 노르웨이가 1891년에 시민권을 부여했다. 그러나 일반인들의 의식 밑바닥에 반유대주의(Antisemitism)는 잠복해 있었으며, 19세기 후반 산업화로 소외된 도시 빈민들과 농민들은 유대인을 악덕 지주나 부르주아와 연결시켰다. 21세기인 지금도 유럽, 미국 등에서는 반유대인 테러나 총격 사건이 종종 일어나고 있다.
017 쇼비니즘(Chauvinism)은 광신적이고 폐쇄적인 국수주의를 이르는 말이다. 쇼비니즘이 팽배한 사회에서는 맹목적인 애국이 강조되고 이에 반대하는 사람들을 비국민, 매국노 등으로 매도한다. 또 국가주의는 국가를 가장 우월적인 조직체로 인정하고 국가 권력이 경제나 사회정책을 통제해야 한다고 주장하는 사상인데, 여기서는 자국 우선주의, 배타적이고 공격적인 민족주의를 말한다.

알프레드 드레퓌스 대위의 군적 박탈식(1895.1.5.).

랑스는 재심을 하느냐 마느냐를 놓고 두 진영으로 갈라져서 피나게 싸운다. 당시 군부와 프랑스혁명 이념에 반대하는 왕당파, 옛 귀족들, 가톨릭, 보수 신문 등은 "국가 안보 저해 세력에게 경고하고, 군의 위신을 존중해야 하기 때문에" 재심에 반대했다. 반면 양심적인 지식인과 법조인, 공화주의자, 사회주의자, 노동계급과 소수의 언론 등 진보적인 그룹은 즉각적인 재심을 주장했다.

그러나 아직 때가 이르지 않았다. 그때는 주장의 당(當). 부당(不當)이 문제가 아니고 사실(事實)이 중요한 때가 아니었다. 우리 편이냐 아니냐, 어느 진영(陣營)인지가 중요한 시절이었다. 역사에는 가끔씩 그런 비이성적, 비상식적인 시기나 사건들에 관한 기록이 적지 않다.

1898년 연초, 이런 극심한 편 가르기 와중에 "나는 고발한다"라는 제목으로 베스트셀러 작가 에밀 졸라(Emile Zola)가 쓴, 대통령에게 보내는 편지가 신문

---

018 당시 대통령은 펠릭스 포르(1841~1899)로 제3 공화정 대통령. 사업으로 거부가 된 자수성가 정치인인데, 재임 중 불미스러운 사건으로 급사했다.

에밀 졸라(1840~1902).   1898.1. '나는 고발한다'가 실린 로로르신문.

에 공개된다.[019] 에밀 졸라는 1898년 1월 13일 『로로르』(L'Aurore, '여명')신문 1면에 실린 공개 편지에서, 아무런 근거도 없이 드레퓌스를 유죄로 몰고 간 1894년의 군사재판과 증거가 명확한 진범을 무죄 석방한 1896년의 군사재판을 고발하면서, 드레퓌스에 대한 재심을[020] 강력하게 주장했다. 졸라는 많은 지지자를 얻었지만 여러 번 살해 위협에 시달렸고 실제로 이와 관련해 군사법원 모욕 혐의로 징역형과 벌금형을 선고받고 끝내는 영국으로 망명을 떠나야만 했다 (1898.7.19).

마르셀 프루스트(Marcel Proust) 등 당대의 지식인들도 드레퓌스 사건의 재심을 청원하는 서명운동을 벌였지만, 모두 허사였다. 프랑스에서는 여전히 드레퓌

---

019   에밀 졸라(1840~1902)가 쓴 이 글의 본래 제목은 '대통령에게 보내는 편지'였는데, 이 신문의 발행인 겸 편집인 조르주 클레망소(1841~1929)가 제목을 '나는 고발한다'로 바꾸었다. 조르주 클레망소는 그 뒤 프랑스 수상을 지낸다(김재한, "드레퓌스 누명 벗긴 도화선은 졸라의 '양심 편지' 한 통", 2014.12.21, 중앙선데이). 졸라 보다 5살이 많은 미국 소설가 마크 트웨인(1835~1910)은 졸라가 숨지자 "군인 성직자 같은 위선자나 아첨꾼은 한 해에도 백만 명씩 태어난다. 그러나 잔다르크나 졸라 같은 인물이 태어나는 데는 5세기가 걸린다"라며 각별한 조의를 표하기도 했다.

020   재심이란 현재 우리나라에서도 실시되는 제도인데, 민·형사 재판에서 명백한 증거가 새로 드러나거나 진범이 체포되고 수사기관의 고문 등 명백한 불법이 개재됐을 경우 법원은 3심제를 벗어난 새로운 재판을 열 수 있도록 하고 있다.

스파와 반(反)드레퓌스파 간의 치열한 투쟁이 계속된다. 1898년 5월의 총선거에서는 반유대, 반드레퓌스파가 승리한다. 드레퓌스 대위나 피카르 중령은 억울했지만 어쩔 수 없었다. 더 기다려야 했다.

이제 때가 이르렀다 ┃ 다시 4년이 흘렀다. 1902년 총선거에서는 드레퓌스 지지를 매개로 해서 맺어진 사회당과 공화좌파, 급진당 등의 좌파연합(左派聯合)이 승리한다. 이제 드레퓌스에게 유죄를 강요한 군부, 가톨릭, 우익신문 등이 힘을 잃는다. 1904년 드레퓌스는 재심을 요청해, 무죄를 선고받고(1906) 복권된다.[021] 누명을 쓰고 잡혀간 지 22년 만이다.

이 과정에서 에밀 졸라, 마르셀 푸루스트 등 지식인들의 격렬한 항의와 투쟁은 유럽에서 반유대주의가 얼마나 비이성적이고 무모한지를 널리 알리는 계기가 됐다. 실제로 유럽에서는 313년 기독교가 공인된 이래 천수백 년 동안 유대인은 악마(惡魔)와 동일시돼왔다. 기독교의 입장에서 볼 때 유대 민족은 예수 그리스도를 팔아먹은 씻을 수 없는 죄를 지은 저주받은 민족이었다.[022]

그 얼마 전부터 유대인들, 특히 서유럽 거주 유대인들은 일정한 구역(게토)에 몰려 살면서 신앙은 물론 출생에서 결혼, 교육, 장례, 식사 등에서 폐쇄적이고 고립적으로 살아온 것이 유대인에 대한 차별을 불러온 것이 아닌가 하는 생각을 하고 있었다. 그래서 일부는 기독교로 개종하기도 하고 아니면 종교에 연연하지 않고 사는 삶을 택하기도 하면서 주류사회와 함께하려고 노력하고 있었.

그러나 드레퓌스 사건은 유대인들의 이 모든 노력을 공(空)으로 돌리는 엄청난 충격이었다.

대혁명(1779) 이후 유대인에게 처음으로 시민권을 인정하고 자유 평등 박애의 기치를 높이면서, 포그롬이 일어나는 폴란드나 러시아를 은연중 깔보고 있던

---

021   1906년 드레퓌스가 소령으로 복귀할 때 내무장관은 '로로르'지 발행인이었던 클레망소였고, 1896년 드레퓌스에 대한 재심을 주장하다 좌천당했던 피카르 중령은 그 뒤 클레망소가 수상일 때 국방장관을 맡게 된다. 드레퓌스는 복권된 뒤 잠시 근무하다 전역 후 1914년 1차 세계대전이 발발하자 중령으로 군으로 복귀해 전선에 투입된다.
022   이희수, 〈이슬람〉 청아출판사 2011, 414페이지

프랑스에서 이런 사건이 일어났다는 사실은 유럽인들의 심중에 깔린 반유대주의의 두께를 실감하게 했다. 유대인이라는 이유만으로 드레퓌스라는 한 인간이 완전히 망가졌고 그 많은 의로운 외침도 20년간이나 계속됐다.

유대인의 심중에도 회의와 변화가 생긴다. '우리가 주류사회와 융화하기 위해 아무리 노력하더라도 유대인이라는 낙인을 지울 수 없다면, 우리도 달라져야 하는 거 아닌가?' 이 와중에 테오도르 헤르츨(Theodor Herzl)이 있었다. 그는 오스트리아 신문의 파리특파원으로 드레퓌스 사건을 취재하면서 '조작된 증거로 죄 없는 유대인 장교가 종신 유배형을 받는 현장'을 지켜보았다. "이제 때가 이르렀다. 우리도 우리나라를 가져야 하겠다. 우리가 편히 자손들과 발 뻗고 살 우리 조국(祖國)을 가져야한다" 헤르츨은 스스로 변화했고 동포들을 변화시키는 길로 나선다.

3) 1896, 테오도르 헤르츨

기자 헤르츨 | 19세기에서 20세기로 넘어가는 언저리에서 '유대인 국가 건설의 아버지'라는 유대인 민족주의자 테오도르 헤르츨(Theodor Herzl, 1860~1904)이 등장한다. 헝가리 부다페스트의 부유한 유대인 가정에서 태어난 헤르츨은 1884년 빈(Vienna)대학에서 법학박사 학위를 받고, 신문기자와 작가로 활동했다. 헤르츨은 초기에는 유대인들이 열심히 각자의 직분에 충실하면서 맡은 분야에서 두각을 나타내면서 생활하면 유대인이 대접받고 살 수 있으리라고 생각하고 있었다.

이러한 생각은 헤르츨 뿐만 아니라 서유럽에 거주하는 많은 유대인의 생각이기도 했다. 프랑스 대혁명 이후 유대인들에게도 시민권을 인정하는 나라가 늘어나면서 우호적인 사회 분위기 탓에 긴장이 느슨해지자 유대인 자신조차 정체성이 약해지고 있었다. 그러나 그게 아니었다. 서유럽 선진국들도 자신들이 위급해지면 언제든지 반(反)유대주의가 되살아난다는 것을 보여주었다.

드레퓌스사건이 발생했을 때 헤르츨은 오스트리아 빈에서 발간되는 『신자유신문(Neue Freie Presse)』 파리 주재 특파원이었다. 드레퓌스 사건을 취재하면서 사건의 진실에 접근하게 된 헤르츨은 유대민족 문제의 최종 해결은 현지 동화(同化)가 아니라, 유대인의 단결과 유대인 독립국가의 건설이라는 결론을 얻게 된다.

헤르츨은 이 과정에서 절망과 희망을 동시에 경험한다. 무죄를 호소하는 드레퓌스에게 "유대인 죽여라!"고 외치는 파리 시민들로부터는 한없는 절망을 느꼈고, 그 이후 진실(眞實)의 무게와 가치를 아는 지성인과 정치 세력들로부터는 희망을 발견했다. 헤르츨은 자유·평등·박애를 기치로 내세운 대혁명(1789)의 고향이고 유대인의 시민권을 세계 최초로 인정해준(1791) 선진국인 프랑스가 이 정도밖에 안 되는 데에 또 다른 절망을 느꼈다.

역사를 되짚어보면서 헤르츨은 아무리 현지에 동화되더라도 유대인이 유럽 땅에서 평화롭게 사는 것은 몽상에 불과하다는 것을 절감했다. 그는 팔레스타인[가나안] 아니면 다른 곳이라도 유대인들이 안전하게 살 수 있는 땅을 확보해 유대인 나라를 재건설해야 한다는 생각을 굳힌다.

작가이기도 한 헤르츨은 드레퓌스가 체포돼 억울한 종신형을 선고 받고 치욕적인 공개 군적(軍籍) 박탈식을 갖기까지 불과 두 달 만에 속성으로 처리되는 것을 보고, 유대인의 나라가 있어야 한다는 주장을 담는 책을 집필하게 된다.

헤르츨은 유대국가 건설의 대의를 밝히는 『유대인 국가-유대인 문제에 대한 현대적 해결의 시도』(Der Judenstaat)라는 책자를 출판한다. 1896년 2월, 책이 나온 이때도 드레퓌스는 저 멀리 남아메리카의 프랑스령 가이아나 앞바다에 있는 '악마의 섬'에서 복역 중이었다.

---

023 헤르츨은 유대인들이 세운 최초의 왕국을 이스라엘왕국(BC1030~BC 930)으로 봤다. 이스라엘 왕국은 사울, 다윗, 솔로몬 왕으로 이어지다가, 북이스라엘왕국과 유다왕국으로 분열된다. 헤르츨은 이 역사관에 입각해 "이스라엘왕국에 이은 제2의 유대인 국가의 건설"이라고 생각하고, 재(再) 건국(Reestablish a Jewish State)라고 말했다.

024 남미 프랑스령 가이아나 해안에서 6km 떨어진 4만여 평 정도의 작은 섬으로, 1952년까지 형무소가 있

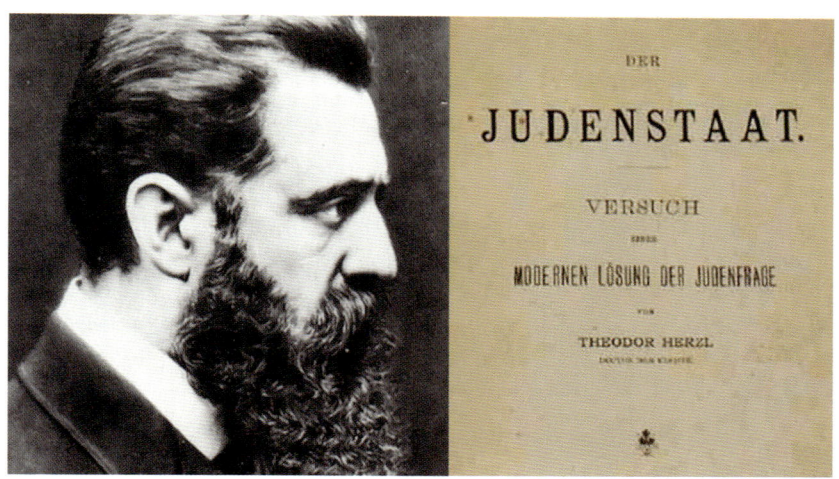

테오도르 헤르츨과 1896년 그가 출판한 『유대인국가』의 표지. 사진=위키피디아

헤르츨은 독일어로 된 이 책자에서 유럽의 강대국, 소위 힘 있는 제국들을 염두에 두고 유대인 국가 창설을 위한 5가지 방안을 제시한다. 헤르츨 박사는 ① 유대인들이 독립국가를 건설할 수 있도록 지구상 어느 곳에 적당한 크기의 땅을 마련해 줄 것 ②해당 지역으로의 유대인 이주는 점진적으로 이루어질 것 ③ 고려할 수 있는 지역은 남미 아르헨티나와 팔레스타인이지만 ④해당 지역 정부와 선(先)주민들이 유대인의 이주를 반대할 가능성이 있으므로 ⑤유럽 국가의 보호와 지원이 필요하다고 열강을 염두에 둔 5가지의 주장을 펼친다.

시간은 걸렸지만, 유대 나라 건국이 성공으로 연결돼, 헤르츨은 훗날 '정치적 시오니즘의 창시자' 나아가서 '유대인 국가 건국의 아버지'라고 불린다. 유대 국가 창설을 주장하는 헤르츨의 이 책자는 주변으로부터 강한 압력과 냉대에 시달리던 동유럽 지역 유대인들로부터 큰 환영을 받는다. 그러나 일부는 '유대인 국가 건설 주장이 평지풍파를 일으켜 더 박해받고 나쁜 대우를 받는 것은 아닌지' 우려하기도 했다.

제1차 시오니스트대회 | 헤르츨은 부유한 가정 환경도 그렇고 강한 유대민족주

었다. 1973년 개봉된 더스틴 호프만, 스티브 맥퀸이 주연한 영화 〈빠삐용〉의 배경으로 나왔다.
025 The Jewish State, Jewish Virtual Library,

의 이념의 주창자는 아니었다. 유대인이었지만, 독실한 유대교인도 아니었다. 그는 역사의 전환점이 되는 몇 가지 사건을 겪으면서 스스로 강인한 성격, 신념의 사람으로 변했다.

그는 자신의 꿈을 실천하기 위한 3가지의 방안을 정리한다. 첫째는 책을 써서 동포들에게 유대인 국가의 창설이 필요함을 설득하고 이 신념을 확산시킨다. 둘째, 로스차일드(Rothschild) 같이 성공한 유대인들을 상대로 유대국가 창설의 필요성을 설득하고 자금을 지원하도록 한다. 그리고 마지막으로 당시의 강대국 오스만의 술탄(Sultan)이나 독일 황제(Kaiser) 등을 알현해 유대국가의 창설이 이들 강대국에도 득(得)이 된다는 사실을 설득한다.

그러나 현실은 여의찮았다. 헤르츨이 이렇게 나서기 전인 1878년 동유럽발 이주자들은 텔아비브 동쪽에 첫 농촌 정착지를 만든다. 그리고 그곳을 '페타 티크바'(Petah Tikva '희망의 문')라고 이름 지었고, 런던에서 1891년 문을 연 유대인식민협회(Jewish Colonization Association)는 팔레스타인에서 이주자를 위한 정착 지원 활동을 개시했다(1896).

헤르츨은 『유대인 국가』 출간(1896) 이후 유대인들의 마음에 동요와 변화가 이는 것을 확인하고 다음 단계의 행동으로 나아간다. 헤르츨은 1897년 8월 29일 스위스의 바젤(Basel)에서 제1회 세계시오니스트대회를 연다. 제1회 대회에는 19개국에서 208명의 대표와 26명의 기자가 참석해 유대국가 창설 문제를 진지하게 논의했다.

대표들은 "팔레스타인에 국제법의 보장을 받는 유대인 국가를 건설한다"라는 대의(大意) 아래, 4개 항의 바젤 프로그램(Basel Program)도 채택한다. 그 내용은 ①팔레스타인에 유대인 농부와 수공업자, 상인들의 정착을 늘린다 ②각 거주국의 법률이 허용하는 범위 안에서 크고 작은 규모의 유대인 조직을 건설해 전체 유대인들을 결합한다 ③유대인 민족의식을 강화한다 ④유대국가 건설 성공에 필요한 관련 국가들의 동의를 얻기 위한 예비적 활동을 전개한다 등이다.

제1회 시오니스트 대회, 스위스 바젤(1897.8.29.).

1차 시오니스트대회에 참석한 각국 대표들은 전 세계 유대인 연합조직으로 시오니스트기구(ZO, Zionist Organization)[026]를 출범시킨다. 여기에 참석한 시온주의자 나흐만 시르킨(Nahman Syrkin)은 "유대인의 정착을 위해 팔레스타인을 비워야 한다"고 기염을 토한다. 또 「호베베이 시온」의 단가(團歌)며 나중에 이스라엘의 국가(國歌)가 되는 '하티크바'(Hatikvah)[027]를 애국가로 채택했다. 이 일련의 과정은 헤르츨이 의장으로서 주도했다.

이제 유대인들의 지향점은 분명해졌다. 헤르츨은 반응이 좋지 않아 잠시 보류

---

026 1897년 태동한 시오니스트기구(Zionist Organization, 1897~1960)는 오스만제국, 제1차 세계대전, 영국의 팔레스타인 위임통치 기간 세계 각국의 유대 민족주의자 단체를 포괄하는 조직이다. 1960년 세계시오니스트기구(WZO, 1960~)로 확대 개편된다. 본부는 텔아비브에 위치하고 있다.

027 희망(希望)'이라는 뜻을 가진 '하티크바'는 19세기 말부터 유대인들 사이에서 불리다 1948년 5월 14일 이스라엘의 독립(건국)과 함께 국가로 불렸으며, 2004년 공식으로 국가가 됐다.

해왔던 대외적인 활동을 재개한다. 책을 출간하고 몇 달 후 헤르츨은 유대 나라 건설을 직접 청원하기 위해 오스만의 술탄 압둘 하미드 2세(Abdul Hamid II)에게 면담을 신청한다(1896.6).

유대인들의 고향이라고 믿는 팔레스타인(Palestine)이 오스만의 영토이기 때문이다.

헤르츨은 오스만의 술탄을 알현하지는 못했지만, 다른 주요한 인물들을 만나서 "팔레스타인에 유대인 나라 창설을 허용해 주면, 유대인은 오스만제국의 모든 외채(外債)를 떠맡고 또 많은 기업의 설립으로 오스만도 큰 이득을 얻을 수 있다"는 제안을 공개한다. 오스만은 그 무렵 제국의 힘이 사양길에 접어들고 있어서 유대인의 경제적 투자에는 솔깃해했으나 당시는 제국의 주 무대인 중동에서 불기 시작한 아랍민족주의 기세도 만만치 않은 상황이어서 오스만은 무슬림인 아랍 형제들의 입장을 우선시한다. 헤르츨은 1898년 10월~11월, 중동 지역 방문에 나선 독일제국의 빌헬름 2세 황제를 이스탄불과 예루살렘 등에서 몇 차례 면담한다. 헤르츨은 독일 황제에게도 "유대인들이 독일의 도움을

---

028 헤르츨의 《유대인 국가》 독일어판(Der Judenstaat)은 1896년 2월, 그리고 영어판(The Jewish State)는 석 달 뒤인 5월에 나온다.

029 이슬람에서 일반적으로 칼리프(Caliph)는 종교 지도자, 술탄(Sultan)은 정치지도자를 뜻한다. 이슬람 창시자 무함마드 사후에 그를 대리하는 인물에게 부여되는 칭호가 칼리프인데, 술탄은 칼리프가 통치하는 지역의 통치자를 의미해 칼리프보다 늦게 등장했으나, 오스만제국(1299~1922)에서는 이 지위가 역전돼, 술탄이 오스만제국의 군주(황제)와 이슬람 최고지도자를 의미하게 됐다. 현재는 오만, 브루나이 등에 술탄(국왕)제가 남아있다.

030 1914년 1차 세계대전 이전 오스만제국 시절 지금의 시리아, 레바논, 요르단, 팔레스타인 지역은 '대(大)시리아'(Greater Syria)라고 불렸고, 이라크 지역은 '메소포타미아'(Mesopotamia)라고 불렀다. 같은 오스만제국 땅이어서 당연히 국경은 없어 유목민이나 상인들이 자유롭게 다녔다. 1차 대전 때 사이크스-피코협정에 따라 영국과 프랑스가 인위적으로 국경을 그었고, 이에 따라 각각의 나라가 건설됐다. 통상적으로는 일정한 지역에서 정체성이 형성된 다음 국가가 형성되는 데 비해, 이 지역은 지도자가 먼저 정해지고 그다음에 국경과 거기에 포함되는 국민을 확정하고 통치체제를 만드는 역순으로 국가가 생겨, 오늘의 복잡한 상황이 초래되는 큰 원인이 됐다.

031 헤르츨은 그러나 5년 뒤인 1901년 5월 이스탄불에서 술탄을 알현하나, 술탄은 "그 땅은 내가 남에게 줄 수 있는 것이 아닙니다. 그 땅은 그곳을 위해 싸웠고, 물 대신 피로 적셔온 땅으로 무슬림공동체의 땅입니다"라는 말을 듣는다.

032 해외 진출이 늦은 독일은 수에즈운하 등 해상이 영국에 의해 장악된 상황을 극복하기 위해 베를린-비잔티움(이스탄불)-바그다드-바스라를 잇는 철도 건설의 필요성이 절실해, 오스만과 접근하는 정책을 펴고 있었다. 빌헬름 2세(재위 1888~1918)) 황제는 1898년 가을, 팔레스타인의 독일인 정착촌을 방문한 뒤

얻어 팔레스타인에 유대인 국가를 건설할 경우, 독일은 제국 확장의 좋은 기회를 맞이하고 중동에서의 영향력이 크게 확대된다"고 설득했으나 긍정적인 답변을 얻지 못한다. 헤르츨은 또 자신의 구상에 대해 오스만의 술탄에게 설명해 달라는 부탁도 독일 황제에게 해 보았으나 술탄 하미드의 마음은 좀처럼 변하지 않는다. 헤르츨은 다시 영국 정부 설득에 나선다. 영국은 오스만제국과 외국인 거류협정을 맺고, 중동 곳곳에 영사관을 설치하는 등 중동에 영향력이 컸기 때문이다. 영국은 남진(南進)정책을 펴는 러시아제국을 견제하기 위해 중동을 지키고 있었다. 석유는 지금과 같은 전략적인 가치를 얻기 전이었다.

유대인국가 후보지 | 헤르츨을 중심으로 한 시오니스트기구의 노력의 결과로 유대국가 건설 후보지가 몇 군데로 압축된다. 팔레스타인 지역(26,323㎢), 시나이반도(60,000㎢), 영국령 동아프리카 지역(13,000㎢) 등 세 군데였다. 당연한 이야기지만 팔레스타인 지역이 선호도 1위였다. 그러나 팔레스타인 지역은 637년 이슬람 진영으로 넘어간 뒤 1,200년 이상 이슬람 땅이었고 또 1453년 비잔틴(동로마)제국이 멸망한 뒤 400년 이상 오스만제국의 영토였다. 팔레스타인 땅에 유대인 국가를 건설하고 싶다는 제안은 땅 주인인 오스만에 의해 거절된다. 팔레스타인과 이집트 사이에 위치한 시나이(Sinai)반도는 영국과 이집트 사이에 교섭이 오갔으나, 이것도 '불가능'으로 결론 난다(1898).

그 뒤 1903년 시오니스트기구는 영국 정부로부터 영국령 동아프리카, 지금의 우간다 마우(Mau) 고원 일대 13,000㎢를 제공하겠다는 제의를 받았으나, 실사 끝에 1905년 정중하게 거절했다.[033] 유대인 자체의 논의와 별도로 유대

예루살렘에 재건축한 교회 헌당식에 참석한다. 빌헬름 황제는 팔레스타인을 방문하는 길에 오스만제국도 공식 방문해, 콘스탄티노플에서 술탄을 만나는 자리에서 헤르츨의 요구 사항을 전달하기도 한다. 헤르츨은 시오니스트 운동에 동조하는 독일의 저명한 목사를 통해 빌헬름 황제를 만나고, 또 청원을 하게 된다. 헤르츨은 "독일의 보호 아래, 오스만 황제의 칙허장이 있는 무역회사를 설립할 수 있게 해달라"고 청원한다. 1차에서 거절되자, 헤르츨은 "유대인들이 오스만제국의 모든 외채를 떠맡을 테니, 영국의 동인도회사와 같은 칙허 회사를 설립할 수 있게 해 달라"고 청원했다.

033 영국 정부의 우간다(Uganda) 땅 제안은 시오니스트 조직 내부에서도 찬반을 둘러싸고 파(派)가 갈라질 정도로 논쟁이 심했던 문제였다. 외무장관을 지낸 벨푸어경(卿)은 총리 시절(1902~1905) 이 제안이 거부된 뒤, '유대인들이 왜 우간다 정착 안을 거부했는지'를 궁금하게 여기던 중, 영국에서 학업을 마치고 연구 활

19세기 후반, 이주 초기 유대인 정착 마을의 모습.

인 국가 건설에 대해서는 외부의 관심이 끊이지 않는다. 말하자면 당시 유대인 문제 해결은 세계적인 현안의 하나였던 셈이다. 세월이 좀 흘러 홀로코스트(Holocaust)가 발생하기 전인 1930년대에 독일에 의해 아프리카 동쪽의 마다가스카르(Madagascar)섬이 검토되기도 했고, 비슷한 시기 일본제국주의자들은 상하이 교외나 만주(滿洲)에 유대인의 집단 이주지 건설을 검토하기도 했으나, 역사는 이를 성공으로 연결시켜 주지 않았다.

시오니스트 헤르츨 박사가 주장한대로 옛날 팔레스타인에는 다윗과 솔로몬이

동을 계속하고 있는 젊은 과학자인 하임 바이츠만(1874~1952, 시오니스트기구 의장, 이스라엘 초대 대통령)을 만나 물어보았다. 바이츠만은 "내가 만일 영국인들에게 파리를 제안한다면, 런던을 포기하겠는가?"라고 묻자, 벨푸어가 "그건 안된다. 런던은 내 조국의 수도가 아닌가"라고 대답했다. 이에 바이츠만은 "예루살렘은 런던이 늪지였을 때, 유대인 나라의 수도였다"라고 말해, 벨푸어가 유대인들의 독특한 애국심을 이해하는 계기가 됐다는 일화가 있다.

034 유럽의 유대인을 아프리카 동쪽의 마다가스카르섬으로 이주시킨다는 소위 〈마다가스카르 계획〉은 나치 독일의 히틀러도 1938년에 찬성한 계획으로, 당시 마다가스카르는 프랑스의 식민지였다. 마다가스카르는 58만 7,000㎢로, 한반도 2배가 넘고 현재 인구는 2천 2백만 명 정도이다.

035 제국주의 일본은 1930년대 박해를 피해 유럽을 벗어나는 유대인들을 만주나 상하이 근교에 정착시켜 자치시를 조성할 계획('후쿠 계획')을 세웠다. 일본은 유대인의 자본을 만주 건설에 사용하고 또 일본 본국에도 투자하도록 해, 당시 대공황이 몰고 온 경제 불황도 극복하고 미국과의 관계개선도 도모하고자 했다. 일본은 최대 60만 명에 이르는 유대인들이 거주할 수 있는 자치지역을 조성할 계획까지 추진했으나, 1939년부터 2차 세계대전이 격화됨에 따라 이 계획은 실현시킬 수 없었다. 일본은 1904~1905년 러일전쟁 때, 유대인 자본가로부터 거액을 빌려 국가파산을 면할 수 있었다. '후쿠'는 복어(河豚)를 말하는데, '독이 있어 위험하기는 하지만, 맛이 기막힌 생선'이란 뜻에서 이 정책을 '후쿠 계획'이라고 불렀다.

다스리던 유대인 나라가 있었다. 기원전 1000년, 지금부터는 3천 년도 더 된 때다. 유대인들은 이 3천 년 전의 땅으로 돌아가고 싶다는 얘기였다. 유대인들은 이 땅을 '하나님이 자기 민족에게 주시겠다고 약속한 땅'이라고 여겼다. 그래서 팔레스타인 땅은 유대인에게는 먼 옛날 조상들의 고향, 원적지(原籍地)고, 아랍 민족들에게는 오랫동안 살던 정착지, 주소지(住所地)다. 문제의 뿌리가 깊다. 옛날로 돌아가 뿌리를 살펴본다.

3. 성경(聖經)에 기록된 분쟁의 뿌리

공통조상 아브라함

선사 유적 | 성경이 기록되기 훨씬 전부터 팔레스타인 땅에는 사람들이 살고 있었다. 학자들은 인류가 350만 년에서 200만 년 전 아프리카에서 등장한 것으로 정리하고 있다. 아프리카에서 출현한 인간은 시간이 지나면서 북쪽으로 올라와 시나이반도와 팔레스타인 지역으로 이동했다가, 다시 유럽과 아시아로 흩어져 살기 시작했다고 말한다. 현생 인류(호모 사피엔스)의 출현은 약 20만 년 전이다. 고고학자들은 19세기 말부터 팔레스타인의 제리코[여리고]와 튀르키예 아나톨리아고원의 차탈회위크[036] 등지에서 신석기(新石器) 시대의 인간 거주지를 발굴했다. 특히 2012년 유네스코 세계유산으로 지정된 차탈회위크는 거의 만(萬) 년 전[기원전 7500년에서 5700년 사이]의 인간 주거지가 잘 보존돼 있다. 팔레스타인의 제리코도 기원전 9000년경부터 존재한 것으로 추정되는 세계에서 가장 오래된 도시 가운데 하나로 보고 있다. 고고학자들은 또 이란 자그로스(Zagros)산맥 여러 지역에서도 만년에서 만 2,000년 전 곡식 경작과 양과 염소의 가축화가 이루어진 증거를 찾았다.[038]

---

036 제리코(Jerico)는 구약 여호수아에 나오는 여리고(성)를 말하는데, 예루살렘 북동쪽 36km 지점에 있다. 제리코(여리고)는 발굴 결과 인류가 최초로 형성한 도시 가운데 하나로 인정받는다.
037 차탈회위크는 터키 중부 아나톨리아 고원지대에 있는 신석기 초기 도시 유적으로 1961~1965년 사이에 처음 발굴됐다. 2012년 유네스코 세계유산으로 지정됐다.
038 고고학자들은 이란 산악지대의 석기시대 유적지에서 1만년 전 사람의 유골을 찾아, 치아 탄소 동위원소를 분석했더니 모두 곡물을 많이 먹은 흔적 즉 이들이 농경을 하고 있었다는 증거를 확보했다. ("인류 최초의 농경민은 누구였을까", 조선일보, 2016.7.30.)

석기시대(石器時代)는 선사(先史)시대다. 우리는 문자 기록이 없는 이 시대의 인간 거주 흔적을 유물을 통해 찾아보지만, 성경은 문자(文字)로 기록했다. 성경의 기록을 보자.

유대·기독·이슬람의 공통조상, 아브라함 | 구약(舊約)과 신약(新約)으로 돼 있는 성경은 내용이 훨씬 긴 구약이 '오래된 약속' 즉 유대 민족의 역사서, 히브리성경(Hebrew Bible)이다. 구약 창세기에 나오는 아브라함(Abraham)[039]이 바로 유대 민족의 조상, 또 신앙의 조상이다. 그래서 기독교는 2천 년 역사를 갖지만, 유대교와 유대민족은 4, 5천 년의 역사를 갖는다는 말이 나오는 배경이다.

구약 창세기 12장에는 유대민족의 조상인 아브람이 등장한다. 하나님은 지금의 남부 이라크 우르(Ur)에 살고 있는 75세의 아브람(Abram)을 불러, 가나안(Canaan)땅으로 가서 '위대한 나라의 아버지'가 되라고 명령한다. 이스라엘 역사의 시작이다.

아브람은 아내와 조카 그리고 318명의 남자 종을 이끌고 1,000km나 떨어진 하란[Harran, 현재 튀르키예 남부 시리아 인접 지역]으로 갔다가, 거기서 계시를 받고 다시 그 비슷한 거리를 걸어서 가나안으로 간다.

팔레스타인 땅 가나안에 살던 사람들은 새로 나타난 아브람 일족을 '히브리(Hebrew) 사람들'[040]이라고 불렀다. 성경학자들은 이때가 BC 2091년이라고 해석한다. 이렇게 하나님의 말씀 한마디에 온 식솔과 함께 고향을 떠난 아브람은 유대인의 믿음의 조상이 된다.[041]

---

039 무슬림들도 아브라함은 이브라힘(Ibrahim), 솔로몬은 술레이만(Sulaiman), 모세는 무사(Musa), 다윗은 다우드(Dawud), 요셉은 유숩(Yusuf), 야곱은 야쿱(Yakub), 예수는 이사(Isa), 마리아는 마리암(Mariam) 등으로 성경에서 따온 이름을 많이 쓴다. 그래도 가장 인기 있는 이름은 알라(Allah)에서 따온 것으로, 압둘(Abdul-)은 '알라의 종(從)'이라는 뜻을 가진 말로 단독으로 압둘라(Abdullah)로 쓰거나, 압둘 라흐만(자비), 압둘 라힘(자애), 압둘 카림(위대함), 압둘 자밀(아름다움), 압둘 알림(지혜) 등 알라가 가진 99개의 덕목(德目)을 붙이는 경우가 많다. (이희수 〈이슬람〉, 270~271 pp)

040 '히브리'라는 말의 뜻은 '유프라테스강(江) 건너에서 온 사람들'이라는 뜻이다.

041 유대인은 최초의 인간 아담이 BC 3761년에 창조되었다고 믿는다. 그래서 유대력은 서기(西紀)에 3760년을 더한다. 우리가 단기(檀紀)로 말할 때 서기에 2333을 더하는 것과 같은 이치다. 기독교는 아브라함을 '믿음의 조상'이라고 한다. 유대인은 아브라함을 '민족의 아버지'로 여긴다. 아랍인도 아브라함의 자손이다. 코란에 따르면 아브라함의 큰아들 이스마엘이 아랍인의 조상이다. 그러니까 유대교 기독교 이슬람

성경에 나타난 아브라함의 이동 경로.

이렇게 가나안 땅으로 옮겨간 아브람도 걱정이 하나 있었는데, 부인 사래(Sarai)와의 사이에 자식이 없었다. "자식이 없는데, 무슨 수로 나라를 이루고 하늘의 별만큼이나 창대한 민족을 이룰 수 있겠는가?" 이 문제를 고민하던 중, 주위의 권고로, 부인의 이집트 출신 하녀 하갈(Hagar)을 둘째 부인으로 받아들여, 그 사이에서 아들을 얻는다. 이 아들이 이스마엘(Ishmael, '하나님께서 들으심')이다. 이 일이 아브람 86세 때 일인데, 99세 되던 때 하나님이 다시 나타나 아브람(Abram, '존귀한 아버지')의 이름을 아브라함(Abraham, '많은 민족의 아버지')으로 바꾸고, 부인 사래(Sarai, '여주인')는 사라(Sarah, '열국의 어머니')로 바꾸는 한편, 아들을 주시겠다고 약속한다. 아브라함은 속으로 "내가 내년에 100살이 되는데 어찌 아들을 얻고, 90살인 사라가 어찌 출산하리오?"라고 코웃음 치는데, 하나님은 새로 얻을 아들의 이름까지 지어준다. 그 이름이 이삭(Isaac, '웃음')이다.

이스마엘의 분가 | 아브라함은 속으로 "새 아들은커녕, 지금 있는 이스마엘이나 하나님 앞에 복 받기를 원하나이다"라고 중얼거린다.[042] 그런데 아브라함은 이듬해 100살 때 실제로 아들[이삭]을 얻는다. 그리고 성경은 두 명의 부인과, 이복(異腹)형제가 있는 집안 풍경을 묘사하는데, 그것은 지금도 그렇겠지만, 집안

교는 모두 유일신을 섬기며, 아브라함에서 유래한 같은 뿌리를 가진 종교들이다.
042 구약 창세기 17장(언약의 표징), 18장(아브라함이 아들을 약속받다)의 내용이다.

이 평온하지 못했다. 이 문제로 근심하는 아브라함에게 하나님이 다시 나타나 "하갈과 이스마엘을 집에서 내보내라"고 하면서 장자(長子)이지만 서자(庶子)인 "이스마엘도 한 민족을 이룰 것이니까, 걱정하지 말라"고 안심시킨다.

그리고 하나님은 "이삭의 후손이라야 진정한 아브라함의 후손이 된다"고 말한다. 어머니와 함께 집을 떠난 이스마엘은 12형제를 낳고 번창했다. 이삭은 에서(Esau)와 야곱(Jacob) 두 아들을 낳았는데, 둘째 아들인 야곱이 나중에 하나님으로부터 이스라엘(Israel)043이라는 이름을 받는다. 야곱의 새 이름, 이스라엘(Israel)이 바로 오늘날 '유대인 국가'의 이름이 된다.

성경에 뿌리를 둔 이들의 역사에서 이스마엘의 후손은 오늘의 아랍(Arab)인으로, 그 가문에서 무함마드(Muhammad, Mahomet)를 낳아 이슬람으로 이어진다. 그리고 아브라함과 이삭의 후손은 유대인(Jewish)으로, 예수 그리스도를 낳는다. 그래서 이스라엘과 팔레스타인 간의 분쟁은 BC 2000년, 지금으로부터는 4,000년 전부터 시작됐다고 말하는 근거가 되기도 한다.

아브라함의 신앙심 | 다음 두 그림을 비교해 보자. 왼쪽은 1635년 렘브란트가 그린 '아브라함의 제사'라는 그림이다. 렘브란트는 네덜란드의 개신교도로서 성경을 소재로 가장 많은 그림을 그린 화가로 유명하다. 그는 이 '아브라함의 제사'도 다섯 번이나 그렸다. 하나님은 아브라함의 신앙심을 시험하기 위해 아들 이삭(Issac)을 번제(燔祭)의 희생제물로 바치라고 명령한다.

이 그림을 보라. 손이 뒤로 묶인 이삭은 장작더미에 누워있고 아브라함은 왼손으로 이삭의 머리와 얼굴을 제압하면서 오른손에 움켜쥔 날카로운 칼로 숨을 끊으려는 순간! 하늘의 천사가 아브라함의 오른손을 황급하게 잡아채, 칼이 그냥 땅으로 떨어지고 있는 절체절명의 순간을 잘 표현하고 있다(구약 창세기 22장).

오른쪽 그림은 이슬람 경전 코란에 나오는 이브라힘(기독교의 아브라함)과 관련

---

043 이스라엘이라는 말은 '하나님과 씨름하다' '하나님의 군사'라는 뜻이다. 창세기 32장을 보면, 야곱이 고향으로 돌아가던 중 "하나님과 씨름 하는 꿈을 꾸었다"고 해서 붙여진 이름이다. 지금은 나라 이름으로 쓰이는데, 상당히 전투적이고 치열한 삶을 의미한다고 해석된다.

'아브라함의 제사', 렘브란트, 1635. 그림=나무위키

된 두 가지 이야기를 묘사하고 있다. 먼저 윗부분 이야기다. 어느 날 이브라힘의 꿈속에 알라(Allah)가 나타나 큰아들 이스마엘(Ismael)을 제물로 바치라고 명령한다. 인간적인 고통에 힘들어하던 이브라힘은 어느 날 아들에게 그 사실을 말한다. 아비의 말을 듣고 난 이스마엘은 순종하며 "아버지, 알라의 명령대로 하십시오. 알라의 뜻이라면 참을 수 있습니다…" 이런 과정을 거쳐 이브라힘이 이스마엘을 내려치려는 순간, 알라가 칼날을 뒤로 제쳐, 칼날이 내려오지 않는다. 코란은 여기에 한마디를 더 보탠다. "이브라힘아, 너는 이미 내가 명령한 대로 행하였다. 내가 모든 것을 선(善)으로 보상해주겠노라"고 한다. 그리고 이브라힘과 이스마엘이 뒤를 돌아보니 양(羊) 한 마리가 서 있었다. 이슬람교도들은 이날(이슬람력 12월 10일)을 희생절(이드 알아드하, Eid Al-Adha)로 삼아 신에게 제물을 바치는 큰 축일로 지킨다. 아랫부분은 우르파[튀르키예 샨르우르파]에서 화형에 처해지는 이브라힘을 그렸다. 이브라힘은 불이 물로, 땔감이 물고기로 변

하여 살아나게 된다."

이처럼 아브라함[이브라힘]은 유대교 기독교 이슬람교에서도 그들의 조상으로 나온다. 드물게 세 종교의 공통 조상이다.

땅을 구매하는 아브라함 | 그런데 구약을 보면 아브라함과 관련해 재미있는 이야기가 더 나온다. 부인 사라가 127세를 일기로 세상을 떠난 뒤 장례를 지내는 과정에서 아브라함은 돈을 받지 않고 무상으로 땅을 이용해 장사지내라는 동네 헷 족속(The Hittites)[044]들에게 기어이 돈을 주고 땅을 사는 이야기이다(구약 창세기 23장. 아브라함이 막벨라 굴을 사다).

아브라함은 아내의 시신 옆에서 울다가 헷 사람을 찾아가 말하였다.
"당신들도 잘 아시다시피 나는 당신들 틈에 끼어 사는 나그네이지 않소? 그러니 내게 땅을 좀 파시오. 그래야 세상을 뜬 아내를 그 땅에 장사지낼 수 있지 않겠소?" …
그곳 사람들이 모두 듣고 있는데서 에브론에게 분명히 말했다. "그 말뜻은 참 고맙소만 그렇게 하지 않겠소. 내가 그 땅을 사기로 하겠소. 내 청을 들어 주시오. 그래야 내가 마음 놓고 세상을 뜬 아내를 그곳에 장사지낼 것 아니오?"
그러자 에브론이 대답하였다. "어르신, 내 말씀 좀 들어 보십시오. 땅값은 은 400 세겔입니다만[045] 어찌 어르신한테서 땅값을 받겠습니까? 아무 걱정 마시고 그냥 그곳에 고인을 모시도록 하십시오."
아브라함은 에브론의 말을 듣고 헷 사람들이 다 보고 있는 가운데서 땅값으로 은 400 세겔을 달아 에브론에게 주었다.
이렇게 해서 에브론의 소유로 있던 마므레 동쪽에 있는 막벨라 땅이 아브라함의 소유가 되었다. 그러니까 그 밭뿐만 아니라 밭 어귀에 있던 굴(窟)과 밭 주

---

044   성서적인 해석으로 보면, 노아의 대홍수 이후 살아남은 노아의 세 아들 셈(Shem), 함(Ham), 야벳(Japheth)으로, 셈족은 셈의 자손으로 아라비아인, 페니키아인, 유대인 등이 이에 속하고, 함족은 함의 자손들로 이집트, 에티오피아, 리비아인 그리고 야벳은 현재 그리스, 러시아, 독일 등 유럽으로 이주해 코카시안과 아리안족의 조상이 된다. 그래서 셈은 황인종, 함은 흑인, 야벳은 백인의 조상이라는 분류도 있다.

045   1 세겔(Shekel)은 11.4g으로, 은(銀) 400 세겔은 4.56kg 정도다. 현 시세로는 434만 원(2022.9.) 정도가 된다.

위에 심어져 있던 나무까지도 모두 아브라함의 소유가 된 것이다.[046]

유대인의 조상인 아브라함은 이렇게 해서 가나안 땅을 처음으로 구입했다. 나그네요 떠돌이인 아브라함이 동네 사람들이 다 지켜보는 가운데 시세에 따라 돈을 지불하고 땅을 구입했다는 것은 유대인과 아랍인들과의 팔레스타인의 영토분쟁을 다루는 시각에서 보면 남다른 의미가 숨어있는 듯하다.

유대인의 반란

펠리시테인의 땅 | 유대민족의 조상에 대해 알아봤다. 이번에는 분쟁의 터전인 팔레스타인 땅에 대한 성경의 내용을 살펴보자.

그 뿌리가 거기에 나온다. 아브라함이 일가를 거느리고 정착한 가나안(Canaan) 땅에는 본래부터 펠리시테(Pelishte)[047]인들이 살고 있었다. 현재의 지명 팔레스타인(Palestine)[048]은 여기에서 유래한다. 여러 민족이 섞여서 살던 팔레스타인 땅에서 유대인들이 다른 세력들을 물리치고 나라를 세워(BC 1030년) 사울, 다윗, 솔로몬 왕의 통치 아래 살다가, 솔로몬이 죽자 왕위 다툼으로 남과 북으로 나라가 갈라지고(BC 930), 북(北)이스라엘은 아시리아(Assyria)에게 멸망당하고(BC 722), 남(南)유다[049]는 신(新)바빌로니아에게 멸망 당한다(BC 586).

이때 남유다 왕국의 유대민족이 신바빌로니아의 수도 바빌론(Babylon)으로 잡혀가는 사건을 역사에서 '바빌론 유수(幽囚)'(Babylonian Captivity)라고 한다. 유대민족은 신바빌로니아 왕국이 페르시아에게 망함으로써 바빌론 억류 생활에[050]

---

046 구약 창세기(創世記) 23장(아브라함이 막벨라 굴을 사다) 3~4절, 13~17절의 내용이다.
047 구약 성경에서 말하는 블레셋(Philistines) 사람을 말한다. 이들은 원래 남부 그리스에 거주하던 해양 민족으로 아브라함이 오기 전부터 가나안으로 이주해 거주했다. 성경에는 삼손과 블레셋 여인과의 연애, 복수 등의 이야기가 나오고, 다윗과 골리앗에서 골리앗이 블레셋 사람이었듯이 구약에는 블레셋인에 관한 언급이 여러 차례 나온다. 그때부터 사이는 좋지 않았다.
048 팔레스타인은 '펠리시테(Pelishte)인들의 나라'라는 뜻이다.
049 유다(Judah)는 '하나님은 찬송을 받을지어다' '하나님을 찬양하다'라는 뜻이다.
050 바빌로니아는 바빌론(Babylon)이라는 도시 이름에 지명(地名)을 뜻하는 접미사(-ia)를 붙여 만든 이름이다. 바빌로니아는 역사에 두 번 등장하는데, 고(古)바빌로니아(기원전 2000년 대에 300년간 번성한 제국으로, 함무라비왕 법전이 유명하다)와 신(新)바빌로니아(BC 626~BC 539)로 구별된다.

서 풀려나 예루살렘으로 돌아오지만, 그 뒤 다시 마케도니아의 알렉산더 대왕에게 지배받고(BC 331), 로마의 침입을 받아 로마의 보호국을 거쳐 로마 총독의 지배를 받는 속주(屬州)가 된다 (BC 63년).

로마는 초기에 유대인들의 종교와 전통을 배려하는 정치를 했지만, 유대민족은 로마의 지배에 대항해 세 차례나 반란을 일으킨다. '하나님이 자기 민족을 특별히 선택했다'는 유대민족 특유의 선민의식(選民意識)이 로마제국에 대해서는 반항심으로 나타난다. 당시 로마의 지배를 받던 수많은 다른 민족들이 숨죽이고 있을 때인데, 유대민족의 생각은 이처럼 달랐다. 서기 70년 예루살렘이 함락되고, 마지막 저항 세력은 사해 인근의 마사다(Masada)[051]로 도망가서 2년 이상 저항했지만 서기 73년, 967명 모두가 자결함으로써 반란은 끝난다(66~73, 제1차 유대-로마전쟁).

2차 전쟁은 이집트와 키프로스 등지의 팔레스타인 밖의 유대인들이 일으켰고(115~117, 키투스전쟁), 로마 황제가 예루살렘에 자신들의 주신인 쥬피터(Jupiter) 신전을 건축하자, 유대인들은 다시 로마에 대항해 반란을 일으켜 독립을 추구했다(132~135, 바르 코크바 전쟁). 결과는 지난번과 같은 패배였다. 그것도 아주 처절한 패배였다. 이 지역에 살던 유대인의 절반 이상이 사망하고 나머지는 사방으로 흩어진다.[052] 로마는 "유대교를 믿는 자들은 모두 이 땅을 떠나거나 개종[053]하도록 했고. 아니면 모두 처형하겠다"고 선포했다. 유대인들은 뿔뿔이 흩어진다.

디아스포라 | 이렇게 전 세계로 흩어진 유대민족의 이산과 유랑을 디아스포라

---

051 마사다는 히브리 말로 '요새'라는 뜻이다. 예루살렘 동남쪽 100km 지점에 있으며, 450m 높이로 천혜의 요새이다. 전원 자결했지만, 피신한 여자 2명과 어린이 5명이 살아남아, 이 역사를 후세에 전한다. 현재 이스라엘군의 신병 훈련은 이 요새에서 마지막 훈련이 끝난다. 신병들은 "조상들이 어떻게 죽었는지 잊지 마라" "마사다를 기억하라"고 큰 소리로 복창한다.

052 제1차 유대-로마 전쟁 직전 전 세계 유대민족은 800만 명 정도로 추정된다. 고대 바빌론 지역에 100만 명, 나머지 700만 명은 로마제국의 넓은 강토에 퍼져서 거주했다. 유대인은 로마제국 전체 인구 7,000만 명의 10% 정도였다. 흩어져 산 700만 명도 250만 명이 팔레스타인 지역에, 450만 명은 이집트, 소아시아, 시리아, 이탈리아반도, 북아프리카 등에 거주했다.

053 로마는 3차 유대-로마 전쟁(132~135)이 끝나자 차제에 유대 민족의 뿌리를 뽑기로 하고 추방령을 내린 데 이어, '유대'라는 민족의 이름도 '시리아-팔레스타인'으로 바꾼다. 그리고 기독교가 로마의 국교가 되면서 유대교와 기독교는 서로 남남이 된다.

(Diaspora)ᴼ⁵⁴라고 한다. 그러니까 유대민족은 서기 70년경부터 지중해 주변의 중동, 남유럽, 북아프리카 등지에 흩어져 살기 시작해 1948년 이스라엘을 건국할 때까지 거의 1,900년[1875년]을 땅도 나라도 없는 민족으로 학살을 견디고, 박해와 차별을 받으면서 살아왔다.

그러나 사실 유대인은 로마 이전에 BC 586년 남(南)유다 멸망 이후 아시리아, 바빌로니아, 페르시아, 마케도니아(알렉산더 대왕), 시리아 등 지배자가 바뀔 때마다 살길을 찾아 여러 차례 온 사방으로 흩어졌다. 이렇게 보면 유대인 디아스포라의 역사는 2,500년이 넘는다고 해도 된다.ᴼ⁵⁵

유대인이 전 세계로 흩어졌다고 하지만, 대부분은 지중해를 중심으로 유럽에 거주했고, 테오도르 헤르츨이 시오니즘(Zionism)을 부르짖는 19세기 후반에는 동유럽과 러시아에 많이 거주했다. 당시 유대민족 숫자는 1,200만~1,500만 명 정도로 추산되고 있으며, 고향이라고 하는 팔레스타인 땅에는 불과 1~2만 명 정도의 유대인만 살고 있었고, 그것도 반 이상은 도시인 예루살렘에 거주하고 있었다.

이렇게 밭에 뿌린 씨앗처럼 흩어지기 시작한 유대인들은 예루살렘의 성전이 파괴되고 흩어져 사는 관계로, 성전 예배 대신에 회당(Synagogue)에 모여 토라(Tora)ᴼ⁵⁶를 읽고 기도하는 독특한 종교의식을 확립하게 된다. 또 공동체 수칙을 지키며, 단결을 공고히 했다. "유대인들은 그의 형제들을 지키는 보호자이고, 유대인은 모두 한 형제이다"라는 수칙이다. 그리고 이방인과의 혼인을 금지하고 할례(割禮)를 행하고, 현지인들의 신앙을 따르지 않고, 돼지고기나 비늘 없는

---

054 그리스어로 '씨앗을 흩뿌리다', '퍼뜨리다'의 뜻을 가진다. 사실 유대인 디아스포라는 이보다 600여 년 전인 바빌론으로 유대인이 잡혀갈 때 많은 사람이 이를 피하기 위해 도망친 그때부터라는 주장도 있다.

055 유대민족은 신(新)바빌로니아의 느브갓네살 왕에 의해 바빌론으로 4차례나 끌려갔다. 그리고 예루살렘으로 귀환할 때도 일부는 예루살렘으로 돌아가지 않고 그 지역에 남거나 인근 나라로 흩어져 살았다. 1978년에 나온 보니엠(Boney M)의 노래 'Rivers of Babylon'은 당시 포로로 끌려간 유대인들의 고향을 그리워하는 슬픔(시편 137편)을 노래한 팝송이다.

056 토라(Torah)는 구약의 창세기, 출애굽기, 레위기, 민수기, 신명기 등 5편을 말하는 것으로, 모세가 지었기 때문에 '모세 오경(五經)'이라고도 한다. 토라는 히브리어로 '가르침'을 뜻한다.

물고기 등 금지 식품을 먹지도 않으면서[057] 이웃들과의 식사도 기피하는 유대인들을 현지인들은 의심하고 멸시하고 또 심지어는 나라나 공동체를 해롭게 하는 불안 세력으로 간주하기도 했다[058]. 그리고 유대인들은 게토(ghetto)[059]라고 부르는 자기들만의 거주 구역에서 살아가고 있었다.

예루살렘을 떠나야 했던 유대교는 이렇게 재탄생해 지금까지 지켜지고 있다. 유대인은 땅과 정치 즉 국가를 갖지 않으면서 오로지 종교와 정신문화만으로 정체성을 유지하는 독특한 공동체를 형성하기에 이른다.

아랍의 융성 | 로마제국의 동쪽인 아라비아(Arabia)사막에서 유목 생활을 하던 아랍인들은 622년 예언자 무함마드(Mahomet Mohammed, 571~632)가 창시하고 전파한 이슬람(Islam)교 신앙 아래 통일국가를 건설한 이후 급속히 세력을 확대해 나갔다. 아랍인들은 100년도 안 돼 중동 전역과 북아프리카, 이베리아 반도까지 걸치는 이슬람제국(Islamic Empire)[060]를 건설했다. 이슬람교도들은 유대교의 성지이자 유대인의 고향인 예루살렘도 637년부터 지배하에 둔다. 이들은 '유대인에게 내리던 하나님의 축복이 끝나고, 이제는 큰아들의 후손인 자신들

---

057 미국을 여행하다 보면 유대인의 금기 식품을 빼고 음식을 조리하는 식당을 자주 만난다. '코셔(kosher) 식당'이라고 하는데, 동부의 명문 코넬대학에는 여러 개의 구내 식당가운데, 코셔 식당이 별도로 있기도 하다. 이스라엘에는 당연히 '코셔 맥도널드'가 있을 정도이다. 코셔 식품은 정통 유대교의 의식에 따라 도살된 동물의 육류만 섭취하고 우유나 포도주 심지어는 주스도 유대인의 감독 아래에서 생산된 것만을 섭취하는 등 까다롭다. 이에 비해 무슬림들은 '할랄(Halal)푸드' 인증이 있는 음식을 섭취한다.

058 반(反)유대주의는 그 기원이 오래된 것으로 나타난다. 고대 시리아 지역의 왕이었던 안티오코스 에피파네스(재위 BC175~BC163)는 그리스 문화에 심취해 예루살렘 신전에 제우스의 제단을 설치하고, 금지한 유대인의 의식을 따른 사람들을 사형에 처하는 등 반유대주의적인 통치를 편 끝에 유다스 마카베오의 반란을 불러오기도 했다. 유다스 마카베오에 관한 이야기는 외경(外經)인 〈마카베오 1서〉에 기록돼 있다. 이처럼 뿌리가 오래된 반(反)유대주의는 유대인이 예수를 죽인 민족이라는 종교적 편견이나 개인적인 증오에서부터 유대인을 열등한 민족으로 보는 인종차별적인 증오 그리고 홀로코스트와 같은 극히 폭력적인 증오까지 다양하다.

059 게토(ghetto)는 소수 인종이나 소수 민족 또는 소수 종교집단이 거주하는 도시 안의 구역을 가리키는 말인데, 역사적으로는 중세 유럽에서 설치한 유대인 강제 거주 구역이나 나치 독일이 만든 유대인 강제수용소 또는 미국 등지에서 흑인들이나 중남미 이민자들이 몰려 사는 빈민가도 게토라고 부른다.

060 역사에 기록된 첫 번째 흑사병은 6세기 중엽 동로마제국에서 창궐했다. 당시 유스티아누스 대제(재위 527~565)는 게르만족으로부터 로마제국 시절의 영토를 회복하면서 전성기를 열고 있었지만, 541년에서 542년까지 2년 동안 창궐한 전염병(페스트) 때문에 자신도 사경을 헤매지만, 국력에 큰 타격을 입었다. 이슬람제국의 급팽창도 이처럼 페스트로 인해 로마제국이 텅 비어 버려 영토 확장이 수월했다는 해석도 있다.

에게 축복의 순서가 돌아왔다'며 아주 행복해했다.

예수를 죽음으로 내몬 유대인들을 기독교도들이 적대감을 갖고 박해한 데 비해, 이슬람제국은 유대인에 대해 상대적으로 우호적이었다. 무슬림들과 유대민족은 '같은 아브라함의 자손' '같은 경전(經典)의 백성'이라는 생각을 공유했다.[061] 무슬림은 예수(Jesus)에 대해서는 '모함마드 이전의 선지자'라고 생각해, 예수를 신(神)으로 인정하지 않은 유대인에 대해 나쁜 감정이 크게 없었다.[062]

북아프리카까지 진출한 이슬람제국은 당시 이베리아를 지배하던 서(西)고트 왕국을[063] 물리치고 지중해를 건너 711년 이베리아반도로 진출한다.[064] 아프리카에서 유럽의 끝인 지브롤터(Gibraltar)는 바로 건너편이다. 가까운 지점은 불과 20km도 되지 않는다. 유대인들은 무슬림이 지중해를 건너 이베리아로 진출하자 이를 환영했다. 기독교도들은 유대인들을 배척하고 멸시했지만, 이슬람교도들은 우호적이었기 때문이다.

이런 우호적 분위기는 400년 이상 계속됐다. 특히 기독교와 이슬람은 계속 적대적인 관계로 거의 끊임없이 전쟁을 해 왔기 때문에, 이슬람에 포위되다시피 한 지중해는 사실상 유대인 무역상들의 주 활동무대가 된다.

유대 무역 상인들은 중국과 인도로부터 비단, 카페트, 도자기, 향료, 설탕 등 고

---

061 이슬람은 유대교의 근간을 이루는 구약(舊約) 성경을 바탕으로 자신들의 경전인 코란[꾸란]을 완성한다. 구약에 나오는 하나님과 천지창조, 아담과 이브, 천국과 지옥, 천사와 악마라는 얼개가 그렇고, 코란에 등장하는 예언자 25명 가운데 21명이 구약에 나오는 인물이다. 그래서 두 민족의 선조가 아브라함의 두 아들로 이복형제라는 점은 흥미롭다.

062 이슬람은 코란에서 동정녀 마리아와 예수의 특별한 권능을 그대로 받아들이고 있다. 예수가 죽은 사람을 살려내고, 소경의 눈을 뜨게 하고 나병환자를 고치는 등 기적을 행한 내용 또 최후의 심판일에 예수가 재림할 것이라는 내용이 코란에 그대로 등장한다. 코란 전체 6,226절 가운데 93개 절에서 예수에 관한 기록이 나온다 (이희수 교수의 이슬람, 167~169pp, 청아출판사)

063 이베리아반도와 남부 프랑스 지역에서 2백여 년을 유지해온 서고트왕국(Visigothic Kingdom, 475~711)의 수도는 마드리드 남쪽의 톨레도(Toledo)이다. 지금은 관광지로 유명한 톨레도는 서고트왕국의 수도였으며 무어인들이 이베리아반도를 정복한 이후, 그리고 무어인들이 물러난 이후에도 마드리드로 수도를 옮길 때인 1561년까지 스페인왕국의 수도로 기능했다.

064 이베리아반도에 남아있는 이슬람 문화의 백미는 지금 관광지로서 이름을 날리고 있는 스페인 남부 그라나다의 알람브라(Alhambra) 궁전을 들 수 있다. 무어(Moor) 예술의 극치라는 평가를 받고 있는 이 건축물은 1238~1358년 사이에 건설됐으나. 백여 년 뒤, 이슬람 세력이 물러난 뒤 많이 훼손됐지만, 아직도 세계인들의 사랑을 받고 있다.

가 사치품을 수입해 유럽에 팔았고, 또 동유럽으로부터 흘러나온 슬라브족 전쟁 포로들을 사서 이슬람 상인들에게 팔아 수입을 올리기도 했다.[065] 적어도 이때까지는 무슬림과 유대인 사이에는 별 적대감이 없었다.

---

065 노예를 뜻하는 영어 단어 'slave'는 '슬라브(Slav)족'이란 말이 어원으로, 그 당시 많은 슬라브족 포로나 노예상들이 모집한 러시아와 동구계 슬라브족들이 이베리아반도와 북아프리카의 이슬람 지역으로 많이 팔려 나갔다.

4. 추방, 박해, 학살

벌은 받지만, 멸망하진 않는다

형벌의 시간 ┃ 많은 기록은 유대인이 고향을 떠나온 지 첫 1,000년간은 큰 어려움 없이 지냈다고 전한다. 유대인들은 '하나님으로부터 벌을 받아 약속의 땅을 떠났지만, 유대민족을 멸(滅)하지는 않으리라'고 믿고 어려움을 극복하고 살았다. 그 대신 이들은 형벌의 기간이 끝나면 모세(Moses)의 인도로 에굽[이집트]를 떠나 가나안으로 돌아가듯이, 언젠가는 고향 땅으로 돌아가리라고 믿었다. 313년 기독교가 공인된 뒤부터 반(反)유대주의가 유럽에서 생겨나면서 유럽인들은 종교와 언어가 다른 유대인들을 눈여겨보기 시작한다. 정치적 격변기마다 유대인들은 희생양이 됐다. 그래도 회당(會堂)에 모여 '토라'를 읽으며 시간을 이겨냈다.

첫 번째 밀레니엄(Millennium)이 지나면서 유럽의 바람이 바뀌기 시작한다. 어느 시대 어느 나라에서나 사회적 약자들은 풍향에 민감하다. 생존과 직결되기 때문에 그럴 것이다. 당시 유럽인들은 주력 산업인 농업과 전쟁 등에서 공동체에 별 기여를 하지 않은 유대인들이 부와 권세를 누리는 데 대해 시기심에 이어 증오하는 모습을 보이기 시작한다. 특히 유대인들이 장기를 발휘한 고리대금업, 전당포업, 서기(書記) 등은 오히려 유대인 이미지를 아주 나쁘게 만들었다. 유대인은 "좋은 머리로 무위도식하는 사회의 기생충"이라는 악평 속에서 탈무드(Talmud)[066]가 불태워지고 "유대인은 유월절(踰越節) 절기에 쓰기 위해 갓난아기를 죽인다"는 유언비어까지 퍼져, 교황청이 단속령을 내렸지만, 소용이 없을 정도였다. 당시 기독교 세상인 유럽에서는 '유대인은 예수의 살해범'이라는 인식이 마음 깊이 자리 잡고 있었다.[067]

1215년 교황 이노켄티우스 3세(Innocentius, 재위 1198~1216)는 라테라노(Laterano) 공의회(4차)를 열고, "모든 유대인은 가슴에 노란 표지를 달고 다니라"고 명령하기에 이른다. 이베리아반도의 이슬람 왕조인 알무와히둔(Almohad) 왕국에서 차별 조치가 있었지만, 라테라노 공의회의 이 결정은 유대인에 대한 기독교의 첫 차별 조치로 기록된다. 이후 유대인은 갖가지 방법으로 시련을 겪게 된다.

서유럽에서 추방 | 유대인에 대한 추방 정책은 1290년 영국에서 시작돼 14세기 프랑스와 독일[068], 15세기 스페인, 포르투갈에서 그리고 16세기 이탈리아[제노바 왕국]를 거쳐 1569년 모든 교황령에서 추방되는 등 몇 세기 동안 서(西)유럽 전체에서 진행됐다. 쫓겨난 유대인들은 독일, 폴란드, 오스트리아, 리투아니아, 벨라루스, 우크라이나, 러시아 등 점점 동(東)쪽으로 향한다. 국가 발전에 뒤진 동유럽 국가들이 유대인의 재능과 자본이 필요했기 때문에 이들을 받아들였다.

그런데 1517년부터 유럽 여러 나라에서 종교개혁이 진행된 결과 곳곳에서 신교(개신교)와 구교(가톨릭) 간의 종교전쟁(네덜란드 독립전쟁, 위그노전쟁, 30년 전쟁[069]

---

066 탈무드는 유대교에서 옛날부터 내려오는 습관과 율법을 기록한 것으로, 구전되던 내용을 3세기경에 글로써 엮은 문서집인 미슈나(Mishunah)와 이 내용을 주석한 내용을 모은 게마나(Gemana)로 구성돼 있다.

067 신약 마태복음 27장 24~26절에는 이런 내용이 나온다. "빌라도는 더 이상 계속해야 소용도 없고 폭동으로 번질 것 같아서 그릇에 물을 떠 오게 하여 군중 앞에서 손을 씻으며 말하였다. "나는 이 사람의 피에 대해서 책임이 없소. 책임은 당신들이 지시오."(24) 군중은 "그 사람의 피에 대한 책임은 우리와 우리 자손들이 지겠습니다."하고 소리 질렀다.(25) 빌라도는 바라바를 놓아주었다. 그리고 예수는 채찍으로 때려 십자가에 못 박으라고 내주었다.(26) (개정판 현대어성경, 성서원, 2001) 이 성경 구절처럼 예수를 죽게 한 책임을 후손이 지는 상황이 됐다.

068 프랑스 필리프 4세 때인 1306년에서 1311년 사이에 추방된 유대인은 10만 명 규모로, 이들의 재산은 다 몰수됐다. 필리프 4세는 잉글랜드, 플랑드르 등과 통일을 위한 전쟁을 벌이느라 전비(戰費)가 모자랐다.

069 네덜란드 독립전쟁(1567~1648)은 네덜란드 저지대 지역의 17개 주가 합스부르크 왕가의 에스파냐에 대항해서 벌인 독립전쟁을 말한다. 네덜란드와 영국 연합함대는 1588년 스페인의 무적함대를 물리친다. 위그노전쟁(1562~1598)은 가톨릭교회가 프랑스 내 개신교도들에 대해 학살을 시작하자 이에 대항해 일어난 전쟁. 위그노(Huguenot)는 '프랑스 개신교도'를 말한다. 30년 전쟁(1618~1648)은 유럽에서 로마

등)이 진행됐다. 종교전쟁이 마무리된 1648년, 만신창이가 된 서유럽 여러 나라들은 조속한 전후 복구를 위해 다시 유대인들의 기술과 자본이 절실해졌다. 영국, 프랑스, 독일 등은 유대인에게 문호를 다시 개방했지만, 스페인, 포르투갈, 이탈리아 등은 닫은 문을 다시 열지 않았다. 유대교의 교리는 기독교 교리와 비슷하다. 그러나 유대인만이 유일하게 하나님으로부터 선택(選擇)받은 백성이라는 철저한 선민(選民)의식과 메시아(구원자)가 나타나 자신들을 구원하리라는 믿음이 강고했다. 유대인들은 마구간에서 태어난 예수, 자기들이 십자가에 못 박은 예수를 그리스도(Christ)[070]라고 인정할 수 없었다. 그래서 유대인들은 나라가 깨지고 성전이 파괴되고 온 사방으로 백성들이 흩어져도 주변의 종교나 생활과 동화되지 않고 믿음 하나만 붙들고 메시아를 기다렸다. 주변 상황이 어려울수록 더욱 단결할 힘은 거기에 있었다. 그럴수록 주변의 미움과 배척은 강해갔다. 유럽인들 역시 '흡혈귀(吸血鬼)'라는 소리를 들으며 고리대금업을 하는 '예수의 살해범' 유대인을 좋게 보기는 어려웠을 것이다.

유대인들도 할 말은 있다. 거주국들은 유대인들의 토지 소유를 금지해 농업에 종사하지도 못하게 하고 대규모 생산 시설의 소유도 금지하고 직업선택의 자유도 없애고, 군인이나 공직(公職)으로의 진출도 막아버렸다. 할 일이라고는 소규모 상업이나 가내 수공업, 고리대금업밖에 없었다. 이런 현실에서 유대인들은 하나님 외에 의지할 것이 현실에서는 경제적인 힘이었다. 그래서 〈베니스의 상인〉(1598)에서는 피도 눈물도 없는 고리대금업자 샤일록(Jewish moneylender Shylock)으로 살고, 〈크리스마스 캐럴〉에 나오는 구두쇠 영감 스크루지(Ebenezer Scrooge)로 살았다. 물론 여기에는 유대인이 아닌 백인 중심 기독

가톨릭을 지지하는 국가[왕국]와 개신교를 지지하는 국가[왕국]들 사이에 벌어진 전쟁으로 800만 명이 목숨을 잃은 참혹한 전쟁이었다. 이 전쟁들은 외형은 신교와 구교 사이의 종교전쟁이었으나, 가톨릭[구교]이 귀족층 등 보수세력과 결탁하고, 신교[개신교]는 신흥 부르주아지의 편을 들어 싸웠다.

070 그리스도는 고대 그리스어의 '크리스토스(기름 부음을 받은)'에서 온 말이다. 기원전 300년경, 히브리어로 된 구약을 그리스어로 옮기는 과정에서, 히브리어의 '메시아'에 해당하는 단어로 '그리스도'가 채택됐다. 그리스도(Christ)는 그 뒤 '기독(基督)'으로 음역 돼 '예수를 믿는 종교'라는 의미로 기독교(基督敎)가 된다.

교 사회의 편견도 투영돼 있을 것이다.

이 과정에서 우리는 의외의 사실, 종교개혁가 마르틴 루터(1483~1546)의 두 얼굴을 만난다. '반(反)유대주의자'로서의 모습인데, 루터는 부패한 교회에 분노해 종교개혁에 나서지만, 종교개혁 이후에도 유대인들이 회개하지 않는다면서 『유대인과 그들의 거짓말에 대하여』(1543)라는 책을 썼다. 이 책에서 루터는 "유대인들의 회당과 학교에 불을 지르고, 타지 않고 남은 것은 흙으로 덮어 버려라. 하나님이 벌하셨기 때문에 그들은 개종(改宗)하기 불가능하다. 그들의 집을 부수고 그들이 하나님의 이름을 말하지 못하게 하라. 그들을 독일에서 쫓아내지 않으면 하나님께서는 마지막 날에 크리스천들을 벌하실 것이다"[071] 등등, 루터는 엄청난 분노를 유대인들에게 쏟아냈다.[072]

이렇게 사회 분위기가 '만악(萬惡)의 근원이 유대인'이라는 식으로 돌아가자, 유럽 각국도 유대인을 규제하는 '유대인 차별법'을 경쟁적으로 제정하기 시작했다. 이 차별법의 주요 내용은 유대인은 가슴에 노란 별 모양의 배지를 달고, 카프탄(Caftan)이라는 검은색 긴 코트와 챙이 있는 모자를 쓰고, 유대인은 기독교도와 친구가 될 수 없고, 집을 나섰다가 기독교도를 만나면 비켜서야 하며, 회당(會堂)의 건축을 금지하고 직업도 제한하는 내용이다.

자연스럽게 유대인들은 게토(ghetto)라는 별도의 구역에서 모여 살았고, 이 지역은 출입문이 있어 유대인 스스로도 외부인의 출입을 통제하고 외부도 유대

---

071 이 시절 유럽인들은 유대인들이 그리스도를 믿지 않을 뿐 아니라 돈만 가지고 횡포를 부리고 있는 족속들이라고 생각하는 것이 일반적이었다. 어쩌면 유럽인들의 오래 계속되어온 이런 생각들이 결국 히틀러의 만행을 불러왔는지 모른다. 사실 우리는 유대인 학살이라고 하면 히틀러와 나찌스를 생각하지만, 그 뿌리에는 루터 이전과 이후의 많은 유럽인의 증오심이 쌓인 것이라고 볼 수도 있다. 마르틴 루터의 〈유대인과 그들의 거짓말에 대해서〉 (Von den Jüden und ihren Lügen)는 1543년에 저술됐다. '영역된 〈On the Jews and their Lies, Christian Nationalist Crusade, 1948〉의 17, 38~40페이지.

072 종교개혁의 도시라는 독일의 비텐베르크를 방문해 보면 루터가 95개 조의 반박문을 게시한 성채교회(Schlosskirche)와 루터가 설교를 했던 (도)시교회(Stadtkirche, 성마리아교회라고도 한다)가 있다. (도)시교회에 가면 루터가 분노해 마지않는 유대인을 비하(卑下)하고 조롱하는 조각물이 교회 외벽에 새겨져 있는데, 유대인들이 돼지의 젖과 배설물을 먹고 있는 조각이다. 유대인 학살이 자행된 2차 대전이 끝나고 비텐베르크 시민들은 (도)시교회 외벽의 이 조각물의 처리에 관해 논란을 벌였으나 그대로 남겨 두고, 역사의 교훈으로 삼자는 의견이 우세해 지금도 가면 볼 수 있다.

'고리대금업자와 그의 아내' 1514, 켕텡 마시. 사진=위키피디아

인의 출입을 통제하는 역할을 했다. 법이 이러니 유럽인들은 유대인에 대한 차별과 박해를 아무런 죄의식도 없이 당연하게 생각하게 됐다. 이것은 뒷날 유대인 대학살이 가능하게 되는 문화적 배경으로도 작용하게 된다.

집단 학살의 싹

중세 이후 유럽의 역사를 살펴보면 유대인은 시대와 나라에 따라 차별이나 추방, 박해의 기록 사이사이에 집단학살(集團虐殺, Genocide)에 해당하는 기록이 있음을 보게 된다. 역사상 유대인에 대한 크고 작은 학살은 많지만, 정도가 심하거나 역사에 큰 주름으로 남은 사건들을 시간순으로 보면 ①12~13세기의 십자군전쟁 ②14세기 흑사병 ③16세기 에스파냐왕국의 강제 개종 ④19세기 폴란드와 러시아에서 진행된 포그롬(Pogrom) ⑤20세기 히틀러의 홀로코스트 (Holocaust) 등으로 정리된다.

① **십자군전쟁** | 서양의 중세가 진정 암흑(暗黑)의 시대였는지는 논란이 있지만, 중세 교황의 위세가 왕의 권력보다 컸음을 말해주는 사례는 많다. 로마 교황이 왕에게 왕관을 씌워주는 대관식이 행해졌고, 왕들이 교황에게 영토를 헌상해, 이탈리아 통일(1870) 전에는 교황령(Papal States, 16세기 말 18,000㎢에 이르렀다.)이 상당히 넓었다.

왕과 교황이 라이벌 의식을 갖고 현실의 영역에서, 종교의 영역에서 경쟁을 했음직하다. 첫 밀레니엄이 지나고 유럽에서 십자군전쟁(The Crusades)의 횃불이 오른다. 성지 예루살렘이 이교도(異敎徒)의 손으로 넘어간 지 4백 년이 다 돼가는 시점이다. 그리고 교회는 40년 전인 1054년부터 로마 가톨릭과 동방정교회로 분열돼 있었다. 교황 우르바노 2세(Urbanus, 재위 1088~1099)는 말한다. "이슬람교도들이 우리의 형제들을 죽이고 있다. 동방으로 진군해 이교도를 무찌르자"고 목소리를 높인다. 명연설로 평가받는 구절이다.

> "이슬람교도는 지중해까지 세력을 확장해 너희 형제를 공격하고, 죽이고, 납치해 노예로 삼고, 교회를 파괴하고, 파괴하지 않은 곳은 모스크로 바꾸고 있다. 그들의 폭력을 더 이상 용납해서는 안 된다. 지금이야말로 그들에게 맞서

---

073 이슬람이 영향력을 갖기 시작한 633년부터 719년 사이 시리아, 메소포타미아, 이집트, 아프리카 북부, 스페인 등이 이슬람 치하로 들어가고, 1010년에는 예루살렘의 예수 그리스도의 무덤이 파괴되는 일까지 발생하자, 서방 기독교 세계는 위기와 함께 분노로 가득 찬다. 또 1070년경에는 셀주크 터키가 팔레스타인 성지를 점령하고 순례자들을 박해했다. 1095년부터 1291년까지 간헐적으로 일어난 십자군전쟁은 성지와 순례자를 보호한다는 좋은 동기로 시작됐으나, 시간이 흐르면서 동기와 목적이 변질돼 많은 폐해를 낳았다.

074 그리스 문화로 대표되는 동방(東方) 문화와 라틴 문화로 상징되는 서방(西方) 문화는 로마제국이라는 영토의 통일만으로 극복되기 어려운 일이었다. 두 지역 간의 문화적·사상적 차이는 이들 지역에서 발전해 왔던 기독교 교회간의 차이와도 밀접하게 연관돼 있었다. 문화적 차이에 의한 동.서 교회의 차이는 신학과 교회의 제도와 관습 그리고 가치관에 이르기까지 광범위하게 나타났다. 동서 교회의 분리는 이런 근본적인 차이에서 비롯됐다고 볼 수 있다.

일어설 때다.

이것은 내가 명하는 것이 아니다. 주 예수 그리스도가 명하는 것이다. 그 땅으로 가서 이교도(異敎徒)와 싸워라. 설사 그곳에서 목숨을 잃는다 해도 너희의 죄를 완전히 용서받게 될 것이다. 신께서 부여하신 권한으로 나는 여기서 분명히 약속한다.…"[075]

그래서 십자군 전사들은 이듬해(1095)부터 예루살렘[076]을 향해 떠났다. 십자군전쟁은 1272년까지 200년 가까이 간헐적으로 진행됐다.[077] 교황이 유럽 각지에서 군대를 끌어모았다. 이들은 제대로 된 준비도 없이 전쟁에 나가 식량이 없으면 도중의 마을이나 주민들을 약탈하거나, 저항하면 죽이면서 전쟁을 치렀다. 또 많은 지휘관은 출전하는 병사들을 향해 "먼 데 있는 이교도를 무찌르기에 앞서 가까이에 있는 예수 그리스도의 살해범, 유대인들을 없애자"고 선동하는 방식으로 병사들의 전의와 살의를 불러일으켰다.

교황의 칙령으로 시작된 십자군전쟁으로 7만여 명의 유대인과 이슬람교도들이 학살됐다. "성지회복"이라는 종교적 명분 뒤에는 여기에 참가하는 소위 귀족과 왕국, 상인들의 탐욕, 교황청의 영향력 확대 등 '선(善)하지 않은' 동기들이 숨어 있었다.

특히 1202년에서 1204년 사이에 진행된 제4차 십자군전쟁은 목표가 예루살렘이 아니라 이집트 공략을 위한 것이었다. 종교적 신앙적 십자군이 아니라 경제적, 세속적 십자군이었다. 이에 놀란 교황청은 4차 십자군 원정에 참여한 모든 사람들을 파문(破門)했다. 그렇다고 멈출 십자군이 아니었다. 1204년 4월, 4

---

075 시오노 나나미, 십자군 이야기 1, 송태욱 옮김, 24~25pp, 문학동네
076 예루살렘(Jerusalem)은 히브리어로 "평화의 도시"라는 뜻이다. 기원전 1000년경 다윗왕이 고대 이스라엘 왕국의 수도로 삼으면서 도시의 모습을 갖춘다. 638년 이슬람이 이 도시의 주인이 된다. 지금 예루살렘은 '이스라엘이 점령하고 있지만 국제법상 어느 나라의 소유도 아닌 국제 공동관리도시'이다.
077 성지 예루살렘을 이교도인 이슬람 세력으로부터 되찾자는 십자군전쟁은 1095~1099년의 1차부터 1271~1272년까지 모두 9차례 있었다고 정리한다. 그러나 신성로마제국의 프리드리히 2세가 주도한 5차와 6차를 하나로 묶고, 프랑스의 루이 9세가 주도한 8차 9차를 하나로 묶을 경우 십자군전쟁은 7차례 있었다. 이것은 '지중해 동해안 십자군'만 계산한 경우이고, 십자군은 북동 유럽을 기독교화 시키기 위한 북방 십자군 등 지역과 목적에 따라 다양한 십자군이 있었다고 기록돼있다.

1187년 7월 4일 하틴(Hattin)전투를 그린〈무슬림 최고의 날〉. 제목이 상징하듯, 예루살렘 왕국군은 이슬람군에게 궤멸적인 패배를 당하고, 예루살렘을 다시 무슬림에게 내준다. 이에 다시 십자군(3차)이 조직된다. 사진=나무위키

차 십자군 전사들이 콘스탄티노플(Constantinople)을 점령하자, 처참한 장면이 전개된다. 이들이 행한 성직자, 여성, 아동에 대한 학살과 방화 그리고 문화재 약탈과 파괴에 대해, 오죽하면 '2백 년 뒤 비잔틴제국을 몰아낸(1453) 이슬람 오스만제국이, 같은 기독교인 십자군보다 더 관대했다'는 역사적 평가가 나왔 겠는가? 로마 가톨릭과 동방정교회는 이로써 완전히 갈라졌다. 교황청은 2000 년 새 밀레니엄을 맞아 십자군전쟁에 대해 고해성사를 하고 용서를 구했다.[078]

물론 지금 생각하면 십자군전쟁 자체가 이해하기 어려운 전쟁이지만, 역사상 발생한 일들은 그것이 이루어진 당시 상황을 고려해 읽지 않으면 고개가 갸웃 거려지는 일들이 많다. 이 과정에서의 유대인 박해 역시 일종의 광풍이었다. 이렇게 죄의식 없이 유대인을 죽이는 풍조는 십자군들이 본국에 돌아와서도 공공연히 행하는 악습이 됐다. 십자군전쟁은 9차례나 진행됐고 예루살렘과 관계없는 사이비 십자군전쟁도 유럽 각지에서 일어났다. 유대인의 적은 무슬림이 아니라 기독교도였다.

---

078 로마교황 요한 바오르 2세는 1999년 루마니아, 조지아, 2001년 그리스, 우크라이나 등 정교회 지역을 방문해 용서를 구했다 ("교황청의 고해성사", 한국경제신문, 2000.3.5.). 2016년 2월 12일, 쿠바의 아바나에서 프란치스코 교황과 러시아정교회 수장인 키릴총주교가 만났다. 1,000년 만의 악수였다. (2016.2.13., 중앙일보, 로마가톨릭-러시아정교 '1000년 만의 화해')

② **유럽의 흑사병** | 십자군전쟁이 끝난 뒤 프랑스 왕위 계승을 두고 영국과 프랑스가 벌인 100년전쟁(1337~1453)의 와중에 흑사병(黑死病, Black Death)이 창궐한다. 흑사병은 불결한 환경 속에서 쥐벼룩이 옮기는 병으로 며칠 만에 사망에 이르고, 시신에 검은 반점이 생긴다고 해서 붙여진 이름이다. 흑사병은 1347년 이탈리아, 프랑스 등 지중해 연안에서 발생해 1348년~1351년 사이 영국, 독일, 폴란드, 덴마크 등으로 퍼졌고 그 뒤로도 수시로 발생해 유럽인들을 공포로 몰아넣었다. 수많은 사람이 한꺼번에 죽어 시신을 묻어 줄 사람조차 부족해 도시 곳곳 노상에 시신들이 나뒹굴 정도였다. 주위 사람들이 마구잡이로 죽어 나가자 마음속에 생긴 극도의 공포와 환자에 대한 혐오감이 사람을 더욱 미치게 했다.

맹위를 떨치던 1347년부터 4년간 유럽 전체 인구의 반에 해당하는 3~4천만 명 정도가 사망했다. 이때에도 "유대인들이 기독교인을 살해하기 위해 우물이나 샘에 독약을 풀었다"는 유언비어가 돌아 곳곳에서 유대인들이 희생됐다.[079] 사실 유대인들은 글을 깨친 데다가, 격리된 구역에서 비교적 위생적인 생활을 유지해온 까닭에 흑사병의 피해를 최소화할 수 있었는데, 주위 유럽인들은 이것을 '유대인이 이 병을 퍼뜨렸기 때문에 피해자가 없다'고 오해한 데서 비롯됐다. 1349년 2월 14일 발렌타인데이, 프랑스의 스트라스부르에서는 하룻밤에 2,000명의 유대인이 산채로 불태워졌다. 이런 크고 작은 학살이 유럽 도처에서 행해졌다. 흑사병은 유럽뿐만 아니라 아시아 아프리카에서도 맹위를 떨쳤다. 이 무렵 유럽, 아시아, 아프리카를 여행한 이븐 바투타는 그의 여행기에 이[080]

---

079 흑사병은 본래 중국 남부 윈난성의 풍토병이었는데, 14세기 몽골군이 유럽을 침략하는 과정을 따라서 전파됐다는 설, 흑사병으로 죽은 군인의 시신을 투석기로 성안으로 투척해 병을 옮겼다는 설, 실크로드를 따라서 또는 무역선에 의해서 흑해로, 시칠리아로 전파됐다는 설 등 다양한 경로가 거론된다. 유언비어에 의한 이민족 학살은 약 600년 뒤, 일본에서도 벌어진다. 1923년 9월 1일 발생한 관동대지진 때의 일이다. '조선인들이 방화와 테러 등을 할 가능성이 있으니 주의하라' '조선인이 우물에 독약을 풀었다'는 등 유언비어 때문에 2,000~6,000명의 재일조선인들이 학살당했다.

080 이븐 바투타(Ibn Battuta, 1304~1368) 21세 때인 1325년 메카(Mecca)로 순례길을 떠났다가 세계 각지를 여행하고 24년이 지난 뒤 집으로 돌아왔다. 그 뒤에도 몇 차례 더 여행을 경험하고 1354년부터 여행기를 구술해 정리했다. 여행기의 원제목은 "도시들의 불가사의들과 여행의 경이로움을 생각하는 자들

렇게 기록했다. 집 나선 지 23년째, 베이징(北京)을 떠나서 모로코(Morocco)의 집으로 돌아가는 여정에서 목격한 일이다.

> "… 749년 3월(1348년 6월) 초, 우리가 할리브에 있을 때 가자(Ghazah)에 페스트가 발생하였다는 소식을 들었다. 하루에 1천 명 이상이 사망했다고 한다. 그래서 나는 힘스로 도로 갔다. 그런데 거기에도 이미 페스트가 창궐하여 내가 가는 날 약 3백 명이 병사하였다. 거기서 나는 다시 다마스쿠스로 갔다. 도착한 날은 목요일이다. 그곳 사람들은 이미 사흘째 금식을 하고 있었다. 금요일에는 모두 발자국(al-Aqdam) 사원으로 몰려갔다. 이 사원에 관해서는 이 여행기 상권에서 이야기한 바 있다. 알라의 은전으로 페스트는 한고비 넘겼는데도 하루 사망자는 2,400명이나 되었다…"

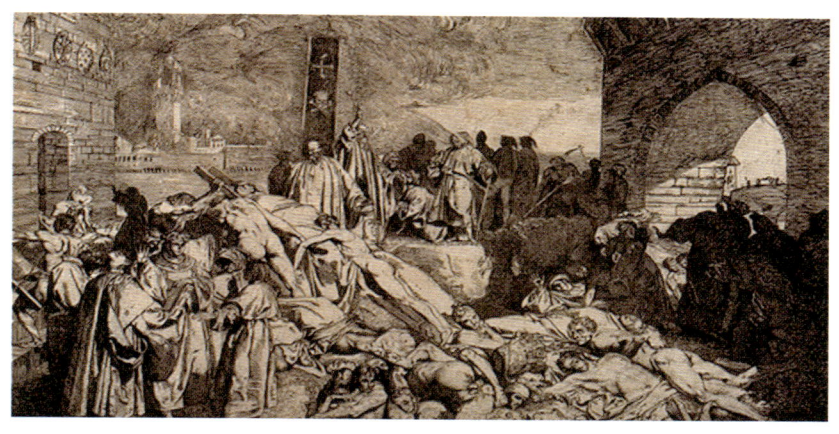

〈플로렌스의 흑사병, 1348〉 보카치오의 데카메론. 사진=위키피디아

소문의 진위를 가릴 틈도 없이 민심이 흉흉해졌다. 사람들은 유대인들을 잡아

을 위한 선물"이다. 여행의 본질을 꿰뚫은 제목이라고 할 수 있지만, 후세에서는 그냥 〈리흘라(여행기)〉라고 줄여서 말한다.
081 이븐 바투타여행기 2, 360p, 창비, 정수일 역

와 고문을 가해 강제 자백을 받아낸다. "우물에 독을 풀었다"는 거짓 자백이 유럽 곳곳에서 나왔다. 유대인 거주지에 방화가 행해지고 불길을 피해 뛰쳐나온 유대인들은 현장에서 살해된다. 도대체가 제정신이 아니었다. 이 광풍을 잠재우기 위해 교황까지 나섰으나 소용없었다. 교황 클레멘스 6세(Clemens PP, 재위 1342~1352)는 "유대인들도 우리와 함께 페스트의 고통을 받고 있습니다. 이 고난의 책임은 악마입니다"라는 내용의 교서를 발표했음에도 불구하고 학살은 계속됐다. 그 뒤 1351년, 흑사병과 함께 유대인 학살의 광기 또한 수그러들었을 때는 이미 유럽 내 유대인들의 크고 작은 공동체 500개 이상이 사라졌고 350회 이상의 학살이 자행됐다. 이러한 광풍의 결과로 중서부 유럽에서는 유대인 공동체가 거의 뿌리 뽑혔다. 더 겁나는 사실은 사람들이 유대인에게 폭력을 행사하는 데 익숙해지자 그와 같은 일이 항존(恒存)하게 된 사실이다.[082]

③ **알람브라 칙령(勅令)** | 1453년 5월 29일, 비잔틴제국[083]의 수도 콘스탄티노플[084]이 오스만제국의 손에 넘어갔다. 이로써 천년 넘게 존재해 왔던 비잔틴제국이 종말을 고하고 오스만제국(Ottoman Empire, Ottoman Turks)이 이 지역을 지배한다. 이와 함께 유럽 기독교 국가들의 이슬람에 대한 공포도 점점 커진다. 서양 역사에서는 콘스탄티노플의 함락을 기점으로 중세(中世)가 끝나고 근세(近世)가 시작됐다고 본다. 그리고 40년쯤 지난 1492년, 대륙의 끝 이베리아반도에서는 몇 가지 큰일들이 일어난다. 1월, 이베리아반도 남쪽 그라나다(Granada)에 남아있던 마지막 이슬람 세력(그라나다토후국)이 축출됐다. 레콩키스타[085]의 완

---

082 홍익희, 유대인경제사 3 (동방무역과 금융업) 257p.
083 비잔틴제국(Byzantine Empire)은 동로마제국으로, 395~1453까지 천 년 이상 존속했다. 수도는 지금 터키 이스탄불인 콘스탄티노플. 기원전 753년 시작된 로마는 왕정(王政)과 공화정(共和政)을 거쳐 기원전 27년에 제국(帝國)이 된다. 이후 로마제국은 395년 동·서 로마제국으로 갈라진 뒤 476년 서로마제국이 멸망하고, 1453년 동로마제국의 멸망해 역사에서 사라진다.
084 콘스탄티노폴(Constantinople) 또는 콘스탄티노폴리스(Constantinopolis), 터키 이스탄불의 옛 이름. 서기 330년 로마 콘스탄티누스 대제가 고대 그리스의 식민도시였던 비잔티온(Byzantion)에 세운 도시로서 동로마제국의 수도로서 기능했다.
085 레콩키스타(Reconquista)는 '재(再)정복'이란 뜻으로 718년부터 1492년까지 약 7세기 반에 걸쳐 이베리아반도 북부의 기독교 왕국들이 남부의 이슬람 세력을 축출하고 이베리아반도를 되찾는 일련의 과정을 말하는데, 마지막은 이사벨 여왕과 페르난도 왕의 합작으로 이뤄졌다. '국토회복운동'. '이베리아반도 재

결이다. 이베리아반도가 기독교 품으로 돌아오고, 알람브라 칙령(Alhambra Decree)이 선포되고, 8월에는 콜럼버스(1450~1506)[086]가 신대륙을 발견한다.

문제는 '유대인 추방령'이라고도 불리는 알람브라 칙령이다. 스페인 역사에서 '가톨릭 공동왕'(Reyes Catolicos)[087]으로 불리는 카스티야왕국의 이사벨 1세와 아라곤왕국의 페르난도 2세[088]가 공동으로 서명한 이 칙령은 '유대인들은 기독교[천주교]로 개종(改宗)하지 않으면, 넉 달 뒤인 7월 31일까지 이베리아반도를 떠나도록' 했다.

신하들과 함께 있는 가톨릭 공동왕. 사진=위키피디아

정복 운동'으로도 불린다.

086 이탈리아계 유대인인 콜럼버스는 이사벨과 페르난도 국왕에게 기사와 제독의 작위를 보장하고 신대륙을 발견할 경우 그 지역 총독으로 임명해 줄 것 그리고 얻은 총수익의 10%를 자신에게 줄 것 등을 요구했다. 국왕은 이 조건을 수락하고, 콜럼버스를 신대륙으로 떠나보냈다.

087 1494년 교황 알렉산더 6세는 이사벨과 페르난도 두 왕의 레콩키스타 공적을 인정해 '가톨릭의 수호자'라고 부르면서 이 두 왕을 '가톨릭 공동왕'이라고 호칭했다. 이사벨이 왕이 된 1474년부터 페르난도 2세가 사망한 1516년까지를 말한다.

088 카스티야 왕국의 왕위 계승자 이사벨과 아라곤 연합왕국의 왕위 계승자 페르난도는 1469년 결혼한다. 당시 카스티야는 이베리아반도의 3분의 2와 인구 65%(600만 명)를 차지하는 큰 왕국이었고, 카탈루냐, 아라곤, 발렌시아 세 왕국이 느슨하게 연합한 아라곤 연합왕국은 면적의 17% 인구의 12%(100만 명)의 작은 왕국이었다. 결혼을 통한 두 왕국의 통합은 국민 간의 융합이라기보다는 두 왕국이 공동의 군주를 공유하는 왕조 간의 통합이었다. 결혼 때 이들이 맺은 계약에 따라 카스티야에서 페르난도의 권한은 엄격하게 제한됐고, 이사벨이 권한을 위임해 주는 사항에 관해 페르난도가 통치할 수 있는 구조였다.

레콩키스타가 끝난 뒤 '가톨릭의 수호자'인 이사벨 1세는 에스파냐를 '깨끗한 가톨릭 국가'로 만들기 위해서라고 말하지만, 냉정하게 말하면 일종의 복수(復讐)요 꼼수였다.

왜 복수인가? 이슬람이 이베리아반도를 지배하는 동안 기독교에 대해 박해를 가한 것을 되갚아주는 의미가 강하기 때문에 하는 말이다. 700년 이상 이베리아반도를 지배해온 이슬람이 기독교도를 우대했을 리는 없는 일이고, 이슬람이 물러간 뒤에도 유대인은 남아 있었다. 이슬람 점령 기간에 기독교도들은 박해를 받았는데 반해, 유대인은 함께 잘 지내면서 좋은 관계를 유지해왔다. 기독교도들은 유대인들이 방관을 넘어 간접적으로 지원까지 한 '적폐(積弊)'를 전부 기억하고 있었다.

카스티야-아라곤 연합왕국에서는 개종(改宗)한[089] 유대인도 많았고, 그중 거짓으로 개종한 유대인[090] 수천 명이 처형되기도 했다. 이제 살아남은 수십만 명의 차례였다. 칙령은 "유대인이 동산과 부동산을 자유로이 처분해 재산을 갖고 떠날 수 있다"고 했지만, 그 짧은 기간에 처분이라니, 실제로는 그냥 나가라는 거였다. 이 부분에서 이 칙령이 꼼수라는 비판이 나온다.

레콩키스타의 대미를 장식한 카스티야-아라곤 연합왕국[091]은 이 전쟁을 위해 막대한 전비(戰費)를 지출한 데다, 레콩키스타에 참여한 영주와 기사들에게 보상을 해주어야 하는데 나눠줄 땅도 없고 국고도 텅 빈 상태였다. 게다가 유대인한테 빌린 전쟁 비용, 즉 빚이 많았다. 이런 문제를 일거에 해결할 묘수가 바로 알람브라 칙령이었다.

이때 카스티야-아라곤을 떠난 유대인이 30만 명이었다. 이베리아반도에서 가

---

089 15세기 당시 스페인에서 개종한 유대인을 '꼰베르소(converso)'라고 한다. 영어의 'converted'에 해당한다. 당시 5만여 명이 개종했다. 이들은 '돼지, 지저분한 사람'이라는 뜻을 가진 마라노(marrano)라고 경멸적인 단어로 불리기도 했다. 마라노 중 일부는 남미의 브라질을 거쳐 1654년경 미국의 뉴욕으로 가, 새로운 삶을 찾기도 했다.

090 현지에서 계속 살기 위해 거짓으로 개종하고 실제로는 몰래 유대인적인 삶을 꾸려간 사람들을 '은폐된 유대인'(Cryto-Jews)라고 불렀다.

091 카스티야-아라곤 연합왕국은 에스파냐왕국에 이어 오늘날 스페인이 된다.

장 역동적이고 능력 있는 집단이 정치적 격변과 차별을 피해 한꺼번에[092] 떠난다. 이들은 인접 포르투갈, 북아프리카, 오스만, 영국, 동유럽, 플랑드르[093] 등으로 떠났다. 인구 130만 명 규모의 소왕국 포르투갈로 떠났던 유대인들은 이교도 추방령(1497)과 이어 종교검열 등이 강화되면서 또다시 유랑의 길로 나선다.

이베리아반도의 재통일은 축하할만한 일이었지만, 무슬림, 유대인, 기독교도들이 800년 가까이 만들어온 다양한 문화와 이들 간의 활발한 교류에서 생겨난 열매들은 한꺼번에 뿌리까지 흔들리는 재앙을 맞이한다. 다양성이 사라진 문화가 어떻게 오랜 생명력과 영향력을 갖겠는가? 더구나 주요 경제 인프라를 구축했던 유대인과 지배 세력인 무슬림이 한꺼번에 떠나고 쫓겨남에 따라, 스페인은 17세기 이후 세계사의 무대에서 서서히 힘을 잃게 된다.

④ **폴란드와 러시아의 포그롬** ┃ 지금까지 살펴본 십자군전쟁, 흑사병의 창궐, 에스파냐왕국[스페인]의 강제 개종과 추방 등 세 가지의 경우는 오래전 일인 데다가 이스라엘-팔레스타인 영토분쟁하고 직접적인 관련이 적지만, 다음 두 가지 경우 포그롬(Pogrom)과 홀로코스트(Holocaust)는 비교적 최근의 일이고 유대인들의 팔레스타인 귀환과 지금까지 계속되는 팔레스타인 분쟁과도 깊은 관련성을 갖는다. 유대인 박해와 팔레스타인 영토 분쟁의 뿌리가 세월이 가면서 점점 구체적으로 나타난다. 에스파냐왕국을 떠난 유대인들은 지중해 주변에서 점점 동유럽 쪽으로 발길을 돌린다. 잉글랜드[영국]와 프랑스는 유대인 추방령을

---

092 2015년 스페인 의회는 15세기 말 스페인에서 추방된 유대인의 후손들에게 속죄하는 의미에서 그 후손들에게 스페인 국적 취득을 허용하는 법안을 통과시켰다. 4년간의 신청이 마감된 2019년 9월 말까지 모두 13만 2,226명의 후손이 신청했다. 이들은 멕시코, 베네수엘라, 콜롬비아, 아르헨티나 등지에 거주하는 후손이었다. ("쫓겨난 유대인 후손 13만 명 '스페인 국적' 신청 봇물" 한겨레신문, 2019.10.2.) 또 이 무렵 스페인 북부의 한 작은 마을이 '유대인을 죽여라(Castrillo Matajudios)'라는 지명을 주민투표를 통해 원래 지명인 '유대인의 언덕(Castrillo Mota de Judios)'으로 바꿨는데, 이에 불만을 품은 극우파들이 몇 차례 찾아와, 마을 표지판이나 건물에 낙서를 하거나 난동을 부렸다고 경찰에 신고했다. 이들은 1492년 추방령 이후 유대인들이 정부에 충성심을 보이기 위해 1627년 마을 이름을 바꾼 것으로 보고 있다. (박성진 기자, "스페인 마을 이름 바꾸자 극우파 난동" 연합뉴스, 2016.6.5.)

093 플랑드르(Flandre) 지방은 프랑스의 북부, 벨기에 서부의 저지대, 네덜란드 남서부 일대를 가리키는 말로 약 13,000㎢이다. 오늘날의 베네룩스 지역이다. 프랑스어 플랑드르의 영어식 표현은 플란더스(Flanders)이다.

내렸고 가톨릭의 수호자로 자처하는 스페인은 알람브라 칙령이 나오기 전인 1481년부터 1790년까지 300년 이상 종교재판소[094]를 운영했다. 모두가 견디기 어려운 조건이었다. 유대인은 플랑드르, 독일 등을 거쳐 동유럽, 그중에서도 폴란드(Poland), 러시아로 몰려들었다. 폴란드로 많이 몰려간 데는 나름의 이유가 있다.

폴란드는 10세기 후반 폴라니에(Polanie) 족을 중심으로 나라 모습을 갖췄고, 나라 이름도 여기서 유래한다. 부침을(?) 거듭하던 폴란드는 13세기 들어 여러 차례 몽골의 침입을 받는 등 나라 형편이 어려워진다. 분열과 쇠퇴의 시기였다. 1264년 볼레스와프(Boleslaw) 5세(재위 1243~1279)는 유대인들의 폴란드 이주를 환영했다. 유대인의 재력을 이용해 나라를 부강하게 만들 욕심이었다. 왕은 "누구든지 유대인을 해치면 사형을 당할 것"이라고 선포하고 "폴란드 국민들과 동등하게 대해줄 것"이라고 약속했다. 유대인들은 무역, 상업, 금융업, 세무공무원, 부동산업 등 맡은 자리에서 폴란드의 발전에 기여했다.

1575년 폴란드 전체 인구 700만 명 가운데 유대인 인구는 15만 명이었으나 그 뒤 급격하게 늘어나 1648년에는 51만 명이나 됐다. 세상일이 대개 그렇듯이 머리 회전이 빠르고 상술 좋은 유대인들이 폴란드 국내외의 상권을 장악하면서 영향력이 커지자, 가난한 폴란드 농민들은 유대인에게 상대적 박탈감을 느끼게 되고 급기야는 나쁜 감정을 품기 시작한다. 반(反)유대 정서가 여기서도 살아난다.

코사크(Cossak)족 반란군과 합세한 우크라이나의 농민들이 일으킨 폭동(1648)[095]

---

094 유럽에서 종교재판소는 12세기부터 운영됐는데, 스페인은 레콩키스타 과정에서 카스티야 왕국에 편입된 유대인과 무슬림을 대상으로 종교재판소를 운영하다가 종교개혁 이후에는 개신교도를 탄압하기 위해 운영됐다. 이 기간 동안 스페인에서 30만 명 이상이 고문과 화형 등으로 목숨을 잃은 것으로 집계됐다.

095 폴란드-리투아니아 연합왕국의 지배를 받던 우크라이나의 코사크족 지도자인 보흐단 흐멜니츠키가 일으킨 무장 반란(1648~1657)을 말한다. 이들은 폴란드 귀족과 지주들의 수탈과 압제에 시달리던 농민들의 지원을 얻어 폴란드 지주, 가톨릭 사제, 우크라이나의 신교도, 유대인 등을 닥치는 대로 학살했다. 유대인은 10~15만 명 정도가 목숨을 잃었다.

으로 유대인 10만 명 이상이 학살당하고 많은 유대인 공동체가 파괴됐다. 유대인은 숨어 다니기 바빴다. 이때 동유럽을 떠난 유대인은 더 동쪽인 러시아로 이동하고 일부는 영국, 미국 심지어는 남미로 떠났다.[097]

이후 폴란드는 점차 쇠퇴해 1795년 나라 자체가 러시아와 프로이센, 오스트리아에 의해 3등분 되면서 지도상에서 사라진다. 러시아가 이때 확보한 폴란드-리투아니아 연합왕국 영토와 오스만과의 전쟁으로 확보한 지역에는 유대인이 많이 거주하고 있었다. 영토가 늘어나는 데 따라 유대인 숫자도 많이 늘어났다. 제정러시아는 새로 획득한 영토(폴란드, 벨로루스, 우크라이나, 리투아니아 등)에 살던 유대인을 다른 지역으로 옮겨가지 못하게 하고, 이 지역 내에서 유대인들이 거주하도록 한다.[098]

제정러시아 치하에 살게 된 유대인들은 예카테리나 2세(재위 1762~1796) 시절에는 그런대로 지낼 만 했으나, 니콜라이 1세(재위 1825~1855)부터는 힘들게 살아야 했다. 그의 별명 '큰 몽둥이 니콜라이' '유럽의 헌병' 등에서 나타나듯이 니콜라스 1세는 나폴레옹, 오스만, 페르시아와 전쟁도 치르는 등 전쟁과 내란이 빈번해 러시아인은 물론 유대인들에게도 편안한 삶이 어려웠다.

---

096 홍익희, 『유대인 경제사3, 동방무역과 금융업』, 266p. 폴란드와 리투아니아 역사에서 1569~1795년까지는 두 나라가 단일 국가를 형성해, 폴란드왕(王)이 리투아니아 대공(大公)이 됐다. 수도는 크라쿠프, 바르샤바, 빌뉴스 등 3곳이었다. 당시 우크라이나는 리투아니아의 영토였다.

097 유럽인으로서 최초로 브라질 해안에 상륙한 아메리고 베스푸치((1454~1512)는 신대륙 항해에 여러 차례 참여했는데 그가 펴낸 항해기록 '신세계(Mundus Novus, 1503)'는 유럽에서 널리 읽혔으며, 그의 이름을 따서 신대륙은 '아메리카'라고 불렸다. 1502년 포르투갈에서의 종교재판을 피하기위해 일단의 유대인들이 5척의 배에 나눠타고 브라질로 출항했다. 이들이 브라질에 자리 잡은 뒤 유럽을 탈출하는 많은 유대인들이 중남미에 자리를 잡고 대규모 식민지농장(플란테이션)을 세워 담배와 사탕수수 등을 재배해 수출하고 유럽 제품을 신대륙에 판매해 경제적으로 성공한다. 그 뒤 17세기가 되자 이 소문을 들은 스페인과 포르투갈인들이 유럽에서 대거 몰려오고 이어 영국 프랑스 네덜란드인들도 몰려 들어왔다. 이들이 치열한 식민지 쟁탈전을 벌이자, 종교의 자유와 무역을 위해 온 초기 유대인들은 짐을 꾸려 북미의 뉴욕으로 향한다. 1654년 유대인 23명이 브라질에서 뉴욕으로 이주했다. 그 후 1840년대부터 시작된 신대륙으로의 이민은 1890년부터 본격화돼, 독일, 폴란드, 러시아 등지에서 수백만 명의 유대인이 신대륙으로 몰려든다.

098 러시아는 새로 확보한 영토에 살고 있던 유대인들에게 유대인 지정 거주지역(Pale of Settlement)을 떠나지 못하게 했다. 핀란드를 포함한 우랄산맥 서쪽의 러시아 지역으로의 이주를 금지하고 동유럽 지역에 주로 머물게 했으며 유대교에서 개종하지 않으면 대학 진학도 막고 상인조합에서 활동도 금지하고 캅카스, 시베리아, 극동, 중앙아시아 등지로도 이주를 금지했다.

포그롬의 공포 | 러시아 포그롬은 유대인들의 지정 거주지역으로 정해진 도시와 농촌에서 1820년대부터 간간이 발생했지만, 1881~1884년(1차) 그리고 1903~1906년(2차) 등 두 시기에 집중적으로 발생했다. 초기 포그롬 때는 40명 정도가 사망하고 200여 건의 강간 사건 등이 보고돼 있다. 그러나 두 번째 포그롬 때는 피해자가 많아졌다. 1차 포그롬을 겪은 유대인들이 자위를 목적으로 무장을 하고 있었던 관계로 포그롬이 거칠어져, 2,000여 명이 사망하고, 3,000명 가까이가 부상했다. 대표적인 포그롬의 경우를 살펴보자.

1903년 몰도바(Moldova)의 수도 키시나우(Chisinau)[099]에서 반(反)유대인 폭동이 일어난다. 1903년 4월 부활절을 앞둔 키시나우의 한 지역 신문이 두 달 전에 발생해 미궁에 빠진, 6살 난 러시아 어린이 살인사건이 "유대인의 소행일지 모른다"고 보도한다. 다른 신문은 한발 더 나아가 "유대인은 유월절에 먹는 누룩 없는 빵을 만드는데 기독교도 소년의 피를 바른다"[100]고 보도했다. 4월 6일, 키시나우 시민들은 극도의 흥분에 사로잡힌다. 20세기 들어 국가 권력이 주도 또는 방조한 첫 유대인 학살로 기록되는 '키시나우 포그롬(Chisinau Pogrom)'은 이렇게 시작됐다.

이틀간의 반유대인 폭동에서 유대인 49명이 죽고 592명이 다친 데다 가옥 700여 채가 불타고 약탈당했다. 포그롬이 끝나고 나서 진짜 범인이 밝혀졌는데, 그는 소년의 친척이었다. 역사에서 반복되는 일이지만, 진실이 밝혀졌는데도 그에 대한 사회적인 반성이나 개선의 움직임이 없었다. 포그롬 주모자 2명에게 징역 7년과 5년이 선고됐고, 나머지 22명에게는 1~2년의 징역형이 선고됐을 뿐이다. 1903년 4월 28일 자 뉴욕타임스는 그 참상을 이렇게 전했다.

---

099 몰도바(Moldova)공화국은 우크라이나와 루마니아 사이에 위치한 나라로 수도는 루마니아어로 키시나우, 러시아어로는 키시네프(Kishinev)라고 불린다. 현재 인구는 358만 명.(2015년 연합연감) 몰도바는 당시 제정러시아의 영토였다.

100 유월절(逾月節)은 이집트에서 430년간의 노예 생활을 끝낸 유대인들이 탈출한 사건을 기념하는 날로, 유대인의 광복절이라고 할 수 있다(구약 출애굽기 12장). 이 사건은 세실 드밀 감독, 찰턴 헤스톤 주연의 1956년 영화 '십계'에 잘 묘사돼 있다.

포그롬은 1881~1921년 사이 러시아와 동유럽에서 약 1,000여 건이 발생한 유대인 대박해를 말한다. 유대인들은 이를 피해 서유럽과 미국 등으로 대량 이주했다. 사진=위키피디아

"사제(司祭)들이 폭도들을 이끌었고, 사람들은 "유대인을 죽여라"라고 외쳤다. 이 구호는 온 시내를 뒤덮었다. 유대인들은 넋이 나갔고 양(羊)처럼 죽어갔다. 사망자는 120명이고 500명가량이 다쳤다. 이 살육의 현장은 필설로 다할 수가 없을 정도이다. 흥분하고 피에 굶주린 군중들은 유대인 어린이들을 문자 그대로 갈가리 찢었고, 경찰은 이런 만행을 말릴 생각도 없어 보였다. 저녁이 되자 길거리에는 사망자와 부상자들이 쌓여 있었다"(1903.4.28. 뉴욕타임스/wikipedia 재인용)

비슷한 사건이 제정러시아 내에서 반복해서 발생했고, 반유대인 정서는 점점 널리 퍼진다. 유대인들은 이곳저곳에서 포그롬이 계속되는 제정러시아는 '사람 살 곳이 못 된다'고 판단한다. 이들은 영국, 프랑스 등 서유럽으로 이민을 떠난 데 이어, 당시 바람이 일기 시작한 시오니즘(Zionism) 영향으로 팔레스타인 땅으로도 많이 이주했다.

러시아 등 동유럽에서 대량의 유대인들이 몰려들자 영국은 1905년 「유대인이민제한법」을 제정할 정도였다. 그래서 서유럽에 정착할 길이 막힌 유대인들은

다시 신세계, 미국으로 떠난다.

1917년 볼셰비키혁명이 일어나면서 러시아 전체가 큰 혼란에 빠진다. 3년 전에 발생한 1차 세계대전은 계속되고 있어, 수백만 명의 젊은이들이 전선으로 나갔고 돌아오는 것은 죽은 자들 뿐이었다. 나라 안은 혁명을 주도한 볼셰비키들이 득세한 가운데, 그 반대 세력들도 기세를 올리면서 적백(赤白)내전이 벌어졌고, 나라 밖에서는 큰 전쟁이 계속되고 있었다. 유대인들이 많이 거주하고 있는 우크라이나에서는 적군(공산혁명 세력), 백군(제정러시아 지지 세력), 무정부 농민민병대 등 세 개의 무장 세력이 발호하면서 유대인들은 이들 세 세력으로부터 각각 공격을 받아 수십만 명이 학살당한다.

아직 끝난 것이 아니었다. 이 난리판(1918~1922)이 정리되자, 정권을 장악한 볼셰비키들은 러시아 내 유대인들을 위한 자치지역(自治地域)을 정해 주었다. 소련은 시베리아 동쪽 끝 중국 흑룡강성 접경지역인 비로비잔(Birobidzhan)[101]으로 유대인들을 강제 이주하도록 했다. 이 과정에서 혹한과 굶주림, 총살형 등으로 또다시 수만 명의 유대인이 목숨을 잃었다.

이러한 혼란과 피해의 시대를 겪으며 유대인들도 달라졌다. 19세기 말부터 불길이 일기 시작한 팔레스타인 땅에 유대국가를 창설하자는 시오니즘 운동이 거세게 타오른다. 테오도르 헤르츨(T. Herzl)은 금융재벌로 성장한 로스차일드 가(家)와 자수성가한 해외 유대인의 재정적 지원을 바탕으로 유대국가 창설이라는 목표를 위해 영국으로, 독일로, 이스탄불로 종횡무진으로 활동하다가 심장병으로 44살의 젊은 나이로 일찍 생을 마감한다. 시오니즘 운동이 걸음마를 마친 1904년 7월이었다. 시오니스트 운동은 다음 세대들에 의해 더욱 큰 불길로 살아난다.

현대사의 어두운 부분, 유대인의 고난이 최대화된 홀로코스트(Holocaust)는 아

---

101 소련의 극동 유대인 자치주(예브레이스카야자치주)는 1934년에 설치됐다. 유대인들은 옛날부터 살아오던 우크라이나, 벨로루시 등 서부 러시아 지역에 자리 잡고 싶어 했으나, 스탈린은 극동의 변방, 아무르강을 사이에 두고 중국 흑룡강성 건너편의 3만여 ㎢를 지정해 이주하게 했다.

직 오지 않았다. 강대국 영국이 점점 어려워지면서 중동에서 벌인 기막힌 일들을 먼저 알아보자. 불과 100년 전에 있었던 일이다.

5. 100년 전의 약속들

노쇠한 오스만제국

19세기 후반에 본격화된 유대인들의 민족주의, 정치적 시오니즘(Zionism)에 대해 우려하는 아랍 지도자들도 있었지만, 대다수는 큰 위협으로 생각하지 않았다.[102] 팔레스타인 지역을 통치하던 오스만제국(1299~1922)의 장악력은 점차 약해지고 영토도 계속 줄어들고 있었다. 서쪽으로는 합스부르크 왕조의 본거지인 오스트리아 빈까지 진격하면서 전쟁을 벌였으나 실패하면서(1차 1529, 2차 1683), 헝가리(1699)를 비롯해 발칸 일대의 영토를 잃었고, 동쪽으로는 부동항(不凍港)을 찾아 남하하는 러시아와의 계속된 전쟁에서도 패배해 폴란드, 크림반도, 캅카스 일대의 영토도 빼앗겼다.[103]

19세기 접어들면서 500년이 넘은 오스만제국의 병색(病色)이 더욱 짙어졌다. 크림전쟁(1853~1856)을 치렀던 러시아의 니콜라이 1세는 오스만을 향해 "보스포루스의 병자(Sick man of the Bosphorus)"라고 조롱했다. 이길 수 있는 전쟁인

---

102 하심(Hassim) 가문의 후세인은 밸푸어선언(1917.11)을 수용한다고 했고, 아들 파이잘은 시오니스트 대표인 바이츠만(Weizman)과 협정을 통해(1919.1.3) 팔레스타인 지역으로 대규모의 유대인 이주를 허용하고 시오니스트는 시리아 왕국을 건설하려는 파이잘을 각각 인정하기도 했다. 아랍인들의 이러한 태도는 1947년 유엔에서 팔레스타인 분할안이 나왔을 때까지도 크게 변하지 않았다. 유대인들은 팔레스타인의 분할을 수용했지만, 아랍인들은 '범(凡)아랍주의'에 기대를 걸고 이 제안을 거부했다. 그렇지만 범 아랍주의는 현실성이 없었다.

103 이 두 제국은 1568년부터 1918년까지 까지 모두 십여 차례 전쟁을 벌였다. 16세기에 1차례, 17세기에 2차례, 18세기에 4차례, 19세기에 크림전쟁 등 4차례 그리고 1차 세계대전 등으로 흑해와 발칸반도 크림반도 등에서 전쟁을 치렀으나 오스만이 패배하는 경우가 많았다. 그 과정에서 불가리아, 루마니아, 세르비아, 몬테네그로, 그리스 등이 독립하고 발칸반도에서 러시아의 영향력이 점점 커졌다.

데, 영국 프랑스 사르데냐[104] 등이 오스만을 돕는 바람에 패배했으니 화가 날 만도 했겠지만, 당시 오스만은 아주 약세로 전쟁만 하면 패배하고 땅을 빼앗겼다.

오스만의 속주(屬州)[105]였던 이집트에는 나폴레옹 원정(1798) 이후 유럽의 영향력이 더욱 커졌고, 민족적인 자각도 강해졌다. 중동 지역[현재의 사우디아라비아 지역]에서도 토후국[왕국]들이 들어선 이후 메카(Mecca)와 메디나(Medina)가 자신들의 영토에 포함돼 있다며 "이슬람의 종주국은 오스만이 아니라 우리 헤자즈(Hejaz, Hijaz) 왕국"이라고 하는 등 상황은 예전 같지 않았다.

영국은 나폴레옹의 이집트와 시리아 원정 때도 오스만을 도와주고, 크림전쟁에서도 오스만을 편들어 줬다. 그래서 영국은 오스만에 대해서도 상당한 영향력이 있었다. 제정러시아, 우크라이나, 폴란드 등에서 당국의 묵인 아래 공공연히 포그롬(Pogrom)이 자행되면서 유대인들의 탈출(脫出) 행렬이 줄을 잇는다. 이들은 어렵게 믿음의 고향인 가나안 땅에 왔지만, 그 황량함에 질려 다시 짐을 싸서 떠난 사람도 많았다. 1914년 1차 세계대전이 터졌다. 프랑스는 사력을 다해 독일의 침공을 막아내고 있었고, 영국은 지중해 동쪽, 즉 레반트(Levant)[106] 지역과 중동 지역을 맡아 전쟁을 치르고 있었다. 영국은 지난 몇 세기 동안 역내의 크고 작은 전쟁에 간섭해 온 데다, 식민지 획득과 유지를 위한 전쟁을 수행해 오면서 국력이 예전 같지 않았다. 중동에는 1869년 개통된 수에즈(Suez) 운하가 위치해 있고,[107] 1908년 이란에서는 상업성이 있는 대규모 유전(油田)도

---

104 이탈리아의 서쪽 지중해 섬이면서 지역 이름이다. 14세기 아라곤왕국의 지배를 받으면서 스페인의 통치 아래 있었으나, 1720년 사보이아공국이 이 섬을 합병하고 사르데냐왕국이 됐다. 사르데냐왕국은 이후 사보이아공국, 피에몬테공국, 아오스타공국, 니차백국 등을 통합한 뒤 전체 이탈리아의 통일에 성공해 이탈리아왕국이 된다. 사르데냐는 24,000㎢에 166만 명(2017)이 거주한다.

105 황제가 직접 다스리는 지역이 아니고, 상당한 자치권을 가진 총독을 파견해서 다스리는 땅, 로마 시대 때부터 속주(Proconsul) 제도가 있었다.

106 레반트 지역이란 역사적으로 팔레스타인, 시리아, 요르단, 레바논 등이 있는 지중해의 동쪽 지역, 서유럽이 보기에 해가 뜨는 지역을 가리킨다. 레반트는 라틴어로 '떠오르다'라는 뜻을 가진 'levare'에서 왔다.

107 지중해와 홍해를 잇는 운하(運河)는 기원전 이집트 왕국부터 나폴레옹 시절까지 구상되고 실행돼 왔으나 흐지부지됐고, 프랑스인 레셉스에 의해 1869년 11월 개통된다. 유명한 오페라 아이다(Aida)는 수에즈운하 개통을 기념하기 위해 이집트 총독의 요청으로 베르디(Giuseppe Verdi, 1813~1901)가 만든 작품인데, 1871년 12월 카이로 오페라 극장에서 초연됐다.

발견되었다. 또한 식민지 인도로 가는 길목이기도 해, 영국의 국익과 관련이 깊었다.

중동 지역에 대한 영국의 전쟁 수행은 세 가지 방향에서 진행됐다. 우선 강적 독일을 물리치기 위해서는 그 동맹국인 오스만[108]을 무력화시켜야 하는데, 그러기 위해서는 아랍민족들이 오스만에 반기를 들도록 할 필요가 있었다. 또 막대한 전비(戰費) 조달에 어려움을 겪는 영국은 유대인 금융기관들로부터 그 비용을 빌려 쓰고 있었다. 영국은 또 미국을 1차 대전에 끌어들이기 위해서 미국에 영향력을 행사할 수 있는 유대인들을 동원할 필요가 있었다. 영국이 유대인의 금융과 영향력을 얻을 무기는 유대인의 염원인 '유대국가 건설'이라는 미끼가 딱이었다.

마지막으로는 오스만제국이 1차 대전에서 패배해 제국이 해체될 경우, 석유 매장 가능성이 높은 레반트 지역과 중동을 프랑스와 분할하기로 한다. 이 중동 지역 분할은 같은 참전국인 미국에게도 비밀로 했고, 러시아에 귀띔하는 정도[109]로 비밀에 부쳤다. 당시 중동에서는 이란에서 유전이 발견되고 나머지 지역에서는 아직 석유가 나오기 전이었다. 영국은 전쟁 수행과 그 이후의 일까지 염두에 두고 전쟁을 치루고 있었다.

영국은 '대전쟁'(The Great War, 1차 세계대전)에서 승리하기 위해 당시 1등 국가로서 쓸 수 있는 모든 수단을 썼다. 그 수단에는 거짓말, 묵인, 담합 등 '좋지 않은' 방법들도 동원된다. 팔레스타인 영토분쟁도 근본적으로는 영국의 이 옳지 않은 전쟁 수행 때문에 발생한다.

---

108 오스만제국(Ottoman Empire)은 무슬람인 오스만터키(Ottoman Turks)족이 세우고 지배한 나라를 말한다. 오스만제국 안에는 여러 민족이 있었지만, 오스만터키가 지배 민족이다. 오스만제국의 초대 황제는 오스만 1세(1299~1326)로 그의 이름을 따 '오스만제국'이라고 부른다.

109 1차 대전 중 영국과 프랑스가 필요로 하는 석유의 90%를 공급해 주었던 미국은 전쟁이 끝나고 영국과 프랑스가 비밀리에 유전지대인 중동을 나눠 갖기로 한 것을 알고 엄청 실망했다. 그 후 미국은 이란(1908)과 이라크(1927)가 아닌 사우디아라비아에서 유전을 발견해(1938) 석유 이권에 개입하게 된다.

1) 후세인-맥마흔 서한

1차 세계대전이 터지면서(1914.7) 독일과 동맹관계인 오스만도 11월 참전을 결정한다. 오스만제국은 공화정 혁명(1908)을 거치면서 튀르크(Turks) 민족주의가 강하게 일어나고 중동 지역의 아랍민족들과는 점차 갈등 관계를 보인다. 이 틈을 이용해 현재의 사우디아라비아반도의 서쪽 홍해 연안 지역을 지배하고 있던 하심(Hashim) 가문의 후세인 빈 알리(1853~1931)가 1915년 7월 카이로 영국 총독부로 편지를 보낸다.110 후세인 빈 알리는 이 편지에서 '아랍민족이 오스만제국과의 전쟁을 도와줄 의향이 있으니, 영국이 어떤 반대급부를 줄 수 있는지'를 묻는다. 영국으로서는 아주 반가운 편지였다. 해군 위주의 영국은 중동의 사막 지역 전쟁에서 고전하고 있었기 때문이다.

아라비아반도가 사막이라 하지만 하심 가문이 지배하는 서쪽 홍해(紅海) 연안은 농경지도 있고, 무엇보다 오스만이 건설한 철도가 있어서,111 전쟁 수행을 위해 영국은 이 철도를 파괴해 오스만제국의 지배력이나 물류를 약화시키는 일이 급했다. 후세인 빈 알리는 하심 가문(家門)의 지도자이자 이슬람 최고 성지인 메카(Mecca)의 샤리프(Sharif)이면서 이 지역을 지배하는 헤자즈(Hejaz) 왕국의112 통치자였다. 보통 맥마흔선언이라고 부르지만, '후세인-맥마흔 서한'(Hussein-McMahon Correspondence)이라는 말이 가리키듯이, 아랍 지도자 후세인 빈 알

---

110 당시 아라비아반도에는 서쪽에 하심(Hashim) 가문[현 요르단 왕가]과 동쪽의 사우드(Saud)가문[현 사우디아라비아 왕가] 그리고 북부에 라시드(Rashid)가문 등 여러 유력 부족들이 할거하고 있었다. 하심 가문은 선지자 무함마드를 배출한 가문으로 메카와 메디나를 포함한 헤자즈(Hejaz) 지역의 전통 가문으로, 오스만제국이 성립한 뒤에도 하심 가문이 이 지역에서 1900년대 초까지 자치권을 행사했다. 하심 가문은 요르단과 이라크왕국의 국왕을 배출했으나, 이라크는 1958년 왕정이 무너졌다. 라시드 가문은 아라비아반도 북쪽을 다스렸으나, 카심전투(1903~1907)에서 사우드 가문에게 패해 가문이 흩어져 약해졌다.

111 오스만제국은 순례객들의 편의와 해당 지역에 대한 통제력 강화를 위해 시리아의 다마스커스와 헤자즈왕국의 메디나까지 헤자즈철도를 건설했다. 협괘로 건설된 이 철도는 1,320km로 1908년 완공됐고, 메카까지의 연장 공사는 1차 세계대전의 발발로 연기됐다.

112 이슬람 성지인 메카와 메디나가 위치한 아라비아반도 서쪽 홍해 연안 지역으로 하심(Hashim)가(家)가 통치했던(1916~1925) 왕국으로 사우드(Saud) 가가 통치하던 동쪽의 네지드(Nejd) 토후국에 합병됐다가, 1932년 사우디아라비아(Saudi Arabia)왕국으로 통일된다. 이에 따라 하심가는 그 뒤 시리아, 이라크, 요르단 등지로 통치 지역을 옮긴다.

메카의 샤리프 사이드 후세인 빈 알리(왼쪽), 영국의 이집트 주재 최고 행정책임자
헨리 맥마흔 경(오른쪽). 사진=위키피디아

리와 이집트 주재 영국 최고행정책임자 헨리 맥마흔(Henry McMahon)[113] 경이 1915년 7월부터 1916년 3월까지 주고받은 10차례의 편지 내용을 말한다. 맥마흔은 이 편지를 통해 1차 대전에 대한 영국의 대응 전략을 설명하면서, 오스만이 1차 대전에서 패배하고 해체되면, "시리아 서부를 제외한 레반트 지역과 아라비아반도에 아랍민족이 통일국가를 건설하도록 돕는다"는 약속을 하게 된다. 이 약속을 믿고 아랍 측은 후세인의 아들 파이잘(Faisal) 왕자를 중심으로 3만 명이 넘는 군대를 꾸린다. 영국은 이들의 군사 작전을 지원하기 위해 카이로에서 중동 전문가인 로렌스(T.E. Lawrence)를 파견한다. 이들은 '시리아의 알레포(Aleppo)에서 예멘의 아덴(Aden)까지 통일아랍국가를 건설하기 위해' 영국군의 지원 아래 오스만제국에 대한 항전(Arab Revolt, 1916.6 ~1918.10)을 시작해, 시리아의 다마스커스에 입성한다.[114]

---

113 고등판무관(High Commissioner)은 영국 식민지나 보호국(령)의 총독이나 대사 등을 나타내는 고위 관직이다. 당시 이집트의 경우, 오스만제국의 종주권은 인정되나, 1875년 영국의 보호령이 된다. 그래서 맥마흔은 총독과 대사, 두 가지 역할을 겸하고 있었다. 영연방(Commonwealth) 국가들 사이의 외교사절은 대사라는 용어 대신에 고등판무관이라는 말을 사용한다. 지금은 우리말로 '최고 행정책임자'로 옮긴다.

114 후세인 빈 알리의 3남 파이잘은 '아라비아의 로렌스'로 상징되는 영국군과 협력해 1916년 항쟁을 시작해 1918년 10월 1일 시리아의 다마스커스에 입성해 아랍국(Arab State)의 왕이 된다. 토마스 에드워드 로렌스(T.E. Lawrence, 1888~1935)중령은 아랍인의 반란을 성공적으로 지원했으나, 영국과 프랑스 두 나라가 비밀리에 체결한 〈사이크스-피코협정〉으로 통일 아랍왕국 건설을 약속한 자신의 입장이 거짓으로 몰리자, 훈장도 반납하고 은퇴한다. 1962년 데이비드 린이 감독하고 피터 오툴, 안소니 퀸 등이 주연

2) 사이크스-피코 협정

당시 강대국 영국은 아랍 측과의 비밀 서신 교환(1915.7~1916.3)을 통해, 반(反)오스만 항쟁에 대한 그림을 그리면서, 거의 동시에 프랑스와도 비밀 협상을 벌인다(1915.11~1916.3). 이 비밀 협상의 결과물이 「사이크스-피코 협정」(Sykes-Picot Agreement)이다. 협상에 참여한 양국 외교관의 이름을 붙였다.

영국 측 대표, 마크 사이크스(Mark Sykes, 1879~1919)는 중동 전문가로 1차 대전이 발발하자 중령 계급으로 외교부 아랍국(Arab Bureau)에 근무하면서 사이크스-피코 협정과 그 뒤의 밸푸어선언 등에 관여하고, 1919년 1차대전 전후 처리를 위한 파리평화회담에 참여했다가 파리에서 스페인 독감으로 사망한다.

프랑스의 프랑수아 조르주 피코(Francois Georges-Picot, 1870~1951)도 외교관으로 베이루트 주재 프랑스 총영사를 지낸 후 런던 주재 프랑스 대사관에 근무하면서 영국 측의 시이크스와 오스만 붕괴 이후의 중동 문제를 논의하게 된다.

이 협정은 1차 세계대전이 연합국의 승리로 끝나게 되면, 해체되는 오스만제국의 영토 특히 중동 지역을 어떻게 나누어 가질 것인가를 사전 담합한 협정이다. 두 나라는 "현재 아랍 민족들이 거주하고 있는 오스만의 영토에 대해, 영국은 메소포타미아 지역[현재의 이라크]과 요르단을, 프랑스는 시리아와 레바논을, 그리고 러시아는 튀르키예의 동(東)아르메니아를 분할 소유하고, 팔레스타인은 영국과 프랑스 두 나라가 공동으로 관리한다"는 내용이다. 그렇지만 이 협정의 내용은 후세인-맥마흔 서한을 믿고 1차 대전이 끝나면 중동(中東)에 아랍민족의 통일국가 건설의 꿈에 부풀어있는 아랍 민족을 자극할 우려가 있어서 당분간은 비밀로 하기로 했다. 본디 비밀이란 원하지 않은 때 엉뚱한 원인으로 터져 나온다. 이 비밀 협정의 내용은 공산주의 혁명에 성공한 레닌(V. Lenin)이 영국과 프랑스 사이의 '제국주의적인 침략 야욕'을 폭로하는 바람에 세상에 알려지게 됐다.[115] 함께 세계대전을 수행하던 동맹국의 예기치 않은 폭로로 세상에 알

한 〈아라비아의 로렌스〉는 이 과정을 잘 그린 영화이다.
115 이 비밀 협정 내용은 볼셰비키 혁명이 성공한 뒤인 1917년 11월 23일 '이즈베스티아'와 '프라우다' 지에

사이크스-피코협정의 중동 분할 계획. 프랑스는 푸른색 지역을, 영국은 붉은색 지역을 차지하고, 왼쪽 아래의 팔레스타인 지역은 국제관리 지역으로 해 놓았다. 러시아 관할 지역은 지도에 표시는 없지만, 현재의 아르메니아 지역이다. 사진=시사IN

려지게 됐지만, 이 협정은 그 뒤 1920년 산레모(San Lemo)협정으로 추인받고[116] 그대로 시행돼, 중동지역에 '불신의 씨앗'을 뿌리게 됐다.

3) 밸푸어 선언

이제 세 번째 약속을 살펴보자. 「벨푸어선언」(Belfour Declaration)으로 알려진 이 약속은 이스라엘의 건국과 관련된 '3가지의 약속' 가운데서도 가장 직접적인 내용이다.

협정 전문이 보도됐고, 1917년 11월 26일 영국의 '맨체스터 가디언'지에 보도되면서 세상에 알려지게 됐다. 공산혁명에 성공한 볼셰비키 정부는 내부의 반혁명 세력이 너무나 강력해, 1차 세계대전 참전과 병행해, 두 개의 전쟁을 치를 수 없다고 판단하고, 이듬해 독일과 아주 불리한 내용의 협정을 맺고 1차 대전 연합국 진영에서 이탈했다. 이 공백은 미국이 메운다.

116 1차 세계대전이 끝난 뒤 프랑스와 인접한 이탈리아 휴양도시 산레모에서 열린 연합국 최고회의에서 공식으로 인정받고 곧이어 열린 세브르조약(1920.8)으로 굳어진다. 산레모조약은 오스만제국의 강역을 8개로 나눴으나, 중동 지역은 영국과 프랑스 두 나라가 나눠 갖도록 했다. 시리아와 레바논은 프랑스가, 이라크와 요르단 쿠웨이트 등은 영국이 차지했다. 이 결과 "국토를 거의 다 빼앗기게 된 튀르키예는 단결해 그리스와 싸워 이기면서 1923년 로잔회의에서 세브르조약의 무효화에 성공해, 국토를 지켜냈다. 1차 대전 영국과 프랑스가 사용한 석유의 90%를 제공했던 "미국은 아무것도 얻는 것이 없자 배신감에 떨었고, 유대인은 '유대국가 건설'이라는 희망에 젖는다."라는 말이 나왔다.

미국의 참전 | 1914년 시작된 1차 세계대전에 미국이 참전을 결정하기까지 몇 차례 고비가 있었다. 미국은 초기에 이 전쟁을 '유럽전쟁(European War)'이라고 부르면서 먼로주의의 전통에 따라 중립(中立)을 선언하고 남의 전쟁처럼 여겼다.[117] 게다가 재선(再選)을 바라는 윌슨 대통령은 미국의 복잡한 유권자 구성을 고려하지 않을 수 없었다.[118] 19세기 중·후반부터 유럽 이민자들이 미국으로 몰려들었다. 이들 가운데 수백만 명의 아일랜드계(系)와 독일계 이민자들은 미국이 영국과 동맹을 맺는 문제에 대해 반대하는 쪽이었다. 이들은 영국과 사이가 좋지 않은 본국의 영향을 강하게 받고 있었다. 이민자들의 부모가 아일랜드와 독일에 남아있는 경우도 많았다.

또 유대인이나 북유럽 쪽 이민자들은 미국이 러시아를 돕는 데 대해 부정적이었다. 윌슨은 제정러시아의 박해를 피해 미국으로 건너온 수백만 유대인들의 표와 영향력을 의식하지 않을 수 없었다. 그래서 미국은 전쟁 초기 연합국(영국)과 동맹국(독일) 양쪽에 군수물자를 판매하는 등 편들기를 하지 않았다.

해군력이 우세한 영국이 개전 초기 유럽 대륙에 대한 봉쇄 작전을 시작하자, 독일은 잠수함으로 맞섰다. 영국의 3만 톤급 여객선 루시타니아(Lusitania)호가[119] 독일 잠수함의 공격으로 침몰해(1915.5.7), 1,198명이 희생됐다. 피해자 가운데 미국 민간인 피해자가 128명이라고 밝혀질 때부터 미국의 여론은 들끓었다.[120]

---

117 먼로주의(Monroe Doctrine)는 미국 5대 대통령 제임스 먼로(James Monroe, 재임 1817~1825)의 이름을 딴 것으로, 1823년 12월 의회에 보내는 연두교서에서, '미국은 유럽의 일에 간섭하지 않을 테니, 유럽도 남미 등에 새로운 식민지를 만들려 하거나 간섭하지 말라'는 불간섭주의 외교정책을 말한다. 즉, 중남미에 대해서는 미국이 챙길 테니까, 유럽은 간섭하지 말라는 뜻이었다.

118 윌슨(Thomas Woodrow Wilson, 1856~1924, 재임 1913~1921) 미국 28대 대통령. 저명한 정치학 교수 출신인 윌슨 대통령은 프린스턴대학 총장으로 재직할 때 한국 초대 대통령 이승만 박사에게 학위를 수여한 인연이 있다. 이승만 대통령의 박사학위 논문은 〈미국의 영향을 받은 중립(Neutrality as Influenced by the United States, 1912)〉이다. 윌슨은 1차 대전에 중립을 유지하며 우유부단한 모습을 보이다가 재선에 성공하자, 참전으로 입장을 바꾼다.

119 기록에 따라 루시타니아호의 희생자 수가 다르다. 이는 그 3년 전에 발생했던 초호화 여객선 타이타닉(Titanic)호의 희생자 숫자가 제각각인 것과 비슷한 상황이다. 타이타닉호의 경우, 출항지와 중간 기항지에서 타고 내린 승객의 관리가 허술한 데서 희생자 숫자에 차이가 생겼다.

120 29척의 잠수함(U-Boat)으로 전쟁을 시작한 독일은 1차 세계대전 기간 동안 370척의 잠수함을 건조해, 군함과 상선 5,708척(1,100만 톤)을 격침했다. (김명자, "산업혁명으로 세계사를 읽다" 끼치, 231p)

이 사건이 터지자 전전임(前前任) 대통령(1901~1909) 시어도어 루스벨트는 당장 선전포고 해야 한다고 주장했으나 거기까지였다. 독일이 재빨리 사과하면서 고비를 넘겼다.

전쟁 4년째, 조급해진 독일은 잠수함전을 더욱 적극적으로 구사해, 전쟁을 빨리 끝내는 쪽으로 방향을 정했다. 무제한으로 선박을 격침시켜 6개월 후에는 영국을 굴복시킨다는 계획이었다. 미국이 설사 참전을 결단하더라도 미군이 유럽에 도착하기 전에 전쟁을 끝낼 수 있으리라는 계산이었다.[121]

이 와중에 독일은 큰 실수를 한다. 독일은 '멕시코가 빼앗긴 땅을 되찾기 위해 미국과 전쟁을 시작한다면 지원하겠다'면서 '비밀 동맹(同盟)을 맺자'고 하는 암호 전문(電文)을 멕시코 주재 독일대사에게 보냈는데, 이 전보가 영국군에 의해 해독돼 미국 정부에 전달된다(1917.1.16).

이 전보 내용이 언론에 보도되자, 미국이 들끓었다. 미국은 독일의 무제한 잠수함전 재개를 비난하면서 국교를 단절했다(2.3). 재선(再選)에 성공한 윌슨 대통령은 "세계의 민주주의를 안전하게 만들기 위해서"라는 유명한 연설로 국민을 설득했다. 윌슨은 독일에 선전포고하고(4.6) 유럽에 병력을 파견한다.

독일은 미국이 유럽에 병력을 보내더라도 훈련과 부대 편성, 수송 등에 최소 1년이 걸릴 것으로 예상했지만, 최초의 미 지상군은 선전포고 두 달 뒤 프랑스에 상륙한다(6.26). 1918년 초부터는 대규모의 지상군이 유럽 땅을 밟았다. 미국의 참전은 가뭄의 단비가 아니라 윌슨 대통령이 공언한 대로 "모든 전쟁을 끝내기 위한 전쟁"(The war to end all wars)의 효과를 가져왔다.

볼셰비키 혁명에 성공한 러시아는 1918년 3월, 일방적으로 독일과 휴전협정을 맺고, 전쟁에서 발을 뺐다.[122] 볼셰비키 정부는 독일이 아니라, 공산혁명에 반

---

121 독일의 잠수함작전을 지휘한 루덴도르프(Erich Ludendorff, 1865~1937)제독은 독일이 지상전에서는 밀리고 있지만, 잠수함전을 잘 수행하면 종국에는 승산이 있다고 생각했다. 영국이 6개월 내에 항복하고 나면, 미군이 유럽에 빨리 와도 1년은 걸릴 거라고 생각했다.

122 영국 프랑스 등과 함께 연합국 측에 가담했던 러시아는 볼셰비키 공산정권이 성립하고 난 바로 다음날(1917.11.8) 제2차 소비에트대회를 열어, 〈평화에 관한 법령〉을 발표하고 평소의 공약대로 '제국주의자

대하는 반혁명 세력들과의 싸움인 내전(內戰)이 더 급했다. 영국과 프랑스는 러시아 대신 더욱 믿음직한 미국이 참전을 결정했기 때문에 안심한다. 영국은 미국의 참전을 지지하고 이끌어낸 유대인들에게 줄 선물이 필요했다. 벨푸어선언은 이런 배경에서 나왔다.

역사를 바꾼 67개의 단어 ｜ 1917년 11월 2일 영국 아서 벨푸어(Arthur Balfour) 외상은 유대계 금융재벌인 월터 로스차일드(Walter Rothschild)[123]의 자택을 방문해 자신의 서명이 든 편지 한 통을 건넨다. 전쟁비용 조달에 힘들어하던 영국은 유대인의 금융지원[차관]이 절실했다. 시오니스트들은 이 점도 놓치지 않았다. 월터 로스차일드는 그 서한을 런던의 시오니스트 단체에 전달했고(11.8), 영국이 바라던 금융지원은 국내외에서 일사천리로 이루어진다. 영국은 유대인들의 수천 년 염원인 '유대국가의 건설'을 이 서신에 담았다. 벨푸어선언은 단 세 문장, 67개의 단어로 이루어져 있다. 내용은 다음과 같이 아주 간단하다.

> "영국정부는 팔레스타인에 유대인의 민족적 고향을 세우는 것에 대하여 지지를 표하며 이를 성취하는 데 최선의 노력을 기울이는 한편, 팔레스타인에 거주하는 비유대인의 시민적 그리고 종교적인 권한에 대해, 또 타국에 거주하는 유대인의 권한들과 정치적인 상태에 대해 아무런 편견을 갖지 않을 것입니다"

악의 전쟁'에서 발을 빼려고 했다. 1차 대전의 즉각적인 중단(휴전)을 주장한 볼셰비키 정권은 즉각 독일과 협상에 들어가 1918년 3월 8일 독일과 〈브레스트-리토프스크 조약〉을 맺고, 1차 대전에서 빠져나왔다. 적백(赤白)내전이 한창인 상태에서 독일과 전쟁을 계속하다는 볼셰비키 혁명 자체가 무너질 위기를 감지한 정권 측은 아주 불리한 조건의 협정을 맺었다. 러시아는 에스토니아, 라트비아, 리투아니아, 벨라루스, 폴란드, 핀란드 등 77만㎢의 땅을 독일 측에 빼앗겼으며, 전쟁 배상금도 60억 마르크를 물게 됐다. 그러나 1918년 전쟁이 연합국의 승리로 끝나면서 한숨을 돌린 데 이어, 2차 대전에서 승리한 탓에 많은 땅을 되찾게 되고 배상금도 흐지부지된다.

123 월터 로스차일드는 로스차일드가(家)를 창시한 독일계 유대인 마이어 암셀 로스차일드(1744~1812)의 고손자로, 선대로부터 물려받은 막대한 부를 이용해 전쟁 비용이 모자라 고전하던 영국 정부로부터 벨푸어선언을 받아내, '이스라엘의 독립을 돈을 주고 샀다'는 평가를 받는다. 로스차일드가(家)의 재산은 집계가 어렵지만 대략 50조 달러(약 5경 원) 정도로 추산된다. ("세계 최대 부자 로스차일드가 후계자, 투자유치 위해 처음으로 한국방문", 2013.11.6., 조선일보) 1차 대전에서 유대인의 적극적인 지원으로 전쟁에서 패배했다고 생각한 독일은 그 뒤 2차 대전 기간 중 수백만 명의 유럽 지역 유대인을 학살하는데, 이 1차 대전 때의 원한 때문이라는 분석도 있다.

```
                                Foreign Office,
                                November 2nd, 1917.

     Dear Lord Rothschild,
                  I have much pleasure in conveying to you, on
     behalf of His Majesty's Government, the following
     declaration of sympathy with Jewish Zionist aspirations
     which has been submitted to, and approved by, the Cabinet

           His Majesty's Government view with favour the
     establishment in Palestine of a national home for the
     Jewish people, and will use their best endeavours to
     facilitate the achievement of this object, it being
     clearly understood that nothing shall be done which
     may prejudice the civil and religious rights of
     existing non-Jewish communities in Palestine, or the
     rights and political status enjoyed by Jews in any
     other country"

           I should be grateful if you would bring this
     declaration to the knowledge of the Zionist Federation.
```

핵심은 이 서한에 나오는 '민족적 고향(national home)'이라는 단어에 함축돼 있다. 이 서한을 접한 유대인들은 모두 이 말을 정착촌 건설이 아니라 '유대인 국[124]

---

[124] 이스라엘 정부의 정착촌 건설은 멀리는 19세기 후반 또는 20세기 초로 거슬러 올라간다. 시오니스트 운동으로 팔레스타인 지역으로 돌아오는 유대인들은 토지를 구입해 정착촌을 건설하기 시작했다. 1909년 데가니아(Degania) 키부츠(Kibbutz)가 초기 정착촌의 하나로 기록된다. 그러나 지금 유엔이나 국제사회가 문제 삼고 있는 정착촌은 1967년 3차 중동전 이후 이스라엘이 점령한 채 철수를 거부하고 있는 요르단강 서안(웨스트 뱅크 West Bank)과 동예루살렘에 건설하고 있는 정착촌이다. 이스라엘은 1993년 이후 정착촌의 건설을 일시 중단했으나, 2017년부터 다시 건설을 계속하고 있다. 그러나 건국 이후 시나이

가의 건설'로 이해했다.

영국은 맥마흔 서한에서 '시리아 서부를 제외하고' 아랍통일국가를 건설한다는 조항이 들어가 있고 또 사이크스-피코협정에서도 팔레스타인을 국제공동관리지역으로 분류해 놓아 빠져나갈 구멍을 만들었다고 하나, 1차 대전 기간 중 영국은 전형적인 강대국의 이중외교(二重外交)의 진면목을 보여줬다. 영국이 남의 땅을 갖고 2중, 3중으로 매매계약을 맺는 바람에, 중동 문제는 오늘까지도 "세상에서 가장 해결하기 어려운 갈등"(most intractable conflict)이 됐다. 같은 땅에 유대인 국가와 통일아랍국가를 어떻게 건설한다는 말인가?

팔레스타인 교과서는 벨푸어선언을 이렇게 적고 있다. "이 선언은 전 세계에서 가장 기이한 국제문서 중 하나일 것이다. 이 선언의 저자는 원주인이자 땅을 소유할 자격이 있는 팔레스타인의 아랍민족을 희생시켜가며 자기가 소유한 것도 아닌 땅을 소유할 자격이 없는 단체에 넘겼다. 이 때문에 한 나라가 무력에 의해 몰수당하고, 전 민족이 쫓겨나기에 이르렀다. 이는 역사상 전례가 없는 일이다"[125]

지난 2016년, 벨푸어선언 100주년을 앞두고 팔레스타인 측에서는 벨푸어선언의 당사국인 영국정부에 대해 사과를 요구하는 청원운동을 벌였다. 그 몇 해 전인 지난 2002년 당시 잭 스트로 외무장관(노동당)은 이 선언에 대해 "명예롭지 못한 결정"이라고 했고, 2013년 제러미 코빈 의원(노동당)도 "영국의 역사적 과오"라고 한 적이 있으나, 아직까지 영국 정부의 공식 사과는 나온 적이 없다. 영국은 언제쯤 피해자에게 진솔하게 사과할 수 있을까?

반도와 가자 지구에 건설한 정착촌은 2005년 철거했다.
125 최창모 교수, "벨푸어의 67단어 편지, 팔레스타인 재앙의 씨앗이 되다" 2017.11.17, 한국일보

6. "가나안으로 돌아가자"

귀환과 충돌

알리야 시작 │ 유대인은 '유대(Judea)[126] 지역에 사는 사람들'이라는 말로, 전통적으로 이 지역에 오래전부터 살아온 유대민족을 뜻한다. 한자어로는 유태인(猶太人)이다. 유럽 특히 동유럽의 유대인들은 포그롬을 피하고 기세를 떨치는 시오니즘의 영향으로 19세기 후반부터 가나안(Canaan) 땅으로 모이기 시작한다. 유대인의 이산과 유랑을 '디아스포라'라고 했듯이, 유대인의 팔레스타인 귀환은 알리야(Aliyah)[127]라고 한다. 「이사야서」(The Isaiah)는 이렇게 예언했다.

"그때는 주께서 자기 백성의 남은 자들을 다시 데려오실 것이다. 앗수르에서, 애굽에서, 바드로스에서, 구스에서, 누비아에서, 엘람과 시남에서, 하맛과 바

---

[126] 유대(Judea, Judaea)는 넓게는 가나안(Canaan) 지방 전체를 의미하기도 하나 과거 유다왕국이 존재했던 남부 가나안 지방을 가리키는 고대 지명이다. 이스라엘왕국은 BC 931년 무렵에 분열돼 12개 지파 가운데 두 지파(유대지파와 베냐민지파)의 지지로 유다왕국이 세워진다. 유태인(猶太人)이라는 한자도 쓰고 있으나, 일반적으로 원어 쪽을 존중해 유대인이라고 쓴다.

[127] 알리야(Aliyah)는 유대인들이 유월절(踰越節, 유대민족이 이집트에서 노예살이에서 벗어난 출애굽 사건을 기념하는 명절로, 양력 3월 말에서 4월 사이)과 속죄일(贖罪日, Yom Kippur, 모세가 십계명을 받으러 간 사이 타락한 유대민족이 금송아지 등을 만들어 섬기다가, 분노한 모세가 석판을 깨뜨려버리고 자복과 회개로 하나님의 용서를 받고 다시 십계명을 받은 날을 기념하는 날. 히브리력 7월 10일에 해당하는 때로 양력 9~10월에 해당)때마다 전국에서 모여 예루살렘으로 올라가는 것을 뜻하는 말에서 디아스포라(Diaspora, 유랑)에서 벗어나 팔레스타인으로 돌아가는 것을 뜻하는 말로도 쓰인다. 히브리어로 '올라감[上昇]' '이스라엘로 돌아감'을 뜻한다. 구약 이사야서 11장 10절에서 16절까지는 '남은 백성들이 돌아오리라'는 '알리야'에 관한 구절로 해석된다. 이사야서 말고도 에스겔서, 호세아서 등 성경 여러 곳에 이와 관련한 구절들이 산재해 있다.

다의 모든 섬들에서 흩어진 자들을 이스라엘 땅으로 데려오신다. 주께서 세계 단국을 향하여 깃발을 높이 드시고 그 속에 흩어져 사는 사람들을 불러 모으실 것이다. 주께서 흩어진 이스라엘 사람들을 세계의 구석구석에서 불러내어 모으실 것이다" (이사야서 11장, 11~12절)

알리야가 시작될 당시 팔레스타인 지역에 거주하는 유대인은 2만 명 미만이었다. 1878년 팔레스타인 지역의 전체 인구는 44만 명인데 이 가운데 무슬림 38만 명(88%), 유대인 만 4천 명(3%), 기독교인 4만 명(9%)으로 집계됐다.
40년이 지난 뒤인 1917년 벨푸어선언이 나올 무렵의 인구 분포는 달라진다. 팔레스타인 전체 79만 명 가운데, 아랍계 무슬림 65만 명(82%), 유대인 6만 명(7.5%), 기독교 8만 명(10%)으로 나타난다. 무슬림의 비중은 여전히 압도적이지만, 유대인의 비중은 3%에서 7.5%로 두 배 이상 증가한다. 1918년 1차 대전이 끝나면서 이 지역의 지배자가 오스만에서 영국으로 바뀐다.
30년 뒤 팔레스타인에서 영국이 손 들고 물러갈 무렵의 인구는 더욱 큰 변화를 보인다. 1946년 팔레스타인의 전체 인구는 184만 명으로 이 가운데 무슬림은 107만 명(58%), 유대인 59만 명(32%), 기독교인 18만 명(10%)으로, 약 30년 사이에 아랍계 인구는 배(倍) 정도 증가한 데 비해, 유대인은 10배가 늘었다. 이건 자연 증가가 아니라 분명하게 이주(移住) 등 다른 요인 탓이다. 구성비도 아랍계 주민은 88%에서 58%로 줄어들었고, 유대인은 3%에서 32%로 크게 늘었다.

---

128 '앗수르'는 오늘날 시리아 북쪽, '애굽'은 하(下)이집트, '바드로스'는 상(上)이집트, '구스'는 에티오피아, '누비아'는 수단, '엘람'은 이란 서쪽, '시날'은 티그리스와 유프라테스강 사이, '하맛'은 레바논 북쪽 지역, '바다의 모든 섬들'은 지중해상 여러 섬을 각각 말한다.
129 팔레스타인은 오스만제국령 시리아(Ottoman Syria)에서 분리돼, 국제연맹 결의에 의해 영국의 위임통치령(1920~1948)이 된다. 이 기간 중인 1923년 영국은 요단강 동쪽 땅(지금의 요르단)을 '트랜스 요르단'이라는 이름으로 1차 대전 수행을 도와준 하심가(家)에게 입헌군주국 형태로 자치권을 주어서 통치하도록 하다가, 1946년 요르단 하심왕국으로 독립시킨다. 오늘날의 요르단이다.
130 〈울지마 팔세스타인〉, pp 23~24, 홍미정 서정환.

	전체 인구(명)	아랍계 주민	유대인	기독교인 등
1878(오스만제국)	44만 명	38만(88%)	1.4만(3%)	4만(9%)
1917(벨푸어선언)	79만 명	65만(82%)	6만(7.5%)	8만(10%)
1946(위임통치말기)	184만 명	107만(58%)	59만(32%)	18만(10%)

여러 번에 걸친 유대인의 '알리야'는 성공의 길로 접어들지만[131], 오랫동안 살아온 아랍계 팔레스타인인들은 유대인 이주자 증가에 따라 점차 밀려난다. 이스라엘과 팔레스타인 사이에 분쟁의 초기 단계로 농토분쟁이 생긴다. 두 민족 간의 농토분쟁은 시간이 가면서 테러로, 파업으로, 암살로, 자살폭탄 공격으로, 전쟁으로 때로는 평화협상으로 지금까지 여러 모습으로 전개된다.

1890년대 초기 이스라엘 정착촌의 모습. 사진=위키피디아

---

131 유대인의 대규모 이주와 귀향은 오스만제국 치하에서 2차례(1882~1903 그리고 1904~1914) 영국의 위임통치가 행해지던 시기에 3차례(1919~1923, 1924~1929, 1929~1939) 등 모두 5차례에 걸쳐 이루어졌다. 그리고 일부에서는 영국 위임통치 당국이 아랍인의 반발 때문에 유대인 유입 인구를 제한하는 데다 독일에서 인종차별적인 나치당이 집권하면서 더욱 강경해진 박해를 피해 팔레스타인 이주를 희망하는 유대인이 증가하자 유대인 비밀 조직이 알리야에 개입해 선박을 이용해 유대인을 1933~1948 사이에 불법적(illegal)인 방법으로 팔레스타인에 귀향한 일을 '알리야 베트(Aliyah Bet : Secondary Immigration)'라고 따로 분류하기도 한다.

낙관하는 영국 | 1차 세계대전은 1918년 11월에 끝났다. 영국은 아랍인들의 적극적인 전쟁수행에 힘입어 확보한 팔레스타인 지역에 1917년 말부터 '점령 적지 행정부'(OETA, Occupied Enemy Territory Administration)을 설치해 군정(軍政)을 시작한다. 지역의 지배자가 오스만제국에서 영국으로 넘어가는 과도기에 이주 유대인과 토착 아랍인들 사이에서는 주도권을 잡기 위한 격렬한 내부 투쟁이 계속된다.[132]

이주한 유대인들은 우선 사람이 살 수 있는 마을 건설에 들어가면서 보건소와 학교, 도로, 항구도 건설하기 시작한다. 1918년 2월에는 1,000여 명의 유대 청년들이 이집트로 건너가 군사훈련도 받는다. 국외로 추방돼 미국에 머물던 시오니스트 지도자 벤-구리온(David Ben-Gurion)[133] 등 민족 지도자들도 돌아온다.

1차 세계 대전을 마무리하는 평화회의는 파리 교외 베르사이유궁에서 1919년 1월 18일로 예정돼 있었다. 이 회의를 며칠 앞두고 유대인 지도자 바이츠만과[134]

---

132 이주한 유대인과 토착 아랍인은 규모에도 큰 차이가 있었다. 국제연맹은 1922년 7월에 위임통치에 관한 공식결정을 내리지만, 사실상 영국은 위임통치를 그 전에 시작했다. 이 당시의 혼란은 우리나라가 해방 후 미국 군정(1945.8~1948.8)하에서 겪었던 것을 생각해 보면 쉽게 이해된다. 대한민국이 수립되기 전, 소련 군정하의 북쪽은 공산주의자들의 지역으로 일찌감치 정리돼, 공산주의 통치를 견디지 못한 기독교도와 자본가 등은 월남한다. 반면 미군정 하의 38선 이남은 언론과 사상의 자유가 보장되고 있어 우파와 좌파 사이의 주도권 싸움이 극심했다. 이 과정에서 좌파들의 불법 활동 등이 드러나고, 동서 냉전이 격화되면서 미국과 남쪽의 우파 지도자들이 자본주의에 바탕한 자유민주주의로 나라의 방향을 굳힘에 따라, 좌파 인사와 조직들은 지하에서 활동하게 된다. 이렇게 사상적으로 이뤄진 분단은 6.25 전쟁을 겪으면서 이념에 따라 월남(越南)과 월북(越北)이 실행되면서, 민족적으로도 분단된다. 전쟁이 끝난 뒤 북한은 공산주의자들의 땅이 되고 남한은 자유민주주의와 자본주의 신봉자들의 땅이 된다.
133 다비드 벤구리온(1886~1973)은 제정러시아 영토였던 폴란드에서 태어났다. 10대 때부터 시온주의를 지지했으며, 동유럽의 포그롬과 반유대주의에 충격받고 1906년 팔레스타인으로 이주했다. 1차 대전 때 팔레스타인에 거주했으나 연합군에 가담했다는 이유로, 오스만 당국에 의해 국외로 추방됐다가, 미국에서 시오니즘 확산운동에 전념하다가 귀국했다. 건국 후 이스라엘의 초대 총리를 지냈다. 이스라엘은 그의 공적을 기려, 텔아비브 국제공항의 이름을 벤구리온 공항이라고 짓는다.
134 화학을 전공한 하임 바이츠만(1874~1952)은 영국 맨체스터 대학에서 연구하면서 1910년 아세톤(Acetone)을 개발했는데, 이 아세톤은 무연화약의 원료로서 영국이 1차 세계대전에서 승리하는 데 크게 기여한다. 이러한 기여를 인정받아 영국은 시오니스트인 바이츠만을 지원하게 되고, 이스라엘 건국과 초대 대통령 선임에도 지지를 보낸다. 1차 대전에 대해 바이츠만은 "영국의 승리가 시오니즘의 승리"라는 말을 자주 했다. 그의 이름을 딴 이스라엘의 연구소 겸 대학인 바이츠만연구소(Weizmann Institute of Science)는 세계 5대 기초과학연구소로 인정받고 있다.

하임 바이츠만(왼쪽, 시오니스트기구 의장)과 파이잘 왕자(오른쪽, 시리아왕국(1920)과 이라크왕국(1921~1933)의 국왕). 이들은 파리강화회의를 앞두고, 1919년 1월 3일 T.E.로렌스 대령의 통역으로 런던에서 회담을 갖고 몇 가지 합의에 이르렀지만, 합의는 곧 휴지가 된다.
사진=위키피디아

아랍 지도자 파이잘[135]의 회동이 있었다. 이들은 "유대인은 아랍과 그 혈통이 매우 가까워 두 민족 사이에는 갈등이 없다. 원칙적으로 우리는 하나다. 팔레스타인에 어떤 기구를 둘 때는 1917년 11월 영국 정부가 약속한 벨푸어선언의 내용을 충실히 보장하는 선에서 모든 기준이 정해져야 한다"고 하는 합의서에 서명하기도 한다.

이처럼 영국은 팔레스타인 문제가 악화되기 전까지는 유대인과 아랍인들이 서로 한발씩 양보하면서 대화하면 문제가 풀리지 않을까 하는 희망에서 이런 노력을 했지만, 그렇게 해서 풀릴 문제가 아니라는 사실이 점점 명확해진다.

두 민족 간의 대립이 계속되는 가운데, 국제연맹은 요르단강 유역을 영국이 다스리는 위임통치(委任統治)[136]령으로 결정한다(1920.4.25). '영국령 팔레스타

---

135 하심가의 파이잘 1세(1883~1933)는 시리아아랍왕국의 국왕이 됐다가(1920) 시리아가 프랑스의 위임통치령이 되자, 프랑스에 의해 쫓겨난 뒤 이라크왕국의 국왕(1921~1933)이 된다.
136 위임통치는 1차 세계대전 후 구성된 국제연맹(League of Nation, 1920~1946)의 규약에 따라, 전승국인 영국, 프랑스, 일본 등이 패전국인 독일과 터키의 식민지 등에 대해 국제연맹의 위임을 받아 실시한 통

인'(British Mandate for Palestine)이 처음으로 등장했다. 국제연맹은 이어 위임통치 규정을 만들면서, 팔레스타인 땅에 유대인의 국가를 건설한다는 벨푸어선언(1917.11)의 내용은 포함시키고, 아랍인 국가를 건설하게 한다는 맥마흔-후세인 서한(1916)의 약속은 배제했다. '같은 땅에 두 개의 다른 국가'라는 거짓말이 성립될 수는 없는 일이었다.

아랍계 팔레스타인인들은 당연히 영국의 위임통치에 반대하면서 팔레스타인에 민주적인 정부를 수립하자고 요구했지만 허사였다. 인구의 80% 이상이 아랍계인 상황에서 '민주적인 절차'에 따라 다수결로 의회와 정부를 구성하는 것은 시오니즘의 실패를 의미하는 것이고, 유대인의 후원국인 영국과 미국의 입장은 뭐가 되겠는가? 아랍계 팔레스타인인들은 반발하고 양측의 충돌이 시작된다.[137]

유혈 충돌 | 1920년 3월 1일, 갈릴리 호수 북쪽 텔하이(Tel Hai) 마을에서 유혈 충돌이 발생한다. 두 민족 간의 첫 유혈 충돌로 기록된다. 텔하이 마을의 충돌은 베두원족과 연합한 아랍인 자경단(自警團)과 유대인 자경단 간의 무력 충돌로 8명의 유대인과 5명의 아랍인 등 모두 13명이 목숨을 잃는다.

국제연맹의 결정에 따라 영국은 팔레스타인 위임통치령의 초대 최고행정책임자(High Commissioner)로 유대인이자 시오니스트인 허버트 루이스 사무엘(Herbert Louis Samuel, 1870~1963)을 임명했다. 아랍계 주민들은 양측이 대립하는 지역의 최고책임자로 유대인을 임명한 영국의 조치를 이해할 수 없었다. 반면, 유대인들은 유대국가 창설이라는 영국의 약속이 "순조롭게 진행되고 있다"

치 형태를 말하는데, 종래의 '식민지'가 시대의 흐름에 따라 변형된 형태이다. 위임통치는 2차 세계대전 이후 생긴 유엔(United Nations)에서는 '신탁통치'로 이름을 달리한다.

137 팔레스타인 거주 아랍인들이 민주적인 정부 구성을 요구한 데 대해 유대인들이 이를 반대한 것은 해방 이후 한반도에서 일어났던 일을 떠올리게 한다. 당시 북한은 남북한 동시선거를 유엔이 결의(1947.11.141)하자 , 유엔대표단의 입북을 거부하고(1948.1.22), 이어서 좌파들은 남한만의 단독 선거도 무산시키기위해 여러 가지 방해공작과 투쟁을 이어갔다. 인구가 반(半) 밖에 되지 않는 상황에서의 인구 비례에 따른 민주적인 선거로서는 자신들이 원하는 '공산주의 조선'의 건설이 불가능하다고 판단했기 때문이다.

는 좋은 신호로 받아들인다.[138]

이듬해, 1921년 5월 1일 노동절 저녁, 텔 아비브 남쪽 욥바(Jaffa). 유대인 공산당(The Jewish Communist Party) 당원들이 욥바에서 텔아비브까지 3㎞ 거리에서 가두 시위를 벌인다. 이들은 아랍어와 이디시어[139]로 된 "위임통치 영국을 몰아내고, '소비에트 팔레스타인' 정부를 건설하자"는 전단지를 나눠주면서 행진했다. 같은 시각 비슷한 계열의 노동단결당(The Labor Unity) 당원들도 가두 시위를 시작했다. 이들도 텔 아비브로 향하고 있었다.

라이벌 정당원들 사이에서 시비와 패싸움이 벌어졌고, 경찰은 이들의 충돌을 말렸다. 구경 나온 아랍인들도 경찰을 도와 시위대 간의 싸움을 말렸다. 그런데 이 과정에서 "아랍인들이 유대인들로부터 공격받고 있다"는 잘못된 소문이 퍼졌고, 분노한 아랍인들이 칼과 쇠뭉치를 들고 일부는 권총을 챙겨 들고 현장으로 뛰쳐나왔다. 평소 유대인들의 득세에 감정이 많이 상했던 아랍계 주민들은 눈앞의 유대인들을 공격하고 유대인 가게나 가옥을 파괴했다. 또 유대인 이주자를 위한 협회 사무실도 공격했다.

유대인들도 나름으로 반격했다. 이 싸움은 인근 지역으로 확산되면서 며칠이나 계속됐고, 이 사태를 진압하기 위해 영국위임통치 당국(정부)은 공군기를 동원하고 카이로에 정박해 있던 구축함 3척을 욥바와 하이파(Haifa)로 파견하는 등 크게 긴장했다. 이 싸움에서 47명의 유대인과 48명의 아랍계 주민들이 사망했고, 219명이 부상했다. 영국의 의도와는 달리 두 민족 간의 생각은 크게 달랐다.

토지 취득 | 이러한 충돌의 근저에는 이주 유대인들의 토지 취득 문제가 도사

---

138 Jewish Virtual Library에서 인용. 허버트 루이스 사무엘(Herbert Louis Samuel)은 1920년 6월부터 5년간 최고행정책임자를 지낸다.
139 이디시어는 독일계 유대인인 아슈케나즈(Aschkenasim) 유대인들이 쓰던 말이다. 고지(高地)독일어를 바탕으로 한 방언에 히브리어, 유대 아람어, 슬라브어 등이 섞여서 된 언어로 9세기경 중부 유럽에서 발생했으며, 문자는 히브리 문자를 쓴다. 약 300만 명의 언어 인구가 있다. 유럽 내륙지방과 그곳에서 미국으로 이주한 유대인들이 사용했다.

리고 있었다. 이주 유대인들의 정착을 위해서는 토지 취득이 아주 중요했는데 시오니스트 지원단체는 아랍인 지주들로부터 땅을 사들일 때 부르는 대로 값을 쳐주었다. 세계시오니스트기구(WZO)가 이미 1901년 유대민족기금(Jewish National Fund)을 만들어서 준비하고 있었기에 가능했다.

유대인 이주가 늘어날수록 아랍계 소작인과 농민들은 살던 지역에서 쫓겨나서 도시 빈민이 되고, 땅값은 올라갔다. 전통 아랍사회에서 경작과 소작이 끊어진다는 것은 지역을 중심으로 이루어졌던 인간관계가 단절되고 그들 간의 문화와 전통에서 배제되는 끔찍한 일이다. 1929년 8월, 유대인 극우 청년단체가 성지 예루살렘의 서쪽벽[통곡의 벽] 앞에서 반(反)아랍 시위를 벌이면서 "이 서쪽벽은 유대인 소유"라고 주장했다. 이 소식에 가만히 있을 아랍인들이 아니다. 아랍인들이 주변의 유대인들을 공격해 헤브론(Hebron)에서는 유대인 60여 명이 사망하고 50여 명이 다치고, 사파드(Safad)에서도 20여 명이 살해된다. 이에 영국 당국은 아랍인들을 잔인하게 진압한다. 이 충돌의 결과, 유대인 133명이 사망하고 339명이 부상하고 아랍인도 116명이 사망하고 232명이 부상한다.

이 사건에 대한 영국 정부의 조사보고서는[140] '영국의 친(親)시오니스트 정책으로 인해 아랍인들의 실망감이 커지고 있다'고 지적하고 '위임통치 규약에서 벨푸어선언의 이행을 빼고, 유대인의 이주와 토지구매를 제한할 것을 제안'했다.

이 정도 보고서도 1922년 이집트가 독립하고 1930년 이라크에 대한 위임통치가 종료되는 등 아랍 세계에서 반(反)영국 아랍민족주의가 점차 커지고 있는 현실을 반영해서 나왔다.

이런 과정을 거치면서 유대인 인구와 소유 토지는 크게 늘어난다. 1930년 유대인 소유 토지는 125만 두남[141]이 되고 인구도 1933년 25만 명에서 1939년 50

140　두 민족 간의 충돌이 도를 넘자 영국 정부는 1930년 쇼위원회(Shaw Commission)를 구성했다. 저명한 법관인 월터 쇼(1863~1937) 경이 주도한 이 위원회의 본래 이름은 '1929년 8월의 팔레스타인 소요 조사위원회'(Commission on the Palestine Disturbances of August, 1929)이다.

141　두남(Dunam)은 이스라엘의 토지면적 단위로, 1 두남은 1,000평방미터(1/4 에이커, 330평 정도)이다. (최창모, 이스라엘사, 대한교과서주식회사, 1994, 273p)

만 명으로 증가한다. 또 기업도 1935년 팔레스타인의 1,212개 공장 가운데 872개가 유대인들의 소유였다. 아랍계 팔레스타인 주민들의 입지가 점점 궁색해지고 빈곤의 그림자가 드리운다.

1936, 아랍계 총파업 | 영국위임통치 당국과 막대한 자본을 배경으로 계속 세력과 지역을 확대해 오는 유대인들에 대항하는 길은 안타깝게도 아랍계 주민들의 무장투쟁으로 이어진다. 생각해 보라. 지금도 이스라엘의 막강한 군사력에 맞서 돌멩이와 화염병을 던지고 있는데, 그 당시라고 상황이 좋았을 것인가? 진실로, 테러는 최후의 이성인가?

아랍계 주민들은 1933년 하이파(Haifa) 지역에서 무장단체를 결성해 유대인과 영국군에 대한 테러에 나선다.[142] 아랍 민족주의 진영의 유대인에 대한 투쟁이 비조직적이고 온건한 데 비해 「이즈 알-딘 알-까쌈」의 투쟁은 단 2년에 그쳤지만 큰 영향을 끼친다. 이에 아랍인들은 고조된 민족주의의 열기를 바탕으로 아랍고위위원회(Arab Higher Committee)[143]를 구성하고 1936년 5월 유대인의 이주를 반대하는 총파업과 함께 전국적인 시위에 나선다. 이들은 유대인 이주 중단, 유대인에 대한 토지 매매 중단,[144] 민주적인 정부 구성 등을 요구했다.

그러나 영국 정부는 7월 계엄령을 선포하고, 지도부에 대한 체포, 추방, 투옥 등에 나서, 파업은 다섯 달만인 10월에 중단된다. 지도부는 파업을 풀었지만, 아랍 민중들의 투쟁은 이후 3년간이나 계속됐고 큰 피해를 냈다.

공군기까지 동원한 영국군의 무력 진압과 수백 동의 가옥 파괴 등으로 5천여

---

142 이 게릴라 조직을 이끌던 이즈 알-딘 알-까쌈(Izz al-Din al-Qassam, 1882~1935)은 베이루트 출생으로 이집트 알-아자르대학을 마치고 시리아, 리비아 등에서 반제국주의 투쟁을 한 뒤 팔레스타인으로 돌아와 무장투쟁을 지휘한다. 그는 영국인 경찰관을 살해한 혐의로 영국군의 추격을 받다가 1935년 11월 20일 사살된다. 1987년 결성된 이슬람무장단체 하마스(Hamas)는 그의 이름을 딴 '이스 알-딘 알-까쌈 여단'이란 군사조직을 운영하고 있다.

143 아랍고위위원회는 영국 위임통치 시절 아랍인들을 대표해 영국 통치 당국과 대화와 투쟁을 주도한 대표적인 정치조직이다. 1936년 4월 9명으로 구성됐으며 1년 뒤인 1937년 9월 영국에 의해 해산된다.

144 당시 팔레스타인에는 부재지주(不在地主)들이 많았다. 예를 들어 압둘 라흐만 파샤(Abdul Rahman Pasha)는 다마스커스에 거주하면서 팔레스타인에 20만 두남(6,600만 평)의 토지를 보유한 기록이 있다. 이들은 아랍인 소작농을 고용해 농사를 지었는데, 토지가 매각되면 이들 소작농들은 곧바로 빈민으로 전락했다.

명의 아랍인이 사망하고 부상했다. 당시 아랍인 인구가 100만 명 정도였는데 사망하고 다치고 투옥되고 또 외국으로 떠나는 아랍계가 10%에 이를 정도로 아랍인 공동체는 큰 피해를 입었다. 이러한 피해는 2차 세계대전이 끝나고 이스라엘이 건국되고 1차 중동전쟁(1948.5.15~1949.3.10)이 발생할 때까지 아랍인들이 별 힘을 쓰지 못하는 결과를 가져온다. 반면에 유대인들은 군사 면에서 또 경제력 측면에서 많은 발전을 이룬다.

영국, 분할안 제시 | 아랍인 대봉기(Great Palestinian Revolt, 1936~1939)는 무력으로 진압했지만 영국은 아랍계 주민들의 불만이나 요구를 무한정 무시할 수 없었다. 독일에서 히틀러가 집권한 뒤 전쟁을 준비하는 징후가 점차 명백해지는 등 세계 기류가 바뀌고 있었기 때문이다. 중동은 그때까지도 영국에게는 큰 이해가 걸린 지역이었다.

영국은 원로 정치인 필(Lord Robert Peel)경을 위원장으로 하는 필위원회(Palestine Royal Commission, 약칭 Peel Commission)[145]를 구성해 현장 조사를 거쳐, 팔레스타인을 유대인 지역과 아랍인 지역으로 분할하는 안을 제시했다. 아랍 측은 이 분할안에 강력하게 반대한다. 아랍인들은 팔레스타인 땅에 유대인 국가가 창설된다는 사실 자체를 받아들이기 어려운 데다가 유대인 지역으로 지정된 북서쪽 땅에 사는 20만 명가량의 아랍인들의 이주 문제를 해결하기 어렵고 또 서부 해안의 농경지를 잃는다는 점 등을 들었다.

시오니스트들은 이 제안을 놓고 팔레스타인은 물론 지금의 요르단을 포함하는 지역에 광대한 유대인 국가가 창설돼야 한다는 이상론자와 처음에는 작게 하더라도 나중에 나머지 지역을 빼앗으면 된다는 현실론자로 갈려 논쟁을 벌였다.

영국은 아랍인 대 봉기가 끝날 무렵 또 다른 기회를 만든다. 1939년 2~3월 영국은 아랍인과 유대인 대표에게 하나의 나라에서 두 민족이 사이좋게 사는, 「2

145　영국은 1936년 11월 '필(Peel)위원회'를 구성해 현지로 파견해 팔레스타인의 불안정한 상황을 조사했다. 필 위원회가 활동하는 동안 시오니스트 측에서는 회의실에 몰래 마이크와 카메라를 설치해 대화를 엿듣는 것은 물론 벤구리온은 서류까지도 엿볼 수 있었다는 사실이 1987년 폭로됐다.

민족 1국가」안을 제시하나, 이 제안 역시 양측으로부터 거부당한다.[146] 이어 영국 정부는 『1939년 팔레스타인 문제 백서』(British White Paper of 1939)를 발표한다. 이 백서(白書)의 주요 내용은 다음 4가지 항목이다.

①10년 안에 팔레스타인 독립국가를 탄생시킨다 ②아랍인과 유대인은 서로의 이익을 보호할 수 있도록 정부에 함께 참여한다. ③앞으로 5년 동안 팔레스타인으로의 유대인 이주는 75,000명으로 제한하며, 5년 후 아랍인들이 거부하면

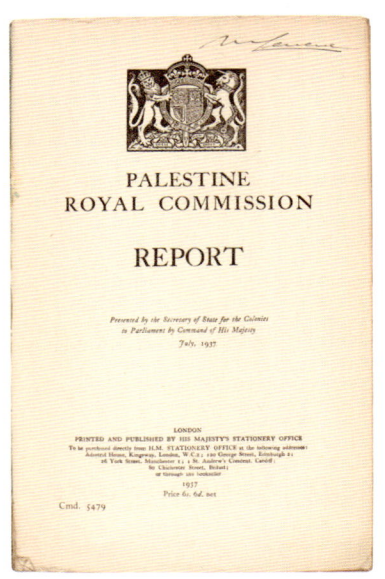

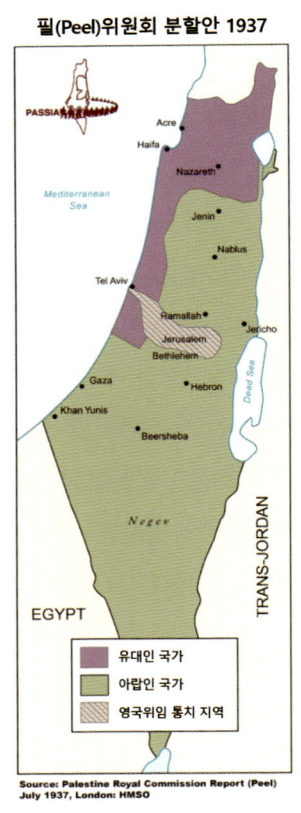

영국 필위원회 보고서와 팔레스타인 분할안. 팔레스타인에 대한 최초의 분할안이다. 북서쪽 지역은 유대인 국가를, 남동쪽은 아랍인 국가를 세우도록 하고, 예루살렘과 텔아비브 일대는 영국의 위임통치를 받도록 했다. 사진= 위키피디아

---

146 런던회의(London Conference), 일명 성제임스궁회의(St.James Palace Conference)는 1939년 2월에서 3월 사이 영국, 아랍, 유대인 등 3자 사이에 열렸는데, 이 회의에서 영국은 2민족 1국가안을 제시했으나, 거부당한다. 이후 1939년 5월 영국은 팔레스타인 문제에 관한 영국 정부의 백서를 발표한다.

추가 이민을 받아들이지 않고, 영국정부는 유대인의 불법 이민을 감시한다. ④ 유대인에 대한 아랍인의 토지 매매를 제한한다.

영국이 이렇게 벨푸어선언을 거의 뒤집는 수준으로 백서를 낸 것은 중동 전역에서 반(反)영국 아랍민족주의가 강해지고 있는 데다가 아랍인들이 전쟁을 준비 중인 독일과 밀착하려는 움직임을 보이는 등 중동 정세가 심상치 않게 돌아갔기 때문이다.[147]

거기다가 중동에서는 1908년 이란에 이어 1927년 이라크, 1938년 사우디아라비아와 쿠웨이트 등에서 유전(油田)이 발견되면서 전략적 중요성이 커졌다. 중동에서 원유 공급이 끊기면 영국은 꼼짝도 못 한다. 게다가 독일이 1939년 3월 체코를 침공하는 등 큰 전쟁(2차 세계대전)의 징후를 감지한 영국은 중동 지역의 안정이 다급했다.

유대인, 미국과 손잡다

영국을 버리다 | 그렇다고 목표를 수정할 유대인들이 아니었다. 지난 수십 년간 영국을 등에 업고 시오니즘을 실현해 왔는데, 이제는 큰 틀에서 독일에 맞서는 영국을 지원하기는 하되, 팔레스타인에서는 영국위임통치 당국을 공격하고 축출해야 한다는 결론에 이르게 된다.

더 나아가 유대인들은 유대국가 창설의 후원국을 영국에서 미국(美國)으로 바꾼다. 1차 대전 이후 영국은 계속 쇠퇴의 길을 걸어왔지만, 미국은 최강의 국력을 보이고 있었다. 19세기 후반부터 미국으로 이민 간 유대인들이 이제는 뿌리를 내려 유대국가 창설의 경제적 지원이 대부분 미국에서 이뤄지고 있었다. 그러니까 영국 위임통치 당국을 공격하고 또 주변 아랍인들의 공격에 대응하기 위

---

147 팔레스타인 아랍인 지도자인 아민 알 후세이니(1897~1974)는 독일이 영국 프랑스 등 제국주의 국가들과 궤를 달리하고 또 반(反)유대주의를 주장하는 데 공감해, 독일을 지지했다. 1941년 10월에는 독일을 방문해 리벤트로프 외무장관과 히틀러를 만나, 반유대주의를 적극 지지한다고 밝히고, 아랍인들로 구성된 지원군을 모병하기도 했다.

한 준(準)무장 세력을 유지·확대하고 이들에게 무기를 공급하는 일들이 모두 미국 내 유대인들의 후원 아래 진행된다.

시오니즘의 스폰서 국가가 바뀐 것을 상징적으로 보여준 장면이 2차 대전 중 뉴욕 빌트모어(Biltmore)호텔에서 열린 세계시오니스트대회다(1942.5). 2차 세계대전의 발발로 유럽에서 회의를 갖지 못하게 된 유대인은 뉴욕에서 대회를 열고 새로운 결의를 다진다. 세계 16개국에서 모인 600여 명의 시오니스트 대표들은 엿새 동안의 회의를 마치고 영국과의 단절을 발표한다. 소위 「빌트모어 강령」(Biltmore Program)의 채택이다.

이 강령은 ①영국은 벨푸어선언을 이행하라. ②영국 정부의 '1939년 백서'를 파기한다. ③팔레스타인 전역에 유대인국가를 창설한다. ④유대인 군대를 창설한다. ⑤팔레스타인 지역에서 유대인을 대변할 준정부 기구 유대인협회(Jewish Agency)를 설치하고, 이 기구 관리하에 무제한 이주를 허용한다를 주요 내용으로 하고 있다.

이 강령은 이후 유대인의 공식적인 행동 지침이 되고, 미국은 국제시오니즘 운동의 중심지가 됐다. 유대인들은 영국이 1939년 백서(白書)에서 밝힌 정책 방향을 깡그리 무시했다. 영국 정부의 유대인 일방주의에 불만을 품고 일으키는 아랍계 선주민들의 테러와 파업 등을 그냥 보고 있을 유대인들이 아니었다. 팔레스타인에는 영국 군인과 경찰이 주둔하고 있었고 유대인들은 겉으로는 협조적인 자세를 취했지만, 영국의 조치가 미흡하다고 여겨지면, 자체적으로 방어와 보복에 나섰다.

유대인 무장조직 | 1, 2차 알리야(Aliyah)가 진행되면서 이주민들이 몰려오자 선주민인 아랍계 팔레스타인인들은 낯선 반응을 보였다. 유대인들은 이들의 적대적인 행동으로부터 이주민과 농장(Yishuv)을 보호하기 위한 조직의 필요성을 느꼈다. 이들은 우선 1907년 회비를 받고 정착지를 지키는 수준의 자경단(自警團)을 구성한다. 1차 유대-로마전쟁 지도자의 이름을 딴 자경단 '바르 기오

라'(Bar Giora)는 이주자가 늘어나면서, '하쇼머'(Hashomer, '감시자')로 이름을 바꾸고 조직도 늘렸다(1909.4).

1차 대전이 끝날 때까지 절도나 강도 같은 범죄로부터 유대인을 보호하는 수준에 머물던 자경단 활동은 1920년대 접어들면서 아랍계 주민들의 폭동 등 공격적인 행동에 대응하기 위해 전국적 지하조직 하가나(Haganah)의 창설로 이어진다. 이 과정에서 유대인들은 하가나와는 별도로 준군사단체인 이르군(Irgun)과 스턴갱 등 아주 공격적인 조직도 가동했다.[148] 1936~1939 사이 아랍인 대 봉기 이후 이들은 폴란드 내 유대인들의 도움으로 소총과 기관총, 탄약과 수류탄 등으로 무장을 강화했다. 이르군과 스턴갱은 '1939년 백서' 등을 발표하면서 아랍인 챙기기에 나선 영국 위임통치 당국과 맞선다.

유대인, 영국 공격 | 1945년 5월, 유럽에서 전쟁이 끝났다. 전쟁 기간 중 유대인은 엄청난 피해를 입었다. 팔레스타인에 대한 영국의 위임통치는 이스라엘이 건국되는 1948년 5월까지 계속된다. 이제 독일이 패망했기 때문에 유대인이 영국의 대(對)독일 전쟁을 지원할 의무가 사라진다. 이제는 팔레스타인에서 영국군을 몰아내고, 유대인 국가를 세우는 일만 남았다. 영국 위임통치 당국에 대한 유대인의 공격은 테러, 암살 등 다양한 형태로 이어진다.

1944년 11월 6일, 카이로에서 영국 중동 주재 국무장관인 모인(Walter Edward Guinness, Lord Moyne) 경(卿)이 퇴근길 관저 앞에서 2명의 스턴갱 요원에 의해 암살된다. 이들은 "모인 장관의 팔레스타인 정책에 불만을 품었다"고 재판 과정에서 말했다.

1946년 6월, 영국위임통치 당국은 10만여 명의 군경을 동원해 테러를 일삼고

---

148 이르군은 '이스라엘민족군사기구'(Irgun Zvai Leumi)라는 뜻이다. 1931년 트랜스요르단을 포함한 전체 팔레스타인 지역에 유대인국가 건설을 목표로 창설된다. 위임통치 시절 영국군과 아랍인들에 대한 테러를 자행하고, 1948년 데이르야신(Deir Yassin) 마을 학살 사건을 주도한다. 스턴갱(Stern Gang)은 '레히'(Lehi, '이스라엘 자유전사'), 'Stern Group'이라는 별칭을 갖고 있으며, 1940년에서 1948년 사이에 활동했다. 아브라함 스턴에 의해 창설된 테러 조직이다. 이들은 나치의 학살을 피해 팔레스타인으로 이주하는 유대인의 이주를 영국이 막고 있기 때문에 영국이 이스라엘의 주적(主敵)이라고 선언하고, 영국을 상대로 테러를 벌인다. 창설자 아브라함 스턴은 1942년 영국 경찰에 의해 사살된다.

영국 위임통치정부 청사로 사용되는 예루살렘 시내 킹데이비드호텔 폭파사건을 보도한 신문기사, 1946.7.22. 사진=위키피디아

아랍인들과 잦은 충돌을 일으키는 유대인 무장 조직을 단속하기 위해 유대인 정착촌을 포위해 테러 용의자 등 3,000여 명을 팔레스타인 전역에서 체포하고 상당량의 무기를 압수했다. 영국은 이를 아가사 작전(Operation Agatha)이라 했다. 한 달 뒤(1946.7.22), 유대인들은 '아가사'에 대한 보복 공격에 나선다. 이르군은 영국위임통치정부와 군사령부의 청사로 사용되던 예루살렘 시내 킹 데이비드(King David) 호텔을 폭파한다. 91명이 사망한다.[149]

또 1947년 3월 1일, 이르군과 스턴갱 대원들은 예루살렘에 있는 영국군 장교 클럽을 폭파한 뒤, 교전을 벌여 영국군 20명을 사살한다.

팔레스타인에 파견되는 영국 군인들은 처음에는 유대인에 대한 동정적인 시각을 갖고 현지에 간다. 2차 대전 중이었던 홀로코스트에 대한 죄책감 때문이다. 하지만 막상 현지에 도착해서 유대인들이 영국군에 대해 테러활동을 멈추지 않는 것을 보고는 반(反)유대, 친(親)아랍적인 시각으로 바뀐다.

---

[149] 이르군의 폭파 공격으로 영국인 28명, 아랍인 41명, 유대인 17명 등 91명이 사망하고 45명이 부상했다. 이르군의 당시 책임자는 훗날 이스라엘의 총리가 된 메나헴 베긴이었다.

영국 당국에 대한 유대인 측의 공격적인 행동은 쉽이 없다. 1947년 4월 19일 영국은 범죄단체 조직 혐의로 이르군 대원 4명을 아크레(Acre)교도소에서 교수형에 처한다.[150] 2주 뒤인 5월 4일, 이르군은 아크레 교도소를 폭파하고 수감 중인 이르군 대원 27명과 아랍인 수형자 214명을 탈출시킨다.

석 달 뒤인 1947년 7월, 아크레 교도소 폭파·탈출 사건에 가담했던 이르군 대원 가운데 현장에서 체포된 대원 3명이 불법 무기 소지와 고의살인 등의 혐의로 사형을 선고받았다. 이르군은 수감 중인 대원 3명을 구출하기 위해, 영국군 정보요원 2명을 납치해 인질로 잡고 "이르군 대원 3명을 처형하면, 인질로 잡고 있는 영국군 2명을 처형하겠다"고 위협했으나, 이르군 대원은 절차대로 교수형에 처해졌고, 영국군 정보요원 2명도 보복으로 살해됐다. 더구나 이르군은 이들 영국군을 처형한 나무 근처에 부비트랩(booby trap)까지 설치해 놓아, 시신을 수습하던 영국군 장교가 부상을 당하기도 했다. 영국군이 고개를 절레절레 흔들만했다.

UN으로 이관 | 이제 영국도 지쳤다. 19세기 말부터 유대인에 대해 호의적인 정책을 세우고 후원해 왔지만, 비등하는 아랍민족주의에 대처하기 위해 영국 정부가 입장을 선회하자 시오니스트들이 안면을 싹 바꿨다. 영국은 한계를 느끼고 이제 손을 뗄 때가 왔다고 생각하고 유엔으로 이 문제를 넘긴다.

영국은 팔레스타인 위임통치권을 1947년 2월 반납하고, 팔레스타인 문제의 해결을 새로 창설된 국제연합(UN)으로 넘겼다.[151] 유엔은 11개 국가로 구성된 '유엔 팔레스타인특별위원회'(UN Special Committee on Palestine, UNSCOP)를 설치해, 영국 대신 이 문제를 다루기 시작했다.

---

150 아크레는 이스라엘 북부에 있는 도시인데, 아크레 교도소는 12세기 십자군전쟁 당시 건축된 고성을 고쳐서 수용시설로 사용하고 있었다. 이르군은 이 성벽을 폭파한 구멍으로 수감자들을 탈출시켰다.

151 UN은 1947년 5월 15일 팔레스타인특별위원회UNSCOP)를 구성하고, 정리에 착수해, 11월 29일, 팔레스타인에 유대인과 아랍인 등 두 개의 국가를 48년 9월 말까지 건설하도록 하는 분할안이 총회 결의안으로 나왔다. 유대인 측은 이를 받아들인 반면 아랍 측에서는 반대했다. 팔레스타인 문제가 UN으로 이관된 1947년 9월 무렵 한반도 문제도 UN으로 넘겨진다. 당시 유엔은 이런 방식으로 문제 지역의 현안들을 처리해 왔음을 볼 수 있다.

유대인 무장 조직에 의해 살해당한 두 명의 영국군 정보요원, 1947. 사진=구글

팔레스타인특별위원회(UNSCOP)는 '팔레스타인 지역을 아랍인과 유대인 지구로 분할(分割)한다'는 다수 안과 '아랍인과 유대인을 포괄해 연방(聯邦)제 국가를 창설한다'는 소수 안 등 두 가지를 총회에 제출했다. 1947년 11월 29일 제2차 유엔총회에서 '팔레스타인 분할안'이 통과된다. 이 결의안은 찬성 33, 반대 13, 기권 10으로 통과됐다. 영국은 기권했다. 그 대신 새로운 후원국 미국이 적극적으로 개입했다. 아랍의 반미(反美)가 싹튼다.

팔레스타인 분할안(UN Partition Plan for Palestine), 유엔총회 결의안 181호(UN General Assembly Resolution, 181)는 팔레스타인 지역을 유대인 국가, 아랍인 국가, 예루살렘 등 세 지역으로 나누는 계획을 말한다. 팔레스타인 분할안은 유대인에게는 오랜 꿈이 이루어지는 과정이지만, 아랍인들에게는 악몽이다. 분할안은 팔레스타인(26,323㎢)을 유대인 구역 56%, 아랍인 구역 43%로 나누고, 예루살렘(0.65%)을 유엔 관할 특별지역으로 나누는 안으로, 이스라엘은 찬성했고, 아랍 측은 맹렬하게 반대했다.

그도 그럴 것이 당시 아랍계 팔레스타인인이 87.5%의 땅을 소유하고 있었는데 반해 유대인은 고작 6.6%를 소유하고 나머지 5.9%는 공유지(公有地)였다. 인구도 아랍인은 2백만 명이 넘었지만, 유대인은 80만 명에 불과했기 때문이다. 또 유대인 구역은 올리브농장과 곡창지대의 80%를 포함했으며, 아랍인 기업체의

40%가 유대인에게 배정됐다. 토지 소유나 인구 등 어느 기준에도 맞지 않는 것이었고, 누가 봐도 유대인에게 일방적으로 유리한 결정이었다. 이 결의안은 또 양측이 각각의 지역에 1948년 9월 말까지 새 국가를 건설하도록 했다.

이 결의안이 통과되자 유대인들은 아랍인들의 반대와 저항에도 불구하고 즉각 자신들에게 할당된 지역의 확보에 들어간다. 말이 확보(確保)지, 자신들에게 할당된 지역에 사는 아랍계 팔레스타인 주민을 몰아내는 작전이었다. 나라를 세운다면서 오래 터 잡고 살아온 아랍계 주민들을 내쫓는 일은 과연 하나님의 약속에 예정된 일이었을까?

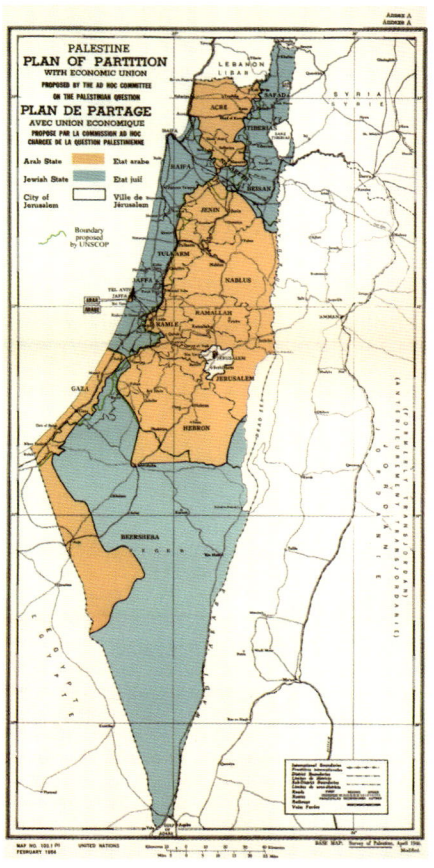

1947년 유엔이 통과시킨 팔레스타인 분할안

7. 홀로코스트(Holocaust)

홀로코스트(Holocaust)

중세 이래 유대인들이 겪은 유랑과 박해, 학살의 기억 4가지는 앞에서 살펴봤지만, 이제 마지막 남은 한 가지의 학살을 살펴볼 때가 됐다. 나치 독일에 의한 집단 인종학살, 홀로코스트(Holocaust, 1933~1945)다. 유대 민족은 1948년 이스라엘의 건국에 앞서 남아있는 가장 어두운 터널을 지나야 했다. 나치독일에 의한 600만 명 유대인 집단학살이다. 이건 인류 역사에서도 보기 드문 비극적 장면이다.

사실 20세기 초 30년 동안 유럽, 특히 러시아와 동유럽에 거주하던 유대인의 삶에는 크게 세 가지의 선택지가 있었다. ①유럽 내 현 거주지 잔류 ②팔레스타인 지역 이주 ③미국과 서유럽 이민이다.

미국유대인위원회(American Jewish Committee, AJC)연감을 보면, 1933년 전 세계 유대인은 1,530만 명으로, 이 가운데 60%인 950만 명이 유럽 여러 나라에서 살고 있었다.[152] 유럽 내 유대인 950만 명 가운데서도 3분의 2는 동유럽에 살고 있었는데, 폴란드 300만, 러시아 250만, 루마니아 98만, 독일 56만, 헝가리

---

152 유대인집단학살(홀로코스트)와 관련한 내용은 주로 미국 워싱턴 DC에 위치한 미국홀로코스트추모박물관(U.S. Holocaust Memorial Museum)측 자료를 인용했다. 박물관 주소; 100 Raoul Wallenberg Place, SW, WashingtonDC, 20024-2126, 전화; 202-488-0400

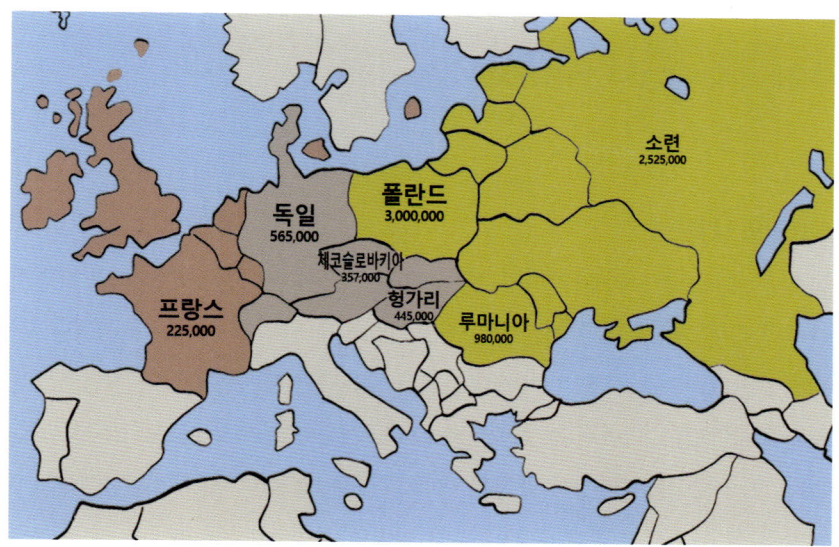

러시아 침공 초기 포격으로 불타는 2차 대전이 발생하기 전 1933년 당시 유럽의 유대인 거주 현황도. 폴란드와 러시아 등지에 압도적으로 많은 유대인이 거주하고 있다(1933년 기준).

44만, 체코 35만, 프랑스 22만 명 등이다.

사실 19세기와 20세기 1차 세계대전이 일어나기 전까지 세상은 살만했다. 후대 사람들이 이 시간을 '아름다운 시절' 벨 에포크(Belle Époque)라고 명명할 만큼 좋은 시절이었다. 이 '아름다운 시절'에는 쫓겨다니는 유대인도 살기 좋았다. 동유럽 유대인들 대부분은 유대인 촌(shtetl)에 모여 살았고,[153] 동유럽과 러시아 유대인들은 이디시어(Yiddish)로 신문을 발행하고 시를 발표했다.[154] 젊은 유대인들은 당시 다른 유럽인들처럼 입고 쓰고 생활했다. 노인들은 전통적인 옷차림 즉, 남성들은 모자를 쓰고 여성들은 수수한 옷차림에 머리를 가발이나 수건으로 가리는 차림새였다. 또 이탈리아, 네덜란드, 독일 등 서유럽 거주 유대인들은 그 숫자가 적었기 때문에 해당 지역의 문화를 수용하고 살면서 도시에 거

---

153 슈테틀(Shtetl)은 주로 제정러시아, 폴란드왕국, 오스트리아, 갈리시아, 루마니아 등에 있었던 유대인 지정거주구역(Pale of Settlement)에 산재한 유대인 마을을 의미하는 이디시어이다.

154 이디시(Yiddish)어는 주로 동유럽과 러시아에 거주하던 유대인들과 그 후손들이 사용하던 말로, 고지(高地)독일어에 히브리어 슬라브어 등이 섞여서 9세기경 생겨났다. 히브리 문자로 표기한다. 미국 내에 거주하는 300여만 명의 유대인과 그 자녀들이 사용한다(1991년 조사)

주하는 경향이 많았다. 이들은 교육 수준도 높았다.[155]

히틀러와 나치스

집권 | 홀로코스트와 나치독일. 뗄 수 없는 이 두 가지를 이해하기 위해 먼저 나치의 집권 과정부터 살펴본다.[156] 1930년대 초, 독일의 분위기는 우울했다. 독일인들은 20여 년 전 제1차 세계대전에서 치욕적인 패배를 당했다는 열패감(劣敗感)에 시달렸다. 막대한 전쟁 배상금(賠償金) 때문에 경제적으로도 고통받고 있었다. 또 1929년 미국에서 발생한 세계 대공황(大恐慌)의 여파로 독일에서도 6백만 명의 실업자가 발생했다. 상황이 이런데도 바이마르공화국은 헤매고 있었다.[157] 아돌프 히틀러(Adolf Hitler, 1889~1945)와 나치당(黨)은 1932년 11월 선거에서 33%의 득표율로 제1당이 된다.

히틀러는 실의에 빠진 독일 국민들에게 "더 나은 삶과 새롭고 영광스러운 독일"을 선거 공약으로 제시했다.[158] 나치당은 실업자, 청년, 그리고 소상공인, 회사원, 농부 등 중·하류층으로부터 큰 지지를 얻었다. 선거가 끝나고 히틀러가 수

---

155 1492년 스페인에서 기독교로의 개종을 거부한 유대인에 대한 추방령으로 약 25~30만 명의 유대인이 북아프리카, 이탈리아, 오스만제국 등지로 이주했다. 중세 이후 유대인은 스페인 등 지중해 연안의 세파르딤(Sephardim)과 동구와 독일계의 아슈케나짐(Ashkenazim) 그리고 중동 지역의 미즈라힘(Mizrahim, Mizrahi Jews) 등으로 크게 구별된다. 거칠게 말해 아슈케나짐은 지식인과 숙련노동자들이 많았고, 세파르딤은 미숙련노동자들이 많았다.

156 1919년 창당된 독일노동자당(Deutsche Arbeiter Partei, DAP)이 1920년 당의 이름을 국가사회주의 독일노동자당(National Sozialistische Deutsche Arbeiter Partei, NSDAP)으로 바꾼다. 이 당은 별명으로 '나치(Nazi)' '나치스(Nazis)', '나치당'등으로 불렸다. 나치는 반유대주의, 반자유주의, 전체주의, 인종주의, 군국주의를 중점 정책으로 내세웠다. 표어는 "하나의 민족, 하나의 제국, 하나의 총통"(Ein Volk, ein Reich, ein Führer)로 1945년까지 존재했다. 간단하게 나치당은 '히틀러를 당수로 해 정권을 장악한 독일의 파시즘 정당'이라고 요약할 수 있다.

157 바이마르공화국은 1차 대전이 끝나고 바이마르(Weimar)에서 소집된 의회에서 새 헌법이 채택되면서 '바이마르공화국'이라는 이름을 얻는다. 1919년~1933년. 명목상의 국가 원수인 대통령과 실권을 가진 수상(首相)이 공존하는 이원집정부적 간접민주주의제도를 채택했다.

158 독일은 1차 대전을 일으킨 책임 때문에 종전 후에 서명한 베르사이유조약(1919)에서 엄청난 전쟁 배상금을 물고, 군인을 10만 명으로 제한하고, 영토를 주변국에게 양도하는 등 가혹한 조건들을 수락했다. 히틀러는 1932년 선거에서 이러한 상황들을 뒤집겠다고 약속하면서 지지를 얻는다.

상(首相)으로 임명되자(1933.1.30) 독일 국민들은 "나라를 구원할 구세주를 찾았다"고 믿을 정도였다.

이어 독일 의회는 〈전권위임법〉[159]을 통과시켜(1933.3), 히틀러 행정부에 입법(立法)의 권한까지 부여한다. 히틀러는 즉시 독일에서 나치당을 제외한 모든 정당을 불법화하고 독재정치로 들어간다. 1934년 8월, 힌덴부르크 대통령[160]이 사망하자 히틀러는 대통령의 권한까지 넘겨받아, 제3 제국 대통령(국가 통치자), 제3 제국 수상(행정부의 수장), 총통(나치당의 당수) 등 엄청난 권력자가 된다.

나치 독일은 이처럼 정치적으로 독재의 길을 가면서 유대인에 대한 차별정책의 강도를 점차 더해간다. 제2차 세계대전이 일어나기 전 독일에는 50여만 명의 유대인들이 살고 있었지만, 전체 인구 6,700만 명의 1%에도 미달했다. 40만 명은 독일 시민권을 갖고 있었고, 나머지 대부분도 폴란드 시민권과 독일 영주권을 갖고 생업에 종사하고 있었다.

학살열차의 출발 | 나치 독일은 집권 직후(1933.4), 유대인 소유 사업체에 대한 불매운동을 시작한다. 독일 사회에 만연한 반유대인 분위기를 이용한 이 조치는 말이 좋아 불매운동이지, 실상은 폭력이고 난동이었다. 나치당의 충성 조직인 나치돌격대(SA)와 나치친위대(SS)[161] 대원들이 유대인 소유 사업체 진열창이나 출입문에 "Jude(유대인)"이라고 쓰거나 노란색과 검정색으로 '다윗의 별'을 그렸다. 며칠 뒤(4.7) 모든 유대인들이 공직에서 추방된다. 아무도 눈치채지 못하

---

159 이 법의 정식 명칭은 〈민족과 국가의 위난을 제거하기 위한 법률〉로, 국가 비상사태 시 입법부가 행정부로 입법권을 위임한다는 반의회주의적 법률이다. 〈수권법(授權法)〉이라고도 한다. 히틀러는 이 법을 이용해 나치에 반대하는 세력에 대해서는 '공익을 해치는 자'라는 이름으로 기본적인 인권을 탄압하고 또 헌법에 위배되는 조처도 취할 수 있게 된다.

160 파울 폰 힌덴부르크(Paul von Hindenburg, 1847~1934) 대통령은 제1차 세계대전 당시 67세의 고령으로 육군참모총장으로 복귀해 명성을 떨치고, 바이마르공화국 2대 대통령(1925~1934)으로 재임했다.

161 나치돌격대(Strumabteilung, SA)는 그 복장 때문에 '갈색셔츠단'으로도 불리며, 나치당의 집회를 방해하는 공산당으로부터 당을 보호한다는 명목으로 창설됐다. 나치 친위대(SS)의 하부 조직으로, 나치당 집회의 경비, 반대정당에 대항하는 임무 말고도 당 간부의 신변경호 등을 맡았다. 2차 대전 중에는 독일군의 보조 업무를 맡았다. 친위대(Schutzstaffel, SS)도 나치 지도부의 경호 목적으로 설치됐지만, 국가 내의 국가라고 할 만큼 무소불위의 권력을 누렸다. 친위대는 점차 규모가 커져 100만 명에 이르렀으며 2차 대전 중에는 그 규모가 38개 전투사단으로 커진다.

는 가운데, 나치의 유대인 학살 열차가 출발한다. 속도도 느렸고, 그렇게 끔찍한 종착역이 있다는 걸 알았다면, 결코 출발할 수 없는 열차였다.

시간이 갈수록 살기 힘들었지만, 내일은 모르고 사는 것, 내일은 좋아지겠지 하면서 희망을 품고 사는 것이 보통 인생 아니겠는가? 1935년 9월 15일, 소위 〈뉘른베르크법〉[162]이 제정된다. 나치당 전당대회와 함께 뉘른베르크에서 특별 소집된 제국의회는 유대인과 독일인 사이의 결혼과 성관계를 금지하는 〈독일 혈통과 명예보존법〉, 유대인의 독일 시민권을 박탈하는 〈제국시민법〉을 의결했다. 아리안족[163]의 순수성을 지키기 위한다는 열정에 뭉친 나치당원들은 이 법의 채택에 환호한다. 유대인에 대한 탄압과 차별이 법적으로 제도적으로 이뤄진다.

나치가 유대인을 구별하기 위해 만든 배지. '유대인(Jude)'이란 글씨가 다윗(David)의 별 안에 새겨져 있다. 사진=위키피디아

나치당은 이어 〈뉘른베르크법〉의 시행령으로 「유대인 분류기준」을 발표한다. 친(親) 조부모와 외(外) 조부모 4명 중 3명 이상이 유대인이면 유대인, 2명이면

---

162 이 이름은 중부 독일의 뉘른베르크(Nürnberg)에서 열린 나치당 전당대회(1935.9.10~16) 기간에 이 법이 발표됐기 때문에 붙여졌다.

163 나치 독일의 히틀러가 말하는 아리안(Aryan)족은 '당시 세계를 지배하는 백인을 포괄적으로 가리키며, 그 아리안 가운데서도 게르만족이 가장 순수한 혈통을 지니고 있다'고 주장했다. 본래 아리안은 기원전 3,600년경 캅카스 지역에 거주하던 민족으로 기원전 2,000년경 인도, 이란, 서유럽 등으로 흩어져서 여러 유럽인종의 기원이 됐다. 이란(Iran)도 아리안('고귀하다')에서 파생됐다.

1급 혼혈, 1명이면 2급 혼혈로 분류했다.

유대인들은 제3제국의 시민이[164] 아니므로 투표권을 비롯한 모든 정치적 권리를 박탈당하고 공무원 임용도 금지된다. 나아가 유대인은 피[血]를 다루는 의료업에 종사할 수도 없고, 45세 미만의 가임기 독일 여성을 가정부로 고용하지도 못했다. 여권에도 '유대인(Jude)'라는 붉은색 도장이 찍힌다.

2주일 뒤에는 흑인(黑人)과 집시(Gypsy)에 대해서도 같은 조치가 취해진다. 독일에서 독일식 이름을 쓰던 유대인의 경우, 남자 이름 뒤에는 '이스라엘(Israel)'을, 여자 이름 뒤에는 '사라(Sara)'를 붙이도록 한다. 나치 독일이 다른 민족과 인종을 집단 학살한 '법적 근거'가 바로 이 〈뉘른베르크법〉[165]이었다.

유대 청년, 독일 외교관 총격 ❙ 또 3년이 흘렀다. 1938년 11월 9일 밤. '수정(水晶)의 밤'(Crystal Night)이다. '온 길바닥이 깨진 유리와 수정 조각으로 범벅이 된' 이날은 혐오가 폭동과 학살로 구체적으로 실현된 날이다.

이틀 전(1938.11.7), 폴란드 출신의 17살 난 유대인 청년이 파리 주재 독일대사관에서 3등 서기관 에른스트 폼 라트(Ernst vom Rath)를 권총으로 저격한 사건이 발생했다. 이 청년은 독일의 유대인 박해를 피해 홀로 파리로 피난 와서 살고 있었는데, 이날 자신의 부모가 독일에서 폴란드로 추방돼 수용소에 갇혔다는 소식을 듣고, 분(憤)을 참지 못하고 대사관을 찾아가 영사(領事) 담당 라트를

---

164 미국 역사학자, 작가인 티모시 스나이더(Timothy Sneider)는 2015년 출간한 〈블랙 어스, Black Earth〉를 통해, "누구나 마음대로 처리할 수 있는 것은 나라를 잃은 사람뿐이다"라는 한나 아렌트의 말을 키워드로 삼아, 나치의 유대인 학살 문제를 조명했다. 스나이더는 '당시 유럽에 만연한 유대인 혐오증'만으로는 홀로코스트가 설명이 되지 않는다며 "홀로코스트는 국가가 없는 상황에서 비(非)국민으로 분류된 유대인들에 대한 체계적 학살" 즉, 국가와 시민권을 박탈당한 이들에게 홀로코스트는 언제든 재연될 수 있음을 강조하고 있다. 이런 설명을 듣고 나면 2차 대전 당시의 유대인 말고도, 현대의 쿠르드족, 중국의 티베트족이나 신장의 위구르족 또 아프리카의 소수민족 집단들이 당하고 있는 안타까운 현실이 떠오른다.

165 이 법 제정 10년이 지난 1945년 10월 나치 독일의 전쟁 범죄를 단죄하기 위한 국제 군사재판이 '뉘른베르크'에서 열린 것은 참으로 역사의 아이러니라고 할 수 있다. 이 재판에서 제국원수의 계급으로 공군 사령관을 지낸 헤르만 괴링 등 13명은 사형을, 히틀러의 부관으로 부총통을 지냈던 루돌프 헤스 등 3명은 종신형을 선고받았다. 이어 46년 12월부터 49년 3월까지 열린 군사재판은 유대인 학살 관련자 12건, 185명에 대한 재판이었다. 관료 의사 판사 등 학살 관련자들은 '정당한 절차에 따라 제정된 법을 정당한 방법으로 수행'했으므로 무죄라고 항변했다. 그러나 이들은 24명이 사형, 20명이 종신형, 98명이 징역형을 선고받았고, 35명은 무혐의로 풀려났다. 나머지는 자살이나 중질환으로 재판이 면제됐다.

저격했다. 저격당한 라트 영사가 이틀 뒤 29세로 숨지자, 이 소식은 바로 독일로 전해졌고, 나치 정부의 선전 장관인 괴벨스(Paul Joseph Göbbels)는 집회 중인 나치 당원들을 선동한다. "국제 유대인 조직이 라트(Rath)의 암살을 음모했다"고 주장하고 "총통은 나치당에서 시위를 준비하거나 조직해서는 안 되지만, 이것이 자발적으로 발생한 경우에는 제재하지 않기로 결정했다"고 발표한다. 이건 선동이 아니라 폭동에 돌입하라는 당 중앙의 명령이었다.

수정의 밤(1938.11.9.~11.10) 독일 바덴시 부엘마을의 유대인 회당이 불타고 있다. 이 마을에 살던 유대인 70명은 후일 강제수용소로 이송돼 모두 목숨을 잃었다. 사진=나무위키

독일 전역, 합병된(1938.3) 오스트리아, 체코의 주데텐란트(Sudetenland)[166] 등에서 10일 아침까지 계속된 폭동으로 267개의 유대인 회당이 불타거나 파괴되

---

166 이 지역의 이름은 폴란드와 체코 사이의 주데티(Sudety)산맥에서 유래했다. 이 지역은 체코의 서쪽 영토로, 독일 쪽으로 돌출돼 있고, 독일계 주민 300만 명 정도가 거주하고 있었다. 면적은 28,000㎢다. 히틀러는 1938년 3월 오스트리아를 합병한 뒤, 9월 30일 독일 뮌헨에서 영국, 프랑스, 독일, 이탈리아가 체결한 '뮌헨협정'을 통해 주데텐 지역의 합병을 승인받았다. 현 체코와 슬로바키아는 이 협정을 '뮌헨늑약'이라고 부른다. 히틀러는 이 땅을 합병하고도 1년 뒤 체코를 침공하고, 끝내 세계 2차 대전을 일으켰다.

고, 7,500개의 상점이 박살 나면서 약탈당하고, 유대인 묘지가 훼손된다. 하룻밤 사이 91명의 유대인이 피살되고, 폭동의 여파로 강간 사건과 자살자도 급증한다. 9일 밤 폭동은 나치돌격대(SA)가 주도했다. 그날 이후 친위대(SS)와 게슈타포(Gestapo, 비밀국가경찰)[167]는 3만 명의 유대인 남성들을 체포해 지역 교도소를 거쳐 집단수용소로 보낸다. 그래서 '수정의 밤'은 나치가 유대인을 대규모로 수감한 첫 번째 사건이 된다.

이미 공무원 등 공적인 공간에서 추방된 유대인은 이날 이후 사적인 관계에서도 퇴출된다. 아이들은 학교에서 쫓겨나고, 운전면허증과 자동차 소유 등이 거부되며, 극장·영화관에 대한 입장도 금지되고 대중교통의 이용도 금지된다. 또 유대인 소유 기업이나 재산이 모두 헐값으로 '아리아인'에게로 넘어가고 1941년부터는 가슴에 '유대인 배지'를 달고 다니도록 한다.

학살의 시작 | 나치의 침략전쟁은 1939년 9월 1일 폴란드 침공으로 시작됐다. 독일은 순식간에 폴란드를 석권하고 200만 명 이상의 유대인을 손아귀에 넣고 계속 러시아 쪽으로 밀고 들어갔다. 점령지역이 늘어나면서 수백만 명의 유대인이 추가된다. 독일은 유대인을 '게토'나 '유대인 거주 구역'으로 몰아넣고, 울타리나 철조망으로 이 지역들을 격리해 나갔다.

나치 독일은 약 1,000개의 게토를 만들었고, 유대인들은 불안했지만 어쩔 수가 없었다. 독일군들은 총을 들고 지키면서 유대인들의 이탈이나 국외 탈출을 감시했다. 가장 큰 게토는 폴란드 바르샤바에 있었는데, 50만 명의 유대인들이 거주했다.

나치 독일은 이러한 일련의 유대인 탄압책에 대해 독일 국민들이 잠잠한 것을 보고, 드디어 '유대인 문제를 근본적으로 해결'하는 길로 나가게 된다. 나치가 말하는 '최종 해결'(Final Solution of the Jewish Question)[168]은 집단학살(集團虐殺),

---

[167] 나치독일의 비밀경찰인 게슈타포(Gestapo, Geheime Staatspolizei)는 프로이센 비밀경찰을 모체로 해서 1933년 창설돼 1945까지 존재했다. 규모는 32,000명 정도였다.

[168] 독일의 철학자, 정치이론가인 한나 아렌트(Hannah Arendt, 1906~1975)는 〈예루살렘의 아이히만〉에서 '나치의 언어규칙(Sprachregulung)'에 대해 말한다. 나치는 '학살'이라는 말 대신에 '최종 해결책' '완

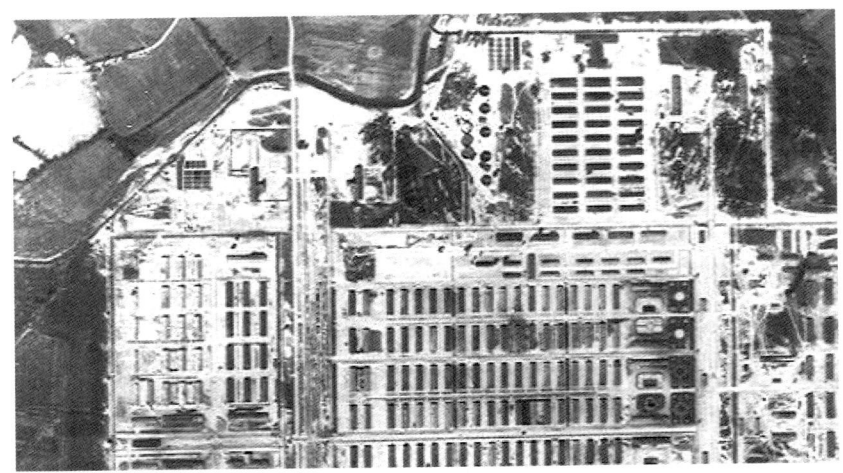

아우슈비츠 강제수용소 항공사진, 1944.5. 사진=위키피디아

홀로코스트(Holocaust)를 의미한다.

제2차 세계대전 중 히틀러가 이끈 나치독일은 독일과 점령지역에서 유대인 600만 명만 학살한 것이 아니다. 유대인 학살은 널리 알려진 사례에 불과하다. 나치 독일은 유대인과 슬라브족, 집시, 동성애자, 장애인, 정치범 등 약 1,100만 명의 민간인과 전쟁포로를 학살했다.

학살 희생자는 유대인 600만 명, 소련군 포로 2~3백만 명, 폴란드인 2백만 명, 집시 22~150만 명[169], 장애인 20~25만 명[170], 동성애자 5천~만 5천 명, 여호와의

전 소개(疏開) '특별 취급'이라고 말하고, 유대인 이송작업은 '재정착' '동부지역 노동' 등의 표현[언어]을 썼다. 그 원인을 아렌트는 "자신들이 하고 있는 일을 그와 같은 사람들이 모르도록 하는 것이 아니라, 실상과 거짓말에 대한 그들의 오랜 '정상적인' 지식과 동시에 하지 않도록 만들기 위한 것"이고 현실을 무감각하게 받아들이도록 하기 위해서 였다고 정리했다. 아렌트는 또 홀로코스트와 같은 엄청난 악행이 광신자나 반사회성 인격 장애자에 의해 자행되는 것이 아니라, 국가 정책이나 지시에 순응하며 자신들의 행동을 '남들도 다 하는 보통의 일'이라고 여기는 평범한 사람들에 의해 행해지는 것을 말한다며 악의 평범성(banality of evil) 개념에 대해서도 설명했다. (예루살렘의 아이히만, 한길사, 김선욱 옮김, pp 149~150, 349)

169 집시(Gypsy)들은 떠돌아다니는 데다가 기록도 남기지 않아서 피해자 숫자를 추산하기가 어렵다. 그래서 집시 희생자는 '숨겨진 홀로코스트의 피해자'라는 말을 듣기도 하고 사죄와 배상에서도 제외됐다. 나치는 집시들이 위생상 불결하고 성적으로 문란해, 아리안의 순수성이 훼손될 수 있다고 생각하고 이들을 혐오했다.

170 1939년 히틀러는 2차 대전을 준비하면서 '장애인들이 전국 병상의 80%를 차지해 전쟁이 날 경우 부상병을 위한 병상이 모자란다'는 보고를 받자 '이들을 모두 죽이라'는 명령을 내린다.

폴란드의 아우슈비츠 강제수용소. 사진=위키피디아

증인 5천 명 등이다.[171]

홀로코스트에 관한 연구가 진행되면서 이 끔찍한 만행은 히틀러나 나치당만의 범죄가 아니라, 당시 독일 사회의 전 기구와 정부 전 부처가 '선악(善惡)에 대한 판단 없이 시키는 대로 실행한 끔찍한 범죄'로 정의된다. 교회와 내무부는 유대인의 출생기록을 제공했고, 재무부는 유대인의 재산을 몰수했으며, 기업들은 유대인 노동자를 해고하고, 유대인 주주들의 권리를 박탈했다. 철도회사는 수용소행 열차 운행을 맡았고, 제약회사는 수감자의 생체실험에 참여했다.

물론 이러한 만행에 반대한 사람이나 세력도 있었다. 1939년부터 독일은 20만에서 25만 명의 정신장애인과 신체장애인을 학살했는데, 천주교와 기독교가[172]

---

171 미국 홀로코스트 박물관측은 제1차 세계대전 때 군인 천만 명과 민간인 천 3백만 명이 사망해, 그 전 2천 년 동안 지구상에서 발생한 모든 전쟁의 피해자를 합친 것보다 많은 피해자가 발생했다고 밝혔다. 그리고 제2차 세계대전 때는 1차 대전보다 2배나 많은 5,500만 명의 사망했다고 보고한다. (홀로코스트 엔사이클로피디아 홈페이지).

172 2020년 로마 교황청은 나치독일 시기 교황이었던 제260대 교황 비오 12세(재위 1939~1958) 시기의 비밀문서 수백만 쪽을 8년 앞당겨 공개해, 역사의 평가를 받겠다고 발표했다. 교황청의 비밀문서는 통상 재위 마지막 해에서 70년이 지난 뒤 공개해왔다. 교황 비오 12세는 나치독일의 홀로코스트에 대해 소극적이었다는 비판을 받아왔다. 교황청은 비밀문서를 공개하면서 "교회는 역사를 두려워하지 않는다"고 말했다. ("홀로코스트 암흑기 교황 비오 12세 역사적 평가 내려질까?" 연합뉴스, 2020.2.24.)

이 사실을 알고 강력하게 반대하는 바람에 1941년 8월에 중단되기도 했다.[173] 나치독일이 세운 강제수용소 입구에는 독일어로 'Arbeit Macht Frei' 즉, '노동이 너희를 자유케 하리라'라고 새겨져 있다. 아마 '여기에 수용되는 유대인들은 평생 땀 흘려 일하지 않고 편히 지냈으니까, 여기서 한번 땀 흘리며 열심히 일해 봐라'라는 편견, 즉 유대인들은 '남의 희생에 기생하고 남의 피를 빨아먹는 게으른 족속'이라는 끔찍한 폭력의 편린을 보게 된다.

---

[173] 나치 독일은 유대인, 동성애자, 정신질환자 등을 학살할 때 우생학(優生學)을 그 근거로 이용했다. 이후 공개적인 논의가 금지된 우생학 이론은 최근에 와서도 논란이 된다. 《이기적인 유전자(The Selfish Gene)》, 《만들어진 신(The God Delusion)》 등의 저술로 유명한 진화생물학자이자 무신론자인 리차드 도킨스(1941~) 교수는 자신의 트위터를 통해(2020.2.16) "우생학이 소에게 효과가 있듯 인간에게도 적용될 수 있다. 우유를 더 많이 생산하기 위해 소를 키우듯이 인간을 더 빨리 달리거나 높이 뛰도록 만드는 일도 가능하다. 나는 우생학에 근거한 정책을 규탄한다. 하지만 규탄한다고 해서 그것이 효과가 없다는 말은 아니다."고 발언해 논란을 일으킨다. (2020.2.18., 동아일보) 미국에서도 흑인 여성에 대한 강제 임신중절수술, 일제 시대 일본이 소록도에서 행한 한센병 환자에 대한 강제 임신중절수술 등 우생학의 어두운 그림자는 여러 곳에 남아있었다.

8. 나크바(Nakbah)

75만 명 추방

건국, 비극의 절정 ┃ 유럽 지역의 2차 대전은 1945년 5월에 끝난다. 전쟁 기간 독일의 점령지역에서는 수백만 명의 유대인이 희생됐지만, 팔레스타인에서는 유대인과 아랍인 간에 강도 높은 공방이 계속되고 있었다. 유엔 총회에서 팔레스타인 분할안이 통과(1947.11.29)되고 6개월 뒤 영국군이 철수한다. 그리고 유대인들은 1948년 5월 14일 텔아비브(Tel Aviv)에서 이스라엘」(Israel)의 건국을 선포한다.

유대민족이 로마제국에 의해 그 땅에서 쫓겨난 지 1,900년 만에 유대인의 나라가 세워진다. 믿기 어려운 일이 벌어졌다.

이스라엘 건국 자체가 기적이었지만, 역으로 그 과정은 팔레스타인에 거주하는 아랍인들에게는 악몽이고 대재앙이었다. 그래서 아랍인들은 이 일을 '나크바'(Nakbah, '대재앙')로 규정한다. 나크바는 이스라엘의 건국이 정해진 뒤부터 1차 중동전쟁이 진행 중일 때 팔레스타인 땅에 살고 있던 75만 명 이상의 아랍계 주민들이 고향에서 추방된 사건, '팔레스타인 디아스포라'를 말한다.

 유대민족의 디아스포라가 1,900년 만에 끝나면서, 같은 땅에서 바로 이어진 아랍계 팔레스타인 주민들의 디아스포라, 기막힌 일이었다. 유대인들은 유럽에서 기독교도인 유럽인에 의해 박해받고 차별당하고 학살당했지, 이슬람교의 아랍계 팔레스타인인들로부터 박해를 받은 것이 아니었다. 이베리아반도의 경우에서 봤듯이 유대인들과 무슬람의 관계는 좋은 쪽에 가까웠다.

오늘날 나크바는 유대인들이 팔레스타인으로 대량 이주하면서부터 생긴, 그리고 그들이 실행한 추방, 박해, 불평등, 차별, 점거, 강간, 학살 등 유대인의 악행 때문에 뿌리가 뽑히는 아랍인들의 불행을 말한다. 놀랍게도 아랍계 주민들의 나크바는 75년이 된 지금도 끝나지 않았다.

1948년 5월 14일 이스라엘이 건국되면서, 팔레스타인에 살던 아랍인들은 졸지에 고향을 떠나 난민이 된다. 이들은 전쟁을 피해 또 쫓겨서 피난에 나섰다. 사진=위키피디아

독립을 준비하며 학살도 준비하다 | 유엔에서 팔레스타인 분할안이 통과되고 나서 유대인 지도부는 그해(1947) 연말 2박 3일간 비밀스런 회합을 가졌다. 유대인 나라의 건설을 앞두고 철수하는 영국군의 군사시설이나 다른 시설을 접수하는 문제, 유대인 정착촌에 대한 아랍민병대의 공격에 대응하는 문제 그리고 팔레스타인에 사는 아랍계 주민의 처리[추방] 등이 의제였다.

한 참석자는 "유일한 해법은 아랍인들을 이웃 나라로 이동시키는 것이다. 단 한 개의 마을, 한 개의 부족도 봐줘선 안 된다"고 발언했다. 이런 구상을 담은

유대인 지도부의 계획은 3월 10일에 완료돼 각지로 하달된다. 이 계획이 아랍인 축출 계획, '플랜 D'(Plan Dalet)이다.[174] 앞에서도 언급했지만, 유대인들은 자신들에게 할당된 지역(56%)에 살고 있는 아랍계 주민들을 몰아내는 등 건국 준비에 만전을 기했다. 그 수단이 학살에 가까운 폭력의 행사였다. 구체적으로 살펴보자.

먼저, 데이르 야신(Deir Yassin) 마을 학살 사건(1948.4.9). 예루살렘에서 동쪽으로 5km 정도 떨어진 마을인데, 이날 아랍계 마을 주민들은 모금한 돈으로 학교 신축을 마치고 축하 행사를 열었다. 이스라엘이 건국을 앞둔 시점이어서, 이스라엘 방위군은 창설되기 전이다. 유대인 무장조직 이르군(Irgun)은 그날 밤 잔치를 마치고 기쁨과 희망에 취해 잠든 데이르 야신 마을 주민 254명(유대계 언론들이 공포감을 키우기 위해 피해자를 부풀렸다는 말도 있다)을 몰살시킨다. 잠자는 주민들을 깨워 "15분 안에 마을을 비우라"는 명령을 내리고 남, 녀, 어린이, 학생 구별하지 않고 모두 살해했다.

4월 21일, 다른 무장 조직 하가나(Haganah)는 북부 항구도시 하이파(Haifa)에 대한 공격에 들어간다. 주둔하고 있던 영국군은 하루 전에 철수했다. 하가나는 아랍인들을 공격하면서 발생하는 소음이나 울부짖음, 총성 등을 차량에 설치한 확성기를 통해 그대로 중계방송했다. 아랍인들의 공포심을 배가시키기 위해서였다. 하가나 소속 대원들은 소이탄을 쏘아 주택을 소각하고 남아있는 주민들은 한군데로 모이게 해서 강간하고 돈과 보석을 빼앗고, 살해했다. 이런 학살과 인종청소가 팔레스타인 곳곳에서 자행된다. 이뿐이 아니다. 하가나는 다음 공격 목표가 되는 마을 이름을 슬쩍 공개한다. 언론 보도와 소문으로 그 사실을 알게 되는 마을 주민들은 겁에 질려 마을을 버리고 피난길에 오르게 하

---

[174] 〈팔레스타인 비극사, 1948 이스라엘의 탄생과 종족 청소〉 알란 파페 지음 유강은 옮김, 열린책들, 2017, pp 7~8. 건국을 준비하는 유대인 지도부는 "마을에서 아랍계를 몰아낼 때 방법으로 대규모 위협을 가할 것, 마을과 인구 중심지를 포위하고 포격할 것, 주택 재산 물건들에 불을 지를 것, 사람들을 추방할 것, 남김없이 파괴할 것, 쫓겨난 주민들이 돌아오지 못하고 파괴된 잔해 속에 지뢰를 설치할 것" 등의 명령을 내리고, 네 번째 계획이라는 뜻으로 플랜 D라고 명명했다.

려는 수법이었다.

유대인들은 이런 방식을 통해 팔레스타인 곳곳에서 '아랍인들을 추방(追放)했다'. 이 추방에 걸린 시간은 6개월, 팔레스타인 내의 아랍계 원주민 반 이상인 75~80만 명이 고향에서 쫓겨나고, 아랍인 마을 531개소가 파괴되고 도시의 거주지역 11개소가 사람이 살지 않는 곳이 됐다. 유대인들이 실행한 이 계획은 반인도적 범죄다.[175] 이스라엘의 건국을 놀라움으로 또 하나님의 섭리로 바라보는 시각과는 거리가 멀다. 이스라엘의 주춧돌 어딘가에는 아랍인들의 혈흔(血痕)이 묻어있음을 기억해야 한다.

유대인들은 아랍인의 '나크바'에 대해 팔레스타인 주민들이 전쟁을 피해 스스로 떠났고, 아랍연합군들이 전쟁 수행의 편의를 위해 아랍인 마을을 소개시켰다고 말한다.

중동전쟁

1948, 1차 | 이스라엘의 건국 선포, 제1차 중동전쟁, 그리고 아랍계 팔레스타인 주민들의 학살과 추방인 나크바는 거의 동시에 진행됐다.[176] 이집트, 시리아, 레바논, 요르단, 이라크 등 아랍 5개국 연합군이 신생 이스라엘을 공격했다 (1948.5.15). 초기에는 아랍연합군 측에 유리하게 전쟁이 전개됐으나 아랍 측의 내부 분열로 연합이 약해진 사이, 이스라엘이 공세를 취하고 이스라엘이 유리한 상태에서 전쟁은 끝난다(1948.5~1949.3).

1차 중동전쟁은 이스라엘의 독립 국가 건설에 불만을 품은 아랍연합군의 공격이라는 측면이 있고 정부 구성도 제대로 못 한 아랍계 팔레스타인의 땅을 빼

---

175 《팔레스타인 비극사, 1948 이스라엘의 탄생과 종족청소》, 알란 파페 지음, 유강은 옮김, 열린책들, 2017, p 9
176 논리적인 순서는 이스라엘 건국-전쟁 발발-나크바의 발생이 맞지만, 실제로 나크바는 이스라엘이 건국을 선언하기 몇 달 전부터 계획과 실행에 들어가면서 1차 중동전쟁을 핑계 삼아 아주 가혹하게 진행됐다. 나크바는 이스라엘이 독립을 선언하면서 유엔에서 유대인 구역으로 지정한 팔레스타인 땅에 살던 약 75~80만 명의 아랍계 선주민(先住民)들이 고향 땅에서 쫓겨나 난민이 된 사건을 말한다.

앗고 병합하기 위한 이웃 아랍 국가들의 공격이라는 측면도 있었다. 그 사실은 전쟁의 결과를 살펴보면 이해된다.

이스라엘은 UN의 분할안에 따라 애초 팔레스타인의 56%를 할당받았으나, 전쟁 후에는 78%로 땅이 늘어났고, 나머지 22%(6,020㎢) 가운데 '동예루살렘'을 포함한 '요르단강 서쪽 지역(West Bank)' 5,655㎢는 요르단의 통치하에, 그리고 '가자지역(Gaza Strip)' 365㎢는 이집트 통치하에 들어가, 이 상태가 3차 중동전쟁이 발생하는 1967년 6월 4일까지 지속됐다.

1차 중동전쟁에서 땅을 더 확보한 이스라엘은 1950년 3월 아랍계 팔레스타인 주민들의 토지 몰수(沒收)를 정당화하기 위해 〈부재자토지법〉(The Absentee's Property Law)을 공포함으로써, 1947년 이후 나크바(Nakbah)로 고향을 떠난 아랍인들의 재산을 합법적으로 빼앗았다. 또 7월에는 〈유대인 귀환법〉(Law of Return)을 제정해 "모든 유대인은 새로운 이주자로서 이스라엘로 돌아올 권리를 가지며 완전한 이스라엘 시민권을 받는다"고 규정해 더욱 많은 유대인 이주자를 받아들일 준비를 마친다.

1956, 2차 | 1952년 이집트에서 반영국(反英國) 성향의 쿠데타가 발생하고 나세르(Gamal Abdel Naser)가 대통령(1956~1970)이 된다. 나세르는 동서 냉전 상황을 이용해 양다리 외교를 펼친다. 나세르는 서방으로부터 지원을 받아 아스완(Aswan)댐을 건설하고, 소련과 체코 등으로부터는 무기 지원을 받으려 했다. 이에 반발한 서방측이 아스완댐 건설 지원을 거부하자, 나세르는 수에즈(Suez)운하를 국유화했다. 이에 영국, 프랑스, 이스라엘이 함께 이집트를 공격하면서 2차 중

---

177 주한 이스라엘대사관은 자료를 통해 1948년 아랍-이스라엘 전쟁을 통해 72만 명의 팔레스타인 토착민이 고향을 떠나 인근 아랍국가나 기타 지역으로 피난했고, 1950년까지 91만 명의 피난민이 유엔에 난민으로 등록돼 있다고 밝힌다. 그래서 이스라엘 정부는 〈부재자토지법〉 등을 제정해 이스라엘이 점령하고 있는 지역 내 팔레스타인인 소유 토지, 재산이 유대인에게 이전될 수 있도록 했다고 밝히고 있다. (2008.8.17. 자료)

178 수에즈운하는 초기에는 프랑스 주도로 공사가 시작돼 완공(1869)에 이르렀다. 그러나 프랑스가 독불전쟁(1871)에서 패하면서 전쟁배상금 등으로 쪼들리자, 프랑스에 선수를 빼앗긴 영국은 중동과 인도 등 식민지 경영 등의 필요로 수에즈운하의 운영권을 뒤늦게 확보한다(1875). 영국도 돈이 없어 유대인 재벌 로스차일드로부터 차관을 얻었다. 이후 영국은 수에즈운하에 영국군을 주둔시키면서 관리한다.

동전쟁이 발생한다(1956.10~1956.11).

2차 세계대전이 끝난 지 10년 정도 흐른 당시의 세계정세는 묘했다. 아랍에 민족주의 열풍이 불었고, 유럽 열강의 식민지들이 독립하기 시작했다. 세계는 핵(核)을 가진 미국과 소련이 양대 블록의 주도권을 잡고 으르렁거렸다.

영국, 프랑스, 이스라엘이 이집트를 침략해 수에즈운하를 장악하자, 소련은 "이집트 방어를 위해 핵무기를 사용하겠다"고 위협했다. 이집트처럼 중동과 아프리카의 신생국들이 미국과 유럽의 제국주의에 맞서는 소련(사회주의)으로 기울어진다. 미국은 영국, 프랑스, 이스라엘에 압력을 가해 수에즈에서 철군하도록 했다. 이집트는 전쟁에서는 졌지만, 수에즈 운하를 지켜냈다. 미국과 소련은 주도권을 유지했고, 이집트는 소련 덕분에 중동의 맹주가 될 수 있었다. 체면을 구긴 영국과 프랑스는 그 후 핵 개발에 매진해 성공했고(영국 1957, 프랑스 1960), 이스라엘은 다음 전쟁을 기약했다.

1967, 3차 | 2차 중동전 이후 이집트는 이스라엘에 대한 복수를 준비했다. 소련의 군사고문단을 초빙하고 최신 무기도 도입한다. 팔레스타인 전사(PLO)들의 게릴라 활동을 지원했다. 요르단은 서안(West Bank)지구에서, 시리아는 골란고원(Golan Heights)에서 이스라엘과 무력 충돌하고 있었다. 3차 중동전쟁은 이스라엘의 선제공격으로 시작됐다. 서쪽의 지중해를 제외한 동남북(東南北) 세 방향에서 적국에 포위된 이스라엘로서는 UN 등이 개입하기 전에 단기간에 사방의 적을 제압하는 방식의 전쟁이 필요했다.

1967년 6월 5일에 시작된 3차 중동전은 10일에 끝났다. 그래서 이 전쟁은 "6일 전쟁" 또는 "6월 전쟁"으로 불린다. 이스라엘은 개전 첫날 08시 50분, 이집트 공군 레이더 기지의 교대 시간을 이용한 공습에 나섰다. 3시간 동안의 첫 공습에서 이집트 공군기 450대 가운데 300여 대가 파괴되고, 레이더망이 초토화됐다. 요르단과 시리아의 공군기지도 쑥대밭이 됐다. 가자지구의 기갑전도 이스라엘의 대승, 나머지 전투는 살펴볼 필요도 없다. 이스라엘군 800명이 전사했으나, 아랍 측에서는 2만 명 이상이 전사했다. 참모총장 이츠하크 라빈이 지휘한 이스라엘군은 이집트로부터 시나이반도와 가자지구를 빼앗고, 요르단으로부터는 서안지구와 동예루살렘을, 시리아로부터는 골란고원을 빼앗았다. 2만 700㎢이던 영토가 6만 8,600㎢가 됐다.

나세르와 흐루쇼프 소련 서기장(우), 1964.

다얀(중)장관, 라빈(우), 예루살렘 입성, 1967.

1973, 4차 ｜ 3차 중동전쟁에서 대승한 이스라엘은 시나이반도와 골란고원을 비무장지대화하는 조건으로 이집트와 시리아에 돌려주는 비밀협상을 제안했으나, 거부당한다. 이에 이스라엘은 이 두 요충지를 자국 영토로 합병하는 절차에 들어가면서, 충돌이 이어진다. 수에즈운하는 1967년 전쟁 이후로 계속

---

179 이츠하크 라빈은 3차 중동전이 끝나고 1968년 전역하면서 주미대사로 5년간 근무한 뒤, 귀국해 노동당 소속으로 국회의원에 선출돼, 1974년 골다메이어 총리 내각에서 노동장관으로 일했다. 1974년 메이어 총리가 4차 중동전쟁에서의 실책을 책임지고 사임하자 후임 총리로 선출됐다. 그는 1974~1977년 1차 임기에 이어 국방장관(1984~1990)을 지내고 다시 1992~1995년 2차 총리로 재직했다. 라빈은 1993년 빌 클린턴 대통령의 중재로 야세르 아라파트 PLO 의장과 평화협정을 맺고, 1994년 오슬로협정을 맺었다. 오슬로협정으로 PLO를 기반으로 하는 팔레스타인 자치정부가 탄생했고 동예루살렘과 요르단강 서안지구, 가지지구가 팔레스타인 자치정부의 영토가 됐다. 그러나 1995년 11월 4일, 라빈 총리의 평화 정책에 불만을 품은 유대인 극우파 청년에게 피살당한다.

폐쇄 중이었다.[180] 이집트는 경제적 타격을 심하게 받는다.

1970년 나세르가 사망한 뒤 그와 육군사관학교 동기이기도 한 후임 사다트 대통령(1970~1981)은 패전의 굴욕을 씻기 위해 훈련과 무기 도입 등 이집트군의 체질을 바꾸어 나갔다. 1973년 10월 6일 이날은 욤키푸르(Yom Kipur), 유대민족이 모든 죄를 용서받는다는 속죄일(贖罪日)로, 큰 명절이었다. 그래서 4차 전쟁은 '욤키푸르 전쟁' 또는 '10월 전쟁'이라고 부르기도 한다.

군 체질 개선을 마친 이집트는 축제일을 맞아 허점이 많은 이스라엘을 침공한다. 수에즈운하를 지나 시나이반도로 진격한 이집트군은 대전차 미사일로 이스라엘군 탱크 150대를 격파하는 등 파죽지세로 진격했다. 이스라엘 공군은 이집트의 지대공미사일 방어망에 걸려 속속 격추되는 등 하루 만에 공군력 10%를 잃었다. 이스라엘이 존망 위기에 몰린다. 게다가 워터게이트 스캔들로 위기에 몰린 닉슨 행정부는 이스라엘의 지원에 소극적이었다. 이제 이스라엘은 개발을 마쳤지만, 비밀에 부쳤던 비장의 핵무기를 써야 할 때가 됐다는 소문을 흘린다. 미국이나 소련 모두, 핵무기를 동원해 전쟁하기에는 명분이 모자랐다. 그제서야 미국과 소련이 싸움을 말리기 위해 나선다. 이 전쟁도 열흘 만에 끝난다. 4차 중동전은 이스라엘이 사실상 패배한 전쟁이다.

이스라엘은 건국 이후 처음으로 나라가 다시 망할 수도 있다는 위기감에 휩싸인다. 이스라엘의 이러한 위기감, 이집트, 시리아, 요르단, 이라크 등 아랍 측의 무력감, 이런 요인들이 복합적으로 작용해, 중동지역에서 평화 매커니즘이 본격적으로 작동하기 시작한다. 승리하는 쪽도 패배하는 측도 전쟁을 겪고 나야 큰 깨달음을 얻는 방식은 동서양이나 고금을 가리지 않는 철칙이다.

---

180 1869년 개통된 수에즈운하는 1956년 2차 중동전쟁 때 몇 달간 폐쇄된 이후, 1967년 6월 3차 중동전쟁 이후 8년간 폐쇄되다가 1974년에 재개된다. 수에즈운하는 전쟁으로 두 차례, 이후 선박 좌초 등의 사고로 4차례(2004, 2006, 2017, 2021) 등 모두 6차례 기능이 정지된 적이 있다.

9. PLO, 테러와 평화

테러

테러의 뿌리 | 팔레스타인 테러의 역사는 기구하다. 이스라엘이 건국되기 전 팔레스타인 지역에서는 유대인 무장단체에 의한 테러가 많았다. 아랍계 주민들과도 싸워야 했지만, 위임통치를 하고 있는 영국 정부와도 싸웠다. 유대인의 대표적인 테러는 영국 위임통치 당국과 군사령부가 입주해 있는 예루살렘 시내 「킹 데이비드」 호텔에 대한 폭탄테러다(1946.7.22). 유대인 무장단체 이르군(Irgun)이 주도한 이 테러로 위임통치정부 관료 21명이 숨지고 아랍인 41명, 유대인 17명 등 모두 91명이 숨지고 45명이 부상했다.

수정 시오니즘(Revisionist Zionism) 신봉자들은 "유대국가의 수립을 위해서는 영국군, 아랍인 등 어떤 세력에 대한 테러도 불사한다"는 원칙을 적용한다. 이들은 "모든 유대인은 팔레스타인에 정착할 권리가 있으며, 적극적인 공격만이 아랍인들을 단념시킬 수 있다"고 생각했다. 이들은 이스라엘이 건국될 때까지, 팔레스타인 지역에서 60건 이상의 테러를 자행했다.[181]

이스라엘이 건국된 뒤 테러의 주체는 팔레스타인인들로 바뀐다. 유대인의 디아스포라가 끝나니, 아랍인의 디아스포라가 이어지고, 유대인의 테러가 끝나

---

181 이르군은 1931년 창설돼 1947년 활동을 마칠 때까지, 킹데이비드 호텔 폭발 사건(1946), 데이르 야신마을 학살사건(1948) 등 모두 60건의 테러를 자행해 아랍인 250여 명을 살해했다. 미국 뉴욕타임즈는 영국 경찰관 2명과 아랍인 11명의 사망을 불러온 예루살렘 폭탄 투척 사건을 보도하면서 이르군을 '테러리스트'라고 보도했다(1947년 12월 30일). 또 오스트리아 알프스 산악지대에서 영국군 군용열차 폭탄테러 사건에서도 이르군을 '테러리스트'라고 보도했다(1947년 8월 16일).

유대인 측 테러로 파괴된 킹데이비드 호텔. 예루살렘. 1946.7.22. 사진=위키피디아

니, 팔레스타인인의 테러가 이어진다. 기막힌 역사의 순환이다.

1차 중동전쟁(中東戰爭)이 끝나자, 팔레스타인에서는 짧은 시간에 75만 명의 아랍계 난민이 발생했다. 10개월간의 전쟁이 끝나고 보니, 이스라엘은 독립 당시 할당된 56%의 땅 외에도 아랍인의 땅을 더 빼앗았고, 국제 공동 관리구역인 예루살렘의 서쪽, 즉 서(西)예루살렘도 점령했다. 요르단은 요르단강 서안지구(West Bank)를 차지했고, 이집트는 가자지구(Gaza Strip)를 차지했다.

그래서 요르단에는 전쟁을 피해 요르단으로 탈출한 팔레스타인인과 전쟁 과정에서 획득해 합병한 요르단강 서안지구에 거주하는 팔레스타인인(人)까지 합칠 경우, 요르단 본 국민보다 팔레스타인인들이 더 많아지는 기이한 상황이 생겼다. 살던 고향에서 쫓겨 피난 나온 이들 팔레스타인인들은 요르단 정부의 통제에 잘 따르지 않았고, 이스라엘에 대한 복수심에 불탔다.

PLO 창설 | 1964년. 이집트 알렉산드리아에서 이집트와 사우디아라비아 등

아랍연맹 14개 회원국들의 정상회담이 열렸다. 이 회의에서 아랍 정상들은 "게릴라전을 동반한 무장투쟁으로 팔레스타인 해방, 팔레스타인 독립국가 창설을 달성한다"는 팔레스타인해방기구(Palestine Liberation Organization, PLO)의 결성을 승인하고 아랍권 전체의 지원을 약속한다. 팔레스타인 내 여러 정당과 단체의 연대 조직인 PLO는 「야세르 아라파트」(Yasser Arafat, 1929~2004)를 의장(1969~2004)으로 선출하고 본격적인 테러와 게릴라 투쟁에 나선다.

PLO는 서방 여객기 5대의 동시 납치(1970.9)[182]나 뮌헨 올림픽선수촌 이스라엘 선수단 숙소 습격 사건(1972.9)[183] 등을 통해 자신들의 존재와 억울한 입장(立場)을 알리면서 국제사회의 주목을 받기에 이른다. 이들은 미국과 이스라엘은 물론 이들의 입김이 먹히는 서방 언론들로부터 '아랍 테러리스트'로 규정됐지만, 빼앗긴 땅을 찾아서 자신들의 나라를 세우겠다는 힘든 투쟁을 멈추지 않았다.

1970년 9월 12일, PLO는 승객들을 다 풀어준 뒤 "이스라엘과 국제사회에 대한 항의 표시"로 3대의 납치 여객기를 폭파했다. 사진=나무위키

----
182 1970년 9월 6일, PLO 산하 강경 분파인 '팔레스타인민해방전선'(PFLP)이 텔아비브와 프랑크푸르트, 취리히, 암스테르담, 바레인 등지를 떠나 뉴욕과 런던으로 향하던 5대의 여객기를 동시에 납치해 세계를 놀라게 했다. 그 뒤 납치범들은 승객들을 풀어준 뒤 여객기 3대를 요르단의 사막에 위치한 '혁명 공항'(옛 영국군이 사용하던 도슨 기지)에서 폭파시켜 버렸다. 이 조직은 1967년 하반기에 결성됐으나, 도중에 마르크스-레닌주의를 표방했고, 1972년에는 이스라엘의 테러로 지도자가 암살되기도 했다.
183 이 사건은 1972년 9월 5일 팔레스타인 테러단체인 「검은 9월단」이 11명의 이스라엘 올림픽 선수를 인질로 잡고, 이스라엘에 수감 된 팔레스타인 양심수 234명의 석방을 요구하며 협상을 시도했으나, 경찰의 진압 미비로 이스라엘 대표팀 전원이 살해된 사건이다.

PLO의 활동이 늘어날수록 요르단의 후세인 국왕은 이스라엘로부터 압력을 강하게 받게 되고 내부적으로는 팔레스타인 무장 조직에 의한 치안 통제권이 무시당하는 등 안팎으로 곤란한 상황에 시달리게 된다. 때를 기다리던 후세인 국왕은 PLO의 여객기 연쇄 납치 사건을 계기로, 1970년 9월 15일 계엄령을 내리고 PLO에 대한 토벌(討伐), 축출 전쟁을 개시한다. 이 결과 PLO는 요르단에서 쫓겨나 레바논으로 본거지를 옮기고, 쫓겨난 PLO는 요르단의 토벌이 개시된 9월을 '검은 9월'이라고 부르면서 과격파들은 '검은 9월단'이라는 테러 조직을 결성하고 뮌헨올림픽사건을 일으킨다.

레바논은 남부의 팔레스타인 난민 밀집 지역에서의 PLO 활동과 테러 등을 묵인했다. PLO 조직원들은 1974년 4월 레바논 국경을 넘어와 키야트 슈모나(Kiyat Shmona) 마을을 공격해 33명의 유대계 주민을 살상하고 또 5월에는 마아롯(Ma'alot)의 학교를 점거해 31명을 살해하는 등 테러를 자행했다.

PLO의 이러한 테러는 그 뒤 이스라엘로 하여금 레바논을 공격하는 구실을 제공하게 된다.

테러와 여객기 납치 등으로 자신들의 존재와 억울함을 세상에 알린 PLO는 4차 중동전쟁이 끝난 1973년 10월, "앞으로 PLO는 국제테러에 개입하지 않겠다. 그 대신 국제사회가 PLO를 인정해 달라"고 요구한다. 이듬해(1974) 아랍국들이 "PLO를 400만 팔레스타인인의 유일한 합법기구"로 인정하고, UN의 100여 개 회원국들도 "PLO를 팔레스타인을 대표하는 유일한 법적 조직"으로 인정하고, UN도 "PLO를 정식 옵서버"로 승인한다.[184]

통계를 보면 유대인들의 팔레스타인 이주 초기인 1920년 4월 예루살렘의 네비 무사 충돌(Nevi Musa Riots) 이후 2016년까지 두 민족 간의 충돌과 자살폭탄 테러 등으로 유대인은 24,969명이 사망하고 36,260명이 부상했다. 반면에 아

---

184 옵서버(Observer)는 '참관국'이라는 뜻으로, 유엔 정식 회원국이 아니면서 유엔총회에 초청받아 참여하는 국가 또는 단체를 말한다. 현재는 바티칸시국과 팔레스타인해방기구 등 2개이다. 우리나라는 1949년부터, 북한은 1973년부터 옵서버로 활동하다가, 1991년 유엔 회원국이 됐다. 독일의 경우도 서독은 1952년부터 1973년까지, 동독은 1972년부터 1973년까지 옵서버 국가였다.

랍인은 91,105명이 목숨을 잃고 78,038명이 부상했다. 아랍계 주민이 사망자에서는 4배 가까이, 부상자에서는 2배 이상 더 많다.[185] 아랍계 팔레스타인인들이 온 힘을 다해 항거해도 이스라엘 군경이나 무장 단체들의 무자비함이나 무장을 당해 내지 못하고 있다. 비극이 달리 없다.

미국, 중동 개입

미국의 딜레마 ｜ 1차 대전 이후 유대인들은 유대국가 창설의 후견국을 영국에서 미국으로 바꿨다. 후견국이 된 미국은 유대인과 이스라엘과 관련한 문제가 발생하면 그 해결에 꾸준하게, 적극적으로, 때로는 은밀하게 참여했다.

미국의 세계 주도가 본격화되면서 팔레스타인 분쟁과 중동 문제에 대한 미국의 관심과 개입도 계속 늘어난다. 1956년 이집트의 수에즈운하 국유화 조치로 인해 발생한 2차 중동전쟁에서 미국은 이집트를 침공한 이스라엘과 영국, 프랑스 등에 압력을 가해 전쟁을 조기에 끝내도록 한다. 미국의 소극적인 태도는 4차 중동전까지도 유지됐다. 미국은 경제적 지원이나 무기 판매 등 간접적인 방법으로 개입했다.

미국의 중동 정책은 1979년 이란(Iran)에서 이슬람 혁명이 일어나면서 크게 방향을 바꾼다. 중동에서 미국의 최대 동맹국이었던 이란에서 발생한 이슬람혁명으로 인해 팔레비 왕조가 무너지고,[186] 팔레비왕조를 뒷받침해왔던 테헤란 주재 미국대사관이 이란 시위대에게 1년 이상 점거됐다.[187] 중동의 최고 동맹국 이

---

185 팔레스타인 충돌 등에 관한 온라인 백과사전인 〈유대인가상도서관, Jewish Virtual Library〉의 통계자료를 인용했다.
186 팔레비(Pahlavi) 왕조(1925~1979)는 이란에 존재했던 마지막 페르시아제국 왕조였다. 1979년 이슬람 혁명으로 입헌군주제인 팔레비왕조가 붕괴되고 이슬람 종교 지도자가 최고 권력을 가지는 신정체제(神政體制)로 바뀌었다. 친서방적인 정책을 추구하면서 독재정치를 펴온 팔레비 국왕에 대한 반대 시위는 1977년 10월부터 시작돼 시위와 파업 등으로 계속 격화됐다. 팔레비 국왕은 1979년 1월 해외로 망명길에 나섰고, 프랑스에서 망명 생활을 하던 종교 지도자 아야톨라 호메이니가 1979년 2월 귀환한 뒤 정국의 주도권을 쥐면서, 이란은 이슬람공화국으로 바뀐다.
187 미국은 이집트에서 망명 중인 팔레비 전 이란 국왕의 신병 치료를 위한 입국을 허용했고, 이에 분노한 이

이란 젊은이들이 테헤란의 이란주재 미국대사관의 철문을 넘어가고 있다. 이들은 외교관 53명을 인질로 잡아 444일간 대사관을 점거했다. 1979.11.4. 사진=위키피디아

란이 중동 최대의 반미(反美)국가가 됐다.

당시 카터 미국 대통령은 1980년 연초 "중동에서 미국의 이익에 필요하면 직접적인 군사적 개입도 하겠다"는 내용의 「카터 독트린」을 연두교서에 담았다. 이란과의 관계가 파탄 나면서 미국은 중동에서의 파트너를 사우디아라비아(Saudi Arabia)로 바꾸고, 이스라엘은 공식적인 발표는 없었지만 계속 핵심적인 이해가 걸린 지역으로 존재했다.

미국의 중동 정책은 그 이후 아랍국들과의 끊임없는 전쟁으로 이어진다. 미국은 이란(Iran)을 대신해 중동의 패권국을 꿈꾸는 이라크(Iraq)의 후세인을 지원해, 이란과 8년 동안 「이란-이라크전쟁」(1980~1988)을 계속하도록 했고, 몇 년 뒤 이라크가 이웃의 쿠웨이트(Kuwait)를 침공해 합병하자(1990), 이라크를 응징하기 위해 다국적군을 꾸려, 걸프전쟁(Gulf War)을 일으켜, 이라크를 공격했다. 미국의 걸프전 주도에 분노한 오사마 빈 라덴은 알카에다(al-Qaida)를 꾸려

란 대학생 등 시위대들이 테헤란 주재 미국 대사관에 진입해 1년 이상 점거했다.

「9.11 테러」(2001)를 감행했다.

9.11테러로 큰 충격을 받은 미국은 아프가니스탄전쟁(2001~2021)과 이라크전쟁(2003~2011)을 일으켰고 이에 분노한 아랍인들은 「이슬람국가」(IS)로 미국에 맞섰다. 2021년 여름 미국은 아프가니스탄을 그냥 버려두고 20년 만에 완전히 철수했다. 아프가니스탄은 다시 예전처럼 탈레반의 수중에 들어갔다. 미국은 아프가니스탄에서 9.11테러를 일으킨 오사마 빈 라덴과 알카에다를 제거하고, 아프가니스탄을 민주적인 국가로 재건한다는 목표를 세웠지만, 두 번째 목표는 실패했다. 여러 국가들이 미국의 철수 결정을 의아해한다.

이라크에서도 마찬가지다. 독재자 후세인[188]은 제거했지만, 침공의 명분으로 내걸었던 대량살상무기는 존재하지 않는 것으로 나타나, 미국은 국내외에서 어려운 입장에 처하게 된다.

이어 미국은 시리아 내전(2014~)에 개입했고 트럼프 대통령은 전임 오바마 대통령이 이란과 어렵게 합의한 이란핵협정(JCPOA)을 깨면서(2018) 중동에서 긴장을 더 높였다. 2021년 1월에 취임한 바이든 대통령은 트럼프와는 반대로 이란과의 핵협정을 다시 추진하고 있다.

미국의 개입으로 중동에서 대규모의 전쟁이나 충돌이 계속되자 이스라엘-팔레스타인(이-팔) 분쟁은 해결에서 점점 멀어지면서 문제 자체가 왜소해 간다. 또 이스라엘과 팔레스타인 등 양측에서 강경파가 세력을 얻거나 집권을 이어가면서 이-팔 분쟁은 '백약이 무효'인 상태로 바뀐다.

안타깝게도 미국은 중동문제의 중요한 당사자인 아랍 측에게는 '공정한 중재자나 심판'이 아니라 '경기에도 끼어들고 심판도 보는 사막의 무법자' 또는 '이스라엘을 편드는 공정하지 않은 중재자'로 인식된다. 미국은 세계 유일의 강대국이다. 세계는 평화를 위해 미국의 힘을 원하나, 현실은 미국으로 인해 손상받는 평화가 더 많다. 안타까운 현실에 미국도 답답할 것이다.

---

188 이라크 사담 후세인(1937~2006)은 1979년 대통령이 된 뒤 2003년까지 집권했다. 그는 미군에 체포된 뒤 집권 중 시아파 주민들을 학살한 혐의로 기소돼 사형선고를 받고 교수형에 처해졌다. 당시 69세였다.

1978, 캠프데이비드 협정 ｜ 4차 중동전쟁에서 미국은 이스라엘이 궁지에 몰리면 핵무기를 사용할 수도 있다는 입장을 흘리자 중동전쟁에 개입해 전쟁을 끝내도록 힘을 썼다. 그 뒤 적극적으로 중동 평화 과정에 개입한 미국 대통령은 카터(1977~1981), 클린턴(1993~2001), 트럼프(2017~2021) 등을 꼽을 수 있다. 카터와 클린턴은 중재자로서 비교적 공정하게 과정을 이끌어간 데 비해, 트럼프는 이스라엘을 일방적으로 편들면서 평화 과정을 주도한 점이 전임자들과 다르다.

4차 중동전이 끝나고 나서 당시 미 국무장관 헨리 키신저는 두 차례의 시나이협정(1974, 1975)을 통해, 이스라엘이 이집트로부터 빼앗은 시나이반도를 돌려주도록 하고(1982년 철수 완료), 아랍 측의 신뢰를 얻어 미국 개입의 발판을 만들었다. 이러한 미국의 중재(仲裁)는 1978년 9월의 캠프 데이비드(Camp David)협정, 이스라엘-이집트 평화협정으로 이어진다.[189] 캠프데이비드협정은 ①시나이반도에서 이스라엘 군의 완전 철수 ②이스라엘-이집트 간의 적대관계 청산 ③요르단강 서안과 가자지구에 팔레스타인 자치정부 수립안 등을 담고 있는 획기적인 내용이었다. 그러나 아랍권은 팔레스타인 문제의 해결 없이 이스라엘과 평화협정을 맺은 이집트를 아랍연맹에서 퇴출시킨다. PLO 또한 "팔레스타인의 운명은 팔레스타인 사람에게 있다"는 이유로 캠프 데이비드협정을 거부한다.

1993, 오슬로협정 ｜ 이렇게 한번 좌초된 평화 과정이 다시 동력을 얻기까지는 상당한 시간이 걸린다. 조지 H.W. 부시 대통령(1989~1993)은 "이제 아랍-이스라엘 분쟁을 종식해야 할 때가 왔다"고 선언하고(1991.3), 중동 평화회담의 불씨를 살려낸다. 팔레스타인 측은 독립국가 건설을 주장했지만, 이스라엘은 팔레스타인 자치를 주장해 의견의 차이가 컸다. 그래도 대화와 협상이 계속돼 이스라엘과 팔레스타인 대표는 "PLO는 이스라엘의 존재를 인정하고, 이스라

---

189 캠프 데이비드 협정은 1978년 9월 합의되고, 이어 이스라엘과 이집트 간의 평화협정은 1979년 3월 26일 백악관에서 베긴 총리와 사다트 대통령 사이에 조인됐다.

1993.9.13. 백악관에서 1단계 오슬로협정 서명식이 열렸다. 라빈 이스라엘 총리(왼)와 아라파트 PLO의장 간의 악수를 클린턴 미국 대통령이 지켜보고 있다. 사진=위키피디아

엘은 PLO를 팔레스타인 민족의 유일한 대표로 인정하는 합의안"에 서명한다 (1993.9). 1년 동안의 비밀협상 끝에 「1단계 오슬로협정」(Oslo Accords)이 탄생했다. 이 협정은 미국의 백악관에서 서명식을 갖는다. 클린턴 대통령이 중재자로 라빈 이스라엘 총리와 아라파트 PLO의장이 서명한 오슬로협정은 상호 실체를 인정하고, 테러의 중단과 팔레스타인 자치정부의 수립 그리고 가자(Gaza)지구와 제리코(Jericho)에서 이스라엘군 철수와 5년 내 추가 철수 등을 규정하고 있다.[190] 이스라엘은 요르단강 서안지구와 가자 지구 등 점령지를 반환해서 팔레스타인 자치정부를 설립하게 하고, 팔레스타인은 이스라엘에 대한 무장 투쟁을 포기하는 "땅과 평화의 교환"이었다.[191] 이에 따라 1994년 5월 요르단강 서안지구와 가자지구에서 이스라엘군이 철수하고, 아라파트 의장은 팔레스타인 자치정부(Palestine Authority, PA) 수립을 공식 선언했으며, 1996년 선거를 통해 자치행정부 대표와 자치평의회 의원 88명 선출을 마치고 자치정부를 본격 출범시켰다.

---

190 1993년 9월에 서명된 1단계 오슬로(Oslo) 평화협정은 '땅과 평화의 교환'(Land for Peace)이라는 유엔 안전보장이사회 242호 결의안의 기본 원칙에서 발전한 것이다. 이 결의안은 3차 중동전쟁이 끝나고 1967년 11월 22일 통과됐으며, 이후 팔레스타인 문제의 해결원칙으로 자리한다.
191 이 공로로 야세르 아라파트 PLO 의장과 이스라엘 이차크 라빈 총리, 시몬 페레스 외무장관 등 3인은 1994년 노벨평화상을 받는다.

1년 뒤 합의된 「2단계 오슬로협정」은 이스라엘군의 추가 철수 계획안, 이-팔 공동 치안 관리 문제 등을 구체적으로 다루고 있다. 이스라엘로부터 돌려받을 요르단강 서안지구를 A B C 등 세 지역으로 나눠서 A지역(18%)은 팔레스타인 자치정부가 행정과 치안 모두를 담당하고, B지역(21%)은 팔레스타인이 행정을 맡고 치안은 이스라엘과 공동으로 처리하며, C지역(61%)은 이스라엘이 통치와 치안 모두를 담당하는 지역으로 정했다.

회담장에 나오기를 꺼리던 이스라엘이 이렇게 평화 협상에 나선 데는 1987년부터 시작된 아랍계 주민들의 인티파다(Intifada)[192]가 원인으로 꼽힌다. 팔레스타인 주민들의 대규모 무장봉기는 이스라엘 사회에 큰 충격을 주었고, 시위에 대한 강경 진압으로 이스라엘은 국제사회로부터 엄청난 비판을 받았다. 또 PLO의 아라파트 의장 역시 1991년의 걸프전에서 이라크의 후세인을 지지한 이후 아랍권 내에서 지원이 끊어지면서, 존립이 흔들리는 등 양측 모두 돌파구가 필요한 상황이었다.

극단 세력의 판깨기 | 그러나 호사다마(好事多魔)라고 '땅과 평화의 교환'에 대해 이스라엘과 팔레스타인 양측의 극단주의 세력들은 불만이 많았다. 1995년 11월 4일, 「이츠하크 라빈」 이스라엘 총리가 이스라엘 극우파 청년에게 암살됐다. 이스라엘 우파(右派)는 라빈 총리를 나치에 비유하고 '아라파트에게 이스라엘의 안보를 팔았다'며, 라빈과 오슬로협정을 아주 경원시했다. 극우파 청년의 라빈 암살도 이러한 분위기 아래에서 저질러졌다.

또 아라파트는 하마스(Hamas)[193]나 다른 무장 정파의 반(反)이스라엘 테러나 공격

---

192 인티파다는 이스라엘에 대한 팔레스타인인(人)들의 대규모 민중봉기로, 1차 인티파다는 1987년 발생해 1994년에 공식으로 종결되고, 2차는 2000년 9월 이스라엘 극우 정치인 샤론이 이슬람의 성지 알-아크사 사원을 방문한 데 분노한 시위를 이스라엘 군경이 강경 진압을 한데서 촉발됐으며, 3차 인티파다는 2017년 12월 미국 트럼프 대통령이 예루살렘을 이스라엘의 수도(首都)라고 선언한데 반발해 일어났다.

193 하마스(Hamas, '이슬람저항운동')는 1987년 1차 인티파다가 일어나자 이집트 무슬림형제단의 팔레스타인 지부가 독립해 만든 조직이다. 정당이자 준군사단체, 테러 조직으로 이스라엘에 대한 자살폭탄테러와 무장투쟁으로 이름을 얻었다. 하마스는 2006년 1월의 총선거에서 132석 가운데 74석을 얻었으나, 다른 정파인 파타당과의 갈등에 이어 이스라엘의 경제봉쇄가 강화되면서 팔레스타인 자치정부는 요르단강 서안지구의 파타당 정부와 가자지구의 하마스정부로 분열된다.

행위를 막지 못하고 끼고도는 모습을 보이자, 이스라엘에서는 평화에 대한 팔레스타인 측의 의지를 의심하기 시작한다.[194]

야세르 아라파트 의장 계열의 파타(Fatah)[195]는 팔레스타인의 최대 정당으로 이스라엘과 오슬로협정을 맺고 공존(共存)을 추구해 왔으나, 이스라엘의 우익정당인 리쿠드(Likud)[196]당이 집권하면서 아리엘 샤론 총리(재임 2001~2006) 정부가 강경책을 펴자, 팔레스타인에서도 강경파인 하마스의 영향력이 커지면서 2006년 총선에서 파타를 누르고 다수당이 된다. 양측의 강경파가 집권한 이후 이스라엘과 하마스는 가자지구에서 세 차례의 전쟁급 대충돌을 포함해 다섯 차례의 크고 작은 충돌을 겪었고, 그 결과 팔레스타인 측은 큰 피해를 입는다.[197]

이와 함께 팔레스타인 자치정부가 요르단강 서안지구의 온건파 파타당과 가자지구의 강경파 하마스로 분리되면서 이-팔 평화협상은 그 구도가 더욱 복잡해졌다. 이스라엘 내에는 만약 이스라엘이 요르단강 서안지구에서 철수하면 이 지역마저도 하마스에게 장악돼, 상황이 더 악화된다며 철수를 반대하는 여론이 강해지고 있다.

현재 이-팔 간의 평화협상은 완전히 중단된 상태다. 특히 트럼프 전 미국 대통령이 예루살렘을 이스라엘의 수도로 인정하고, 미국 대사관을 예루살렘으로

---

194 하마스는 1993~2006년까지 로켓 공격과 폭탄테러 등을 자행했는데, 하마스는 1997년 7월 30일 예루살렘 구시가지 한 시장에서 폭탄테러를 자행해 사망 17명 부상 150여 명을 냈고, 9월 4일 역시 예루살렘에서 폭탄테러로 173명의 사상자를 내기도 했다.

195 파타당은 현실 대화주의자인 아라파트 PLO 의장 계열의 정당이다. 1959년 정치운동단체로 출발해 1965년 정당으로 활동을 시작했다. 파타당은 현재 요르단강서안지구의 지배 정당으로 이스라엘과의 대화와 공존을 추구하고 있다.

196 리쿠드는 히브리어로 '협동, 화합'의 뜻으로, 1973년 메나헴 베긴이 여러 군소 우익정당과 자유주의 정당을 합쳐서 만든 보수주의 정당이다. 시장자유주의를 표방하나 팔레스타인에 대해서는 초강경 정책을 견지한다. 베긴(1973~1983), 샤미르(1983~1993), 네타냐후(1993~1999), 샤론(1999~2005), 다시 네타냐후(2005~2021)가 차례로 당수를 지냈다. 2021년 6월에 물러난 네타냐후 총리는 1976년 우간다의 엔테베작전에서 작전 도중 친형인 요나탄 네타냐후 대위가 전사하는 아픔을 경험한다.

197 이스라엘과 하마스는 2008, 2009, 2012, 2014, 2021 등 다섯 차례에 걸쳐 크고 작은 무력충돌을 벌였다. 2021년 5월의 충돌은 가자전쟁(Gaza War)이라는 말을 들을 정도였다. 팔레스타인 측에서 어린이 166명 등 256명이 사망하고 4,360명이 부상했다. 또 건물 94동이 파괴되고 72,000명의 이재민이 발생했다.

옮기고(2018.5.14. 이스라엘 독립 70주년 기념일) 유엔팔레스타인난민기구(UNRWA)에 대한 자금지원 중단을 선언(2018.9.1)한 점도 분위기 악화에 기여했다. 트럼프는 그 뒤(2020) 아주 다른 시각의 중동평화안을 제시한다.

10. 팔레스타인 난민들

팔레스타인 자치정부

현재 팔레스타인인(人)은 요르단강 서안과 가자지구 등 2개의 자치(自治) 지구에 522만 명(2021), 자치 지구를 제외한 이스라엘 안에 190만 명 정도가 이스라엘의 2등 국민으로 차별 속에서 살아가고 있고, 기타 인접 아랍국 등에 설치된 난민수용소나 미국 등지에 615만 명 정도가 거주해, 모두 1,300만 명 정도로 추산된다.

1993년 오슬로협정의 결과로 영토를 확보한 팔레스타인 자치정부의 관할지역은 요르단강서안(西岸) 지구(West Bank) 5,655㎢와 가자 지구(Gaza Strip) 350㎢인데, 이 두 지역은 60㎞ 이상 떨어져 있다. 수도는 동(東)예루살렘이지만 빼앗긴 땅이고, 임시 행정수도를 요르단강서안지구의 라말라(Ramallah)에 두고 있다.

팔레스타인 자치정부는 UN 가입의 전 단계로 유네스코(UNESCO) 회원국이 됐다(2011). 이어 UN 옵서버 '단체'(entity)에서 옵서버 '국가'(state)로 격상돼(2012), 표결권은 없지만, 주권을 가진 국가로 인정받고, 2013년 1월 3일 팔레스타인국(State of Palestine)으로 독립했다. 정부 형태는 이원집정부제에 가깝다. 행정수반은 야세르 아라파트 PLO의장이 맡았으나 아라파트 사망 후(2004) 마흐무드 압바스(Mahmoud Abbas, 1935~)가 2대 수반을 맡고 있다. 팔레스타인국은 현재 193개 UN 회원국 가운데 138개 나라(2022)로부터 승인받았다. 미국과 이스라엘은 팔레스타인국을 인정하지 않고 있다. 또 이스라엘은 팔레스타인국의 영토를 불법적으로 점령하고 있는 상태다.

팔레스타인국을 법률상의 주권국가(de jure sovereign state)로 표기한다. 팔레스타인국은 현재 완전한 주권국가 또는 완전한 독립국가로 나서기에는 여러 가지 결핍이 있는 상태다. 그래서「팔레스타인 자치정부」라고 하기도 하고,「팔레스타인국」이라고 부르기도 한다. 팔레스타인국은 외교와 국방권(대외적인 치안권)을 제한적으로 행사하고 있지만, 입법과 행정권은 비교적 자유롭게 행사하고 있다. 당초 팔레스타인 측이 이스라엘과 맺은 오슬로협정에 따르면, 1994년부터 5년 동안의 자치 기간을 거쳐 1999년 5월 팔레스타인 독립국가를 선포하기로 돼 있으나, 최종 평화 협상 과정에서 양측 의견 차이가 크다. 팔레스타인 자치국가의 최종 성격, 동예루살렘의 지위, 팔레스타인 난민의 귀환, 이스라엘 군의 배치 등 풀어야 할 난제들이 여전히 많다.

500만 난민 | 이런 드러난 현실은 그래도 팔레스타인의 밝은 면이다. 또 다른 현실로는 5백만 명이 넘는 팔레스타인 난민 문제가 남아있다. 1차 중동전쟁 과정에서 발생한 난민은 52만(이스라엘 측 추산)~85만(아랍 측 추산) 명으로, 대략 75만 명 정도로 추정한다. 팔레스타인 난민은 그 뒤에도 3차 중동전쟁(1967), 걸프전(1991), 시리아 내전(2011) 등으로 계속 증가했다. 1949년에 설립된 유엔팔레스타인난민구호기구(UNRWA, Relief and Works Agency for Palestine Refugees in the Near East)에 등록된 팔레스타인 난민은 515만 명이다(2015). 나라별로는 요르단에 211만, 가자지구에 127만, 요르단강 서안 77만, 시리아 53만, 레바논 45만 그리고 사우디 24만, 이라크 3만 명 등이다. 이 가운데 160만 명 정도가 UNRWA가 운영하는 59개 난민수용소에서 생활하고 있으며, 나머지는 난민으로 등록된 상태로 수용소 외부에서 생활하고 있다.

UN 산하 다른 하나의 난민기구는 1950년에 설치된 유엔난민최고행정책임자 사무소[198](UNHCR, High Commissioner for Refugees)다.

---

198 유엔난민최고행정책임자사무소(UNHCR)는 유엔난민기구(UN Refugee Agency)라고도 부른다.

이름에서 구별되듯이 UNHCR(유엔난민최고행정책임자사무소)는 전 세계에서 이런저런 분쟁이나 전쟁, 자연재해 등으로 발생하는 8,000만 명 이상의 난민들[199]

고향에서 쫓겨난 아랍계 주민들, 1948.

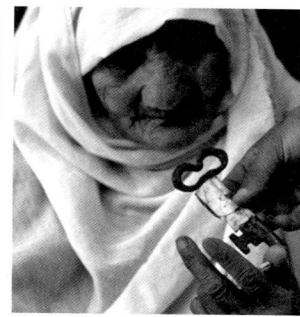
쫓겨난 고향 집 열쇠를 50년 간직하고 있는 난민.

초기 팔레스타인 난민촌. 사진 UN팔레스타인난민구호기구

---

199 난민의 숫자는 최근 급격하게 늘고 있다. 전쟁, 테러, 빈곤, 자연재해 등으로 세계 곳곳에서 난민이 발생하고 있다. 2020년 말 현재 전 세계 난민은 8,240만 명이다. 2011년 말 4천만 명이던 난민은 9년 만에 거의 배가 증가했다. 반이 좀 넘는 4,800만 명은 한 국가 안에서 다른 지역으로 피신한 국내 난민이고, 모국을 떠나 다른 나라로 피신한 난민은 2,640만 명이다. 시리아(670만), 베네수엘라(400만), 아프가니스탄(260만), 남수단(220만), 미얀마(110만)에서 많이 발생했으며, 터키가 370만 명의 난민을 받아들였고, 콜롬비아(170만), 파키스탄(140만), 우간다(140만), 독일(120만) 등이 뒤따른다. (매일경제, 〈세계인구 100명 중 1명은 난민 8,240만 명 '사상 최다'〉, 2021.6.18.) 그러나 2022년 2월 러시아가 우크라이나를 침공함에 따라 다시 1,300만 명 이상의 난민이 발생해, 모두 1억 명이 넘는다는 통계도 나오고 있다. 세계인구 80명 가운데 1명이 난민이라는 우울한 통계다.

을 구호하기 위한 기구다.

일반 난민들은 대개 10년 미만의 캠프 생활을 거쳐 난민 생활을 청산한다. 그러나 팔레스타인 난민들은 결코 캠프를 떠나지 않는다. 이들은 이스라엘에게 빼앗긴 땅을 되찾기 전에는 난민 캠프를 떠나지 않는다는 결의와 적의에 가득 찬 마음으로 난민 생활을 이어가고 있다. UNWRA의 예산은 미국 등 서방 세계가 제공하는 예산이 대부분이다. 아랍 형제 나라들은 UNRWA에 거의 돈을 지원하지 않는다. 이렇게 인색한 이유는 두 가지다. 미국 등 서방 세계가 이스라엘을 지원해서 팔레스타인 난민들이 생겨났으니까 원인 제공자가 뒤처리를 맡으라는 뜻도 있고 또 이 난민들을 풍족하게 생활하도록 지원하면 이들이 고향 땅 팔레스타인으로 돌아가고픈 염원이 약해질 것이라는 우려 때문이다.[200] 같은 이유로 이들 아랍 형제국들은 이 난민들이 정착해서 살아갈 수 있는 땅도 제공하지 않는다.

이들은 요르단이나 사우디아라비아가 아니라 팔레스타인 사람이니까, 팔레스타인 땅으로 돌아가야 한다고 말하고 아무리 어려워도 난민 캠프에서 살다가 고향으로 돌아가 집을 짓고 편하게 살아야 한다고 믿는다.

그래서 1949년 처음 난민 생활을 시작한 사람들의 손자가 태어나도 난민촌을 벗어나지 않고, 많은 난민이 여기에서 나고 여기에서 생을 마감한다. 그러나 우리가 살펴봤듯이 팔레스타인 난민들이 고향으로 돌아갈 수 있는 가능성은 그리 높지 않다.

"천장없는 지옥" 가자지구 | 이스라엘-팔레스타인 분쟁에 있어서 팔레스타인 측의 가장 근본적인 입장과 전략은 '실지회복(失地回復)'이다. 팔레스타인 측에서는 그 실지회복의 방법을 놓고 양분돼 있다. 팔레스타인 최대 정파(政派)인 파

---

200 팔레스타인 사람들은 매년 3월 30일을 '팔레스타인 땅의 날(Land Day)'라고 해서 기념하고 있다. 이스라엘이 1967년 3차 중동전 이후 점령한 팔레스타인 지역에 불법으로 정착촌을 건설하면서 선주민인 아랍계 팔레스타인 사람들을 몰아내기 시작하자, 1976년 이에 맞선 최초의 팔레스타인 민중봉기가 일어난 날이다. 아랍 측은 이것을 '팔레스타인인의 귀향권'이라고 부른다

타(Fatah)와 무장세력인 하마스(Hamas)가 서로 다른 길을 걷는 이유다.
파타(Fatah)당은 국제사회와 협조해 이스라엘을 압박해서 외교적인 방법으로 실지를 회복하고, 이스라엘과 공존(共存)한다는 입장을 갖고 있다. 반면 하마스(Hamas)당은 무장투쟁을 동원해 점령당한 땅을 되찾아 독립국가(獨立國家)를 건설하겠다는 전략을 갖고 있다.

이에 따라 이스라엘은 하마스당이 지배하고 있는 가자지구에 대한 경제적 제재와 물리적 봉쇄를 지난 2006년부터 계속하고 있다. 이스라엘은 병원 입원을 제외한 50세 이하의 팔레스타인인에게는 여행허가증을 발급하지 않고 있으며, 하마스의 로켓포 공격과 지하 땅굴 침투를 막는다는 이유로, 관련 물자의 반입 반출을 엄격하게 통제하고 있고, 트럭 출입도 하루 850대로 제한하고 있다.[201] 담과 펜스 설치로 지상을 봉쇄하는 것도 모자라 가자 지구 봉쇄(분리)장벽을 따라 지하로도 깊이 십 수 미터의 차단벽 설치를 위한 공사가 진행 중이라고 일본 NHK가 몇 해 전에(2015.9) 보도하기도 했다. 물론 가자지구의 앞바다는 이스라엘 해군이 봉쇄하고 있다. 생필품, 의료품, 교과서 등의 반입도 이스라엘 당국의 허가를 받아야 할 정도이다.

외신들은 이러한 가자(Gaza)지구를 "천장(天障) 없는 지옥"이라고 표현하고 있다. 이스라엘과 협력 관계에 있는 파타당이 지배하는 요르단강 서안지구(West Bank)도 가자지구보다는 낫지만, 상황이 어렵긴 마찬가지다. 서안지구도 팔레스타인 자치정부가 온전하게 행정과 치안을 관할하는 지역은 18%에 불과하고, 이스라엘과 팔레스타인이 협력하는 지역이 21%, 이스라엘이 완전히 통제하는 지역이 61%에 달한다. 이러한 현실 때문에 이스라엘에 대한 무력투쟁을 주장하는 하마스당이 제1당이 될 수도 있었던 것이다.

특히 이스라엘이 전쟁으로 인한 점령지를 영구적으로 소유하기 위해 정착촌을 계속 건설해 나가는 한편, 이스라엘의 수도를 점령지인 동예루살렘으로 옮기

---

201 인구 220만(2020)에 이르는 가자지구에 대한 물류가 하루 트럭 850대로 제한되고 있다. 이스라엘은 가자지구의 북쪽 국경과 영해, 영공을 통제하고 있고, 이집트는 가자지구의 남쪽 국경을 통제하고 있다.

고, 2017년 1월 출범한 트럼프 행정부가 이스라엘 주재 미국 대사관을 텔아비브(Tel Aviv)에서 예루살렘으로 옮기는 등 팔레스타인 주민들의 감정이 다시 격화되기 시작한다.[202] 팔레스타인-이스라엘 분쟁의 역사를 보면, 이렇게 팔레스타인인들의 감정을 자극하는 조치를 미국이나 이스라엘이 취하고, 거기에 반응해 팔레스타인 무장단체의 테러나 공격이 나오면, 기다렸다는 듯이 무자비한 공격에 나서고 이어 미국이나 이스라엘은 예정된 다음 과정을 취소하거나 연기하는 악순환이 자꾸 되풀이된다.

미국의 랜드(RAND)연구소가 지난 2015년 출간한 『이스라엘-팔레스타인 분쟁 비용』보고서를 보면, 이스라엘과 팔레스타인 두 당사자가 합의한 '두 국가 해법'이 실현되면 이스라엘은 1,230억 달러(172조 원), 팔레스타인은 500억 달러(70조 원)의 경제적 효과를 얻을 것으로 전망했다. 이스라엘은 또 국제적 고립에

가자지구의 중심도시 가자시티 전경. 팔레스타인 영토의 서남부인 가자지구는 365㎢ 넓이에 220만 명 가까운 주민이 거주하고 있다. 하마스는 시가지의 특성을 이용해 이스라엘과 시가전을 벌인다. 사진=나무위키

---

202 미국 트럼프 행정부는 2018년 5월 14일 이스라엘 건국 70주년 기념일을 기해, 이스라엘 주재 미국대사관을 텔아비브에서 동예루살렘으로 이전했다. 미국은 본래 예루살렘에 있던 미국 총영사관 건물을 증축해서 이전했다. 브라질 등 몇 나라가 미국의 이전에 동조하고 있다.

서 벗어나고 국민들도 테러의 위협에서 벗어나 심리적 안정을 얻을 것이라고 예상했다. 팔레스타인도 영토의 상실, 여행과 이동의 자유 제한, 이스라엘 경제 예속 등에서 벗어나 삶의 질이 엄청나게 개선될 것으로 전망했다.

팔레스타인 자치정부 통계를 보면 팔레스타인 주민 전체의 실업률은 25.6%로 상당히 높다. 약 300만 명의 팔레스타인인이 거주하는 서안지구는 이스라엘 지역과 이스라엘인 정착촌에서의 취업이 가능해서 실업률이 16.3%이지만, 이스라엘이 봉쇄하고 있는 가자지구의 실업률은 무려 41.6%에 달한다. 이스라엘 당국이 이러한 실업률을 낮추지 않는 한, 가자지구에 거주하는 220만 명의 팔레스타인 주민들은 과격한 하마스의 유혹과 선동에 쉽게 넘어간다는 분석이 나오고 있다.

11. "다시, 아브라함"

멀고 먼 정의

2021년 5월 20일 문재인 대통령이 워싱턴을 방문해 바이든 대통령과 회담을 마치고 공동기자회견을 할 때, 미국 기자들은 한-미 관계보다는 팔레스타인 사태에 대한 질문을 더 많이 했다. 가자지구에서 이스라엘과 하마스 간에 휴전(休戰)이 성립됐다는 소식 때문이었다. 당시 팔레스타인의 강경파 하마스(Hamas)는 로켓포 등을 동원해 가자지구에서 이스라엘군과 치열한 전투를 열흘째 계속해왔다. 이스라엘에서 흔히 있는 충돌이기는 하지만, 이런 전쟁급 충돌은 2014년 이후 7년 만이었다. 언론들은 이스라엘과 하마스 간의 「제3차 가자 전쟁」이라고 명명했다.

열흘 전인 5월 11일, 무슬림들의 3대 성지(聖地)인 예루살렘의 알아크사(Al Aqsa) 사원(寺院)[203]에서 있었던 아랍계 팔레스타인 주민들의 시위를 이스라엘 경찰이 진입하면서 섬광탄을 발사해, 사원 안에서 화재가 발생했다. 이슬람 3대 성지에서 이스라엘 경찰의 무력 진압도 문제지만 "사원 안으로까지 쫓아와 최

---

203 알아크사 사원은 동예루살렘의 옛 시가지(Old City) 남쪽, 이슬람교, 유대교, 기독교가 모두 성지로 여기는 성전산(Temple Mount)에 위치해 있다. '가장 멀리 떨어진 사원'이라는 뜻을 가진 이 사원은 이슬람 예언자 무함마드가 큰 바위에서 승천(이를 기념해 황금빛 돔을 가진 '바위 돔 사원'이 건설돼 있고, 옆에 은색 돔의 알아크사 사원이 세워짐)해 천상체험을 한 곳으로 믿고 있어서, 메카, 메디나와 함께 이슬람교의 3대 성지로 여긴다. 유대교는 솔로몬왕이 성전을 세운 곳으로 일부가 '통곡의 벽'으로 남아있다. 구약성경(역대하 3장 1절 등)에는 이 땅이 솔로몬왕의 아버지인 다윗왕이 "여부스 사람 오르난으로부터 은 50 세겔을 주고 산 타작마당"이라고 기록돼 있다. 은 50세겔은 일반 노동자의 200일분 품삯으로 간주된다. 크기는 500m x 300m 정도이다. 기독교는 이곳이 예수의 주 활동 무대라고 생각해 성지로 섬긴다. 본래는 아랍계 팔레스타인 지역이었으나 1967년의 3차 중동전쟁 때 이스라엘 측에 넘어갔다.

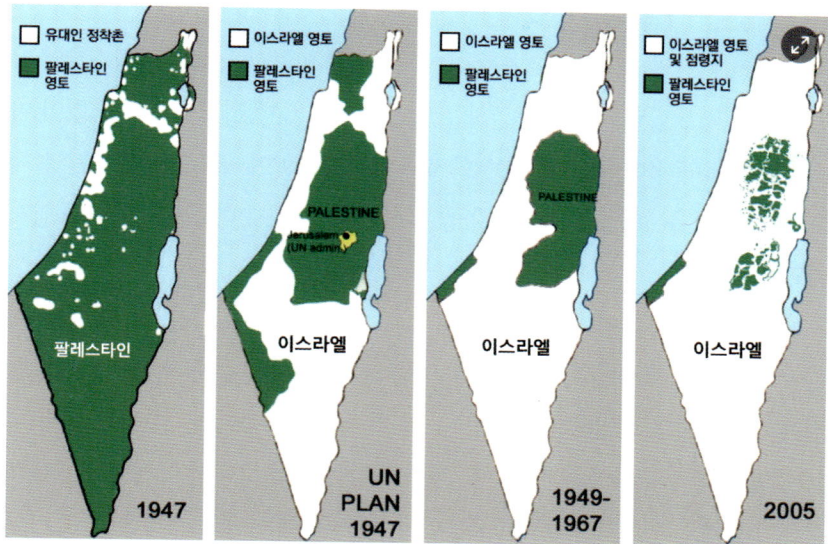

팔레스타인 영토변화. 왼쪽부터 ①이스라엘 건국 이전 ②유엔의 팔레스타인 분할안 ③3차 중동전 발발 이전 ④이스라엘의 정착촌 건설이 진행된 2005년 이후. 사진=중동경제연구소

루탄과 섬광탄을 쏘고, 끝내는 불까지 내다니!" 아랍인들은 분노했다. 강경 하마스 대원들은 로켓포 공격을 시작했고, 이스라엘의 아이언돔(Iron Dome) 미사일 방어망을 뚫고 떨어진 로켓포에 이스라엘 측 사상자가 발생하자, 이스라엘은 공군기까지 동원해 가자지구를 폭격했다. 가자의 중심 가자시티(Gaza City)는 인구와 건물의 밀집 지역이어서 시가전 형태로 전투가 진행된다. 이 열흘간의 전쟁에서 팔레스타인 측에서는 어린이 65명과 여성 39명을 포함해 232명이 사망하고 1,900명이 부상했다. 이스라엘은 어린이 2명을 포함해 12명의 사망자와 300여 명의 부상자를 냈다.

그래서 백악관 기자들은 바이든 대통령에게 한-미 관계가 아니라 이스라엘 사태에 대해 질문했다. 바이든 대통령은 이스라엘과 팔레스타인 분쟁을 설명하는 과정에서 "이스라엘과 팔레스타인이 별도 국가로 존재하는 것이 양측 분쟁을 해결하는 유일한 답"이라며 「두 국가 해법」(Two-state Solution)을 강조했다. 바이든이 언급한 두 국가 해법은 '이스라엘과 팔레스타인인들이 1967년 제3

차 중동전 이전의 국경선으로 되돌아가(지도 세 번째, 1949~1967), 팔레스타인 땅 안에서 각각 독립된 국가로 공존하는 방안이다. 그런데 그것도 어려운 것이 이스라엘은 점령지역인 요르단강 서안지구에 이미 140여 개의 정착촌을 건설해 60여만 명의 유대인들을 이주시켜 놓은 상태라 이 문제 하나만도 해결이 쉽지 않다.

두 국가 해법은 제4차 중동전쟁이 끝나고 1974년 유엔(UN)결의안을 통해 기본적인 내용이 제시됐고, 1993년과 1995년 두 차례에 걸쳐 체결된 오슬로협정에서 확립되고 승인받은 해법이다. 더 거슬러 올라간다면, 1936년 영국이, 1947년 유엔총회 등에서 진즉부터 제시된 방안이다. 그래서 국제사회는 이스라엘이 팔레스타인 자치 지역(요르단강 서안지구) 내에 유대인 정착촌을 더 이상 건설하지 말도록 유엔 등을 통해 반복적으로 결의하고 있다.

팔레스타인의 영토 지도를 보면 아랍계 팔레스타인 측의 영토가 해마다 줄어들고 있음을 알 수 있다. 1947년 90% 가까웠던 아랍계 팔레스타인 주민의 땅은 줄고 줄어 현재는 15% 미만이다. 여기서 유대인 정착촌 140여 개가 깔고 앉은 땅을 빼고 나면 더 줄어들 것이다.

앞으로 몇십 년 지나면 어떻게 변할지 알 수가 없다. 변화의 추세를 인정한다면 팔레스타인 주민들에게 더 유리하게 전개되기는 힘들다고 보여진다. 안타깝고 억울하겠지만 그것이 현실이다. 국제정치에는 법이나 정의가 없다. 힘이 법이고 월등한 무력이 정의다.

아브라함평화협정 (Abraham Accords)

트럼프의 평화안 | 현재 이스라엘과 팔레스타인 사이의 분쟁이나 평화 협상은 2014년 이후 큰 변화가 없다. 눈에 띄는 진전도 없고, 현상을 깨는 큰 후퇴도 없다. 클린턴(1993~2001) 시절 조인된 오슬로협정에서 확인된 '두 국가 해

백악관에서 아브라함협정문에 서명을 마친(왼쪽부터) 바레인 외무장관, 이스라엘 총리, 미국 대통령, UAE 외무장관. 2020.9.15. 사진= EPA 연합뉴스

법'이 부시(2001~2009)를 지나 오바마(2009~2017)까지 이어졌고 다시 트럼프(2017~2021)와 바이든(2021~)까지 이어지고 있다.

트럼프 행정부도 여전히 '두 국가 해법' 외에는 방법이 없지만, 추구하는 방식이 확 바뀌었다는 점이 눈길을 끈다. 바로 이슬람, 기독교, 유대교의 공통 조상인 성경 속 인물 아브라함(Abraham)의 이름을 딴 「아브라함 평화협정」을 등장시켜 중동의 큰 판을 바꿀 조짐이 보이고 있다.

실제로 이들이 서명한 협정문에는 "아랍에미리트 정부와 이스라엘 정부는 아랍 민족과 유대 민족의 공통 조상인 아브라함의 후손임을 인식하고 그러한 정신으로 무슬림, 유대인, 기독교인 및 모든 종교, 교파, 신념 및 국적을 가진 사람들이 중동에 함께 공존하며 함께 이해하고 서로 존중하는 것을 인식한다"라고 명시하고 있다.[204] 이런 협정에 참여하는 아랍권 국가가 늘고 있다는 점은 큰 변화다.

사실 이스라엘은 지난 1979년 이집트와 1994년 요르단과 평화협정을 맺고 수

---

[204] 이스라엘-UAE 아브라함협정 전문, 2020.9.15. 이 협정문은 "워싱턴DC에서 2020년 9월 15일, 유대력 5780년 엘룰월 26일, 이슬람력 1442년 무하람월 27일에 히브리어, 아랍어 및 영어로 모든 텍스트가 동등하게 작성되다. 해석상의 차이가 있는 경우 영문본이 우선시된다"고 마지막에 적혀 있다.

교를 한 적이 있지만 그 후 30년 가까이 외교적으로 고립된 상황이었는데, 이제 그 상황이 바뀌고 있다. 중동의 정치 판도가 달라지고, 미국과 이스라엘의 역할이 부상하면서 아랍권 왕정국가 또는 대의민주주의 정부와는 거리가 있는 아랍권 국가들의 생각 또한 바뀌고 있다. 70년이 지난 '아랍 형제'라는 구호가 약해지면서, '팔레스타인 형제들의 상황이 안타깝기는 해도' 각 나라가 마주친 현실이 만만찮다. 역내에서 부상하는 시아파(Shia Islam) 이란의 존재, 국내외 급진적인 단체의 반정부 활동 격화, 석유 이후 먹고 사는 미래에 대한 불안, 현재도 진행 중인 코비드(COVID)-19 같은 세계적인 유행병으로 인한 보건 문제 등은 아랍권 국가의 국민과 지도층의 변화를 요구하고 있다.

중동의 새바람 | 이런 기류의 변화를 바탕으로 미국과 이스라엘은 「아브라함 평화협정」을 들고나와 아랍국가들을 설득하고 있다. 트럼프 정부에서 이 임무를 맡은 책임자가 바로 트럼프의 사위인 유대인 재러드 쿠슈너(Jared Kushner, 1981~) 백악관 선임고문이었다. 이스라엘은 UAE(아랍에미레이트연합) 바레인(2020.9)에 이어 수단(2020.10), 모로코(2020.12) 등과 관계 개선을 합의하고 교류 협력을 늘리고 있다. 이스라엘 아이직 헤르조그 대통령이 UAE를 방문한 데 (2022.1) 이어 자유무역협정(FTA)을 체결했으며(2022.6), 이제는 UAE의 방어를 위해 이스라엘의 방공망인 아이언돔(Iron Dome) 지원 문제까지 거론되기에 이르렀다. 외신들은 오만, 카타르, 모로코, 나이지리아 나아가 인도네시아와 사우디아라비아에 대해서도 아브라함협정이 거론되고 있다고 보도한다.[205] 되돌아 보면 아브라함 평화협정의 성사를 위해 미국은 예루살렘을 이스라엘의 수도로 인정하고, 이스라엘 주재 미국대사관을 텔아비브에서 예루살렘으로 옮겼[206]

---

205 김수경 기자, "이스라엘, 사우디.인도네시아에 "아브라함협정 맺자", 2022.1.27. 조선일보 사우디아라비아는 이미 이스라엘과 UAE를 오가는 이스라엘 항공기의 영공 통과를 허용하고 있으며, 2020년 11월 네타냐후 이스라엘 총리가 사우디를 비밀리에 방문하기도 했다. 인도네시아는 그러나 이스라엘과의 국교 정상화는 불가능한 일이라는 입장을 나타내고 있다. 미국의 소리방송은 엘리 코헨 이스라엘 정보부장관의 입을 빌려 중동국가와 이스라엘과의 추가 관계 정상화는 차기(바이든) 대통령에 달려 있다고 말하면서, 사우디, 오만, 카타르, 나이지리아 등을 거론했다(2020.11.3).

206 미국은 텔 아비브에 대사관을 두고, 아랍계 팔레스타인인들을 위해 예루살렘에 총영사관을 운영해왔다.

헤즈볼라의 깃발

하마스의 깃발

다(2018). 또 이스라엘에 일방적으로 유리한 중동평화안을 발표하고(2020.1), 2015년에 어렵사리 이룩한 「이란 핵 합의」(JCPOA, Joint Comprehensive Plan of Action, 포괄적 행동계획)를 파기했다(2018.5).

이란은 레바논의 무장 조직 '헤즈볼라'(Hezbolllah)와 팔레스타인의 테러 조직인 '이슬람 지하드'(Islam Jihad) 그리고 팔레스타인의 이슬람근본주의 무장단체 '하마스'(Hamas) 등을 지원하면서 이스라엘과 적대관계를 이어가고 있긴 하지만, 핵 합의에 위배되는 구체적인 행동을 하지는 않았다. 그런데도 트럼프는 이 합의를 파기했다. 이란을 확실한 반미(反美) 국가로 만들어 고립시키는 고도의 전략이라고 전문가들은 보고 있다.

트럼프는 이러한 얼개를 짜놓은 뒤 아브라함 평화협정을 내밀어, 내우외환에 시달리는 아랍 국가들을 이스라엘과 손잡게 하고, 팔레스타인에서는 아랍계의 입장을 더욱 어렵게 만듦으로써, 팔레스타인 땅에서의 「이-팔 분쟁」을 종식시킬 복안을 실행하고 있다고 보여진다. 1970년대부터 역대 미국 행정부는 이스

미국 의회는 지난 1995년 10월 「예루살렘대사관법」을 통과시켰으나, 클린턴, 부시, 오바마 행정부는 정치적인 영향을 고려해 이를 실행에 옮기지 않았다. 그러나 트럼프 대통령은 이를 실행해, 예루살렘 총영사관을 증축해 미국 대사관을 이전하고(2018.5), 기존의 텔아비브 대사관은 대사관의 분소(分所)로 바꿔, 다른 외교적 업무를 처리하고 있다. 예루살렘 미국 대사관은 1차 중동전 이후 새로 그은 예루살렘의 경계선(그린 라인)에 위치해 있고, 일부 시설은 서예루살렘 지역에 걸쳤있다.

라엘을 편들면서도 겉으로는 '공정한 중재자'처럼 행동했지만, 트럼프는 아랍계 팔레스타인을 "아예 고사(枯死)당할 것인가, 굴욕적인 항복을 할 것인가" 양자택일을 강요하는 전략을 구사한 점이 역대 행정부와 판이하게 차이 나는 부분이다.

"한 손에 칼, 한 손에 쿠란"이 과거 이슬람에 겁먹은 서구 사회의 편견이라면, "한 손에 돈, 한 손에 항복"은 트럼프의 현실적인(realistic) 중동 정책의 본질이다.

시나이반도에 새 국가

팔레스타인 국가 │ 이스라엘과 아랍계 팔레스타인 주민 간 갈등의 뿌리는 수천 년이나 됐고 해법은 아직도 오리무중이다. 19세기 20세기를 지나면서 국제사회는 전 세계의 흩어진 유대민족의 정착을 돕기 위해 이곳저곳 살 곳을 마련해 보려는 노력에도 불구하고 성과를 내지 못했다.

유대인들의 주 활동 영역이 유럽이라는 한계도 있었지만, 그들은 유럽에서 멀

지 않은 레반트(Levant) 지역, 결국에는 '하나님이 자신들에게 주기로 약속한 땅'인 팔레스타인 지역에 모여 나라를 세웠다.

유대인들은 2천 년 이상의 디아스포라(Diaspora)를 끝내고 알리야(Aliyah)도 성공적으로 마무리하고 문제의 소지는 있지만, 독립국가를 세워 번영의 길로 접어들었다고 생각하고 있다. 하지만 인간은 이스라엘이 창설된 70여 년의 100배가 넘는 기간의 역사를 기억하고 연구해 왔다. 그 결과 100년 후 200년 후 이스라엘의 유대인들이 다시 온 세상으로 흩어지지 않으리라는 확신을 갖지 못한다. 제2의 유대인 디아스포라가 오지 않으리라고 안심할 수 없다. 지금 우리가 보고 있는 세상이 그냥 계속된다고 생각하기가 어렵다. 세상이 변하면서 역사는 늘 변화했고 아래위로 자주 바뀌는 것을 봐왔다. 역설적으로 그 단적인 예가 유대인과 이스라엘이다. 남녀노소 구별 없이 600만 명의 유대인들이 지구상에서 사라질 때 누가 오늘날의 이스라엘을 상상이나 했단 말인가? 그게 불과 100년 미만의 역사이다.

평화로울 때 이산(離散)과 전쟁(戰爭)에 대비하고 준비해야 한다. 그 전제(前提)는 이것이다. 현재 팔레스타인에서 쫓겨나서 살고 있는 수백만 명의 난민들 그리고 팔레스타인 땅에 살면서 이스라엘에 의해 인간 이하의 대접을 받고 있는 200만 명 가까운 아랍계 주민들이 있는 한, 이스라엘은 결코 안전하다고 볼 수 없다. 이스라엘만 불안한 게 아니라 이 지역의 평화 그리고 세계의 평화는 완전하지가 않다는 점을 기억해야 한다.

이제 국제사회는 이스라엘에게 계속 억압당하고 있는 팔레스타인인들을 위해 이스라엘의 남쪽에 위치한 이집트 영토 시나이(Sinai)반도의 일부를 이들에게 제공해, 거기에 팔레스타인 독립국가를 건설토록 해 보면 어떨까 하는 문제까지 논의하기에 이르렀다.

이 문제와 관련해서는 2017년 무렵에 한 차례 집중적인 보도가 있었다.

이스라엘의 집권 리쿠드(Likud, '통합')당 소속 의원이며 총리실 지역문제 담당

아유브 카라(Ayoob Kara) 장관은 지난 2017년 2월 15일 미국을 방문한 베냐민 네타냐후 총리가 백악관에서 트럼프 대통령과 정상회담을 하면서, 이집트 시나이반도에 팔레스타인 독립국가 건설 문제를 논의했다고 말했다. 그러나 이 보도는 이스라엘, 이집트, 팔레스타인 등 관련 당사국으로부터 "사실이 아니다"라고 부인됐다. 이스라엘의 가자 지구(365㎢)[207] 남쪽에 바로 붙어 있는 시나이반도 60,000㎢의 4분의 1에 해당하는 16,000㎢ 땅에 팔레스타인 독립국가를 건설하면 어떠냐는 제안은 사실 50여 년 전인 지난 1956년부터 이집트가 몇 차례 제안해 온 것이다. 최근에는 이집트의 압델 파타 알-시시 대통령도 제안했다.[208]

이집트는 자국 영토인 60,000㎢의 시나이반도 가운데 이스라엘 가자(Gaza)지구와 맞붙어 있는 땅 16,000㎢ 정도를 팔레스타인에게 할양해 여기에 팔레스타인인들이 독립국가를 세우도록 하는 대신, 이집트는 이스라엘이 지배하고 있는 네게브(Negeb)사막의 남쪽 일부를 넘겨받아, 요르단 등과 육로로 연결되는 통로를 확보한다는 이야기이다. 이스라엘과 이집트 두 나라 간의 영토교환(領土 交換)이 되는 셈인데, 관련 당사국 간에 각각 이점이 있다는 주장이다.

이집트-이스라엘 영토교환 ｜ 현재 이집트는 스에즈(Suez)운하의 아래위, 즉 북아프리카와 중동(시나이반도)에 걸친 넓은 국토(100만 ㎢)에 1억에 이르는 인구를 가진 잠재 대국이다. 그런데 이집트는 아시아 지역과는 육상으로 통하는 통로가 없다. 이스라엘 때문에 시나이반도의 북쪽과 동쪽이 막혀 있어서 아시아 대륙과는 홍해를 건너야 하는 불편함이 있다. 그런데 이스라엘이 네게브(Negev)[209]

---

207 천지우 기자, 〈"팔레스타인국가, 이집트에 세우자"… 이-팔 분쟁 해법으로 재부상〉(2017.2.27, 국민일보. 「Daily Sabah」"Israel proposes creation of Palestinian state in Sinai peninsula"(터키 일간 사바신문, 2017년 2월 17일 보도).「Egytian Streets」"Egypt Denies Proposing to Give Sinai Land for Palestinian State" (이집션 스트리트, 2017년 2월 15일 보도). 「Anadolu Agency」"Denial follows allegation that US president, Israeli PM had discussed possibility based on Egyptian proposal" (터키 아나돌루 통신, 2017년 2월 17일 보도)

208 압델 파타 엘시시 이집트 대통령은 가말 압델 나세르(1956~1970), 안와르 사다트(1970~1981)에 이어 호스니 무바라크(1981~2011), 무함마드 무르시(2012~2013)에 이어 지난 2014년부터 집권하고 있다.

209 지난 1990년 여름 이라크가 쿠웨이트를 침공했을 때, 현지 취재를 가서 보니, 쿠웨이트에 거주하던 이집트인과 아프리카 출신 아랍인 수십만 명은 전쟁을 피해 육로로 이라크와 요르단을 거쳐 요르단 최남단의 아카바(Aqaba)항에서 다시 배를 타고 홍해(紅海)를 건너 이집트나 아프리카로 귀국했다.

사막의 남쪽 땅 일부를 내준다면 이집트는 시나이반도에서 육로로 요르단, 이라크, 이란, 시리아, 터키 등 유라시아 대륙과 바로 연결되는 이점이 생기게 된다. 이스라엘은 네게브 사막의 일부를 내줌으로써 골치 아픈 팔레스타인 문제를 해결하고, 국제사회에서 비난받지 않고 떳떳하게 행세할 수 있게 된다.

사실 이스라엘은 건국 이후 지금까지 네 차례의 중동전쟁을 치르면서 UN에서 통과된 80여 차례의 결의안으로 인해 국제사회의 비난을 받아왔다. 이해하는 측면에서는 작은 나라가 몇천 년 만에 되찾은 땅에서 살아남기 위해서 어쩔 수 없는 일이라고 말하겠지만, 국제사회에서 이스라엘은 팔레스타인 사람들의 평화를 깨트리고, 함부로 팔레스타인인들에게 포격을 가하고 총탄을 발사하고 고문하고 구금하는 '무법자(無法者)'라는 비난을 들어온 것이 사실이다.

더구나 유대인은 고향 땅을 떠나 살면서 집단학살 등 크나큰 어려움을 겪어 본 민족이라면서, 자기들보다 약한 팔레스타인 민족을 저렇게 함부로 대하는 것이 '과연 정의로운 행위인가?'라는 근본적인 의문에서 좀 자유로워질 수 있게 되는 것이다. 팔레스타인 민족에게는 자기들이 살아온 땅은 아니지만 시나이반도에서 자기들만의 독립국가를 건설할 수 있다는 점에서 고려할만한 제안이지만, 일단 거부한다.

그렇지만 팔레스타인 민족의 성지인 예루살렘이 포함된 요단강 서안(西岸, West Bank) 지구를 포기해야 하는 등 넘어야 할 산이 많은 것도 사실이다. 이러한 내용은 지난 2017년 2월 트럼프와 네타냐후 총리와 첫 정상회담을 앞두고 집중적으로 보도됐는데, 이스라엘이나 이집트, 심지어는 팔레스타인까지 모두 부인하고 있다.

그렇지만 알 수 없는 일이다. 우리와 멀리 떨어져 있고 큰 관계가 없어서 관심을 끄고 있는 사이, 중동에서, 또 미국에서 그리고 미국과 당사국들 사이에 이런 영토교환을 비롯해 어떤 일이 진행될지는 우리는 솔직히 잘 모른다. 유대민족과 아랍민족이나 공동 조상으로 여기는 아브라함이 나서면 기적 같은 일들이 어쩌면 성사될 수도 있지 않을까? 인간은 호모 사피엔스(Homo Sapiens, 지혜의 인간)이면서, 가능성에 대한 믿음으로 움직이는 호모 프로스펙투스(Homo Prospectus, 전망하는 인간)이기도 하니까.

벨푸어 선언의 뒷면

1917년, 105년 전인가? 세상은 벨푸어 선언의 앞면, 즉 "팔레스타인에 유대인을 위한 민족의 집"(national home for the Jewish people)을 건설하도록 한 영국의 다급하고도 거짓스런 약속을 비판해왔다. 왜냐하면 두 해 전인 1915년 영국은 "아랍인들의 통일 국가를 건설하게 해준다"는 약속을 아랍 측과 하면서, 프랑스와는 중동 땅 갈라먹기를 비밀리에 합의했기 때문이다. 아무리 사양길에 접어든 대국이라지만 어떻게 하나의 땅에 두 개의 국가를 건설하도록 약속해서, 중동의 역사를 바꾸어 버리고 수없이 많은 무고한 사람들을 아직까지도

아랍인들은 이 땅을 '팔레스타인'이 아니고 〈필라스틴〉(Filastin)이라고 부른다.

죽음으로 내몰 수 있는가?

지난 2017년 벨푸어선언 100주년을 맞아, 이제 세상은 이 선언의 다른 한면에 주목하고 있다. 같은 선언에서 영국은 "팔레스타인에 거주하는 비유대인의 시민권과 종교적인 권리에 대해 편견을 갖지 않을 것입니다.(Nothing shall be done which may prejudice the civil and religious rights of existing non-Jewish communities in Palestine)"라고 한 약속을 이행할 때가 왔다고 말한다.

지금까지 100년은 유대인을 위한 시간이었다면 이제 세계는 그 반대편에 있는 '팔레스타인에 거주하는 비유대인의 권리'에 더 귀를 기울이는 시간이 돼야 팔레스타인에 평화가 깃들 수 있다고 믿는다.

지금까지 살펴본 것처럼 이스라엘-팔레스타인 갈등의 근본은 영토 문제다. 유럽의 식민주의를 등에 업고 팔레스타인 지역에 정착한 유대인들과 선주민인 아랍계 팔레스타인 주민들 간의 충돌이다. 하지만 이 갈등은 시간이 흐르면서 점점 복잡도를 더 해 갔다. 지금은 팔레스타인 난민 문제, 200여 개에 육박하는 유대인 정착촌 문제, 수도 예루살렘의 공유 문제 그리고 팔레스타인 독립국 창설 문제 등이 현안이고 이를 풀 지혜가 필요하다.

이스라엘과 팔레스타인의 갈등에 주변의 아랍 국가들이 끼어들었고, 이스라엘의 배후에는 영국, 미국이 끼어들어, 미국 역시 급격하게 '아랍의 적(敵)'으로 변해 갔다.

미국은 이스라엘과 사우디아라비아를 내세워 중동의 석유 자원을 안정적으로 확보하는 데서 나아가, 석유를 바탕으로 유럽과 일본, 다른 여러 나라에 대한 견제력까지 행사하고 있다. 또 아랍 세계를 이리저리 쪼개고 붙이면서 기득권을 유지하는 전략을 구사하고 있어 이스라엘-팔레스타인 분쟁은 이러한 국제 정치의 틈에 끼어 좀처럼 전진을 하지 못하고 있다.

그러나 이스라엘-팔레스타인 영토 분쟁에 대한 국제사회의 대체적인 해답은 이미 오래전에 나와 있다. 1967년(3차 중동전쟁)과 1973년(4차 중동전쟁) 이후 유엔 안보리가 채택한 두 개의 결의안(242호, 338호) 내용처럼, 이스라엘이 일단 점령지역에서 철수하는 것이다. 전쟁으로 획득한 영토는 국제법상 인정되지 않음을 이 결의안은 명백하게 밝히고 있다. 이스라엘이든 강대국 미국이든 옳은 것을 지키고 따르는 것이 정의롭기 때문이다. 긴 인류의 역사는 정의로운 민족, 정의를 따르는 국가가 결국에는 승리한다는 기록에 다름아니기 때문이다.

피를 부르는 영토분쟁 **팔레스타인** 편

피를 부르는
영토 분쟁
TERRITORIAL DISPUTES

4

독도 Dokdo

피를 부르는 영토분쟁 **독도** 편

1. 독도: 대한민국 주권과 독립의 상징

독도(獨島)는 경상북도 울릉군 울릉읍 독도리 산 1~37번지에 위치한 작은 열도(列島)로 한국의 가장 동쪽 영토를 구성하고 있다. 독도는 동도(최고 98.6m)와 서도(168.5m) 등 두 개의 큰 섬을 중심으로 36개의 큰 암초와 그보다 작은 더 많은 수의 암초 등 모두 91개의 섬과 암초로 이루어져 있다. 동도와 서도의 거리는 200m 정도다. 독도는 울릉도 동남쪽 87.4km 지점에 있고, 가장 가까운 일본 땅인 오키섬(隱岐島, 玉岐島)으로부터는 서북쪽으로 157.5km 정도 떨어져 있다. 본토인 경북 울진군 죽변(竹邊)으로부터는 215km, 일본 측 시마네현 사카이고(境港)로부터는 220km 정도 떨어져 있다. 전 세계적으로 고래잡이가 한창이던 1849년 프랑스 포경선 리앙쿠르호가 이 섬을 발견해, 서양에서는 그 이름을 따

독도는 서도(西島, 왼쪽)와 동도(東島)와 크고 작은 암초 등 91개의 섬과 암초로 이뤄져 있다. 총면적은 187,554㎡(56,834평)이다. 사진=국가기록원

서 리앙쿠르 암(Liancourt Rocks)이라고 부른다. 독도 주변 해역은 한류와 난류가 교차해 어종이 풍부하고, 고래가 중요한 산업자원으로서 평가받은 19세기 동해(東海)는 '경해'(鯨海) 라는 이름을 가질 정도로 '고래의 바다'였다. 독도는 울릉도에 부속된 섬으로 동해 한가운데 있는 유일한 섬이다. 작긴 하지만 몇 가구 정도는 거주할 수 있고, 경관이 아름다워 관광자원으로서의 가치와 함께 전략적 가치 또한 아주 높다. 특히 유엔해양법협약이 발효되고 난 뒤, 200해리의 배타적 경제수역(EEZ)의 중요성이 점점 커지는 상황이어서 독도의 가치는 엄청나다. 부근의 대륙붕(大陸棚)과 해저에는 천연가스, 메탄 하이드레이트(Hydrates)[001]가 풍부한 것으로 조사돼, 그 가치와 중요도가 점차 높아지고 있다. 한국 정부는 1982년 독도를 천연기념물 제336호로 지정해 관리하고 있다. 국제해양법상으로 독도는 암초(Rocks)로 분류된다. 암초도 주권이 미치는 땅이므로 12해리의 영해와 영공은 인정된다. 유엔해양법협약은 "인간이 거주할 수 없거나 독자적인 경제활동을 유지할 수 없는 암석은 배타적인 경제수역이나 대륙붕을 가지지 아니한다"고 규정한다. 이 규정은 남중국해에서 중국과 필리핀 간의 분쟁을 해결하는 과정에서 제시되었다. 그러나 우리나라와 일본에서는 독도를 암초가 아니라 작은 섬(islet)으로 규정한다.

117년 전인 1905년, 일본은 이 작은 섬 독도(獨島)를 임자 없는 섬이라며, 자국 영토로 편입했다. 한-일 두 나라 역사에서 일본 정부는 최소한 두 차례(1696, 1877)에 걸쳐 "울릉도와 독도는 일본 땅이 아니다"라고 밝혔다. 그런 일본이 개항을 하고 서구식민주의와 제국주의 풍조에 편승해 욕심을 부린 결과가 오늘의 분쟁을 불러왔다. 일본은 35년간의 식민 지배에 대해서도 진심 어린 사과를 하지 않고, 독도에 대한 미련도 버리지 않고 있다. 일본의 탐욕은 아직도 계속되고 있다.

---

001 가스 하이드레이트는 영구 동토(凍土)나 심해 지하의 저온과 고압상태에서 탄소 성분의 기체인 천연가스가 물 분자와 결합해 생기는 고체 에너지원으로, 외관이 드라이아이스(Dry Ice)와 비슷하며, 불을 붙이면 타는 성질이 있어 '불타는 얼음'으로도 불린다. 동해 울릉분지 수심 1,500m 지역에 6억 톤 가량의 가스 하이드레이트가 있는 것으로 추산되고 있다.

2. 일본의 도발

일본은 외무성 홈페이지 독도 관련 항목 첫머리에서 「다케시마(竹島) 영유권에 관한 일본국의 일관된 입장」이라는 제목으로 "다케시마[한국의 독도]는 역사적 사실에 비추어서 또한 국제법적으로도 분명히 일본국 고유의 영토입니다"라고 밝히고 있다. 일본은 이어 "한국에 의한 다케시마의 점거는 국제법상 아무런 근거가 없이 행해지는 불법 점거이며, 한국이 이런 불법 점거에 따라 다케시마에 대해 실시하는 그 어떤 조치도 법적인 정당성을 가지지 않습니다. 일본국은 다케시마 영유권을 둘러싼 문제에 대해 국제법에 따라 침착하고도 평화적으로 분쟁을 해결할 생각입니다. 한국 측으로부터는 일본이 다케시마를 실질적으로 지배하고 영유권을 재확인한 1905년 이전에 한국이 다케시마를 실질적으로 지배하고 있었던 것을 나타내는 명확한 근거는 제시되지 않았습니다"라고 말하고 있다.

일본 외무성 홈페이지에는 독도 영유권에 대한 일본 측의 주장이 소상하게 정리된 「다케시마 문제에 관한 10개의 포인트」라는 자료가 정리돼 있다. 일본이 시간의 흐름에 맞춰 정리한 10가지의 도발적인 주장은 한일 간에 얽힌 독도 문제의 전부는 아니지만, 일본이 생각하는 중요한 관점 10가지에 대한 견해와 자료 제시에 해당한다고 보인다.

영토분쟁을 다루는 이 책의 「독도(獨島), 오래된 우리 땅」 부분은 일본 외무성이 주장하는 이 10개 주장의 허구를 밝히면서 이 주장에 반박하는 내용으로 구성돼 있다. 일본이 주장하는 내용의 허구와 과장, 허점 등을 우리나라 외교부와 「동북아역사재단」 등의 반박 자료와 신용하 교수 등 학계의 연구 결과를 중심으로 정리했다.

멀쩡한 우리 땅 독도를 자기네 고유영토라고 주장하는 일본을 그냥 "정신 나간 친구들"이라고 내치기에는 문제가 복잡하고 심각하다. 일본은 1952년 이승만 대통령의 평화선(平和線) 선포를 계기로 외교적으로 독도의 영유권 문제를 처음으로 제기했다. 사실 우리는 1952년 샌프란시스코강화조약 과정에서 하마터면 독도를 빼앗길 뻔했다. 1905년의 불법적인 편입에서부터 은밀하게 공작을 꾸려오던 일본이 평화선에 대해 공개적으로 항의를 제기한 데는 그만한 이유가 있었다.

일본이 구체적으로 어떤 논리로 우리 땅 독도를 자기네 땅이라고 주장하는지, 그 10가지의 허구 가득한 주장을 차례로 살펴본다.

일본의 주장 ①

"일본은 옛부터 다케시마[독도]의 존재를 인식하고 있었다"

일본 외무성은 이 자료 첫머리에서 "일본은 예로부터 다케시마[竹島, 한국의 독도]와 마쓰시마[松島, 한국의 울릉도]의 존재를 인식하고 있었다"면서 이 사실은 "각종 지도나 문헌에서도 확인할 수 있다"고 한다. 그러면서 일본은 "1779년 나가쿠보 세키스이(長久保赤水)가 편찬한 『개정일본여지노정전도』(改正日本輿地路程全圖) 외에도 울릉도와 다케시마를 한반도와 오키제도 사이에 정확하게 기재하고 있는 지도가 다수 존재한다"면서, "일본은 예로부터 다케시마의 존재를 인식하고 있었다"고 주장한다.

이래서 거짓이다

독도에 관한 일본의 주장 가운데 대표적으로 황당한 내용이 바로 이 부분이다. '일본은 예로부터 독도의 존재를 인식하고 있다'고 말하지만, 일본은 그 근거를 하나도 제시할 수 없다. 지난 1952년 1월 이승만 대통령(재임:1948~1960)이 독도의 보전과 어민 보호를 위해 평화선(平和線)을 선포하자, 일본은 이에 대응하기 위해 '일본이 오래전부터 독도를 영유하고 있었다'는 근거를 내놓으려고 은밀하게 학자들을 동원해 과거의 자료들을 뒤졌으나, 독도와 일본의 관련성을 찾지 못했다. 일본 측은 도리어 일본의 고문헌이나 고지도에 독도가 한국의 영토로 기재된 자료만 나오자, 이 자료들을 모두 감춰버렸다. 그러면서 검정을 통과하지 못한 아류(亞流) 지도 한 장을 근거로 이런 주장을 하고 있다.

엉터리 지도 | 일본은 『개정일본여지노정전도』(改正日本輿地路程全圖)를 예로 들면서 "일본의 많은 지도에서는 한반도와 일본 사이의 동해(東海)상에 울릉도와 독도가 정확하게 그려져 있다"고 주장한다. 1779년 나온 『개정일본여지노정전도』는 미토번(水戶藩)의 나가쿠보 세키스이가 개인적으로 만든 교통지도(交通

地圖)지만, 관청에서 허가받은 것으로 공신력이 있다. 1779년 초판 등 정식 판본에는 울릉도와 독도가 일본 경도와 위도 밖에 그려져 있다. 일본은 이 정식 판본이 아니라 1846년에 나온 아류(亞流) 지도를 가지고, 1779년 판 정식 지도인 것처럼 거짓말을 하고 있다. 당시 나가쿠보는 1775년『신각일본여지노정전도』(新刻日本輿地路程全圖)를 만들어 막부에 허가를 신청했지만, 울릉도와 독도가 일본 영토로 표시돼 있다는 이유로 허가를 받지 못한다. 울릉도와 독도가 일본 땅이 아니라는 사실을 막부는 잘 알고 있었기 때문이다. 4년 뒤인 1779년 그는 울릉도와 독도를 일본 영토로 채색하지 않고 일본 경위선(經緯線) 밖에 그린『개정일본여지노정전도』를 제작해서 막부의 허가를 받을 수 있었다. 이 1779년 판 지도가 진짜다. 그런데 일본 외무성이 제시한 지도는『개정일본여지노정전도』의 1846년 판으로, 막부의 허가를 받은 것이 아니라 개인이 만든 아류 지도다. 일본 외무성은 이 아류 지도를 갖고 1779년에 나온 정식 판본 지도인양 거짓말을 하고 있다.[002]

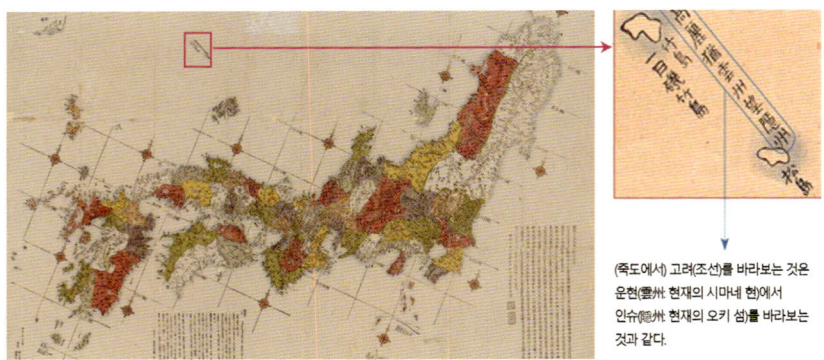

「개정일본여지노정전도」 1779년 정식판본. 사진=동북아역사재단

---

002 한무선 기자, 「일본 막부 독도를 조선영토로 인정. 개정일본여지노정전도 공개」 연합뉴스, 2019. 6. 20. 경상북도의 출연기관인 독도재단이 2019년 6월 21일 재단 창립 10주년을 맞아 개최한 독도영토주권 강화와 독도재단의 역할 학술행사에서 일본 가나와 교회 우루시자키 히데유키 목사가 발표한 '일본외무성 홈페이지의 개정일본여지노정전도를 밝히다'의 내용이다.

옛날 일본에서 나온 지도는 모두 울릉도와 독도를 조선의 영토로 그렸다. 특히 에도(江戶) 막부 시대에는 이 섬들을 두고 조선과 외교적 분쟁까지 겪은 터라, 막부의 지도에 대한 검정이 아주 엄격했다.

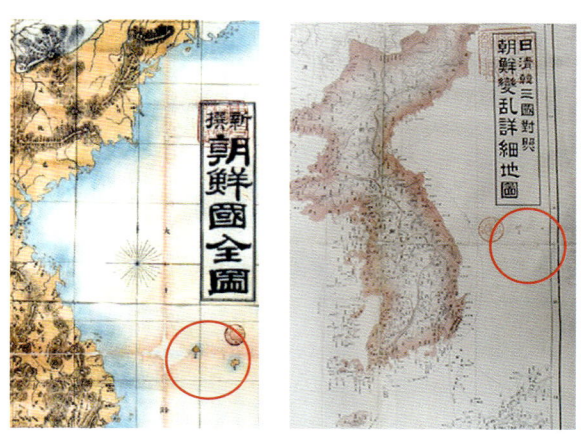

세종대 호사카 유지 교수는 2008년 2월 22일 기자회견을 갖고, 울릉도와 독도가 한국 영토로 채색된 19세기 후반의 지도 두 점을 공개했다. 사진=국립중앙박물관

 다른 지도, 일본 최초의 전국(全國) 지도인 『교키도』(行基圖)에도 울릉도와 독도가 없다. 이 두 섬이 일본의 영토가 아니기 때문에 지도에 표기되지 않았다. 이 지도는 승려 교키(行基, 668~749)[003]가 전 일본을 돌며 불교를 포교하면서 만든 지도여서, 8세기부터 16세기까지 일본의 공식지도로 쓰였다. 이 지도를 비롯해 일본의 수많은 고지도와 문헌은 울릉도와 독도를 '일본의 영토가 아니다'라고 표시하거나 '조선의 영토다'라고 표시하고 있다.

1610년 에도막부가 제작한 일본 최초의 관찬(官撰) 공식지도인 『게이초(慶長)일본도』를 포함해, 1655년 『쇼호(正保)일본도』 등 오래된 지도는 물론, 지도 제작

---

003 조정호 기자, "독도는 신라 땅'표기 일 고지도 발견" 2007.7.5., 연합뉴스. 승려 교키는 일본으로 귀화한 백제인 2세이며 일본 고대 불교의 지도급 인사로, 일본 고대국가 형성에도 기여한 인물이다. 교키의 일본도에는 울릉도와 독도가 '기러기들이 쉬었다가 가는 곳'이라는 안도(雁道)로 표기했고, '안도는 사람이 살지 않는 곳으로, 신라 땅'이라는 해설도 기록돼 있다.

기법이 많이 개선된 19세기에 들어서 제작된 일본 최초의 실측 지도라는 1821년 『대일본연해여지전도』(大日本沿海輿地全圖), 1877년 일본 육군참모국이 작성한 『대일본전도』(大日本全圖) 등에도 독도가 없다. 독도가 일본 땅이 아니므로, 포함시킬 수가 없었다.

그 반대로 1894년 일본인이 만든 조선 지도인 『신찬조선국전도』에는 울릉도와 독도가 한반도[조선]의 영토로 채색돼 있어, 일본이 독도를 한국 영토로 인식하고 있음을 보여준다.

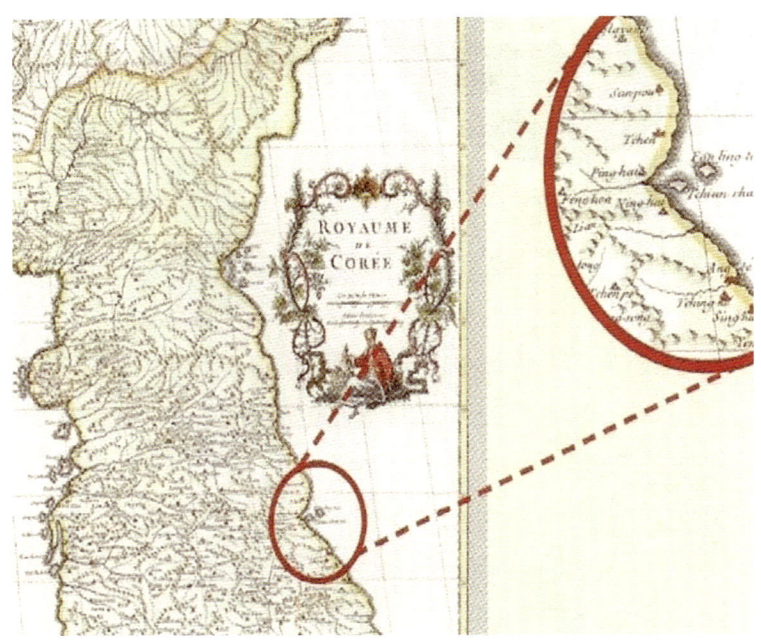

2021년 문재인 대통령의 스페인 방문 시 제공된 1730년대에 제작된 『조선왕국전도』. 동해에 울릉도와 독도 두 개의 섬이 또렷하게 그려져 있다. 사진=청와대 페이스북

일본에는 울릉도와 독도가 한국[조선] 땅이라고 표시된 지도가 거의 전부지만, 공개하지 못하거나 공개하지 않고 있다. 가끔 '독도가 한국 영토로 그려진(또는

채색된) 지도가 발견됐다'는 언론 보도가 일본이 아닌 다른 나라들에서 나오는 이유다. 지난 2021년 6월 16일 문재인 대통령이 스페인을 국빈 방문했을 당시, 스페인 상원 도서관은 소장하고 있던 1730년대에 제작된 『조선왕국전도』를 보여주었다. 이 지도에도 동해에 섬 두 개, 울릉도와 독도가 그려져 있었다. 이틀 뒤인 6월 18일 일본 자민당 외교부회 모임에서 신도 요시타카(新藤義孝)영토특별위원장은 "스페인 상원 도서관에서 문대통령이 본 지도에 그려진 섬은 다케시마(한국의 독도)와 완전히 다르다"라고 말한 것으로 산케이신문이 보도했다.[004] 일본은 이런 나라다.

삼국사기의 기록 | 하지만 우리 역사에서 독도와 울릉도는 『삼국사기』나 『고려사』에서부터 기록이 나온다. 1145년에 편찬된 『삼국사기』[005](三國史記)는 서기 512년 신라가 지증마립간(마립간=왕) 때 동해의 우산국(于山國)을 정복해 신라 땅으로 삼았다고 기록하고 있다. 독도 영유권에 대한 우리나라의 역사적 권원(權原, Title)이 서기 512년부터 시작되었음을 보여준다.

"지증 마립간 13년(512년) 여름 6월, 우산국(于山國)이 복종하여 해마다 토산물을 공물로 바치기로 하였다. 우산국은 명주(溟州,[006] 강릉)의 정동(正東)쪽 바다에 있는 섬으로 울릉도(鬱陵島)라고도 한다. 땅은 사방 백리인데, 지세가 험한 것을 믿고 항복하지 않았다. 이찬(伊湌)[007] 이사부(異斯夫)[008]가 하슬라주(何瑟羅州:江陵 일대)의 군주(軍主)가 되어 말하길 '우산국 사람은 어리석고도 사나워서 힘으로

---

004 안명진 기자, "일 집권당, 文이 본 스페인 고지도 속 섬, 독도 아냐", 국민일보, 2021.6.18
005 삼국사기(三國史記)는 고려(高麗) 17대 인종(재위 1122~1146)의 명(命)을 받아 김부식(金富軾) 등이 1145년에 편찬한 신라 고구려 백제 등 삼국(三國)시대를 다룬 정사(正史)다. 본기 28권(고구려 10권, 백제 6권, 신라 12권)과 열전 10권 등 모두 50권으로 돼 있으며, 삼한고기(三韓古記), 구삼국사(舊三國史) 등 국내 문헌과 송서(宋書), 후한서(後漢書), 자치통감(資治通鑑) 등 중국 문헌을 참고해 편찬한 기전체(紀傳體)의 역사서다.
006 우산(于山)'은 고구려 말로 '높은 산'이라는 뜻이다. (울릉도 소재 독도박물관 설명)
007 이찬은 신라 17 관등의 제 2등으로 진골만이 될 수 있으며, 중앙 정부의 장관급 이상 벼슬에 해당한다. 태종무열왕 김춘추(金春秋)의 아버지 김용춘(金龍春)이 이찬으로 진평왕의 둘째 딸과 결혼해 김춘추를 낳았고, 김춘추도 이찬에 이르렀으며, 알천[閼川, 신라 중기의 장군, 활동 연대 636~654]의 양보로 이찬으로는 처음으로 왕위에 올랐다.
008 진흥왕 때의 장군, 제17대 내물왕의 4대손으로 왕실의 중신이다.

다루기는 어려우니 계책으로 복종시켜야 한다'고 하고, 바로 나무로 사자(獅子)를 만들어 군선에 나누어 싣고 그 나라 해안에 이르렀다. 이사부는 거짓으로 말하였다. "너희가 만약 항복하지 않으면 이 사나운 짐승을 풀어, 밟아 죽이도록 하겠다' 그 나라 사람들이 두려워하며 즉시 항복하였다"[009]

신라의 이사부 장군이 동해의 섬나라 우산국(于山國)을 정복해 신라 영토로 삼았다는 내용은 『삼국사기』의 '지증 마립간 조'와 '열전 이사부 조' 등 두 곳에 기록돼 있다. 일본과는 비교가 되지 않는 옛날부터 우리는 이 섬들을 인식하고 우리의 영토로 챙기고 있었다는 명백한 기록이다.

고려사의 기록 ㅣ 신라를 이은 고려(高麗, 918~1392) 때에도 울릉도와 독도는 우리 영토로서, 역사서에 기록이 나온다. 『고려사』[010]를 보면 고려 태조 13년, 우산국은 왕건(王建)을 찾아와 충성을 맹세하고 특산물을 바쳤다는 기록이 나온다.

"경인년(태조 13년, 930), 가을 8월 병오일. 우릉도(芋陵島, 울릉도)에서 백길(白吉)과 토두(土豆)를 보내 왕에게 토산물을 바치자, 백길에게 정위(正位)[011], 토두에게 정조(正朝)[012]라는 벼슬을 각각 주었다"

고려 현종 9년(1018)에는 이런 기록도 남아있다.

"11월, 병인일. 우산국(于山國)이 동북여진(東北女眞)의 침구(寇:침략)를 당해 농사 짓지 못하게 되었으므로, 이원구를 보내 농기구를 내려주었다"[013]

---

009 삼국사기 지증 마립간(재임 500~514)조에 나오는 기록이다. 마립간(麻立干)은 '말뚝의 왕'이라는 뜻으로 '말뚝'은 조선시대 '품계석'과 같은 뜻으로 '으뜸가는 품계'라는 뜻으로 17대 내물 마립간부터 22대인 지증 마립간까지 왕(王)의 호칭으로 사용됐다. 지증 마립간 이후 신라도 백제 고구려와 같이 '왕'을 군주의 칭호로 사용한다.
010 조선 세종 때 김종서, 정인지 등이 편찬한 고려 시대의 역사서, 1392년에서 1451년 사이에 여러 차례의 개찬 과정을 거치며 내용을 보완했다. 139권 75책으로 돼 있다.
011 정위는 고려 초기 관료들의 지위를 나타내는 관직으로 1품에서 9품에 이르는 16등위 가운데 7품의 13등위에 해당하는 하급 직위이다.
012 향직의 7품 벼슬이다.
013 이원구(李元龜)는 현종 원년 거란의 3차 침입 때 방어사(防禦使)라는 직책으로 전투에 임했다는 기록으로 보아, 武將 출신의 관리로 보인다.

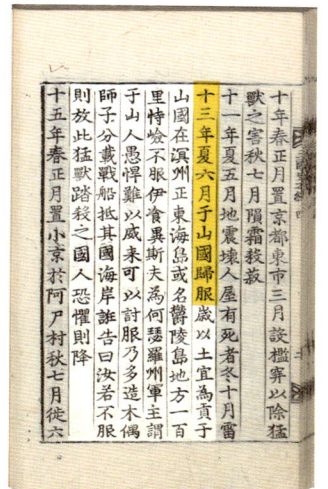 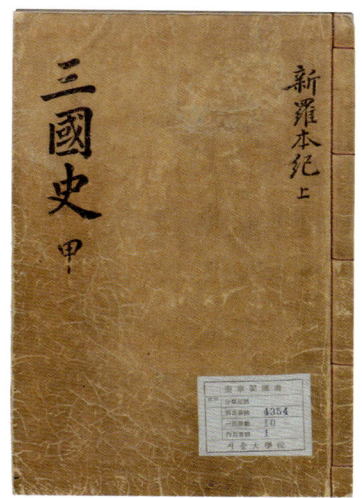

서기 512년 신라의 우산국 복속을 기록한 『삼국사기』 기록. 사진=위키피디아

또 현종 10년(1019) 7월에는 고려를 침략했다가 강감찬(姜邯贊) 장군에게 쫓겨난 여진족이 울릉도를 침입하자, 울릉도민들이 육지[고려]로 피난을 왔다가 다시 돌아가, 피해 복구에 힘썼다는 기록이 나오는 등 울릉도는 1,500년 전부터 변함없는 우리 민족의 생활 터전이고 우리의 영토였다.

우리 역사에서의 우산국

우리 역사에서 우산국(于山國)은 기록이 매우 적다. 지금의 제주도인 탐라국(耽羅國)은 역사에 자주 등장해서 기록이 많은 데 비해, 우산국[울릉도+독도]은 『삼국사기』와 『고려사』 등에 몇 번 나온 기록이 전부다. 남해의 탐라국이 백제에 의해 처음으로 예속되듯이(498), 우산국도 신라에 의

해상소왕국 '우산국(于山國)'의 영역. 중앙에 울릉도와 오른쪽에 작은 점으로 그려진 독도가 있다. 붉은 원은 울릉도에서 맨눈으로 관측이 가능한 범위를 표시한 것이다. 도표=나무위키

해 복속된다(512).

우산국에는 고대부터 주민이 거주했던 흔적이 있지만, 문자 기록이 적은 관계로 "우산국은 512년 신라의 영토에 포함되고, 930년에는 고려에 조공을 보내고 복속됐지만, 먼바다 가운데 있는 관계로 느슨한 형태의 자치를 유지한 부족국가 형태의 해상소왕국으로 존재"했을 것으로 전문가들은 보고 있다.

그러나 1018년 여진족(女眞族)의 약탈로 궤멸적인 타격을 받은 후, 1022년 남아있던 주민들이 모두 육지[고려]로 건너오면서 우산국은 역사 기록에서 나타나지 않는다. 옛날 우산국의 모습은 울릉도의 고분군(古墳群) 등을 발굴한 고고학적인 단서를 통해 파악할 수 있겠지만, 1957년 국립박물관이 조사할 당시 87기의 고분이 거의 다 파헤쳐진 상태여서 의미 있는 발굴이 되지 못했다는 기록이 남아 있다.[014] 그래서 『삼국사기』 이사부 장군의 기록이나 『고려사』의 기록에는 '울릉도' 이야기는 있지만 '독도' 이야기는 없다. 천 수백 년 전 우산국 사람들에게 독도는 어로나 생업의 현장이기는 해도 거주하기에는 너무 멀었고, 그 주민들에 대한 기록은 없고, 고분들도 식민지 시대에 도굴꾼들에 의해 다 훼손됐다.

중국 측 기록인 『삼국지위서동이전』(三國志魏書東夷傳)의 동옥저(東沃沮) 조에 보면, 고구려 동천왕(東川王) 19년(245) 위(魏) 관구검(毌丘儉)이 고구려를 정벌하고 옥저로 피신한 동천왕을 추적했을 때의 이야기가 나온다. 관구검은 동해 바닷가 노인들에게 "저 바다 건너에도 사람이 사느냐?"고 물어보니 "우리 사람들이 고기잡이를 나갔다가 바람을 만나 수십 일을 표류하다가 한 섬에 표착했는데, 그곳 사람들과 말이 통하지 않았습니다"라고 답변했다는 기록이 있어, 최소한 서기 245년 그 이전부터 울릉도에 사람들이 살았을 것으로 추측된다.[015]

---

014 1982년 울릉도 개척 100년을 기념해 울릉군이 발간한 「개척백년, 울릉도」, 45p. 1982년 울릉군 편찬.
015 「개척 100년, 울릉도」 36~37 p 수록, 1982년 울릉군 편찬.

일본의 주장 ②

"한국이 예로부터 다케시마[독도]를 인식하고 있었다는 주장에는 근거가 없다."

일본은 "한국은 한국 측의 고문헌, 고지도에 적혀 있는 우산도가 현재의 다케시마(한국의 독도)라고 주장"하고 있다며 "예를 들어, 한국 측은 조선의 고문헌『삼국사기』(1145), 『세종실록지리지』(1454), 『신증동국여지승람』(1531), 『동국문헌비고』(1770), 『만기요람』(1808), 『증보문헌비고』(1908) 등의 기술을 근거로 울릉도와 우산도라는 2개의 섬을 오래전부터 인지하고 있었으며, 그 우산도가 바로 현재의 다케시마라고 주장하고 있다"라면서, "『삼국사기』를 보면 우산국이었던 울릉도가 512년 신라에 귀속됐다는 기술은 있지만, 우산도(지금의 독도)에 관한 언급은 없다. 또한 조선의 다른 고문헌에 나와 있는 우산도에 관한 기술을 보면 그 섬에 많은 사람이 살고 있으며 큰 대나무가 자라고 있다는 등 다케시마(한국의 독도)의 실상과는 맞지 않는 점들이 있어 오히려 울릉도를 상기시키는 내용이다"라고 주장하고 있다.

이래서 거짓이다

한국의 명백한 독도 인식은 고문헌과 고지도가 분명하게 증명하고 있고, 일본도 이를 알고 있다. 단적인 예로 맑은 날이면 울릉도에서 독도를 맨눈으로 볼 수 있다. 이보다 더 명확한 일이 어디 있는가? 일본은 억지로 영유권을 주장하기 위해서 애써 모른 척하고 있다. 독도는 울릉도에서 육안(肉眼)으로 보이는 유일한 섬이다. 울릉도에 사람이 살았다면 독도의 존재를 모를 리가 없다. 이러한 인식의 결과가『세종실록』에서부터 나온다.

세종실록 지리지 | 『삼국사기』보다 300여 년 뒤인 1454년에 편찬된『세종실록』지리지(地理志) 강원도 삼척도호부 울진현의 기록을 보면 다음과 같이 나온다.

> "우산(于山)과 무릉(武陵) 두 섬이 현(縣)의 정동(正東)쪽 바다 가운데 있다. 두 섬이 서로 거리가 멀지 아니하여 날씨가 맑으면 가히 바라볼 수 있다. 신라 시대

에는 우산국 또는 울릉도라 했다"[016]

이 조선 초기 기록에서 '우산'은 우산도(于山島)로 현재의 독도(獨島)를 말하고 '무릉'은 무릉도(武陵島)로 현재의 울릉도(鬱陵島)를 말한다. 우산도가 독도라는 것은 '두 섬이 서로 거리가 멀지 아니하여 날씨가 맑으면 가히 바라볼 수 있다.'라는 구절로 알 수 있다.

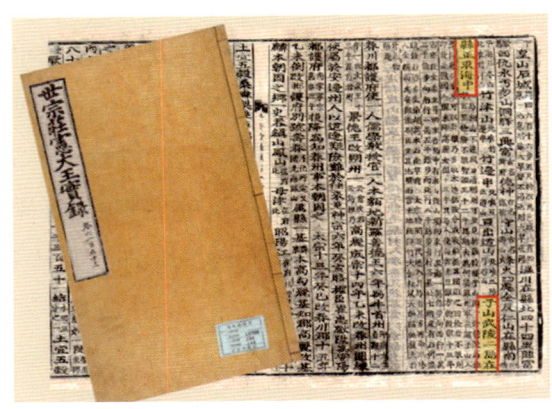

우산국이 울릉도와 독도로 이루어져 있다는 『세종(장헌대왕)실록』. 사진=위키피디아

예나 지금이나 날씨가 맑을 때 울릉도에서 바라볼 수 있는 섬은 독도밖에 없다.[017] 울릉도에서 바라다보이는 섬뿐만 아니라 동해상에는 울릉도와 독도 말고는 섬이랄 것이 없다. 울릉도와 독도의 거리는 87.4㎞인데, 지구가 둥글기 때문에 해변에서 보일 때도 있고 안 보일 때도 있으나, 울릉도의 해발 200m 이상 지대에서는 날씨가 청명하면 독도가 선명하게 보인다. 아래 사진에서 보이듯이 『세종실록』지리지에 '울릉도와 독도 두 섬이 서로 거리가 멀지 아니하여 날씨가 청명하면 가히 바라볼 수 있다'고 한 것은 아주 정확한 기록이다.

---

016 세종실록 지리지에는 "于山.武陵二島 在縣正東海中 二島相距不遠 風日淸明 則可望見 新羅時稱于山國 一云鬱陵島"라고 기록돼 있다.
017 독도는 울릉도에서 동남쪽으로 87.4㎞떨어져 있다. 반면 일본 시마네(島根)현 오키제도(隱岐諸島)에서는 157.5㎞떨어져 있다. 오키섬에서는 독도가 맨눈으로 보이지도 않고, 물론 사진으로도 찍히지 않는다.

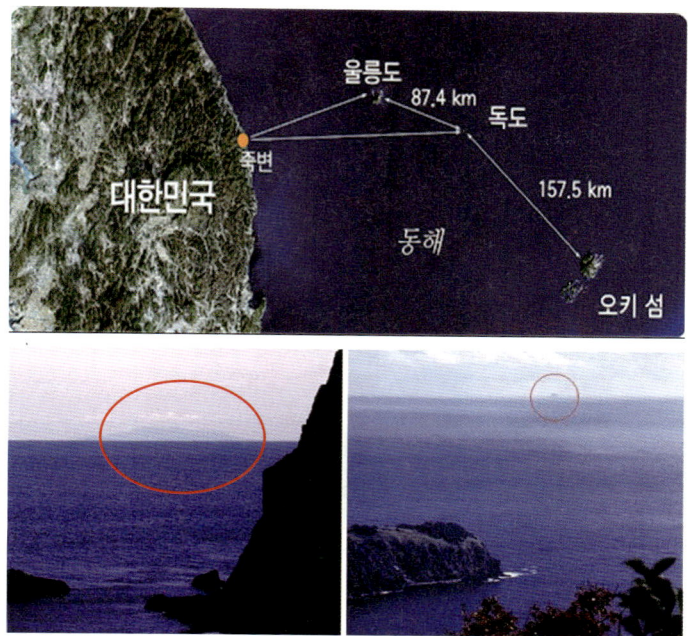

독도에서는 울릉도가 큼직한 섬으로 보인다(아래 왼쪽). 울릉도에서는 독도가 뾰족한 바위섬으로 보인다(아래 오른쪽). 사진=울릉도여행사

이 문헌은 또 우산도와 무릉도, 두 섬을 신라시대에 '우산국'이라 칭했다고 기록하고 있어, 당시 우산국(于山國)이란 무릉도[울릉도]와 우산도[독도]로 구성된 해상소왕국임을 알 수 있다.

또한 '신라 때에 우산국 또는 울릉도라고도 했다'라는 문장을 보면, 당시에는 울릉도라는 단어가 울릉도 섬 하나만 나타내는 것이 아니라, 관행적으로 울릉도와 독도를 함께 말하는 '우산국'과 같은 의미로도 사용됐음을 알 수 있다. 상황이 이런데도 일본은 옛날 한국 측 문헌에 '울릉도'에 관한 기록만 나오고 '독도'라는 말이 나오지 않아서, 독도의 존재를 몰랐던 것이 아니냐고 억지를 부린다.

관음도와 죽도 | 일본은 울릉도 바로 옆에 붙어있는 관음도(觀音島,깍새섬)와 죽도(대섬)를 한국 쪽에서 혼동해서 독도라고 한다라는 주장도 한다. 울릉도 섬목 앞바다에 있는 관음도는 울릉 본섬에서 불과 100m 떨어져 있어 사진상 거의

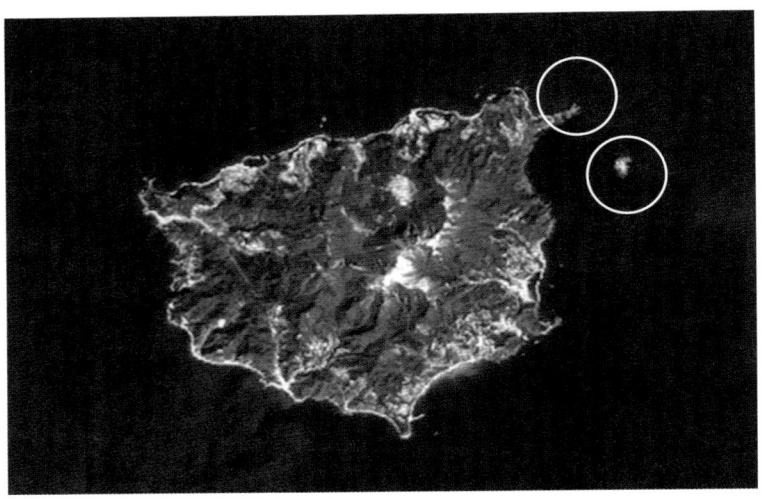

아리랑 3호가 촬영한 울릉도. 오른쪽 1시 방향의 관음도는 울릉도와 거의 붙어 있고, 2시 방향으로 1.8km 떨어진 죽도(대섬)는 선명하게 보인다. 사진=한국항공우주연구원

붙어있는 것처럼 나타나고, 둘레 800m의 작은 섬이다. 지금은 울릉도와 연도교가 설치됐다. 그리고 관음도 아래쪽의 '대섬'이라고 불리는 죽도(竹島 혹은 竹嶼島)는 울릉도 본섬과 불과 1.8km 떨어진 섬이다.[018] 가까이 있어서 날씨가 청명하지 않아도 잘 보이는 섬을 두고 "날씨가 맑으면 가히 바라볼 수 있다"고 하겠는가? 거듭 말하지만, 울릉도에서 날씨가 맑은 날 멀리 보이는 섬은 사방에 독도 말고는 없다.

동국여지승람 | 이어 1481년(성종 12년) 『동국여지승람』(東國輿地勝覽)의 편찬이 완료되었다. 20년 전인 1461년 명(明)이 119권으로 된 지리지 『대명일통지』(大明一統志)의 편찬을 마치자, 조선도 이 지리지를 보고 자극을 받는다.[019] 성종은 "조선 건국 100년이 됐는데, 아직 번듯한 지리서 하나 없다니" 하면서

---

018 관음도는 넓이가 6,400평 정도로 독도의 동섬과 비슷한 면적이고, 죽도(대섬)는 63,000평 정도로 제법 크다. 울릉도 부속섬의 크기는 죽도(竹島), 독도(獨島), 관음도(觀音島) 순이다.

019 중국에서는 북송(北宋)이 『태평환우기』라는 지리서를 편찬한 이래 한 통일왕조가 성립되고 정치가 안정되면, 영토와 지방 행정기관 능묘 고적 등을 담은 지리서를 편찬 반포하는 것이 관례가 됐다. 원(元)도 『대원대일통지(大元大一統志)』 1,300권을 편찬했고, 명도 『대명일통지』를 편찬했다.

노사신, 양성지, 강희맹[020] 등에게 『대명일통지』를 잘 살펴보고, 세종 때 나온 『신찬팔도지리지』 등도 참고해, 새로운 지리서를 편찬하게 했다. 조선조 초의 대표적인 관찬(官撰) 지리서인 『동국여지승람』 50권은 이렇게 탄생했다.

이 책은 현재 남아있지 않지만, 다행히도 그 내용은 『신증(新增) 동국여지승람』에 모두 포함돼 있다. 성종(재위 1446~1494) 때 나온 『동국여지승람』[021]과 50년 뒤인 1531년(중종 26년)에 나온 『신증동국여지승람』은 단순한 지리서가 아니라, 조선국의 영토에 대한 지리 해설서이기 때문에 더욱 중요하다. 즉 이 지리서에 수록된 지역이나 군(郡), 현(縣), 섬들은 모두 '조선국의 영토'라는 의미를 담고 있다. 이 책에서 우산도와 울릉도가 울진현(縣)조에 실려 있는 사실은, 이 두 섬이 강원도 울진현에 속한 조선의 영토임을 확인해준다. 당시 이 영토 해설서에 대해 같은 한자 문화권인 일본이 항의했다는 기록이 어디에도 없다. 일본도 이를 받아 들인 것이다..

> "우산도·울릉도: 무릉(武陵)이라고도 하고 우릉(羽陵)이라고도 한다. 두 섬은 울진현(蔚珍縣)의 정동 쪽 바다 한가운데 있다. 세 봉우리가 하늘로 곧게 솟았으며 남쪽 봉우리가 약간 낮다. 날씨가 맑으면 봉우리 위의 나무와 모래톱이 역력히 보이고 바람이 잔잔하면 이틀에 도달할 수 있다. 일설에 우산과 울릉이 본래 한 섬으로 땅이 사방 백 리라고 한다"[022]

『신증동국여지승람』의 이 기술은 앞에서 살펴본 『삼국사기』와 『세종실록』 지리지에서 말하는 우산국(于山國)을 설명하는 내용이다. 이 내용 가운데 "세 봉우리가 곧게 솟아 하늘에 닿았는데, 남쪽 봉우리가 약간 낮다"는 서술은 우산도(독도)에 대한 설명이다. 여기의 남쪽 봉우리는 독도의 동도(우산봉, 98.6m)를 말

---

020 노사신(1427~1498), 양성지(1415~1482), 강희맹(1424~1483)은 조선 초기의 문장가, 역사에 밝은 관료로서 『경국대전』 『동국여지승람』, 선대 국왕의 실록 편찬 등에 참여해 왕조의 기반을 잡는 데 큰 공헌을 한 학자들이다.
021 동국(東國)은 조선시대에 '우리나라(조선국)'를 중국에 대해 달리 이르던 말이다.
022 『신증동국여지승람』 권 45, 울진현조

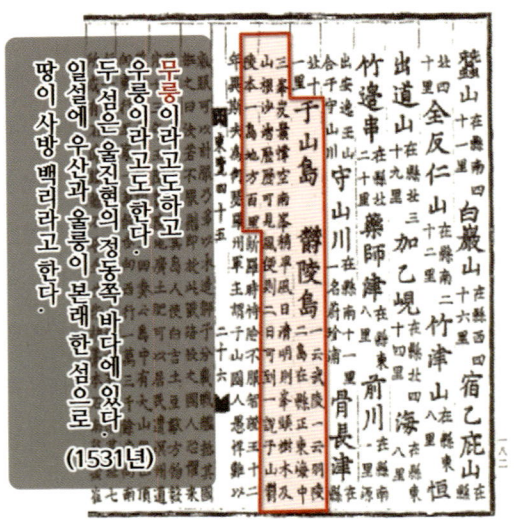

『신증동국여지승람』, 1531년 편찬. 사진=대한민국외교부

하고, 서도(대한봉, 168.5m)보다 낮고, 서도의 동남쪽에 위치한다. 독도는 조선 성종 때 삼봉도(三峯島)라고 불리기도 했는데, 현재의 동도(東島)와 서도(西島) 사이에 봉우리가 한 개 더 있었다는 서술이지만, 지금은 두 봉우리만 있다.[023]

"순풍이면 이틀 만에 갈 수 있다"는 부분은 울진현(縣)에서 관할 지역인 울릉도와 독도에 가는 데 걸리는 시간을 말하는데, 당시에는 해류나 해풍을 이용했다. 경상도와 전라도 심지어 대마도의 어부들은 동한난류(東韓暖流)[024]를 이용해 울릉도나 독도로 떠났고, 고려시대 안무사(安撫使)와 조선의 수토사(搜討使)는 동해안에서 바람을 이용했다.

"일설에는 우산, 울릉이 원래 한 섬으로 그 땅이 사방 백(百) 리라고 한다"는 삼국사기와 세종실록 등에도 기록된 내용으로 우산국의 지경[地境,영토]이 100리

---

023 역사학자들은 이 부분에 대해서 설명을 거의 하지 않는다. 성종은 삼봉도에 대해서 현장 확인을 여러차례 지시했으나, 당시 관리들은 끝까지 현장 확인을 기피했다. (『독도의 진실』, 강준식, 53~66페이지). 일각에서는 독도가 일본 주둔 미 공군의 폭격훈련장으로 사용되면서(1948~1952) B-29의 폭격으로 인해 파괴됐을 가능성도 있다고 말하지만, 명확하지 않다.

024 동한난류(East Korea Warm Current)는 적도부근에서 올라오는 쿠로시오(黑潮)난류에서 갈라져서 한반도의 동남쪽을 따라서 북상하다가, 북위 36~38도 사이 북쪽에서 내려오는 북한한류와 만나 풍부한 어장을 형성한다. 동한난류는 봄에서 여름 사이에 강하게 흐른다.

범위에 펼쳐져 있다는 서술이다. 울릉도 주변에는 관음도, 대섬을 포함해 아주 작은 바위섬까지 모두 44개의 섬이 있고, 독도에는 동도와 서도 그리고 80여 개의 부속 바위들이 있는데, 사방 백 리(100리)라면 동서남북 반지름 40㎞로 원을 그리면, 남북이나 동서의 지름은 80㎞가 돼, 울릉도와 독도의 거리 87.4㎞와 거의 일치해, 옛날의 이 기록은 놀랍도록 정확하다고 하겠다.

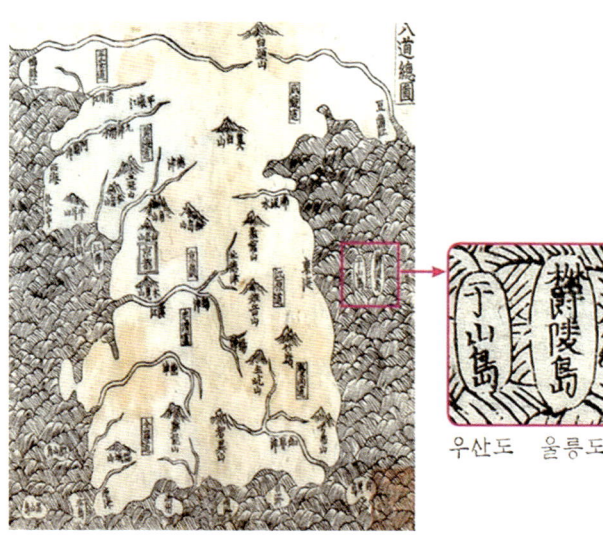

『신증동국여지승람』에 수록된 목판본 「팔도총도」. 1531년. 가로 32.6㎝, 세로 21.6㎝의 목판 지도에는 울릉도와 우산도가 기록돼 있어, 오래전부터 독도가 우리 영토였음을 말해준다. 사진=위키피디아

그리고 이 책에 실린 『팔도총도』(八道總圖)는 조선의 첫 공식 전도(全圖)다. 전체적인 지도의 형태는 압록강과 두만강이 거의 일직선상에 있고 남북이 찌그러진 모습이다. 실측 지도에 익숙한 현재의 눈으로 보면 이상한 모습으로 보이지

---

025 『팔도총도』는 낱장으로 만들어진 지도가 아니라 1481년(성종 12년)노사신, 강희맹, 양성지 등이 왕명으로 편찬한 『동국여지승람』에 첨부된 지도다. 동국여지승람은 공조판서였던 양성지가 1478년 완성한 팔도지리지를 토대로 문사들의 시문집인 동문선(東文選)을 합쳐 1481년 50권으로 편찬한 지리지이다. 이 책은 1499년 한 차례 수정을 거쳐, 1530년(중종 25년) 『신증동국여지승람』으로 증보판이 편찬됐다. 여기에는 전국 지도인 『팔도총도』와 각 도별 지도 8장 등 모두 9장의 지도가 수록돼있다.

만, 당시는 지리적 개념이 불분명하고 제작기법 또한 회화적 범주를 벗어나지 못한 점을 이해할 필요가 있다. 백두산 등 주요한 산들은 회화적으로 그려져 있고, 서한만(灣)과 경기만, 태안반도, 동한만 등 들어갈 데는 들어가고 나올 데는 나온 점, 강화도, 진도, 제주도, 남해도, 거제도, 울릉도와 독도 등 주요한 섬은 거의 다 표현이 돼 있다.

『팔도총도』에 그려진 울릉도와 우산도를 보면, 우산도(독도)가 울릉도의 서쪽에 그려져 있다. 우산도가 독도라면 울릉도의 동쪽[오른쪽]에 그려져야 하는데, 서쪽에 그려져 있다. 그러나 동해 바다에는 울릉도 서쪽에 이렇게 큰 섬은 존재하지 않는다. 잘못 그린 것으로 보인다. 위치는 반대지만, 우리 동해상에 울릉도와 우산도가 존재한다는 사실을 확실하게 그려놓았다는 점에서 의미가 크다고 하겠다. 일본은 이 오류를 문제 삼아 '조선이 독도를 영유하지 않았다'고 하지만, 이 무렵 제작된 일본의 지도들도 오류가 많기는 매일반이다.

또 『신증동국여지승람』 뒷부분 "일설에 우산과 울릉은 원래 한 섬"이라는 오류는 조선 후기 역사 지리서인 『강계지』(疆界誌, 1756)에서 바로잡았다.

> 『여지지』(輿地誌) 왈, 일설에 의하면 우산과 울릉은 원래 한 섬이라고 하나, 여러 도지(圖誌)를 보고 생각하면 두 섬이다. 하나는 소위 송도이고 두 섬은 모두 우산국인 것이다.

『강계지』의 이 기록이 나온 이후 조선의 지리지들은 독도를 빠트리지 않고 별도의 섬으로 챙긴다.

만기요람 | 시간이 흘러 순조(純祖, 재위 1800~1834)는 국정 운영에 참고하기 위해 호조판서 서영보와 참판 심상규 등에게 『만기요람』(萬機要覽)의 편찬을 지시

---

026 서영보(1759~1816)는 1789년 문과에서 장원급제한 뒤 암행어사, 관찰사, 홍문관 부제학을 지냈다. 심상규(1766~1838)는 서명보와 같은 해(1789) 과거에 급제한 뒤 관직에 나아가 정조의 총애를 받았다. 정조 사후 『정조실록』 편수당상관, 이조 호조 형조 참판과 전라도관찰사를 거쳐 예조판서, 홍문관 직제학, 병조판서 등을 역임했다.

한다. 1808년에 편찬된 이 문헌은 국가 재정 등에 관한 「재용」(財用) 편 6권, 국방 문제를 다룬 「군정」(軍政) 편 5권으로 돼 있다. 군정 편 제4권에 독도에 관한 기술이 나온다.

> "『여지지』(輿地誌)에 이르기를 울릉과 우산은 모두 우산국의 땅[영토]이다. 우산은 이른바 일본이 말하는 송도(松島)다"

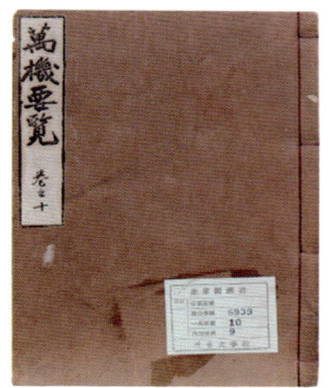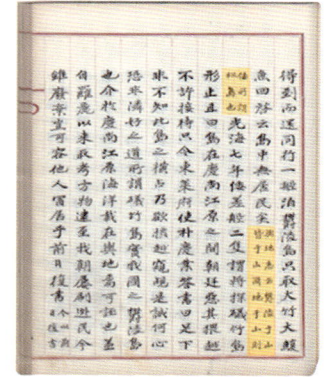

1808년 편찬된 『만기요람』. 사진=대한민국외교부

『만기요람』이 인용한 『여지지』(輿地誌)라는 고문헌은 아직 발견되지 않고 있는 책이다. 그러나 이 내용을 인용해 기록하고 있는 『만기요람』은 왕명에 의해 호조판서가 편집의 책임을 맡으면서 만든, 국왕과 중책을 맡은 관리들이 국정 운

---

027 『여지지』(輿地誌)는 실학자 반계 유형원이 1656년에 편찬한 우리나라 최초의 전국 지리지이지만, 실물본은 전해지지 않고, 책에 실린 내용이 다른 학자들에 의해 인용돼서 전해진다. 여지(輿地)는 요즘은 잘 사용되지 않는 한자어인데, 지구(地球) 또는 대지(大地)라는 뜻이다. 실학자 신경준도 1756년(영조 32년)에 편찬한 『강계고』(疆界考)에서 "일설에 우산과 울릉은 본래 한 섬이라고 하나 여러 도지(圖志)를 상고하면 두 섬이다. 하나는 왜(倭)가 말하는 송도(松島)인데, 두 섬은 모두 우산국이다" 당시 일본은 우리의 우산도를 송도로 부른다는 사실을 밝히고 있다. 일본은 에도시대에 울릉도를 죽도(다케시마), 독도를 송도(마쓰시마)로 불렀다. 따라서 신경준의 글을 통해서 우산도가 독도임을 확인할 수 있으며, 우산도와 울릉도가 우산국에 속한다고 한 것은, 두 섬 모두 조선의 영토임을 말한 것이다.

028 『만기요람』에는 "輿地誌云 鬱陵于山皆于山國地 于山則倭所謂松島也"로 기록돼있다.

영에 참고하는 중요한 책이다. 첫째 문장에서 "울릉도와 우산도[獨島]는 모두(皆) 옛날 우산국의 영토"라고 분명하게 밝히고 있고, 두 번째 문장 "우산도(현재의 獨島)는 일본인들이 말하는 송도(松島, 마쓰시마)"라고 해서 우산도가 바로 오늘날의 독도로서, 두 섬이 한국의 고유영토임을 분명하게 밝히고 있다.

울릉도와 독도의 명칭 변화

한국과 일본 두 나라는 과거부터 지금까지 울릉도와 독도의 명칭을 수시로 바꾸어 온 관계로 일반인들은 이를 이해하기 위해 많은 노력을 해야 한다. '두 나라가 두 섬의 이름'을 달리하는 내용을 정리할 필요가 있다.

연도	독도	울릉도
521년(신라 지증왕)	우산국(于山國)	우산국(于山國)
1018년(고려 현종)	우산국(于山國)	우산국(于山國)
1021년(고려 현종)	우산도(于山島)	우릉도(羽陵島)
1416년(조선 태종)	우산도(于山島)	우산도(于山島) 무릉도(武陵島)

한편 뒤늦게 울릉도와 독도에 대해 관심과 욕심을 갖게 된 일본에서도 이 두 섬에 대한 호칭이 변화한다. 이런 변화는 한일 양국이 비슷했다.[029]

연도	독도	울릉도
1696년	마쓰시마(松島)	다케시마(竹島)
1840년	-	다케시마(竹島)
1877년	마쓰시마(松島)	다케시마(竹島)
1880년	리앙쿠르도(Liancourt 島)	마쓰시마(松島)
1905년	다케시마(竹島)	우쓰료도(蔚陵島)

029_《독도의 진실》, 강준식 지음, 소담출판사, 2012, 48, 139페이지에서 인용했다.

조선의 무인도(無人島) 정책

쇄환과 수토 | 조선 시대 수백 년 동안 울릉도에 대한 일반의 이해가 높지 않은 데에는 조선이 시행한 쇄환(刷還)과 수토(搜討) 등 해금(海禁)정책과 관련이 깊다. 조선 3대 태종(재위 1400~1418)은 1403년 "울릉도를 무인도로 만들라"고 명령한다. 울릉도가 동·남해안에 출몰하는 왜구(倭寇)의 중간 거점이 되는 것을 막기 위한 목적이 앞섰다. 또 본토에서 군역이나 세금을 피해 섬으로 도망가는 사람들을 막고, 해상에서의 사(私)무역을 금지하는 등 왕조의 기반을 구축하기 위해서다. 그래서 울릉도에 사는 모든 주민이 육지로 옮겨갔고, 또 육지에서도 건너가지 못하게 했다. 명(明)의 해금정책을 본뜬 것이다.[030]

태종의 지시에 따라 육지로의 쇄환이 시작돼, 울릉도는 1435년 무인도가 된다. 쇄환 정책은 말 그대로 '빗자루로 쓸어버리듯이 깨끗하게 비워 버린다'는 뜻의 '섬을 비우는[空島]' 정책이다. 그러나 이 정책은 섬을 포기하는 것이 아니라, 섬을 비워놓고 그 대신 담당 관리들이 수시로 또 정기적으로 둘러보고 챙기는 행정의 한 방식이다.

수토는 단어 그대로 '수색해 토벌한다'는 뜻으로, 섬을 포기하는 것이 아닌데도 일본은 우리가 쇄환정책을 실시한 1403년 이후 조선이 울릉도와 독도를 포기했다고 억지를 쓰고 있다.

조선왕조는 초기에는 3년에 한 번씩 울릉도에 수토사(搜討使)를 파견해 섬을 둘러보고 사람이 살고 있으면 육지로 돌려보냈다. 이후 조선 정부는 1511년까지 울릉도에 관리를 파견해 살펴본 결과 조정의 쇄환과 수토 정책이 성과를 이뤘

---

030 명 태조 주원장은 집권 4년째인 1371년 연해 지역의 군벌세력 잔당의 준동을 막고 해적의 침입을 방지하기 위해 해금령을 내리고 제한적인 조공[朝貢]무역만 허용한다. 명은 동남쪽 해안지방에 할거하고 있는 방국진(方國珍), 장사성(張士誠) 등의 해상세력을 견제하고 왜구 등의 피해를 막기 위해, 바닷가 30리 안에는 자국민이 살지 못하게 하고 또 배를 타고 멀리 나가지 못하도록 하는 해금정책을 실시한다. 그러나 3대 영락제 때에는 환관 정화(鄭和,1371~1434)가 원정에 나서 동남아, 아프리카까지 위세를 떨치기도 했으나(1405~1433 사이 7차례 해외 원정), 다시 해금에 들어가 청 때까지 해금정책이 계속된다. 중국 역사에서는 오래전(서기 109년, 후한)부터 해적(海賊)이 등장한다. 원(元) 시절 수군을 모병해 인도네시아, 일본 등을 공격했으나 실패했는데, 여기에 참전했던 수군(水軍)들이 중국 동남해안에 흩어져, 원 말기에 중앙권력이 약화되자 약탈행위를 자행했으며, 일부는 일본의 왜구와 결탁해서 해적질을 하기도 했다.

다고 판단해 183년을 쉬고, 1694년 숙종 때에 다시 수토사를 파견해 1894년까지 살핀다.

수토사 장한상의 기록 | 오랫동안 중단됐던 수토가 재개된 시기는 임진왜란(1592~1598)도 끝난 지 100년 가까이 지난 1694년(숙종 20년)이었다. 한 해 전에 발생한 안용복(安龍福)의 도일로 인한 「울릉도 쟁계」가 양국간에 계속되자, 조선이 울릉도와 독도의 영유권을 확실히 하기 위해 수토사를 파견하기로 한 데 따른 조치다.

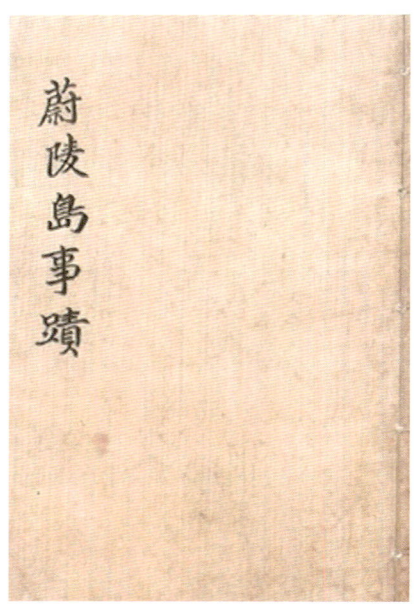
삼척 영장 장한상의 수토기록 『울릉도사적』.

운암 장한상의 영정, 의성 경덕사.

강원도 삼척 영장(營將) 장한상(張漢相, 1656~1724)은 1694년 8월 울릉도 수토사로 임명된다. 장한상은 배 6척에 150명의 군인과 역관 등을 인솔해 울릉도를 수토한다. 그해(갑술년) 9월 19일부터 10월 6일까지의 수토 기록이 『울릉도사적』(鬱陵島事蹟)이라는 문헌으로 남아있다. 수토사 장한상은 이렇게 기록했다.

> "비가 개고 구름이 걷힌 날, 중봉(성인봉)에 올라서 보니, 남쪽과 북쪽에 두 봉우리가 우뚝 솟아 마주 보고 있었다. 이것이 이른바 3봉이다. 서쪽으로는 구불구불한 대관령(大關嶺)의 모습이 보이고, 동쪽으로 바다를 보니 남동쪽에 섬 하나가 희미하게 보이는데, 크기는 울릉도의 3분의 1이 안 되고, 거리는 300여 리에 지나지 않았다"

지난 1978년에 존재가 확인된 『울릉도사적』은 328년 전 독도의 존재를 맨눈으로 확인한 기록이다. 또 조선 관리가 공문서에 남긴 첫 기록이기도 하다. 이 기록은 조선의 행정력이 울릉도에 미쳤으며, 조선 정부가 독도의 존재도 인지하고 있었다는 것을 말해준다.

---

031 장한상이 기록한 『울릉도사적』은 경상북도 의성군 금성면 「의성 조문국(召文國)박물관」에 소장돼 있다. 경상북도 유형문화재 제443호로 "삼척 영장(첨사) 장한상이 울릉도를 돌아보고 남긴 기록으로, 일본에 대한 방비책과 울릉도에 관한 기록, 특히 독도를 우리 땅으로 언급하고 있는 중요한 자료로 평가받고 있다" 그리고 운암 장한상의 영정은 의성군 구천면 경덕사(景德祠)에 있다. 장한상이 호랑이를 제압할 만큼 힘이 장사였다는 기록에 따라 영정에 호랑이가 함께 그려져 있다.

일본의 주장 ③

"일본은 17세기 중반에는 이미 다케시마의 영유권을 확립했다"

일본은 "다케시마(한국의 독도)가 에도시대 초기부터 막부의 공인 하에 어부들에게 이용됐다"면서 "1618년(1625년) 돗토리번(鳥取藩) 호키국(伯耆國) 요나고(米子) 주민 오야 진키치(大谷甚吉)와 무라카와 이치베(村川市兵衛)가 돗토리번의 번주를 통해 막부로부터 울릉도(당시 일본 명 다케시마)에 대한 도해(渡海)면허를 취득했다. 그 이후 양가(兩家)는 일 년에 한 번 교대로 울릉도로 건너가 전복 채취, 강치(바다사자) 포획, 수목 벌채 등에 종사했다"고 주장한다.

일본 측은 이어 "양가는 쇼군(將軍) 가문의 접시꽃 문양을 새긴 깃발을 달고 울릉도에서 어업에 종사하였으며, 채취한 전복을 쇼군 집안 등에 헌상하는 등 막부의 공인 하에 울릉도를 독점적으로 경영하였습니다. 이 기간에 오키에서 울릉도에 이르는 길에 위치한 다케시마는 항행의 목표지점으로서, 배의 중간 정박지로서, 또한 강치나 전복 잡이의 장소로서 자연스럽게 이용하게 됐다. 이러하여 일본은 늦어도 에도시대 초기에 해당하는 17세기 중엽에는 다케시마에 대한 영유권을 확립했다. 또한 당시 막부가 울릉도나 다케시마를 외국 영토로 인식하고 있었다고 한다면 쇄국령을 발하여 일본인의 해외도항을 금지한 1635년에는 이 섬들에 대한 도항 역시 금지하였을 것이지만 그러한 조치는 취해지지 않았다"고 주장한다.

이래서 거짓이다

일본의 허위나 억지가 두드러지게 나타나는 주장이다. 일본은 에도막부가 일본 어민에게 울릉도와 독도 등으로 가서 어로행위를 할 수 있도록 17세기부터 도해(渡海)면허를 발급했기 때문에 자기 나라 땅이라고 주장한다. 그런데 외국도 아닌 자기 나라의 섬이나 땅으로 가서 고기를 잡는데 무슨 도해면허가 필요한가? 17세기 돗토리번 주민들이 막부로부터 별도 허가를 받아 울릉도와 독도에 오갔다면 이는 '이 두 섬이 일본의 영토가 아니다'라는 사실을 증명해주는 자료일 뿐이다.

아무리 쇄국정책을 펴는 나라라고 해도 자기 나라의 섬을 오가는데 면허를 받을 필요가 없다. '죽도(당시 일본에서 부르던 울릉도의 명칭) 도해면허'는 일본이 울릉도를 자기 땅이 아니라는 사실을 증명해 주는 행정행위다. 즉 국경을 넘어 외국으로 가서 고기를 잡을 수 있는 허가장일 뿐이다. 일본은 1667년에 나온 『은주시청합기』에서 '일본의 서북쪽 (영토의)한계를 오키섬으로 한다'고 기록하고 있고, 또 막부의 질문에 돗토리 번주가 답변했듯이 "울릉도와 독도가 돗토리번은 물론 일본 어디에도 소속돼 있지 않다"고 분명하게 보고한 기록이 남아 있다.

고사기 | 일본의 가장 오래된 역사책인 『고사기』(古史記, 712)는 일본 열도를 만든 신(神)들의 이야기이다. 하나하나 만들어가는 땅과 섬들이 『고사기』가 집필되었을 당시 일본의 어디였는지가 적혀있다. 예를 들면 지금의 대마도(對馬島)는 8세기 당시의 이름인 '진도(津島)'로 기록돼있다. 그런데 『고사기』에는 홋카이도(北海道)와 오키나와(沖繩)[032], 독도(獨島)를 만들었다는 이야기가 없다. 그 이유는? 일본의 신들이 그 땅을 만들지 않았기 때문이다. 즉 애초 일본의 땅, 고유 영토(固有領土)가 아니라는 이야기다.

교키도 | 『고사기』의 기록뿐만이 아니다. 앞에서도 나왔지만 8세기에서 16세기까지 일본의 공식 지도로 사용된 『교키도』에서도 독도(獨島)를 찾을 수 없다. 홋카이도와 오키나와도 없다. 일본의 고유 영토가 아니기 때문이다.

11세기에도 일본은 울릉도를 고려(高麗)에 속하는 섬으로 알고 있었으며 '우릉도'라고 불렀다. 그 기록이 에도막부(1603.3~1867.11)의 일족이던 미토번(水戶藩)에서 펴낸 역사서 『대일본사(大日本史)[033]에 남아있다.

---

032 오키나와의 한자 '충승'(沖繩)은 '바다 위 섬들이 꼬인 새끼줄처럼 이어져 있다'는 뜻이다.
033 1656년부터 편찬을 시작해 250년 후인 1906년에 완료했다.

"간코(寬弘) 원년(1004년), 고려의 우르마섬 사람들이 표류해 이나바(因幡, 돗토리번의 지역 명)에 이르렀다… 신라 때 우르마섬 사람들이 (표류해) 왔는데, 우르마섬은 바로 우릉도이다"

이 기록을 통해 신라 사람들과 고려인들이 동해를 표류해 일본에 표착했다는 사실과, 동해에 면한 지역의 일본인들은 11세기 초에 울릉도를 '우릉도(羽陵島)' 또는 '우르마섬'이라고 불렀다는 사실을 알 수 있다.

다시 지도 이야기로 돌아가서, 1603년 집권한 에도막부는 『교키도』(行基圖)를 대신할 새 지도를 1610년에 만들었다. 『교키도』를 공식 지도로 삼기에는 시간도 많이 흘렀고, 새로운 제작기법도 많이 알려졌다. 당시 일본에는 포르투갈의 지도 제작 기술이 전해져서 상당히 정교한 지도를 만들 수 있었다. 바로 『관찬게이초일본도』(官撰慶長日本圖)다. 이 지도에도 울릉도나 독도는 없고, 일본의 북서쪽 한계는 오키섬(隱岐諸島)으로 돼 있다.

두 번째 공식지도인 『관찬쇼호일본도』(官撰正保日本圖)에도 울릉도와 독도는 나오지 않는다. 일본의 북서쪽 영토는 오키섬에서 끝나기 때문이다.

그러니까 일본 외무성의 첫 번째 관점부터가 틀린 주장이다. 일본의 가장 오랜 역사책인 『고사기』에서 드러나듯이, 일본은 다케시마(한국의 독도)에 대한 인식은커녕, 17세기 초까지 일본 땅으로서 울릉도와 독도는 아예 없었다. 그런데도

---

034 서울대 신용하 교수가 1998년 『한국학보』에 발표한 〈독도와 울릉도의 명칭 변화에 관한 연구〉 논문을 보면, 울릉도는 애초에 '우르뫼'로 불렸으며 우르뫼의 우르는 '어른, 우러러' 등 한국 현대어와 동일한 계통어로 '군왕, 왕, 왕검'을 의미하는 고대어였으며, 뫼는 '산, 릉'을 의미하는 고대어였다고 밝혔다. 그래서 우산국(于山國)은 우르뫼의 한역(漢譯)으로, 우산국의 영토는 울릉도와 독도를 포함한 그 일대였다고 설명한다.

035 지금도 한국의 각종 생활 쓰레기가 해류에 실려 일본의 시마네현(島根縣) 바닷가에 밀려왔다는 일본 언론의 보도, 최근에는 북한의 목제 어선들이 표류해 일본 서쪽 바닷가인 니가타(新潟)나 이시카와(石川)현 바닷가로 떠내려왔다는 기사를 접한다.

036 1492년 대항해시대가 열리고 유럽의 포르투갈, 스페인, 네덜란드, 영국 등은 초기 향신료 교역을 위해 아시아 국가들과 무역을 시작했다. 포르투갈은 1550년 일본 나가사키(長崎)현 히라도(平戶)항에 도착해 일본과의 교류를 시작했다. 포르투갈은 주로 무역과 기독교 포교를 목적으로 일본과 교류를 시작해 일본에 철포(鐵砲, 조총)와 지도 제작 기법 등 여러 가지를 전해주었다. 콜럼버스도 스페인의 지원을 받기 전 포르투갈에 먼저 지원을 요청했다.

037 '게이초'[慶長] 일본 연호는 1596년부터 1615년까지를 말한다.

038 '쇼호'[正保] 연호는 1645년부터 1648년 사이에 쓰였다.

이런저런 구실을 만들어 억지를 쓴다.

1667년, 처음 '독도' 등장 | 일본의 공식문서에 처음으로 '독도'에 관한 기록이 나오는 시점은 1667년이다. 우리 역사서 『삼국사기』가 1145년에 편찬된 것을 고려하면 일본은 500년이나 늦게 울릉도와 독도의 존재를 인식한다.

이즈모구니(出雲國)[039]의 관리 사이토호센(齊藤豊仙)이 상급자의 명령을 받고 오키(隱岐)[040]제도로 출장을 가서 눈으로 보고[視] 귀로 들은[聽] 바를 기록한 『은주시청합기』(隱州視聽合記)를 보면, 일본 북서쪽 경계는 오키섬이며, 울릉도와 독도는 일본 영토가 아닌 다른 나라[조선국]의 영토임을 밝히고 있다. 일본은 이 문헌에서 처음으로 우리나라 독도를 松島(송도)로, 울릉도를 竹島(죽도)로 기록했다.

> "은주(隱州)[041]는 북해(北海)[042] 가운데 있다. 그러므로 은기도(隱岐島)라고 말한다. 술해간(戌亥間, 서북방향)에 2日1夜(1박 2일)을 가면 마쓰시마(松島, 한국의 獨島)가 있고 또 1日(하루) 정도 더 가면 다케시마(竹島, 한국의 鬱陵島)[043]가 있다. '속언에 기죽도(磯竹島, 이소다케시마)라고 하는데 대나무와 물고기와 물개가 많다. 신서(神書)에 말한 소위 50맹(猛)일까' 두 섬(松島와 竹島)은 무인도인데 여기서 고려(高麗)를 보면 마치 이즈모(出雲)[044]에서 은주를 보는 것과 같다. 그러한즉 일본의 서북[乾]경계지는 이 주[隱州, 隱岐島]로 그 한(限, 한계)을 삼는다"

이즈모 출신의 관리가 쓴 이 보고서는 항해에 걸리는 일수(日數)를 기록하면서

---

039 지금의 시마네현 지역에 위치했던 옛 행정구역 '구니(國)'는 서기 710년에 시작된 나라시대부터 메이지 초기까지 천여 년 동안 존재했던 일본의 지방행정구역으로, 전국에 68개의 구니(國)가 있었다.
040 본토 시마네(島根)반도에서 50km 정도 떨어져 있고, 4개의 큰 섬과 180여 개의 작은 섬으로 돼 있다. 제일 큰 도고(島後)섬의 면적은 242㎢ 정도로 울릉도의 3배 정도이다.
041 은주(隱州)란 현재의 오키섬(隱岐島)을 말하고, 당시에는 오키구니(隱岐國)였다.
042 일본 혼슈의 북쪽 바다라는 뜻으로 북해(Boreal Sea)라고 한다. 이탈리아의 베르나르디노가 일본에 다녀온 뒤 1630년에 만든 지도에서 동해를 북해(Mare Boreal)라고 썼다.
043 오키섬에서 독도는 157.5km, 독도에서 울릉도까지는 그 반 정도인 87.4km이다.
044 일본 혼슈 시마네현의 도시로 운슈(雲州)라고도 한다. 일본의 고대 역사서에는 이즈모가 옛날 신(神)들이 자리를 잡고 일본열도를 다스린 곳이라고 기록하고 있다. 지금은 바닷가의 조용한 도시로 이즈모타이샤 신사는 관광지로서 이름이 높다.

독도를 '松島'(송도, 마쓰시마), 울릉도를 '竹島'(죽도, 다케시마)라고 호칭했고, 지금까지 일본 측에서 나온 문헌 중에서는 최초로 '독도'의 존재를 언급하고 있다. 그러면서 독도와 울릉도가 모두 조선의 영토이고 일본의 영토가 아님을 분명하게 기록하고 있다.

도해면허의 진실 | 다음, 일본 어부가 막부로부터 도해면허를 얻어 17세기부터 울릉도를 오가면서 어업 등 독점적 사업을 해왔다는 주장에 대해 살펴보자.

1624년 일본 돗도리번(鳥取藩)[045] 요나고(米子) 주민 오야 진키치(大谷甚吉)가 에치고(越後)에 다녀오다가 태풍을 만나 표류 끝에 울릉도에 닿았다. 정신을 차린 뒤 울릉도를 돌아다녀 보니, 사람도 없고 수산자원, 목재 등이 풍부했다. 울릉도는 1403년부터 실시된 쇄환 정책에 따라 비워둔 섬인데, 그 뒤 몰래 들어와 살던 사람들도 임진왜란(1592~1598) 전후해 왜구들에게 노략질을 당하는 등 더욱 살기 힘든 곳이 돼, 조선 정부는 자국민 보호 차원에서 쇄환 정책을 더욱 강화한다. 그러니 거주민 없이 200년 이상 오랫동안 비워둔 울릉도는 울창한 삼림과 풍부한 수산자원의 보고였을 것이다. 울릉도를 둘러본 오야는 욕심이 생겼다.

그러나 울릉도는 사람이 살지 않는다고 해도 조선의 영토이므로 사업을 하기 위해서는 먼저 막부의 도해 허가를 받아야 했다. 당시에는 막부의 허가 없이 외국(外國)으로 건너가면 불법 월경(越境) 죄로 엄하게 처벌받았다.

그래서 오야는 고향 요나고에서 에도의 도쿠가와(德川) 막부 관리들과 친분이 있다는 무라카와 이치베(村川市兵衛)와 손잡고, 「竹島(죽도, 한국의 울릉도) 도해면허」를 신청하고, 성사를 위해 백방으로 노력했다. 1625(혹은 1618)년 오야와 무라카와 두 가문은 「죽도(울릉도) 도해면허」를 획득하는 데 성공한다. 면허를 발급받은 두 가문은 1년씩 교대로 울릉도로 건너가 벌목을 하거나 해산물을 채취해 일본으로 가져가 팔기 시작한다.

이들은 울릉도와 일본을 오가는 과정에서 들르기도 하고 또 주변의 풍부한 해

---

045 에도 막부 시대 이나바(因幡), 호키(伯耆) 두 구니(國)를 지배했던 번으로, 혼슈의 서쪽, 동해[일본해] 연안에 위치한 현이다.

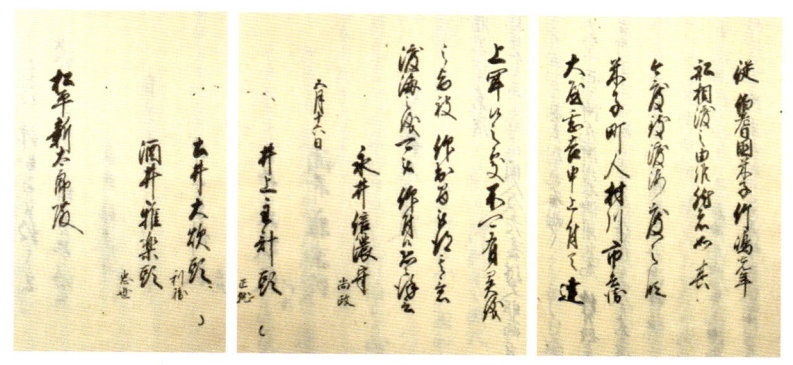

오야와 무라카와 가문에 내린 울릉도도해면허장. 1625년. / 돗토리현립박물관 소장,
「죽도도해유래기발서」(竹島渡海由来記抜書)에 수록된 문서.

산물을 채취하면서 독도(일본명칭 송도)에 대해서도 그 가치를 알아보고, 독도에 대한 도해면허도 신청하게 된다. 그래서 막부는 1661년 두 가문에 「독도(송도) 도해면허」도 내준다.

이 두 개의 도해면허는 얼핏 보면 울릉도(죽도)와 독도(송도)의 점유권을 에도 막부가 가진 것처럼 보일지 모르지만, 내용은 정반대이다. 왜냐하면 에도 막부시대의 도해면허는 '외국으로 건너가는 데 필요한 면허'이기 때문이다.

당시 에도막부는 통상 로주(老中)[046] 8명의 전원일치로 안건을 결정했는데, 이들의 도해면허에는 로주 4명의 서명만 있다. 그리고 기간도 1년인데, 이들은 막부 관계자들에게 뇌물을 써 도해면허를 갱신도 하지 않고 수십 년째 계속 사용하고 있었다. 또 일본이 제시한 면허장(「죽도도해유래기발서」에 수록된)에 서명한 로주 4명이 함께 근무한 시기는 1625년인데, 다른 기록은 1618년부터 어로나 채취가 있었다고 해, 일본은 '1618년 또는 1625년'이라고 말한다.

이들은 1625년부터 발각될 때까지 무려 68년 동안 불법으로 울릉도에 건너가 어로와 벌채 등을 했다. 일본인 어부들의 이러한 불법 어로 내역이 바로 동래(東萊) 사람 안용복에 의해 모두 발각된다.

또 쇼군 가문의 문양을 배에 달고 갔다고 하나, 이것은 돗토리 번주(藩主)가 쇼

---

046 에도막부(江戶幕府)의 각료(장관)에 해당하는 위치로, 쇼군(將軍)의 보좌 역할을 했다. 이 가운데 우두머리는 노중수좌(老中首座)로 총리 역할을 맡았다.

군의 딸과 혼인했으므로, 돗토리번은 쇼군 집안의 친척 즉, 친번(親藩) 취급을 받아 쇼군의 깃발 사용을 허가받은 것이지, 울릉도 도해가 막부의 공식 승인 아래 이루어졌다는 증거가 되지 않는다. 도리어 장사꾼들이 자신들의 배가 막부 소속인 것처럼 과시하는 '거짓된 행동'으로 보아야 한다.[047]

안용복 납치

발생 | 일본이 주장하는 도해면허 문제를 다루다 보면, 조선의 어부이자 민간 외교관인 안용복(安龍福)[048]을 만나게 된다. 안용복의 등장과 함께 오야(大谷)와 무라카와(村川) 가문이 전가의 보도처럼 매달고 다니던 도해면허가 불법임이 드러난다. 이게 1693년이다. 이들은 1년 유효한 면허장을 갖고 68년 동안 써먹었다. 이 사기극의 내용이 좀 복잡하지만, 독도 영유권 다툼에서 차지하는 의미가 큰 만큼 자세하게 알아본다.

사건 발생 1년 전인 1692년, 안용복 등 조선 어부들은 몰래 울릉도에 들어가 어로를 하고 있었다.[049] 이 해는 무라카와(村川) 가문 사람들이 울릉도 채취를 담당하는 해였다. 그해 봄, 무라카와 가문의 어부들이 울릉도에 도착했으나, 울릉도에서 수십 명의 조선인 어부들이 일하고 있는 현장을 보고 놀라 그냥 일본으로 되돌아갔다. 불법 면허 때문에 지레 겁을 먹었던 것으로 보인다.

이듬해인 1693년 봄, 이번에는 오야(大谷) 가문 어부들이 울릉도에 왔다. 이들은 한 해 전 무라카와 가문에서 허탕을 쳤다는 사실을 잘 알고 있었다. 두 가문은 수시로 편지를 주고받는 관계였기 때문이다. 오야 가문 사람들은 무라카와

---

047 일본 측이 주장하는 도해면허의 허위에 관해서는 세종대학교 「독도종합연구소」가 정리한 내용을 참고했다.
048 『한국민족문화대백과사전』은 안용복을 '조선 후기 울릉도와 독도가 조선 땅임을 확실히 한 어부' 또는 '숙종 때 울릉도와 독도가 조선 땅임을 일본 막부 정부가 자인하도록 활약한 민간 외교관이자 어부'라고 기술하고 있다.
049 이 당시는 조선도 1403년부터 실시한 쇄환정책으로 울릉도를 무인도로 만들어놓고 백성들의 접근을 막고 있었으니까, 엄밀하게 이야기하면 안용복 일행의 어로(漁撈) 행위도 조선 조정에 발각되면 처벌을 받거나 육지로 쇄환됐을 것이다.

어부들과는 달랐다. 이들은 이익이 많이 나는 울릉도 사업을 연이어 중단할 수 없다는 생각에 안용복 등 조선인들이 있는데도 배를 대고 상륙했다. 무장한 어부도 있는 걸로 봐서 이들은 작심하고 온 듯했다. 일본 어부들과 안용복 일행은 다툼을 벌인다. 안용복은 부산 동래 사람으로 왜관(倭館)에 자주 출입을 해서 일본 말이 능숙하고 일본 사람을 피하지 않았다. 이런 시비가 있었을 것이다.

"왜 남의 땅에서 고기를 잡고 불을 피우고 있냐?"(일본 어부)
"남의 땅이라니?"(안용복)
"그럼, 울릉도가 조선 땅이냐?"
"조선 땅? 당연하지. 아주 옛날부터 울릉도와 독도는 조선 땅이다"
"무슨 소리 하는 거야? 우리는 막부(幕府)로부터 도해면허(渡海免許)를 얻어서 고기를 잡고 있어"
"막부? 막부가 뭔데 남의 땅에서 고기를 잡아라말아라 해?"
"뭐, 우리 막부를? 말 함부로 하지 마!"
(다툼 계속)
"그렇다면 우리는 본거지인 죽도(지금의 독도)로 돌아가겠다"
"뭐라고, 본거지라니? 죽도가 너희들 본거지라고? 죽도는 우산도이며, 우산도는 울릉도의 부속 섬으로 옛날부터 조선 땅이다. 그것도 모르고 고기 잡으러 다녔냐? 무식하기는!"
"뭐라고? 무식하다고? 우리를 어떻게 보고 …"

이렇게 다툼이 계속되다가, 안용복과 박어둔은 무장하고 작심하고 덤비는 일본인 어부들에게 붙잡혀 일본으로 끌려간다.『숙종실록』에는 이 사건이 '일본 어부들이 꾀어내 잡아갔다'고 정리돼 있다.[050] 안용복의 1차 도일(渡日), 즉 피랍의

---

[050] 『숙종실록』 숙종 20년(1694) 2월 23일. "계유년 봄에 울산의 어부 40여명이 울릉도에 배를 대었는데, 왜인의 배가 마침 이르러, 박어둔·안용복 등 2인을 꾀어내 (백기주로)잡아서 가버렸다"(誘執朴於屯安龍福二人而去)고 기록했다.

시작이다.

"울릉도는 일본의 영토가 아니다" | 안용복은 먼저 도착한 오키도 도주(島主)에게 "울릉도는 조선의 영토"임을 지적하면서 "조선 사람이 조선 땅에 들어가는데 왜 납치해 구속하는가?"라고 강력하게 항의한다. 오키섬 도주는 상관인 호키(伯耆) 태수(太守)에게 안용복과 박어둔을 이송한다. 안용복은 태수의 심문에도 굴하지 않고 "울릉도와 독도가 조선의 영토임"을 당당하게 설파하고, 조선 영토에 조선 사람이 들어간 것에 대해서는 일본이 관여할 일이 아니며 "앞으로 조선 영토에 일본인 어부들의 출입을 금지해 달라"고 요구한다.

당시 호키 태수[伯耆守]는 울릉도가 조선의 영토라는 사실과 막부가 오야와 무

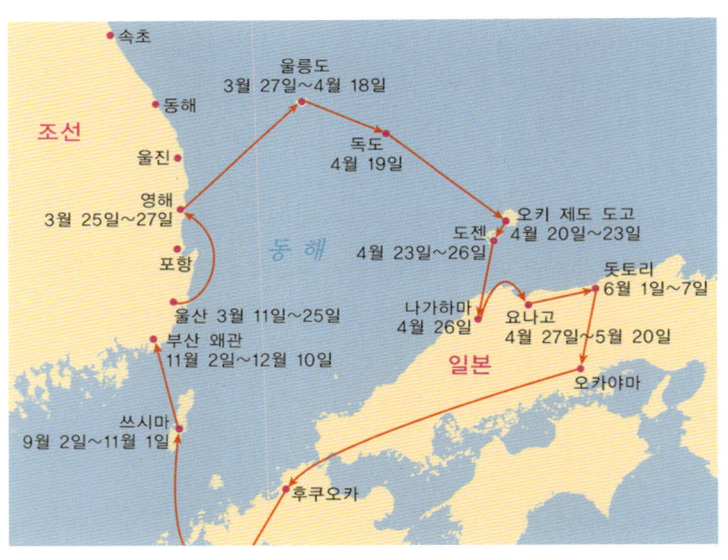

안용복 일행이 1차 2차 두 차례 일본에 다녀온 경로. 도표=동북아역사재단

라카와 두 가문에 도해면허를 내주었다는 사실도 모두 알고 있었다. 그래서 외국과의 외교 문제로 비화할 수 있는 이 사안을 최고 상급 기관인 막부의 관백

(關白)[051]에게 보고했다. 관백도 안용복의 요구를 묵살하고 덮어둘 수 있는 일이 아니라고 판단했다. 이 사건은 '일본인 어부가 조선 땅에 들어가 조선인 어부를 2명이나 납치해 온 큰 사건'이기 때문이다.

관백은 호키 태수를 시켜서 "울릉도는 일본의 영토가 아니다"(鬱陵島非日本界)라는 서계(書契)를 만들어주고, 안용복 일행을 후대(厚待)한 뒤 조선으로 귀국시키라고 했다. 관백도 이 결정을 내리기 전에 지도나 다른 서류 기록 등을 조사했을 것이다. 무엇보다도 울릉도와 독도는 외국 땅이어서, 막부에서 도해면허를 내준 지역 아닌가?

이렇게 풀려난 안용복 일행이 나가사키(長崎)에 이르자, 나가사키 태수는 안용복을 다시 구금해 대마도[對馬島, 쓰시마]로 이송했다. 나가사키 태수와 대마도주가 뭔가 일을 꾸민 결과였다. 막부 시절 나가사키는 유럽의 네덜란드(화란), 중국, 오키나와 등과의 교역 창구이고, 대마도는 조선과 공식적인 교섭 창구였다. 안용복이 구금된 상태로 대마도에 도착하니, 대마도주는 관백의 지시로 호키 태수가 작성해준 "울릉도는 일본 땅이 아니다"(鬱陵島非日本界)라는 문서를 뺏고[052], 안용복 일행을 묶어서 1693년 11월 왜관을 통해 조선의 동래부(東萊府)에 인계했다[053]. 이렇게만 진행됐다면 안용복 일행은 조선에서 '당국에 신고하지 않고 일본에 건너간 죄(越境罪)'에 대해서는 처벌받겠지만, 울릉도와 독도의 영토 주권(主權)을 재확인한 큰 공로자가 됐을 터이다. 그러나 역사의 물결은 그렇게 조용하게 흘러가지 않았다.

---

051 관백은 정무를 총괄하는 고위 관직으로 메이지유신 이전까지는 대신 중에서 최고위직이었다. 천황 아래에는 천황이 어리거나 병약할 경우 대권을 전면적으로 행사했던 섭정(攝政)과는 달리, 관백은 정무의 최종 결정권자는 아니었다. 섭정과 관백은 서로 협의해 정무를 처리했다. 이 당시 관백은 고노에 모토히로(近衛基熙, 1690~1703)였다.

052 당시 대마도주는 4대인 소 요시쓰구(宗義倫, 1671~1694)였다. 대마도는 1603년 에도막부가 성립하자 300번 중의 하나가 돼, 대마후추번(大馬府中藩, 줄여서 대마번)이 된다. 따라서 호칭도 대마도주(大馬島主)에서 대마번주(藩主)로 바뀐다. 초대 번주는 소 요시토시(宗義智)로 1588년에서 1615년까지 재임했다. 물론 1588년에서 1603년까지는 대마도주였다. 요시토시는 소씨 가문의 19대 당주였다. 조선 시대에는 대마번주도 대마도주라고 호칭했다.

053 부산의 왜관은 나가사키의 데지마(出島)보다 25배 이상 넓은 10만 평의 부지에 500명에서 1,000명에 이르는 쓰시마번의 하급관리들과 주민들이 거주하면서 교역을 행하고 있었다.

대마도의 욕심 | 대마도는 산이 많아 농지가 좁고 척박한데 사람은 많아 해적질을 본업으로 또는 부업으로 삼는 인구가 많았다. 그래서 예로부터 대마도는 왜구의[054] 소굴 가운데 한 곳 역할을 했다. 중국의 동남해안이나 우리나라 남동해안, 동남아 등이 왜구의 노략질에 큰 피해를 입었다. 우리나라도 왜구의 횡포가 극심해지자, 1389년(고려 창왕 2년), 1396년(조선 태조 5년), 1419년(세종 원년)[055] 등 세 차례에 걸쳐 대마도 정벌을 단행해 혼을 내주기도 했다.

중국(明)도 왜구의 침범으로 큰 피해를 입고 있었다. 중국 측 기록에 따르면 명 태조에서 영종까지의 55년 기간 중 절강성(浙江省)[056] 동부 연해 지역에 7번의 왜구[057] 피해가 있었다. 이 가운데 도저소(桃渚所) 지역은 가장 큰 피해를 보았는데, "왜구들은 관청의 창고와 민가에 불을 지르고 장정들을 구타하고 묘소를 파헤쳤다. 또 어린이를 대나무에 매달아 뜨거운 물을 부어 그 우는 모습을 보면서 손뼉 치며 즐거워했고, 임신한 부녀자들을 끌어와 아들인가 딸인가를 알아맞히는 내기를 하면서 배를 도려낼 정도"였다고 기록했다.

그래서 대마도는 산림이 울창하고 수산자원이 풍부한 울릉도를 계속 탐냈다.

---

054 13~16세기 우리나라와 중국, 동남아를 무대로 약탈을 일삼고 밀무역을 하던 일본 해적을 말한다. 대마도와 규슈 주민들이 고려와 원나라의 일본 침략(1274, 1281)으로 경제적 기반이 파괴돼 생계를 위해 시작한 것으로 기록된다. 이들은 바닷가뿐만 아니라 내륙까지도 침범했으며, 후기에는 노예무역에까지도 손을 뻗었다.

055 조선 왕조 초기 7차례의 대외 정벌의 역사를 기록한 『국조정토록(國朝征討錄)』을 보면, 세종 원년 음력 6,7월 한 달간의 원정에서 조선은 "병선 227척, 군인 17,285인을 동원해, 첫날 적선 129척을 빼앗아 20척을 취하고 나머지는 모두 불태우고 민가 1,939호를 불사르고 왜구 114명을 참수하고 21명을 포로 잡는" 등 혼을 냈으나, 도주가 사과하고 태풍 철임을 고려해 영구 주둔하지 않고 철수한 기록이 있다.

056 조선 성종(1488) 때 홍문관 부교리 등을 지낸 최부(崔溥)가 기록한 『표해록(漂海錄)』을 보면, 최부는 부친상을 당해 고향 나주로 돌아가던 중, 풍랑을 만나 14일간을 표류한 뒤, 중국[明] 태주부(台州府) 임해현(臨海縣)에 도착했으나(1488, 윤1월 16일, 음력), 왜구(倭寇)로 오인 받아 죽을 고비를 넘긴 이야기가 담겨있다. 최부 일행은 표착한 뒤 중국측에 왜구로 오인 받아 심문을 받았는데, "우리는 왜구가 아니고 바로 조선국의 문사(文士)요"라고 아무리 설명을 해도 "왜인은 도적질을 하는 데 신묘한 자들로 변장을 하기도 하여 마치 조선인처럼 한 자도 있으니, 어떻게 그대들이 왜인이 아닌지 알 수 있겠는가?"하고 의심을 거두지 않는다. 심지어 인패(印牌)와 의대(衣帶), 문서를 내놓아도 "그대들은 왜인인데, 조선인을 겁탈해 물건을 얻은 것은 아닌가?" 이에 최부는 "만약 조금이라도 우리를 의심하는 마음이 있다면 당장 우리를 북경으로 보내어 조선 통사(通事,통역관)와 한번 말하게 하십시오. 그러면 진상이 곧 드러날 것입니다"라고 호소한다. 이런 과정을 거쳐 최부 일행은 북경을 거쳐, 압록강을 건너 6월 14일 한양 청파역(靑坡驛)에 도착한다. 이를 보고받은 성종은 최부에게 표해 과정을 책으로 쓰게 한다. 그 책이 『표해록』으로, 모두 한자로 기록돼 있다.

057 『명사기사본말』 권 55, 연해왜란(沿海倭亂). 최부 『표해록』, 서인범.주성지 옮김, 한길사에서 재인용.

조선 태종 8년(1407) 대마도주 소 사다시게(宗貞茂)[058]는 부하를 조선에 파견해 토산물을 헌납하고는 "왜구들이 울릉도 주민을 괴롭히고 납치하는 일까지 있으니 울릉도에 대마도인을 이주하도록 허락하면, 그 대신 납치된 조선인을 풀어주고 왜구를 단속할 것이니, 울릉도 관리권을 대마도주에게 일임해 달라"는 내용으로 청원하기도 했다. 또 1614년에는 대마도주가 막부의 지시라면서 "울릉도를 조사하려 하니 길 안내를 해 달라"는 문서를 보내오기도 했다. 물론 조선 조정에서는 이런 술책에 넘어가지 않고 단호하게 거부했다.

사실 임진왜란(1592~1598)을 겪으면서 일본은 울릉도가 텅 비어 있다는 것을 알았다. 그 이후로 일본 어부들이 울릉도에 들락거리기 시작했다. 임진왜란 이전에도 왜구의 노략질이 있어서, 조선 정부가 쇄환 정책을 더 엄하게 실시하기도 했다. 대마도는 왜구의 소굴이지만, 조선과 에도막부가 공식으로 인정한 외교(外交) 창구였다.

울릉도 쟁계(爭界)

비겁한 온건파, 남인 | 그런 대마도주에게 또 기회가 왔다. 대마도주는 호키 태수가 써준 '울릉도는 일본 영토가 아니다'라는 문건을 안용복에게서 뺏고는 '위조한 서신'과 함께 대마도의 2인자인 귤진중(橘眞重)을 딸려서, 안용복 일행을 부산 왜관(倭館)으로 보낸다. 이 위조 서신 때문에 한-일 두 나라 사이에서 외교적 다툼이 발생한다.

대마도주가 보낸 서신에는 '조선 땅 울릉도가 아니면서' '그와 비슷한 별개의 섬으로 일본 땅인 竹島(죽도)가 동해상에 존재하는 것처럼' 편지를 써서 "지금 위반한 두 사람은 그냥 돌려보내지만, 앞으로는 '죽도' 근방에 조선 어선들이

---

058 오랫동안 대마도(對馬島)를 지배했던 소(宗)씨 일가는 에도막부 이전에는 도주(島主)였고 그 이후에는 번주(藩主)가 돼 대마도를 지배했다. 임진왜란 당시 일본과 조선 두 나라 사이의 강화에도 힘을 보태고 조선통신사를 영접하는 임무 등을 수행하면서 조선과 막부로부터 인정을 받아, 막부의 위임으로 조선과의 교섭창구 역할을 했다.

출어하는 것을 용납하지 않을 것이니, 조선 정부도 어민들의 출어를 엄격히 금지해 달라"고 했다.

이 문서는 조선 정부의 일본 창구인 예조(禮曹) 참판(參判)[059]에게 전달된다. 대마도는 조선 정부가 실수로라도 "앞으로 조선 어민의 '죽도(竹島) 근방' 출어를 금지하겠다"는 서계를 보내오면, 죽도가 바로 울릉도라는 사실을 짚어서, 그냥 울릉도를 집어삼키려는 얕은 꾀였다.

당시 조선은 장희빈[060]이 득세하던 때라 장희빈의 지지를 받는 온건파(남인)들이 득세하고 있었는데, 이들은 용기 없는 무리였다. 교리(校理) 홍중하가 접위관[061]이 돼 동래의 왜관(倭館)으로 간다. 떠나기 전 이런 논의가 있었다.

> 접위관(接慰官) 홍중하(洪重夏)가 하직 인사를 하고 좌의정 목내선(睦來善), 우의정 민암(閔黯)이 홍중하와 함께 청대하였다. 홍중하가 아뢰기를 "왜인이 말하는 죽도는 바로 우리의 울릉도입니다. 지금 상관하지 않는다고 내버리신다면 그만이겠지만, 그렇지 않다면 미리 명확히 판변(判辨)하지 않을 수 없습니다. 그리고 또 만약 저들의 인민이 들어가서 살게 한다면 어찌 뒷날의 걱정거리가 아니겠습니까?"
> 목내선 민암은 아뢰기를 "왜인들이 민호(民戶)를 옮겨서 들어간 사실은 이미 확실하게 알 수는 없으나, 이것은 300년 동안 비워서 내버려 둔 땅인데, 이것으로 인하여 흔단(釁端, 틈새의 발단)을 일으키고 우호를 상실하는 것은 또한 좋은 계책이 아닙니다"라고 하였다. 임금이 민암 등의 말을 따랐다.[062]

이런 논의 끝에 조선 조정은 온건하게 대응하기로 한다. 조선은 "일본이 말하

---

059 조선의 6조(曹)에는 공통적으로 장관격인 판서(判書, 정2품), 차관격인 참판(參判, 종2품), 차관보격의 참의(參議, 정3품)가 있었다.
060 희빈(禧嬪) 장씨 장옥정은 숙종의 빈(嬪)으로 궁녀 출신으로 숙원, 소의, 희빈을 거쳐 왕비(1689~1694)가 됐다가, 다시 희빈(1694~1701)으로 봉해졌다.
061 접위관(接慰官)은 조선시대 일본의 사신을 접대하기 위해 임시로 임명하는 관직으로 상대의 격에 맞게 중앙의 관리가 임명되는 경우도 있고, 인근 동래부의 지방관리가 임명되기도 했다.
062 숙종실록 25권, 숙종 19년(1693) 11월 18일 정사 첫 번째 기사 (1693년, 청 강희 32년)

는 동해상의 竹島(죽도)는 바로 조선 땅 울릉도다"라고 바로 말하지 못하고 "울릉도는 조선 땅이고, 竹島(죽도)는 일본 땅"이라는, 해괴하고 굴욕스러운 답변을 한다. 울릉도와 죽도는 같은 섬의 다른 두 이름인데, 남인들이 일본 측의 공세를 피하려고 어리석은 결정을 했다. 참으로 딱하다.

> "우리나라 동해안의 어민에게 외양(外洋)에 나갈 수 없도록 한 것은 비록 우리 나라의 경지(境地)인 울릉도일지라도 역시 멀다고 생각하기 때문에 임의왕래를 허락하지 않거늘, 하물며 그 밖에 있어서랴. 이제 이 고깃배가 귀국의 경지(境地)인 竹島(죽도)에 들어갔기 때문에 잡아 보내오는 번잡함에 이르고 멀리 서찰까지 보내게 했으니, 이웃 나라 사이의 친선의 우의에 감사하는 바이다…"

거짓 서신을 보내놓고 가슴을 졸이던 귤진중은 '죽도(竹島)는 일본 땅'이라는 문구를 보고 기뻐했으나 '울릉도는 조선 땅'이라고 하는 또 다른 구절이 마음에 들지 않아 '울릉도는 조선 땅이라는 부분을 삭제해 달라"고 하면서 서계를 예조로 돌려보낸다. 그러자 바른 말[正言直說]을 임무로 하는 사관과 국토방위 임무를 맡고 있는 무신들이 들고 일어난다. 사관들은 "왜인들이 말하는 소위 竹島(죽도)는 우리나라의 울릉도인바, 울릉도의 이름은 신라와 고려의 역사서에도 나온다"고 지적하고 "일부 온건파 신하들이 신중함이 지나쳐서 울릉도가 점거당할 근거 문서나 만들어주고, 울릉도에 들어간 죄 없는 바다 백성들[안용복 일행]에게 벌을 주자는 말을 하고 있다"고 격렬하게 비판했다.

또 무신들은 "일본이 울릉도를 가지면 가까운 시기에 동해안에서 왜구 때문에 피해를 보게 될 것"이라고 국왕에게 아뢰면서 온건파를 비판했다.

이런 격렬한 시간을 거친 뒤 숙종은 다시 강경파(서인)의 손을 들어주고, 지난번에 보낸 회답서를 철회하고 새로운 회답서를 작성해서 대마도에 보내도록 지시한다. 1694년 음력 8월 14일의 일이다. 그 두 달 전 폐비사건이 일어나, 장희빈을 업고 정권을 잡았던 온건파(남인)들이 물러나고 새로 영의정이 된 남구만(南九萬)은 남인들이 벌인 '저질 외교' '굴신 외교'에 분노했다.

당초에 남구만이 울릉도에 관한 일로 임금에게 아뢰어, 접위관을 보내어 맞바로 회빈작주(會賓作主)하는 짓을 책망하게 하기로 의논하였다. 왜차(倭差)가 돌아오면서 봄 무렵에 받아 간 회서(回書)를 가지고 왔고, 또한 대마도주의 서계를 바쳤는데, 이르기를,

"우리의 서계에는 일찍이 울릉도를 언급하지 않았는데, 회서에서는 갑자기 '울릉' 두 글자를 거론했습니다. 이는 알기 어려운 바이니 오직 삭제하시기 바랍니다"

하였다. 남구만이 그만 그 말을 따라 앞서의 서계를 고치려고 하자 윤지완(尹趾完)이 안 된다고 고집하기를,

"이미 국서(國書)로 돌아가는 사자(使者)에게 붙였는데, 어찌 감히 다시 와서 고치기를 청할 수 있겠습니까? 만일 이번에 책망하기를 '죽도(竹島)는 곧 우리 울릉도이다. 우리나라 사람이 가는 것이 어찌 경계(境界)를 범한 것인가'하고 한다면, 왜인들이 할 말이 없을 것입니다."

하였다. 남구만이 드디어 이를 가지고 들어가 아뢰니, 임금이 이르기를

"교활한 왜인(倭人)들의 정상(情狀)으로 보아 필시 점거(占據)하여 소유하려는 것이니, 전일에 의논한 대로 바로 말을 하여 대꾸해 주라"

하였다. 남구만이 아뢰기를,

"일찍이 듣건대, 고려 의종 초기에 울릉도를 경영하려고 했는데, 동서가 단지 2만여 보뿐이고 남북도 또한 같았으며, 땅덩이가 좁고 또한 암석이 많아 경작을 할 수 없으므로 드디어 다시 묻지 않았습니다. 그러나 이섬이 해외(海外)에 있고 오랫동안 사람을 시켜 살피게 하지 않았으며, 왜인들의 말이 또한 이러하니, 청컨대 삼척첨사(僉事)를 가려서 보내되 섬 속에 가서 형편을 살펴보도록 하여, 혹은 민중을 모집하여 거주하게 하고 혹은 진(鎭)을 설치하여 지키게 한다면, 곁에서 노리는 근심거리를 방비할 수 있을 것입니다"

하니, 임금이 윤허하였다. 드디어 장한상(張漢相)을 삼척첨사로 삼고, 접위관 유집일이 명을 받고 남쪽으로 내려갔다.

---

063 숙종실록 27권, 숙종 20년(1694) 8월14일 기유 4번째 기사

그러자 대마도번은 자기들의 입장을 거듭 주장하고 심지어는 임진왜란과 같은 대병란(大兵亂)이 있을 것이라는 위협까지 동원했으나, 강경파는 의연하게 대처했다. 이런 거친 외교전이 1693년부터 1695년까지 계속된다.

한일 간에 외교전이 계속되던 1694년 대마도주 종의륜이 24살의 나이로 일찍 사망하면서 그의 동생 종의방(宗義方)이 도주(1694~1718)가 됐다. 에도 막부는 잡혀 온 안용복 일행을 심문하는 과정에서 "울릉도는 일본 땅이 아니다(鬱陵島非日本界)"라고 정리한 바 있는데, 조선과 교섭을 담당하는 대마도주 종의륜이 울릉도를 두고 조선과 무리하게 공방을 벌이고 있다는 사실을 막부도 알고 있었다.

1696년, 울릉도 도해금지령 | 막부는 대마도주의 입장을 이해하면서도 조선과의 다툼이 너무 시간을 끌자, 울릉도와 독도 영유권에 대한 사실조사(Fact-finding)에 들어간다. 1695년 연말, 막부는 대마도주, 호키(伯耆)태수 등으로부터 의견을 듣고, 마지막으로 에도에 있는 돗토리번(鳥取藩) 번저(藩邸)[064]에 이 문제에 관해 질의했다. 막부는 "돗토리번의 인슈[因州, 因幡國의 별칭], 하쿠슈[伯州, 伯耆國의 별칭]에 속하는 竹島(죽도, 한국의 울릉도)는 언제부터 두 구니(國)[065]에 부속되었는가?" "竹島 외에도 양국에 소속된 섬이 있는가? 또 그곳에 고기잡이를 하러 인슈구니(國)와 하쿠슈구니(國) 사람들이 갔는가?" 등등을 질문했다.

돗토리번은 즉시 회답을 보내왔다. "죽도는 이나바(因幡)나 호키(伯耆)구니의 부속(소속 영토)이 아닙니다. 호키 요나고(米子)의 상인 오야(大谷)와 무라가와(村川) 집안사람들이 도해해서 어업을 한 것은 마쓰다이라 신타로(松平新太郎)가 두 구니(國)를 다스리고 있을 때 봉서(奉書)로 허가받았다고 들었습니다. 그 이전에도 도해한 일이 있었다고 합니다만, 그에 대해서는 잘 모릅니다" 또 "竹島(죽도, 한

---

064 에도시대(1603~1868) 일본은 「막번(幕藩)체제」로 막부의 쇼군(將軍)과 각 번주(藩主)인 다이묘(大名) 사이의 주종 관계에 기반했다. 각 다이묘들은 1년을 주기로 에도(江戶, 지금 도쿄)와 자신의 영지(藩)를 오가면서 근무했고, 에도를 떠날 때도 정실부인과 아들은 에도에 남겨두어야 했다. 번저(藩邸)는 다이묘들이 에도에 머무는 관저를 말한다. 이런 비용은 모두 각 번(藩)에서 부담했다.

065 당시 일본의 구니(國)는 번(藩)에 속하는 하급 행정 단위로, 한국의 도(道)급 행정단위로 보면 된다.

국의 울릉도)와 松島(송도, 한국의 독도) 그 외 두 구니에 부속된 섬은 없습니다"
이제 막부는 명확하게 사실관계를 파악했다. 돗토리 번저의 답서는 "죽도(竹島)는 (돗토리번의) 이나바, 호키 구니의 소속이 아니며, 동해상에는 죽도와 송도 두 섬이 있지만, 두 구니에 부속된 섬은 없다"라는 내용이다. 막부는 이를 근거로 1696년 1월 28일 돗토리번에 「죽도 도해금지령」을 내렸다. 그리고 이 사실을 쓰시마번을 통해 조선에 전달하라고 명령했다.066

"예전 마쓰다이라 신타로(松平新太郞)가 인슈(이나바)와 하쿠슈(호키)를 지배하던 시절에 품의한 하쿠슈(호키) 요나고의 조닌(町人) 무라카와 이치베와 오야 진키치의 다케시마(울릉도) 도해는 지금까지 어렵을 하고 있다고 할지라도 앞으로는 다케시마(한국의 울릉도)로의 도항을 금지할 것을 명령해야 한다는 (막부/쇼군의)지시가 나왔으니, 그 뜻을 헤아릴 것".067

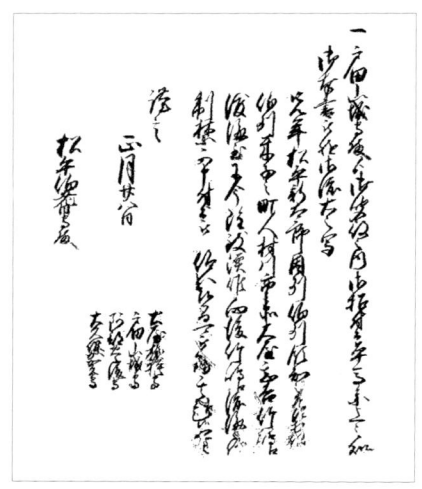

막부가 내린 「죽도(울릉도) 도해금지령」 1696. 사진= 대한민국 외교부

066　쓰시마번은 에도막부 300개 번(藩) 중의 하나로 대마도와 규슈 일부를 다스렸다. 쓰시마후추번(對馬府中藩) 또는 줄여서 쓰시마번(對馬藩)이라고 불렀다. 우리나라에서는 한자를 그대로 읽어 대마도(對馬島), 우두머리를 대마도주(對馬島主)라고 불렀다.

067　대한민국 외교부, 독도 자료실 '일본 스스로 부정한 독도 영유권' 역문 내용이다.

일본의 주장 ④

"일본은 17세기 말, 울릉도에 가는 것은 금지하는 한편 다케시마에 가는 것은 금지하지 않았다"

일본 외무성은 "울릉도의 귀속을 둘러싸고 에도막부와 조선왕조 간의 의견대립이 있었고, 막부는 조선왕조와의 우호를 고려해 일본인 어부들이 울릉도에 도항하는 것은 금지했지만, 다케시마[한국의 독도]에 도항하는 것은 금지하지 않았다"고 주장한다. 즉 막부는 "쓰시마번으로부터 교섭 결렬의 보고를 받고 '1696년 1월 울릉도에는 일본 사람이 정주해있는 것도 아니며, 또한 울릉도까지의 거리는 조선에서 가깝고 호키(伯耆)에서는 멀다. 쓸데없는 작은 섬을 둘러싸고 이웃 나라와의 우호를 잃는 것은 득책이 아니다. 울릉도를 일본령으로 한 것은 아니므로 단지 도항을 금지하면 된다'라며 조선과의 우호관계를 존중하여 일본인의 울릉도 도항을 금지하는 결정을 내려 돗토리번에 지시함과 동시에 이를 조선 측에 전달하도록 쓰시마번에 명령했다. 이상과 같은 울릉도 귀속을 둘러싼 교섭의 경위는 일반적으로 '다케시마 잇켄'(竹島 一件)이라고 불리고 있다. 한편 다케시마 도항은 금지하지 않았다. 이 점으로 볼 때도 당시부터 일본은 다케시마를 자국의 영토로 생각하고 있었음은 분명하다"라고 주장한다.

이래서 거짓이다

독도, 울릉도의 부속 섬 | 일본 측 자료에도 나오지만 예로부터 독도는 울릉도의 부속 도서[屬島]로 간주됐다. 막부의 도해면허를 얻어 울릉도에서 어로를 해온 오야(大谷) 가문의 문서에서도 '죽도[울릉도] 근변의 송도[독도](竹島近邊松島)'라는 구절이 나오고(1659년), '죽도[울릉도] 안의 송도[독도](竹島內松島)'라는 표현에서(1660년) 보듯이, 우리나라는 말할 것도 없고, 당시 일본에서도 독도는 울릉도에 딸린 섬으로 알고 있었다. 그러니까 1696년 1월에 취해진 막부의 죽도

[한국의 울릉도] 도해금지 조치는 당연히 송도[한국의 독도]도해금지를 포함한 조치였다. 그런 연유로 독도 도해금지 조치가 별도로 없었기 때문에 독도는 일본의 영토라고 하는 일본의 주장은 억지를 넘어서는 부끄러워해야 할 수준의 주장이다.

안용복, 귀양 ｜ 일본 막부가 죽도(울릉도) 도해금지를 취한 것은 '안용복 도일(渡日)'[068]이 있었던 뒤, 두 나라 사이에서 외교적으로 오랫동안 의견을 주고받은 뒤 내린 결론이다. 안용복의 첫 번째 도일은 앞에서 살펴본 것처럼 일본인 어부들에게 납치돼 끌려간 것이고, 두 번째는 본인이 마음먹고 준비해서 갔다. 1차 일본행에서 제기됐던 문제가 말끔하게 해결되지 않았기 때문이다. 1696년 여름(5월), 안용복은 울릉도와 독도를 거쳐 일본으로 건너갔다. 안용복은 허가 없이 국경을 넘어간 죄 때문에 2년간의 옥살이를 마치고 나온 뒤, 억울하기도 하고 또 울릉도 등지를 넘나들며 고기잡이를 하고 나무를 베어가는 일본인들을 쫓아내기 위해 단단히 준비하고 다시 일본으로 향했다.

> "국가의 허락 없이 월경(越境)했다는 죄목으로 2년간 옥살이를 하고 나온 안용복은 1696년 울산 출신의 어부들, 전라도 승려 뇌헌 등 11명을 태우고 울릉도로 향했다. 안용복은 울릉도와 독도에서 어로 활동을 하고 있던 일본 주민을 몰아내고 그들을 뒤쫓았다. 그는 미리 준비한 관복을 입고 배에 '조울우산양도감세장(朝鬱于山兩島監稅將)'이란 깃발을 달았으며, 『조선팔도지도』를 지참하여 울릉도와 독도가 조선의 땅임을 주장했다"[069]

안용복 일행은 오키섬을 거쳐 돗토리번으로 가, 울릉도와 독도가 '조선의 영

068　안용복을 '장군'이라고 호칭해야 할지 또는 그냥 '어민 안용복'으로 해야 할지, 여러 정황을 고려하면 좀 난감하다. 외교부는 그냥 '안용복'이라고 했는데, 정부가 운영하는 울릉도에 있는 독도박물관의 [안용복기념관]에는 영문으로 Admiral An Yong-bok이라고 해서 '해군지휘관, 제독'으로 표현했는데, 그가 행한 내용은 해군지휘관의 역할을 능가하지만, 군인은 아니었다. 우선 그냥 '안용복'으로 표기하기로 한다. 또 그의 공헌도를 생각해 볼 때, 안용복과 관련된 내용을 '안용복 사건'으로 호칭해야 하는지도 생각해 볼 문제이다.
069　울릉도에 있는 안용복기념관(安龍福紀念館)의 기록이다.

토'임을 주장하고 돌아왔다. 이들은 돌아온 즉시 체포돼 비변사(備邊司)[071]에서 심문을 받았다. 비변사에서 심문받은 안용복의 진술 내용이 숙종실록에 실려 있다.

"1696년 5월 울릉도에 돗토리번 사람들의 배가 나타나 그들을 쫓아 자산도[子山島=于山島=獨島, 안용복은 독도를 가리키는 于山島의 '于'(우)를 '子'(자)로 착각한 듯하다]까지 갔다. 이어 이들을 추격하다 표류해, 오키섬에 도착했다. 오키섬에서 안용복은 "3년 전 울릉도와 독도가 조선 땅이라는 일본 관백의 서계[書契, 외교문서]를 받았으나, 약속을 어기고 일본인들이 조선의 두 섬에 다시 나타났기 때문에 이것을 규탄하기 위해 돗토리로 간다"고 말하고, 돗토리번 호키(伯耆)까지 건너갔다. 돗토리번에 도착한 안용복은 3년 전 일본 측이 써준 서계를 대마도주가 뺏었으므로, 막부에 그 죄상을 고발하는 상소문 작성을 돗토리 번주로부터 허락받았다. 그러나 마침 호키에 머무르고 있던 대마도주의 아버지(宗義眞)[072]가 이 소식을 듣고 "그런 상소문을 올리면 자신의 아들인 대마도주(소요시미치, 宗義方)가 사형을 당할 것"이라며 간절하게 사죄하면서 "일본인의 울릉도 도해를 금지하겠다"고 약속해, 상소문은 올리지 않았다.[073]

그 대신 안용복 일행은 돗토리 번주와 대마도주 아버지 등 두 사람으로부터 "울릉도와 독도는 이미 조선 땅"이라는 인정을 받고, 다시 배를 타고 고국[朝鮮]

---

070 이들은 울산에서 출발했으나, 귀국할 때는 강원도 양양[襄陽]으로 왔다.
071 조선 중·후기 의정부(議政府)를 대신해 내정은 물론 국방이나 외교 등 국정 전반을 총괄한 실질적인 최고의 관청이다.
072 종의진(宗義眞)은 제3대 도주(재임,1657~1692)로 4대 도주인 종의륜(宗義倫)이 2년 만에 죽자, 동생 종의방(宗義方)을 5대 도주(1694~1718)로 삼고 섭정을 하고 있었다.
073 당시 대마도는 막부의 대 조선 교역·교섭의 창구 역할을 하면서 몇 가지 잘못을 저지르고 있었다. 울릉도와 독도가 조선 땅이라는 문서를 안용복에게 빼앗아 없애면서 조선 정부에 대해 '어부들의 출어를 금지시켜달라'고 엉뚱한 문서를 제출해 몇 년간 양국 관계를 불편하게 만든 잘못 말고도, 교역을 위해 조선이 막부에 보낸 물자의 도량형(度量衡)을 속여서 착복해 왔다. 조선이 쌀 15말(두)을 한 섬으로 쳐서 보내면 대마도는 중간에서 7말을 한 섬으로 해서 착복하고 베(布)도 30자(尺)를 한 필로 보냈는데, 20자를 한 필로 계산해 가로채는 등 여러 잘못을 범하고 있었다. 동래의 왜관을 드나들었던 안용복은 이런 상황을 잘 알고 있었다. 그리고 호키 태수도 안용복의 폭로에 따라, 울릉도 등지에서 어로 활동을 한 일본인 어부 15명을 처벌했다(신용하 교수).

으로 돌아왔다.[074]

안용복은 일본으로의 무단 월경과 관직 사칭 등으로 비변사에서 심문을 받고 사형(死刑)을 선고받았다. 당시 노론 측은 사형을 주장했으나, 영의정 남구만(南九萬)[075] 등 소론은 "태종 이후의 공도정책을 어기고 관리를 사칭한 것은 맞으나, 안용복 덕분에 울릉도와 독도를 지켰다"며 감형을 주장했다.

> 영의정 유상운이 말하기를, "안용복은 법으로 마땅히 주살(誅殺)해야 하는데, 남구만, 윤지완이 모두 가벼이 죽일 수 없다고 하고 또 도왜(島倭)가 서신을 보내어 죄를 전 도주에게 돌리고, 울릉도에는 왜인이 왕래를 금지시켜 다른 흔단이 없다고 하면서 갑자기 자복하였으니, 까닭이 없지 않은 듯하므로, 안용복은 앞질러 먼저 처단할 수 없다고 하였습니다. 그 뜻은 대체 왜인의 기를 꺾어 자복시킨 것을 안용복의 공(功)으로 여긴 것입니다"
> 하니, 임금의 뜻도 그렇게 여겨 감사(減死)하여 정배(定配)하도록 명하였다. 헌부(憲府)에서 여러 번 아뢰면서 다투었으나, 따르지 않았다.[076]

숙종은 소론 측의 요구를 받아들였고 안용복은 마포에서 배를 타고 귀양을 떠났다(숙종 23년, 1697.3.27). 이후 안용복의 행적은 역사 기록에서 사라졌다. 그리고 도해면허장과 안용복의 두 차례 도일 등으로 발생했던 조선과 일본 사이의 불편한 일들은 1696년 1월 막부의 원칙 정리와 뒤이은 실무자들 간의 서한 교환 등으로 1699년 10월에 모두 마무리된다.[077] 막부가 1696년 1월 '울릉도와 독도를 조선의 영토로 재확인하고 일본 어부들의 출어를 금지하는 결정'을

---

074 숙종실록 30권, 숙종 22년(1696) 9월 25일 무인 2번째 기사 "비변사에서 안용복 등을 추문하다"
075 남구만은 '동창이 밝았느냐, 노고지리 우지진다'라는 시조가 청구영언(靑丘永言, 1728 간행)에 실려 있는 조선 숙종 때의 문신으로 예조판서, 좌의정, 영의정 등을 역임한 소론(少論)의 거두였다.
076 숙종실록 31권, 숙종23년(1697) 3월 27일 무인 두 번째 기사 "제신을 인견하여 주문 짓는 일.기강확립등에 관해 논의하다"
077 「울등도쟁계(爭界)」는 1693년 일본 오야(大谷) 가문의 어부들이 안용복 일행을 납치한 사건에서 비롯된다. 이 사건은 어민들 간의 울릉도 조업권 다툼이 아니라 두 나라의 울릉도영유권 다툼으로 비화돼, 1699년 10월 19일 쓰시마가 조선에 서계와 구상서를 보냈다는 사실을 보고하고, 이 보고를 막부에서 수용할 때까지 거의 7년간 지루한 다툼이 계속됐다.

하고 이를 조선 정부에 즉시 알리도록 했으나, 대마도번은 아주 느리게 이 명령을 집행했다. 1696년 말에야 대마도에 들어온 동래부의 조선 역관(譯官)에게 막부의 명령문을 필사해 가게하고, 조선 정부는 1697년 2월 이 외교문서를 접했다. 이후 조선 예조(禮曹) 참의(參議) 이선부(李善溥)와 대마도 형부대보(刑部大輔) 사이에 두 차례 외교서신이 교환된 뒤, 1699년 일본 측으로부터 '조선 측의 서한이 막부 쇼군에게 잘 전달됐다'는 확인 공한이 도착함으로써 최종 마무리된다. 1699년 10월이었다.

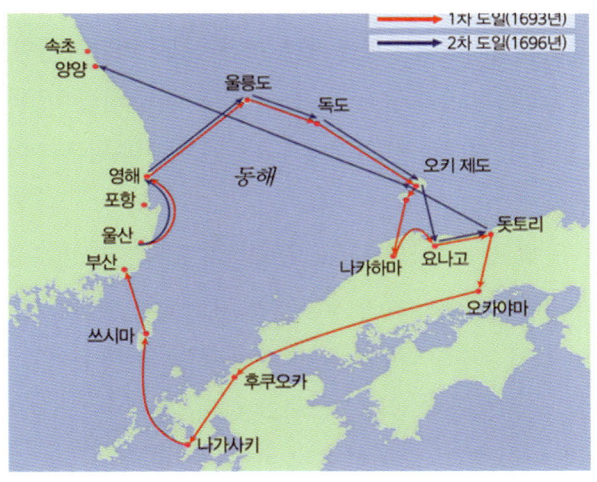

안용복 일행이 1차, 2차 두 차례 일본에 다녀온 경로. 도표=동북아역사재단

안용복

1658년 생 | 지금까지 살펴본 바와 같이 이런 '외교적 업적'을 남긴 안용복(安龍福)은 어떤 인물일까? 당연히 외교관은 아니다. 우리 역사에 보면 '옛 고구려(高句麗) 땅을 내놓으라'며 고려(高麗)를 침략(993년)한 거란(契丹)의 소손녕(蕭遜寧)

을 물리치고, 도리어 땅을 확보한 서희(徐熙)를 '외교의 달인'이라고 칭송하는데, 그렇다면 관직을 사칭하면서까지 위험을 무릅쓰고 일본으로 건너가 울릉도와 독도를 지켜낸 안용복은 어떤 인물인가, 궁금하다.

먼저 그가 살았던 시대적 상황을 살펴보자. 앞에서도 말했지만 17세기 당시 조선은 자국민 보호와 세수원·병역자원의 확보를 위해 울릉도와 독도에 살던 주민들을 본국으로 이주시키는 쇄환을 실시함과 동시에, 비어있는 섬에 왜구가 침입해 정착하지 못하도록 지키고 왜구나 일본 거주인들을 수색해 토벌하는 수토사(搜討使)를 정기적으로 파견하던 시대였다. 하지만 연속된 흉년으로 생계를 꾸리기가 힘들었던 조선 동남부 해안 주민들은 정부 정책을 어기고 몰래 울릉도와 독도를 드나들며 조업을 했다. 마찬가지로 어렵게 살던 일본의 어부들도 조선의 쇄환을 악용해 몰래 건너와서 이 두 섬의 산림자원과 수산자원을 훔쳐 가고 있었다. 당연히 이 과정에서 조선인 어부와 일본인 어부 사이에서 다툼이 생긴다.

안용복은 이름을 빼고는 생사의 시점도 뚜렷하지 않다. 에도막부 돗토리번의 관리 오카지마 마사요시(岡嶋正義)가 지은 『죽도고』(竹島考, 1828)를 보면, 안용복이 1차 피랍(1693) 때 자신의 나이를 '42살'이라고 했다는데 근거를 두면 1652년생이고, 숙종 16년(1690)에 발급된 본인의 호패(戶牌)에 '33살'로 된 데 따르면 1658년생이다. 이 둘 중 조선의 공식 기록인 호패에 신뢰를 둔다면 그는 1658년생이다. 사망 연도도 기록에 없다. 또 안용복의 호패에는 "주인은 서울에 거주하는 오충추"(主京居吳忠秋)라고 돼 있어, 그의 신분이 사노비(私奴婢)였을

---

078 서희는 993년 거란(요)의 1차 침입을 맞아, 소손녕과 담판해 강동육주(江東六州)의 영유권을 인정받았다. 압록강 동쪽 280리에 이르는 강동육주는 흥화진(의주), 용주(용천), 통주(선천), 철주(철산), 귀주(구성), 곽주(곽산)의 여섯 지역으로, 고려는 이 땅의 북쪽에 천리장성(千里長城)을 쌓았다.

079 노비는 전통적 신분사회에서 사내종[奴]과 계집종[婢]을 일컫는 말로, 공(公)노비는 왕실과 국가기관에 소속됐던 최하층 신분을 말하는데 전쟁 포로나 특정 범죄자와 그 가족들로 충원됐다. 사(私)노비는 권문세가나 부잣집 등 개인에게 소속된 노비를 말한다. 사노비는 주인과 함께 거주하며 신역을 제공하는 솔거(率居)노비와 따로 거주하는 대신 포나 쌀 등 현물을 납부하는 외거(外居)노비로 나뉘고, 신분이 세습됐다. 임진왜란 이후 쌀이나 돈을 납부하고 노비의 신분을 벗어나는 경우가 점차 늘었으며, 1886년 노비 세습제가 폐지되고, 1894년 갑오개혁으로 노비제가 철폐됐다.

것으로 보인다.

"안용복은 영웅호걸" | 조선 영조 때의 학자인 성호 이익(星湖 李瀷)은 『성호사설』(星湖僿說, 1760) '울릉도 조'에서 "안용복은 영웅호걸이라고 생각한다. 미천한 군졸로서 죽음을 무릅쓰고 나라를 위해 강적과 겨뤄 간사한 마음을 꺾어버리고 여러 대를 끌어온 분쟁을 그치게 했으며 한 고을의 토지를 회복했으니, 영특한 사람이 아니면 할 수 없는 일이다. 그런데 조정에서는 포상하지 않았을 뿐만 아니라, 앞서는 형벌을 내리고 나중에는 귀양을 보냈으니 참으로 애통한 일이다"라고 기술했다.

그리고 그의 신분에 대해서는 부산 동래부 전선(戰船)의 '노(櫓)꾼'이었다고 기록하고 있다. 신분이 미천했을 것으로 보면 무리가 없겠다. 또 그는 거주지가 부산 좌자천 일리 십사통(釜山 佐自川 一里 十四統, 부산 동구 좌천동 부근)으로 왜관(倭館), 경상좌수영(慶尙左水營)과 가까운 곳이다. 이익도 "동래부의 노꾼으로 왜관을 드나들어 일본말을 잘했다"고 기록하고 있어, 두 가지 기록이 상당히 합치한다.

그러나 당시 독도를 가리키는 우산도(于山島)를 자산도(子山島)라 하거나 일본에서의 기록 중에 전남 '순천(順天)'을 한자로 쓰지 못하고 가타카나로 표기한 것 등을 보면 한자(漢字)보다 일본말에 더 능숙한 인물이라는 심증이 간다. 그러나 그는 기민하고 담대하고 영리했다. 그의 행적을 보면 "영웅호걸"이라는 이익의 평가가 과장이 아님이 드러난다.

"꾀어서 데려갔다"라고 표현된 안용복의 1차 도일은 그의 인생에서 변곡점이 된다. 안용복은 인질이 됐지만 대담하고 논리적으로 대응했다. 그는 "조선 사람이 조선 땅에 갔는데 자신을 억류하는 이유가 무엇이냐?"며 강력히 항의하자, 이에 놀란 호키(伯耆) 태수가 안용복의 주장을 문서로 작성해 막부로 보내면서 신병처리 등에 관한 지침을 요청했다. 막부는 "안용복 등을 나가사키(長崎)로 이송해 조선으로 돌려보내라"고 지시하면서 "울릉도는 일본의 영토가 아니다"(鬱陵島非日本界)"라는 내용의 서계(書契)를 써주게 했다.

사실 울릉도와 독도 영유권 문제는 이때 잘 정리가 됐다. 단지 그 이후의 역사가 그것을 훼손 또는 부인하도록 흘러간 것이 문제라면 문제였다.

박정희(1917~1979) 전 대통령은 1967년 1월 안용복을 기려 "국토를 수호한 공로는 사라지지 않을 것(國土守護 其功不滅)"이라는 휘호를 「안용복장군기념사업회」(安龍福將軍記念事業會)에 내리기도 했고, 부산 수영사적공원에는 안용복의 충혼탑이 서 있다. 안용복(安龍福)의 활동에 대해 대한민국 외교부는 홈페이지 「독도에 관한 15가지 일문일답」에서 이렇게 기술하고 있다.

> "안용복은 조선 숙종(1661~1720) 때의 인물로서, 1693년 울릉도에서 일본인들에 의해 피랍되는 등 두 차례에 걸쳐 일본으로 건너갔습니다. 1693년 안용복의 피랍은 '한・일 간 울릉도 소속에 관한 분쟁'[鬱陵島爭界]이 발생하는 계기가 되었고, 이 과정에서 울릉도와 독도의 소속이 밝혀지게 되었다는 점에서 의미가 있습니다. 1696년 안용복의 두 번째 도일과 관련해『숙종실록』은 안용복이 울릉도에서 마주친 일본 어민에게 "송도(松嶋, 한국의 독도)는 자산도(子山嶋)이며 우리나라 땅이다"라고 말하고, 일본으로 건너가서 우리나라 땅인 울릉도와 독도에 대한 일본의 침범에 항의하였다고 진술한 사실을 기록하고 있습니다. 안용복이 일본으로 건너갔던 사실은 우리나라 문헌뿐만 아니라『죽도기사』(竹嶋記事)『죽도도해유래기발서공』(竹嶋渡海由來記拔書控)『인부연표』(因府年表)『죽도고』(竹島考) 등의 일본 문헌에도 기록돼 있습니다. 특히 최근(2005) 일본에서 새로이 발견된 사료인『원록구병자년조선주착안일권지각서』[080](元祿九丙子年朝鮮舟着岸一券之覺書)는 안용복이 울릉도[竹島]와 독도[松島]가 강원도 소속이라고 진술하였다고 기록하고 있어,『숙종실록』의 내용을 뒷받침하고 있습니다"

---

080 안용복이 1696년 일본 어선들의 울릉도 인근 해역 침범에 항의하기 위해 일본 돗토리항으로 향하던 중 오키시마(隱岐島)에 기항했을 때 있었던 일본측의 조사내용을 기록한 문서이다. 이 때 안용복은 도항 목적을 묻는 일본 관리의 질문에 "호키 태수에게 소송하기 위해서 왔다"고 한 뒤, 이어진 심문에서 "독도가 울릉도와 함께 조선의 영토"임을 분명히 했다. 또 안용복이 지참한 「조선팔도지도」의 내용도 기록돼 있다.

라고 하면서 외교부는 『원록구병자년조선주착안일권지각서』의 내용 중 강원도에 이 두 개의 섬이 소속돼 있다고 쓴 내용을 사진으로 제시하고 있다.

원문에는 "此道中竹嶋松嶋有之" 즉 "이 도(道) 안에 竹嶋(죽도, 울릉도)와 松嶋(송

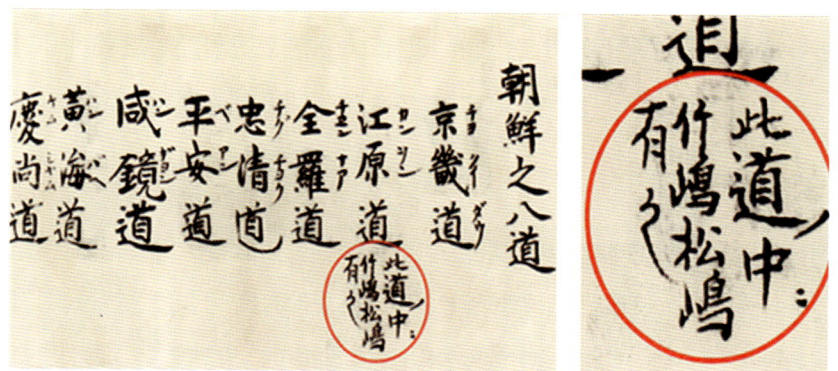

2005년 새로 발견된 사료인 『원록구병자년조선주착안일권지각서』에는 안용복이 "울릉도와 독도가 강원도 안에 있다고 진술했다"는 내용이 기록돼 있다. 사진=대한민국 외교부

도, 독도)가 있다"고 기록돼 있다. 본래부터 울릉도와 독도가 일본 땅이 아님을 알고 있던 일본 막부(幕府)는 안용복 피랍사건을 계기로 울릉도와 독도의 영유권이 조선에 있음을 확인하고, 일본인들에 대해 조선 땅인 이 두 섬으로 함부로 건너가지 못하게 하는 울릉도 도해금지령을 내리게 된다. 이때가 1696년 1월, 조선 숙종 22년의 일이다.

박어둔 재평가 | 또 한 가지, 안용복의 1차 도일 때 함께 피랍된 박어둔(朴於屯)에 대해서 최근 재평가가 이뤄지고 있다. 일본 피랍(1693) 이후 귀국한 이들은 불법 월경죄로 안용복은 곤장(棍杖) 100대, 박어둔은 80대를 맞았다. 지난 2010년 박어둔의 고향인 울산에서 열린 한 학술대회에서는 "교과서 등에 「울릉도 쟁계」가 안용복 개인의 영웅담으로 표현되고 있지만, 이는 역사적 사실과 거리가 있다"는 연구 결과가 발표됐다. 또 2015년에는 울산 온산읍 방도리 출

생인 박어둔은 울산의 염간(鹽干, 소금상인)으로 안용복의 두 차례 도일(渡日) 활동의 재정적 후원자였으며, 『숙종실록』(20년 2월조)과 『변례집요』(邊例集要)[081] 등에 보면 안용복보다 박어둔의 이름이 먼저 거론되는 등 소홀히 다룰 인물이 아니라고 말한다. 그리고 『죽도고』에는 박어둔의 고향이 울산 청량(靑良) 목도리(目島里) 십이통(十二統) 오가(五家)이고, 신분은 양인(良人)이라고 했다. 일본에서 양반답게 행동해 별명이 '도라'(虎, 호랑이)였다고 돗토리현 오키가(家)의 문서에 기록돼 있다.

진실을 말해주는 18세기 일본의 지도

안용복 활약에서 비롯된 에도막부의 결정 이후 1700년부터 1900년대 초까지 일본이 만든 모든 공식 지도는 독도(獨島)를 '일본 영토가 아니다'라고 표시하거나 '조선 영토'라고 표시했다. 「울릉도 쟁계(爭界)」로 영유권 다툼이 마무리됐기 때문이다. 몇 가지 예를 살펴보자.

일본 지도① | 앞에서 일본의 엉터리 주장을 반박하기 위해서 이미 살펴봤지만, 1779년 나온 『개정일본여지노정전도』(改正日本輿地路程全圖)는 나가쿠보 세키스이(長久保赤水)가 개인적으로 만든 지도지만, 막부의 허가를 통과했다.

이 지도를 보면, 일본 땅은 채색이 돼 있지만, 울릉도와 독도를 포함한 우리나라는 채색되지 않은 채 그려져 있어, 두 섬이 일본의 영토가 아니고 조선의 영토임을 보여주고 있다.

일본지도 ② | 1785년 일본에서 나온 이 지도를 보자. 이 지도는 당시 일본의 유명한 지리학자인 하야시 시헤이(林子平)가 저술한 『삼국통람도설』(三國通覽圖說)에 부록으로 수록된 5장의 지도 가운데 하나인 『삼국접양지도』(三國接壤地圖)다. 여기서 삼국이란 조선(朝鮮), 류큐(琉球), 하이국(蝦夷國; 아이누족이 살던 북해도

---

081 19세기 중반에 편찬된 조선 외교 실무집이다.

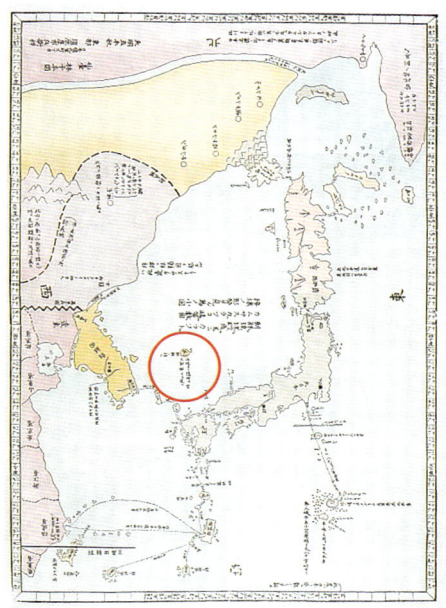

1785년 일본에서 나온 「삼국접양지도」. 사진=서울역사박물관

하야시 시헤이가 활동하던 시기에 나온 『총회도』의 일부. 사진=위키피디아

와 이북 지역)을 뜻한다. 이 지도는 일본을 중심으로 삼국을 각각 색채를 달리해 그렸고, 동해 가운데 섬(울릉도)을 그리고 그 오른쪽에 또 작은 섬(독도) 하나를 그렸다. 이 섬들은 모두 조선과 같은 색깔인 황색(黃色)으로 돼 있다. 왼쪽 큰 섬을 竹島(죽도)라고 표기한 다음 그 아래에 "조선의 것으로" "이 섬에서 은주(隱州, 오키섬)가 보이고 또 조선이 보인다"라고 적어놓았다.

당시 일본 최고의 지리학자 겸 경세가의 이 지도는 울릉도와 독도가 논쟁의 여지 없이 모두 조선의 영토였음을 증명하는 결정적인 자료로 평가된다.

일본지도 ③ | 또 비슷한 시기에 나온 『총회도(總繪圖)』라는 일본 지도도 조선은 황색(黃色), 일본은 적색(赤色)으로 칠했는데, 울릉도와 독도는 정확한 위치에 조선의 색인 황색으로 제대로 칠하고, "조선의 것으로"(朝鮮ノ持也)라고 적어, 마치 "절대로 실수하면 안 돼!"라고 말하는 듯하다.

일본의 주장 ⑤

"한국측은 안용복이라는 인물의 사실에 반대되는 진술을 영유권 근거의 하나로 인용하고 있다"

일본은 안용복의 1, 2차 도일에 따른 일본과 한국의 기록을 인용하면서 "안용복은 울릉도 도해금지를 어긴 자로서 한국에서 문초를 받을 때의 진술을 근거로 한국 측이 영유권을 주장한다"고 말한다.

그러면서 "울릉도와 독도가 조선영토라고 막부가 써준 문서" "대마도주가 그 문서를 빼앗았다는 일" 또 "1696년 일본인 다수가 울릉도에서 어로작업을 하는 것을 목격했다는 진술 등"은 근거 없는 일이라고 주장한다.

일본 외무성은 또 "안용복에 관한 한국 측 문헌의 기술은, 안용복이 1696년에 국가의 금지명령을 범하고 국외로 도항했다가, 귀국 후 조사를 받았을 때 진술한 내용에 따른 것이다. 진술 내용을 보면 상기에 언급한 내용뿐만이 아니라 사실과 일치하지 않는 점들을 많이 볼 수 있다. 한국 측은 사실에 반하는 그러한 진술을 다케시마 영유권 주장의 근거의 하나로 인용하고 있다"고 주장한다.

이래서 거짓이다

실록(實錄)의 안용복 진술 | 일본은 '독도 지킴이' 안용복이 조선 정부의 월경금지를 어긴 사람으로 이런 사람의 진술은 신빙성이 없다고 하는데, 앞에서 살펴봤듯이 안용복의 많은 활동과 진술은 『숙종실록』이나 『승정원일기』 『동국문헌비고』와 같은 관찬 역사서와 『죽도고』 『원록9병자년조선주착안일권지각서』 등 일본 측의 여러 문헌에도 실려있다.

안용복의 활동을 계기로 두 나라 사이에서 울릉도와 독도의 영유권에 관한 활발하고 복잡한 논의가 있었고 그 결과 '에도막부는 쓰시마번의 간절하고도 강력한 욕심을 물리치고, 울릉도와 독도를 조선의 영토로 인정했다'. 그리고 안용복의 활동에 관해 양국 간 기록의 차이는 시각의 차이에서 오는 것으로 이것은 오히려 자연스러운 차이로 봐야 한다.

일본 측은 막부가 1696년 1월 울릉도(일본명 죽도) 도해금지령을 내렸는데, 5월 안용복이 울릉도에 갔는데도 일본인들이 거기에서 어로를 하고 있었다는 기록을 들어, 진술의 신빙성에 문제가 있다는 듯이 말하고 있다. 막부는 1월에 도해금지령을 내렸으나, 이 내용이 돗토리번의 호키(伯耆)에 까지 전달된 것은 8월 1일이다. 안용복 일행이 오키섬을 거쳐 돗토리번으로 들어갔다는 보고를 받은 막부는 그제야 연초(1.28)에 내린 도해금지령을 돗토리번에 전달했다. 따라서 안용복 일행이 도착했던 5, 6월 무렵에는 돗토리번은 물론 오키섬에서도 막부의 「울릉도 도해금지령」을 모르고 있었다.

안용복의 활동도 그렇고 울릉도와 독도 문제와 관련해 자주 인용되는 조선왕조 왕들의 실록(實錄)은 참으로 엄격하고 공정한 과정을 거쳐 기록된다. 조선에서는 국왕이 서거하면 해당 시대의 실록을 편찬하기 위한 임시관청인 실록청(實錄廳)이 설치된다. 사관들이 매일 매일 기록해 보관했던 사초(史草)와 시정기(時政記), 승정원일기(承政院日記) 등 여러 자료를 광범위하게 수집해 편찬에 들어간다. 조선시대 대부분의 책은 편찬이 끝나면 국왕에게 보이지만, 실록은 국왕도 볼 수 없는 책이다. 집권 중인 국왕이 선대 왕의 실록을 보게 될 경우에는 편찬 임무를 담당한 사관들의 독립성과 공정성이 영향받아 사실(史實)이 왜곡될 것을 우려했기 때문이다. 그래서 완성된 실록은 곧바로 사고에 보관된다. 조선의 사관은 정론직필을 위해서는 목숨도 내놓는 선비들이었다. 일본이 실록의 엄정성, 객관성에 대해 용훼(容喙)할 일이 아니다.

일본 에도막부는 18세기 후반부터 천체 운행과 역법 등을 연구하는 기관인 「천문방」(天文方)을 설치해 운영했는데, 천문방 소속 관리인 다카하시 가게야스(高橋景保)는 막부의 공식지도인 『일본변계약도』(日本邊界略圖)를 1808년 제작했다. 이 지도에는 울릉도와 독도가 '조선해(朝鮮海)' 안에 기록돼 있다.

또 1821년 막부는 『대일본연해여지전도』(大日本沿海輿地全圖)라는 지도를 펴낸다. 이 지도는 일본 전국을 처음으로 걸어서 측량해 만들어진 일본 최초의 실측지도라고 평가받고 있으며, 이 지도를 제작한 이노 타다타카(伊能忠敬)는 지금도 일본에서 상당한 존경을 받고 있다. 『대동여지도』(大東輿地圖)를 만든 조선의 古山子 金正浩(1804~1864)에 비할 수 있다. 그래서 지금도 도쿄에서 가까운 일본 지바(千葉)현 카토리(香取)시에 가면 이노의 고향 집에 꾸민 「이노타다타카 기념관」을 볼 수 있다. 일본은 이노가 제작한 이 지도(일명,伊能圖)를 '예술성과 정확성을 겸비한 지도'라면서 엄청나게 자랑하고 있다.

그런데 이 지도에는 독도와 울릉도가 없다. 이유는? 일본 영토가 아니기 때문에 막부(幕府)가 울릉도와 독도를 측량하라는 지시를 내리지 않았다. 이에 대해 일본은 "이노가 말년에 병이 들어서 가지 못했다"고 변명하고 있다. 일본은 이런 나라다.

도해금지 어긴 어부, 사형 | 1836년, 일본 하마다번(浜田藩) 출신의 뱃사람 아이즈야 하치에몬(會津屋八右衛門)은 막부의 도해금지령을 어기고 울릉도(일본 명칭 죽도)로 건너가 일본도 등 무기를 판매하고 울릉도의 나무를 베어 와서 팔다가 발각돼 사형에 처해졌다(1836.12.23. 선고).[082] 재판 기록을 보면 하치에몬은 마쓰시마(松島, 한국의 독도)에 간다고 한 뒤 실제로는 다케시마(竹島, 현재의 울릉도)까지 넘어간 것으로 돼 있다. 이 사건이 발생한 이듬해(1837년) 에도막부는 전국에 「다케시마(당시 울릉도) 도해금지령」을 다시 내린다.

메이지 초기, "두 섬은 조선 땅" | 1870년이면 불과 백50년 전이다. 메이지유신(明治維新)을 막 시작한 일본은 이웃인 조선의 속사정이 궁금했다. 그러나 흥선대원군이 실권을 잡고 있던 당시 조선은 일본을 '서양 오랑캐의 앞잡이' '건방진 것들'이라고 무시하면서 접근을 거부하고 있었다. 그래서 몰래 외무성 관리를 보내 조선의 사정을 살폈다. 일본 외무성이 이때 작성한 문서가 『조선국교

---

082 〈세계영토분쟁의 과거와 현재〉 세계영토분쟁연구회편, "이사부 독도의 진실을 말하다" 손승철, 강원대학교 출판부, 2014, p. 128

제시말내탐서』(朝鮮國交際始末內探書)라는 보고서다.

울릉도에 위치한 〈독도박물관〉의 설명을 보면, 1868년 11월 메이지 정부의 최고 통치기관이었던 태정관(太政官)[083]은 메이지 신(新)정부도 들어선 뒤라 한국과의 국교 교섭과 일본 내부의 정한론(征韓論) 등을 감안해, 정확한 조선의 실상을 파악할 필요가 있다고 판단하고 외무성에 그 업무를 맡겼다. 12월 태정관의 지령을 받은 외무성은 사다 하쿠보(佐田白茅)[084], 모리야마 시게루(森山茂), 사이토 사카에(齊藤榮) 등 소속 공무원 3명을 조선에 파견한다. 이들은 1869년 12월 도쿄를 출발해 나가사키와 쓰시마를 거쳐 1870년 2월 부산에 도착해 초량의 왜관에 머물면서 정탐을 한 뒤 3월에 귀국했다. 『내탐서』는 바로 이들이 작성한 보고서이다.

이 문서는 외무성 조사부가 편찬한 「대일본외교문서, 1939.9」에 실려 있는데, '조선통신사를 파견하고 예를 갖춘 이유' '조선과 대마도 사신이 왕래할 때의 예법' '조선에 입국할 때 허가받는 이유' '무역 시 물품의 교환 및 물가의 고저' 등 예법과 무역에 관한 것뿐만 아니라 '조선 해·육군의 군사시설과 장비 실태 그리고 정비 실태' '서울 근해에 순회할 때 항구의 유무' '조선이 러시아에 보호·의뢰하는 소문' 등 조선 침략에 필요한 사항들이 조사돼 있었다. 그리고 마지막 13번째 항목으로 '울릉도와 독도가 조선의 부속(付屬: 영토)으로 된 시말(始末)'이 실려 있다.

이 내용 가운데 독도에 관해서는 "독도는 울릉도와 이웃한 섬으로 독도에 대해서는 이제까지 남아있는 서류가 없다. 울릉도 건에 대해서는 겐로쿠(元祿, 1688~1704) 이후 잠시 조선에서 사람을 보낸 바 있다. 당시에는 이전과 같이 사

---

083 일본은 중국의 당 나라를 본떠 법령을 정비하고, 천황 아래 제사를 담당하는 신기관(神祇官)과 국정을 통괄하는 태정관(太政官)을 두었다. 태정관은 일본 내각의 전신으로 아래 8개의 성(궁내,대장,형부,병부,민부,치부,식부,중무성)이 국정을 분담했다. 태정관(太政官)의 '官(관)'은 사람인 '관리'를 뜻하는 것이 아니라, '관청'의 의미로 사용됐다.

084 이 가운데 사다 하쿠보는 『정한평론(征韓評論,1875)』 『정한론의 구몽담(征韓論의 旧夢談,1903)』 등을 지은 대표적인 정한론자이다.

람이 없었다. 대나무 또는 대나무 보다 큰 갈대가 자라고, 인삼 등이 자연적으로 자란다. 그 밖에 해산물도 상당하다고 들었다"고 기록돼 있다.

일본 외무성은 이 내탐서의 주석에서 "이 내탐서는 일 외무성 574호 문서에 대한 복명서(復命書)"라고 기록하고 있는데, 이 574호 문서는 '조선국 파견원에 대한 조사사항 지령에 관한 질의서와 이에 대한 태정관의 지령'이다. 다시 말해 메이지 정부 초기의 최고 통치기관인 태정관의 지령으로 외무성이 작성한 『조선국교제시말내탐서』는 울릉도와 독도를 '조선의 영토'로 인정하고 있었다는 명백한 증거라고 〈독도박물관〉은 설명하고 있다.

여기에서 중요한 것은 1696년에 막부(幕府)의 도해금지령을 1870년 외무성 관리가 재확인했다는 사실이다. 200년 가까이 지났지만, 일본은 울릉도와 독도가 조선의 영토임을 거듭 확인하고 또 인정했다. 이때까지만 해도 일본은 제국주의적인 침략성 군국주의적인 호전성에 깊게 물들지 않았다.

태정관 지령문, 1877 | 일본 내무성은 관내의 지적(地籍)조사와 지도 편찬 작업을 하던 시마네현으로부터, '다케시마(한국 울릉도)와 마츠시마(한국 독도)를 현(縣)의 관할지역에 포함할지 여부'에 관한 문의를 받았다(1876.10.16.). 내무성은 조사 결과 '이 두 섬은 일본과 관계가 없다'는 결론에 이르렀으나, 영토의 범위를 정하는 일은 중요한 문제였기 때문에, 1877년 3월 최고행정기관인 태정관에 품의서(日本海內竹島外一島 地籍編纂方伺)를 제출했다. 이에 대해 태정관은 3월 20일 "죽도 외 일도(竹島 外 一島)의 건에 대해 본방(本邦)과 관계가 없다는 것을 명심할 것"이라는 지령을 내무성에 내리고 내무성은 이를 시마네현에 전달했다.

> "일본해[동해]내 다케시마(당시의 울릉도)와 그것의 밖에 있는 한 섬(독도)은… 겐로쿠 5년(1692) 조선인이 섬으로 들어간 이래 드디어 본국[일본]과 관계가 없어졌다… 다케시마와 그것의 밖에 있는 한 섬[독도]의 건은 본국[일본]과 관계가 없음을 명심할 것"[085]

---

085 이 지령은 울릉도와 독도를 일본의 지적(地籍)과 지도(地圖)에 올릴것인지 여부에 관한 최종 결정을 위해 내

이어 제 5면에서는 '(울릉도)밖에 있는 한 섬' 이란 '마쓰시마(현재의 독도)'라고 기록했다. 울릉도는 이미 조선 영토임이 확실했기 때문에 울릉도와 그 바로 옆에 있는 독도가 일본 영토와 관계없다는 말은, 이 두 섬이 조선의 영토라는 뜻이다. 이 「태정관지령문」은 도쿄 국립공문서관(國立公文書館)에 소장돼 있는데, 일본 정부는 원본의 열람을 제한하고 필사본만 열람하도록 하고 있다.

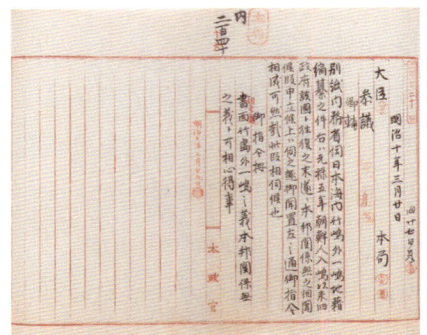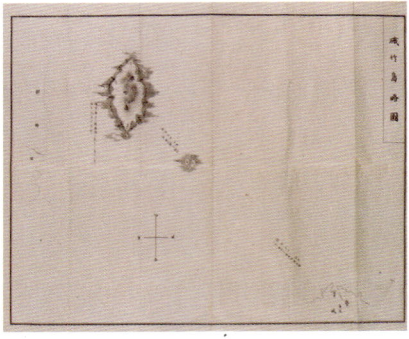

1877.3.29. 태정관지령과 내무성이 품의서에 첨부해 올린 울릉도와 독도가 수록된 지도. 사진= 대한민국 외교부

지금까지 살펴본 것처럼 일본은 막부(幕府) 시대에는 막부에서, 메이지(明治) 신정부에서는 최고 행정기관인 태정관에서 "울릉도와 독도는 일본 땅이 아니고, 이웃 조선의 땅이다"라고 말도 하고 문서도 내려 보냈는데, 조선 병탄(倂呑)을 앞두고 1905년 독도를 탈취한다.

무성이 최고행정기관인 태정관에 올린 품의서를 받고, 태정관이 내무성에 내린 지령이다. 태정관은 이 지령을 통해 '울릉도와 독도는 일본의 영토가 아님'을 확실하게 정리했다.

일본의 주장 ⑥

"일본은 1905년에 각의 결정에 따라 다케시마를 영유한다는 의사를 재확인 했다"

일본은 시마네현 오키도 주민인 수산업자 나카이 요자부로(中井養三郎)가 독도에 대한 영토편입을 청원함(1904.9)에 따라 '1905년 1월 각의의 결정으로 독도를 영유한다는 의사를 재확인'하고, 같은 해 2월 시마네현(島根縣)지사는 독도를 오키 도사(島司)의 소관으로 결정하고, 이 섬을 '다케시마(竹島)'로 이름을 붙였다'고 말한다.

이어 '시마네현 지사는 이 사실을 고지하는 동시에 오키도청(島廳)에도 전달하고, 이 사실이 신문에도 게재돼 일반인에게도 알려지게 됐다'고 주장했다.

한편 한국에서는 1900년 대한제국 칙령 41호에 따라 '울릉도를 울도(鬱島)로 개칭함과 동시에 도감(島監)을 군수(郡守)로 호칭을 변경하고, 울도군이 관할하는 지역을 울릉 전도(全島)와 죽도(竹島), 석도(石島)라고 했다'면서 이 석도가 어떻게 해서 오늘날의 독도(獨島)가 되며. 설사 석도가 독도라 해도 칙령이 공포되던 1900년을 전후해 '한국이 독도를 실효적으로 지배한 사실이 없어, 한국의 다케시마 영유권은 확립되어 있지 않은 것으로 여겨진다'고 말한다.

이래서 거짓이다

300년간의 평온 | 독도를 둘러싼 시간은 신라(新羅), 고려(高麗), 조선(朝鮮)을 지나 이제 대한제국(1897~1910)에까지 이르렀다. 일본막부는 1696년 일본인들이 조선국 영토인 울릉도와 독도에 건너가지 못하도록 했고, 그 결정은 막부말(1868)까지 유지됐다. 또 1877년 메이지유신 초기, 당시 일본의 최고 행정기관인 태정관에서도 울릉도와 독도의 영유 문제를 질의한 내무성에 대해 "울릉도와 한 섬(독도)은 본방(일본)과 관계없다"(竹島外一島之義 本邦關係 無之義)고 분명하게 명시해 동해상의 두 섬이 조선의 영토임을 분명하게 구별했다.

그러니 300년 가까이 영유권 분쟁이 발생할 일이 없었다. 독도는 본래 주인인 한국이 점유해 관리하고 있었고, 일본인들도 도해금지령 때문에 접근하지 않고 있었다.

그러나 강제로 개항하고 체제 정비를 마친 일본은 당시 풍미한 제국주의에 뒤늦게 편승해 주변국에 대한 합병이나 침략전쟁을 시작한다. 한국 땅 가운데 독도는 일본의 침략에 가장 먼저 피해를 본다. 한일합방이 있기 5년 전이다.

일본의 침략성 | 일본은 1905년 각의 결정문에서 밝혔듯이, 독도가 주인이 없는 땅이어서, '무주지 선점' 이론을 내세워 독도를 침탈(侵奪)했다. 그런데 일본은 '독도가 일본 고유 영토'라는 주장과 '독도가 주인 없는 땅'이라는 주장이 서로 모순된다는 점을 깨닫게 된다. 독도는 조선의 땅도 일본의 땅도 아닌 주인 없는 땅이어서 영토편입을 했다면서, 독도가 일본 고유 영토라는 주장은 누가 들어도 이상한 말이었다.

그래서 1950년대부터는 '영유 의사 재확인 차원에서 독도를 편입했다'고 주장한다. 이 '영유 의사 재확인' 주장도 불과 28년 전, 1877년의 태정관 지령 '울릉도와 독도가 일본과 관계없는 땅'이라는 일본 정부의 견해와 배치된다. 거짓말과 거짓말이 서로 충돌을 일으킬 정도로 일본의 주장은 타당성이 없다.

일본은 1952년 이승만 대통령의 평화선(平和線) 선포 이후 한국에 외교적으로 항의했다. 일반적으로 한일간에 독도 영유권 분쟁이 그 때 시작된 것으로 본다. 일본의 항의는 1905년의 독도 침탈을 기정사실화 한 뒤 할 수 있는 행동이다. 일본의 독도 침탈이 잘못된 행위였음을 일본이 뒤늦게라도 깨달았다면 할 수 없는 일인데, 그런 지각과 상식을 일본에 기대하기는 현재로서는 무리다.

일본은 또 한일국교정상화 협상 과정(1952~1965)에서도 독도의 영유권과 청구권 협상을 연계하는 발언을 했다고 기록돼 있다.[086] 일본의 간교함과 침략성, 부도덕함, 염치없음을 말해준다.

---

086   이동준 교수(일본 기타큐슈대), "한국이 원한 6억$ 받고...묻지마 과거사.독도분쟁 빌미 남겨", 2015.4.13. 한국일보

처음 빼앗긴 우리 땅 | 동해 울릉도와 그에 부속된 섬 독도는 신라때부터 자연스럽게 한국의 영토가 됐다. 그 이후 1,500년 울릉도와 독도와 관련해 한일 두 나라 사이에서 이런저런 시비가 발생하기도 했으나 영유권에 다툼이 생길만한 정도의 일들은 아니었다. 그러나 1905년 일본 정부의 독도 탈취는 엄청난 상황 변화다. 좋게 말해 편입이지 그건 탈취(奪取), "빼앗아 가져갔다"는 표현이 어울린다. 왜냐하면 제국주의 일본은 러일전쟁을 시작하면서 대한제국과 맺은 「한일의정서」(韓日議定書)에 따라, 전쟁 수행에 필요한 땅을 마음대로 사용할 수 있는 권리를 확보해, 실제로 마구잡이로 우리 땅을 사용했음에도 불구하고 군사적 가치가 높은 동해상 독도는 굳이 자국 영토로 편입한 것을 보면 일본의 영토 야욕과 침략성을 거론하지 않을 수 없다.

1904년 초, 일본은 러시아와 몇 년을 끌어온 한반도와 만주에서의 세력권 조정이 실패로 돌아가자, 전쟁이 불가피하다는 생각을 굳힌다. 일본은 러시아와 전쟁을 벌인다면 시베리아횡단철도가 완공되기 전에 하는 편이 유리하다고 생각하고 있었고, 러시아는 철도가 완공될 때까지는 양보하더라도 전쟁을 늦추려고 했다. 일본이 신흥 강국이라고는 하나 러시아의 눈에는 아직 어려 보였다. 러시아는 서쪽에서는 영국과, 중간에서는 오스만제국과, 동쪽에서는 청과 겨루고 있었다.

일본은 어전회의에서 러시아와의 전쟁을 결정하고, 주 전쟁터나 보급로가 될 조선[대한제국]을 겁박해 「한일의정서」를 맺고, 이에 근거해 러시아 함대의 감시를 위한 감시탑[망루] 설치 작업을 거의 동시에 시작한다. 일본 해군은 1904년 원산과 죽변, 제주도, 거문도, 울릉도, 신안 팔구포 등 14개 장소에 해군용 감시탑을 설치하고, 1905년에는 울릉도에 2개소를 추가하고 독도에 1개소를 신

---

087 러일전쟁은 1904년 2월 8일 일본의 기습공격으로 시작됐으며, 보름 뒤(1904.2.23) 일본은 대한제국을 겁박해 「한일의정서」를 체결한다. 외부대신 서리 이지용(李址鎔)과 주한일본공사 하야시(林權助) 사이에 체결된 의정서는 모두 6개 조항이다. 이 의정서 제4조는 "일본이 군략상 필요한 지점을 임기 수용할 수 있을 것"이라고 규정하고 있다. 독립국가 대한제국의 주권을 무시한 일본의 제국주의적인 침략 수법이 공공연히 드러나는 조항이다. 일본은 공포 분위기를 조성하기 위해 반일파 중심인물 탁지부대신 겸 내장원경 이용익(李容翊)을 납치해 일본으로 압송하고, 육군참장 이학균, 육군참령 현상건을 감시하는 등 공포 분위기를 조성했다.

설하는 등 모두 6개소를 더 설치했다.[088] 그런데 일본은 감시탑 정도는 한반도 어디에나 세울 수 있었는데도, 굳이 독도를 자국 영토로 왜 편입했을까? 일본은 러일전쟁 승리를 위한 군사적 목적 외에 영토에 대한 욕심이 더 강했다고 볼 수 있다.

그 이전에 일본은 1876년 남태평양상의 오가사하라제도(大笠原諸島)를 영토 편입했고, 1895년 1월에는 청일전쟁 중이던 중국 몰래 센카쿠열도(尖閣列島)를 각의 결정을 통해 영토로 편입한 일이 있다.

일본의 독도 탈취는 러일전쟁이라는 긴박한 상황에 ①민간인 수산업자의 독도 임대 요청 → ②해군성과 외무성 간부의 회유·설득 → ③민간인 수산업자의 영토편입 청원 → ④각의 결정 → ⑤시마네현 고시 → ⑥1년 뒤 한국 (울릉군수) 통지라는 순서를 따라 진행됐다. 겉으로 보기에 일본측은 절차를 다 밟은 것처럼 보이지만, 편입 과정 곳곳에서 사기와 술수, 거짓, 몰상식 등이 숨어있다. 독도 영토편입은 그 자체가 갖는 의미가 커, 자세하게 살펴볼 필요가 있다.

일본의 기만적인 영토편입 절차 가운데 ① ② ③에 해당하는 내용들을 민간인 당사자의 진술을 통해서 먼저 알아본다.

수산업자 나카이의 기록

나카이의 기록 | 수산업자 나카이 요자부로(中井養三郎)의 기록은 1910년 그가 자술한 「이력서」와 「사업경영개요」가 있다. 민간 수산업자의 이야기이지만 나카이의 기록을 자세히 살펴보면, 제국주의 일본이 어떻게 독도를 훔쳐 갔는지 그 과정이 선명하게 보인다. 나카이는 조선[대한제국]의 독도를 임대해, 강치잡이를 독점할 생각으로, '독도 임대 문제를 정부 대 정부의 협상을 통해, 교섭

---

088 일본 해군은 1904년 신안 팔구포, 백령도, 동해안의 원산과 죽변 그리고 부산, 제주도 등 14개소에 근무 인원 10명 안팎의 감시탑[망루]를 설치하고 1905년에는 울릉도와 독도 등 6개소 모두 20개소의 감시탑을 설치해 러시아 해군의 동향을 감시했다.

해 달라'는 청원을 준비하던 수산업자다. 나카이는 당시로는 흔치 않게 학교 교육도 받은 수산업자로, 일찍이 1891~92년에는 러시아의 블라디보스토크(Vladivostok)에서 또 1893년에는 조선의 전라도와 경상도 연안에서 잠수기를 사용해 강치나 전복 등을 잡은 경험이 많았다. 1903년에도 독도에서 강치잡이를 해 많은 수익이 나자, 다른 업자들의 접근을 막고 이익을 독점할 생각에 독도를 대한제국(大韓帝國)으로부터 임대할 마음을 먹고, 농상무성에 정부 대 정부의 교섭을 청원할 계획을 세운다. 나카이는 대한제국 정부에 임대요청서를 제출하기 위해 1904년 어로기가 끝난 뒤 도쿄에서 농상무성 관리들과 접촉을 시작했다. 1910년 나카이가 작성해 시마네현에 제출한 기록은 현재 일본 시마네현청(縣廳)에 보관돼 있다.

竹島經營(죽도 경영)

竹島[죽도; 한국의 독도]에 海驢[해려: 강치]가 많이 群集(군집)하는 것은 종래 鬱陵島(울릉도) 방면 漁夫(어부)의 周知(주지)하는 바이지만, 하루아침 그 포획을 개시하면 홀연히 散逸(산일)해 가버리거나 포획해도 用途販路(용도판로)의 있음을 필요로 하므로 이익이 전혀 不明(불명)에 속하였다. 이 때문에 종래 이의 포획을 기도하는 일이 없어서 헛되이 放遺[방유: 그대로 놓아둠]해 있었다. 그러나 이렇게 放遺하지 않고 如何(여하)히 有望(유망)의 利源(이원)이라는 것을 事實(사실)의 위에 확실하게 할 수 있었다. 그러나 이와 동시에 또한 홀연히 諸方(제방)으로부터 다수의 잡이꾼들이 來集(래집)하여 競爭濫獲(경쟁남획)에 이르지 않는 바가 없고 用途販路는 아직 충분히 講究(강구)되지 않은 중에 그 材料(재료)는 장차 絶滅(절멸)해 가려고 함에 이르렀다. 이에 있어서 어떻게 하면 그 弊害(폐해)를 防止(방지)하고 利源을 영구히 持續(지속)함으로써 本島(본도)의 經營(경영)을 온전히 할까 苦心慘憺(고심참담)하지 않을 수 없었다. 本島가 鬱陵島(울릉도)에 附屬(부속)하여 한국의 所領(소령)이라는 생각을 갖고, 장차 統監府(통감부)[089]에 가서 할

---

[089] 통감부는 대한제국의 외교권을 박탈해 보호국으로 삼은 1905년 11월 17일의 을사늑약에 따라 1906년부터 1910년까지 서울에 설치됐었다. 병탄 이후의 침략 업무는 조선총독부가 실행했다.

바가 있지 않을까 하여 上京(상경) 여러 가지 劃策中(획책중)에, 당시의 水産局長(수산국장) 마키 보쿠신(牧朴眞)씨의 注意[주의:곁에서 귀띔해서 일깨워 줌]로 말미암아 반드시 韓國領(한국령)에 屬(속)하지 않는 것이 아닐까 하는 의의 생겨서, 그 조사를 위해 여러 가지로 奔走(분주)해, 당시의 水路局長(수로국장) 기모스키 가네유키(肝付兼行) 將軍(장군)의 斷定(단정)에 依賴(의뢰)하여 本島의 전적으로 無所屬(무소속)인 것을 확신하게 되었다. 그리하여 經營上(경영상) 必要(필요)한 理由(이유)를 具陳[구진: 상세하게 진술함]해서, 本島를 本邦[본방: 일본] 領土(영토)에 編入(편입)하고 또 貸付[대부: 임대]해줄 것을 內務(내무) 外務(외무) 農商務(농상무)의 3大臣(대신)에게 願出(원출)하여, 願書(원서)를 內務省(내무성)에 제출했더니 內務省 當局者(당국자)는 이 시국에 際(제)하여 韓國領地(한국영지)의 疑[의: 의심]가 있는 荒漠(황막)한 一個 暗礁(일개 암초)를 收[수: 거두다]하여 環視(환시)의 諸外國(제외국)에게 我國[아국: 일본]이 韓國 倂呑(한국 병탄)의 野心(야심)있는 것의 疑를 크게 하는 것은 利益(이익)이 극히 작은데 反(반)하여 事軆[사체: 사리와 체면]는 결코 용의하지 않다고 하여 如何(여하)이 陳辨[진변: 사정을 말해 변명함]해도 願出은 장차 却下(각하)되려고 하였다. 그리하여 挫折(좌절)해서는 안 되기 때문에 곧

---

090 마키 보쿠신(1854~1934)은 1898~1906년까지 수산국장으로 재임하면서 초창기 일본 수산행정의 기초를 세우는데 공로를 세웠다. 재임 중 1899년 6~7월 한국 시찰을 통해 한국 수산업 현황을 점검하고 일본 어민들의 한국 이주 등을 추진했다. 그는 1903년에 나온 「한해통어지침」의 서문을 쓰는 등 분야의 전문가로 활동했다. 마키 국장의 "독도가 한국령에 속하지 않을 수도 있다"는 말은 당시 일반적인 일본인들은 독도를 조선의 영토로 알고 있었다는 반증이 되기도 한다.

091 기모쓰키 가네유키(1853~1922)는 측량과 수로 분야의 전문가로 1888~1892년, 1894~1905년 등 두 차례에 걸쳐 해군성 수로부장을 지내면서 이 분야의 기초를 닦은 인물이다. 해군성 수로부는 육군성 육지측량부와 함께 지도제작과 해양측량을 담당해, 전시에 수로부는 군용 해도나 수로정보, 비밀지도 등을 제공해 군작전을 지원하는 임무를 맡는다. 기모쓰키는 1894년과 1899년에 나온 「조선수로지」(朝鮮水路誌)의 서문을 쓰면서, 독도가 조선 영토임을 누구보다도 잘 알고 있었다. 특히 해군성 수로부장이 러시아 발틱함대와의 주요 해전 영역이었던 동해의 울릉도와 독도, 오키섬 해역의 상황에 대해 몰랐다는 것은 말이 안 된다. 기모쓰키는 거짓말을 거듭하며 나카이를 설득,회유했다고 보여진다. 기모쓰키는 "강력한 해군력을 보유한 국가가 세계를 제패한다"는 알프레드 머핸(Alfred Mahan) 의 '해양력(Sea Power)'이론에 감명을 받아, 일본에서 처음으로 쓰루가, 쓰시마, 타이완 해협을 장악해야 한다는 '해상권력론(海上權力論)'을 주장한다.

092 이 시국이라 함은 나카이가 임대요청서를 작성하려고 준비하던 시기가 1904년 9월로 러일전쟁(1904.2~1905.9)이 시작된 지 몇 달이 지난 뒤를 말한다.

093 내무성은 메이지 정부가 출범하고 시작한 지적(地籍) 정리 작업을 전국적으로 시행하면서, 울릉도와 독도의 일본 영토 포함 여부에 관해 검토하다가, 1877년 태정관으로부터 "죽도(울릉도) 외 한 섬(독도)은 일본과 무관하다"는 지령을 받은 바 있어, 독도가 조선의 영토임을 잘 알고 있었다. 그러나 그런 내무성도 '독도라는 작은 섬을 욕심내다가 조선이라는 큰 땅을 잃을지도 모른다'며 소탐대실을 우려해서 반대했지, 당시 일본을 휩쓴 영토야욕, 조선침략에서 초연한 입장은 결코 아니었다.

바로 外務省(외무성)으로 달려가서 당시의 政務局長(정무국장) 야마자 엔지로(山座圓二郎)[094]씨에게 가서 크게 論陳(논진) 한 바 있었다. 氏[씨: 야마자 정무국장]는 "時局(시국)이야말로 그 領土編入(영토편입)을 急要(급요)로 하고 있다. 望樓(망루)를 建築(건축)해서 無線(무선) 또는 海底電信(해저전신)을 設置(설치)하면 敵艦 監視上(적함 감시상) 극히 좋지 않겠는가. 특히 外交上(외교상) 內務와 같은 顧慮[고려: 앞 일을 걱정함]를 요하지 않는다. 모름지기 速(속)히 願書를 本省(본성)에 回附(회부)케 해야 한다"고 意氣(의기)가 軒昂[헌앙: 의기 양양]하여 있었다. 이와 같이 해서 本島는 드디어 本邦領土(본방영토)에 편입된 것이었다. 명치 38년[1905년] 2월 22일 그 告示가 있자 本島 經營權(경영권)에 就[취: 이룩하다]하였다…"

오쿠하라의 기록 │ 이와 비슷한 기록이 또 있다. 시마네(島根)현 관리인 오쿠하라 헤키운(奧原碧雲)이 저술한 『죽도와 울릉도』(竹島及鬱陵島)에도 이 과정에 대해 증언한 나카이의 진술이 기록돼 있다. 일본은 1905년 몰래 독도를 자기 땅으로 만들어 놓고는 비밀로 하다가, 1년이 지난 뒤 시마네현 관리인 간니시(神西由太郎) 등 45명의 조사단을 독도와 울릉도에 보낸다. 이 조사단의 일원이었던 오쿠하라는 조사가 끝난 뒤인 1907년 이 책을 냈다.

"나카이 요자부로(中井養三郎)씨는 리양꼬島(당시 일본인들이 독도를 부르는 명칭)를 朝鮮(조선)의 領土(영토)라 믿고, 同國 政府(동국 정부)에 貸下請願(대하청원)의 決心(결심)을 하여 三十七年[메이지37년, 1904년]의 漁期(어기)가 종료되자 곧바로 上京(상경)하여 隱岐[은기: 오키도] 출신인 農商務省[농상무성] 水産局員(수산국원) 사토(藤田勘太郎)씨에게 도모해서 목(牧朴眞) 수산국장에게 面會(면회)하여 陳述(진술)한 바 있었다.
同氏[동씨, 수산국장] 또한 이것을 贊成(찬성)하여 海軍水路部(해군 수로부)에 붙여

---

094 야마자 엔지로(1866~1914)는 1892년 도쿄제국대학 법과를 수석으로 졸업하고 외무성에 들어와 부산총영사관, 인천영사관, 경성영사관 공사관 겸 1등서기관을 지내는 등 한국과 인연이 깊은 관료다. 부산에 근무할 당시 그는 경부선 철도의 비밀측량을 실시할 정도로 한국통치에 깊은 생각을 갖고 있었다. 1901년 고무라 외상에 의해 36세에 정무국장으로 발탁돼 영일동맹 체결, 러일전쟁 포고문을 기초하고 포츠머스강화회의에 참석하는 등 고무라 외교의 핵심적인 인물이었다. 이런 인물이 독도의 한국령을 모를 리가 없고, 결국 "러일전쟁의 승리를 위해 독도를 강탈"하는데 큰 역할을 했다.

서 리양코島의 所屬(소속)을 確認(확인)하게 했다. 나카이(中井) 씨는 즉시 기모스키 카네유키(肝付兼行) 水路部長(수로부장)을 面會(면회)하여 同島의 所屬은 確乎(확호)한 徵證[징증: 증거]이 없고 특히 日韓兩本國(일한양본국)으로부터의 거리를 측정하면 日本(일본)의 쪽이 十里(십리) 가깝고 그 위에 日本人(일본인)으로 同島(동도) 經營(경영)에 종사하는 자가 있는 이상은 日本領(일본령)에 編入(편입)하는 방법이 좋을 것이라는 說(설)을 듣고 나카이(中井)씨는 마침내 意(의)를 決定(결정)하여 리양코島編入(편입) 및 貸下願(대하원)을 內務, 外務, 農商務 三大臣에게 제출하였다. 그 이래 나카이(中井)씨는 內務省 地方局(지방국)에 출두하여 이노우에 유우이치(井上友一) 書記官(서기관)에게 事情(사정)을 陳述(진술)했으며 또한 同鄉(동향)의 現今(현금) 貴族院 議員(귀족원 의원)의 소개에 의하여 外務省에 출두해서 야마자(山座) 政務局長을 面會(면회)하여 이것을 상의했다. (桑田龍藏 博士 또한 크게 힘쓴 바 있어서) 드디어 一應[일응: 먼저] 島根縣廳(도근현청)의 의견을 徵[징: 요구]하기로 되었다. 이에 島根縣廳에서는 隱岐島廳(은기도청)의 의견을 徵하여 上申(상신)한 결과 마침내 閣議(각의)에서 확실히 領土(영토) 編入(편입)을 決定하여 리양코島를 竹島[죽도]라고 命名(명명)키로 하기에 이르렀다고 한다"

독도 편입 실상 ｜ 일본이 어떤 경로를 통해 독도를 탈취했는지, 그 일에 관여한 수산업자의 기록과 시마네현청 관리의 저술을 통해 살펴봤다. 수산업자 나카이(中井養三郎)의「사업경영개요」와 오쿠하라(奧原碧雲) 씨의『죽도와 울릉도』에 포함된 나카이의 진술 내용 등을 종합하면 일본의 탈취 과정이 일목요연하게 다 드러난다. 순서대로 정리해본다.

1. 일찍부터 러시아와 조선 연안 등 해외에서 잠수기(潛水器) 어업을 해온 수산업자 나카이는 조선[대한제국] 영토인 독도에서 강치잡이 독점 어업권을 얻고자 했다.
2. 이때 나카이는 독도가 대한제국의 영토라고 확실하게 알고 있었다. 그는 이미 블라디보스토크와 경상도, 전라도 연안과 독도(1903) 등지에서 전복 등을 채취하는 등 상당한 사업 경험이 있는 상태로, 이득을 본 적이 있었다.
3. 나카이는 1904년 어로기가 끝난 뒤인 9월 초 대한제국에 독도 임대를 신청

하기 위해 어업 관장 부처인 도쿄의 농상무성을 찾아갔다. 그는 개인이 외국 정부[대한제국]을 상대로 임대원을 내는 것은 가능하지 않고, 외국 섬의 임대는 정부 대 정부의 일 처리가 적절하다고 생각하고 있었다.

4. 나카이는 고향 사람의 주선으로 농상무성의 마키 수산국장(水産局長)을 면담했다. 나카이의 이야기를 듣고 난 수산국장은 현역 해군 소장(少將)인 해군성 수로부장(水路部長)과 연락하면서 '독도가 한국 땅이 아닐 수 있다'는 말을 듣고, 나카이를 해군 수로부장에게 보낸다.

5. 해군 수로부장(水路部長) 기모쓰키 소장(少將)은 마키 수산국장이 보낸 나카이에게 독도를 '주인 없는 땅'(無主地, Terra nullius)이라고 단정하고, '독도가 울릉도보다 오키섬에서 더 가깝다'는 거짓말까지 해 가면서, 나카이가 독도에서 강치잡이를 하기 위해서는 이 섬을 일본 영토로 편입하는 것이 훨씬 유리하다고 설득한다. 그리고 "대한제국 정부에 임대원을 제출할 것이 아니라, 독도[다케시마, 리양코島]의 영토 편입과 이에 따른 임대원을 제출하면 된다"고 말해준다.

6. 이 말에 솔깃해진 나카이는 독도를 일본영토에 편입해 자기에게 임대해 달라는 「리앙코도 영토편입과 임대원」을 1904년 9월 29일 일본 내무성, 외무성, 농상무성에 제출한다. 독도가 본래 일본 영토였다면 나카이는 외무성에까지 임대원을 제출할 필요가 없는데도 제출한 것을 보면, 나카이는 해군 수로부장 등의 회유에도 불구하고 독도 영유권에 대한 의구심을 지우지 못하고 외무성에도 같은 서류를 제출한다. 매사에 꼼꼼한 사업가적 처신을 보여준다.

7. 이 청원에 대해 내무성은 '러일전쟁이 전개되는 이 시국에 한국 영토로 생각

---

095 울릉도에서 독도는 87.4km이고 오키섬에서 독도는 157.5km이다. 해군 수로부장은 이 분야의 전문가이고, 러일전쟁이 진행중인 때에 해군 수로부장이 이 거리를 틀리게 알고 있다고 보기 어렵다. 그는 의도적으로 거짓말을 하고 있다.

096 독도가 19세기 중반 서양에 처음 알려지면서 서양 이름을 가진 적이 있다. 1849년 프랑스 포경선 리앙쿠르호가 동해를 항해하던 중 독도를 발견하면서 배의 이름을 따서 리앙쿠르암초/도(Liancourt Rocks)라고 불렀다. 이 이름이 이후 널리 알려지면서 독도의 서양이름이 됐다. 나카이도 독도어업권을 신청할 때 리앙쿠르라는 명칭을 사용했다. 1854년 러시아에서는 메넬레올리부차(Manale-Olivucha)라는 이름을 붙인 적이 있고, 1855년 영국 군함 호넷호가 독도를 발견하고 호넷암초(Hornet Rocks)라고 부르기도 했다. 울릉도도 1787년 프랑스 항해사에 의해 발견돼, '다즐레(Dagelet)섬'이라는 이름을 가진 적이 있다.

되는 불모의 암초를 갖는 것이 일본의 동태를 주목하는 외국에게 일본이 한국 병탄의 야심을 품은 것 아닌가 하는 의심을 불러일으키는 등 득보다는 실이 많다'는 이유로 분명하게 반대한다.

8. 반면 조선에서도 외교관으로 근무했고 러일전쟁의 선전포고문을 기초했던 외무성 엘리트인 정무국장(政務局長)은 내무성이 반대하는 이유 즉 러시아와 전쟁을 하고 있는 지금이 독도를 영토 편입을 해야 하는 이유가 된다고 적극 설파한다. "러·일전쟁이 진행되고 있는 이때 독도를 영토로 편입하면 망루[감시탑]를 세워 무선이나 해저전신으로 러시아 해군 함정에 대한 감시가 용이해진다"는 독도의 전략적·군사적 가치를 강조한다.[097] 이 주장은 일본 해군성 등 팽창주의자들이 내부적으로 계속 강조해온 내용으로 외무성은 해군성을 편들어, 전쟁 수행에 도움이 되고, 영토도 확보하는 일거양득의 계략에 앞장선 것으로 보인다. 외무성 정무국장은 "내무성의 우려는 신경 쓸 필요가 없으니, 속히 청원을 외무성에 제출하라"고 적극적으로 독려한다.

9. 「리앙코도 영토편입과 임대원」은 해군성 수로부장의 지휘아래 내무성의 반대 의견을 억누르면서 농상무성, 외무성 등의 긴밀한 협의를 거쳐 성사되었다. 이런 과정을 거친 뒤 내무대신은 1905년 1월 10일 각의에 올렸고, 1월 28일 각의에서 의결된다. 한국 땅 독도가 비밀리에 일본 영토가 됐다.

10. 이후 각의의 편입 결정은 내무성을 통해 시마네현에 통고됐으며, 시마네현은 약 한 달 뒤인 2월 22일, 「현(縣) 고시 제40호」로 리앙코도(島)를 竹島(다케시마)로 명명해, 오키(隱岐) 도사(島司)의 소관으로 한다는 내용을 고시함으로써 독도에 대한 편입 절차를 끝낸다.

이제 한국 땅 독도(獨島)가 일본 땅 다케시마(竹島)가 됐다. 이에 걸린 시간은 나

---

097 실제로 일본은 1905년 10~11월 통신을 위해 한반도 동해안 죽변(竹邊)-울릉도-독도-일본 출운(出雲)의 송강(松江)을 잇는 해저전선(海底電線)을 가설했고, 독도에는 1905년 7월 망루(望樓) 설치 공사를 시작해 한달만인 8월에 공사를 마치고, 6명의 요원을 상주시켰다.

카이가 도쿄을 방문한 1904년 9월 초에서 각의 의결을 거쳐 시마네현 고시가 끝난 1905년 2월 22일까지 6개월이 채 걸리지 않았다.

각의(閣議) 결정 ┃ 1905년 1월에 있었던 각의(閣議) 결정문이다. 영토편입에 관한 건은 중요한 안건이어서, 내각회의에 상정해 심의하는 것은 필요한 절차다.

별지 내무대신이 청의한 무인도 소속에 관한 건 :
북위 37도 9분 30초, 동경 131도 55분. 오키도에서 서북쪽으로 85해리에 있는 이 무인도는 타국에서 이를 점령했다고 인정할 만한 형적이 없고, 메이지 36년(1903) 나카이 요자부로가 어사(漁舍)를 만들고 인부를 데리고 가서 엽구(獵具)를 갖추어 바다사자[강치]잡이에 착수하고 이번에 영토편입 및 임대원을 제출하였는 바, 차제에 소속 및 도명을 확정할 필요가 있어 이 섬을 「다케시마」로 명명하고 시마네현 소속 오키도사(島司)의 소관으로 하자는 것이다. 이에 심사한바, 메이지 36년 이래 나카이 요자부로가 이 섬에 이주하여 어업에 종사한 것은 관계 서류에 의하여 밝혀지는바, 이는 국제법상 점령의 사실이

시마네현 고시 40호와 "오키의 새로운 섬"이라는 1905년 2월 24일자 산인(山陰)신문 기사.
사진=일본내각관방 영토주권대책기획조정실

있는 것으로 인정하여 이를 본방 소속으로 하고, 시마네현 소속 오키 도사의 소관으로 하는 데 문제가 없다고 판단하여 청의(請議)대로 각의 결정한다.

시마네현 고시 | 다음은 내무성의 지시를 받은 시마네현의「고시 제40호」의 내용이다. 길지도 않다. 그런데 일본이 현재 제시한 시마네현 고시 제40호는 현(縣) 지사(知事)의 직인도 없고, '회람(回覽)'이라는 빨간색 도장이 찍혀있어, 고시문이라기보다는 내부회람용 문서로 보인다.

> 시마네현 고시문 :
> 북위 37도 9분 30초, 동경 131도 55분. 오키도와의 거리는 서북 85리에달하는 도서를 竹島[다케시마]라 칭하고 자금 본현 소속 오키 도사의 소관으로 정한다. 메이지 38년 2월 22일 시마네현 지사 마쓰나가 다케요시(松永武吉)

신문보도 | 그리고 시마네현 고시 이틀 뒤인 1905년 2월 24일, 관내에서 발행되는 지방신문인「산음신문」(山陰新聞) 잡보(雜報) 난에「오키의 새로운 섬」이란 제목으로 관련 기사가 보도됐다. 영토편입은 그 자체가 중요한 국사(國事)인데다 내각회의의 결정임에도 불구하고, 일본 정부는 이 사실을 관보(官報)에 게재해 국내외에 공시(公示)하지 않고, 시마네현(縣) 관내(管內)고시를 지시하고 또 시마네현은 현청(縣廳)의 게시판에 며칠간 그 내용을 게시하고, 지역신문이 그 내용을 보도하도록 했다. 참으로 비밀스럽고 치졸한 일 처리다.

독도 편입의 불법성

이렇게 해서 일본의 독도 탈취는 그 절차를 마쳤다. 그러나 여기에는 몇 가지 문제가 있다.

①**독도는 무주지인가?** | 일본은 각의 결정문에서 독도가 "타국에서 이를 점령했다고 인정할만한 형적이 없어서" 즉, 독도가 주인 없는 땅인데다, "1903년

(메이지 36년) 일본인 나카이 요자부로가 어사(漁舍)를 만들고 인부를 데리고 가서 엽구(獵具)를 갖추어 바다사자[강치]잡이에 착수하고 이번에 영토편입과 임대원을 제출해서" 독도를 일본 땅으로 편입했다고 말하고 있다. 당시 국제적으로 통용되던 원칙의 하나인 '무주지 선점에 의한 영토편입'[098]이라는 요건에 짜맞추었다.

과연 독도는 일본이 말하는 무주지(無主地)인가? 독도는 512년 신라 지증왕 13년에 우산국이 신라에 복속된 이래 우리의 영토로 존재해 왔다. 또 우리가 앞에서 살펴본 것만 해도 두 차례, 즉 1696년 막부에 의해 또 1877년 메이지 정부의 태정관에 의해 '울릉도와 독도는 일본 땅이 아닌 조선의 땅'이라는 결정이 있었고 일본 측 자료에도 기록돼 있다. 또 다른 많은 옛 지도나 문헌에도 울릉도와 독도는 조선 땅이었음이 기록돼 증거로 남아있다. 즉 독도는 '주인 없는 섬'이 아니라 '한국[조선]의 섬'이다.

처음 독도를 임대하기로 한 수산업자도 알고 있는 '독도는 조선[한국] 땅'이라는 상식적인 내용을 관련 부처의 고위 관리, 다른 자리도 아닌 외무성의 정무국장, 해군성의 수로부장이 몰랐다는 것은 한마디로 거짓말이라고 하겠다. 따라서 독도가 무주지여서 '무주지 선점론'에 의해 일본의 영토가 됐다고 하는 1905년 1월 28일의 일본 내각의 결정은 불법(不法)이며 무효(無效)다.

일본은 울릉도의 속도인 독도에 대해서는 일본이 영토편입을 한 1905년까지 '독도(獨島)'라는 이름으로 '한국 측이 소유하거나 관리한 적이 없다'는 논리를 내세우고 있다. 그러나 이 부분도 사실이 아니다.

수많은 지도와 해도(海圖)에도 독도는 울릉도의 속도(屬島)로 기록돼 있다. 그렇

---

098 무주지(Terra nullius)는 '주인 없는 땅'(land belonging to no-one, territory without a master, nobody's land)이라는 뜻으로 '아무도 살지 않는 땅이나 어느 국가에도 속하지 않는 땅, 즉 어느 누구에게도 소유되지 않은 땅'을 의미하는 용어로 국제공법에서 흔히 사용된다. 영국의 호주 취득이 무주지 선점의 원칙이 적용된 경우로 통한다. 영국의 제임스 쿡 선장이 1770년 시드니 근처의 보타니만에 도착해, 수만 명의 선주민들이 살던 이 땅을 무주지(Terra nullius)라고 선언하고 영국국왕 조지 3세의 영토라고 선언한다. 이어 1788년 700여 명의 죄수를 싣고 온 아더 필립 대령은 이 땅을 영국의 식민지로 공표한다. 약 5만 년 전부터 호주 대륙에서 살아온 수만 명의 호주 선주민들은 하루아침에 762만㎢의 땅을 통째로 빼앗긴다.

1933년 독도에서의 강치잡이. 일본 오키섬에서 온 어부들이 강치를 잡아 나무상자에 넣고 있다. 나카이가 포획을 희망한 독도 강치는 1900년대 초 연평균 1,300~2,000마리씩 잡혔으나, 남획 때문에 1933~1941년에는 연간 16~49마리로 개체가 격감했다. 사진=위키피디아

지만 일본은 지금까지도 울릉도와 독도를 분리해서 '울릉도는 한국 땅이지만, 독도는 아니다'라는 논리 구조를 만들어 전파하고 있다. 일본의 이러한 노력은 1950년대 이후 1960, 1970년대를 거쳐 오면서 치밀하고도 끈질기게 계속되고 있는 점은 주의할 부분이다.

②**대한제국 칙령 제41호** ┃ 1900년 10월에 반포된 「대한제국 칙령 제41호」는 독도에 관한 일본의 억지 주장을 깨는 데 아주 중요한 문서요 절차다. 일본이 주인 없는 섬이라면서 독도를 편입하기 5년 전에 우리의 행정력이 독도에 분명하게 미쳤고 관리를 하고 있었다는 명백한 역사적 사실이 되기 때문이다. 더구나 대한제국은 이 사실을 관보(官報)에 게재해 세상에 떳떳하게 알렸다. 그 전후 사정을 자세하게 살펴본다.

조선 고종(高宗)은 1895년 을미사변으로 명성황후를 비명에 잃고 나서 러시아 공사관으로 정치적 망명인 아관파천(俄館播遷, 1896.2~1897.2)을 단행한다. 자신의 생명과 국가[조선]의 자주성이 극도로 위협받던 상황이었다. 1년간의 피신 끝에 조선의 자주(自主) 의지를 널리 알리고 또 땅에 떨어진 국가의 위신을 다시

---

099 을미사변(乙未事變)은 1895년 10월 8일 조선주재 일본공사(대사) 미우라 고로의 지휘 아래 일본군인과 폭력배들이 경복궁에 난입해 왕비를 살해하고 시신을 불태운 사건이다.

일으켜 세우려면 제국(帝國)이 되어야 한다고 판단하고, 대한제국(大韓帝國)의 성립을 선포한다(1897년 10월 12일).

고종황제(皇帝)는 나름 근대국가에 걸맞은 여러 개혁 조치를 취하는 한편 국방력 강화와 영토확장 정책도 편다. 만국공법(萬國公法, 國際法) 원칙에 맞게 대한제국은 만주 간도(間島)와 연해주(沿海州) 지역의 교민 보호를 위해 관리를 파견하고, 해군력 강화를 위해 독일로부터 3,400톤급 양무함(揚武艦)을 구입하는가 하면, 한반도 주변의 작은 섬들을 행정적으로 편입시키면서 국경도 확정한다. 울릉도와 독도에 대한 행정력 강화도 이때 실시된다.

고종은 1882년 검찰사(檢察使) 이규원을 울릉도로 파견한다. 고종의 울릉도 재개척(再開拓)정책의 시작이었다. 조선 태종 때부터 실시된 쇄환과 수토정책 등으로 오래 비워두었던 울릉도에 우리나라 사람보다 일본인이 더 많이 거주한다는 보고를 받고 난 뒤의 일이다.[100]

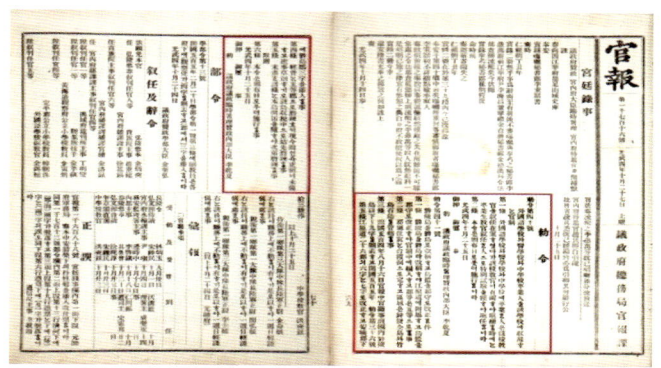

대한제국 칙령 제41호가 공표된 대한제국 관보 제1716호. 석도(독도)가 울릉도의 부속섬이라는 사실이 명시됐다. 사진=서울대학교 규장각 한국학연구원

100　비슷한 시기인 1883년 5월 고종은 어윤중(魚允中)에게 백두산 정계비(定界碑, 1712년 세움)도 조사하라고 보낸다. 어윤중은 7월 청 돈화현(敦化縣)에 정계비 조사에 관한 공문을 발송하는 등 공동조사를 제의했으나, 청이 시간을 끄는 사이 1884년 갑신정변이 발생하고 1885년에는 청이 무력을 동원해 간도(間島) 지역의 농가를 소각하고 농민들을 쫓아낸다. 청과 조선의 토문감계(土門勘界)는 1885년 가을과 1887년 4월, 2차례 회담을 갖는다. 백두산 정계비(70.6 X 54.6cm, 1929년 혹은 1931년 사라짐)에는 '서위압록(西爲鴨綠), 동위토문(東爲土門)' 8자를 포함해 82글자가 새겨져 있었다. 여기에서 문제는 토문의 위치였다. 이 문제는 1909년 9월 일제와 청이 맺은 간도협약(間島協約)까지 이어진다.

이규원의 검찰이 끝난 뒤 고종은 다시 1899년 9월 내부(內部) 관리 우용정(禹用鼎)을 시찰관(視察官)으로 파견한다. 이때는 일본 측과 제 3국인 영국인을 조사에 참여하도록 해 객관성을 갖도록 했다. 역사가 기록하듯이 당시 서구 열강들은 주인 없는 땅을 챙기기 위해 눈에 불을 켜고 다닐 때였다. 당시 일본인들은 울릉도에서 목재를 벌채하고 독도에서는 강치를 마구 잡는 등 무법자처럼 행동했다. 대한제국 정부는 개항장도 아닌 울릉도에 일본인들이 거주하는 것은 불법이라며 일본 정부에 대해 일본인들의 퇴거를 요구했다. 동시에 대한제국은 울릉도에 대한 행정력을 증대시킬 필요가 있었다. 그래서 우용정의 시찰이 끝난 뒤 대한제국은 1900년(光武 4년) 10월 24일 의정부(議政府) 회의에서 "울릉도를 울도(鬱島)로 개칭하고, 도감(島監)을 군수(郡守)로 개정"하기로 했고, 이튿날인 1900년 10월 25일 고종 황제의 재가를 받아 공표하고, 6개 조의 「대한제국 칙령 제41호」를 27일 관보(官報)에 게재했다.

> 칙령 제41호
> 울릉도를 울도로 개칭하고 도감을 군수로 개정한 건
> 　제1조: 울릉도를 울도라 개칭하여 강원도에 부속하고, 도감을 군수로 개정하여 관제 중에 편입하고, 군의 등급은 5등으로 할 것.
> 　제2조: 군청의 위치는 태하동(台霞洞)으로 정하고, 구역은 울릉 전도(全島)와 죽도(竹島). 석도(石島)를 관할할 것.
> 　제6조: 본 령(令)은 반포일로부터 시행할 것.

이 칙령에 따라 울릉도는 울진군수의 관할에서 독자적인 울도군(鬱島郡)이 되

101　이규원이 검찰사로 가서 기록한 「울릉도검찰일기」를 보면, 울릉도에는 우리나라 사람 170~180명 정도가 거주하고, 일본인 78명은 '대일본국 송도 규곡'이라는 표목(標木)까지 세워놓고 벌목을 하고 있다고 기록했다.
102　일본의 태정관처럼 한국의 의정부(議政府)는 당시 최고의 행정기관이었다. 조선 건국 초기 1400년에 설치돼 임진왜란 이후 임시 국방기관인 비변사(備邊司)의 권한이 강해지면서 오랫동안 힘을 잃었다가, 1865년 흥선대원군 시절 비변사가 폐지되면서, 과거의 위상을 회복했다. 1894년 갑오개혁 때 개화파의 집권으로 내각(內閣)으로 잠시 바뀌기도 했다.

고, 행정구역은 울릉 전도(全島)와 죽도(竹島), 석도(石島)를 관할하는데, 죽도는 울릉도 북동쪽으로 2km 정도 떨어진 죽서도(竹嶼島, 대섬)를 가리키고, 석도(石島)는 독도(獨島)를 말한다. 당시 울릉도 주민의 대다수가 전라도에서 이주한 어민들이었다. 이들은 전라도 사투리로 '돌'을 '독'이라고 부르고 '돌섬'을 '독섬'이라고 말한다. 그러니까, 당시 울릉도 주민들은 일상적으로 지금의 독도(獨島)를 '돌섬'이라고 했다. 그래서 기록을 할 때 '돌섬'은 뜻[의미]를 취해서 표기할 때는 '석도'(石島)로 적고, 발음을 취해 표기할 때는 '독도'(獨島)로 적었다.

일본이 독도를 탈취하기 5년 전인 대한제국 광무[103] 4년, 서기 1900년에 반포된 이 칙령(勅令)은 그래서 아주 중요한 의미를 지닌다. 이와 관련해 「대한제국 칙령 제41호」는 대한민국과 일본 사이에 진행 중인 독도 분쟁을 일거에 잠재울 수 있는 아주 효과적인 무기가 될 수 있다는 견해도 있다.

꼭지를 도려내면 오렌지가 저절로 해체되듯 모든 일에는 급소가 있기 마련이다. 독도 문제의 급소는 바로 미국(美國)이다. 국제 질서나 국제 정의의 본질은 힘의 논리에 입각해 있고, 어제나 오늘이나 일본이 미국에 기대는 것도 바로 그 때문이다. 따라서 우리는 변죽을 울릴 것이 아니라 미국의 입장부터 돌려 놓아야 한다.

당초 미국이 일본을 편든 것은 앞에서 언급했듯 1905년 일본의 독도 편입을 합법적이라고 보았기 때문이다. 당시 일본은 독도가 조선 왕국의 일부였던 적이 한 번도 없다고 주장했고, 미국은 그 논리를 받아들여 독도 문제에서 일본의 입장을 지지해 온 것이다. 따라서 그 논리를 깨면 된다. 우리에게는 그 논리를 깰 수 있는 카드가 하나 있다. 바로 1900년에 반포된 「대한제국의 칙령 제41호」가 그것이다. 이것을 제대로 입증해내면 일본의 논리가 거짓이었다는 것이 밝혀지게 되며, 더불어 일본의 거짓 논리에 기초한 미국의 일본 지지

---

103 광무(光武)는 대한제국 고종황제의 연호로 1897년(조선 개국 506년)을 광무원년으로 해서, 순종이 즉위하는 1907년 8월까지 10년간 사용됐다. 대한제국 순종은 융희(隆熙)라는 연호를 1907년부터 1910년까지 4년간 사용했다.

논리도 무너지게 되는 것이다. 이렇게 하여 미국의 입장이 바뀌게 되면 일본도 독도 문제를 추구하는 동력을 잃게 될 것이다…[104]

그런데 일본은 "「대한제국 칙령 제41호」에는 울릉도와 죽도, 석도는 있지만, '독도(獨島)는 없다'고 억지를 부리고 있다. 그러니 칙령 속의 '석도'가 바로 '지금의 독도'라는 것을 우리 측에서 증명하면 되는 것이다.

③영토 편입절차 무시 ┃ 일본은 독도 영토편입 사실을 대한제국에 통보하였는데 대한제국이 아무런 문제를 제기하지 않았다고 하는데, 일본은 영토편입 사실을 통보한 적이 없다. 또 백번을 양보해 독도(獨島)가 무주지였다고 하더라도, 무주지를 자국의 영토로 편입할 때는 그곳과 인접하거나 관련이 있을법한 나라에 사전 조회를 하는 것이 국제적 관례다.

일본은 사전 조회를 무시한 것은 물론, 실제적인 협의 절차도 없었고, 절차가 끝난 뒤 조선 정부에 대한 통고, 관보게재 등 모든 절차를 무시하거나 비밀로 했다. 자신들의 독도 편입이 떳떳하지 않고 정상이 아니라는 것을 반증해준다. 사인(私人) 간에서 그렇게 예의와 염치를 따지는 일본이 이런 거짓말을 계속한다는 사실은 우리를 정말 힘들게 한다.

일본은 그보다 약 30년 전인 1876년 도쿄에서 남쪽으로 1,000km 이상 떨어진 남태평양의 오가사와라(小笠原)제도를 영토로 편입한 적이 있다. 이름 그대로 30여 개의 섬으로 이뤄진 이 제도는 치치시마(父島)와 하하지마(母島)를 빼고는 모두 무인도다. 일본의 최남단 섬이라는 콘크리트 방파제로 둘러싸인 오키노도리시마(沖ノ鳥島, Parece Vela)도 이 제도에 속한다. 본래 이 섬은 1543년 스[105]

---

104 강준식, 「독도의 진실」, (소담출판사, 2012), p.8~9
105 이 섬은 행정구역상 도쿄도(都) 오가사와라촌(村) 소속이지만, 도쿄에서 남쪽으로 1,740km나 떨어져 있다. 처음 발견됐을 때는 환초섬이었지만 계속되는 침식과 해수면 상승으로 암초가 돼, 수몰될 운명이었다. 간조 때 동서로 4.5km 남북으로 1.7km에 이르는 고구마 모양의 모습이 수중에 드러나지만, 만조 때는 동쪽에 0.5평 정도 북쪽에 1.5평 정도의 작은 암초의 봉우리 부분이 수면위로 1m 정도 드러난다. 오가사와라제도는 1945~1968년까지 미국 관할에 속했다. 이 제도를 돌려받은 일본은 오키노도리시마에 4,000여억 원을 들여 6,200톤의 콘크리트를 쏟아붓고 티타늄 합금까지 사용해 직경 50m 높이 3m의 원형 방파제를 동, 남, 북쪽에 하나씩 만들고 가운데 관측시설 한 곳을 만들었다. 이 덕분에 일본은 이곳을 중심으로 40만㎢의 배타적 경제수역을 확보한다. 그러나 이곳이 유엔해양법이 규정하는 섬(island)에 해당하는지에 대해서는 논란이 계속

페인 탐험대에 의해 처음 발견됐고, 일본은 1670년경 탐사대를 보냈다. 이어 영국 해군이 발견해 영유를 주장했고(1827), 미국인 5명과 폴리네시아인 20명이 들어와 거주하기 시작했다(1830).

일본은 이 섬을 영토로 편입하면서(1876), 이 섬과 간접적으로 관계가 있다고 본 영국, 미국 등과 몇 차례 절충을 거치고 또 유럽과 미국 등 12개 국가에 오가사와라시마에 대한 일본의 관리통치를 통고했다. 이렇게 영토 편입을 마친 경험이 있는 일본이 센카쿠열도를 비밀리에 편입하고(1895) 또 우리 독도를 비밀리에 편입할 때(1905)는 청일전쟁과 러일전쟁의 와중에 몰래 일을 추진하고, 사후 통고도 하지 않은 점은 일본의 침략성과 일그러진 오만함을 볼 수 있다.

④대한제국은 영토편입을 묵인하지 않았다 ㅣ 대한제국은 일본의 영토편입이 끝나고도 1년이 더 지나 이 사실을 알게 됐다. 거의 모든 것이 공개되는 요즘과 달리, 내각회의 → 시마네현 통고 → 지방신문 보도 등 일본의 비밀스런 일처리를 알 턱이 없는 조선[대한제국]정부가 무슨 수로 이의를 제기하겠는가? 일본이 말하는 독도 영토편입 '통보'(通報)는 독도 강탈 1년 후인 1906년 3월 28일 일본 시마네현 관리들이 울릉도 군청을 방문한 일을 가리키는 것이다. 일본은 이런 것도 통보로 간주하는지? 어처구니없는 상황을 살펴본다.

> 나는 대일본제국 시마네현의 산업을 권장하는 일에 종사하는 관원으로, 귀도[울릉도]와 우리 관할에 속하는 다케시마[한국의 독도]는 서로 가까이 있고, 또 귀도에 우리나라 사람이 체류하는 자가 많아, 만사에 걸쳐 친절한 마음을 바랍니다. 귀도를 시찰할 예정이었으면 무언가 드릴 것을 가져왔을 터인데, 이번 폭풍의 피난 때문에 우연히 귀도에 들르게 되어 아무것도 드릴 것이 없으나, 다행히 다케시마에서 잡은 강치를 증정하겠으니 받아주시면 기쁘겠습니다.[106]

되고 있다.

106 당시 산음신문(山陰新聞)은 시마네현과 돗토리현 일대에 배포되는 지방신문이었다. 산음신문, 1906.4.1.보도내용이다.

1906년 4월 1일 자 일본 시마네현 산음신문(山陰新聞)에 실린 울릉군청 앞모습. 울릉도를 찾은 일본인들을 구경하는 울릉군민들이 군청 앞에 모여있다. 사진= 산음신문, 韓国之独島

일본 측 기록을 보면 시마네현 관리와 민간인 등 45명은 1년 전에 영토로 편입한 다케시마[한국의 독도]를 순시하러 갔다가, 폭풍을 만나 울릉도로 대피하면서 인사차 울릉군청을 방문했다. 편입을 통보한 것이 아니라, 지나가는 말로 "우리 관할에 속하는 다케시마[한국의 독도] …"라고 한 것이다. 이 말을 들은 조선[대한제국] 울릉군수 심흥택(沈興澤)이 깜짝 놀라 바로 다음 날(1906.3.29) 직속상관인 강원도 관찰사에게 보고서를 올린다. 심흥택은 강원도 관찰사서리 이명래(李明來) 춘천군수에게 보고서를 올리고, 같은 내용의 보고서를 서울의 내부(內部, 내무부)로도 직보한다.

> 본군 소속 독도(獨島)가 외양(外洋) 100여리 쯤에 있사옵더니 본 월초 4일 진시[辰時:오전 7~9시]쯤에 윤선(輪船) 1척이 군내 도동포(道洞浦)에 정박하였는데, 일본 관인(官人) 일행이 관사(官舍)로 와서 스스로 이르기를, "독도가 이제 일본 영지(領地)가 된 고로 시찰차 방문했다"고 하는바, 그 일행은 일본 시마네현(島根縣) 오키 도사(隱岐 島司) 히가시본스케(東文輔) 및 사무관 진자이요시타로(神西由太郞), 세무감독국장 요시다헤이고(吉田平吾), 분서장(分署長) 경부(警部) 가게야마간파치로(影山巖八郞) 및 순사 1인, 회의원(會議員: 縣議員) 1인, 의사, 기수(技手) 각 1인, 그 밖에 수행원 10여 인이 먼저 호구 수. 인구. 토지 및 생산의 다소를 묻고 다음으로 인원 및 경비가 얼마인지를 물으며 제반 사무를 조사할 양으로

녹거(錄去)이옵기 이에 보고하오니 밝게 살피심을 삼가 바랍니다.[107]

심 군수는 "독도가 울릉군 소속"이라고 앞머리에 밝히면서 관찰사 서리인 이명래 춘천군수에게 바로 보고했고, 이명래는 한 달 더 지나 4월 29일 자로 의정부 참정대신 박제순(朴齊純)에게 보고했다. 그리고 이 시마네현 조사대원 45명 가운데는 독도 편입 주역 가운데 한 명인 수산업자 나카이와 『죽도와 울릉도』의 저자인 오쿠하라(奧原碧雲) 등도 포함돼 있었다. 이명래 관찰사서리의 보고에 대해, 참정대신은 5월 20일 지령 제3호로 다음과 같이 회신한다.

> 독도가 일본 영토가 되었다는 설은 전혀 근거 없는 것이며, 독도의 형편과 일본인의 동향을 다시 조사해 보고하라.

이는 1906년 5월 1일 자 「대한매일신보」의 잡보(雜報)란에 실린 기사를 통해서 확인할 수 있다. 그러나 조사하면 무엇하고, 보고하면 무엇하나? 대한제국은 1년 전인 1905년 11월 일본과 맺은 「제2차 한일협약」[을사늑약,乙巳勒約]으로

대한매일신보 1906.5.1.기사. 무변불유(無變不有, "변이 없지 않음이 있지 않다" 즉 '변이 있다')로 시작하는 이 기사 중에 "본군 소재 독도"로 독도가 울릉군 소속의 땅임을 분명히 하고 있다. 사진=외교부

---

107 울릉군수 심흥택의 보고서. 심흥택의 보고서 부본(副本)은 1947년 한국 역사학자 신석호가 울릉군청에서 발견했으나, 6.25전쟁과정 중 분실해 아직 찾지 못하고 있다.

외교권이 박탈된 상태(外部는 1906.1.17. 폐지)였기 때문에 어떠한 외교적 항의도 할 수 없었다. 박제순은 「을사늑약」 체결에 찬성한 다섯 명의 매국노[108] 가운데 한 명으로 국민적 지탄을 받고 있던 친일파(親日派) 참정대신이지만, 독도의 일본 영토 편입에 대해서는 모르고 있었고, 이러한 보고를 받은 뒤에는 제대로 지시를 내렸다. 이 사실을 알게 된 다른 관리들, 울도군수[울릉군수], 강원도 관찰사(서리), 내부대신 등 모두는 독도를 대한제국의 영토로 알고 있었고, 독도의 일본 영토편입은 모두 금시초문이고, 또 모두들 듣는 즉시 모두 놀라 문제 제기를 했다.

이상 살펴본대로 일본은 몰래, 불법으로 독도 편입 처리를 하고는 그 사실을 근거로 지금까지 '독도 영유권' '일본 고유 영토' 운운하면서 독도를 일본 땅이라고 주장하고 있다. 일본은 이런 나라다.

---

108 을사오적(乙巳五賊)은 1905년 11월의 을사조약을 강제로 체결할 때 조약에 찬성해 서명한 5명의 매국노 대신을 뜻한다. 학부대신 이완용(李完用), 군부대신 이근택(李根澤), 내부대신 이지용(李址鎔), 외부대신 박제순(朴齊純), 농상공부대신 권중현(權重顯)이다.

일본의 주장⑦

"샌프란시스코강화조약 기안 시에 한국은 일본이 포기해야 할 지역에 다케시마를 추가하도록 미국에 요청했으나 거부당했다"

일본은 1951년 9월에 서명한 「샌프란시스코강화조약」에 일본이 포기해야 하는 영토에 '독도(獨島)'를 명기해 주도록 대한민국이 미국 측에 요청했지만, 미국이 '러스크 서한'을 통해 이를 거부한 사실, 그리고 1954년에 한국을 방문한 밴플리트(Van Fleet) 특사의 귀국 보고에서도 '다케시마는 일본의 영토이며, 샌프란시스코강화조약에서 포기한 섬들에 포함되지 않는다'는 것이 미국의 결론이라고 주장했다.

이래서 거짓이다

군정 실시 | 1945년 8월 15일, 일본이 항복했다. 전쟁에 승리한 연합국들은 일본을 점령하고 바로 군정(軍政)에 들어간다. 연합국은 일본이 항복문서에 서명한 1945년 9월 2일부터 1952년 4월 28일 「샌프란시스코강화(평화)조약」이 발효돼 일본이 주권을 되찾을 때까지, 7년 가까이 군정(軍政)을 펼쳤다. 연합국의 군정은 「연합국 최고사령관 총사령부」(GHQ, SCAP)에서 담당했다.[109] 사령관은 더글러스 맥아더 미 육군 원수(元帥)로, 그는 당시 미국 태평양육군총사령관도 겸하고 있었다.

---

109 2차 대전에서 승리하자, 미국은 연합국최고사령관(SCAP:Supreme Commander for the Allied Powers) 직책을 신설해 더글러스 맥아더 원수를 임명했는데, 그는 당시 미국태평양육군총사령관을 맡고 있어서 두 사령관을 겸직하게 됐다. 미국은 마닐라에 설치된 미국태평양육군총사령부(GHQ, USAFPAC)를 그대로 도쿄로 옮겨 연합국 최고사령관 총사령부(General Headquarters, Supreme Commander for the Allied Powers: GHQ, SCAP)를 만들었다. 미군이면서 연합국군의 업무를 겸직하는 형태였다. 단어의 뜻만 보면 SCAP는 '연합국 최고사령관' 개인을 나타내지만, 때로는 최고사령관을 포함한 '총사령부 조직 전체'를 가리킬 때도 있다. 점령 당시 일본에서는 조직으로서 총사령부를 가리키는 경우 GHQ/SCAP 또는 GHQ라고 표기했다. 일본이 항복문서에 조인하고 샌프란시스코강화조약이 발효할 때까지 오키나와를 제외한 일본 본토는 연합국최고사령관이 일본 정부의 기존 조직을 통해 간접통치하는 방식을 취했다. 이 책에서는 SCAP을 총사령관 개인이 아니라 총사령부 조직 전체를 가리키는 의미로 사용하며, 「연합국총사령부」라고 표기한다.

샌프란시스코강화조약에서는 패전국 일본의 영토 범위가 가장 중요한 사안으로 다루어진다. '폭력과 탐욕으로' 영토를 늘려온 전범국(戰犯國) 일본의 영토를 어디까지 인정하고 어느 지역을 본래 소유국에게 돌려주어야 하는 문제는 카이로, 얄타, 포츠담회담 등에서 천명한 포괄적인 원칙과 연합국최고사령관총사령부(GHQ, SCAP)에서 발령한 구체적인 지령(Instruction Note)들에 의해 규정된다. 카이로, 포츠담 등 일련의 회담과 총사령부의 지령은 동일한 철학과 원칙에서 나온 것이기 때문이다.

특히 연합국총사령부는 '일본에서 분리(分離)되는 땅'을 규정한 제677호 지령(SCAPIN-677, 1946.1.29)과 '독도를 한국의 영토로 규정해 독도 12해리 이내로 일본(인)의 접근을 금지한' 제1033호 지령(SCAPIN-1033, 1946.6.22.)을 통해, 독도를 한국 영토로 규정한다. 총사령부의 이 지령은 군정이 끝나는 날까지 아무런 변경이나 무효 등의 조치가 없이 유지됐다.

1948년 8월 15일 한국에서 미군정이 끝나면서, 대한민국 정부는 미군으로부터 모든 권리와 의무, 국토와 국민을 인계받아 통치하고 있다. 6.25전쟁 등 풍전등화의 위기 상황에서도, 동해의 독도와 서해상의 수많은 섬에 대한 영유권도 잘 지켜냈다. 특히 샌프란시스코조약은 패전국 일본의 주권을 회복시켜주지만, 일본에 의무를 부과하고 야욕을 제한하기 위한 조약이지, 영토나 권리를 확대해 주는 성격의 조약이 아니다. 그런데 일본은 연합국총사령부가 지령(SCAPIN)으로 정한 내용도 무시하고, 강화조약의 조문상의 허점을 거론하면서 독도의 영유권이 일본에 여전히 남아있다는 주장을 하고 있다. 일본은 회유와 거짓말로 점철된 1905년 일본 각의의 독도 영토편입 결정을 아직도 유효한 행위로 여기고 있다. 과정을 좀 자세하게 살펴볼 필요가 있다.

1943년 11월, 카이로 ｜ 카이로(Cairo) 회담은 유럽에서 독일과의 전쟁이 승리로 끝날 것이 예상됨에 따라, 남아있는 태평양전쟁에 관한 전략을 협의하고 전후 일본의 영토 범위 등에 관해 논의한 최초의 회담이다. 태평양전쟁이 일어나기 전까지 일본이 아시아 지역에서 '(1894년 1월 1일 이후) 폭력과 탐욕으로 빼앗은 영토'는 당연히 본래의 주인에게로 돌아가야 했기 때문이다. 카이로회담에서는 당시의 일본 영토 가운데, 일본에서 분리되는 영토와 함께 한국의 독립(獨立)이 약속된다.

첫째: 1914년 1차 세계대전이 발발한 이후 일본이 강탈했거나 점령해온 태평양의 모든 섬을 몰수하고,
둘째: 일본이 중국으로부터 탈취한 모든 영토들, 예를 들면 만주(滿洲), 타이완(臺灣), 팽호열도(澎湖列島) 등을 중국에 되돌려주는 데 있으며
셋째: 일본은 또한 폭력과 탐욕에 의해 탈취한 모든 다른 영토로부터도 축출될 것이라고 선언했다. 그리고 미·영·중 세 강대국은 한국민이 노예적인 상태에 놓여있음을 상기하면서 한국을 적당한 시기에 자유롭고 독립적인 국가로 만들 것을 굳게 다짐한다.[110]

차례대로 살펴보자. 우선 일본이 '1914년 제1차 세계대전 발발 이후 강탈했거나 점령한 땅'으로서는 독일이 차지하고 있던 중국 산동(山東)반도의 교주만(膠州灣)[111] 태평양상의 남양군도(南洋群島)[112]를 말한다.
두 번째, 일본이 중국으로부터 탈취한 땅은 만주, 타이완, 팽호열도, 센카쿠열도 등이 있는데, 이 가운데 타이완과 팽호열도,센카쿠열도는 청일전쟁의 대가로 1895년 뺏어서 식민지로 만든 땅이고, 만주는 일본 관동군이 1932년 세운 만주

---

110 이 부분에 해당하는 카이로선언의 내용이다. "The aforesaid three great powers, mindful of the enslavement of the people of Korea, are determined that in due course Korea shall become free and independent"
111 교주만 조차지는 지금은 칭따오(靑島)로 우리에게 익숙한 지역이다. 해외 식민지 개척의 후발 주자인 독일은 중국 내 거점 확보를 노리다가 영국이 홍콩을, 러시아가 따렌과 뤼순 등 요동반도를, 프랑스가 광저우 등 남중국지역을 영향권으로 확보하자, 1898년 3월 청(淸)과 조약을 맺고, 산동(山東)반도의 교주만 지역 552㎢를 99년간 조차했다.
112 남양군도(南洋群島)는 독일이 1899년 스페인으로부터 매입해서 차지하고 있던 마리아나(Mariana)제도[사이판, 괌 등이 위치], 팔라우(Palau)제도, 캐롤라인(Caroline)제도, 마셜(Marshall) 제도 등을 말한다.

1943.11.27. 카이로회담에 참석한 장제스 중국 총통, 루즈벨트 미국 대통령, 처칠 영국 수상. 이들은 루즈벨트의 '다국적 신탁통치 구상'을 반영해, 한국의 독립이 '적절한 시기에' 이루어진다고 약속했다. 사진=위키피디아

국(滿洲國)의 영역이다. 이 땅들은 모두 중국(中華民國)에 돌려주도록 결정됐다.

그리고 세 번째 범주에 속하는 땅으로 일본이 "폭력과 탐욕으로 탈취한 모든 다른 영토"로부터도 축출될 것이라고 선언한 이 부분에 당연히 우리 한반도와 독도(獨島)가 포함된다. 앞에서 살펴봤듯이 독도야말로 일본의 탐욕에 의해 제일 먼저 빼앗긴 우리의 섬이기 때문이다.

1945년 2월, 얄타 | 카이로 회담이 끝나고 1년도 더 지난 1945년 2월, 독일의 패망이 기정사실로 됐다. 흑해(黑海) 연안의 휴양지 얄타(Yalta)에 모인 미국, 영국, 소련의 정상들은 독일의 분할과 비무장화, 폴란드의 영토 귀속 문제, 소련의 대(對)일본전 참가 시기 등 굵직한 문제들을 논의했다. 미국은 원자폭탄이 아직 완성되기 전이어서, 일본과의 마지막 전투에서 미군의 피해를 줄이기 위

---

113 만주국(1932~1945)은 1931년 9월 만주사변을 일으킨 일본제국의 관동군(關東軍)이 1932년 청의 마지막 황제(선통제 푸이)를 내세워 동북 3성 113만㎢에 세운 괴뢰국이다. 1937년 무렵의 인구는 3,700만 명, 수도는 장춘(長春)으로, 정치는 관동군이 경제는 남만주철도회사가 사실상 담당했다. 태평양전쟁 말기 만주국은 소련군에 의해 점령됐다가 1946년 5월 중국에 인계됐다.

114 이 부분에 해당하는 카이로선언의 내용이다. "Japan will also be expelled from all other territories which she has taken by violence and greed"

해, 소련군의 아시아 전역(戰域) 투입을 강력하게 요청했고, 스탈린은 "독일이 항복하고 나서 군대를 이동·배치하는 데 석 달 정도 걸리므로, 8월경 일본과 전쟁을 시작하겠다"고 약속한다. 또 얄타회담에서는 독립된 한반도에서 연합국들이 신탁(信託)통치를 실시하기로 대략적인 합의를 했다. 소련의 대일전 참전 결과로 한반도는 미군과 소련군에 의해 분단 점령되는 결과를 맞는다.

1945년 7월, 포츠담 | 유럽 전선에서 독일이 항복하고 두 달 뒤 베를린 근교 포츠담(Potsdam)에서 만난 연합국 정상들은 일본에 '무조건 항복'하라는 최후통첩을 보낸다.

모두 13개 항의 포츠담선언은 제8항에서 "카이로선언의 모든 조항은 이행되어야 하며, 일본의 주권은 혼슈, 홋카이도, 큐슈, 시코쿠와 연합국이 결정하는 작은 섬들에 국한될 것이다"[115]라고 선언했다.

연합국 총사령부 지령

국제적 환경 변화 | 일본이 항복하고,「연합국최고사령관 총사령부」가 9월 도쿄에 설치된다. 연합국 측은 일본에서 군정(軍政)을 실시하면서 전범재판, 평화헌법 제정, 재벌 정리 등 군국주의 일본의 해체에 들어간다. 그 과정에서 나온 것이 우리가 앞에서 살펴본 총사령부 지령 677호, 1033호 등이다.

연합국의 일본 점령정책은 미국 영국 호주 등 주요 전승 11개국들로 구성된 극동위원회(FEC)[116]에서 기본적인 정책을 결정하면, 미국 정부가 구체화해서 연합

---

115 이부분에 해당하는 포츠담선언의 내용이다. "The terms of the Cairo Declaration shall be carried out and Japanese sovereignty shall be limited to the islands of Honshu, Hokkaodo, Kyushu, Shikoku and such minor islands as we determine"

116 일본 점령 초기에는 미국이 단독으로 일본을 통치했으나 1946년 2월부터는 11개국으로 구성된 극동위원회(Far Eastern Commission :FEC)가 창설돼 기본정책을 협의해 결정했다. 극동위원회는 미,영,중,소 등 4대 강국에 대해서는 거부권을 인정했으나, 미-소 간의 대립이 점차 심해지면서 미국 일방적으로 운영되다가, 1952년 4월「샌프란시스코강화조약」의 발효로 그 임무가 종료된다. 이 기간 동안 최고사령부는 일본의 기존 행정조직과 기구 등을 그대로 두고 일을 시켰다.

국 총사령부(SCAP)에 훈령을 보내고, 연합국 총사령부는 이 훈령을 기초로 일본측에 개별적인 지령(指令:Instruction Note)을 발령함으로써, 점령정책을 실행하는 구조였다.

국제법상 연합국 총사령부(SCAP)는 패전국을 점령하는 시점부터 평화조약 체결 때까지 공공질서를 유지하고 평화를 회복시키는 역할을 맡는다. 연합국 총사령부는 사실상 미국 중심으로 운영됐고, 미국은 냉전의 리더였다. 점령 기간(1945~1952)에 중국 내전에서 공산당이 승리하고, 한국전쟁이 발발하고, 소련이 핵 개발에 성공하고 공산주의가 확산되는 등 외부의 상황변화가 심각했고, 이에따라 미국의 점령정책은 서서히 바뀌어간다. 일본의 위상도 '패전국' '전범국'에서 '냉전의 동맹국'으로 바뀐다. 이 과정에서 일본 측에 지나치게 관대한 평화조약이 생겨난다. 이 조약 자체가 전승국과 패전국 사이의 평화조약이어서, 일제의 식민 지배에 따른 배상청구권 등이 무시되고, 영토 조항에도 많은 허점이 생기면서, 지금까지도 아시아 지역 영토분쟁의 씨앗이 되고 있다.

2차 대전이 끝나고 독일은 미·영·불·소 등에 의해 분할 점령된데 비해, 일본은 연합국 총사령부(SCAP)가 일본 본토(혼슈, 시코쿠, 큐슈, 홋카이도)와 주변 도서를 직접 통치하도록 하고, 일본의 해외 식민지들은 연합국 4개국에 귀속되는 것으로 했다.[117] 미국(美國)은 38선 이남의 한반도와 오키나와, 오가사와라 제도, 일본령 마크로네시아 등을 통치하고 소련(蘇聯)은 한반도 북부와 남사할린, 쿠릴열도를 점령했다. 그래서 한국도 3년간 미군의 지배[軍政]를 받았고 북한도 소련의 군정 아래에서 3년을 보냈다. 마치 연합국들이 얄타회담에서 논의한대로 남북한에 일종의 신탁통치를 한 것 같았다. 전후 한동안은 미국 마음대로였다. 전문가들은 그 당시 미국의 트루먼 대통령이 소련을 신뢰하지 않았고 세계 유일의 핵 보유국으로서의 영향력 때문으로 해석한다. 예를 들면 한반도 분할 점

---

117   1945년 7월 하순의 포츠담선언이 나올 당시만 해도 미·영·중·소 4개국은 일본 본토를 분할 점령하는 계획을 세웠는데, 원자탄 투하 이후 계획이 변경됐다. 그래서 미국이 본토 4개 섬 모두를 관리하고, 중국은 내전 상태임을 고려해 빠지고, 소련의 본토 진입은 미국에 의해 거부됐다. 그러나 영국, 호주, 뉴질랜드 등 영연방군은 시코쿠와 주고쿠 일부 지역의 군정 통치에 참여(1946~1951)했다.

연합국총사령부는 도쿄에 위치했으며, 최고사령관은 맥아더 원수였다. 사진=위키피디아

령과 관련해서도 소련군은 38도선 이남까지도 삽시간에 내려갈 수 있었으나, 미국의 제의에 따라 소련군은 38도선에서 남진(南進)을 멈추었다. 당시 소련은 한반도 남부를 포기하는 대신 일본의 홋카이도(北海道)를 점령할 생각이었지만, 미국이 단호하게 거부한다. 결과를 놓고 보면 일본은 전범국가인데도 분할이 되지 않았지만, 한국은 식민지배와 태평양전쟁으로부터 2중의 피해를 본 나라였는데도 국토가 분단(分斷)되는 아이러니가 발생한다.

연합국 총사령부에서는 일본을 점령·통치하는 동안(1945~1952) 일본의 영토와 영해를 확정하는 과정에서 독도(獨島)와 관련한 3가지의 중요한 조처를 한다. 첫째는 연합국 총사령부 지령 제677호(SCAPIN-677) 발령과 후일 '맥아더 라인'(MacArthur Line)으로 불리는 지령 제1033호(SCAPIN-1033)의 발령 그리고 2차 세계대전 과정의 모든 회의와 선언과 결정들을 집약해 조문화한 「샌프란시스코강화조약」의 체결이다.

1) SCAPIN 677호 | 연합국총사령부 지령 제677호부터 살펴보자. 연합국총사령부(SCAP)는 몇 달간의 조사 끝에 일본의 영토 범위를 정하는 지령 제677호를 발표한다(1946.1.29). 이 지령은 전쟁의 마지막을 정리하는 아주 중요

한 지령이다. 제목은 『일본의 일부 주위지역의 정치 및 행정적 분리』[118]다. 각서(Memorandum) 형태로 내려진 이 지령 제3조의 내용은 다음과 같다.

> "일본은 4개의 주요 섬(홋카이도, 혼슈, 큐슈, 시코쿠)과 쓰시마(쿠치노시마를 제외한), 북위 30도 이북에 위치한 류큐 제도 등을 포함한 1000여 개의 부속 도서만을 보유한다; 그리고 (a) 우츠료(울릉)섬, 리앙코르 암초(다케시마), 퀠파트(사이슈 혹은 제주)섬… (b), (c)…제외된다."

연합국 총사령부는 지령 제677호 제3조(a)항을 통해 울릉도, 독도, 제주도는 일본의 통치와 행정력이 미치는 지역이 아니라고 못 박았다. 한마디로 일본의 영토가 아니라는 이야기다.

그리고 이 지령 제5조, "이 지령에 포함된 일본의 정의(Definition of Japan)는 그에 관해서 다른 특별한 지령이 없는 한, 본 연합국 총사령부로부터 내려지는 모든 지령, 각서, 명령(directives, memoranda, orders)에 적용된다"고 했다.

1943년에 발표된 「카이로선언」은 '폭력과 탐욕으로 점거한 모든 영토로부터 일본을 추방한다'고 천명했고 또 일본을 다스리고 있는 연합군총사령부도 면밀한 조사 끝에 일본의 통치권이나 행정력이 울릉도와 독도 제주도를 거느리는 한반도에는 미치지 않는다고 명시했다. 한국(남한)이나 일본은 연합국군(미군)의 군정 치하였다. 당시 미군정은 연합국 총사령부 지령 677호를 통해 독도를 넘겨받았고, 이 지령은 1952년 4월 연합군최고사령부가 해체될 때까지 변동없이 유지됐다.

2) SCAPIN 1033호 ｜ 패전국 일본의 영토를 정리하고 난지 다섯 달이 지난 6월 22일, 총사령부는 새로운 지령을 통해 일본 어선과 선원들은 한국 땅인 독도 영해 12해리 이내에 진입하지 못하도록 했다. 이 해상경계선이 「맥아더 라

---

118 연합국 최고사령관 총사령부 각서 「일본의 일부 주위지역의 정치 및 행정적 분리」(SCAP Memorandum 「Concerning Governmental and Administrative Separation of Certain Outlying Areas from Japan」)

인」(MacArthur Line)이다. 지령 제1033호 『일본의 어업 및 포경업에 인가된 구역에 관한 지령』의 제3조(b)항은 "일본의 선박이나 일본 국민은 독도 및 독도 주변 12해리 이내에 접근하는 것을 금지한다"고 했다.[119]

이 지령은 그 전해인 1945년 9월에 선포한 총사령부의 연안어업 지령이 너무 엄격하게 제한한다는 여론에 따라 일부 완화한 내용이다.[120]

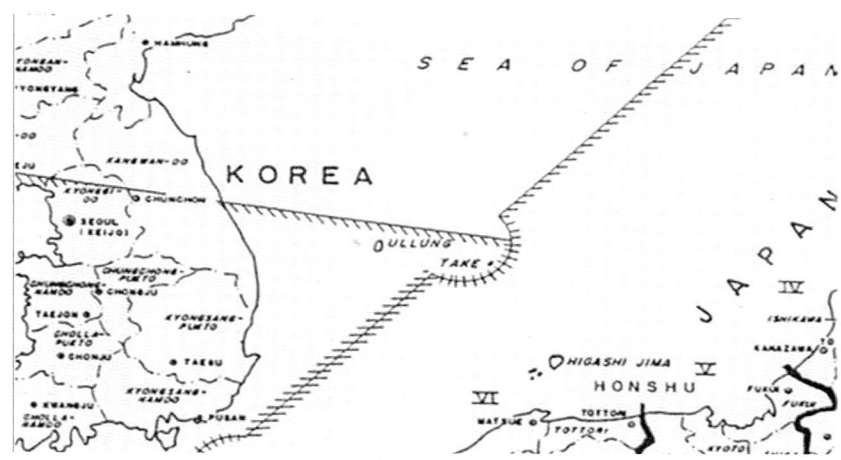

1946년 1월 29일 나온 SCAPIN 제677호 지령문에 첨부된 지도. 동해는 영문으로 '일본해'로 표기돼 있지만, 울릉도(Ullung)와 독도(Take)는 일본이 아닌 한국 영토로 분명하게 표시돼 있다. 지도=동북아역사재단

3) 샌프란시스코강화조약

그럼, 마지막으로 2차 대전 이후 아시아의 기본구조를 만든 「샌프란시스코강

---

119 연합군총사령부 지령 1033호(SCAPIN-1033)의 해당 내용이다. 『Area Authorized for Japanese Fishing and Whaling』 3(b) "Japanese vessels or personnel thereof will not approach closer than 12 miles to Takeshima (37.15 North Latitude, 131.53 East Longitude) nor have any contact with said island."

120 일본은 1945년 9월 2일 도쿄만에 정박한 미조리함 선상에서 항복문서에 서명하고나서 연합국 최고사령관인 맥아더 장군의 점령통치를 받았다. 연합국최고사령부는 9월 27일이 되어서야 일본어선의 어로 활동을 인가해 주었다. 이 인가된 어로구역의 경계선을 최고사령관의 이름을 따서 '맥아더 라인'이라 부르게 됐다. 맥아더 라인은 그 후 몇 차례에 걸쳐 수정됐지만, 독도를 일본 영토에서 분리해 한국 영토라고 명시한 내용은 바뀌지 않았다.

화조약」의 내용을 살펴보자. 이 강화조약은 전문(前文)과 7장(Chapter)의 본문으로 구성된다. 본문 7장(章)은 다시 27개의 조항(article)들로 세분되는데, 본문은 평화, 영토, 안보, 정치와 경제 조항, 청구권과 재산, 분쟁 해결, 결론으로 돼있다.

영토 조항 | 이 가운데 독도에 관한 내용은 당연히 제2장 영토 부분에 정리돼 있다. 2장 제2조는 일본이 완전한 주권을 행사할 수 있는 영토와 영해를 규정하고 있다. 그런데 이 규정은 아래와 같이 일본의 영토와 영해를 적극적으로 규정하지 않고, 일본의 영토와 영해에서 제외(除外)되는, 즉 연합국이 패전국인 일본의 땅에서 분리(分離)하는 지역들을 나열하는 방식을 취하고 있다. 일본의 독도 영유권 주장은 여기에서 비롯된다. 즉, 패전국 일본이 포기하고 돌려주어야 하는 한국 영토에 '독도'가 명기(明記)돼 있지 않기 때문에, '독도'는 여전히 일본의 영토로 남아있다는 주장이다. '일본에 남아있다'는 말은 1905년 일본의 독도 편입이 정당하다는 뜻이다. 제2조는 다음과 같다.

(a) 일본은 한국의 독립을 인정하고, 제주도 거문도 및 울릉도를 포함한 한국에 대한 모든 권리와 소유권 및 청구권을 포기한다.
(b) 일본은 타이완. 펑후제도에 대한 모든 권리. 소유권 및 청구권을 포기한다.
(c) 일본은 쿠릴열도와 1905년 9월 5일 「포츠머스조약」에 의해 획득한 사할린 일부와 인접 도서에 대한 모든 권리와 소유권 및 청구권을 포기한다.
(d) 일본은 국제연맹의 위임통치제도와 관련된 모든 권리와 소유권 및 청구권을 포기하고, 1947년 4월 2일 국제연합(UN) 안전보장이사회가 일본이 지배하고 있던 태평양의 섬들에 대한 신탁통치 확대 조치를 인정한다.
(e) 일본은 이유 여하를 불문하고 남극에 관한 모든 권리와 소유권 및 청구권을 포기한다.
(f) 일본은 시사군도(西沙群島)와 난사군도(南沙群島)에 대한 모든 권리와 소유권 및 청구권을 포기한다.

보다시피 제2조에서 한국 영토 문제는 제일 먼저 다뤄진다. 이 조약문에는 제주도가 퀠파트(Quelpart) 거문도가 포트 해밀턴(Port Hamilton) 울릉도가 다줄레(Dagelet)로 표기돼 있다. 일본이 포기해야 하는 섬 중에 제주도, 거문도, 울릉도는 적혀 있는데, 독도(獨島)가 빠져 있다. 이 과정에 한국의 실수(失手)와 일본의 암수(暗數)가 숨어있다. 지금 독도의 영유권을 주장하는 일본의 모든 행동이나 조치가 모두 여기에 근거하고 있다. 이 부분은 뒤에 다시 설명한다. 1905년 독도의 일본 영토 편입을 결의한 일본 각의가 문제의 출발이라면 일본이 항복하면서 영토 문제가 바로 잡혀야 하는데, 패전국 일본과 승전 연합국 사이의 「평화조약」에서 정밀하게 제대로 정리되지 못한 것이 문제를 더 꼬이게 했다.

「샌프란시스코강화조약」은 십여 차례에 걸쳐 〈초안 제시 → 관련국 의견 수렴 → 수정 → 수정 초안 제시 → 관련국 의견 제시〉라는 절차가 수없이 반복되는 형식이었다. 우리나라가 당시 정부가 수립이 일천한데다 북한의 침략으로 6.25전쟁을 겪고 있었다고는 하지만, 우리 외교부가 초기 과정에서 실수를 했다는 사실을 지적하지 않을 수 없다.

1~5차 초안 | 일본은 태평양전쟁에서 미국, 영국, 중국을 비롯한 48개 연합국과 전쟁을 치렀기 때문에, 그 입장 정리가 엄청 복잡했다. 그래서 1945년부터 6년 동안 준비해 1951년 9월에야 강화(평화)조약의 서명이 가능했다. 「샌프

---

121 샌프란시스코강화조약 제2장, 제2(a)조의 영토조항에 해당하는 내용이다. "(a) Japan recognizing the independence of Korea, renounces all right, title and claim to Korea, including the islands of Quelpart, Port Hamilton and Dagelet."
122 제주도(濟州島)의 경우, 서양에서는 네덜란드 상선 「퀠파트」(Quelpart)호가 1642년 처음으로 발견해 이 사실을 동인도회사에 알려, 제주도는 "퀠파트호가 발견한 섬"으로 불리다가 이름이 「퀠파트」섬으로 1648년부터 사용됐다. 제주도는 1653년 제주도에 표착했다가 13년 뒤 탈출한 동인도회사 회계원 하멜(Hendrik Hamel)의 「표류기」등을 통해 존재가 서양에 널리 알려진다. 네덜란드 지도에는 1687년부터 「퀠파트」로 등재된다.
123 러시아의 남하정책을 저지하기 위해 한국의 거문도(巨文島)를 불법 점거한(1885~1887) 영국은 당시 해군장관인 조지 해밀턴(George Hamilton)의 이름을 따, 해도(海圖)상 거문도를 포트 해밀턴으로 이름 붙였기 때문에 그렇게 굳어졌다.
124 울릉도는 1787년 5월 프랑스 라 페루즈(La Perouse)탐험대가 발견해, 프랑스의 저명한 천문학자인 라포트 다줄레(Lapaute Dagelet)의 이름을 따서 '다줄레, Dagelet'라고 명명하고, 해도에 표시했다.

란시스코강화조약」의 영토 조항에서 처음부터 독도가 빠져 있었던 게 아니다. 1949년 3월 19일에 나온 1차 초안에는 일본에서 분리되는 영토에 독도(獨島), 즉 「리앙쿠르 락스, Liancourt Rocks」가 표기돼 있었다.

> 일본은 이 때문에 한국 및 퀠파트섬, 포트 해밀턴섬, 다줄레섬(우쓰료 섬), 리앙쿠르락스(다케시마)를 포함한 모든 앞바다의 작은 섬에 대한 모든 권리 및 권원을 포기한다.[125]

이 조항은 그해 11월 2일에 나온 제5차 초안까지도 유지됐다. 문제는 시간이 가면서 '독도가 포함됐다가 빠졌다가 했다'는 사실이다.

한국측 의견서 | 「샌프란시스코강화조약」 협의 과정에 우리나라는 참여하지 못했다. 그 대신 우리는 우방인 미국을 통해 의견을 제시할 수 있었다. 이 회담이 진행되는 시간 우리나라는 유엔군의 도움을 받아 북한군과 중공군 등 공산군의 침략을 막아내느라, 온 힘을 쏟고 있었다. 「샌프란시스코강화조약」에 관한 관련국의 협의가 막바지에 이른 1951년 6월, 한국은 영토 조항과 관련해, "제주도, 거문도, 울릉도는 물론 대마도(對馬島), 파랑도(波浪島,이어도), 독도(獨島)를 일본의 영토에서 제외해야 한다"는 의견서를 미 국무부에 보낸다. 그런데 그 과정이 좀 어이없다.[126]

1951년 3월 말(4월 초), 피난 수도 부산(釜山)에서 벌어진 일이다. 당시 법무부 홍진기(洪璡基)[127] 법무국장은 일본 신문에 실린 「샌프란시스코강화조약」의 초안을 보고, 일본인 귀속재산과 영토조항 등의 내용이 걱정스러워 대학 선배이기

---

125 샌프란시스코강화조약 1차 초안의 해당 내용이다. "Japan hereby renounces all rights and titles to Korea and all minor offshore Korean islands, including Quelpart Island, Port Hamilton, Dagelet Island(Utsuryo Island) and Liancourt Rocks(Takeshima)."
126 강준식이 쓴 『독도의 진실』(2012)에 나온 내용(176~195페이지)과 유진오 박사의 수상록 『구름위의 만상』(일조각,1966)의 관련 기록(458~463페이지)을 토대로 대화체로 재구성했다.
127 홍진기(1917~1986)는 일제시대 판사를 지내고 이승만 정부에서 법무부장관을 지냈다. .

도 한 유진오(俞鎭五)[128] 당시 법제처장을 만나 상의한다. "원문은 어디 있소? 우리도 이해 관계국인데 초안이 오지 않았겠소"(유진오) "그 점은 잘 모르겠습니다"(홍진기), 이런 대화가 오간 끝에 장면 총리를 찾아가 문의해 보니, "아직 그런 연락이 온 것이 없다"고 했다. 그 뒤에 알고 보니, 이미 2주일 전에 강화조약의 초안이 도쿄의 연합국 총사령부로부터 이승만 대통령 앞으로 왔었는데, 총리실 직원이 그냥 서랍에 넣어두었다. 아무리 나라가 전쟁 중이고, 정부가 수립된 지 3년에 불과하다지만, 어처구니없는 일이었다.

그래서 유진오 법제처장은 부산으로 피난하러 와 있던 사학자 육당(六堂) 최남선(崔南善)[129]에게 의견을 구하는데, 육당은 소문난 천재라, 독도에 관한 역사를 자세하게 설명해 주었다. 이어 유진오 박사는 "이승만 대통령께서는 대마도(對馬島)도 우리 영토라고 여러 차례 말씀했는데 근거가 확실한가요?" 육당은 빙그레 웃으면서 고개를 좌우로 저었다. 그 대신 육당은 "우리나라 목포와 일본의 나가사키, 중국의 상하이를 연결하는 삼각형의 중심쯤 되는 해중에 '파랑도'라는 섬이 있는데[130] 표면이 대단히 얕아서 물결 속에 묻혔다 드러났다 하지만… 차제에 우리나라 영토로 확실히 해두는 것이 좋을 것"이라 하였다.

이런 곡절을 겪고 우리나라는 '대마도와 독도, 파랑도(이어도)가 모두 한국 영토'라는 내용의 의견서를 미 국무부로 보낸다. 이 대목에서 유진오 박사는 "미심쩍기는 했지만 해(害)될 것은 없다 해서" 독도와 함께 대마도, 파랑도까지 우리 영토라고 하는 의견서를 미국에 보냈다고 적었다. 이때가 1951년 6월, 한국 정부는 영토조항과 관련해 아래와 같은 의견을 보낸다.

---

128 유진오(1906~1987)는 일제시대 보성전문학교의 교수를 지내고 제헌헌법을 기초하고, 초대 법제처장, 고려대학교 총장, 박정희 대통령 치하에서 신민당 총재 등 야당 지도자로 활동했다.

129 최남선(1890~1957)은 한국 근대 문학 초기 여러 잡지와 신문 등을 발행하며 근대문학 발전에 큰 기여를 한 문필가이자 역사학자이다. 일제 초기 독립운동가로 활동했으나, 변절했다는 비판을 받는다. 일제시대 이광수, 홍명희와 함께 '조선 3대 천재'라는 평을 듣기도 했다.

130 '파랑도' '이어도'라 하는 이 섬은 섬[島]이 아니라 암초(暗礁)로서, 1900년 영국 상선 소코트라호(號)에 의해 발견돼, 국제적으로 '소코트라암초'(Socotra Rock)로 불리고 있었다.

한국 정부는 제2조 (a) 항을 '1945년 8월 9일 한국 및 제주도, 거문도, 울릉도, 대마도, 독도, 파랑도를 포함한 일본의 한국 병합 이전에 한국의 일부였던 도서(島嶼)들에 대한 모든 권리, 권원 그리고 청구권을 포기하였음을 확인한다'로 수정할 것을 요청합니다.

그러나 이 의견서는 장차 미국이 한국을 의심하고, 믿지 못하는 결정적인 자료가 된다.

파랑도 대참사 | 이 의견서를 접수한 미 국무부는 이 의견서의 내용을 확인하기 위해, 7월 9일 워싱턴 주재 양유찬(梁裕燦)[131] 대사를 초치해 의견을 구한다. 양 대사를 면담한 미국 측 인사는 대일(對日) 강화조약의 전권을 위임받은 존 F. 덜레스(John Foster Dulles, 1888~1959)[132] 국무부 고문이었다. 양 대사는 이승만 대통령의 관심 사항인 대마도 문제에 대해 덜레스와 대화했으나, 덜레스는 "대마도는 오랫동안 일본이 지배하고 있었기 때문에 현재의 지위에 변동이 없다"고 잘라 말했다. 역사적 사실도 대충 그랬다. 한국 정부도 이를 인정하고 대마도에 대한 주장을 철회했다. 문제는 그 다음이었다. 한국 정부는 양 대사에게 "대마도는 포기하더라도 독도와 파랑도는 계속 주장하라"고 훈령(訓令)을 내린 바 있었다. 7월 19일 양 대사는 덜레스 특사를 다시 만나, 이 주장을 담은 공한(公翰)을 전달하면서 자연스레 면담이 이어졌다.

"(공한을 다 읽고 나서) 독도는 어디 있습니까?"(덜레스)

" … "(양 대사)

"파랑도는 어디 있나요?"(덜레스)

" … "(양 대사)

---

131 양유찬(1897~1975)은 하와이에서 이승만 전 대통령으로부터 가르침을 받기도 하는 등 고교를 하와이에서 마치고 보스턴의대를 졸업하고 하와이에서 큰 병원을 운영하고 있었다. 양유찬은 1951년 피난 수도 부산에서 이승만 대통령의 부름을 받고 그의 요청으로 주미 대사(1951~1960)를 맡았다. 이 대통령은 고사하는 양유찬에게 "주미 대사를 맡아, 전쟁으로 먹고 입을 것을 다 잃은 3천만 민족을 먹여 살려야 한다"고 설득했다고 한다. (경향신문, 1972.6.30.., "백발의 증인, 원로와의 대화" 중에서 인용)

132 존 포스터 덜레스(1888~1959)는 아이젠하워 대통령 아래에서 국무장관(1953~1959)을 지냈다. 아이젠하워 대통령의 신임을 받고 있었고 조부와 삼촌도 국무장관을 지냈고, 동생 알렌 덜레스는 중앙정보국장을 지냈다. 6.25 직전 국무장관 고문 자격으로 한국을 방문해 제2대 국회 개원식에 참석하고 38선을 시찰하기도 했다.

"독도와 파랑도는 일본해[동해]에 있는 작은 섬들인데, 대체로 울릉도 부근에 있습니다"(양 대사를 수행한 한표욱 일등서기관)

암초인 파랑도[이어도]가 어떻게 섬이며, 제주도 서남방으로 멀리 있는 암초가 어떻게 동해의 울릉도 근처에 있단 말인가? 어이없는 일이었다. 부산에서 태어났지만 중·고등학교와 대학을 미국에서 마친 양(梁) 대사는 영어는 '기가 막히게' 잘했지만, 우리 역사와 지리에 관한 소양은 부족했던 모양이다. 당시 수행했던 한표욱(韓豹頊)[133] 1등서기관도 전문 외교관이지만, 사전 조사나 준비 없이 면담에 배석하기는 매일반이었다. 6.25전쟁으로 본국의 운명이 위태로운 상황에서 동해의 섬 정도는 관심 밖이었을까?

이 면담은 한국 외교사에서 큰 사고로 기록된다. 후일 미국 측 자료는 양 대사와 덜레스 특사의 면담에 대해 '파랑도 대참사(Parangdo Fiasco)'라고 기록했다. "대마도와 파랑도에 대한 이승만 정부의 비현실적인 요구와 한국이 독도 영유권 사례 조사에 대한 충분한 증거 자료를 준비하지 못한 것이 미국의 결정에 많은 영향을 끼쳐, 「샌프란시스코강화조약」에 한국이 주장한 독도를 포함하지 않게 되었던 것 같다"는 평가를 듣기 때문이다.[134]

이에 비하면 일본 외무성은 비록 연합국 총사령부의 군정 치하에 있었지만, 섬 하나라도 더 차지하기 위해 또 독도가 일본 땅이라는 주장을 관철하기 위해 『일본 본토와 인접한 작은 섬들』(Minor Islands Adjacent to Japan Proper)이라는 제목 아래, 자세한 영문(英文) 보고서를 준비해 미국 측에 대한 설득에 나섰다.[135]

---

133 한표욱(1916~2003)은 연희전문학교를 졸업하고 미국으로 유학, 하버드대학교에서 외교학을 전공하고 1948년 귀국을 준비하던 중, 이승만 대통령으로부터 "장면 박사가 곧 주미대사로 부임하니, 미국에 남아서 장 대사를 도와주기 바란다"는 전보를 받고 주미대사관의 일등서기관과 참사관을 역임했다.

134 1951년 8월 10일 미 국무성 러스크 차관보가 우리측에 보낸 서한에서는 "동해 울릉도 근처에 있다는 파랑도를 찾기 위해, 보그스씨가 워싱턴에 있는 모든 가용한 자료를 다 뒤졌으나 그 존재를 확인할 수 없었다"고 썼다.

135 패전한 일본(요시다 시게루 총리)은 평화조약 체결에 대비해 섬 하나라도 더 확보하기 위해 1946년 가을부터 일본에 대해 잘 모르는 워싱턴DC(국무부)를 대상으로 자료 준비에 들어갔다. 그 책임자는 외무성의 니시무라 쿠마오(西村熊雄) 조약국장이었다. 이들은 오키나와, 오가사와라제도, 사할린, 쓰시마, 하보마이, 시코탄, 독도 등 '일본과 분리할 수 없는 섬들'에 대한 역사적, 지리적, 민족적, 경제적 배경과 사실들에 대한 보고서를 작성해 도쿄에 있는 연합국군총사령부(GHQ)를 통해 미 국무부로 계속 제출했다. 이들은 ①쿠릴열도(1946.11) ②류큐, 난세이제도(1947.3) ③보닌제도(1947.3) ④태평양과 일본해의 작은 섬들(1947.6)로 나눠서 영문 보고서를 작성해 국무부로 보냈다. 1947년 12월 〈예상되는 연합국의 평화조약 초안과 일본이 희망하는 초안

일본 측이 정리해서 제출한 이 자료들은 내용이 너무 완벽해, 국무부는 백악관에서 독도 문제에 관해 문의할 경우, 일본 측이 제출한 자료의 내용을 그대로 인용해('베껴') 보낼 정도였다고 한다. 일본은 도발한 전쟁에서는 졌으나, 패전국으로서 땅을 하나라도 덜 빼앗기려고 악착같이 노력했지만, 같은 시각 남북한은 군정 치하에 있으면서 나머지 반쪽을 차지하기 위해 이념전쟁을 하고 있었고, 이 이념전쟁은 1950년 6월부터는 열전으로 비화했다. 그 결과 일본 영토에서 제외되는 섬들에 '독도(獨島)'를 명기해 포함하려던 한국 측의 노력은 수포로 돌아갔다. 수포로 돌아간 정도가 아니라 큰 망신을 당했고, 지금까지 이어지는 한일 간 영토분쟁의 씨앗을 심고 말았다. 물론 이 과정에는 일본 측의 치밀한 로비, 암수가 숨어 있었다. 여기에 등장하는 인물이 윌리엄 시볼드다.

정치고문, 윌리엄 시볼드 | 미국 정부가 초안 작성 과정에서 독도에 대한 입장을 바꾸게 된 데는 기본적으로 일본에 대한 미국의 입장 즉, 일본의 가치에 대한 미국의 평가가 변했기 때문이다. 여기에는 냉전의 격화 등 국제정세의 변화가 있었지만, 일본 정부의 로비도 큰 영향을 끼쳤다. 연합국 총사령부는 이미 1946년 지령(指令)을 통해 독도가 한국 영토라는 사실을 밝혔지만, 일본은 그 뒤에 이어진 「샌프란시스코강화조약」 협상 과정에서 독도를 되찾기 위해 엄청나게 노력했다. 그 결과, 1차(1947.3.19.)에서 5차(1949.11.2) 초안에서 일본 영토에서 제외되는 것으로 명시된 독도가 6차(1949.12.29) 초안에서는 빠져버렸다. 빠지는 정도가 아니라 독도가 일본의 영토로 포함됐다. 경천동지할 일이었다. 그 사이, 5차와 6차 초안 사이, 두 달 미만의 시간에 어떤 일이 있었던 것일까?

의 비교)라는 일본 측 보고서가 유출돼 미국의 한 주간지에 보도됐을 때, 도쿄 연합국총사령부의 코트니 휘트니 소장(少將)은 "패전국이 평화조약 초안을 준비하는 것은 있을 수 있는 일이며, 언론이 아니라 자신에게 말해 주면 워싱턴으로 그 내용들을 전달해 주겠다"고 했다. 일본 측은 네 번째 보고서의 제2장에서 울릉도와 독도를 각각 8~12페이지로 다룬 내용을 포함시켰고, 1779년에 나온 나가쿠보 세키스이(長久保赤水)의 「개정일본여지노정전도」(Revised Complete Map of Japanese Lands and Roads)까지 첨부했다. 그리고 보고서 제목도 포츠담선언에 나온 용어('작은 섬들, Minor Islands')를 그대로 썼다고 했다. 이 영문 보고서는 미국립문서보관서에 보존돼 있다. (쓰카모토 다카시, '1947년 일본외무성이 준비한 독도와 관련한 영문보고서' 2016.9.12.)

이때 등장하는 인물이 바로 「윌리엄 시볼드」(William J. Sebald)라는 미국 외교관이다.[136] 시볼드는 당시 점령국 일본에서 민간인이 맡을 수 있는 최고 중요한 직책 3개를 맡은 실력자였다. 미 국무부 일본 주재 정치고문, 연합군 최고사령부 외교국장, 연합국 대일이사회 미국 대표 겸 의장, 영향력이 엄청났다.

강화조약 초안에 5차례에 걸쳐 독도가 일본 영토에서 제외되는 것으로 나오자, 일본은 초조해졌다. 일본은 시볼드에게 접근했다. 6차 초안이 나오기 전 1949년 11월 14일 시볼드는 독도 조항과 관련해 국무부에 전문(電文)을 보내고, 닷새 뒤에는 같은 내용으로 국무장관에게 서한도 보낸다.

> 제6조: 리앙쿠르암(다케시마)에 대한 재고를 권고한다. 이 섬들에 대한 일본의 소유 주장은 오래되었고 타당해 보인다. 안보적 고려에서 기상과 레이더 관측소를 예상해 볼 수 있다.[137]

이 비밀 전문에서 시볼드는 "(일본의 주장이) 타당한 것으로 보인다"라면서 "안보상 기상관측과 레이더 기지로의 사용 가능성"을 거론했다. 일본은 러일전쟁 당시 러시아 해군의 움직임을 탐지하는 망루로 활용하기 위해 비밀리에 독도를 자국의 영토로 편입했었다. 동서 냉전이 시작되는 시점에 일본이 '독도를 일본 영토로 인정해 주면, 레이더 기지 등으로 이 섬을 제공할 수 있다'고 꼬드기고

---

[136] 윌리엄 시볼드(William J. Sebald, 1901~1980)는 미 해군사관학교를 졸업(1922)하고 일본 주재 미국대사관에 무관(武官)으로 근무한다. 그때 일본어를 완벽하게 배우고, 일본계 영국인 여성(영국인 아버지와 일본인 어머니)과 결혼한다(1927). 그 뒤 다시 메릴랜드대 법대로 진학해 변호사가 된 뒤, 도쿄대학에서 법학박사 학위를 받고, 일본에서 변호사 개업을 하는 등 일본통으로 활동했다. 연합국이 일본을 점령해 군정을 펴는 동안(1945~1952) 시볼드는 연합국최고사령관 맥아더(Douglas MacArthur) 원수의 외교고문 겸 총사령부 외교국장, 연합국 대일이사회(Allied Council for Japan, 1945.12 모스크바 외상회의에서 일본의 점령.관리.항복 조항의 보충적인 지령을 집행하는 일에 관해 연합국최고사령관과 협의하고 조언할 목적으로 미.영.중.소 4개국 대표로 구성됨. 1946.4부터 1952. 4까지 활동)미국 대표 겸 의장, 그리고 미 국무장관의 일본주재 정치고문 등 중요한 자리에서 일하게 된다. 당시 미국과 일본은 정상적인 외교관계가 없는 상태였다. 시볼드는 일본 주재 미국대사의 역할을 했다. 그 뒤 시볼드는 버마, 호주 대사, 국무부 극동담당차관보 등을 지낸다. 우파적인 시각을 가졌던 맥아더 원수의 눈에 들어, 외교관으로 발탁됐다는 평가를 받았다.

[137] 1949년 11월14일, 시볼드가 미 국무부에 보낸 비밀전문의 해당 내용이다. (Article 6: Recommend reconsideration Liancourt Rocks(Takeshima). Japan's claim to these islands is old and appears valid. Security consideration might conceivably envisage weather and radar stations thereon.)

있다. 시볼드가 미 국무부에 이런 편지를 보낼 무렵, 소련도 원자폭탄을 보유한 데(1949.8) 이어 중국 본토가 공산화되고(1949.10.1) 이어 한반도에서 전쟁 발발(1950.6.25)을 앞두고 소규모 충돌이 잦아, 불안했다. 미국으로서는 솔깃했다. 바야흐로 미소간 냉전도 본격화하고 있었다. 일본을 편드는 시볼드의 권고는 당장 효과를 나타낸다. 한 달 뒤인 1949년 12월 29일에 나온 제6차 초안에 일본의 영토 조항은 이렇게 수정(修正)된다.

> 일본 영토는 주요 4섬인 혼슈, 규슈, 시코쿠, 홋카이도 및 인접하는 모든 작은 섬이다. 작은 섬에는 내해(內海, 세토 나이카이)의 섬들과 쓰시마, 다케시마(리앙 쿠르암… 등을 포함한다.[138]

이처럼 독도가 한국 영토에서 떨어져 나가 일본 품으로 넘어가고 있는데도 한국 정부는 이 사실을 모르고 있었다. 정부수립 1년 반, 한국전쟁이 발발하기 반년 전의 일이다.

다른 연합국의 반발 │ 미국이 이렇게 독도를 일본 영토로 포함하자, 평화조약 작성에 참여한 다른 연합국들이 반발한다. 특히 영국, 뉴질랜드, 호주, 캐나다 등 영연방(聯邦) 국가들은 미국의 이런 편향적인 일 처리에 불만을 나타낸다. 그러자 미국은 제7차 초안에서는 일본과 한국의 영토 조항을 아예 빼버리는 제스처를 취한다. 그리고 8차 초안에서는 영토 조항을 간략히 취급하되 구체적인 섬들의 이름을 다루지 않았다. 그러자 호주가 미국 정부에 질문서를 보낸다. "미국은 독도를 어느 나라의 영토로 보는가?" 미국은 호주에 보내는 답변서에서, 일본에 속하는 섬의 명단에 독도(獨島)를 '다케시마'라는 이름으로 포함하는 꼼수까지 써가면서, 일본 영토로 규정했다(1950.10.26). 이러한 미국 측의 해석에 뉴질랜드와 영국 등은 '동의한다'는 답신을 보내지 않았다. 이렇게 돼 미

---

138 샌프란시스코강화조약 제6차 초안의 해당 내용이다. "The territory of Japan shall comprise the four principal Japanese islands of Honshu, Kyushu, Shikoku and Hokkaido and all adjacent minor islands, including the islands of the Inland sea(Seto Naikai), Tsushima, Takeshima(Liancourt Rocks), …"

국은 9차 초안에서도 구체적인 섬 이름을 다루지 않았다. 골치 아프니까 편법을 쓴 것이다.

그러자 영국이 나섰다. "애초에 연합국들이 합의한 원칙대로 하자"면서 영국은 1951년 3월, 독자적인 초안을 제시했다. 영국의 초안은 독도와 오키섬 사이에 선(線)을 그어, 독도를 확실하게 한국 영토에 부속시켰다. 이때 영국은 "장차 한일 간의 영토 분쟁을 막기 위해서 독도를 한국에 부속시킨다"고 말했다.

1951년 4월 7일, 영국은 지도가 첨부된 이 초안(영국 측으로서는 이것이 최종안이다)을 미국 측에 보내고, 일본은 이에 놀라, 미국에 더욱 매달린다. 이때는 한국전쟁이 한창이고 미국의 입장도 다 정리가 된 시점이었다.[139]

요시다 시게루 일본총리(왼)와 윌리엄 시볼드 외교고문. 1951.3.9. 사진=미국립문서보관청

러스크 서한 | 「샌프란시스코강화조약」의 서명을 약 한 달 앞둔 1951년 8월

---

139 1951년 1월 덜레스 특사는 비밀리에 일본을 방문해 총리 관저에서 요시다 시게루(吉田茂) 총리를 만나, "일본의 재무장"을 요구했다. 미국은 국제정세의 변화에 대응하기 위해 일본의 비군사화 정책을 버리고 일본의 재무장을 요구했으나, 요시다총리는 이를 거절하고, 경제 재건으로 방향을 잡았다.

10일, 딘 러스크[140] 국무부 극동담당차관보가 당시 딘 애치슨 국무장관의 이름으로 양유찬 대사에게 서한을 보낸다[141]. 양유찬 대사는 7월 9일 덜레스를 면담한데 이어 7월 19일과 8월 2일 등 두 차례에 걸쳐 의견서를 전달했다. 미국 정부는 이러한 일련의 과정을 정리하는 답신으로 '러스크 서한(Rusk Documents)'을 보낸다. 이 서한은 한국 측 의견서에 대한 미국의 거절이 담긴 것으로, 일본 측에게는 비밀이었다. 강화조약의 조인식이 한 달 앞으로 다가온 시점이라 조약문 정리는 끝난 상태였다. 이 서한은 연합국의 의견이 반영된 것이 아니라 미국만의 의견이지만, 그때나 지금이나 현실적으로는 '힘센 미국'이 법(法)이다. '러스크 서한'의 독도 부분이다.

> 독도, 다케시마, 리앙쿠르 락스 등으로 알려진 섬에 관해서인데, 통상 사람이 살지 않는 이 암석은 우리 정보에 의하면 한국의 일부로 취급되었던 적이 없고, 1905년경부터는 일본 시마네현 오키군청 관할하에 있었습니다. 이 섬은 이제까지 한국에 의해 영토로 주장된 일이 있었다고 생각되지 않습니다.[142]

한국 정부는 대마도와 파랑도에 대한 영유권 주장을 스스로 철회했지만, 독도만큼은 한국의 영토로 해 달라고 미국에 거듭 요청했었다. 하지만 미국은 이마저도 거절했다. 독도 영유권 주장에 대한 한국 정부의 주장은 '근거도 약하고

---

140 딘 러스크(Dean Rusk, 1909~1994)는 교수로 재직하다가 2차 대전이 발발하자 장교로 입대해, 마셜플랜과 북대서양조약기구 설립 실무를 맡았고, 그 후 한국전쟁 기간 동안 국무부 동아시아태평양 차관보(1950.3~1951.12)로서 한반도 분단 초안 작성에 관여하고, 케네디와 존슨 대통령 시절(1961~1969) 국무장관 역임했다.

141 딘 애치슨(Dean Acheson, 1893~1971)은 변호사로 활동하다가 재무부와 국무부 등에서 복무하며 2차 대전 이후의 세계 냉전 구조와 냉전 외교의 설계자로 활동했으며, 트루먼 행정부에서 국무장관(1949~1953)으로 재임했다. 1950년 1월 12일 미국 워싱턴DC에서 열린 미국신문기자협회에서 '아시아의 위기'라는 연설을 통해 미국의 극동방위선(애치슨 라인)에 한국이 제외되는 발언을 해서 625전쟁을 유발시켰다는 평가를 받고 있다.

142 딘 러스크 차관보의 서한 가운데, 독도 부분에 관한 내용이다(1951.8.10) "As regards the island of Dokdo, otherwise known as Takeshima or Liancourt Rocks, this normally unhabited rock formation was according to our information never treated as part of Korea and, since about 1905, has been under the jurisdiction of the Oki islands Branch Office of Shimane Prefecture of Japan."

억지스러워' 믿을 수 없다는 미국 정부의 입장이 그대로 표현됐다. 그래서 일본은 지금도 독도 영유권을 주장하면서 「샌프란시스코강화조약」 과정에서 한국 측이 독도를 확보하기 위해 미국 측에 로비했으나 거절당했다고 주장하고 있으며 또 '러스크 서한'에 나타난 당시 미국 정부의 거절 입장을 들고나온다.

앞에서 살펴본 대로 대한제국은 1900년 10월 25일 칙령 제41호를 통해 울릉도와 독도를 영토로 재확인하고 관보(官報)에 게시했다. 그런데도 이런 역사적 사실에 무지한 미국은 일본 측의 일방적인 자료와 로비에 넘어갔다. 일본은 비밀서한인 '러스크 서한'을 공식 외교문서처럼 확대 해석하고 또 왜곡 선전하고 있다. 물론 이런 중요한 역사적 사실에 대한 우리 측의 무지와 소홀한 준비는 참으로 안타까운 실수로, 큰 교훈을 삼아야 할 것이다.

미국의 선택 | 이제 미국의 최종 결정만 남았다. 미국은 영(英) 연방을 설득하고 또 일부 의견은 무시하면서 합동 초안을 만든다. 1951년 6월 14일 강화조약의 최종 초안이 나왔다. 영토 조항 제2조ⓐ "일본은 한국의 독립을 인정하고 제주도. 거문도 및 울릉도를 포함하는 한국에 대한 모든 권리와 권원 및 청구권을

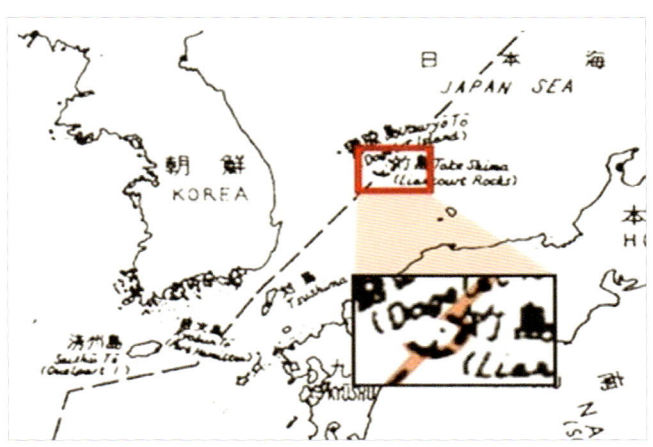

1951년 10월 일본 외무성이 「샌프란시스코강화조약」의 비준요청서에 첨부한 『일본영역참고도』. 조약 조인(1951.9.8) 직전에 제작돼 의회 비준을 위해 10월 국회에 제출됐다. 사진=한국일보, 2014.11.18

포기한다"로 정리된다. 이 문안은 그대로 「샌프란시스코강화조약」 영토조항의 조문이 됐다. 일본의 영토에서 제외되는 섬 이름에서 결국 독도가 빠졌다. 그렇다고 독도가 일본의 영토에 포함된 것도 아니었다.

그렇지만 미국의 마음은 러스크 서한에 나온 것처럼 '독도는 일본 것'이라는 쪽으로 기울어졌다고 판단해야 한다. 강화조약 협의 과정에서 영국과 영연방 국가들의 의견을 미국이 무시하는 것을 봐도 그렇고, 초기에 포함돼 있던 독도 (Liancourt Rocks)가 기어이 빠지는 것을 보면, 미국의 속마음은 기울어져 있었다고 보인다.

그러나 일본 정부가 「샌프란시스코강화조약」에 대한 의회의 비준을 받기 위해 1951년 10월 중의원(衆議院)에 제출한 비준요청서에 첨부된 『일본영역참고도』 (日本領域參考圖)를 보면 독도가 일본 영토가 아니라 한국의 영토로 표시돼 있다. 또 강화조약 발효 한 달 뒤인 5월 25일 일본 마이니치신문사가 발행한 『대일평화조약』이라는 해설서에 실린 『일본영역도』(日本領域圖) 역시 독도를 일본 영토가 아니라 한국의 영토로 표시하고 있다. 이 사실로 미루어 보면 일본 국회와 정부 그리고 언론은 연합국이 독도를 한국 영토로 공인했음을 인지하고 비준을 준비한 사실이 드러난다. 독도를 탈취하려는 일본 정부의 비밀스럽고 음험한 집념이 놀라울 정도다.

밴 플리트 보고서 | 일본은 「샌프란시스코강화조약」은 물론 협상 과정에서 나온 러스크 서한 그리고 조약 체결 이후에 있었던 밴 플리트(Van Fleet) 조사단의

---

143 샌프란시스코강화조약의 독도 관련 영토조항의 해당 내용이다. Article 2(a) Japan recognizing the independence of Korea, renounces all right, title and claim to Korea, including the islands of Quelpart, Port Hamilton and Dagelet.

144 밴 플리트(James A. Van Fleet,1892~1992)장군은 2차 세계대전과 한국전쟁을 지휘한 미국 군인으로 '한국군의 아버지'(이승만 대통령, 1954년 7월 28일, 미 의회연설)라는 칭호를 갖고 있다. 아이젠하워 대통령, 브래들리 원수와 육군사관학교 동기생이다. 1953년 대장으로 전역했으며, 1957년 한.미 양국의 우호증진에 도움을 주기위한 코리아 소사이어티 설립에도 기여했다.

145 밴 플리트 장군을 단장, 맥닐(W.J. McNeil) 국방부 차관보를 총괄로 한 밴플리트사절단(The Van Fleet Mission to the Far East)은 13명으로 구성됐으며 한국, 타이완, 일본, 필리핀 등 미국의 군사 원조를 받는 4개국이 군사 원조를 효율적으로 집행하고 있는지 등을 조사하기 위해 1954년 4월 아이젠하워 대통령의 지시로 구성돼 조사를 실시하고 그해 9월 말에 보고서를 제출했다.

보고서까지 인용하면서 독도의 영유권을 주장하고 있다. 밴플리트 조사단이 한국을 처음 방문한 1954년 5월 6일, 조사단이 도착한 여의도 공항에는 이승만 대통령 부부가 환영을 나오는 등 떠들썩했다.[146] 조사단은 5월에 두 차례 6월에 두 차례 등 모두 4차례 한국을 방문했다.

독도 영유권 문제와는 별 관계가 없어 보이는 이 조사단도 현지를 둘러본 결과 독도 문제 때문에 한·일 두 나라 사이가 불편해, 미국의 아시아 정책의 효율성이 떨어질 수 있다는 관점에서 제13장 '한국 원조 및 문제점' 항목에 독도 영ㄴ유권 문제를 다뤘을 것이다. '독도의 영유권(Ownership of Dokdo Island)'이라는 제목의 요약 내용은 이렇다.

> 평화조약(The Peace Treaty, 「샌프란시스코강화조약」)초안을 작성할 때 한국이 독도 영유권을 주장하였으나, 미국은 독도가 일본의 주권에 속한다고 결론을 내렸고, 그 조약에 따라 일본이 영유권을 포기하는 섬들 가운데 독도를 포함하지 않기로 결론을 내렸다. 미국은 독도 문제에 대한 입장을 공개하지 않기로 하는 한편, 한국에게 은밀하게 통보했다. 미국은 독도를 일본 영토로 생각하지만, 양국의 영토분쟁에는 개입하지 않기로 했다. 그들의 영토분쟁은 국제사법재판소에 당연히 제소되리라는 것이 미국의 입장이며, 제소에 관한 미국의 제안도 한국 측에 비공식적으로 전달된 바 있다.[147]

146　e영상역사관, 대한뉴스, "밴 장군 내방" (1분 53초) 1954.5.6.
147　밴플리트조사단 보고서의 독도 관련 내용이다. "When the Treaty of Peace with Japan was being drafted, the Republic of Korea asserted its claims to Dokdo but the United States concluded that they remained under Japanese sovereignty and the island was not included among the islands that Japan released from its ownership under the Peace Treaty. (text omitted) Though the United States considers that the islands are Japanese territory, we have declined to interfere in the dispute. Our position has been that the dispute might properly be referred to the International Court of Justice and this suggestion has been informally conveyed to the Republic of Korea.(text omitted),"
1954.9.30. 〈Report of the Van Fleet Mission to the Far East〉, Document showing a proposal by the U.S. Government to the South Korean Government to refer the Takeshima issue to the International Court of Justice. Excerpt 4. Ownership of Dokdo Island.

6.25전쟁을 통해서 한국민에게 큰 희망을 주고 우리의 국방력 강화와 이후 민간분야의 교류 증진을 통해 많은 공적을 쌓은 소위 친한파(親韓派), 밴플리트 장군이다. 이 퇴역 장성이 인솔한 조사단이 작성한 「밴플리트 보고서」의 독도 관련 조항을 읽어보면 미국 정부의 입장이 심하게 일본 쪽으로 기울어져 있다는 생각을 지울 수 없다. 「샌프란시스코강화조약」의 협상 과정도 살펴봤지만, 미국은 독도에 대한 일본의 영유권을 인정하는 입장이 강하다. 다만 조약문에 넣지 않았을 뿐이라는 생각이 들 정도다. 정확하게는 조약문에 넣으려다가 다른 동맹국들의 반발 때문에 넣지 못했을 뿐이다. 또 미국은 러스크 서한 등을 통해서 이러한 입장을 한국 측이 알 수 있게 '조용하게' 통보했다.

그리고 미국은 극동의 우방인 일본과 한국 두 나라 사이의 골치 아픈 '독도 분쟁'에 개입하지 않기로 했다. 그 대신 미국은 독도 분쟁을 국제사법재판소(ICJ)에 제소해, '평화적으로' 해결해 주기를 바라고 있다. 한국 정부에 대해서도 국제사법재판소의 해결 절차를 따르라고 압력을 가하기도 했다.

일본의 독도 도발 ┃ 일본이 연합국에 점령된 동안 주권이 없었다는 점을 감안하면, 1952년 강화조약의 발효 이후부터는 독도 문제에 관해 공세적으로 바뀐다. 특히 1954년 밴플리트 조사단 보고서가 나올 무렵 그리고 1965년 마무리된 한일국교정상화 협상이 진행될 당시(1951~1965)의 독도에 대한 일본 측의 공격적인 자세가 우연이 아니라는 생각이 든다.

1953년 6월~7월 사이 일본 관리들이 일본 해상보안청 순시선을 타고 여러 차례 독도에 상륙해 우리 측이 세운 조난 어부 위령비를 파손하고 '독도는 일본 땅'이라는 기둥 표지를 세웠다.[148] 또 1954년 9월 25일 일본 정부는 독도 문제를

---

148 패전후 일본 어부나 관리들은 독도에 접근하지 못했다. 그러나 1952년 강화조약이 발효되고 독도가 미군 폭격훈련장에서 해제되자, 다시 출몰한다. 1953년 5월 시마네현 수산시험선 시마네마루(島根丸)가 독도에서 한국 어부들의 어로 현장을 보고, 도발을 시작했다. 일본은 이를 영토권 침해, 밀항 준비 행위로 간주했다. 6월 해상보안청 순시선의 무장임검반과 시마네현 직원들이 독도의 동도에 상륙해 일본 영토표시 기둥과 '무단 어로 금지' 등의 팻말을 세우고 한국 어민들을 퇴거를 요구하기도 했다. 일본은 1953년 한 해 동안 순시선이 17회나 침범하고 우리가 뽑아버린 표지말뚝을 4번이나 다시 세웠다. 한국 정부는 1954년부터 경찰을 독도에 주둔시켰다. 이 무렵 일본의 방자한 태도는 '미국'이라는 배경을 제외하면 납득하기가 어렵다.

국제사법재판소(ICJ)에 맡기자는 외교문서를 우리 정부에 전하기도 했다.[149] 한일 수교회담 도중에도 "독도 문제의 해결 없이는 수교할 수 없다"면서 "국제사법재판소로 가자"고 요구하기도 했다. 일본은 미국의 이러한 입장을 믿고 방자한 언행을 감추지 않았다고 보여진다.

일본은 반환해야 할 영토의 목록에서 '독도'를 빼버린 '시볼드 로비'(Sebald Lobby)의 달콤한 추억에서 아직도 벗어나지 못하고 있다. 이 로비의 추억은 러스크 서한에서 나타나기도 했고, 밴플리트 조사단 보고서에 명시돼 있기도 했다. 이러한 일들이 가능했던 것은 샌프란시스코강화조약 체결 과정에서 우리의 입장이 충분하게 반영되지 못한 결과다.

일본이 '무주지'라면서 독도를 비밀리에 탈취해 간 1905년보다 5년이나 앞선 1900년 대한제국이 칙령으로 독도를 우리 영토로 선포한 사실이나 1877년 3월 당시 일본 최고 국가기관인 태정관이 "울릉도와 독도는 일본과 관계없는 땅이다"라고 공식적으로 선언한 사실 등을 세계 여러 나라 특히 미국 측 관리와 언론, 전문가들에게 설명하고 설득해야 한다. 특히 태정관 지령은 호리 카즈오(堀和生) 교토대 교수가 1987년에 쓴 「1905년 일본의 다케시마 영토편입」이라는 논문에서 처음으로 밝혀진 사실이므로, 충분히 널리 알릴 필요가 있다.[150] 우리가 현실적으로 점유하고 있으므로 조용하게 대처하면 된다고 하기에는 외부 상황이 점점 나빠지고 있다.

---

149 일본은 1954년, 1962년, 2012년 등 3차례 국제사법재판소행을 제의했다. 1954년은 우리 경찰이 독도 주둔을 시작하면서 텐트 등 인공물을 설치하자 일본이 제의한 것이고, 1962년은 일본이 "독도영유권을 한일협정의 의제로 삼겠다"고 하자, 우리가 "그러면 한일협정 협상을 거부하겠다"고 하자 나온 제안이고, 2012년은 이명박 대통령이 독도를 방문하고 난 뒤 '일본 천황의 전쟁 책임'을 주장하자 나온 것이다.

150 동양학 제 46집(2009.8), 단국대학교 동양학연구소, 조성훈, "1954년 밴플리트사절단보고서와 미국의 독도 인식"

일본의 주장 ⑧

"주일 미군이 다케시마를 폭격훈련구역으로 지정한 것은 일본의 독도 영유권을 인정한 증거다"

일본은 1951년 7월 연합군총사령부 지령 제2160호(SCAPIN-2160)에 따라 다케시마를 미군의 폭격훈련 구역으로 지정한 적이 있고, 「샌프란시스코강화협정」이 발효돼 일본이 주권을 되찾은 뒤인 1952년 7월에도, 미군이 계속 폭격훈련 구역으로 사용을 희망하자 일·미 행정협정에 따라 다케시마(독도)를 폭격훈련 구역으로 지정하고, 일본 외무성이 그 취지를 관보에 고시했다고 주장한다.

이래서 거짓이다

일본에 주둔하던 미 공군은 1948년과 1952년 등 두 차례 독도에서 폭격훈련을 했다. 1948년 6월의 훈련은 아무런 사전 통보 없이 실시돼 독도 인근에서 어로를 하던 우리 어민들이 큰 피해를 보았다. 1952년 9월의 폭격 훈련은 15일, 22일, 24일 등 세 차례 실시되기는 했으나, 별다른 피해는 없었다. 당시 우리나라는 6.25전쟁 중이었다.

결론부터 말하면 독도의 폭격훈련 구역 지정은 독도의 영유권 주장을 이어가기 위한 일본 측의 농간으로, 영유권과는 아무 관련이 없다.

1948년 폭격 | 일본 주둔 미 공군은 1948년 6월 8일 낮 독도에서 폭격훈련을 해, 독도 근처에서 어로를 하던 우리 어민 16명이 사망하고 10여 명이 다치고 어선 20여 척이 피해를 봤다. 이 훈련은 연합국총사령부 지령 제1778호(1947.9.16)에 따른 것이다. 당시 한·일 두 나라는 모두 연합군이나 미군의 군정 아래에 있을 때였다. 당일 미군은 B-29 폭격기 21대가 1,000파운드 폭탄 76발을 투하하는 훈련을 실시했다.

독도 폭격사건이 발생하자, 우리도 놀랐지만, 미군정 당국도 놀랐다. 미군정은 좌익 쪽에서 이 사건을 반미(反美) 선동으로 악용하는 것을 막기 위해, 발 빠르게 국회에 사과 서한을 보내고, 도쿄의 맥아더 사령부에 전보를 보내 연습지 제외를 요청했다. 미 공군은 '우발적인 사건'이라고 해명하고, 6월 말 독도를 폭격훈련 구역에서 제외했다. 5.10선거로 갓 구성된 대한민국 국회도 이 문제에 대해 특별담화를 발표하는 등 적극적으로 개입했고 언론과 사회단체들도 진상규명과 책임자 처벌, 배상을 요구했다. 주한미군은 울릉도와 강원도 지역에 거주하고 있는 피해 어민들에 대한 배상도 실시했다.

만약 독도가 일본 영토였다면 이웃 나라의 영해와 영토를 침범해 어로행위를 한 한국 어민들에게 피해 배상하지 않았을 것이고, 또 훈련구역 지정을 취소하지 않았을 것이다. 일본의 영유권 주장이 터무니없는 이유다.

독도 폭격사건을 보도한 신문기사. 이 기사에서는 9명 사망 5명 실종으로 돼 있으나, 6월 11일자 조선일보에서는 사망자가 16명으로 늘어난다. 그러나 실상이 드러난 뒤인 1999년 10월 11일자 한겨레신문은 사망자가 150명, 2015년 2월 6일자 대구일보는 200명이라고 보도했다. 피해 어선도 30~80척으로 늘어난다. 기사=동아일보,1948.6.12

이 사건을 계기로 해방 정국의 어수선함 속에서도 독도에 대한 국민적 관심은 높아졌고, 독도가 우리 땅이라는 공감대도 확산했다. 사건 2주기가 되는 1950

년 6월 8일, 독도 현지에서는 유가족과 경북지사 등이 참석하는 「조난어민위령비」 제막식이 열렸다. 가로 43cm, 세로 136cm, 두께 19cm의 비석에는 피해 어민들의 넋을 위로하면서 독도가 대한민국의 영토임을 밝히는 내용이 새겨졌다. 그러나 10여 일 뒤 6.25전쟁이 발발한다. 공산군의 기습공격에 밀린 대한민국의 운명이 위태로웠다. 독도는 다시 외로워진다.

1952년 폭격 │ 그런데 6.25전쟁이 진행 중이던 1952년 9월 미 공군기들이 3차례나(9.15, 9.22, 9.24) 독도 상공에서 폭격 훈련을 실시했다. 이로 인한 사망자는 없었다. 단지 독도학술조사단이 이 폭격 때문에 독도에 상륙하지 못했다. 이때는 우리나 일본이나 다 주권을 회복한 시점이다.

두 번째 폭격훈련은 1년여 전에 나온 연합국 총사령부지령 제2160호(1951.7.6)에 따른 것으로, 일본은 샌프란시스코강화조약 상 독도를 영토로 확보하는 데 실패하자 그 우회수단으로 윌리엄 시볼드를 앞세워 주일 미 공군의 훈련구역 지정을 요청했을 가능성이 크다고 보인다.[151] 그래서 당시 일본은 「미일행정협정」과 그에 따른 후속 조치로 구성된 '미일합동위원회' 회의에서 독도를 미군의 폭격훈련구역으로 선정했다. 일본으로서는 미일합동위원회에서 독도가 논의된 사실 자체가 '독도의 일본 영유권'을 의미한다는 메시지를 보여줄 수 있다고 믿었다. 역사에서 자주 목격되듯이, 엉뚱한 기회에 대단한 비밀이 폭로되는 경우가 있다. 이 폭격훈련(1952.9)을 앞두고, 일본의 이런 속셈이 일본 국회의 질의 과정에서 폭로된다. 시마네현(島根縣) 출신 야마모토 도시나가(山本利壽) 의원은 1952년 5월 23일 중의원 회의에서 "들리는 바에 따르면 이번 일본 주둔 미 공군의 폭격훈련 연습지 지정에 있어서, 독도 주변이 연습지로 지정되면 독도 영유권을 일본의 것으로 확인받기 쉽다는 생각에서, 오히려 외무성이 연습지 지정을 바라고 있었는지, 그 점에 대해 말씀해 주시기를 바랍니다"라고 질의하자, 이시하라 간이치로(石原幹市郞) 외무차관은 "대체로 그런 발상에서 다

---

151 동양학 제 46집(2009.8), 단국대학교 동양학연구소, 조성훈, "1954년 밴플리트사절단보고서와 미국의 독도 인식"

양하게 추진하고 있습니다"라고 답변했다.

그러나 이 폭격훈련에 대해 한국 정부가 미국 측에 항의했고, 미 공군도 독도를 폭격훈련 구역에서 즉각 제외했다. 또 미 대사관은 독도를 폭격연습 구역으로 사용하지 않겠다고 우리 정부에 공식적으로 통보했다. 영유권과는 아무 관련도 없는 우발적인 사건도 영유권과 결부시켜 여론전에 써먹는 참으로 집요한 일본이다.

무법천지 동해 ┃ 해방 직후 그리고 그 뒤로도 한동안, 동해는 지금과 같이 질서가 잡힌 그런 바다가 아니었다. 미군정이 계속되던 무렵(1947) 동아일보(東亞日報)에 이런 기사가 실렸다.

> 동해 울릉도의 동남 49마일 지점에는 2개의 무인도인 독도가 있는데 그 좌도는 주위 1마일 반이 되고, 우도는 반 마일이 되는 조그마한 섬으로 이 섬은 오랜 옛날부터 우리의 어장으로서 또는 국방기지로서 우리의 당당한 판도(版圖)에 속하였던 곳이다. 그런데 요즈음에 와서는 일본 시마네현 사카이(境)에 사는 일본인이 이 섬은 자기 개인의 것이라고 조선인의 어업을 금하고 있으며, 또한 일본인이 우리의 영해에 침입하고 있어 울릉도 도민들도 경상북도를 거쳐 군정(軍政) 당국에 진정을 해왔다. 그런데 이 섬은 소위 한일합병 전인 광무 10년에도 일인 관헌이 불법 상륙하여 조사를 하고 간 일이 있어 그 당시 조선 정부 내외에서는 물의가 분분하였으나 그 뒤 소위 한일합병이 되자 이 문제가 흐지부지되어 일인들은 원래 자기네들 영토라고 관망 되어왔던 것이다. 그러나 일단 해방이 된 오늘날에 있어서는 지리적으로나 역사적으로 당연히 우리의 판도(版圖) 내에 속할 것이다.

---

152 "[독도 이야기] 일, '독도 미군 폭격장 지정으로 맞불' 술책" 2020.6.14. 조선일보. 일본은 이승만 대통령의 평화선 선포에 대응해 1952년 9월 주일 미공군이 독도를 폭격훈련구역으로 사용하게 함으로써, '독도는 일본 영토'라는 사실을 미국이 인정한 것처럼 속이려는 농간을 부렸다고 지적했다.

153 광무(光武)라는 연호는 1897년(고종 34년)에 제정됐다. 조선 개국 506년 8월 17일부터 사용돼 순종이 즉위하는 1907년 8월까지 10년간 사용됐다. 광무 10년이면 서기 1906년이다.

154 "판도('한 나라의 영토'의 뜻)에 야욕의 촉수 못 버리는 일인의 침략성. 울릉도 근해 '독도'문제 재연, 당연 우리 것. 신 국사관장 담" 동아일보, 1947.7.23.

1947년, 당연히 우리 땅인 줄 알았는데, 독도에서 일본인이 주인 행세를 하고 있다니 놀랄 일이었다. 당시 민정장관(民政長官) 안재홍(安在鴻)[155]은 이 보도에 놀라, 관련 전문가들을 모아서 「독도수색위원회」를 구성하고, 자신이 위원장을 맡고, 8월 4일 중앙청에서 대책회의를 했다. 이 회의 결과 안재홍은 8월 하순 63명으로 구성된 학술조사대를 독도로 파견한다.

이들은 동도(東島)에 조선 경상북도 울릉도 남면 독도(朝鮮 慶尙北道 鬱陵郡 南面 獨島)라는 말뚝을 박는다. 돌아오는 길에 조사대의 일원인 국사관(國史館)[156] 신석호(申奭鎬) 관장은 울릉군청에서 대한제국 시절 심흥택 군수가 1906년 3월 29일 올린 보고서의 부본(副本)을 발굴하고 당시 85세인 주민 홍재현 씨를 만나 이와 관련한 증언을 청취하는 등 독도에 대한 일반 국민들의 관심을 불러일으키기에 충분한 활동을 하고 돌아왔다.

---

155 민정장관은 미 군정 시절 미국인 군정장관(軍政長官) 밑에 설치된 한국인 최고 행정책임자로 안재홍은 1947년 2월 10일 임명됐다. 정부수립 후 초대 대통령 선거에 출마했으나, 낙선했다. 6.25때 납북됐다.

156 국사관은 해방 이듬해 46년 3월 신석호 등이 우리 역사의 연구를 위해 조선사편수회 자료를 접수해, 경복궁 집경당(緝敬堂)에 설치하 기관으로, 49년 3월 국사편찬위원회로 바뀐다.

일본의 주장 ⑨

"한국은 국제법에 위배되게 공해상에 이른바 이승만 라인을 긋고 일방적으로 다케시마를 불법 점거했다"

일본은 1952년 1월 한국정부가 「해양주권선언」을 발표하고 「이승만 라인」을 국제법에 반해 일방적으로 설정했다고 주장한다. 한국 측은 또 1953년 7월 이승만 라인 안쪽으로 들어온 일본 해안보안청 순시선에 총격을 가하고, 1954년 6월부터는 다케시마에 연안경비대의 주둔 부대를 파견했다고 말한다.

또 한국 정부는 지금도 계속해 경비대원을 독도에 상주시키고 있으며 숙사, 감시소, 등대, 접안시설 등을 구축하고 있다고 주장한다.

이래서 거짓이다

연합국과 일본, 한국의 독도 영유 인정 | 한국은 일본이 1905년 시마네현 고시로 독도를 탈취하기 이전부터 독도에 대한 영유권을 확립하고 있었다. '불법점거'(不法占據) 운운하는 일본의 상투적인 주장은 전혀 근거 없는 트집에 불과하다. 일본은 1905년 불법과 사기적인 수법으로 독도를 탈취했다가, 연합국이 2차 세계대전에서 승리하면서, 우리나라가 독립하고 독도는 물론 한반도 전체에 대한 영토 주권을 되찾았다.

지금 독도를 탈취하기 위해 호시탐탐 노리고 있는 나라는 일본이다. 1948년 대한민국 정부 수립 직후 독도에 '경상북도 울릉군 남면 도동리 1번지'라는 주소를 부여해 주권을 행사할 때, 연합군총사령부와 일본은 아무런 이의를 제기하지 않았다. 현재 독도에는 경찰관과 공무원이 상주하고 있고, 어민들도 거주하고 있다. 우리 정부는 1982년 독도를 천연기념물 제336호 '독도 해조류 번식지'로 1999년에는 '독도천연보호구역'으로 지정해 관리하고 있으며, 매년 10만 명이 넘는 관광객들이 찾고 있다. 우리나라는 이렇듯 떳떳하게 독도 영유권을 행사하고 있다.

평화선 선포 | 일본이 말하는 이승만 라인은 「평화선」(平和線)[157]을 말하는 것으로, 대통령령, 즉 「인접 해양의 주권에 대한 대통령 선언」에 따른 해상경계선을 말한다. 이 시점은 「샌프란시스코 강화조약」이 서명을 마치고, 발효(1952.4.28)를 100일 남겨둔 시점이다. 연합국 총사령부는 지령(SCAPIN-677)을 통해 "독도는 일본의 영토가 아니라 대한민국에 속한다"고 정리하고, 다섯 달 뒤 또 다른 지령(SCAPIN-1033)을 통해 "독도는 한국의 영토이므로, 일본 선박이나 어부는 독도 영해 12해리 이내 그리고 독도에 상륙하거나 접근해서는 안 된다"고 규정했다. 그러나 100일 뒤면 「샌프란시스코 강화조약」이 발효된다. 강화조약 조문에서 독도의 영유권은 애매하게 처리돼 있는데, 100일이 있으면 연합국 총사령부는 해체되고, 총사령부의 각 지령도 효력을 잃게 된다. 한국과 일본이 맞부딪치는 상황에서 독도의 실효지배를 위한 특단의 대책이 절실한 시점이었다. 이승만 대통령으로서는 독도의 영유권을 확보할 수 있는 모종의 조치가 필요했다.[158] 당시는 '영해 3해리' 시대인데, 이승만 대통령은 20 내지 200해리(평균 60해리)에 선을 그었다. 「맥아더 라인」을 대신해 독도에 대한 실효적 지배를 확고하게 하고, 몰려드는 일본 어선들로부터 우리 어민들을 보호하려는 이승만 대통령의 고심어린 결단이었다. 6.25전쟁을 치르느라 정신이 없어 소홀하게 대처했던 「샌프란시스코 강화조약」에서 일본에 당한 것을 되갚아주는 조치였다.[159]

---

157 이승만 대통령이 1952년 1월 18일 발표한 해양주권선언(海洋主權宣言)에 따른 해양경계선을 우리는 '평화선'(平和線)이라고 부르지만, 미국과 일본, 대만 등에서는 「이승만 라인」(Syngman Rhee Line)이라고 불렀다.

158 사실 한국 정부는 샌프란시스코 강화조약에 참가 자격을 얻기 위해 외교적 노력을 기울였으나, 연합국의 반응이 냉담해, 실패했다. 연합국들은 한국이 일본의 강압적인 통치에 얼마나 저항했으며, 대일본 전쟁에 얼마나 기여했는지를 살폈다. 1949년 12월 미 국무부 보고서는 "교전 당사자 지위를 주장하기 위해 한국이 제시한 증거가 일리가 없는 것은 아니지만, 그러한 주장에 대한 반대 증거가 보다 설득력 있는 것으로 판단된다.… 한국 내의 일본 통치에 대한 저항은 국지적이거나 단기간 소요에 한정되었고, 한국민들은 불만을 표시하면서도 대체로 일본 총독부의 통치를 받아들였다"고 기술하고 있다. 해외 소재 독립운동단체들의 저항 활동의 실체성, 실효성에도 의문이 제기됐다. 결국 교전자 지위를 인정받지 못한 한국은 강화조약의 당사자로 참가하지 못했다. (피해국에 대한 연대가 헌법정신, 2022.3.4. 신상목의 스시 한 조각, 조선일보)

159 이승만 대통령은 선언 직후 나온 일본의 반대(1.24)는 물론 '평화선을 인정할 수 없다'는 미국에 대해 열심히 설득했다. 한-미 관계는 만약 설득이 되지 않는 문제는 불만이 있더라도 한국이 미국 측의 의견에 따르는 게

이 대통령은 당시 조병옥(趙炳玉) 내무부장관, 손원일(孫元一) 해군 참모총장에게 평화선을 넘는 일본 어선을 무조건 나포(拿捕)하라고 강력하게 지시한다. 평화선 선포 이후 한국은 일본어선 328척을 나포하고 일본 어부 3,929명을 붙잡아 억류했다. 이승만 정부의 이러한 강경 대응은 미국 트루먼 대통령의 '연안어업에 대한 선언'(1945), 아르헨티나(1946), 칠레(1947) 등 외국의 사례를 감안한 것이어서 일본과 미국의 항의를 달랠 수 있었다.

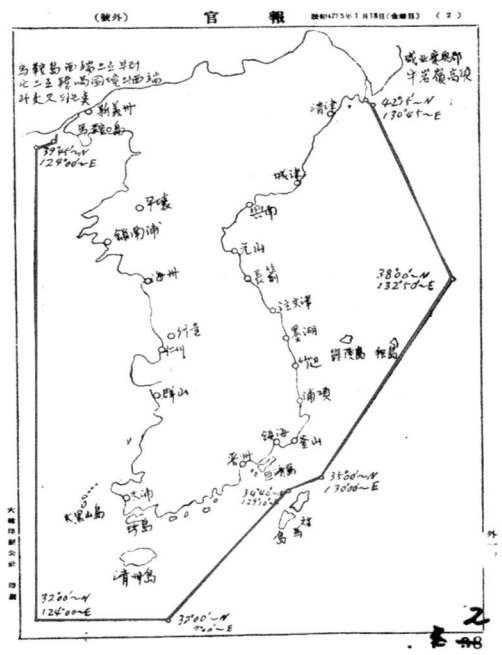

이승만 대통령이 1952년 1월 선포한 평화선(국무원고시 14호)

현실이다. 그런데 당시 미국의 도움으로 북한과 전쟁을 치르고 또 미국의 경제원조로 먹고사는 입장에서, 미국의 반대를 무시하고 정책을 추진하는 것은 아주 힘든 일이었을 것이다. 1954~1959 사이 미국의 원조에 의한 대충자금(對充資金)이 우리 재정에서 43%를 차지했다. 독립국이라고 말하기 부끄러울 정도였다.

160 이를 위해 이승만 정부는 내무부 치안국 경비과 소속으로 별도의 해양경찰대를 1953년 창설했다. 오늘 날 해양 경찰의 뿌리이다.

평화선 선포 이후 한일국교가 정상화되는 1965년까지 10여 년간 한-일 두 나라 사이에는 평화선 때문에, 특히 독도 영유권을 놓고 파고가 높았다.

평화선 선포 1년쯤 지난 뒤(1953.2.4.), 일본어선 제1 대방(第一 大邦, 57톤급)호와 제2 대방(第二 大邦, 57톤급) 호가 제주도 남쪽의 평화선을 넘어와 고기를 잡다가 적발돼, 나포 도중 총격으로 제1 대방 호 어로장(漁撈長)이 사망하는 사건이 일어난다. 일본 측 자료를 보면 "총상을 입은 선원에 대한 치료는커녕, 나머지 선원들에 대한 음식 제공도 없어서, 어선에 있던 식료품을 가져와 연명했다"고 기록돼 있다.

이 사건 이후 일본의 여론은 끓어올랐지만, 이 대통령은 "단속을 더욱더 엄정하게 하라"는 지시를 내리고 이에 맞서 일본은 해상보안청 감시선을 출동시켜 한국 경비정과 실력대결을 벌이는 상황까지 발생했다.

이러한 한-일 간의 다툼에 곤란해진 것은 미국이었다. 「샌프란시스코강화조약」체결 과정에서 일본의 로비와 농간에 넘어간 미국은 두 독립국 사이의 분쟁에 대해 어느 쪽도 편들지 못하고 있었다. 당시 냉전의 격화로 미국은 내부적으로 일본 편을 들어 주었지만, 그렇다고 한국을 무시할 수도 없었다. 한-일 양국이 평화선을 둘러싸고 극심한 대치 상황을 연출하자 당시 유엔군 사령관 마크 클라크(Mark Clark)는 「클라크 라인」을 선포(1952.9.27.)한다. 아직 6.25전쟁이 계속되고 있던 중이다. 일본 어선의 월선을 단속하는 '맥아더 라인'과 이승만 대통령의 '평화선'에 이어 한반도 주변에 그어지는 3번째 선(線)이었다.[161]

클라크 사령관은 한반도가 모두 들어가는 복주머니 같은 선을 한반도 주위에 삥 둘러치고는 "북한, 중공은 물론 제3국의 선박도 이 선을 넘지 못하게 함정을 동원해 감시하라"고 지시했다. '클라크 라인'은 독도 해역이 빠진 것을 제외하

---

161 한국전쟁 중이던 1952년 9월, 유엔군사령관 M.W. 클라크 대장은 북한군의 해상침투를 막고 전시 밀수출입품의 거래를 봉쇄할 목적으로 한반도 주변에 평화선과 비슷한 범위의 해상방위수역을 설정했다. 이러한 클라크라인은 6.25전쟁이 진행 중인 때 한일 간에 갈등은 전쟁 수행에 좋지 않다는 미국의 판단에 근거한 것으로, 미국이 간접적으로 이승만 라인을 지지한 것으로 해석된다. 그래서 일본은 우리 정부의 강력한 단속에 대해서도 적극적으로 대응하지 못했다. 마크 클라크(1896~1984) 대장은 맥아더, 릿지웨이에 이어 3대 유엔군사령관으로, 6.25정전협정의 서명자이다.

고는 평화선과 큰 차이가 없는 것이어서 일본과의 해상 대치는 자연스레 해소된다.

일본의 주장⑩

"일본은 한국에 대해 국제사법재판소(ICJ)에 회부를 제안하고 있지만, 한국은 이를 거부하고 있다."

일본은 한국의 이승만라인 설정 이후 한국 측이 행하는 다케시마 영유권 주장, 순시선에 대한 사격, 구축물 설치 등에 대해 그때마다 엄중히 항의해 왔다고 말한다. 그러는 가운데 일본은 다케시마 문제를 평화적 수단을 통한 해결해보기 위해 1954년 9월 외교상의 구상서(口上書, note verbal)를 보내 다케시마 영유권에 관한 분쟁을 국제사법재판소(ICJ)에 회부할 것을 제안했고, 이어서 1962년 3월 외무장관 회의에서도 제안했고, 2012년 8월 이명박 당시 대통령이 독도를 방문한 뒤, 다시 국제사법재판소에 회부하자고 제안한 적이 있지만, 한국 측이 3차례 다 거부했다고 주장했다.

재판소에 왜 가는가?

독도는 우리 땅 | 독도는 '일본의 탐욕과 폭력에 희생된' 첫 한국 영토다. 1945년 8월 15일 일본의 패망과 대한민국의 광복으로 되찾은, 작지만 고유한 우리의 영토다. 독도는 역사적으로 지리적으로 또 국제법적으로 우리의 고유영토로 우리의 정상적인 주권이 행사되고 있다. 이런 땅을 국제사법재판소에 가서 "이게 누구 땅이냐?"고 물어볼 아무 이유가 없다. 누가 자기 땅을 갖고 재판소에 가서 물어볼까? 일본은 물어보는가? 68년 전인 1954년 일본이 처음으로 독도 문제를 국제사법재판소(ICJ)에 회부하자는 주장을 한 데 대한 우리 정부의 입장은 지금도 유효하다.

당시 우리 정부는 이렇게 정리했다. ①일본 정부의 제의는 사법절차를 가장한 또 다른 허위의 시도에 불과하다. 한국은 독도에 대한 영유권을 갖고 있으며, 한국이 국제재판소에서 이 권리를 증명해야 할 하등의 이유가 없다. ②일본 제국주의에 의한 한국의 주권 침탈은 1910년까지 단계적으로 이루어졌으며, 1904년 일본은 강압에 의해 체결한 「한・일의정서」와 「제1차 한・일협약」으로 한국에 대한 실질적인 통제권을 획득하였다. ③독도는 일본의 한국 침략의 최초의 희생물이다. 독도에 대한 일본의 비합리적이고 끈질긴 주장은 한국 국민들로 하여금 일본이 다시 한국 침략을 시도하는 것은 아닌지 의심케 한다. 한국 국민들에게 있어 독도는 단순히 동해의 작은 섬이 아니라 한국 주권의 상징이다.[162]

1965년 한일회담 타결 전 이동원 당시 외무부 장관은 일본의 독도 영유권 주장에 대해 "내가 마누라랑 수십 년간 잘살고 있는데, 어떤 미친놈이 동네에 나타나 자기 마누라라고 소리 지르고 다닌다"고 했다. 정말 적절한 비유가 아닐 수 없다.

헤이그 국제사법재판소. 국가 간 분쟁을 국제법으로 해결하는 이 재판소는 유엔헌장에 근거해 1945년에 설립됐다. 대륙별로 할당된 15명의 재판관으로 구성된다. 사진=유엔홈페이지

---

162 대한민국 외교부, "독도에 관한 일문일답" 중에서 인용.

져도 본전, 이기면 횡재 | 일본은 중국과 러시아가 센카쿠열도(조어도)와 남쿠릴열도(북방영토) 문제에 대해 국제사법재판소(ICJ)에 가자고 하는 제의는 거부하면서, 독도에 대해서는 국제사법재판소 회부를 주장하고 있다. 왜 그럴까? 역설적이지만 독도가 일본 영토가 아니라는 사실을 일본이 가장 잘 알고 있기 때문이다. 그래서 일본은 국제사법재판소에서 패소해도 잃을 것이 하나도 없고, 이기면 횡재(橫財)다. 반대로 한국은 이겨도 본전이고, 진다면 독도와 인근 해역을 일본에 빼앗길 수 있는 국가적 재앙이 된다. 그리고 앞에서 살펴본 대로 독도에 대한 역사적 연원이나 민족적 감정 등에 깊은 이해가 없고 전략적인 사고에 능한 미국은 이 재판에서 한국에 도움이 되기는커녕 그 반대일 가능성이 상당히 높다.

일본은 자국이 센카쿠열도 문제를 국제사법재판소에 제소해서 중국[타이완]과 다투다가 패소하면 큰 낭패라고 여기니까, 사법재판소행을 거부한다. 남쿠릴열도 4개 섬은 50년대 초 구소련이 2개 섬을 돌려주겠다고 했다가, 미일방위조약의 체결에 반발해 제안을 취소하면서 아직도 분쟁 중이다. 일본은 "1951년「샌프란시스코강화조약」이 조인될 때 일본이 패전국이어서 불리한 결정이 내려졌다"고 주장한다. 이에 대해 러시아(구소련)는 "제2차 세계대전은 일본이 일으켰으며, 남쿠릴열도의 러시아 영유는 전쟁 도발의 책임을 확정한「샌프란시스코강화조약」의 결과"라고 반박한다. 일본 사회 저변에는 아직도 제국주의적 영토 야욕이 남아있다. 거기다가 신(新) 해양법 체제에서 해양영토 확장 욕심이 부쩍 커졌다. 일본이 이러한 시대착오적인 야욕을 거두지 않는다면, 한·일 두 나라가 신뢰와 우호 증진을 통해 동북아시아의 공동번영을 추구한다는 큰 목적은 미국이 아무리 희망한다고 해도 몹시 어려운 과정이 될 것이다.

3. 북한: "독도는 신성한 조선의 영토"

일본의 주장에 대해서는 그 억지와 허구성 등을 충분히 살펴봤다. 이쯤에서 독도에 관한 북한(北韓)의 입장은 어떤지 알아볼 필요도 있겠다. 일반적으로 일본과 관련된 문제 즉 위안부, 독도 영유권, 강제 징용 등 해방 전(前) 일본의 제국주의적 침략에 따른 피해에 대해서는 북한도 한국과 입장이 거의 같다. 독도 문제에 대해서는 북한도 틈날 때마다 일본에 대해서 "일본은 독도에 있는 풀 한 포기도 밟지 말라"고 엄중한 경고를 발한다. 마치 영유권 분쟁에서 중국과 타이완이 비슷한 입장을 가진 것과 흡사한 모습이다.

"주체의 핵탄으로 바다에 처넣는다" | 2018년 2월, 평창 동계올림픽 때 공동 입장한 남북한 선수들이 든 한반도기에 독도(獨島)가 빠져 있는 것에 대해서도 북한은 "독도는 법적 근거로 보나 역사적 근거로 보나 우리 민족 고유 영토로서 그 영유권은 우리 민족이 갖고 있다"면서 "이번 겨울철 올림픽대회 기간에 한반도기에 독도를 표기하는 것은 누구도 이해하지 못할 문제도 아니고 또 따지고들 문제는 더더욱 아니다"라고 강조했다.[163]

북한은 노동신문의 보도를 통해, 독도가 빠진 한반도기를 채택한 국제올림픽위원회(IOC)의 결정을 '개탄'하는가 하면, 한국도 외세의 압력에 굴복하지 말도록 지적하기도 했다. 북한 조선중앙TV는 이와 관련해 "간악한 쪽바리들을 가만두어서는 안 된다. 보잘것없는 일본 열도의 4개 섬을 주체의 핵탄(核彈, 원자탄)으로 바다에 처넣어야 한다"라고 무시무시한 논평을 할 정도이니, 북한의 입장은 우리보다 더하면 더했지, 덜하지는 않은 것 같다.

---

163 북한 대남 선전매체 〈우리민족끼리〉 2018.2.10. 논평

2018 평창동계올림픽에 참가한 북한응원단.

북한의 영토교육 | 북한은 학교교육과 조직생활 등 크게 두 가지 방식으로 영토교육을 하고 있다. 북한 고등중학교(중고등학교) 교육과정에는 2학년 '조선 동해'와 4학년 '동남 지방' 단원에 독도 관련 내용이 들어있다.

2학년 지리 교과서에는 "독도를 처음으로 발견하고 국토에 편입시킨 나라는 조선이며, 독도 영유권을 내외에 선포한 첫 국가도 조선이다. 그런데도 일본 군국주의자들은 역사적으로나 국제법적으로 명백히 우리나라의 고유한 땅인 독도를 '일본 령토'라고 파렴치하게 주장하고 있다"고 서술하고 있다.

4학년 경제·지리 교과서도 "오늘날 독도를 일본 군국주의자들이 빼앗아내려고 책동하고 있지만 놈들의 강도적 야망은 실현될 수 없으며, 독도는 그 누구도 침해할 수 없는 우리나라의 신성한 령토"라고 강조하고 있다. 교과서에 나온 단어들이 좀 과격해 보이긴 해도 이런 교과서로 교육받은 (북한) 학생들은 독도 문제와 관련해서는 흔들림 없는 마음을 가질 것 같다.

북한은 학교에서의 이런 교육 말고도 직장 등 조직 생활을 통해서도 영토교육을 실시하고 있다. 대표적인 것이 노동신문과 당과 각급 정부에서 발간하는 정치신문을 통한 교육이다. 노동신문은 한일 국교정상화(1965.6.22.) 직전인 1965년 2월 23일 독도 관련 기사를 처음으로 게재했으며 1960년대 19건, 1970~1990년 11건, 2000년대 130건, 2010~2013년 17건의 기사를 실었다. 기사는 "독도문제, 남조선에 대한 일제의 령토적 야망"(1965.2.23.), "독도는 령토적으로 우리나라 령토이다"(1983.3.4.), "독도는 어제도 오늘도 래일도 영원한 우리 령토"(2002.8.20.) 등 일본 측의 침탈 야욕을 비판하는 내용이 주를 이룬다. 북한은 또 2004년 독도의 역사와 생태환경을 담은 우표를 발행하기도 했다. 즉 북한은 정치, 군사 등에서는 한국과 적대 관계이지만 독도 영유권 등 민족적·역사적인 문제에 있어서는 우리와 같은 목소리를 내는 같은 민족이라는 사실을 알 수 있다. 이 경우 우리는 "피는 물보다 진하다"라고 표현을 쓸 수 있을 것이다.

독도는 조선의 섬 | 북한법 전문가인 한명섭 변호사도 2016년 11월 부산에서 열린 대한민국해양연맹 창설 20주년 기념 세미나에서 "북한도 영토에 대한 인식은 우리와 크게 다르지 않다"고 말한다. 한명섭 변호사는 「북한의 독도 영유권 인식과 연구」라는 발표를 통해, 한국은 헌법 제3조에 "대한민국의 영토는 한반도와 그 부속 도서로 한다"고 규정하고 있지만, 북한은 헌법에 명백한 영토 조항이 없는 대신 "북반부에서 인민정권을 강화하고… 조국통일을 실현하기 위해 투쟁한다"라고 규정함으로써 간접적으로 한반도 전체가 북한의 영토임을 주장하고 있다고 말한다.

그렇지만 북한은 독도에 대해서는 오래전부터 "조선의 섬" 또는 "조선민족의 신령한 령토"라고 표현하고 있다. 그래서 일본이 간헐적으로 독도의 영유권을 주장하면 조선중앙통신 논평이나 노동신문의 기사 등을 통해 일본을 강력하게 규탄하고 독도 영유권 문제에 대한 학문적 연구도 계속하고 있다. 독도와 관련해 북한은 2010년 8월 20일 그동안의 연구 성과를 모아 『독도는 조선민족의 신성한 령토』라는 293쪽에 이르는 단행본을 김일성종합대학출판사에서 펴내기도 했다. 이 책의 집필진은 16명에 이르며 "일본이 독도를 굳이 자기 나라 섬

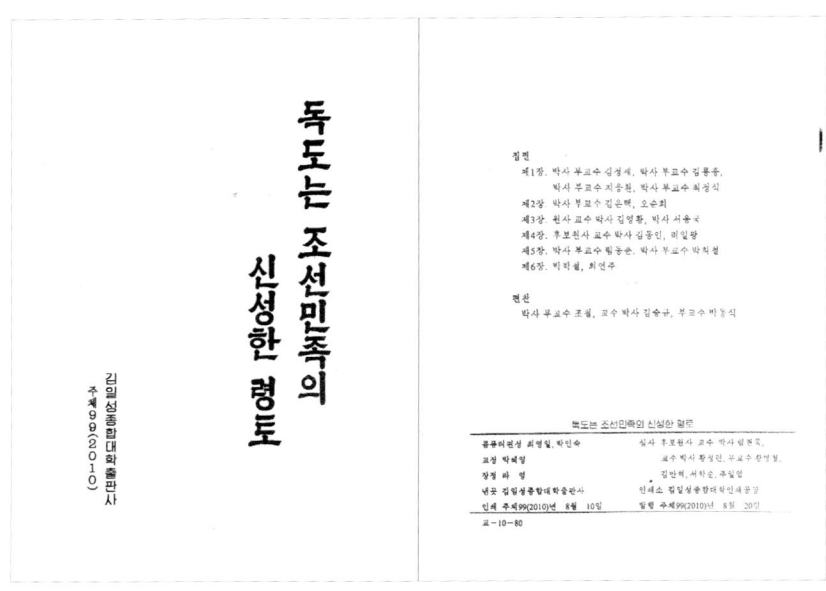

북한이 2010년 펴낸 독도 학술 단행본. 사진=한명섭

이라고 우기는 조건에서 우리는 그 부당성과 비법성(非法性)을 전면적으로 까밝히지 않을 수 없다"라고 발간 목적을 명확히 하고 있다.

독도 영유권 문제와 관련해 지난 2002년 8월 서울 워커힐 호텔에서 남북한 학자 등 400여 명이 참석한 가운데 『독도의 영유권 수호와 일본의 과거 청산을 위한 우리 민족의 과제』라는 주제로 8.15 기념 남북 학술회의가 열린 적이 있었다.

그때는 제1차 남북한정상회담(2000.6)이 열린 직후여서 남북한의 사이가 좋았을 때였다. 이때 한국에서는 강만길(姜萬吉) 박사가 「독도 영유권 수호와 일본의 과거 청산을 위한 과제」라는 제목으로, 북한의 허종호 조선역사학회 회장이 「독도는 그 누구도 침범할 수 없는 우리 민족의 신성한 영토다」라는 제목의 기조연설(基調演說)을 했다. 또 발제에서는 황명철(북한 사회과학원 역사연구소) 연구사가 「독도는 역대 일본 정부와 국제협약에 의해 영유권이 확인된 우리 민족의 고유한 영토」라는 논문을 발표했고, 또 이학수 연구사(역사학회 회원)는 「일본 반동들의 독도 영유권 주장은 영토팽창 야망의 발현」이라는 '시원한' 제목의 논문을 발표했다.

강만길 교수는 기조연설을 통해, "독도가 역사적으로 일본 땅이라고 주장하는 일본 전문 역사학자는 거의 없고, 대체로 외무성 관료 출신들이 그런 주장을 하고 있으며, 가지무라 히데키(梶村秀樹)를 비롯한 몇몇 일본 전문 역사학자들은 독도가 한국 땅임을 논문을 통해 증명하기도 했다"고 말하고, "독도는 지질학적, 광물학적, 생물학적 조건으로 보아도 철저하게 울릉도의 부속 도서로서, 울릉도가 한국 땅인 이상 독도는 당연히 한국 땅"이라고 밝혔다.

이어 북한과학원 허종호 원사도[164] "독도는 역사적으로 우리 민족의 불가분 영토라고 전제하고, 1500년의 오랜 역사가 있는 우리나라의 독도 영유는 시기에 따라 다른 형태를 취했다"고 전제했다.

허 원사는 "영유의 첫 시기는 6세기 초 우산국(우산도, 울릉도)을 복속시킨 후 조공 관계의 형식으로 정치 경제 문화적 연계 관계를 강화하고 민족적 동질성을 두터이 하여 온 시기"라고 정의했다.

"둘째 시기는 12세기 고려 중엽(인종-의종) 이후 정부에서 관리들을 섬에 파견해 직접 통치 경영하던 시기로서, 이 시기 우산국은 고려의 울진현(蔚珍縣) 소속으로 개편되고, 본토 주민들이 이주하여 섬을 충실하게 개척한 시기를 말한다. 셋째 시기는 15세기 초 리조정부(李朝政府)[朝鮮王朝]가 소극적인 공도(空島)정책을 실시한 시기로서, 섬을 비우는 공도정책은 결코 섬에 대한 주권행사의 포기를 의미하는 것이 아니라, 변화된 환경에 맞게 섬 주민들을 왜구(倭寇)의 침략과 약탈로부터 보호하며 영해 섬들을 관리하기 위한 소극적인 영유 정책을 말한다고 반박한다. 동래부사 박경업(1615년)이 울릉도를 침범하는 왜인들에게 '공도정책이 결코 우리나라 영역에 타인이 함부로 들어와 사는 것을 허용한 것이 아님'을 명백히 선언한 바 있다고 말했다. 이렇듯 공도정책은 결코 두 섬에 대

---

164 북한의 과학원 원사는 우리의 학술원 회원과 같은 급이다.

한 주권 포기가 아니고 '독도는 무인도(無人島)였어도 결코 주인이 없는 무주도(無主島)가 아니었다'고 강조했다.

독도 영유의 넷째 시기는 19세기 말 정부가 다시 적극적으로 개척정책을 실시하고 독도를 울릉군의 부속 섬으로 편입시킨 후 일제가 조선을 강점하기까지의 시기를 말한다. 조선은 1880년대 초부터 공도정책을 버리고 다시 적극적인 개척정책을 실시해 수많은 본토 주민들을 울릉도로 이주시켜 농경지를 개간하고 농업을 다양화했으며 수산자원도 적극적으로 개발했다. 그리고 울릉도와 독도의 효과적인 개척과 통치를 위해 전임(專任) 행정관인 도장(島長, 1895), 도감(島監, 1898), 군수(郡守, 1900) 등을 임명해 파견했다. 조선(과 대한제국)은 이러한 역사적인 사실에 기초해 독도 영유권을 근대 국제법적 요구에 맞게 재확인하기 위해 1900년(광무 4년) 10월 25일 칙령 제41호를 통해 "울릉도를 울도군(鬱島郡)으로 개칭해 강원도 소속으로 하며 도감을 군수로 개칭하고 군청 관할 구역은 울릉도와 죽도(죽서), 석도[獨島]로 한다고 공포했다. 이 〈칙령 제41호〉는 반포 일부터 시행된다고 선포됐으며 10월 27일 정부 신문인 관보(官報) 제1716호로 세계 각국에 정식 통보됐다"고 밝혔다.

그러므로 "선점(先占)의 원칙에서 보아도 일본은 한국에 1400년이나 뒤지며 근대법적 원칙에서 볼 때도 일본 각의 결정과 시마네현(島根縣) 고시는 법적으로 성립될 수 없을 뿐만 아니라 칙령 제41호보다 5년이나 늦다"고 지적한다. 허종호 원사는 이어 "독도 편입을 결정한 일본 각의의 기초가 된 사실은 시마네현의 어부 나까이요자부로(中井養三郎)가 (일개 어부에 불과한 자신이 조선 정부를 상대로 임대 교섭이나 요청을 할 수 없으니까) 일본 정부가 나서서 조선 정부를 상대로 교섭해 독도를 임대할 수 있게 요청[탄원]한 것이었는데, 일본 정부는 식민주의자들의 영토병탄 수법대로 독도를 '주인 없는 땅'으로 규정하고 각의와 시마네현 고시 등 마치 주인 없는 땅을 합법적으로 취득하는 듯이 절차를 밟았다"고 지적했다.

지금까지 살펴본 대로 독도 영유권에 대한 북한 측의 연구 결과는 우리와 대동소이하다. 역시 북한은 같은 한민족이고, 일본은 다른 생각을 가진 믿기가 어려운 불편한 이웃임이 분명하다.

피를 부르는
영토 분쟁
TERRITORIAL DISPUTES

5

아시아 Asia

피를 부르는 영토분쟁 **아시아** 편

1. 센카쿠(尖閣)열도: 뚜껑을 열 때가 왔는가

일본-중국 분쟁

센카쿠열도(列島)[001]는 동중국해의 남서부 타이완과 오키나와제도 사이에 있다. 타이완 북쪽 치룽(基隆)항에서 북동쪽으로 170km, 중국 푸젠성(福建省)에서 330Km, 그리고 일본 오키나와(沖繩)현 본섬에서 410km 정도 떨어져 있고, 오키나와 현(縣)의 제일 서쪽에 위치한 야에야마 제도의 이시가끼(石垣)[002]시에 소속

센카쿠열도 위치

---

001 열도(列島), 제도(諸島), 군도(群島)는 '섬이 무리를 이루고 있다' '여러 개의 섬이 늘어서 있다'는 같은 뜻으로 쓰고 있다. 우리 언론이 관용적으로 쓰는 호칭을 쓴다.
002 일본은 혼슈 서남쪽의 많은 섬을 「난세이(南西)제도」로 분류하고, 이 난세이제도는 다시 사츠난(薩南)제도,

돼 있으나 그 거리 또한 170km나 된다. 거리로 보면 대만에 속한 것 같기도 하고, 오키나와에 속한 것 같기도 한 이 섬들은 사실 시대 상황에 따라 그 두 나라에 속하기도 했고, 아니기도 했다.

센카쿠열도는 5개의 무인도와 3개의 암초로 구성된 섬 무리[群島, 列島, 諸島]로, 면적은 5개 섬을 다 합쳐 7km²(210만 평)가량이다. 인접한 중화인민공화국(PRC), 타이완(ROC, 중화민국), 일본 등 세 나라가 영유권을 주장하고 있으나 현재는 일본이 실효지배하고 있다. 이 열도는 1885년 일본인이 발견했다고 신고한 뒤부터 1940년까지 많을 때는 230여 명의 일본인이 거주하면서 가다랑어 가공공장을 가동하기도 했으나 현재는 거주자가 없다.

영어권에서는 이 섬들을 '뾰족한 산봉우리가 있는 섬들'이라는 뜻으로 피너클제도(Pinnacle Islands)라고 부르는데, 1884년 영국 해군이 작명했다. 일본이 현재 부르는 이름 '센카쿠열도'는 한자로 '첨각(尖閣)열도'인데, 영어 이름의 뜻을 살려 그대로 한자로 지은 이름이다. 그러닌까 현재 실효지배하고 있는 일본도 1884년까지는 큰 관심이 없었던 것 같다.

센카쿠열도에서 제일 큰 섬은 우오쓰리섬(魚釣島, 어조도)이라고 부르는데, 중국에서는 댜오위다오(釣魚島, 조어도)라고 부른다. 서로 앞뒤 글자를 바꿔서 이름을 지었는데 뜻은 같다. 이름을 보면 옛날부터 근처에서 고기가 잘 잡히는 곳임을 말해준다. 일본은 길이 3.5km 폭 2km로 면적 4.3km²(130만 평)에 최고봉 362m로 제법 큰 이 섬에 헬기장, 기상관측대, 등대 등을 설치했고, 다른 섬 하나에도 등대를 설치해 운용하면서 실효적 지배를 강화하고 있다.

나머지는 크기 순서로 구바섬(久場島, 중:黃尾島) 1.08km²(32만 평), 미나미코섬(南小島, 중:南小島) 0.46km²(14만 평), 기타코섬(北小島,중:北小島) 0.3km²(10만 평), 다이쇼섬(大正島, 중:赤尾嶼)으로 0.06km²(18,000평)이고, 오키노키타암(沖北岩) 등 나머지 3

류큐(琉球)제도, 다이토(大東)제도로 나뉜다. 「사츠난제도」는 가고시마(鹿兒島)현에 속한다. 「류큐제도」는 다시 오키나와(沖繩)제도와 사키시마(先島)제도로 나뉘고, 사키시마제도는 또 다시 야에야마(八重山)제도, 미야코(宮古)제도, 센카쿠(尖角)제도로 나뉜다.

센카쿠열도. 앞 왼쪽 섬이 미나미코섬[난샤오섬], 오른쪽 섬이 기타코섬[베이샤오섬], 뒤로 멀리 보이는 큰 섬이 우오쓰리섬[댜오위다오섬]이다. 사진=구글

개는 이름 그대로 암초(暗礁)다.

청일전쟁 중 편입 | 일본 오키나와(沖繩, Okinawa)현의 전신인 류큐왕국(琉球王國, 1429~1879)은 명(明) 초기(1372)에 복속돼, 조공(朝貢) 관계가 된다. 이후 1403년 중국에서 나온 『순풍상송(順風相送)』이라는 책에는 센카쿠가 '조어서(釣魚嶼)'라는 이름으로 처음 등장하고, 선박들이 중국[명]과 류큐왕국을 오갈 때 중간 정박지 역할을 했다는 기록이 남아 있다.

청(淸)으로 넘어와 1863년에 제작된 세계지도[皇朝一統輿地全圖]에는 이 열도가 푸젠(福建)성에 부속되는 '댜오위타이군도'(釣魚臺群島)로 표시돼 있다. 이때까지는 중국과의 인연이 짙어 보이지만, 문제는 그다음이다.

제국주의 일본이 류큐왕국을 병합해, 오키나와현(縣)으로 삼은 해가 1879년이다. 1885년 코가 다츠시로(古賀辰四郞)라는 민간인이 '동중국해에서 새로운 섬

---

003 『순풍상송』『지남정법』(指南正法)』, 이 두 책은 저자 미상으로 영국 옥스퍼드대학 도서관에 소장돼 있던 것을 중국 사학자 향달(向達)이 필사해 주석을 붙이고 합본해 『양종해도침경(兩種海道針經)이란 제목으로 1961년 출간했다(정수일, 실크로드 사전).

004 오키나와현은 제일 큰 섬인 오키나와를 비롯해 160여 개의 유인도를 비롯한 작은 섬들이 동서 1,000km, 남북 400km의 범위로 흩어져 있다. 전체 섬 면적은 2,280㎢이다. 1,850㎢인 제주도보다 조금 넓다. 일본은 1879년의 오키나와 합병을 '류큐처분(琉球處分)'이라고 말한다.

들을 발견했다'는 신고를 했고, 10년간이나 뜸을 들이다가 이 열도를 '어느 나라의 주권도 미치지 않은 땅' 즉 무주지(無主地, Terra nullius)라면서, 청일전쟁 와중인 "현지에 표식을 설치한다"는 각의 의결을 거쳐 일본 땅으로 편입한다[005](1895.1.14).

일본은 청일전쟁에서 승리한 뒤 맺은 시모노세키조약(下關條約)[006]에서 타이완과 그 부속 도서를 전리품으로 차지한다. 그때는 센카쿠열도가 타이완의 부속 섬[007]으로 분류돼 자동으로 일본의 식민지가 되면서 '댜오위다오'(釣魚島)는 국적이 중국 타이완에서 일본의 오키나와현(縣)으로 바뀐다.

다시 1945년 미국은 일본 본토로 진격하는 과정에서 오키나와를 점령한 뒤 반환하지 않고, 군사기지로 활용하다가 1972년 일본에 돌려준다. 오키나와는 샌프란시스코강화조약의 영토 규정에서도 제외됐다.

그러니까 일본은 센카쿠열도를 취득할 때는 '타이완의 부속 섬'으로 취득했고, 전쟁에 패하고 나서는 이 섬이 '미국령 오키나와에 속한 섬'이어서 반환할 수 없었고, 1972년 오키나와를 돌려받을 때 '오키나와의 부속 섬'으로 함께 돌려받았다고 말한다.

관련국 입장 | ● 먼저, 센카쿠를 실효지배 중인 일본은 센카쿠열도가 "역사적으로나 국제법상의 선점이론(先占理論)으로 보나, 일본 고유의 영토"라는 입장을 고수하고 있다. 일본은 2차 세계대전 이후 체결된 「샌프란시스코강화조약」의 제3조 그리고 「미일상호방위조약」의 제5조 또 「오키나와 반환협정」에도, 센카쿠열도는 오키나와의 일부로 표기돼 있기 때문에, 센카쿠열도는 국제사회

---

005 '민간인의 신고 → 민간인의 이용신청 → 정부 개입 → 영토편입 결정'이라는 영토편입 장면은 10년 뒤인 1905년, 일본이 우리 땅 독도(獨島)를 뺏을 때 그대로 재현된다.
006 청일전쟁을 마무리하는 이 조약은 이토 히로부미와 이홍장 사이에서 1895년 4월 17일, 시모노세키에서 체결됐다. 5개 항으로, 1조가 "청은 조선이 완전무결한 자주독립국임을 확인하며, 일본과 대등한 국가임을 인정한다"이다. 또 조약 2조는 랴오둥반도, 타이완섬, 펑후제도와 부속 여러 섬을 일본으로 넘겨주도록 했다. 청이 한반도에서 물러난 뒤 명성황후의 요청으로 러시아가 조선에 영향력을 행사하면서, 일본은 러일전쟁을 도발해 승리하면서 러시아까지 몰아낸다.
007 타이완은 1895년부터 1945년까지 만 50년간 일제의 식민지가 된다. 우리보다 15년이나 더 오랫동안 일제로부터 식민 지배를 받았다.

가 인정한 일본의 영토라고 주장한다. 이 모든 과정에서 중국은 전혀 반발하지 않았기 때문에 중국의 영토가 아니라고 말한다. 일본은 또 1895년부터 이 섬들을 실효지배하고 있기 때문에 당연하게 자기 땅이라고 주장한다.

● 다음, 중국과 타이완. 센카쿠열도 영유권에 대한 이 두 나라의 입장은 동일하다. 여러 기록이나 사료(史料)에 나타났듯이 15세기부터 센카쿠열도는 중국의 고유 영토이며, 1895년 일본 각의의 결정은 비밀리에 이루어져 중국이 항의하거나 의사를 표시할 수 없었다고 말한다.

중국은 센카쿠열도가 청일전쟁의 패배로 인해 타이완과 함께 빼앗겼던 영토이므로, 카이로 선언(1943)과 포츠담 선언(1945)의 원칙과 정신에 입각해 돌려받아야 한다고 말한다.[008]

카이로 회담은 이탈리아의 항복(1943.9.8) 이후 연합국이 독일, 일본과의 전쟁을 어떻게 수행할 것인가를 논의한 회의로, 여기에서 '한국(조선)의 독립 문제'와 '일본이 1차 대전 이후 약탈한 영토를 반환하는 문제' 등이 논의되고 매듭지어진 회담이다.

중국은 이 섬이 타이완과 푸젠성 어부들의 전초 기지로, 어로기에는 중국 어부들이 몇 달씩 이 섬에서 살기도 한 자국의 영토라고 주장한다. 중국은 또 일본의 실효지배 주장은 과거 일본 제국주의에 의한 부당하고 불법적인 행위였다고 반박하면서, 이 섬이 중국 영토라는 역사적인 자료는 차고 넘친다고 반박한다.

● 마지막으로, 미국은 일본과 중국 사이의 분쟁에서 제3자지만, 원인 제공자이기도 한 관계로 센카쿠열도 영유권 문제에 대해서 나서기가 좀 불편하다. 하지만 센카쿠열도에서 일본의 통치권이 행사되는 한, 미일안보조약에 따라 센

---

008 유럽 전선에서 이탈리아의 항복에 이어 독일과의 전쟁에서 승기를 잡은 연합국의 미·영·중 3국 정상은 1943년 11월 하순 카이로에서 만나, 대(對)일본전에 대한 전략을 논의하면서, 일본이 제1차 세계대전 후 타국으로부터 약탈한 영토를 모두 반환해야 한다고 의견을 모았다. 또 1945년 7월 하순에 열린 포츠담회담은 일본의 무조건 항복을 요구하고 2차 대전이 끝난 후 유럽의 질서를 어떻게 구축할 것인가를 논의했다. 포츠담선언 제8항은 "카이로선언의 모든 조항은 이행되어야 하며, 일본의 주권은 혼슈, 홋카이도, 큐슈, 시코쿠와 연합국이 결정하는 작은 섬들에 국한될 것이다"라고 규정했다.

카쿠 열도는 미국의 보호 대상에 포함된다는 입장을 여러 차례 밝힌다.[009] 그러나 만약 중국이 무력으로 센카쿠열도를 점령해서 중국 관할로 바뀌어 버린다면, 그때에는 일본의 영토가 아니므로 미일안보조약에 따른 보호 대상이 아니게 된다는 점에 대해서 일본은 불안해하고 있다. 그래서 "일본이 스스로 센카쿠를 지키지 않으면 미국도 센카쿠를 지켜줄 수 없다"는 주장이 대두되면 찜찜해 한다. 미일안보조약 상 미국의 개입은 북대서양조약기구(NATO)의 자동 개입과 달리, 미 의회의 승인을 받아야 개입할 수 있는 조항이라는 해석 때문이다.

"일단 덮어 두자"

중국과 일본의 국교 정상화 과정에서 센카쿠열도의 영유권 문제도 거론됐다. 특히 중국은 1969년 소련과 영토 문제로 무력 충돌까지 치른 경험이 있어서 '영토[010] 문제가 한두 번의 협상으로 해결되는 문제가 아니라는 사실'도 잘 알고 있었다.

수교 당시 일본과 중국 두 나라의 경제적 격차는 컸다. 중국은 일본의 경제력을 이용해야 한다는 절박함이 있었다. 그래서 수교 협상에서 다나카(田中) 총리와 주은래(周恩來)수상 간에 이런 대화가 오갔다고 기록돼 있다.[011] 주은래 수상은 센카쿠열도 문제에 대한 논의를 보류하자고 제안했고, 다나카 수상도 이 제안을 수용하는 자세를 보였다.

---

009   일본 언론들은 오바마 미국 대통령과 아베 신조 총리가 2014년 4월 28일 정상회담을 가진 뒤 "미국 대통령이 처음으로 센카쿠열도를 미일안보조약 제5조에 따른 의무방위대상에 포함시켰다"고 크게 보도했다. 그 이전에도 미국 국무부와 국방부 관리들은 분쟁 시 센카쿠열도의 보호를 여러 차례 약속한 적이 있다.

010   1860년 베이징조약으로 우수리강이 청나라와 제정러시아와의 국경선이 되면서 16만 6천㎢의 연해주가 러시아 영토가 됐다. 그러나 진보도(珍寶島) 같은 우수리강 중간에 위치한 섬[河中島]들에 대한 영유권까지는 정리가 되지 않고 있었다. 1960년대 중-소 분쟁이 발생하고, 두 나라 국경수비대는 1969년 3월 진보도(珍寶島, 다만스키섬)에서 무력 충돌을 벌인다. 이 충돌로 중국군 1,000명이 전사하고 소련군 240명이 전사한다. 두 나라는 이후 국경회담을 열어 1991년 5월 진보(길이 1,700m 폭 500m, 넓이 20만 평 정도)를 중국 영토로 합의하고 분쟁을 마무리했다.

011   1972.9.27. 중-일 제3차 수뇌회담(『일본의 영토분쟁』 마고사키 우케루 지음, 양기호 역, p 86)

주은래: 중일은 대동(大同)을 구하며 소이(小異)를 극복해야 한다.
다나카: 대체로 총리의 말씀을 잘 이해하겠다. 구체적인 문제에 관해 소이를 버리고 대동을 구한다는 총리의 생각에 동의한다. 센카쿠열도 문제는 어떻게 보는가? 나에게는 여러 가지 요구가 많이 들어온다.
주은래: 센카쿠열도 문제를 지금 거론하고 싶지 않다. 지금 이야기 나누는 것은 좋지 않다. 석유가 나와서 문제가 된 것이다. 석유가 나오지 않으면, 타이완도 미국도 문제 삼지 않는다.

또 1979년 10월 일본을 방문한 중국 최고지도자 덩샤오핑(鄧小平)도 일본 기자클럽(Japan National Press Club)에서의 기자회견을 통해 "국교정상화(國交正常化) 교섭 당시 두 나라는 이 문제를 다루지 않을 것을 약속했다. 이번 평화우호조약(平和友好條約) 교섭에서도 마찬가지로 다루지 않기로 합의했다. 우리 세대는 센카쿠열도 영유권 문제의 해결 방법을 찾지 못하고 있으나, 우리 다음 세대, 혹은 그다음 세대는 반드시 해결 방법을 찾을 것이다"라고 언급했다. 중국의 개혁 개방과 경제 발전이 중요하니, 일단 덮어 두자는 이야기다. 일본이 실효지배하고 있는 센카쿠열도 문제를 덮어두면 시간은 일본 편이 되는데도, 중국은 그냥 덮어 두자고 했다.

센카쿠 국유화 | 그리고 시간이 흘렀다. 시간만 흐른 것이 아니라 그사이 자연스럽게 상황도 바뀐다. 일본 정부는 센카쿠열도(다섯 개 섬 가운데, 본래 정부 소유 1개를 제외한 3개 섬)를 개인 소유자로부터 20억 5천만 엔(円)을 지불하고 매입했다. 일본 우익(右翼) 세력이 이 섬을 매입하겠다고 하자, 차라리 정부가 소유하는 것이 관련국과의 충돌을 방지할 수 있다고 판단한 일본 정부가 2012년 9월 11일 자로 사들였다. 일본의 이러한 움직임에 대해 미국 측도 중국 측과 충분한 대화를 갖도록 권고했지만, 일본이 이 충고를 가볍게 들은 것으로 나타났

---

012 일본의 우익 정치인 이시하라 신타로(石原愼太郎) 도쿄도지사(재임 1999~2012)는 2012년 4월 16일 미국 워싱턴DC의 헤리티지재단 강연에서 일본의 핵무장과 센카쿠열도 매입 등을 주장했다. 일본 정부가 이 섬들을 매입하고 난 두 달 뒤인 11월 블라디보스토크에서 열린 APEC 정상회의에서 후진타오 중공당 총서기 겸 주석은 노다 일본 총리를 만난 자리에서 강력하게 항의했다.

다. 커트 캠벨(Kurt Campbell) 당시 미 국무부 차관보는 "사유지인 센카쿠 열도를 국유화하면 中·日간 갈등이 심각해질 수 있다"며 "중국과 사전에 협의하라"고 요청했던 것으로, 2016년에 공개된 힐러리 클린턴(Hillary Clinton) 전 국무장관의 이메일에서 확인되기도 했다. 이러한 일본 정부의 결정은 중국을 자극했다. 즉 분쟁 중인 영토에 중대한 '현상변경(現狀變更)'이 발생했다. 온 중국에서 반일(反日) 시위가 일어나고, 일본제품 구매 반대 운동 등으로 온통 시끄러워진다.

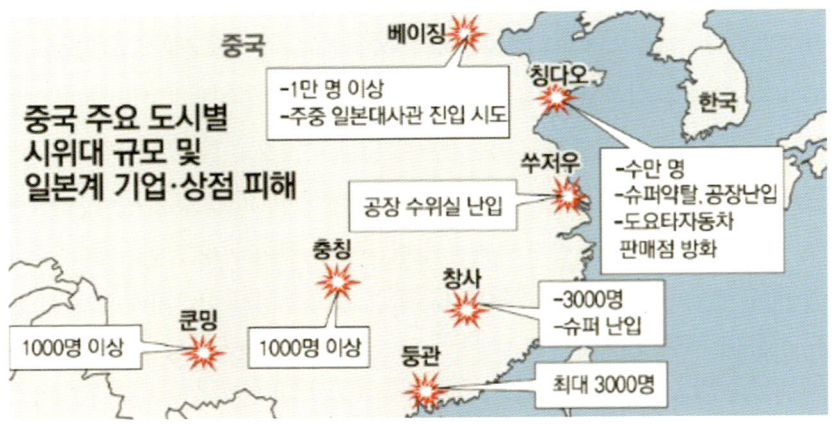

센카쿠열도 매입 직후인 2012년 9월 15~16일 주말의 반일(反日) 시위 현황. 1972년 중-일 수교 이후 최악의 상황이라는 언론 보도가 있었고, 흥분한 중국 시위 군중들은 "핵무기를 사용해 일본을 제압하라"며 외쳤다.
도표=동아일보, 2012.9

거기에 2012년 12월 등장한 아베(安倍) 정권은 2년이 지나도록 중-일 정상회담을 못 하고 있었다. 두 나라의 분위기가 험악했기 때문이다. 아베는 2014년 11월 베이징에서 열리는 아시아태평양경제협력체(APEC) 정상회의를 이용해 중-일 정상회담을 요청했으나, 중국 측은 정상회담의 조건으로 "센카쿠열도가 분

---

013 아베 신조(安倍晋三, 1954~2022)는 자민당 총재와 일본 역사상 최장수 총리를 지냈다. 총리에서 물러난 뒤에도 자민당 내 최대 파벌을 운영했으며, 2022년 참의원 유세 중 총격을 받아 사망했다. 아베 총리는 아버지가 외상을 지내고, 외조부 기시 노부스케와 외종조부 사토에이사쿠도 총리를 지낸 명문 출신이었다. 아베는 한국과 깊은 내적 인연을 가졌으나, 한국과의 관계는 그리 매끄럽지 않았다.

쟁지역임을 인정"하라고 요구했다. 일본은 고민 끝에 "센카쿠열도에는 중국과 일본 간에 이견(異見)이 있다"라는 표현을 담은 문서를 보냈다. 이 말은 중-일 간에 "의견의 차이가 있다"는 뜻이지만 국제법적, 외교적으로 보면 "분쟁(紛爭)"의 존재를 인정하는 말이다.

분쟁 중인 영토에 대해 현상변경이 발생하면 상대방은 그냥 있을 수가 없게 된다. 중국 또한 시간이 지나면서 변화와 발전을 거듭해왔다. 중국의 대외정책은 '대국으로 우뚝 선다'는 대국굴기(大國崛起)를 넘어 '거침없이 상대방을 압박한다'는 돌돌핍인(咄咄逼人)으로 나아가고 있다. 중국의 이런 거침없는 행보에 대해 미국과 일본, 그리고 다른 아시아 국가들도 '촌스러운 강대국'인 중국을 강력하게 견제해야 한다는 공감대를 불러일으키고 있다. 그래서 관련 국가들 사이에서는 이 해역에서의 항행의 자유를 확보하기 위한 군사협력을 강화하는 계기가 되기도 한다.

중국 원자력잠수함 ｜ 중국은 영토분쟁에 있어서 점차 비타협적이고 호전적으로 변하고 있다. 1949년 신중국[PRC]이 건국된 이후 이웃 나라와 제기된 23건의 분쟁가운데 17건을 매듭지었다. 남아 있는 6건은 타이완(臺灣), 인도, 부탄, 동중국해의 센카쿠열도, 그리고 남중국해의 시사[파라셀]군도, 난사[스프래트리]군도 등이다. 중국은 이들 6개의 분쟁은 언제든지 긴장이 고조될 수 있는 열점(hot spots)으로 간주하고 있다.[014]

6개의 열점가운데 하나인 센카쿠 열도에서도 접속수역이나 영해까지 중국 어선이 들어가고, 해경 순시선이 들어가고, 군함이 들어가고, 여기에 대응해 일본 측도 해상자위대에 이어, 공군자위대 전투기까지 출동한다. 미일 합동훈련에, 실탄사격 훈련에 상륙훈련까지 실시된다.

중국은 1840년 1차 아편전쟁 이후 서양 열강에 당한 '국권 침해'나 '영토 상실'에서 벗어나, 공산당 체제 아래에서 세계의 강국으로 성장했다는 모습을 국민

014　중국의 영토분쟁, 타협과 무력충동의 메커니즘", 테일러 프레이블 지음 장성준 옮김, 김앤김북스, 2021, 9p

들에게 보여줄 필요가 있다. "이제는 세계 어느 나라도 우리를 깔볼 수 없다"고 생각하는 14억 인민들을 실망시킬 수 없다는 생각이 언제나 중국 지도부의 머릿속을 지배한다. 또 공산당의 중요한 행사(2017년 10월의 제19차 중공당 전국대표대회, 2022년 10월의 제20차 중공당전국대표대회 등)를 앞두고 긴장을 적당히 조성해 "강력한 중국, 당당한 중국"의 실상을 인민들에게 충분히 보여줄 필요가 있다고 생각한다. 이럴 때는 국내정치용으로 긴장이 조성된다.

2018년 1월 10일과 11일 이틀 동안 중국 해군 잠수함, 그것도 원자력 잠수함이 센카쿠열도 내의 다이쇼지마(大正島, 중국명;赤尾嶼) 접속수역의 바다 밑을 지나갔다. 접속수역은 영해 바깥 12해리 수역을 말하는 것으로, 영해를 보호하는 역할을 한다. 육지에서는 22~44Km 떨어진 수역에 해당한다. 그래서 접속수역은 영토의 개념이 적용되지는 않지만, 마약이나 밀수 등 불법행위에 대해서는 해당 주권국가의 공권력 행사가 가능하고 외국 선박이 통상적으로 지나다닐 수 있는 수역을 말한다.

이 섬을 실효지배하고 있는 일본은 당연히 중국 측에 항의한다. 외무성은 일본 주재 중국대사를 외무성으로 불러 항의하면서 일본은 "영해를 지키기 위해 의연하고 냉정하게 대응하겠다"고 통고한다. 또 오후에는 관방장관이 최근 두 나라 사이가 개선의 기미가 보이는 데 이 문제가 걸림돌이 되지 않도록 "양국 관계 개선 흐름을 저해하지 않도록 하겠다"고 상당히 점잖게 중국 측에 말한다.

그러나 중국의 반응은 강했다. 중국 외교부는 "센카쿠 열도가 '중국의 고유한 영토'라는 점을 강조하면서 일본이 이 문제를 갈등으로 키우는 것을 멈추라"고 반박한다. 국방부도 성명을 내고 "일본 해상자위대 군함 2척이 댜오위다오 동북쪽 접속수역에 진입함에 따라 중국 해군이 즉각 출동해서 추적 감시 활동을 벌였던 것"이라며 "중국 군함이 유관 해역에서 활동하는 것은 정당하고 합법적"이라고 주장했다.

미국의 싱크탱크 「퓨(Pew)리서치센터」의 조사에 따르면 '중국에 호감을 갖고 있다'고 대답한 일본인의 비율이 2011년에는 34%였으나, 센카쿠열도를 둘러싼 분쟁이 격화됐던 2012년에는 14%, 2013년에는 5%까지 떨어진 것으로 나타났다. 그 이후 호감도는 조금씩 살아나 2015년 9%, 2017년 13%로 조사됐다.[015]

---

015 2020년 10월 6일 퓨리서치센터가 조사한 세계 주요 14개국의 중국에 대한 비호감도는 중국이 코로나-19를 제대로 제어하지 않고 있다는 사실 때문에 역대 최고치를 기록했는데, 이 가운데서도 중국에 대한 일본의 비호감도가 86%로 가장 높았다. 이밖에도 스웨덴, 호주에서 80% 이상의 비호감도가 나왔고, 영국, 독일, 네덜란드, 미국, 한국, 프랑스 캐나다 등에서도 70% 이상의 비호감도가 조사됐다.

2. 동중국해: 해저자원과 이어도

해저자원의 보고

센카쿠열도에 대한 중국 측의 영유권 주장은 1960년대 후반 본격화됐다. 그 이유가 있다. 경제개발에 앞서거나 뒤지거나, 그 무렵 많은 나라는 석유 자원의 확보에 엄청 열을 올리고 있었다. 그 무렵 유엔「아시아극동경제위원회」(UN Economic Commission for Asia and the Far East, UN ECAFE)의 의뢰를 받아 12명의 지질전문가가 6주 동안 동중국해 탐사를 진행하고 1969년 그 결과를 발표했다.[016] 이 지질 탐사의 책임자가 미국 국립과학아카데미 회원이며 저명한 해양지질학자인 에머리(Kenneth Orris Emery)박사였다 그래서 이 보고서를 보통 '에머리 리포트'(Emery Report)라고 부른다. 이 보고서는 "대만과 일본 사이의 동중국해에 세계 최대의 석유 자원이 매장됐을 가능성"에 대해 낙관적으로 평가했다. 이 보고서를 접한 연안국들의 눈빛이 달라진다.

경제 개발을 성공적으로 시작한 한국은 말할 것도 없고, 2차 대전에서 패전한 일본은 도쿄올림픽을 성공적으로 치르고(1964) 선진국으로 향하고 있었지만, 석유 자원의 부족은 큰 핸디캡이었다. 그리고 대약진운동(1958~1962)의 실패 등으로 후진적 상태를 벗어나지 못한 중국으로서는 아주 귀가 솔깃한 조사 결과였다. 그 해가 바로 1969년. 이후 관련국들은 해저자원 탐사를 서둘렀고 상

---

016 이 보고서는 〈Geological Structure and Some Water Characteristics of East China Sea and Yellow Sea〉라는 제목으로 UNECAFE/CCOP Technical Bulletin Vol.2, p.4~43에 게재됐는데, 탐사에 참여한 지질학자는 K.O. Emery, K. Kobayashi, S.J. Yang 등 12명이다.

당량의 원유와 천연가스의 매장을 확인하면서 각국 나름대로 법제화 작업도 서둘렀다.[017] 그 뒤에 발표된 내용이지만, 미국 에너지정보국(EAI)은 동중국해 해역에 6천만 배럴 내지는 1억 배럴의 원유와 280억에서 560억㎥의 천연가스가 매장돼 있을 것으로 추정했다. 중국 측의 조사 보고는 이보다 더하다. 중국 측은 이 해역에 700억 배럴에서 1,600억 배럴의 원유와 7조㎥의 천연가스가 매장됐을 것으로 추정하고 있다.[018]

K.O. 에머리 박사(1914~1998), MIT대학.

다니엘 예긴(1947~), 퓰리처상 수상 작가.

에너지 문제 전문가인 다니엘 예긴(Daniel Yergin)은[019] "석유는 10%만 경제이고,

---

017 우리나라의 경우도 1959년 국립지질조사소가 전남 해남 우황리 일대에서 석유 탐사를 시작했고 이어 경북 포항 등 육지에서 1960~1970년대에 걸쳐 석유 매장 가능성을 조사하다가 지금은 국내의 대륙붕탐사와 해외 유전개발로 방향을 선회한 상태이다. 정부는 1970년 1월 '해저광물자원개발법'을 제정하고, 대륙붕에 대한 석유 탐사를 지원하고 있다. 한국도 2004년 울산 앞바다 남동쪽 58km 지점 제6-1광구에서 천연가스 생산에 성공해 세계 95번째 산유국으로 기록됐다. 대만도 1970년 8월 입법원(立法院)에서 '해양유전 탐사와 채굴 조례'를 통과시키고 센카쿠에 대한 영유권을 주장한다.
018 미국 에너지정보국(EIA) "Territorial disputes hamper exploration and production of resources in the East Chin Sea" TODAY IN ENERGY, 2012.10.5
019 에너지 문제와 지정학, 세계경제 전문가로 퓰리처상 수상 작가인 다니엘 예긴은 1930년대 유럽의 자원정치를 설명하면서 "Oil consists of 10% economy and 90% politics"라고 말했다.

나머지 90%는 정치다"라고 했다. 이 말처럼 2차 대전의 발발도 그 근저에는 석유 문제가 깔려있다. 또 미국의 이라크 침공 등 대(對)중동 정책도 석유와 깊은 관련이 있고, 2차 대전 당시 일본이 중국 전선에서 고전하면서도 동남아를 침략한 이유를 살펴봐도 예긴(Yergin)의 이 말은 설득력을 갖는다.

UN의 보고서가 나온 뒤인 1970년 11월 한국, 일본, 타이완(ROC) 등 세 나라는 동중국해에서 영유권 주장은 추후로 돌리고 '대륙붕 공동 개발'에 원칙적으로 합의한다. 그러자 중국(PRC)은 1970년 12월 한국 일본 타이완 세 나라의 합의를 비난하고 영유권 주장을 처음으로 꺼낸다. 그렇지만 당시만 해도 중국과 일본에서는 에너지[原油] 문제가 심각하게 대두되지 않았으며, 이보다 더 중요한 중-일 수교 교섭이 진행되고 있었다. 일본은 1960년대 착실한 경제 성장을 바탕으로 한-일 수교(1965)와 오키나와 반환(1972) 등 현안 해결에 매달리느라 다른 외교 문제에는 큰 신경을 쓰지 않고 있었다. 그런 와중에 일본은 키신저(H. Kissinger) 미 국무장관의 중국 방문 발표(1971.7.15)에 큰 충격을 받았다. 일본은 중국과의 국교 수립을 서둘러 1972년 9월 다나카 가쿠에이(田中角榮) 수상이 중국을 방문해 국교를 수립하고, 옛 식민지 타이완과는 발길을 끊었다.

동중국해 | 동중국해(East China Sea)의 해저는 한반도에서 시작된 수심 200m 미만의 대륙붕이 완만하게 남쪽으로 내려가다가 오키나와 앞에서 오키나와 해곡(海谷)을 만나는 지형이다. 그래서 한국은 이런 지형적 특징과 '대륙붕이 시작된 나라에 대륙붕의 영유권이 귀속된다'는 자연연장설(自然延長說: Natural Prolongation)을 근거로 제7광구[020]의 남쪽 경계선 연장을 시도하고 있다. 중국과 일본은 당연히 반대한다. 2012년 중국은 한국이 주장하는 대륙붕이 중국이 주장하는 대륙붕과 겹치므로 그대로 받아들일 수 없다는 뜻을 밝힌 바 있다. 일본은 오키나와 앞바다의 깊은 해구(海溝) 때문에 그런 주장을 할 수는 없고, 그 대신에 "한국이 200해리를 초과해 대륙붕을 연장하는 것은 안 된다"는 의견을

---

020 제7광구는 제주도 남쪽과 규슈 서쪽 사이 해역 8만㎢에 이르는 대륙붕을 말하는데, 석유 매장 가능성이 아주 높아, 한·일 두 나라가 협정을 맺고 공동 개발하고 있으나, 중국은 이를 인정하지 않고 있다.

제시하고 있다. 그러나 전문가들은 동중국해의 대륙붕 문제(제7광구)보다도 한국과 중국이 마주하고 있는 서해상의 대륙붕 문제(제1, 2, 3, 4광구)가 더 현안이 될 수 있다고 지적한다. 중국과의 서해 대륙붕 문제에 있어서는 대륙붕의 자연연장설이 오히려 우리에게 불리하게 작용할 수 있기 때문이다. 왜냐하면 서해는 하나의 대륙붕인 데다 중국의 하천(양자강, 황하강)에서 흘러나온 토사(土砂)가 대륙붕의 3분의 2를 덮고 있기 때문이다. 그래서 중국은 이를 근거로 서해 대륙붕의 3분의 2에 대한 권리를 주장하고 있다. 반면 우리나라는 제7광구와는 반대로, 두 나라 간의 거리를 기준으로 하는 「해양법에 관한 유엔협약」에 따른 중간선(中間線)을 주장하고 있다. 서해는 폭이 좁아 배타적 경제수역(EEZ, Exclusive Economic Zone)[021]과 대륙붕을 200해리로 설정할 수 없으므로[022] 한국과 중국 두 나라 사이의 중간선으로 대륙붕의 경계를 정하자고 주장하고 있다.

원유, 분쟁의 뿌리 | 한·중 두 나라는 1996년부터 서해상 대륙붕 문제 등을 협의하고 있으나 아직 마무리하지 못하고 있다. 실제로 1973년 3월 제2광구 조광권자인 미국의 걸프(Gulf Co.)사가 시추작업을 하다 유징(油徵)을 발견했다는 소식이 알려지자, 중국 해군 함정이 시추선 1마일 근처까지 접근해 사흘 동안이나 무력시위를 하는가 하면, 2001년 한국석유공사 탐사선이 제2광구에서 탐사를 하다 중국 해군 함정의 경고와 방해로 배를 되돌린 적도 있었다.

바다는 파도만 거친 게 아니다. 국제사회에서 대륙붕 영유권 분쟁의 본질은 대륙붕에서 채취한 자원의 소유권에 있기 때문에 국익 앞에서는 피도 인정도 없다. 중국은 이런 면에서 특히 해양 주권에 관해서 아주 집착이 강하다는 인상을 국제사회에 주고 있는 나라이다.[023]

---

021 배타적 경제수역은 '해양법에 관한 유엔협약'에 근거해서 설정되는, 연안국의 주권적 권리와 관할권이 미치는 수역을 가리킨다. 일반적으로 200해리를 의미한다

022 한국과 중국이 완전한 배타적 경제수역을 설정하기 위해서는 양쪽 간의 거리가 400해리(740km)가 돼야 하는데, 한국 최서단(西端)인 서(西)격렬비열도에서 중국 산동반도까지는 268km밖에 되지 않는다. '전설의 섬' 이어도에서 중국이 385km, 가거도에서는 435km에 불과하다.

023 2010년 우리 서해에서 천안함 폭침사건이 발생한 뒤의 일이다. 당시 중국과의 외교업무에 종사했던 외교관들에 따르면 한미 두 나라가 서해상에서 합동훈련을 계획하고 있다는 언론 보도에 대해 '서해에는 공해

한국 일본 중국 등이 동중국해에서 촉각을 곤두세우는 이유는 단순하다. 이 바다 해저에 원유와 가스가 매장돼 있을 가능성이 높기 때문이다.

앞에서 말한 1969년 유엔의 『에머리 보고서(Emery Report)』를 비롯해, 미국 에너지정보국(US Energy Information Agency)의 전망 보고서 또 2005년 미국의 「우드로윌슨연구소」(WWICS, Woodrow Wilson International Center for Scholars)는 『또 하나의 걸프만 같은 자원의 보고』라는 보고서에서, "동중국해 해저에 매장된 석유의 가치가 10조 달러(원유 배럴당 100$ 기준)에 달한다"고 추정했다. 자주 언론에 보도되지는 않지만, 한국 중국 일본 세 나라는 현재 동중국해에서 이렇게 중요한 자원을 놓고 큰 게임을 하고 있다.

해양영토 | 아무리 적은 섬이라도 그 섬이 유엔 해양법이 규정한 섬의 요건에 해당되면 이는 광범위한 해양영토(海洋領土)의 확장으로 이어진다. 1982년에 합의돼 1994년부터 발효된 『유엔해양법협약』(UN Convention on the Law of the Sea, UNCLOS)에 따르면, 한 국가는 자기 나라 섬을 기점(Baseline)으로 12해리까지는 완전한 주권을 행사할 수 있는 영해(territorial sea)를 갖게 되고, 그 밖의 12해리(22~44km)까지는 접속수역(接續水域) 혹은 연장수역(延長水域, contiguous zone)으로 규정해, 관세·재정·위생 규칙 등을 적용할 수 있어 다른 나라 선박의 침입을 저지하고 처벌할 수 있는 통제권을 행사할 수 있게 된다.

그뿐이 아니다. 해당 국가는 영토인 섬에서부터 200해리(370km)까지 배타적

(公海)가 없다'면서 서해는 중국의 내해(內海)라는 인식을 보였다고 전했다. 중국은 또 '미국만 없었다면 한국은 진작에 손봤을 나라'라는 취지의 발언을 제3국과 대화에서 언급하는 등 중국에는 국제사회에서 존경받는 징표인 가치외교(價値外交)는 아예 없었고 '우리가 컸으니 대접받아야 한다'는 오만함만 보였다고 술회했다.(김수정 기자, 〈中 "이러면 안 좋아" 韓 "우리가 판단할 문제"〉 중앙SUNDAY, 2010.7.18.)

024 중국 동부의 산둥(山東)반도와 랴오둥(遼東) 반도 사이의 보하이(渤海)만은 78,000㎢의 면적을 가진 중국 동해의 최북단에 해당한다. 중국은 1960년대부터 보하이만에 대한 유전 탐사를 시작해, 이 지역에서 해저 유전이나 천연가스전을 속속 발견하고 있다. 2007년 5월 중국석유천연가스집단(CNPC)은 보하이만 탄하이(灘海)지구에서 매장량 73억 톤에 이르는 대유전을 발견했다고 발표했다. 중국은 발견된 유전에서 원유를 생산하고 있으나, 수시로 원유 유출 사고로 어려움을 겪고 있다는 보도가 나오고 있다. 또 2021년 10월에는 1억 톤이 넘는 석유가스전을 발견했다는 보도도 나왔다. 중국은 산둥반도의 옌타이(煙台)와 랴오둥반도의 다롄(大連) 사이 125km를 해저터널과 교량으로 연결하는 공사를 2015년부터 추진하고 있다. 이 공사는 50조 원대의 공사비와 15년 이상의 시간이 소요된다.

025 1海里는 1.85km로 1929년 국제수로국이 정한 표준이다. 따라서 12 해리는 22.2km다.

경제수역(EEZ)을 설정해 해양자원에 대한 주권을 행사할 수 있으며, 350해리(648Km)까지의 대륙붕 상의 해양자원도 통제하고 개발할 수 있다. 이에 근거하면 센카쿠 열도를 소유하게 되는 나라는 그 주변 33만㎢의(일본 면적 38만 ㎢) 해양영토를 확보하게 된다.

그래서『유엔해양법협약』은 제121조에서 섬의 조건을 아주 까다롭게 규정하고 있다. 우선 "섬은 바닷물로 둘러싸여 있으며 밀물일 때에도 수면 위에 있어야 하고 자연적으로 형성된 육지 지역이어야 한다"고 규정하고 있다. 또 "사람의 거주가 가능"해야 하고 "독자적으로 경제생활이 가능해야 한다"고 규정하고 있다. 그래서 인공적으로 흙을 쏟아 부어서 만든 곳, 또는 썰물 때만 수면 위에 드러나는 곳은 유엔협약이 정한 "섬"이 아니다. 물론 이렇게 까다롭게 규정한 것은 그것이 섬으로 인정받을 경우 갖는 큰 이점, 즉 해양영토 때문이다.

전설의 섬, 이어도

동중국해와 관련해서 전설(傳說)의 섬 '이어도' 이야기를 빠뜨릴 수 없다. 「이어도」(離於島)는 파랑도(波浪島)라고도 불린다. 중국에서는 「쑤옌자오(蘇岩礁)」라고 부르고, 영미권에서는 영국 상선 소코트라(Socotra)호가 1900년 항해 도중 이 암초(暗礁) 때문에 좌초하면서 세상에 알려진 까닭에 「소코트라 암초」(Socotra Rock/ Reef)라고 부른다.

이어도는 한국 최남단 마라도에서 149km, 중국 측에서 가장 가까운 유인도인 위산다오[余山島, 혹은 서산다오(蛇山島)]에서 287km 떨어져 있는 수중 암초로, 한국과 중국의 배타적 경제수역(EEZ)이 중첩되는 곳이다.

해저 50m를 기준으로 들여다보면 이어도는 남북으로 1,800m, 동서로 1,400m로 약 60만 평 되는 큰 수중 암초지만, 암초의 최정상이 바다의 평균 해수면에서 5m 정도(4.6~5.4m) 잠겨 있어 10m 이상의 큰 파도가 칠 때를 제외

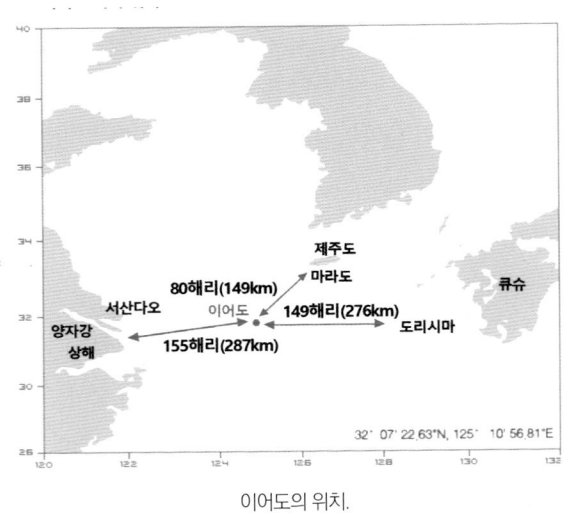

이어도의 위치.

하면 1년 내내 그 모습이 잘 보이지 않는다. 그래서 제주도에서는 이 섬을 이상향(理想鄉)으로 생각하는 전설이자 설화(說話)가 전해진다. "이어도는 가서 살 수도 없고, 가면 돌아오지 못하는 섬"이라는 것이다. 기막히게 맞는 이야기다. 섬이 아닌 암초이니까 요행히 갔다고 해도 살 수가 없고, 가서는 그 먼 바닷길을 살아서 돌아오기가 쉽지 않았을 것이다. 이 이야기는 1900년 영국 상선의 좌초 사고로 인해 국제적으로 존재가 확인되기 훨씬 전부터 우리 조상들은 가서 봤고 또 돌아온 이들이 이어도 이야기를 자랑삼아서라도 많이 했을 것이다. 그래서 우리들의 인식과 가슴 속에 존재해 왔음을 말해 주고 있다.

지질학적으로 이어도 일대는 약 11,000년 전 빙하기(氷下期, Glacial age) 때는 제주도와 연결된 육지였지만, 지금의 간빙기(間氷期, Interglacial age)가 되면서 바닷물의 높이가 상승해 해저 대륙붕이 됐을 것으로 보인다.

이어도는 국제법적으로 영토(領土)의 지위를 갖지 못하는 수중 암초이기 때문에 이어도를 중심 기점으로 해서 영유권을 주장하거나 배타적 경제수역을 설정할 수가 없다. 우리나라는 이어도에 종합해양과학기지를 발 빠르게 건설해 운

---

026 2001년 착공, 2003년 6월 완공된 우리나라의 이어도해양과학기지에는 7명의 연구원이 14일 정도 거주할 수 있는 규모를 갖추고 있다. 국립해양조사원(KHOA) 소속의 연구원들은 해양연구, 기상관측, 어업활동에

용 중이기는 하지만 주위 500m까지만 안전수역(安全水域)으로 설정할 수 있을 뿐이다. 중국도 1950년대 동해(東海)함대 소속 함정이 이어도 주변을 조사하고, 1963년에는 화물선 한 척이 이 근처에서 침몰한 사고를 계기로 정밀조사를 실시한 데 이어 1992년에는 북해(北海)함대 해양탐사팀이 탐사, 측량을 하는 등 관심을 표명해왔다. 또 최근에도 우리의 해양과학기지에 대해 정찰기나 순시선 등을 이용해 정찰 활동을 계속하고 있지만, 이어도가 섬이 아니므로 영토분쟁의 대상이 아니라는 사실에 대해서는 두 나라가 합의한 상태이다.

그래서 이어도를 둘러싼 한국과 중국 두 나라의 다툼은 영토분쟁이 아니라 배타적경제수역(EEZ) 경계를 획정하는 문제에 속한다고 할 수 있다. 그렇지만 중국은 류츠구이(劉賜貴) 국가해양국장(장관급)이 "이어도는 중국 관할"이라고 주장했다(2012.3). 류 국장은 국가해양국 소속 감시선과 항공기의 순찰 범위에 대해 "북으로는 압록강 하구, 동으로는 오키나와 해구, 남으로는 난사(南沙)군도의 쩡무안사(曾母暗沙, 제임스 사주)에 이르며, 쑤옌자오(蘇岩礁, 한국의 이어도)와 댜오위다오(釣魚島, 일본명 센카쿠열도), 중사(中沙)군도의 황옌자오(黃岩礁, 스카버러 암초)와 난사군도의 여러 섬들이 중국의 전체 관할 해역에 포함된다"고 했다.[027] 중국이 생각하고 있는 자국의 해역이 대충 머릿속에 그려진다.

이런 경제적 관점에서 한발 더 나아가 중국 국방부는 2013년 11월 이어도와 센카쿠열도가 포함되는 중국 방공식별구역(防空識別區域, Air Defence Identification Zone, ADIZ)을 선포했다.[028] 방공식별구역은 영공의 방위를 목적으로 설정하는 것으로 비행물체를 식별해 위치를 확인하고 필요할 경우 군사상

필요한 자료를 조사·축적하고 있으며, 조사선 해양누리호(길이 33m, 90톤급) 등을 연구에 활용하고 있다.

027 류츠구이(劉賜貴) 국가해양국장은 2012년 3월 3일 전국인민대표대회(전인대) 개막을 앞두고 관영 신화통신과 가진 인터뷰를 통해 "국가해양국은 중국 관할 해역에 대해 권익 보호 차원의 정기적인 순찰과 법 집행을 하고 있다"며 "정기 순찰 대상 해역에는 이어도(중국명, 쑤옌자오)가 포함된다"고 밝히고 중국 측의 해역에 대해서도 설명했다.

028 2013년 11월 23일 중국이 이어도 해역이 포함되는 방공식별구역을 선포하자, 한국 정부는 12월 8일 기존의 한국방공식별구역(KADIZ)을 확대해 마라도, 홍도 남방의 영공과 이어도 수역 상공을 포함하도록 했다. 현재 이어도 상공은 한·중·일 세 나라의 방공식별구역이 겹치고 있다.

의 위험에 대응하기 위한 선이다. 자칭 대국이라는 중국이 우리의 전설(傳說)까지 탐내고 있는 모습이 찌질해 보이지만, 국익 또는 해양영토는 저절로 생겨나는 것이 아니라는 사실을 새삼 일깨워준다.

3. 남중국해(南中國海) 분쟁: 4개의 군도

1) 남중국해의 4개 군도

남중국해(南中國海, South China Sea)029는 서(西)태평양의 일부로 중국과 인도차이나반도, 보르네오섬, 필리핀 등으로 둘러싸여 있으며 태평양과 인도양을 이어준다. 넓이는 350만㎢로 동중국해보다 3배 가까이 넓다. 이 남중국해가 지금 아주 뜨겁다. 남중국해는 세계에서 가장 붐비는 해로(海路) 중 하나로, 세계 해상 물동량의 25~30% 정도가 통과하며 특히 중국, 한국, 일본 수입 원유의 대부분이 여기를 지난다. 남중국해 해저에 매장된 것으로 추정되는 원유는 110억 배럴에서 최대 2,130억 배럴, 천연가스는 약 3조 8,000억㎥에서 최대 190조㎥가 매장돼 있는 것으로 추정된다.030

남중국해의 영유권 분쟁은 이 해역에 막대한 원유와 천연가스가 매장돼 있을

---
029 남(南)중국해(South China Sea)는 중국에서는 '남해(南海)', 일본에서는 '남지나(南支那)해', 베트남에서는 '동해', 필리핀에서는 '서필리핀해' 등으로 부른다.
030 정원엽 기자, 〈미·중 남중국해 충돌 바탕에는 '오일 루트'〉, 중앙일보, 2013.11.30. 중-일 간의 센카쿠열도나 중-아세안국가 간의 남중국해 분쟁은 당사자뿐만 아니라 미국이 개입하면서 갈등 양상이 복잡해지고 있다. 남중국해는 막대한 해저 자원 때문에 '제2의 페르시아만'이라는 별명도 있고, 2010년 남중국해 영토 분쟁 당시 다이빙궈(戴秉國) 외교 담당 국무위원은 "남중국해는 중국의 핵심 이익"이라고 주장하기도 했다. 미국 역시 남중국해를 걸프 지역과 함께 '세계 경제의 목줄'로 규정하고 중국의 영향권 아래 맡겨둘 생각이 없다.

남중국해의 영유권은 복잡하게 얽혀있다. 붉은 선은 중국이 주장하는 영해 경계선인 '구단선'(九段線)의 9개 점을 이은 선으로, 남중국해 해역의 90% 가까이 포함하고 있다. 보라색 선은 필리핀, 노란색 선은 말레이시아, 초록색 선은 브루나이, 하늘색 선은 베트남이 주장하는 영유권 경계선이다. 이 가운데 난사(스프래트리)군도는 타이완을 포함한 관련 6개국의 영유권이 겹쳐있다. 사진=한겨레신문

가능성이 높다는 조사 결과가 나온 1960년대 후반부터 연안국들이 저마다 영유권을 주장하면서 표면화되기 시작했다.

동중국해에도 영토분쟁이 있지만, 남중국해에 비할 바가 아니다. 남중국해는 중국(중화인민공화국)과 타이완(중화민국), 베트남, 필리핀, 말레이시아, 인도네시아, 싱가포르, 브루나이 등 8개 나라에 둘러싸여 있으나, 인도네시아와 싱가포르를 제외한 나머지 6개 나라의 영유권 주장이 얽혀있어 복잡하기 그지없다.

중국은 현재 남중국해 거의 모든 해역과 그 안의 섬, 암초, 산호초 등이 자국의 영해에 포함된다고 주장하고 있다. 중국은 이 해역에 9개의 인공섬을 만들

면서 군용기 이착륙이 가능한 활주로와 군함이 정박할 수 있는 접안 시설 등을 설치하는가 하면 자국의 행정구역에 편입시켜서 주민들을 이주시키고 시청과 구청 청사(廳舍)도 건설하고 있다.

중국에 비해 군사력 경제력에서 현저하게 열세를 보이는 아세안(ASEAN)국가들은 자연스레 미국에 손을 내밀어 도움을 요청한다. 그래서 남중국해는 중국이 건설한 인공섬의 활주로가 천연 항공모함의 역할을 하는 가운데, 미국의 항공모함과 구축함이 기동하는 분쟁의 바다가 되고 있다.

이처럼 파고가 높아가고 있는 남중국해에는 크게 4개의 섬 무더기, 군도(群島)가 존재한다.

남중국해 4개 군도			
중국 명칭	영어 명칭	실효지배	다른 명칭
둥사(東沙)군도	Pratas Islands	타이완	
시사(西沙)군도	Paracel Islands	중국	호앙사(黃沙)군도 : 베트남
난사(南沙)군도	Spratly Islands	중국, 필리핀 등 6개국	쯔엉사(長沙)군도 : 베트남 카라얀(Karayaan)군도 : 필리핀
중사(中沙)군도	Macclesfield Bank Scarborough Reef	중국	파나타그(Panatag) 암초 : 필리핀

실효지배 | 이 4개의 군도(群島) 가운데, 둥사(東沙)[프라타스]군도는 타이완이 실효지배를 이어가고 있고, 시사(西沙)[파라셀]군도와 중사(中沙)[매클스필드 천퇴, 스카보러 암초]군도는 중국이 실효적으로 지배하고 있다. 문제는 난사(南沙)[스프래트리]군도다. 난사군도는 중국과 아세안 여러 나라가 분할 점령하고 있다. 현재 영유권 분쟁은 주로 난사군도와 시사군도에서 발생하고 있다. 중국이 영유권을 무리하게 주장하면서 일어나는 분쟁이다.

---

031 현재 영유권 분쟁이 제일 심한 곳은 「난사(스프래트리)군도」인데, 중국, 베트남, 말레이시아, 필리핀, 타이완, 브루나이 등 6개 국가가 1~27개의 섬을 점유하고 각각 영유권을 주장하고 있다. 각 나라가 자국이 점유

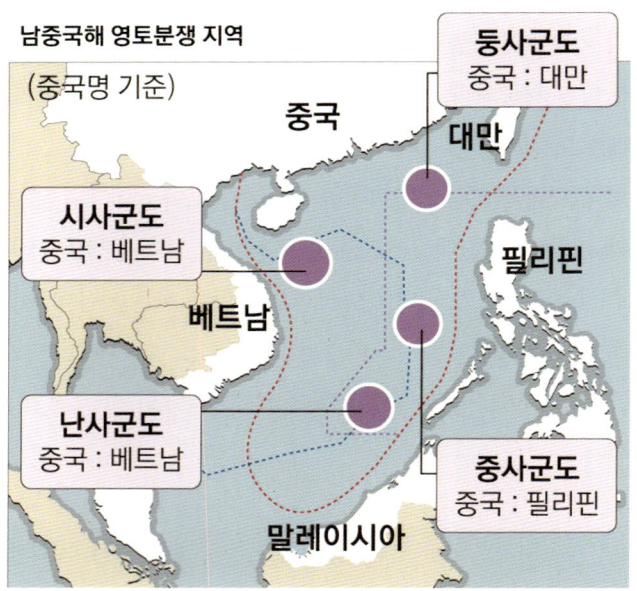

남중국해 영토분쟁 지역. 지도=서울신문, 2020.5.4

남중국해의 영유권 분쟁이 1960년대 후반부터 시작된 이유는 동중국해와 비슷하다. 연안 관련국들이 2차 대전 후의 여러 국내외 문제들을 상당 부분 해결하고 다음 단계의 도약을 위해 나라 밖으로 눈을 돌리는 때가 온다. 어느 나라나 마찬가지로 국내 정치가 일단 안정되고 나면 경제적인 도약을 준비하면서 필요한 에너지 자원과 개발 자금의 확보 등으로 동분서주하다가 분쟁(紛爭)적인 현실을 만나게 된다.

또 역사적으로는 2차 세계대전이 끝나고 체결된 샌프란시스코강화조약(1952년 발효)에서 일본이 포기한 지역에 대한 귀속(歸屬) 문제가 명확하게 정리되지 않은 점도 분쟁의 원인이 된다.

게다가 1960년대 후반 유엔 등이 발표한 동중국해와 남중국해의 석유 보존 가능성에 대한 보고서가 나온다. 또 UN에서도 해양에 관한 새로운 질서 확립을

하고 있는 섬 이름을 다르게 부르고 있어, 일목요연하게 정리하기가 쉽지 않다. 그래서 한자어 표기와 영어 표기를 병기한다.

외치고 있었다. 1973년부터『유엔해양법협약』에 대한 논의가 시작되면서 남중국해 연안국들이 해양과 자원과 환경의 중요성을 실감하게 된다.

무력충돌 | 그래서 남중국해에서는 1970~1990년대에는 무력충돌과 힘의 지배가 연출되기도 했다. 베트남전이 막바지에 이른 1974년 시사(파라셀)군도를 분할 점령하고 있던 중국과 베트남이 무력 충돌해 중국이 베트남을 몰아내고 시사군도를 모두 차지하게 된다. 베트남이 그냥 있을 나라가 아니다. 베트남은 시사군도를 빼앗긴 보복으로 중국이 영유권을 주장하던 난사(스프래트리)군도의 일부를 점령했다.

1988년 중국과 베트남은 난사군도의 영유권을 둘러싸고 다시 충돌해 중국이 승리한다. 그래서 중국은 수비(Subi)환초(渚碧礁, 주비쟈오), 피어어크로스 환초(永署礁, 용수쟈오)를 비롯한 6곳의 도서 지역을 점령했다.

1992년, 1995년에는 난사군도의 미스치프 암초(美濟礁, 메이지쟈오)를 둘러싸고[032] 필리핀과 중국이 충돌했으며, 1999년에는 중국이 필리핀령 섬들을 점령하는 등 여러 차례의 충돌이 있었다.

구단선

이런 남중국해의 충돌은 그 근본 원인이 중국이 주장하고 있는 구단선(九段線, Nine-dash line)에서 비롯된다. 중국(PRC)은[033] 이 구단선을 근거로 영유권을 주장하고 있는데, 구단선은 말 그대로 '아홉 개의 점을 연결한 선'이다. 남중국해의 해역 90% 가까이 포함한다. 중국이 영유권의 근거로 주장하는 구단선은 중화

---

032 중국은 1992년 2월 동사, 시사, 난사군도의 영유권을 표기한 영해법을 공포하고, 하이난(海南)에 해양청을 설치해 이들 지역을 중국의 행정구역에 편입시키는 조치를 취해 동남아국가들로부터 경계심을 갖게 했다.

033 중국(中華人民共和國, PRC)은 2차 대전이 끝나고 중화민국 국민당 정부(장개석)와 중국공산당 사이의 '국공내전(國共內戰)'에서 승리한 공산당이 1949년 10월 1일 세운 정부다. 청(大淸國)을 이은 중화민국(中華民國, ROC))은 1912년 성립됐으나, 국공내전에서 패배해 대만(臺灣, Taiwan)으로 철수했는데 국제사회에서 중국의 세력이 커지면서 중화민국은 1971년 유엔에서 탈퇴하고 '하나의 중국' 요구에 따라 중화민국이 아니라 대만(타이완)이라는 지역 정부로 나라를 이어가고 있다.

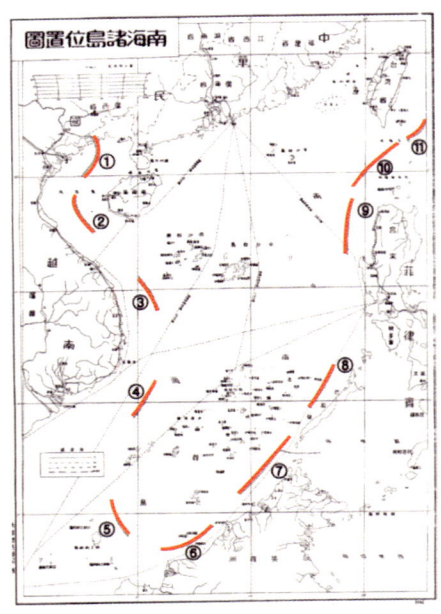

11단선이 표시된 1947년 중화민국이 발간한 『남해제도위치도』. 오른쪽 타이완 아래에서 시작해 남중국해를 U자(망태기) 형태로 감싸서 왼쪽의 베트남 북부에서 끝난다. 남중국해의 90% 가까이 포함하고 있는 11단선 안쪽의 남중국해가 중국의 영해로 표시돼 있다.
사진=wikiwand

민국 국민당 장개석(蔣介石, 1887~1975) 정부가 주장한 '11단선'에서 시작된다. 이 부분은 설명이 필요하다.

1935년 4월, 중화민국 국민당 정부(장개석)는 『중국 남해 각 도서지도』에 「십일단선(十一段線)」을 그은 지도를 발간한다. 처음으로 중국 지도에 11단선이 등장한다. 그리고 2차 대전이 끝난 뒤 국민당 정부(장개석)는 『중화민국령 남중국해 주요 도서지도』를 발간했고(1946.9), 이 지도에서 중국은 십일단선 안쪽은 '중국의 내해(內海)'라고 주장했다. 당시 중화민국(장개석 정부)은 내부적으로 중국 공산당(모택동)과 대륙의 패권을 다투고 있었지만, 미국 영국 프랑스 소련과 함께 5대 전승국으로 유엔 안보리의 상임이사국의 지위를 누리고 있었다.

공산당은 베이징에서 중화인민공화국(PRC)의 성립을 선포했고(1949.10), 중화민국 국민당정부(장개석)는 공산당(모택동)과의 내전에서 패배해 대만으로 건너간다(1949.12).

이어 2차 대전 전승국들은 일본과의 관계를 정리하고 평화를 약속하는 「샌프란시스코강화조약」을 맺는데(1951.9), 이 과정에서도 전승국들은 남중국해 일대의 섬과 암초들에 대한 영유권을 정리하지 않고 그대로 넘어간다. 그 이유는 2차 대전 이전 동남아시아 국가들은 유럽과 미국 등 강대국들의 식민지였고, 일부는 그 당시까지도 식민지였다.

필리핀은 미국, 말레이시아는 영국, 인도네시아는 네덜란드, 베트남은 프랑스의 식민지였다.[034] 그리고 싱가포르는 1965년 말레이시아로부터 독립한다. 연합국들은 1943년 카이로선언, 1945년 포츠담선언에서, 패전한 일본의 해체(여기에는 한국의 독립도 포함됐다)에 대해서는 이야기는 했지만, 자신들이 소유한 식민지의 처리에 대해서 논의를 매듭짓지 않았다. 영국은 좀 달랐지만 프랑스나, 네덜란드, 벨기에 등은 해외 식민지를 독립시킨다는 분명한 계획이나 생각이 별로 없었다고 보여진다.[035]

이런 상황에서 중국 대륙의 주인이 국민당(國民黨)에서 공산당(共産黨)으로 바뀌고 동서 냉전이 시작되고, 한국에서는 공산 북한의 침략으로 전쟁이 터졌다. 소련과 중국(모택동)은 한국전쟁을 일으킨 장본인이라는 이유로 「샌프란시스코강화회담」에 초청받지 못했으며, 중화민국(장개석)도 공산당과 내전 중이어서 (1946~1949) 이 평화회담에서 배제돼, 남중국해 섬들의 영유권 문제가 회담의

---

034 패전국 일본의 식민지였던 우리나라가 일황이 항복선언을 한 즉시 1945년 8월 15일 독립했지만, 필리핀은 1946년, 인도네시아는 1947년, 말레이시아는 1957년, 싱가포르는 1965년, 베트남은 1945년 9월 호찌민이 독립선언을 했지만, 식민지 정부가 물러가지 않아 전쟁을 거쳐 프랑스로부터는 1954년, 미국으로부터는 1975년 전쟁에서 승리해 뒤늦게 독립한다. 브루나이는 1984년 독립한다.

035 유럽 열강들은 15세기 말 장거리 항해에 성공하면서 아메리카, 아시아, 아프리카 등지에 식민지를 건설하기 시작했다. 산업혁명을 거치면서 더욱 부강해진 열강들은 해외에 식민지를 만들고 유지하기 위해 군대와 관리들을 파견했고, 본국인들을 옮겨 살게 하거나 선주민들에 대한 억압과 착취를 강화했다. 제국주의와 결합한 열강들의 식민주의는 2차 대전이 끝나면서 서서히 막을 내린다. 식민지인들의 저항과 두 차례의 세계대전으로 유럽 강대국들의 힘이 약화됐고, 냉전체제로 국제정치의 흐름이 바뀌었다. 영국은 이 흐름에 순순히 따랐지만, 프랑스, 네덜란드, 벨기에 등은 미련을 버리지 못하고 식민지 해방전쟁 과정에서 많은 피를 뿌렸다. 해방된 피식민지 국가들은 아직도 여러 가지 식민지적 모순에 시달리고 있다.

주제로 오르지 못했다.

이후 중국(모택동)은 공산 베트남이 프랑스를 상대로 독립전쟁을 벌이면서 관계가 좋아지자 십일단선 가운데 베트남 앞바다의 두 개 선을 지워준다(1952).[036] 중국의 영해선은 구단선(九段線)으로 정리된다. 중국은 1980년대까지 가난을 벗어나지 못한 나라 살림과 빈약한 해군력 때문에 내놓고 구단선을 해양경계선으로 주장하지 못하고 있다가 해군력에 대한 자신감이 생긴 1990년대부터 목소리를 내다가 2000년대 들어서서 구단선을 자신들의 해양경계선이라고 압박하기 시작한다. 특히 미국이 필리핀의 요구에 따라 수빅(Subic)만에서 해군을[037] 철수한 1992년부터는 중국이 본격적으로 남중국해를 휘젓고 다닌다. 세계 최강의 미 해군이 없어진 바다에서는 겁날 것이 없었기 때문이다. 그래서 필리핀은 "미국을 내보내고 더 응큼한 중국을 만났다"는 소리를 듣는다.

2) 둥사[프라타스]군도

타이완의 국립공원 ｜ 먼저 둥사(東沙)군도부터 살펴본다. 남중국해의 4개 군도(群島) 가운데, 그나마 둥사[프라타스]군도의 영유권 분쟁이 제일 가벼운 편이다. 홍콩에서 320km, 타이완의 까오슝(高雄)에서 410km, 필리핀 루손섬 북단에서 490km 정도 떨어져 있다. 현재 타이완[臺灣, ROC]이 국립공원으로 지정해(2007)

---

036 1945년 8월 15일 일본이 항복하자 북위 16도선 이북의 중북부를 장악하고 있던 호치민은 9월 2일 베트남민주공화국 수립을 선포하고, 베트남의 재통일과 독립을 선언, 투쟁을 시작한다. 북위 16도선 이남 지역의 일본군 무장해제를 위해 진주한 영국군은 베트남을 식민통치해오던 프랑스에게 통치권을 넘기고 물러난다. 1946년 11월 호치민군과 프랑스군 사이에 전쟁이 시작돼 1954년까지 계속되고, 패배한 프랑스군이 철수하는 대신 미군이 투입된다. 미국과 북베트남의 전쟁은 1955~1975년까지 이어진다. 이때 한국군도 파병돼 미군과 함께 전투에 참여했다.

037 미국은 1898년 스페인과의 전쟁에서 이긴 뒤 필리핀을 식민지로 삼아 군대를 주둔시켜왔다. 2차대전이 끝나고 1946년 필리핀은 독립했으나, 미군기지는 유지됐다. 1970년대 중반까지 계속된 베트남전쟁의 수행에 필요했기 때문이다. 베트남전쟁이 끝나고 여러 가지 사정이 바뀌면서 미국은 클라크 공군기지(1991)와 수빅만의 해군기지(1992)를 철수, 100년에 가까운 군대 주둔을 끝냈다.

프라타스섬 항공사진. 타이완이 실효지배 중인 프라타스섬에는 활주로와 부속 시설들이 들어서 있다.
사진=타이완 연안경비대

까오슝시 관할로 해서 실효지배하고 있다. 중국(PRC)이 영유권을 주장하고 있지만, 남중국해에 관한 중국과 타이완의 입장은 거의 같아서, 둥사[프라타스]군도에 대한 중국의 영유권 주장도 '그냥 해보는 소리'로 해석된다. 그보다는 '중국은 하나다'(One China Policy)에 대한 중국의 집념과 타이완 자체에 대한 중국의 통일 염원이 훨씬 강해, 주변국들이 우려하고 있다. 이 둥사군도는 프라타스 섬과 주변의 2개 천퇴(淺堆), 즉 남베레카 천퇴(South Vereker Bank)와 북베레카 천퇴(North Vereker Bank) 등 3개의 섬으로 돼 있다. 타이완은 프라타스섬 석호 주변 육지에 1,550m 길이의 활주로를 갖춘 군용비행장과 해군 초소, 어민 대피소, 방파제, 등대, 보건소, 소규모 발전시설 등의 시설이 있고, 타이완 내무부가 설치한 영토석도 있다.

1500년전부터 역사 등장 | 이 군도는 1,500여 년 전 진(晉, 265~420) 시절 배연(裴淵)이 저술한『광주기』(廣州記)에 "중국 어부들이 이 섬 근처에서 물고기를 잡았다"는 기록이 나온다. 그 뒤 15세기 말 대항해가 시작된 이래 유럽의 선박들이 이 근처에서 좌초한 기록이 여러 번 나오고, 1859~1861년 사이 영국 식민

성과 홍콩총독부 사이에 프라타스섬에 등대 설치를 위해 협의한 기록 등이 남아 있다. 그 뒤 1908~1909년 니시자와 요시지(西澤吉次)라는 일본인 사업가가 이 섬에 바다새 똥(구아노, Guano) 수집소를 설치하느라 중국인들의 사당(祠堂)과 무덤을 파헤쳤다가, 철수하면서 보상했다는 기록이 있다.

그러나 2차 대전 기간 중 일본제국 해군이 전파송신소, 기상관측소, 연료저장고 등을 세워서 사용하다 전쟁이 끝나면서 중화민국 광둥성 관할권에 들어가게 되었고, 중화민국(장개석)이 타이완으로 천도한 뒤 영유권이 계승돼 현재 타이완이 실효지배하고 있다.

둥사군도에서 제일 큰 섬이 프라타스섬인데, 0.25㎢(8만 평) 규모의 석호(潟湖)와 이를 둘러싼 1.72㎢(52만 평)의 육지 등 전체 면적이 1.97㎢(59만 평)에 불과하다. 남북 2.8㎞ 동서 0.9㎞인데, 영어 이름 프라타스(Pratas)는 중간의 석호를 육지가 둘러싸고 있는 모습이 은쟁반(포르투갈: Ilhas das Pratas, 영어: Silver Plate) 같다고 해서 프라타스(포르투갈:Pratas, 영어:Plate)라는 섬 이름을 갖게 됐다.

3) 시사[파라셀]군도

중국-베트남 분쟁 ｜ 시사(西沙)군도는 남중국해의 서쪽 그러니까 베트남(사회주의 공화국) 쪽에 가까이 있는 군도다. 베트남에서는 시사[파라셀]군도를 호앙사(黃沙)군도라고 부른다. 해역이 15,000㎢로 넓지 않고 22개의 섬과 7개의 모래사장, 100여 개의 암초, 산호초 들이 흩어져 있으며, 베트남을 식민 지배(프랑스령 인도차이나, 1887~1954)하던 프랑스가 1930년대 이 해역 안의 패틀섬(Pattle, 산호도)과 우디섬(Woody, 영흥도)에 기상관측시설을 세워놓고 관리해 왔으며, 2차 대전이 끝난 뒤 1947년 1월 프랑스군과 월남군이 함께 패틀섬에 주둔하기도 했다. 프랑스가 철수한 뒤인 1955년부터는 월남(越南, 남베트남)의 관할 아래 있다가, 2차 베트남전쟁이 끝나가던 1974년 1월 중국군이 침략해, 주둔하고 있던 월남군을 쫓아버리고 이 섬을 점령했다. 시사군도는 현재 중국(하이난성 싼사시), 타이완(까오슝시), 베트남(다낭시) 3국이 영유권을 주장하고 있다. 중국(PRC)은 이미 1956년 우디섬이 위치한 시사군도의 동쪽 해역을 차지한 데 이어 1974년 월남이 점유하고 있던 서쪽 해역까지 점령해, 현재는 시사군도 전체를 점유하면서 인공섬을 매축한 뒤 군사시설을 증축하는 등 실효지배를 강화하고 있다.

중국 실효지배 강화 | 무력 충돌까지 거친 베트남과 중국은 시사[파라셀]군도의 영유권을 두고 현재 첨예하게 대립하고 있다. 중국이 실효지배를 강화하는 차원에서 설치한 하이난성(海南省) 산사시(三沙市)는 시사군도에서 가장 큰 섬인 우디(Woody)섬에 위치

활주로가 건설되고 개발이 진행 중인 우디섬(영흥도).
사진=위키피디아

---

038 프랑스령 인도차이나(French Indochina)는 프랑스가 청-불전쟁(1884~1885)을 거쳐 획득한 땅으로 지금의 베트남, 라오스, 캄보디아를 아우르는 지역이다. 당시 청나라와 조공 관계에 있던 베트남(통킹, 안남, 코친차이나)이 프랑스의 식민지로 바뀐다. 2차 대전이 끝난 뒤 라오스와 캄보디아는 1946~1947년 독립을 쟁취한 데 반해, 베트남은 1945년 9월 호치민에 의해 베트남민주공화국(월맹)의 수립이 선포됐으나, 프랑스는 이들이 공산주의자라는 이유로 독립을 허용하지 않고 식민통치를 계속했다. 이후 베트남에서는 두 차례에 걸친 전쟁이 계속된다. 1차는 북위 17도선 이북의 월맹과 프랑스 사이의 전쟁으로 1946년부터 1954년까지 계속돼, 월맹이 승리하고 프랑스는 철수하게 된다. 그러나 당시 냉전 체제하에서 미국이 프랑스를 대신해 17도선 이남의 베트남공화국(월남)을 지원하면서 2차 전쟁이 1955년부터 1975년까지 계속된다. 우리 국군이 월남과 미국을 도운 것이 2차 월남전쟁 때의 일이고, 이때의 정부가 월남(越南)이다. '베트남독립전쟁', '인도차이나전쟁'으로 불리기도 한다.

039 우디섬(Woody Island)은 시사[파라셀]군도(群島)에 있는 섬으로, 길이 1.85km 너비 1.16km로 면적은 2.1㎢(63만여 평) 정도다. 중국 지명은 영흥도(永興島, 융싱다오)다. 베트남 지명은 푸럼섬[Dao Phu Lam]이다. 1974년부터 중국이 실효지배하고 있지만, 베트남도 영유권을 주장하고 있어 분쟁 중인 섬이다. 중국은 이 섬에 산사시청(市廳)을 건설한 데 이어, 시 산하 시사구청(區廳)도 건설했다. 인구는 주둔 중인 인민해방군, 무장경찰대원, 시청 공무원 등 1,443명(2014)이다. 지난 2014년에 완공된 3,000m의 활주로를 가진 민간 겸용 공항과 은행, 병원, 학교, 호텔 등도 있다. 그리고 패틀섬(산호도)은 길이 820m 폭 420m 둘레 2,100m로 9만 평 정도의 크기로, 수목이 자라고 있다.

한다. 이 섬에는 길이 3,000m가 넘는 활주로가 건설돼, 하이난성에서 항공편으로 한 시간이면 도착할 수 있게 됐다. 중국군의 전투기는 물론 민항기나 대형 폭격기도 이착륙 훈련을 할 정도이다. 또 해상으로는 5,000톤급 선박이 접안할 수 있는 부두가 건설됐다. 중국은 지난 2020년 4월 남중국해의 시사군도와 난사[스프래트리]군도를 관할하는 2개의 구(區)를 신설하고, 80개의 섬과 암초, 해구 등에 중국식 이름을 붙였다고 발표했다. 중국 국무원 민정부(民政部)는 인터넷 홈페이지를 통해 하이난성 산사시(三沙市)시 산하에 시사구(西沙區)와 난사구(南沙區)를 신설하고, 시사구는 산사시청이 위치한 시사군도의 우디섬에 설치해 시사군도와 중사[맥클스필드]군도의 섬과 암초 그리고 해당 해역을 관장하도록 하고, 난사구는 난사[스프래트리]군도의 피어리크로스 암초에 설치한다고

우디섬(영흥도)에 건설된 산사시청사. 사진=중국신문망

---

040 박수찬 특파원, 〈남중국해 바닷속까지 이름 붙이는 중국…암초, 해구 80곳 행정명 공개〉 조선일보, 2020.4.20. 중국은 이미 39년 전인 1983년에 287개 지세(地勢)에 이름을 붙인 바 있어, 지금까지 모두 367개 소에 중국 지명을 부여했다. 이번에 이름을 붙인 80개 지세는 25개의 섬, 사주(沙洲), 암초와 55개의 해저산맥과 해령(海嶺)이다. 2012년 7월에는 산사시(市)를 하이난성 산하에 설치해, 남중국해의 동사, 시사, 난사, 쭝사 등 모든 군도(群島)의 행정업무를 관장하도록 했다.

041 산사시는 2012년에 설치됐으며 인구 2,500명, 육지 면적 20㎢(성남시 분당신도시 면적)과 비슷하다.

042 피어리크로스 암초(Fiery Cross Reef)는 스프래트리 군도에 있는 암초로 자연 상태에서는 해면 위로 나타

공고했다. 중국의 이 발표에 대해 필리핀은 "중국의 이번 조치는 국제법에 반하고 필리핀의 주권을 침해한 것이며, 남중국해의 군사기지화를 추진하는 중국이 세부 행정구역 지정을 통해 실효지배를 강화하려는 술책을 펴고 있다"고 비난했다. 베트남도 "중국의 그러한 행위는 무효이며 국가 간 우호에 좋지 않고 지역 내 상황을 복잡하게 만드는 것"이라고 비난했다.[043]

4) 난사[스프래트리]군도

6개국이 분쟁 중 | 남중국해의 4개 군도 가운데서는 난사(南沙)군도 해역이 가장 넓다. 수많은 크고 작은 섬과 암초가 42만 5,000㎢[044]의 해역에 흩어져 있다. 말레이시아, 베트남, 브루나이, 타이완, 중국, 필리핀 등 6개국의 영유권 주장이 섞여서 목소리를 높이고 있다. 남중국해에서 가장 복잡한 해역이다.

난사[스프래트리]군도의 섬이나 산호초 가운데서 필리핀은 11개, 베트남은 29개, 말레이시아는 6개, 타이완은 2개에 대해 영유권을 행사하고 있다. 중국은 10개의 암초를 점거해, 그 가운데 7개의 암초에 인공섬을 매축(埋築)하고 이 가운데 3개 섬에는 활주로와 부두 시설을 건설한 뒤 공군과 해군의 군사시설로 사용하고 있다.[045]

나는 면적이 없었으나 2014년부터 중국이 인공섬을 조성해, 지금은 2.74㎢(82만여 평)의 면적을 갖고 있다. 길이 3300m의 활주로를 가진 비행장이 있고, 다수의 격납고, 이동 미사일 발사대 등 군사시설이 많다. 이 암초는 중국에서는 '융슈자오[永署礁]', 필리핀 '카기틴간 암초', 베트남 '다 쯔 텁'으로 불린다. 1860년 3월 4일 중국에서 영국으로 차(茶)를 싣고 가던 화물선 '피어리 크로스'호(號)가 이 암초에서 조난을 당한 연유로, 그렇게 명명됐다.

043　"우리 땅 넘보지 마라" 남중국해에 대못박는 중국, 2020.4.25. 서울신문
044　난사[스프래트리]군도는 14개의 섬, 6개의 환초(bank), 113개의 물에 잠기는 산호초(reef), 35개의 수중 환초(bank), 21개의 수중 모래톱으로 이루어져 있다. 14개 섬들의 전체 육상 면적은 2㎢(60만 평) 정도이다.
045　"미, 중국 남중국해 인공섬 3곳 군사화 완료" 2022.3.21.VOA 뉴스. 존 아퀼리노 미 인도태평양사령관은 중국이 남중국해에 조성한 여러 인공섬 가운데 적어도 3곳을 완전무장화했다고 밝혔다. 아퀼리노 사령관은 AP통신과의 인터뷰에서 난사[스프래트리]군도의 미스치프, 수비, 피어리크로스환초 등 3개 소에는 대함·대공 미사일 체계와 레이저·통신 방해 장비, 전투기들이 배치돼 있고, 주변 당사국들에 대한 위협적인

중국은 2013년 7월 피어리크로스 암초에 대한 인공섬 만들기 공사에 들어간 데 이어 수십 척의 간척용 선박과 중장비를 집중 동원해 2015년 말에는 7개 암초에 13㎢(400만 평)의 육지를 만들어 냈다.[046] 이를 지켜보는 주변국들은 물론 미국을 비롯한 전 세계가 중국의 이러한 행동과 의도에 우려와 함께 비상한 관심을 보이고 있다. 난사[스프래트리]군도에 대한 연안 6개국의 영유권 주장을 먼저 살펴본다.[047]

● **중국(PRC)** 중국은 역사적 권원을 들어 난사군도뿐만 아니라 남중국해 대부분 해역에 대한 영유권을 주장하고 있다. 중국은 이미 전한(前漢, BC 206~AD 8) 시절 난사군도를 발견했다고 주장한다. 후한(後漢, 25~220)시대의 사료인『남주이물지(南州異物誌)』의 기록을 근거로 중국이 당시 난사군도를 비롯한 남중국해에 출항했다고 말한다. 송(960~1279) 때는 난사군도를 '석당'(石塘) '장사'(長沙) 등의 지명으로 불렀고, 당, 명 때의 항해 기록과 19세기 외국 출판물에 명시돼 있는 중국인들의 활동 기록 등을 들어 영유권을 주장하고 있다.

또 1947년(이때는 아직 중국과 타이완 갈라지기 전이다) 당시 중화민국(中華民國)은 11개의 점선(十一段線)이 표시된 남중국해 지도를 발행했고, 이 점선 안의 섬과 바다가 모두 중국의 관할이라고 주장했다. 또 타이완(臺灣)섬을 식민 지배하던 일본이 2차 세계대전에서 패배하면서 샌프란시스코강화조약에 따라 난사군도와 시사[파라셀]군도에 대한 일체의 지배권을 상실하게 됐는데, 이 지배권은 카이로선언(1943)과 포츠담선언(1945)에 따라 '당연히 중국에 환원됐다'고 주장한다.

● **타이완** 타이완은 중국의 주장과 거의 차이가 없으며, 현재 닌사[스프래트리]

행동을 증가시키고 있다고 말했다.
046 "中, 스프래트리군도 7개 암초에 인공섬", 2016.7.13., 국민일보. 중국이 인공섬으로 조성한 7개 암초는 수비(Subi), 가벤(Gaven), 휴즈(Hughes), 존슨사우스(Johnson South), 미스치프(Mischief), 피어리크로스(Fiery Cross), 쿠아르테론(Cuarteron)이고, 이 가운데 피어리크로스, 미스치프, 수비에는 길이 3,000m 규모의 활주로가 건설돼 있다. 7개 인공섬의 육지화된 면적(2015년 말 기준)은 13㎢(3,200에이커, 390만 평 정도)이다. 중국은 시사[파라셀]군도에서도 2개의 인공섬을 만들어, 남중국해에서 모두 9개의 인공섬을 매축했다.
047 〈세계영토분쟁의 과거와 현재〉세계영토분쟁연구회, "남.동남 아시아 분쟁" 김대기, 243~260 p.

군도 안의 가장 큰 섬(이투아바, Itu Aba)을 실효지배하고 있다.[048] 타이완은 자신이 중국의 정통성을 이어가는 정부며 지난 1947년 발행한 지도의 정통성도 자신들이 이어 가고 있다고 주장한다.[049]

타이완은 1949년 난사군도에 태평호(太平號)와 중업호(中業號) 등 2척의 구축함을 보내 '이투아바 섬'을 점령하고, 곳곳에 경계석을 설치하는 등 노력을 기울였고, 아직까지도 실효지배의 끈을 늦추지 않고 있다. 타이완은 이어 1993년 3월 「남중국해에 대한 정책지침」을 발표하고,[050] 타이완 정부는 난사군도는 물론 시사군도, 중사군도, 둥사군도에 대한 주권도 자신들에게 있다고 주장한다. 타이완은 난사군도의 이투아바에 길이 1,200m 너비 30m 규모의 소형 비행장을 운용하고 있으며, 해군 초계정과 병력을 배치해서 지키고 있다.

● **베트남**(1976년 통일 이후의 베트남사회주의공화국)은 중국과 육상국경문제, 통킹만 문제, 쯔엉사(長沙,난사)군도 등 영토와 관련해 여러 곳에서 대립하고 있다. 베트남은 역사적 권원(Historic title)과 대륙붕 원칙에 입각해 쯔엉사(난사)군도 전체가 자국의 근해 지역이라고 주장한다. 베트남은 쯔엉사군도에 대한 베트남의 영유권이 표기된 17세기에 제작된 지도 등을 제시하면서 영유권을 주장하고 있다.

베트남을 식민 지배한 프랑스는 1884년 호앙사(黃沙,시사)군도와 쯔엉사(長沙, 난사)군도를 베트남의 영토로 주장한 바 있고, 1933년부터 1939년 사이 쯔엉사군도의 9개 섬에 대한 실질적인 지배와 점유를 유지하다가, 철수하면서 그 권리를 베트남에 넘겼다고 주장한다. 이 밖에도 베트남은 앞에서 살펴본 1951년

---

048 타이완이 실효지배하는 '이투 아바 섬'은 타이완 남단의 까오슝(高雄)시에서 남서쪽으로 1,600km 떨어져 있다.
049 청이 망하고 손문(孫文)은 1912년 중화민국(중화민국, ROC)를 세웠으나, 중화민국 국민당 정부는 1946년부터 시작된 국공내전에서 공산당에 패배하면서 타이완으로 밀려났다. 공산당은 1949년 10월 1일 중국 본토에 중화인민공화국(PRC)을 세웠다. 그 뒤 중화민국(ROC)은 '자유중국' 등으로 불리다가, 본토의 중국과의 관계를 중시하는 나라에서는 '타이완'(臺灣)으로 부른다. 타이완은 36,197㎢에 2,357만 명(2020)의 인구를 갖고 있다.
050 이투 아바 섬은 타이완에서는 '태평도(太平島)'로 불리는데, 이는 1949년 구축함 '태평호'의 방문을 기리기 위한 것이다

의 「샌프란시스코 강화회담」과 다른 국제 회담에서 쯔엉사군도에 대한 영유권을 주장해 국제적인 인정을 받은 바 있다고 주장한다.

베트남은 현재 쯔엉사(난사)군도에서 두 번째 큰 섬인 스프래트리(Spratly)섬을 실효지배하고 있다. 이 섬은 길이 500m에 폭 300m 정도이다. 이 섬을 처음으로 발견한 리차드 스프래트리 선장은 이렇게 기록을 남겼다. "(1843년 3월 29일) 오전 9시, 돛대 꼭대기에서 관찰한 바 야트막한 모래섬이 전방에 관측됐다. 동남향인데 약간 오른쪽으로 치우친 동남향으로 12마일 전방이다. 가까이 가니 섬의 모습이 더욱 뚜렷해지는데, 윗부분에는 작은 관목들이 수북하게 자라고 있고, 그 섬 너머에 비슷한 크기의 섬이 있다 ···."[051]

● **필리핀** 필리핀은 카라얀군도(난사군도)자체가 필리핀에서 가장 가까운 데다, 1947년 필리핀인에 의해 탐사가 이루어진 사실에 입각해, 카라얀군도에 대한 영유권을 주장하고 있다. '발견에 의한 선점(先占)'이론을 영유권의 권원으로 주장하는데, 이는 필리핀 사업가 토마스 클로마(Tomas Cloma, 1902~1994)가 1947년 일부 카라얀군도의 섬들을 개발한 사실에 근거를 두고 있다. 클로마는 1956년 자신이 발견한 섬들을 「카라얀(Kalayaan) 자유지역」이라 이름 붙여서 관리하다가, 1974년 이 지역을 필리핀 정부에 양도했다. 마르코스(Ferdinand Marcos, 1917~1989) 전 필리핀 대통령은 1971년과 1978년 두 차례에 걸쳐 카라얀 자유지역의 섬들이 필리핀의 영역에 귀속된다고 말했다.

제2차 세계대전 이후 카라얀 군도의 섬들은 실질적으로 방치돼 있었는데 최근에 이들 섬의 일부를 필리핀이 점유해 영유권을 주장할 수 있는 것은 '발견'(Discovery)과 '시효취득'(Prescriptive Acquisition)의 이론으로 그 권원의 근거를 두고 있기 때문이다. 필리핀은 '무주물의 선점'이 설사 성립되지 않더라도, 시효취득 이론에 의해서 주권적 영유권이 이미 성립되었다고 주장한다. 필리핀은 현재까지 난사군도 11개 섬을 사실상 점유하고 있다. 필리핀의 영유권 주

---

051 〈The Nautical Magazine〉 1843, Issue 697. 이 잡지는 원양항해가 붐을 이루던 1832년 런던에서 창간된 월간지이다. 선박의 안전항행과 선원들의 교양을 위한 다양한 기사를 취급했다.

장에 대해 앞에서 살펴본 중국과 베트남 역시 영유권을 주장하고 있으나, 무력충돌은 발생하지 않고 있다.

● **말레이시아** 말레이시아의 영유권 주장의 근거는 '대륙붕 연장 이론'과 '무주물 선점' 이론이다. 그래서 말레이시아는 자국의 대륙붕 지역에 속한다고 생각되는 6개의 섬을 점령하고 있다.

말레이시아는 1989년부터 이 가운데 1개의 환초(풀라우 라양라양, Swallow Reef, 燕子島)를 매립한 뒤, 기존의 활주로를 확장하고(1,064m를 1,367m로 확장), 3성급 휴양호텔을 건립해 관광자원으로 활용하고 있다. 이 섬은 해마다 3월부터 9월까지 방문객을 받는다.

말레이시아는 1979년 12월 자국의 대륙붕 지도를 발간하면서 그 대륙붕의 범위를 명시하고, 그 대륙붕 위의 모든 섬과 12개의 환초에 대한 영유권도 주장했다. 말레이시아가 영유권을 주장하고 있는 섬 가운데 2개는 현재 베트남이 점령하고 있다.

● **브루나이** 브루나이의 영유권 주장은 대륙붕협약에 근거하고 있다. 브루나이는 1984년 영국 보호령에서 벗어나 독립하면서 200해리의 배타적 경제수역을 선포해, 관련 주변국들과 갈등을 빚기도 했다. 브루나이는 현재 자국의 대륙붕 안에 포함되는 루이자 암초(Louisa Reef)에 대한 영유권을 주장하고 있는데, 이 암초에 대해서는 중국과 말레이시아도 영유권을 주장하고 있다. 그러나 브루나이는 군사력이 없어, 다른 행동을 취하지 못하고 있다.

7개의 비행장 | 이처럼 복잡하게 이해관계가 얽혀있는 난사군도에서 각국은 자국이 점유 중인 군도 내의 섬들에 대한 점유를 기정사실로 하기 위해 나름대로 매축, 개발, 군 병력과 시설의 배치 등을 계속 경쟁적으로 강화하고 있다. 그래서 난사군도 내에 설치된 비행장(활주로)은 중국, 타이완, 필리핀, 베트남, 말레이시아 등 5개국에 7개나 된다.

먼저 중국(PRC)은 피어리크로스(Fiery Cross) 암초와 수비(Subi) 암초, 미스치프

(Mischief)암초 등 3개소에 2,700m에서 3,300m 길이의 활주로를 갖춘 민·군 겸용 공항을 운영하고 있다. 산호초를 매축해 건설된 이 공항은 지난 2016년부터 운영 중이다.

타이완(臺灣)은 2007년부터 태평도(이투아바)에 1,200m 길이의 활주로를 갖춘 군용비행장을, 말레이시아는 1995년부터 풀라우 라양라양(Swallow Reef)에 1,367m 규모의 활주로를 갖춘 민군 겸용 공항을 운영하면서 하계 시즌에는 관광객들의 왕래를 허용하고 있다.

필리핀은 티투(Thitu)섬에 1,300m 길이의 활주로를 갖추고 민군 겸용 공항을 1975년부터 운영하고 있고, 베트남도 스프래트리섬(쯔엉사섬)에 1977년부터 1,200m 길이의 활주로를 갖춘 군용공항을 운영 중이다. 이 활주로는 2016년에 기존 600m에서 1,200m로 확장됐다.

난사군도의 역사 | 난사[스프래트리]군도 상황이 이렇게 복잡해진 데는 해역이 넓은 데다가 오래전부터 역사에 등장한 점으로 미루어볼 때 통행이나 어로의 중심으로 기능해 온 자연스런 결과로 보인다.

중부 베트남에 오랫동안 존재했던 참파(Champa) 왕국(192~1832)의 어부들이 이 해역에서 활동했다는 기록이 있고, 중국 어부들의 활동 기록도 나온다. 이후 중국 원(元), 명(明) 청(淸) 시기에는 중국 땅으로 지도에 명시돼 있지만 영토로서 관리했다는 기록은 없다.

1800년대 들어서 서구 열강들이 동북아시아로 관심을 돌리면서 서양의 포경선과 무역선 등의 왕래가 잦아지고 이 해역의 암초 때문에 침몰 사고가 늘어나자 주목을 받고 이름도 얻게 된다. 이 군도의 영어 이름 「스프래트리」는 1843

---

052 난사[스프래트리]군도는 해역이 425,000㎢에 250여 개의 섬과 산호초 암초 등이 흩어져 있으며, 해상으로 나타나는 육지에 해당하는 면적이 모두 2㎢(60만 평 정도) 된다.

053 중국은 이 해역의 섬이나 암초가 사람이 살기에 적당하지 않기 때문에 따로 관리를 보내거나 세금을 징수하거나 한 기록이 없다고 말한다. 본토는 물론 하이난성에서도 1,000km 이상 멀리 떨어져 있는 데다가 평소에도 바닷물에 잠기거나 넘치는 수위이고 태풍까지 자주 몰아치니 옛날에는 인간의 거주가 어려웠다고 말한다.

년 이 해역을 항해하면서 이 섬을 처음으로 발견한 영국인 포경선 선장 리차드 스프래트리에서 유래한다.

청불전쟁(1884~1885) 이후 베트남을 식민지로 차지한 프랑스가 1933년 난사군도를 영토에 포함시켜 기상관측소 2개를 설치했으며, 2차 세계대전이 터지자 1939년 일본이 점령해 동남아시아 침략을 위한 해군 기지로 사용했다.[054] 2차 대전이 끝나면서 패전한 일본군의 무장을 해제하면서 중화민국(ROC, 타이완)이 접수했으나,[055] 이듬해부터 국공내전에 휩쓸리면서, 관리하는 나라가 없게 된다. 이 틈을 타고 인접국들인 베트남, 필리핀, 말레이시아 등이 각각 필요한 만큼 챙겨 간다.

「샌프란시스코강화조약」은 영토조항에서 "일본은 난사군도에 대한 모든 권리, 권원과 주장을 포기한다"고 규정했지만, 이 군도의 많은 섬이 어느 국가에 귀속되는지를 다루지 않음으로써, 난사군도 영유권 문제를 미제(未濟)로 남겨두었다. 그 뒤 베트남이 프랑스와 미국을 상대로 베트남전쟁에 휘말린 틈을 이용해, 뒤늦게 중국(PRC)이 베트남이 점유한 섬 일부를 차지했으며, 전쟁을 끝낸 베트남이 군대를 파견해 영유권 강화를 시도하자, 중국과 무력 충돌을 빚게 된다. 베트남과 중국의 무력 충돌은 난사군도와[056] 시사군도에서[057] 벌어진다.

난사군도에서 가장 큰 섬은 이투아바(Itu Aba) 섬인데, 이 섬은 타이완이 현재 군병

---

054 일제(日帝)는 난사[스프래트리]군도를 '신남제도(新南諸島)'로 이름 짓고, 시사[파라셀]군도와 함께, 당시 식민지로 지배하고 있던 타이완(臺灣) 소속으로 했다.

055 연합국 측은 2차 대전을 끝내면서 베트남을 북위 16도 선으로 나눠 그 위쪽은 중화민국(ROC)이 일본군의 항복을 받고 남쪽은 영국이 받도록 했지만, 남중국해 상의 섬들에 대한 영유권은 명기하지 않았다. 장개석의 중화민국(ROC)은 일본의 식민지였던 타이완에 주둔한 일본군의 항복을 받으면서 당시 타이완 소속으로 돼 있던 난사[스프래트리]군도와 시사[파라셀]군도도 함께 접수했다.

056 난사[스프래트리]군도에서 중국과 베트남사회주의공화국 간의 무력 충돌은 1988년 3월 14일 발생했다. 중국 해군이 난사군도의 베트남이 실효지배를 하는 존슨 남(south) 암초를 점령한 사건이다. 이 교전에서 베트남군 64명이 사망하고 11명이 부상, 9명이 포로로 잡힌 반면, 중국군은 1명이 부상했다. 중국군은 2,000톤급 프리깃함을 동원했고 베트남은 수송선으로 대응해 아주 불리한 여건에서 싸웠다.

057 시사[파라셀]군도는 (패망하기 전의)월남('자유'越南'으로 불리던, 베트남공화국, 1955~1975)군이 지키고 있었는데 1974년 1월 19일 중국군이 침공해 양측 사이 교전이 발생했다. 중국군은 18명이 전사하고 67명이 다친 데 비해 월남은 53명이 전사하고 16명이 다쳤다. 이 전투 이후 중국은 시사[파라셀]군도를 접수했다. 월남은 이 사안을 UN안보리에 호소했으나, 중국이 거부권을 행사해, 제대로 논의의 장에 올리지도 못했다.

력을 파견해 실효지배하고 있으며 스프래트리 섬은 베트남이, 티투(Titu) 섬은 필리핀이, 그리고 존슨 남(南)암초는 중국이 실효지배하고 있는 등 아주 복잡하다.

난사군도에서 가장 큰 이투아바 섬은 길이가 1.4km, 폭이 400m 최고 고도 4m 정도로 면적은 0.5㎢(14만 평) 정도이다. 가장 큰 섬이 이 정도이며 나머지 섬들과 암초는 규모가 매우 작아서 일상적인 생활을 유지하기가 불가능하다.

난사[스프래트리]군도를 부르는 이름은 나라마다 달라 중국에서는 난사군도, 베트남에서는 쯔엉사(長沙) 군도, 필리핀에서는 카라얀(Kalayaan) 군도, 말레이시아와 브르나이에서는 스프래트리군도(Spratly Islands)라고 부른다.

분쟁 유발자, 중국 | 영토분쟁 문제를 다루다 보면 중국의 '남중국해 전략'이라는 용어를 만나게 된다. 조그마한 근거라도 있으면 일단 발을 들이밀어 당사자로 눈도장을 찍고 난 뒤, 힘의 논리에 따라 행동하는 것을 말한다. 그래서 중국은 섬은 물론이고 사람이 살 수 없는 암초까지도 점령해 인공섬으로 매축(埋築)하고 군대를 주둔시킨 다음, 일방적으로 영유권을 주장하는 일 처리 방식을 말한다. 중국이 수산자원과 해저자원이 풍부한 남중국해의 생태 환경을 엉망으로 만들면서까지 인공섬을 조성하고 이를 지키기 위해 대형 군용기의 이착륙이 가능한 활주로와 항만시설까지 건설하는 아이디어는 아마 일본으로부터 얻었을 것으로 보인다.

중국은 아편전쟁에서 패배한 1842년부터 공산 중국이 성립된 1949년까지

---

058 스프래트리섬(베트남명; 쯔엉사 론, 중국명: 난웨이다오,南威島)은 베트남을 식민 경영하던 프랑스가 1930년 4월 13일 처음 상륙해서 깃발을 올렸다. 그 뒤 베트남이 이어받아 고정익 소형기들이 이착륙할 수 있는 활주로(1976~1977)와 기상관측시설 등을 건설했다. 중국의 위협이 증가하면서 2016년 대규모 매립 공사가 이루어졌다. 600m 규모의 활주로가 1,200m로 길어지면서 레이다기지와 해군 기지도 설치됐다. 15헥타르(45,000평 정도)로 난사군도에서 4번째로 큰 섬이다.

059 필리핀이 영유 중인 티투섬은 37헥타르(11만 평) 정도로, 난사군도에서 이투아바섬 다음의 규모이다. 필리핀은 1975년 1,300m 길이의 활주로를 건설했다.

060 일본은 도쿄 남쪽 1,740km 태평양상에 위치한 오키노도리시마(沖鳥島)암초를 섬으로 만들기 위해 1987년부터 300억 엔 이상을 들여 보강공사를 실시했다. 그리고는 그 주위로 43만㎢의 배타적 경제수역을 주장하고 있다.

100여 년을 '국치(國恥)의 세기' 즉 '나라가 굴욕을 당한 100년'이라고 부른다. 이 무렵(1820) 청의 통치력이 미치던 영역은 1,300만㎢였다. 직전 왕조인 명(明)보다 2배나 넓었다. 그러나 국치의 100년 동안 중국은 몽골의 독립을 포함, 구미 열강들과의 불평등조약을 통해 할양한 연해 지역 등 잃어버린 땅이 340만㎢에 이른다. 2022년 중국의 국토는 959만 960㎢다.[061] 우리 입장에서는 엄청난 국토인데도 중국은 치욕의 100년 동안 잃어버린 영토 340만㎢를 잊지 못한다. 넓은 땅을 가진 중국도 이런 콤플렉스에 시달린다. 그래서 중국은 국경을 접한 각 나라와 지난 몇십 년 동안 땅을 놓고 다투어왔다. 그동안 되찾은 땅도 있었겠지만, 그 욕심스러운 행동으로 인한 감점 요인도 분명히 있었을 것이다.

중국, 인공섬 매축 | 중국은 난사군도 7개와 시사군도 2개 등 모두 9개 섬과 암초를 모래와 흙으로 메워 섬을 만들고 군사기지화하고 있다. 서방 언론에서는 인공섬의 활주로를 가리켜 '불침항모'(不沈航母)라고 부른다. 미국에 비해 항공모함 전력이 부족한 중국이 인공섬에다 활주로를 만들고 거기에 전투기를 배치해, 마치 항공모함처럼 이용한다고 해서 붙인 이름이다.

인공섬의 대표적인 사례로는 피어리크로스(Fiery Cross) 암초[永署礁, 융수자오]를 들 수 있다. 인공섬이 된 이 암초는 애초에는 만조(滿潮) 때 수면 위로 60cm 정도가 드러나는 작은 바위였다. 중국 하이난성(海南省)으로부터 1,000km나 떨어지고, 베트남과 필리핀으로부터 480km, 말레이시아로부터 550km 떨어진 이 암초는 지금 아주 엄청난 군사기지가 됐다.

중국은 2014년부터 이 암초 주변을 매립해 10만㎡ 규모의 인공섬을 만든 뒤, 2016년부터는 여기에 군사기지를 건설했다. 3,100m 길이의 활주로와 20여 동의 격납고, 각종 통신장비와 유류 저장고, 5,000톤급 선박의 접안 시설 등을 갖췄다. 피어리크로스(Fiery Cross Reef) 말고도 중국은 난사(南沙)군도의 가

---

061 〈중국의 영토분쟁〉, 테일러 프레이블 지음 장성준 옮김, 김앤김북스, 2021. p. 80

매축공사를 하기 전의 피어리크로스암초. 바위 하나가 해면 위로 나와 있다. 사진= 텐센트, 중국군망

매축공사와 군사 시설화가 끝난 피어리크로스 암초. 신설되는 산샤(三沙)시 난샤(南沙)구청도 이 섬에 위치한다.
사진=텐센트,중국군망

벤(Gaven Reefs), 휴즈(Hughes Reef), 존슨 사우스(Johnson South Reef), 쿠아르테론(Cuarteron Reef), 수비Subi Reef), 미스치프(Mischief Reef) 등 7개의 섬을 매축을 통해 인공섬으로 만들었다.

또 시사군도에서는 우디(Woody)섬과 던칸(Duncan)섬을 매축을 통해 인공섬으로 만들었다. 이 두 섬은 베트남이 영유권을 주장하는 분쟁 영토이기도 하다. 중국의 이러한 인공섬 조성에 대해 연안국들은 "중국이 모래장성(Great Wall of

Sand)을 쌓고 있다"고 비난하고 있다.

중국이 이처럼 남중국해에서 허겁지겁하는 이유는 이 해역에서 매장 가능성이 높은 에너지 자원 때문이다. 또 이 지역의 풍부한 수자원(상어, 삼치, 낙지, 조개 등)은 이 지역 어민들의 생계와도 밀접한 관련이 있다. 연안국 어민들은 연간 2,600만 톤 이상의 어류를 이 해역에서 얻고 단백질 섭취의 22.3%를 어류에 의존하고 있다. 인류가 어류로부터 얻는 단백질이 평균 16.1%인 사실에 비춰 보면 남중국해에서의 어로는 현실적으로 상당히 중요하다.[062]

남중국해의 전략적 가치도 물론 엄청나다. 난사군도가 해상교통로의 요충이기 때문이다. 이 해역으로 연중 통과하는 물동량은 무려 5조 달러에 이른다. 이 군도는 싱가포르, 홍콩, 마닐라의 교차점에 위치해 인도양과 태평양을 연결하는 해상교통로로 한국, 일본, 중국 등 중동산 석유 의존도가 높은 동북아 국가들에는 경제 안보의 생명줄에 비유되는 중요한 길목이 된다. 이 밖에도 난사군도는 군사적 요충지로서의 중요성도 점증하고 있다. 중국 정부는 냉전 이후 이 해역에서 미국과 소련의 군사력 철수로 인한 안보 공백을 이용해 군사력을 증강시키고 이를 통한 영향력 확대를 노리고 있어, 미국은 물론 인접 국가들과 잦은 마찰을 일으키고 있다.[063] 이러한 것들이 모두 중국의 자세 변화에서 비롯됐다는 점을 주목할 필요가 있다. 몇 해 전(2017.7) 베트남은 중국과 영유권 분쟁을 벌이고 있는 남중국해에서 석유 시추 작업을 중단하지 않을 경우 베트남 군기지를 공격하겠다는 중국 측의 협박에 굴복해 시추 한 달 만에 작업을 중단한 적이 있다. 베트남 정부로부터 석유 시추 권한을 위임받은 탈리스먼 베트남(Talisman Vietnam)의 모기업인 스페인 렙솔(Repsol)사 관계자는 "베트남 당국으

---

062 "남중국해 영유권 분쟁과 미중관계" 이대우(세종연구소 안보전략연구실장), KINU통일+(2016년 가을호)
063 미군은 필리핀 수빅(Subic)만을 중심으로 제7함대를 운용하다 1992년 철수했고, 소련은 1980년대 후반까지 항공모함 2척과 많은 수의 잠수함 전력을 동남아시아에서 운용했고, 베트남 캄란만(Cam Ranh Bay)에는 최대의 해외 주둔 해군기지를 운용했다. 러시아는 쿠바, 베트남, 아프리카 등지에서 운용하던 해외 기지를 부활하는 계획을 최근 검토하고 있으며, 베트남도 중국을 견제하기위해 미국과 러시아에 대해 해군기지를 개방하는 문제를 검토하고 있다.

로부터 시추작업을 중단하고 시추 해역에서 철수하라는 지시를 받았다"고 말했다. 렙솔사는 "시추 작업을 중단하지 않으면 중국이 쯔엉사(난사)군도 내의 베트남군 기지를 공격하겠다고 위협해 작업을 중단했다"고 말했다.[064]

5) 중사군도: 매클스필드 천퇴, 스카버러 암초

중-필리핀 분쟁 │ 중사(中沙)군도는 스카버러 암초(Scarborough Reef)와 10m 이상 바닷물 속에 잠겨있는 메클스필드 천퇴(淺堆, Macclesfield Bank)[065] 등 2개로 이뤄져 있다. 영유권 분쟁 중인 중국은 여기를 중사군도라 부르고 필리핀은 스카버러 암초를 파나타그(Panatag)암초라고 부른다. 메클스필드 천퇴는 길이 130km 너비 70km로 전체 해역의 넓이는 6,448㎢이다. 깊이 11~18m로 중국과 필리핀 양측 모두 아직은 아무런 시설물도 설치하지 않고 있다.

스카버러암초(중국명:黃巖島)]는 메클스필드천퇴와 필리핀 루손(Luzon)섬 사이에 있는데, 루손섬의 수빅(Subic)만과는 230km 떨어져 있다.[066] 중국 본토로부터는 1,200km 떨어진 이곳은 깊이 15m 면적 130㎢의 석호(潟湖)와 석호 주위를 둘러싸고 있는 산호초와 암초들로 구성돼 있다. 전체 둘레는 55km 정도 되고 남쪽 끝에 있는 암초(높이 3m)가 가장 높다.

중국은 13세기의 문서에 이 산호초 섬이 기록돼 있다는 근거로 영유권을 주장하지만, 가까운 필리핀이 스카버러 암초를 그동안 실효지배해왔다. 물론 중국

---

064 "베트남, 남중국해 시추 한 달 만에 중단…中 폭파 협박" 2017년 7월 24일, 뉴스 1
065 퇴(堆)는 대륙붕에 모래 등이 쌓여 주위보다 수심이 얕은 지형을 말하는데, 우리에게는 동해안의 황금어장 '대화퇴(大和堆)'라는 이름이 귀에 익숙하다. 천퇴는 아주 얕다는 뜻을 포함하고 있다.
066 수빅만(Subic Bay)은 필리핀 최대의 섬인 루손섬(109,965㎢) 중서부에 있으며 마닐라에서 100km 정도 북쪽이며 남중국해에 면한다. 항구로서 적합한 조건 때문에 19세기 후반 스페인에, 그 뒤 미국에 의해 군항으로 사용됐으며, 월남전이 진행되는 동안 미국 제7함대의 기항지와 후방기지로 기능했으며, 전쟁이 끝난 뒤인 1992년 필리핀에 반환된 뒤, 지금은 자유무역항, 공업단지로서 기능하고 있다. 스카버러 암초와 수빅만 사이 거리는 포항과 독도의 거리(260km)와 비슷하다.

은 구단선(九段線) 안에 이 산호초 섬이 포함된다고 주장한다.

스카버러 분쟁 | 그런데 2012년 4월 8일, 일이 터졌다. 필리핀의 배타적 경제수역 안에 위치한 이 스카버러 해역에서 불법 조업하던 중국어선 8척을 필리핀 정찰기가 발견해 해군 함정이 출동했으나, 중국 해양 순시선도 이곳으로 출동해 양국의 대치 상태가 시작됐다. 두 나라는 스카버러 해역이 서로 자국의 영해라며, 상대 선박의 퇴거를 요구했다.

스카버러 암초의 항공사진. 중간에 깊이 15m의 석호(潟湖) 130㎢를 산호초와 암초가 둘러싸고 있다.
사진=중국신문망

이 석호를 둘러싼 산호초와 암초 가운데 가장 높은 암초가 3m 높이로 해상에 노출돼 필리핀 국기가 꽂혀있다.

대치가 한 달, 두 달 길어지자 중국은 경제 제재 카드를 꺼낸다. 중국인의 필리핀 여행을 금지하고 필리핀산 바나나 수입 통관을 강화해, 항구에서 썩어 버리게 했다.[067] 이와 함께 중국은 남부 지역 군부대의 전투준비태세를 높이는 등 군사적 압박도 가하고, 남중국해역에 대한 조업금지조치도 내린다.[068]

필리핀은 두 달에 걸친 중국과의 대치 상태에서 미국이 힘이 되어줄 것을 기대했지만, 실질적인 도움을 주지 않자 스카버러에서 철수했다. 스카버러에 대한 실효지배권이 중국으로 넘어간다.

PCA, "구단선 인정 못 한다"

그 대신 필리핀은 2013년 1월 남중국해의 영유권 문제를 헤이그의 국제상설중재재판소(PCA, Permanent Court of Arbitration)에[069] 분쟁 조정을 신청한다. 필리핀은 "중국이 주장하는 해양경계선인 소위 '구단선(九段線)'이 『유엔해양법협약』에 합치하는지?" "난사군도의 피어리크로스 암초는 암석인가?" "중국이 미스치프 암초에서 인공섬을 만드는 것은 불법인가 아닌가?" 또 "스카버러암초에서 조업을 방해하는 중국의 행위는 합법인가, 불법인가?" 등 그동안 중국으로부터 여러 차례 당해온 동남아 국가를 대신하는 듯, 15가지 항목을 조목조목 엮어서 판단을 구한다.

---

067 관광 수입에 대한 의존도가 높은 필리핀에는 연간 60만 명의 중국인이 방문한다. 바나나도 중국이 수입하는 바나나의 85%가 필리핀산인데, 이렇게 될 경우 필리핀 바나나 재배 농민은 큰 피해를 입는다. 중국이 만만한 국가와 분쟁을 벌일 때 흔히 쓰는 우격다짐 또는 '촌스러운 외교'의 민낯이다. 중국은 일본과 또 한국과도 마찰이 생길 경우, 이런 촌스런 외교에 의존한다.

068 박민희 기자, "필리핀-중국 군함 남중국해에서 대치", 2012.4.11., 한겨레신문. 이장훈 기자, "중국 전방위 압박 필리핀 힘겨운 버티기" 2012. 5.29.

069 상설중재재판소(PCA)는 이름과는 달리 법원의 성격보다는 분쟁 당사자 간의 갈등을 중재하고 해결하는 행정적 기관이다. UN 산하의 국제사법재판소(ICJ)는 국가와 국가 간의 분쟁만 다루지만, 상설중재재판소는 국가 간 분쟁은 물론 국제기구나 기업, 개인과 나라 간의 분쟁도 다루는 완전히 별개의 기구이다. 상설중재재판소의 재판은 1심으로 끝나고 국제사법재판소의 판결처럼 구속력을 갖고 있으나, 판결 내용의 이행을 강제할 수 있는 수단이 없다는 점에서 국제사법재판소와는 다르다. 최근에는 분쟁이 다양화되면서 소송이 늘고 있는데 2015년에는 138건이 접수됐다.

필리핀이 중재를 요청한 지 3년 반 만에 회답이 나왔다. 2016년 7월 12일, 국제상설중재재판소(PCA)는 중국 측의 주장을 조목조목 비판하면서, 필리핀의 손을 들어줬다. PCA는 "중국이 오래전부터 남중국해 수역에서 조업해온 사실은 인정되나, 인접한 다른 나라 어민들도 해당 수역에서 오래전부터 조업을 해 왔기 때문에, '구단선'은 물론, 남중국해에 대한 중국의 영유권 주장을 인정하기 어렵다"고 판단했다. 중국 측은 중국이 '9단선' 내 해역을 가장 먼저 발견해 개발하고 조업 활동을 해왔다는 '역사적 권리'를 주장했으나, 재판소는 '이런 역사적 권리는 유엔해양법협약이 제정된 1982년부터 소멸됐다'고 하는 필리핀 측의 주장을 받아들였다.

재판소는 또 중국 측의 인공섬 건설 노력에 대해서도 "어떤 인공적인 지형물도 남중국해에서 배타적경제수역(EEZ)을 부여하지 않는다"고 판단했다. 즉 중국 측이 섬이라고 주장한 스카버러암초가 섬(島)이 아니라고 판단했다. 해양법상 섬(島)은 영해와 배타적경제수역을 다 인정받지만, 암초(暗礁)는 영해 12해리만 인정되고, 썰물 때만 표면이 드러나는 암초인 간조노출지(干潮露出地, Low-tide Elevation)는 아무것도 인정받을 수 없다고 판결했다. 이어 PCA는 중국이 추진해온 인공섬 건설에 대해서도 "산호초에 돌이킬 수 없는 피해"를 입히고 "필리핀의 어로와 석유탐사를 방해해 배타적경제수역(EEZ)에서 필리핀의 주권을 침해했다"고 지적했다. 『유엔해양법협약』(UNCLOS)에 따르면, 사람이 살 수 있고, 경제활동이 가능한 섬은 영해(12해리)와 배타적경제수역(EEZ) 200해리)을 가질 수 있지만, 그렇지 않은 단순 암석은 영해만 가질 수 있기 때문에 인공섬을 근거로 남중국해 지역에서 배타적경제수역을 설정한 중국의 주장도 설득력을 잃게 됐다.

국제상설중재재판소의 이 결정에 대해 필리핀은 기뻐했으나, 중국은 이 판결을 인정하지 않는 것은 물론 시진핑 국가주석이 "미국의 도발에 대비해 전투준비를 명령했다"는 보도까지 나왔다.

중국 외교부는 홈페이지에 게재한 성명을 통해 "이번 국제상설중재재판소의 판결은 악의에 의한 것으로, 남중국해에서 중국의 영토주권과 해상권익은 어떤 상황에서도 변함없을 것"이라고 주장했다.

반면 존 커비(John Kirby) 미 국무부 대변인은 "이 판결이 최종적이고 법적으로 구속력이 있는 것으로 간주돼야 한다"며 "당사자들은 판결을 준수하고 도발을 피해달라"고 촉구했다.

남중국해, 미-중 관계 | 남중국해 영유권 분쟁에서 제일 완강한 당사자는 중국이다. 중국이 욕심을 부리지 않았을 때 이 바다는 조용했다. 문제는 국력 상승과 군사굴기(崛起)로 패권 국가로서의 입지를 다지고 있는 중국이다.

시사군도에서 베트남과 치른 무력 대결이 그러하고 난사군도에서 필리핀 등 인근 국가들과 다툼을 벌이다가 국제 상설중재재판소(PCA)에 제소를 합의한 뒤, 자국에 불리한 결과가 나오니까, 이를 무시한다. 2000년대 들어서는 난사군도의 여러 암초에 시멘트와 모래를 퍼부어 인공섬을 만들어 군사 요새화하는가 하면 국민의 이주를 독려하고 해저 지형물에 중국식 이름을 붙이고 시청과 구청을 건설해 점유를 굳혀나간다.

중국은 20세기 말 홍콩과 마카오를 돌려받은 뒤 이제 '마지막 외부 영토'인 타

---

070 조성대 기자, "시진핑, 남중국해 불리한 판결 대비 전투태세 명령", 2016.7.12. 연합뉴스
071 김외현 기자, "중재재판소 결정, 중국 완패", 한겨레, 206.7.12
072 "시진핑, 남중국해 중 영유권 주장 부정한 PCA판결 인정 안 해", 2019.4.27., 한국경제. 시진핑 중국 국가주석은 2019년 4월 25일 북경에서 두테르테 필리핀 대통령과 양자회담을 하면서 두테르테 대통령이 이 판결에 대해 거론하자 "중국은 PCA 판결을 인정하지 않는다"고 대꾸했다.
073 홍콩의 현 위상은 '중화인민공화국 홍콩특별행정구'라는 긴 이름에서 나타난다. 1,104㎢(서울의 2배 약간 못 미침)의 면적에 740만 명의 주민이 거주하고 있다. 1차 아편전쟁에서 패한 청나라가 1842년 8월 29일 맺은 난징조약에 따라 영국에 양도한 땅이다. 2차 세계대전 중 일본제국 치하인 기간(1941.12~1945.8)을 제외하고는 영국의 통치를 받았다. 영국은 1979년부터 1984년까지 중국과 홍콩반환에 관한 협상을 진행했고, 1997년 7월1일자로 주권이 넘겨졌다.
074 마카오도 현재는 '중화인민공화국마카오특별행정구'라는 이름을 갖고 있다. 30㎢의 면적에 65만 명이 거주한다. 마카오는 16세기 당시 활발한 해상활동을 하던 포르투갈 상인들이 "항해 중 젖은 화물을 육지에서 말리겠다"며 명(明, 1368~1644) 나라 관리들에게 뇌물을 주면서 땅을 사용하기 시작해, 1572년부터는 1년에 500냥의 지대를 내고 마카오 거주권을 얻는다. 마카오는 그 뒤 중계무역과 기독교 포교의 기지로서

이완과의 통일을 지상과제로 설정하고 이의 실현을 위해 노력하고 있다. 중국이 주장하는 '하나의 중국'은 타이완의 자주권을 인정하지 않는 것은 물론 분리 독립의 움직임이 점차 강해지고 있는 티베트(西藏自治區)와 신장위구르(新疆維吾爾自治區)에 대해서도 무자비한 압박정책을 펴고 있어 국제적인 비난을 자초하고 있다. 이처럼 중국의 확고부동한 '하나의 중국'[075] 정책도 시간이 흐르면서 중국 측이 저지르는 비인도적이고 무자비한 탄압이나 힘에 의존한 '거친 외교'의 민낯이 드러나면서 국제적인 비난은 물론 미국과 영국 등 민주주의 진영으로부터 점차 낮은 대접을 받기에 이르렀다.

특히 미국은 중국의 비민주적 특질이 가져오는 세계질서의 교란과 인권 경시 태도에 대해 강력하게 문제를 제기한다. 미국은 중국이 1979년 개혁개방을 선언한 이후 세계의 생산기지로 각국에서 필요로 하는 제품을 생산해 공급하는 생산의 허브(Hub) 역할을 인정하고 이해했다. 이러한 중국을 위해 세계무역기구(WTO) 가입을 적극적으로 도와 중국은 세계무역기구(WTO)의 정식 회원국이 됐다(2001. 12). 당연히 미국과 유럽연합 등은 중국이 시장경제와 민주주의 전파에 대내외적으로 기여할 것으로 기대했다. 결론은 부정적이었다.

중국은 민주주의와 시장경제를 기반으로 한 국가로의 변화를 거부했다. 세계의 평화와 안정에 기여하고 경제발전에 기여할 것이라는 세계의 기대를 져버렸다. 도리어 중국은 세계 2위의 경제 대국, 1위의 무역 대국의 위상에 걸맞지 않게 미국 등 외국 상품에 대한 불공정 대우를 일삼는 데다가 국가주도 경제 시스템을 유지하면서 소수민족과 일반 국민에 대한 감시와 처벌을 강화하고

활용되다가 1887년 리스본의정서, 1888년 청-포르투갈 통상우호조약에따라 정식으로 포르투갈령이 됐다가, 1999년 12월 20일 중국으로 반환됐다.
075 중국대륙과 홍콩, 마카오, 타이완은 나눌 수 없는 하나이고 따라서 합법적인 중국의 정부는 중화인민공화국 하나라는 원칙을 말한다. 중국은 '중국=중화인민공화국'이라는 등식을 수용하도록 자국과 외교관계를 맺는 외국에게 요구하고 있다. 중국은 또 티베트(西藏), 위구르(新疆)와 같이 분리독립을 요구하는 소수민족 문제에도 하나의 중국 원칙을 내세워 이들을 억압하고 있다. 반면 타이완은 '중국=중화민국'이라는 등식을 기반으로 하고 있으나, 1971년 유엔 회원국 자격을 반납하고 나온 뒤 위상이 많이 약화됐다. 또 현실적으로 두 개의 중국이 존재하는데도 불구하고, 중국이 자신의 막강한 영향을 이용해 타이완의 국제사회 참여를 지나치게 막는 데서 오는 부작용도 나타나고 있다.

일당독재, 영구집권을 꿈꾸는 단계까지 와버렸다.

이러한 중국에 대한 미국의 실망은 클린턴 대통령 시절부터 표면화되기 시작해 오바마, 트럼프, 바이든 등으로 이어져 왔다.

이제 미국과 유럽연합은 '중국 동반(同伴)의 시대'에서 '중국 견제(牽制)의 시대'로 접어든 모습이다. 일부 전문가들은 미국과 중국의 대립과 견제를 '신냉전(新冷戰) 국면'이라고 부르기도 한다. 기후변화, 환경문제 등 일정 분야에서는 협력하겠지만, 나머지 정치, 군사, 과학기술, 교육 등 서방이 우위에 서 있는 모든 분야에서 중국을 가차 없이 견제하겠다는 움직임이 강해진다.

미국은 남중국해의 영유권 분쟁에서도 제3자의 입장을 견지하면서 개입을 자제해왔다. 그러나 2016년 7월 국제상설중재재판소(PCA)에서 "중국의 구단선 주장은 역사적 근원이 없다"는 판결이 나온 후부터는 개입 쪽으로 선회해, 이 해역 관련 국가들의 피해 호소에도 귀 기울이고, 중국의 무리한 주장이나 행동에 대해 비판적인 발언을 이어가고 있다.

또 미국은 1979년 중국과 수교 이후 40년 넘게 '하나의 중국' 정책을 존중해 왔으나 지금은 상황이 달라졌다고 본다. 미국은 인도태평양지역에서 타이완의 전략적 가치를 재평가하고, 타이완을 압박카드로 패권국가를 향해 나아가는 중국을 견제하는 쪽으로 정책의 전환을 이룬 듯하다. 더구나 2021년부터는 중국과 미래 기술 분야에서의 경쟁이 불가피하다고 보고 세계 최대 규모의 반도체 생산기지인 타이완의 가치를 높게 평가하고 있다.

시진핑이 집권한 이래 독재체제를 강화하고 있는 중국 또한 절대 물러설 수 없다는 입장으로 강경하게 대응하고 있다. 2015년 11월 7일, 싱가포르에서 시진핑(習近平) 중국공산당 총서기와 마잉주(馬英九) 타이완 총통이 서로 만나는 양안(兩岸)정상회담이 열렸다. 국공내전이 개시되기 전 모택동과 장개석이 충칭에서 만난 1946년 이후 69년 만이다. 그러나 양안 정책에서 의견이 다른, 후임 차이잉원(蔡英文) 총통이 친미국 행보를 이어가자, 중국은 더욱 거칠어졌다.

일부 외신들은 중국이 타이완 본토에서 멀리 떨어진 둥사[프라타스]군도에 중국군을 상륙시켜 이를 점유하는 전략을 구상하고 있다는 보도까지 나오고 있다.[076] 바야흐로 타이완이 미-중 또는 미-일-중 관계에서 새로운 화약고로 등장하는 모습이다.

---

076 정인환 기자, 〈중, 사실상 대만침공 실전훈련…미 "둥사군도 점령 땐 속수무책"〉 2021.10.27. 한겨레. 미국의 싱크탱크 신미국안보센터(CNAS)는 "중국이 대만의 방공식별구역을 침범하고 또 둥사군도 등을 침략할 경우, 중국과 전면전을 감수하지 않으면 미국으로서는 효과적인 대응책이 없기" 때문에, 중국이 이런 행위를 할 경우 "경제적 고통이 크다는 사실을 각인시켜 억지력을 갖도록 해야한다"고 조언했다.

4.쿠릴(Kuril)열도 분쟁: 오호츠크해의 찬바람

일-러 분쟁 | 일본은 쿠릴열도를 "러시아에게 빼앗겼다"고 주장하고, 센카쿠열도에 대해서는 "중국이 빼앗으려 한다"고 엄살을 부리고, 독도에 대해서는 "한국이 독도를 강제로 차지하고 있다"고 목소리를 높이고 있다.

일본 홋카이도(北海道)와 러시아 캄차카(Kamchatka)반도 사이 1,300km 길이로 남북으로 길게 펼쳐져 있는 「쿠릴열도」(Kuril Islands)는 북쪽에서부터 북(北)쿠릴, 중(中)쿠릴, 남(南)쿠릴로 구분된다. 쿠릴열도는 56개의 섬으로 이루어져 있으며, 일본에서는 치시마열도(千島列島)라고 부른다.

쿠릴열도는 현재 러시아가 실효지배를 하고 있지만, 일본은 남(南)쿠릴 8개 섬 가운데 홋카이도에 인접한 4개 섬에 대해서 영유권을 주장하고 있다. 이 4개 섬은 각각 이투루프(擇捉島, 3,139㎢), 쿠나시르(國後島, 1,490㎢), 시코탄(色丹島, 225㎢) 그리고 10여개의 작은 섬으로 이루어진 하보마이군도(齒舞群島, 90㎢)[078]다. 4,944㎢ 넓이에 주민은 모두 16,828명(2015)으로 1945년보다 도리어 줄었다.[079] 전체 면적은 제주도의 3배, 서울의 8배 정도다. 일본은 남쿠릴의 4개 섬을 '북

---

077 남쿠릴은 지금 분쟁 중인 이투루프, 쿠나시르, 시코탄, 하보마이 등 4개 섬 외에도 북쪽으로 우르프(1,430㎢), 브라트 치르포에프, 치르폴, 브루토나 등 4개가 더 있다. 1855년 화친조약에서는 이투루프와 우르프 섬 사이를 경계로 일본과 러시아의 국경을 갈랐다.

078 이투루프(에토로후) 섬은 우리나라 제주도(1,850㎢)의 두 배 크기에 가깝고, 쿠나시르(쿠나시리)도 상당한 면적이다. 하보마이 군도에서 제일 큰 섬은 젤레니섬(일본명, 시보쓰섬)으로 45㎢다(강화도는 302 ㎢, 독도는 0.6㎢).

079 쿠릴열도의 섬은 혹한과 활화산(전체 100개 중 35개) 등으로 인해 거주가 가능한 섬이 많지 않다. 그래서 1945년 당시보다 현재 인구가 600명이 줄었다. 또 2차 대전 이후 소련의 스탈린은 쿠릴열도 전체에 살고 있던 일본인 18,000명을 모두 일본으로 추방했다.

방영토'(北方領土)라고 부른다.

19세기 후반 유럽과 미국이 동북아시아로 진출을 본격화하자, 일본과 러시아 제국은 선주민과 자국민들이 섞여 살던 사할린과 쿠릴열도에 대한 영토 정리에 들어간다. 열강들에게 빼앗기기 전에 두 나라 사이에서 영역을 우선 정리할 필요가 있었다. 일본은 1855년 러시아와 화친조약을 맺으면서, 남쿠릴 4개 섬을 일본 영토로 하고 그 이북은 러시아 영토로 정했다. 일본은 그 후 2차 대전이 끝나는 1945년 8월까지 90년 동안, 이들 4개 섬을 자국 영토로 관리해 왔다. 미국은 소련의 아시아 지역 전쟁 참전 대가로 '사할린과 쿠릴열도'를 요구하는 소련의 제안을 인정하고, 샌프란스코강화조약(1952)을 통해, 남쿠릴열도 4개 섬과 사할린의 남부 등을 모두 소련의 영토로 정리했다. 주권을 돌려받은 (1952) 일본은 샌프란시스코조약으로 쿠릴열도는 소련에 반환하지만, 시코탄 섬과 하보마이군도는 홋카이도의 부속 섬으로, 쿠릴열도에 포함되지 않는다며, 소련 측에 반환을 요구하면서 영토분쟁이 시작됐다.

러-일 영토분쟁 4개섬 현황

일본 홋카이도와 러시아 캄차카반도 사이의 쿠릴열도, 두 나라는 남(南)쿠릴열도의 4개 섬에 대한 영유권 분쟁을 계속하고 있다.

미국의 방해 | 1945년 8월 8일 밤 11시(이는 모스크바 시각으로, 우리로서는 8월 9일) 구소련은 일본에 선전포고를 하고, 만주와 사할린 등에서 물밀듯이 쳐내려왔다. 일본은 사할린과 쿠릴열도 전부를 소련에 빼앗겼다. 40년 전 러일전쟁에서 이겨서 빼앗은 땅인데, 2차 대전에서 져서 빼앗겼으니 할 말은 없다.

패전 일본은 연합국의 군정(軍政)통치를 받았고, 샌프란시스코강화조약의 발효로 2차 대전은 모두 마무리된다. 구소련은 여러 이유를 들어 강화조약에 서명하지 않았다. 그래서 소련과 일본은 1956년 10월 「일-소간 종전(終戰)에 관한 공동선언」(Soviet-Japanese Joint Declaration of 1956)에 서명하고, 국교(國交)를 회복했다. 그러나 이건 '평화협정'이 아니었다. 이 공동성명 제9항에서 "소련은 일-소 두 나라가 평화조약을 체결하면, 시코탄과 하보마이군도를 일본에 넘기는 것에 동의한다"고 정리했다.

그런데 복병(伏兵)이 있었다. 놀랍게도 미국이었다. 1960년 일본은 미국과 「미일안전보장조약」을 맺었다. 이 조약에 따라 미군(美軍)이 일본에 주둔하게 됐다. 동서 간에 냉전(冷戰)이 한창일 때인데 러시아가 그냥 넘어갈 리가 없다. 소련은 "외국군(즉, 美軍)이 철수해야 1956년 공동선언의 조항을 이행할 수 있다"면서 약속을 파기한다. 소련이 입장을 이렇게 바꾸자 그동안 일본 내에서 잠복하고 있던 '4개 섬 반환'이라는 강경 주장이 힘을 얻어 일본도 '2개 섬'이 아니라 '4개 섬'을 돌려 달라고 주장하기에 이른다. 일이 점점 꼬여가고 있었다. 그 뒤 계속해서 두 나라는 이 문제의 원만한 해결을 위해 회담을 계속해왔다.

쿠릴에 부는 바람 | 2001년 3월, 푸틴(V. Putin) 대통령과 모리 요시로(森喜朗, 2000~2001.4) 총리가 만났을 때, 러시아는 시코탄과 하보마이군도를 일본에 넘긴다는 입장이었고, 일본은 이 두 섬을 먼저 돌려받고, 쿠나시르와 이투루프에 대해서는 추후에 협상을 계속한다는데 까지도 접근했다.

그런데 극우파인 고이즈미 준이치로(재임 2001.4~2006)가 총리가 된 뒤, 4개 섬을 한꺼번에 돌려 달라고 요구하자, 협상은 결렬된다.

2007년 6월, 세르게이 라브로프 러시아 외무장관이 남쿠릴의 4개 섬을 공동 개발하자고 일본 측에 제안했으나, 일본 정부는 이 제안을 수용할 경우 이 4개 섬이 러시아의 영토라는 점을 일본이 용인(容認)하는 것으로 비칠까 염려해, 이에 응하지 않았다.

2008년 5월, 두 나라는 비자(Visa) 면제 방문 프로그램에 합의했다. 즉, 일본에 연고를 두고 있는 러시아인 320명과 쿠릴열도에 가족묘지나 친지가 있는 517명의 일본인에 대해서는 모두 29차례에 걸쳐 비자 없이 상호방문을 허용하기로 했다. 쿠릴열도에 한동안 훈풍이 감돌았다.

2010년 11월 1일 드미트리 메드베데프 러시아 대통령(재임 2008~2012)이 쿠릴열도의 쿠나시르를 방문했다. 푸틴의 아바타라는 말을 듣던 메드베데프였지만, 현직 대통령의 분쟁영토 방문은 어떤 형태로든 파문을 남긴다. 일본은 즉각 반발했다. 간 나오토(菅直人) 총리는 일본 국회 답변에서 "러시아가 극동 지역에 힘을 쏟아붓고 있다"며 "대단히 유감"이라고 하는 등 외교적인 항의 절차가 이어졌다. 2013년, 다시 대통령이 된 푸틴(2000~2008, 2012~현재)은 아베 신조(재임 2006~2007, 2012~2020) 총리와의 정상회담에서 중·소 국경분쟁의 예를 들면서 하보마이군도와 시코탄을 일본에 넘기고 쿠나시르는 일본과 공동으로 쓸 수 있음을 시사했다. 다시 일본은 '살짝' 흥분했다.

일본 총리가 러시아를 방문한 때가, 2003년 간 나오토 총리 이후, 10년 만인데다가, 북방영토 반환에 관한 희망적인 관측이 나와, 아베 총리는 120명의 경제사절단과 함께 모스크바를 방문했다. 푸틴의 이야기는 달콤했으나, 그건 그냥 서비스였다. 아베는 그 뒤 2017년 4월 말에도 모스크바를 방문했으나 진전이 없었다.

---

080 이명박 대통령은 현직 대통령으로서는 처음으로 2012년 8월 10일 오후 독도를 방문했다. 그 이후 한일 관계는 냉각기에 접어들었다. 일본은 독도 문제를 국제사법재판소(ICJ)에 가서 해결하자고 제안하고 국내외 홍보활동을 강화했다. 일본의 모든 초중고 교과서에는 "독도는 일본의 고유 영토인데 한국이 불법 점거하고 있다"라는 기술이 들어가고, "해결하지 않는 것을 해결한 것으로 간주한다"는 1965년 국교정상화 합의를 앞두고 이루어진 독도밀약도 사라져 두 나라 관계에 영향을 끼치고 있다.

일본과 러시아 정상은 상호 간의 직접 방문 말고도 여러 국제회의 등에서 자주 만나지만, 영토 문제는 진전이 없다. 각각 처한 상황을 정리해 보면, 일본은 '러시아가 돌려준다는 2개의 섬을 우선 돌려받자'는 현실중시파와 '4개 섬을 한꺼번에 받아야 한다'는 명분중시파, 2개 섬에다가 공동관리하는 섬을 추가하자는 의견(2+α) 등 여러 의견이 다투고 있다.

러시아는 또 러시아대로 점차 보수화되고 있어서 영토 양보파의 입지가 점차 좁아지고 있다. 땅을 돌려준다는 러시아 측의 입장을 살펴보면, 러시아도 이제는 "당(黨)이 결정하면 우리는 따른다"고 하는 공산당 전제정치 시절이 아니다. 영토 변경에는 연방의회의 승인이 필요하고, 또 다른 주변국과의 추가적인 영토분쟁에 대해서도 대비해야 한다. 군사 안보적인 가치도 무시할 수 없고, 주변 해역의 수산자원과 광물자원에도 신경이 쓰인다.

러시아는 서쪽에 비해 동쪽 영토에 대한 투자가 적은데다 늦어, 뒤늦게 신경을 쓰고 있지만, 재원의 부족으로 한계를 안고 있다. 일본이나 한국 등이 협조하면 천연가스나 석유 등의 자원 개발이 이뤄지겠지만, 영토를 내주는 일은 차원이 다른 통치행위가 되기 때문이다. 그래도 러시아가 너무 어렵고 일본의 제안이 너무 달콤해서 쿠릴열도 문제는 '어렵긴 해도 일말의 희망이 보이는 상황'이라는 조심스러운 관측이 가능하다.

5. 히말라야, 주변의 30억 인구

험악하기 그지없고 너무 장대해 다가서기조차 겁나는 히말라야도 저 멀리 우주에서는 한 장의 사진으로 담아낼 수 있다. 에베레스트를 비롯해 14개의 8,000m급 봉우리가 솟아있고 그 골짜기마다 사람들이 살고 있고, 나라도 깃들어 있다. 동서로 2,400㎞에 남북 200~300㎞ 두께의 히말라야산맥은 인도, 네팔, 부탄, 파키스탄, 중국, 아프가니스탄 등 무려 6개 나라에 걸쳐있다.[082]

미 항공우주국(NASA)에서 찍은 사진을 보면 아래쪽으로 살짝 휘어진 접시 모양의 히말라야 등줄기 위에는 123만㎢의 티베트(西藏)와 30만㎢의 타클라마칸 사막이 오롯이 담겨있다. 티베트고원에는 점점이 남(藍)색 호수가 박혀 있고, 한반도가 들어가고도 남는 넓이의 타클라마칸(Taklamakan) 사막은 시골 초등학교 운동장처럼 아담하게 보인다. 이 타클라마칸 사막의 북쪽이 천산(天山)산맥, 남쪽이 쿤룬(崑崙)산맥이고 쿤룬의 남쪽은 티베트, 그 아래쪽이 히말라야산맥 그리고 네팔과 인도가 있다. 쿤룬산맥과 타클라마칸 사막의 서쪽은 '지구의 등뼈'라는 파미르고원(Pamir Plateau)이다. 평균 고도 6,100m의 파미르고원은 다

---

[081] 지구상 8,000m가 넘는 산은 모두 14개다. 그러나 엄밀하게 따지면 8,000m가 넘는 봉우리는 이보다 훨씬 많다. 에베레스트 주봉은 8,849m, 남봉은 8,749m로 세계 2위의 고봉이라는 K-2 (8,611)보다 높다. 3위의 칸첸중가는 주봉(8,516)을 비롯해 4개의 봉우리가 8,000m이상이다. 이밖에도 로체봉 역시 주봉(8,410)과 로체샤르(8,400)가 8000m가 넘는다. 그럴 경우 8,000m가 넘는 봉우리는 모두 21개이지만, 세계 산악계에서는 주봉을 둘러싸고 있는 위성 봉우리는 8,000m로 인정하지 않고 있다. 그래서 8,000m 봉우리는 14개라고 말한다.

[082] 일부에서는 동쪽의 방글라데시와 미얀마 그리고 서쪽의 타지키스탄, 키르기스스탄을 넣기도 한다.

국제우주정거장에서 본 광역 히말라야산맥과 그 주변 지역. 사진=NASA

시 힌두쿠시산맥, 카라코람산맥으로 이어진다. 끝없는 고산과 산맥의 물결이다. 파미르, 힌두쿠시, 카라코람은 모두 광역 히말라야(Greater Himalayas)의 구성체다. 위구르어로 '죽음의 땅'을 뜻하는 타클라마칸 사막과 천산·쿤룬산맥으로 둘러싸인 곳은 타림분지(塔里木盆地, Tarim Basin)라 불린다. 이 사막 분지 남북 산맥의 비탈길을 따라 또 사막의 중간으로 동양과 서양을 잇는 몇 갈래 길이 있었고 우리는 이 길을 실크로드(Silk Road)라고 부른다. 좋게 말해서 비단이지, 어찌 이 험악한 길에 비단과 미녀만 오갈 수 있었겠는가? 구도자와 상인이 오갈 수 있는 길이었다면 칼과 창을 들고 말과 낙타를 탄 군인들 또한 달려갔을 것 아닌가? 지질학자들은 아주 먼 옛날 인도 대륙이 섬이었다가 아시아 대륙에 다가가 합쳐질 때 그 압력으로 땅이 치솟아 히말라야산맥이 형성됐다고 말한다. 가벼운 인도판 지각(地殼)이 무거운 유라시아판 밑으로 파고들면서 솟구쳐 만들어진 히말라야는 젊으면서도 높은 산맥이 됐다. 지금도 인도판은 연간 2cm 정도씩 북쪽으로 움직인다고 한다.

지난 2020년 4월, 코비드(COVID)-19로 인간들이 활동을 멈췄다. 공장 가동도 중지됐고, 쉼 없이 배기가스를 내뿜던 차들도 운행을 멈췄다. 그랬더니 놀라운 일이 벌어졌다. 아름다운 히말라야가 그 웅장하고 멋진 모습을 드러낸다. 오염과 먼지 때문에 인간에게서 멀어졌던 히말라야가 돌아왔다. 어디 갔다가 온 걸까? 맨눈으로 인간에게 포착된 히말라야는 경이로움 그 자체였다. 사람들은 너도나도 그 모습을 담아 세계 곳곳으로 전송(send)했다. 인간들이 잠시 쉴 동안 히말라야에서 150㎞ 떨어진 인도 북부 펀잡(Punjab)에서 육안으로 잡힌 히말라야의 모습이 매혹적이다. 주민들은 "수십 년 만에 처음으로 히말라야를 맨눈으로 본다"며 기뻐했다. 이는 인도 정부가 코비드(COVID)-19의 확산을 막기 위해 2020년 3월 25일부터 국가봉쇄령을 내린 덕분이다. 뉴델리 등 인도의 많은 도시는 심한 대기오염 때문에 '가스실'(Gas Chamber)이라는 악평을 듣고 있다.[083]

코로나 창궐로 산업시설 가동과 차량운행이 중단되는 등 인간의 활동이 잠시 뜸해지자, 150㎞ 떨어진 인도에서도 히말라야의 설산이 육안으로 관측돼 세계인들을 놀라게 했다. 2020년 4월 인도 펀잡 잘란다르(Jalandhar)에서 촬영.

[083] 대기오염으로 인해 전 세계에서 한 해 700만명이 목숨을 잃고 그 가운데 인도에서만 유독성 공기로 인해 100만명 이상이 사망하고 있다. 현실적으로 세계의 극심한 대기오염도시 30개 가운데 22개가 인도 내 도시다. 인도에서는 석유, 석탄, 목재 등의 불완전 연소해서 나오는 그을음인 블랙카본(black carbon) 등이 세계보건기구 기준의 14배나 검출되는 최악의 오염 상태를 보이고 있다.

그런데 이 신기하고 아름다운 지구에 구름이 끼면 많은 이상한 일들이 벌어지는데, 각 나라들이 벌이고 있는 영토분쟁도 이 이상하고 이해 못할 일 가운데 하나다. '지구의 등뼈'라고 불리는 파미르와 히말라야 산악지대에서는 카슈미르 분쟁과 중-인 국경의 영토분쟁 등이 진행되고 있다. 이 분쟁의 근저에는 영국의 인도 식민 지배, 서양 열강의 중국(청) 침략과 분할, 또 가까이는 중국과 인도의 비동맹주의, 미국과 소련의 영향력 확대 등 세계사의 진행과 그에 따른 어두운 그늘이 깃들어 있다.

우리가 찾아가는 인도와 파키스탄의 분쟁지역 카슈미르(Kashmir)는 히말라야 산맥의 서쪽 끝 그러니까 파미르고원의 아랫부분에 있다. 그리고 4,000km의 국경을 공유하는 인도와 중국은 국경선의 서부에 해당하는 카슈미르의 일부인 악사이친(Aksai Chin) 지역과 중간의 도클람(Doklam), 동부의 아루나찰프라데시(Arunachal Predesh) 등에서 오늘도 긴장한 채 서로를 경계하면서 대치를 계속하고 있다.

이 지역에서 영토분쟁을 이어가고 있는 인도, 중국, 파키스탄 세 나라의 인구를 합치면 30억 명이 넘는다. 80억 세계인구의 37.5%를 차지한다. 그 자체로도 주목의 대상인데, 이 세 나라는 모두 핵(核)무기를 보유하고 있다. 그래서 세계는 히말라야산맥을 둘러싸고 있는 이들 세 나라의 다툼에 신경을 곤두세운다.

6. 카슈미르 분쟁: 인도-파키스탄

3등분 된 카슈미르

카슈미르(Kashmir)는 인도 북부와 파키스탄, 아프가니스탄, 중국 등 네 나라가 접하고 있는 히말라야의 서쪽 끝부분이다. 평균 고도 6,100m인 파미르고원의[084] 남쪽 경사면에 해당한다. K-2(8,611m), 낭가파르밧(8,125m) 같은 8,000m급 4개와 7,000m를 넘는 고봉들이 즐비한 지역이다.

카슈미르 분쟁은 한동안 아시아 지역 영토분쟁의 대명사처럼 통했다. 지금은 중국이 굴기(崛起)해 청(淸) 말기에 빼앗겼던 땅을 되찾겠다는 욕심으로 국경을 접하는 나라들과 걸핏하면 분쟁을 벌이고 있어, 분쟁지역으로서 카슈미르의 명성은 예전만 못하지만, 지금도 분쟁은 계속되고 있다.

카슈미르(Kashmir)는 인도제국(1858~1947) 이전에 이 지역을 다스렸던 무굴제국 황제들의 여름 별장과 식민지 인도를 다스렸던 인도 총독부 고급 관리들의[085][086]

---

[084] 산스크리트어로 '눈이 사는 곳' '만년설의 집'이라는 뜻을 가진 히말라야(Himalaya)는 인도 북동쪽의 브라마푸트라강에서 서쪽 파키스탄의 인더스강 협곡에 이르는 2,400㎞가 넘는 대산맥이다. 이 산맥은 동쪽에서부터 아삼히말라야, 부탄-시킴히말라야, 네팔히말라야, 가르왈히말라야, 펀잡히말라야로 구분하고 광역 히말라야는 여기에 중앙아시아의 고봉들과 파키스탄의 카라코람과 힌두쿠시산맥을 포함한다.

[085] 「무굴제국」(Mughal Empire, 1526~1857)은 중앙아시아를 지배한 티무르의 후손들이 1526년 건국한 나라로 지금의 인도, 파키스탄, 아프가니스탄 지역을 다스렸다. 무굴제국 시기 포르투갈을 비롯한 유럽 열강들의 인도 침략이 시작되었고 네덜란드를 거쳐 영국이 인도를 차지했다. 무굴제국은 인도 지역의 문화를 융성시킨 왕조로 평가한다. '무굴'은 페르시아어로 '몽골인'을 의미한다.

[086] '식민지 인도'는 「인도제국」(1858~1947)을 말한다. 인도제국은 인도뿐만 아니라 파키스탄, 방글라데시, 스리랑카, 부탄, 몰디브, 미얀마 등을 포함하는 광대한 영토를 갖고 있었다. 무굴제국을 이은 인도제국은 영국 동인도회사(EIC)가 1858년 빅토리아(재위 1837~1901) 여왕에게 인도의 통치권을 넘기면서 시작돼 1947년 인도 독립 때까지 존속했다. 인도제국의 황제는 영국 국왕이 겸했으며, 1947년 인도와 파키스탄이 분리 독립하고 1948년 버마와 실론(스리랑카)이 독립하면서 역사에서 사라진다.

하계 별장이 위치하기도 했던 아름답고 깨끗한 산악지역이다. 훈자(Hunza)와 같은 장수촌(長壽村)도 있는 평화롭고 조용한 유토피아, 말 그대로 요즘 인기를 끄는 힐링(Healing)의 고향을 놓고 인도, 파키스탄, 중국 세 나라 사이에서 영유권 분쟁이 진행 중이다. 인도와 파키스탄은 카슈미르의 영유권을 놓고 1947년 분리 독립하면서부터 세 차례 전쟁을 치르는 등 아주 강도 높은 대치를 계속 이어가고 있다. 두 나라는 카슈미르 전체가 자국의 영토라고 주장하면서, 서로 상대국의 존재를 인정하지 않는다.

중국은 1950년대 후반부터 카슈미르에 군용도로를 개설하는 등 남진을 계속하다가 1962년 중국-인도 국경전쟁 이후 점령한 땅(악사이친)에서 철수하지 않고 지금까지 점유하고 있다. 또 파키스탄은 1963년 삭스감 계곡[카라코람 회랑지역] 일대를 중국에 넘겨주었다. 그래서 카슈미르 영유권 분쟁은 1947년부터 인도와 파키스탄 사이에서 한 개의 전선(戰線)이 형성돼 있고, 또 하나의 전선이 중국과 인도 사이에 형성돼 있다.

한반도(韓半島) 넓이와 비슷한(22만4739㎢) 카슈미르는 현재 인도, 파키스탄, 중

인도, 파키스탄, 중국령 등으로 3등분 된 카슈미르.

국 등 세 나라에 의해 삼등분돼 있다. 인도령 카슈미르(101,338㎢)는 잠무 카슈미르(Jammu Kashmir)와 라다크(Ladakh) 등 두 개의 연방직할지로 나누어져 있고, 파키스탄령 카슈미르(85,846㎢)는 아자드 카슈미르(Azad Kashmir)와 길기트-발티스탄(Gilgit-Baltistan) 등 두 개의 주(州)로 나눠져 있다. 중국령 카슈미르(37,555㎢) 악사이친(Aksai Chin) 지역은 신장위구르자치구에 속해 있다. 이 지역 일대에는 군인들이 많이 주둔하고 있으며, 특히 인도 측 카슈미르에서는 무장한 이슬람계 게릴라들의 테러가 수시로 발생한다.

카슈미르의 인구는 인도가 장악한 지역에는 1,488만 명, 파키스탄 장악 지역에는 636만 명이 각각 거주하고 있으며, 중국이 장악한 악사이친 지역에는 거주민이 거의 없고 군인들이 주둔하고 있다. 그 대신 이 지역은 중국의 신장(新疆)과 티베트(西藏)를 잇는 신장공로(新疆公路)[087]가 지나가는 전략적으로 매우 중요한 지역이다. 이 책에서는 인도와 파키스탄 사이의 카슈미르 분쟁과 인도와 중국 사이의 중국-인도 국경분쟁을 나눠서 살펴본다.

오래된 분쟁

역사 | 광역 히말라야의 빙하수가 흐르는 카슈미르는 8세기 이전부터 독립된 힌두왕국(王國)을 이루고 있다가, 16세기 말 이슬람인 무굴제국에 의해 점령당했고, 17세기 이후 영국의 영향력 아래 놓이게 되었다. 평화롭고 아름답던 카슈미르는 영국이 잠무(Jammu)토후국의 굴랍 싱(Gulab Singh)왕에게 이 지역을 75만 루피(Rupee)에 매각하면서 역사의 전면으로 등장했다.[088] 이때가 1846년이

---

087 신장공로는 신장 예청(葉城)에서 티베트 라사(拉薩)를 잇는 2,854km 도로로 해발고도 6,700m 지점을 통과한다. 이 지역은 한랭건조하면서 기압도 낮고 산소도 평지의 60% 정도여서 통과하는 대부분의 사람이 고산병 증세에 시달리게 된다. 길이 험해 일주일 정도 걸린다.
088 잠무(Jammu)토후국 왕 굴랍 싱은 카슈미르(Kashmir)를 영국으로부터 매입함에 따라, 두 지역을 합쳐, 잠무카슈미르(Jammu & Kashmir)토후국(1846~1947)을 세워 첫 국왕(Maharaja)이 된다. 이로써 잠무카슈미르는 하이데라바드(Hyderabad)에 이어 인도제국에서 두 번째로 큰 토후국이 된다. 영국은 아프가니스탄과의 1차 전쟁에서 잠무토후국이 영국을 지원해 준데 대한 고마움의 표시로, 시크교도들로부

다. 당시 영국은 고분고분하게 말을 듣지 않는 편잡(Punjab) 지역의 시크교도(Sikhs)[089] 문제를 해결하는데 협조해 준 잠무토후국에게 화해와 감사의 표시로 새로 얻은 카슈미르 지역을 싼값으로 넘겼다.

당시 러시아제국의 남하(南下)를 막느라 고심하던 영국은 북서쪽의 아프가니스탄 지역까지 정복해 영향권 아래에 둠으로써, 제정(帝政)러시아가 인도와 인도양으로 내려오지 못하게 막으려 했고, 영국은 1차 영국-아프가니스탄 전쟁(1839~1842)에서 어렵게 승리하면서 이 목적을 달성했다.[090]

이로써 잠무토후국은 「잠무카슈미르토후국」이 됐으며, 이 토후국의 마지막 왕이 마하라자 하라 싱(Maharaja Hara Singh)이다.[091] 식민지 인도가 영국으로부터 독립하면서 '힌두교의 인도'와 '이슬람교의 파키스탄'으로 갈라질 때, 이 마지막 왕이 자신의 토후국을 인도(印度)로 귀속시키는 결정을 하는 바람에, 인도와 파키스탄 사이에 전쟁이 발생하는 등 세 차례의 전쟁과 여러 차례의 유혈 충돌을 70년 넘게 계속하고 있다. 물론 싸울만한 이유는 있었다.

1947, 분리 독립 | 식민지 인도는 영국으로부터 독립이 발표된 뒤부터(1946), 힌두교도와 시크교도 등 비(非)무슬림과 무슬림 사이에 주도권 싸움이 격렬하게 진행돼 양측에서 수십만 명이 목숨을 잃었다. 그래서 영국은 어쩔 수 없이 인도를 무슬림(1947.8.14)과 비무슬림(힌두교, 1947.8.15.)으로 나눠 독립시킨다.

터 뺏은 카슈미르 지역을 잠무토후국에 싸게 매각했다. 양도 대금 75만 루피는 잠무카슈미르토후국 1년 세입(歲入)의 6분의 1에 해당하는 아주 헐값이었다.

089 시크교(Sikhism)는 인도의 주 종교인 힌두교를 개혁하는 차원에서 힌두교와 이슬람교의 좋은 점만을 따르기로 하면서 생겨난 별도의 종교로서 편잡, 카슈미르 등 인도 북서부 지방에서 상당한 세력을 형성하고 있었다. 17세기 초 시크교 지도자가 무굴제국에 의해 처형당하자, 이들은 전투적으로 변했다. 머리와 수염을 자르지 않고 터번을 쓴 모습으로 구별된다.

090 역사에서는 인도 대륙과 중앙아시아를 두고 영국과 러시아가 펼친 정치적, 군사적인 갈등을 '그레이트 게임(Great Game)'이라고 불렀다. 이 무렵 영국 해군은 러시아 세력의 남하를 막기 위해 우리나라의 거문도(巨文島)를 2년간이나 무단으로 불법 점거한 일도 있었다(1885.4~1887.2), 영국은 거문도를 'Port Hamilton'으로 불렀다.

091 토후국(土侯國)은 우리에게 좀 낯설다. 우리에게 익숙한 두바이(Dubai)는 UAE(아랍에미레이트연합) 내 7개 토후국 가운데 하나다. 인도 대륙에는 무굴제국과 식민지 시대인 인도제국 시대에도 역내에 소왕국인 토후국이 많았다. 1947년 독립 당시 인도에는 562개의 토후국이 있었다.

힌두교(Hinduism)의 땅 인도에 이슬람교가 들어온 것은 1,000년도 더 됐다. 서기 712년 이슬람인 우마이야 왕조가 인도 북서부의 신드(Sindh)와 펀잡(Punjab) 지역을 정복하면서 이슬람교가 인도 대륙에 들어오게 된다. 15세기까지 계속된 이슬람교의 전파에 따라 인도 대륙의 중부 이북 지역은 이슬람교가 주도권을 잡았고, 16세기에는 이슬람인 무굴제국(Mughal Empire, 1526~1858)이 건국돼 거의 인도 전역을 통치하게 됐다.

무굴제국은 초기에는 종교에 간섭하지 않았다. 그러나 6대 아우랑제브 황제(Auranzeb, 1618~1707) 시대에 이르러서는 힌두교도들에 대해 인두세를 걷는 등 억압정책이 실시되면서 무굴제국의 지배력이 약화된다.

무굴제국은 1857년 세포이(Sepoy) 항쟁의 와중에 무너지고, 영국령 인도도 2차 대전이 끝나고 식민 지배에서 벗어난다. 1947년 8월 15일의 독립 시한을 앞두고 마지막 인도 총독인 마운트배튼 경(Louis Mountbatten)은 562개에 달하는 인도 내의 토후국에 대해서 지리적인 근접성이나 국민의 종교 등을 감안해 인도(Republic of India)나 파키스탄(Islamic Republic of Pakistan) 중에서 한 나라를 선택하도록 하고, 중립이나 토후국의 독립은 허용하지 않기로 했다.

1947, 1차 인-파 전쟁 | 그러나 선택의 시한이 지났는데도 인도 대륙 서북단(西北端) 카슈미르 지역의 귀속은 결론이 나지 않았다. 당시 카슈미르의 350만 주민 가운데 이슬람교도는 77%, 힌두교도는 22%에 불과했다. 주민 구성으로 볼

---

092 우마이야왕조(Umayyad Dynasty, 661~750)는 다마스커스를 수도로 하고, 중동과 북아프리카, 중앙아시아, 인도, 아프가니스탄 등 아주 넓은 지역(1,500만㎢)을 통치한 첫 이슬람 왕조이다.
093 영국의 인도 지배는 동인도회사를 이용한 간접지배였다. 영국의 직접 지배는 동인도회사가 여왕에게 인도의 지배권을 넘긴 1858년 인도제국을 창설한 뒤부터다. 세포이 항쟁은 동인도회사가 고용한 인도인 용병을 가르키는 말로서, 세포이들이 반영국 항쟁에 나서자(1857), 영국은 인도의 직접 지배에 들어간다. 영국은 이 항쟁을 '1857년 인도 반란'(Indian Rebellion of 1857)으로 쓰나, 인도는 '1857년 제1차 인도 독립전쟁'으로 표기한다.
094 루이스 마운트배튼(1900~1979) 경은 빅토리아 여왕의 외증손자로, 2차 대전 당시 유럽과 동남아등지에서 전쟁을 무리 없이 지휘했으며, 독립이 예정된 인도 문제도 잘 해결했다는 평가를 받는다.
095 인도 내의 토후왕국(Indian Princely State)은 자료에 따라 토후국, 토후왕국(土侯王國), 군주국(君主國), 번왕국(藩王國), 소왕국(小王國) 등으로 번역되고 있으나. 여기서는 '토후국(土侯國)' 그리고 '토후국의 왕(王)'으로 기술한다.

1차 인도-파키스탄전쟁, 인도군 병사, 1947. 사진=위키피디아

때 대세는 파키스탄으로 기울었는데, 문제는 토후국왕[096], 그는 소수에 속하는 힌두교도였다. 토후국왕은 내심 독립을 원했으나 그것은 불가능한 꿈이었고, 그래서 자신의 종교를 따라 자연스레 힌두교 나라인 인도로 기울었다.

'파키스탄 건국의 아버지'라는 칭호를 듣는 무함마드 알리 진나[097]는 같은 무슬림으로 카슈미르의 정치지도자인 셰이크 모하마드 압둘라[098] 때문에 카슈미르가 인도로 넘어갈 처지에 놓이자 곤혹스러운 상황에 직면한다. 진나가 이끄는 「전인도무슬림연맹」(All-India Muslim League)은 카슈미르의 경우 종교, 문화, 민족, 언어 등 모든 경우를 고려해도 파키스탄으로 귀속돼야 한다는 입장이었지만, 압둘라는 카슈미르의 자치(自治)를 주장하면서 종교 때문에 나라를 나눠서는 안

---

096 영국은 인도 식민지(인도제국, Indian Empire)를 3분지 2는 직접 다스리고, 나머지 3분지1은 500여개의 토후국을 통해 간접통치했다. 이들 토후국도 큰 것은 인구가 1,600만명이 넘는 것이 있는가 하면 작은 토후국은 인구가 82명에 면적이 50만평 정도 되는 것도 있었다.

097 무함마드 알리 진나(1876~1948)는 식민지 인도에서 이슬람과 힌두교의 화해를 위해 오랫동안 노력했으나 실패하고 영국에 대해 인도와는 다른 별도의 총독부를 파키스탄에 설치하고 자치도 허용해 주도록 요구했다. 1947년 독립 파키스탄의 초대 국회의장이 돼 헌법 초안을 완성하는 등 크게 기여한 공을 인정받아, "국부" "위대한 지도자(Quaid-e-Azam)"로 불리며, 그의 탄생일 12월 25일은 파키스탄의 공휴일로 지정된다. 파키스탄 독립의 주역이다.

098 셰이크 모하마드 압둘라(1905~1982)는 '카슈미르의 사자'(Lion of Kashmir)라고 불리는 카슈미르의 정치지도자였다. 셰이크 압둘라는 "나의 종교는 무하마드 알리 진나(파키스탄의 국부)와 같지만, 나의 꿈은 네루와 같다"고 말했다. 1947년 독립이후 인도령 카슈미르에서 수상을 역임했다.

된다는 입장이었다.

시한이 지나자, 카슈미르 주민들은 "빨리 파키스탄으로 가자"고 시위를 계속하는 가운데, 10월 22일, 이슬람민병대가 카슈미르를 침공했다. 카슈미르가 인도로 넘어갈 것 같자, 이슬람 측이 카슈미르를 장악하기 위해 선제공격을 감행했다. 이 무장 세력은 카슈미르 토후국의 중심도시 스리나가르(Srinagar)를 향해 진격을 계속했다. 카슈미르나 인도의 입장에서는 파키스탄이 카슈미르를 장악하기 위해 무장세력을 앞세워 공격을 개시했다고 판단하기에 충분했다. 카슈미르 토후국왕인 「마하라자 하리 싱」[099]은 이틀 뒤(10.24) 카슈미르의 인도 귀속(歸屬)을 약속하고, 인도에 파병을 요청했다.

인도 네루 총리는 인도군의 파견을 승인했다. 파키스탄도 전투부대를 보내, 두 나라는 전쟁에 돌입한다. 이것이 1차 인도-파키스탄 전쟁[1차 카슈미르 전쟁]이다.

카슈미르의 분할 | 이 전쟁은 1년 3개월 동안 계속돼, 인도 측에서 전사 1,104명, 부상자 3,154명이 발생했고, 파키스탄 측에서 전사자 6,000명 부상자 14,000명이 발생했다. 이 전쟁은 유엔(UN)이 중재에 나서 정전협정이 체결되면서 끝났다. 양측이 대치하던 지역을 따라 통제선(LoC, Line of Control)이 그어지고 유엔군이 평화 유지를 위해 파병됐다. 이 통제선은 마치 1953년에 생긴 우리나라의 휴전선(休戰線)과 비슷한 성격이어서 두고두고 분쟁의 현장이 된다. 정전협정에 따라 카슈미르 지역은 인도 측에 3분의 2, 파키스탄 측에 3분의 1로 분할됐다. 당시 유엔(UN)은 "인도령 잠무카슈미르가 장차 파키스탄과 인도 중 한 곳을 선택할 때는, 자유롭고 민주적인 주민투표를 통해 결정해야 한다"고 규정했다. 인도와 파키스탄은 그 뒤부터 잠무카슈미르의 법적 지위를 놓고 갈등을 계속한다. 그 와중인 1957년 인도는 잠무카슈미르를 인도 영토로 편입해 버렸다. 이에 현지 무슬림 주민들과 파키스탄 정부는 인도가 '주민투표' 약속을 저버렸다고 강력하게 반발한다. 이렇게 쌓인 분노는 적당한 발화(發火)요

---

099 '마하라자'는 산스크리트어로 '위대한 지배자' '대왕' '국왕' 등 통치자를 뜻하는 존칭이다

인이 있으면, 또 폭발한다.

1965, 2차 인-파 전쟁 | 명확한 국경선이 아닌 통제선을 남기고 유엔(UN) 중재로 1차 전쟁이 끝났다. 그러나 양분된 카슈미르 지역을 둘러싸고 1965년에 두 나라 간에 또 전쟁이 일어난다. 1차 전쟁이 끝난 지 16년 만이다. 유엔의 정전 감시활동에도 불구하고 1950년대와 60년대 초반까지 인도와 파키스탄은 통제선(LoC)을 따라 크고 작은 충돌을 계속했다. 파키스탄은 1964년 5월 인도 네루 총리가 사망하자 인도의 정국 혼란을 기화로 인도 측 카슈미르 지역에서 게릴라전을 시작해 카슈미르 분쟁을 국제적인 문제로 비화시키려 했다. 종교에 따라 나라를 따로 세웠다고 하지만, 인도 내에는 아직도 무슬림이 1억 명 가까이 거주하고 있다. 그리고 카슈미르에는 주민 80% 정도가 무슬림이고, 인도 정부로부터 차별을 당하고 있다. 이런 구조에는 평화가 깃들기 어렵다.

2차 전쟁도 치열했다. 언론들은 "세계 2차 대전 이후 가장 큰 규모의 전차(탱크)가 동원된 전쟁"이라고 기록할 정도였다. 양국에서 각각 700대 이상의 전차가 동원됐고, 1,000대 가까운 공군기도 동원된 전쟁이었다. 1965년 8월에 시작된 전쟁은 9월 유엔(UN)의 제의로 정전이 발효되면서, 한 달 만에 지상전은 끝났다. 두 나라는 각기 승리를 주장했다. 전쟁은 공식적으로 종결됐으며, 1차 전쟁 이후 설정된 통제선(LoC)으로 각각 되돌아갔다. 두 차례나 전쟁을 치렀지만, 사실상의 국경선[정전통제선]은 그대로고, 1차 전쟁에 이어 막대한 사상자만 낸 채, 카슈미르를 두고 인도, 파키스탄 두 나라는 소강상태, 불안한 평화기로 접어든다.[100]

방글라데시의 독립

---

100 인도와 파키스탄은 1차 전쟁에서 인도 측이 4,200여명의 전사상자를, 파키스탄 측에서 2만여 명의 전사상자를 내고 전쟁을 멈췄다. 2차 전쟁에서 인도는 8,200명이 전사하거나 포로가 됐고(파키스탄 주장), 파키스탄은 5,259명이 전사하거나 포로로 잡혔다(인도 측 주장).

싸이클론 | 인도가 영국으로부터 독립할 당시 무슬림의 나라 파키스탄은 인더스강 유역의 '서(西)파키스탄'과 갠지스강 삼각지의 '동(東)파키스탄' 등 두 개의 영토로 독립한다. 동·서 파키스탄은 적대적인 인도를 중간에 두고 1,500km 이상 떨어져 있었다. 파키스탄은 이슬람교라는 종교를 근거로 출범했지만, 시간이 갈수록 동·서 파키스탄은 서로 힘들어했다. 마치 어울리지 않는 부부처럼, 갈등의 골이 깊어갔다.

독립 당시 면적은 서파키스탄(88만㎢)이 동파키스탄(14만 8천㎢)보다 훨씬 넓었지만, 인구는 동파키스탄(7,150만 명)이 서파키스탄(5,800만 명)보다 많았다. 동파키스탄, 즉 「동(東)벵골」은 경제적으로 낙후된 상태라 아주 가난했다. 공용어도 달랐다. 동벵골은 벵골어를 쓰는데, 서파키스탄에서 온 관리나 군 장교들은 우르두(Urdu)어를 사용했다. 군 지휘관도 서파키스탄 출신의 편잡인이었다. 물론 파키스탄 독립과정에서 서파키스탄인들의 공로가 많았다고 하지만, 너무나 심한 차별이 진행됐다. 예산도 인구가 더 많은 동파키스탄에는 서파키스탄의 30~40%가 집행됐다. 심하게 말해 동파키스탄은 서파키스탄의 서자(庶子) 또는 경제적 식민지 같았다. 이렇게 곪아오던 상처는 결국 동파키스탄이 인도의 도

---

101 파키스탄(Pakistan)이란 국명은 유례도 많지만, 파키스탄의 공용어인 우르두(Urdu)어 'Pak'은 '깨끗한'이란 뜻이고, 'istan'은 '땅'이란 뜻으로 '힌두교도(인도)와 기독교도(영국)가 없는, 깨끗하고 성스러운 나라'라는 뜻을 담아 파키스탄'이라고 이름 지었다는 설이 유력하다. 또 다른 유력한 설은 파키스탄이 위치한 다섯 개 지역 즉 편잡(P), 아프가니아(A), 카슈미르(K), 신드(S), 발루키스탄(STAN)으로 벵골(동파키스탄)의 B는 없이 PAKISTAN으로 시작해, 끝내 두 나라로 분리됐다는 설명도 있다.
102 벵골(Bengal)은 현재의 방글라데시(동벵골)와 인도의 서(西)벵골주로 구분된다. 한반도보다 약간 넓은 23만여㎢에 인구는 2억 5천여만 명으로, 세계적인 인구 밀집 지역이다. 식민지 시절 인도제국의 벵골주(州)였으나, 거세게 식민통치에 저항하는 바람에 영국이 1905년 벵골분할령을 내려, 무슬림이 많이 사는 지역은 동(東)벵골, 힌두교 신자들이 많이 사는 지역을 서(西)벵골로 나눠서 분할통치를 시도하다가, 주민들의 반대로 1911년 철회하기도 했다.
103 우르두어는 인도 고대 산스크리트어에다가 북쪽에서 이슬람과 함께 전해진 페르시아어, 아랍어 등이 혼합돼 만들어진 언어로, 파키스탄의 공용어이다. 파키스탄 성립 초기 서파키스탄 당국은 우르두어를 공용어로 정하고 동파키스탄에서도 우르두어를 사용하도록 강요했으나, 심한 저항에 부딪혀 우르두어와 벵골어 두 언어를 공용어로 사용하도록 물러섰다.
104 편잡은 인도 북서부, 현재 파키스탄 지역을 말한다. 편잡(Punjab)은 페르시아어로 '다섯 개의 강(江)'이라는 뜻을 가진 말로, 파키스탄 지역을 흐르는 인더스 강과 4개의 지류를 뜻한다.

움을 받아 방글라데시로 분리 독립하는 결과를 낳았다. 인도양의 태풍 싸이클론[105]이 그 계기를 가져왔다.

1970년 11월 12일 저녁, 싸이클론(Cyclone) 볼라(Bhola)[106]가 동파키스탄을 덮쳤다. 50만 명 이상이 목숨을 잃고 수백만 명의 이재민이 발생한 큰 수재(水災)였다. 인접한 인도 벵골주(州)도 볼라가 덮쳤는데 피해가 크지 않았다. 인도는 그 전날 경보를 발령해 위험 지역 주민들의 대피를 독려했으나, 파키스탄 정부는 싸이클론이 접근한 당일 아침에야 경보를 발령했다.

참혹한 재난을 당한 동파키스탄 주민들은 인접한 인도와 비교해 보며 자신들이 정부로부터 보호받기는커녕 방치돼 있다는 사실에 분노를 느낀다. 그런데다가 파키스탄 정부의 구조나 구호 활동도 동파키스탄 주민들을 자극했다. 파키스탄 정부는 동파키스탄의 수난(水難) 구조에 수송기 1대와 경비행기 몇 대만 보내주고, 구조나 구호에 적합한 헬리콥터는 한 대도 보내지 않았다. 동파키스탄 언론들이 이 문제를 지적하자, "인도에서 영공 통과를 허용하지 않아서 보내지 못했다"고 둘러댔다. 인도 정부가 이를 즉각 반박하자, 파키스탄 정부는 "헬리콥터가 구호 활동에 별 쓸모가 없다고 판단돼 보내지 않았다"고 슬쩍 말을 바꿨다.

파키스탄 정부는 또 수재민에 대한 국제 구호 물품을 수재민이 아닌 서파키스탄의 영세민들에게 더 많이 배분하기도 했다. 20년 이상의 누적된 차별 대우에 대재난이 겹치고, 중앙정부는 수시로 거짓말까지 하니, 동파키스탄 주민들의 분노는 급격하게 끓어오른다.

총선거 | 이 와중인 1970년 12월 파키스탄 총선거가 실시됐다.[107] 이 선거에서

---

105 벵골어로 방글라데시는 '벵골의 나라' '벵골의 땅' 뜻으로, 동파키스탄이 독립해 세운 국가이다. 면적 148,560㎢, 1억 6,500만 명의 인구를 지녔다.
106 서남아시아, 인도양 등에서 주로 발생하는 열대성 저기압. 이런 열대성 저기압으로는 동북아시아의 태풍이나, 북미 동부의 허리케인 등이 있다.
107 파키스탄은 정부 수립 후 약 10년은 민간정부, 다음은 군사정부가 되는 등 불안한 모습으로 운영됐다. 모하마드 진나가 이끌던 민간정부는 1958년 아유브 칸과 1969년 야히아 칸 등 군부정치로 이어졌다. 1970년 총선은 민정이양 여부를 묻는 선거였다.

동파키스탄 지역 정당인 「아와미연맹」(Awami League)[108]이 과반수를 차지해, 제1당이 됐다. 이변이었다. 동파키스탄 주민들의 불만이 엄청났기 때문이었다. 「아와미연맹」은 전체 300개 의석[109] 가운데 서파키스탄에서는 한 석도 얻지 못했으나, 동파키스탄에서만 160석을 차지해 과반(過半)의 원내 제1당이 됐다. 건국 이래 처음으로 총선에서 이런 결과가 나오니, 파키스탄 정부는 말 그대로 난리가 났다. 그렇지만 파키스탄 중앙정부는 이 총선 결과를 인정하지 않고 '동파키스탄 쪽에서 선거부정이 있었다'는 이유로 총선 무효를 선언했다.

방글라데시 독립 | 동파키스탄에서 격렬한 항의 시위가 이어졌다. 파키스탄 정부는 동·서 양 파키스탄에 수상(首相)과 정부를 두는 연방제(聯邦制) 정부 구성을 제안하기도 했으나, 이미 마음이 멀어진 동파키스탄은 독립(獨立)의 길로 방향을 잡는다.

의회 개원 예정일(1971년 3월 25일)을 앞두고 아와미연맹 대표 세이크 무지부르

인도, 파키스탄, 방글라데시.

라흐만은 독립을 선언했다. 이에 대해 파키스탄 중앙정부는 3월 25일 계엄령을 선포하고 군대를 동원해 라흐만 대표 등을 체포하자 동파키스탄인들은 독[110]

---

108 아와미연맹은 1949년 전파키스탄아와미무슬림연맹(All Pakistan Awami Muslim League)으로 출범한 중도좌파 성향의 정당으로, 파키스탄 성립 이후 차별받은 동파키스탄인들이 세운 자발적인 정당이다. 2014년 총선에서 방글라데시아와미연맹(BAL)은 300개 의석 가운데 231석을 차지했다. 아와미(awami)는 우르두어로 '서민' '보통 사람' 등을 뜻하는 명사 아왐(awam)의 형용사형이다.
109 파키스탄 의회는 지역구 의석 300개와 여성을 위한 13개의 의석 등 모두 313석으로 구성된다. 지역구 의석은 인구 비례에 따라 서파키스탄 138석, 동파키스탄 162석으로 구성됐으며, 이들이 모여 여성 의원 13명을 간접선거로 선출했다.
110 파키스탄 군부는 3월 25일 밤 동파키스탄의 정치 지도자와 학생운동 지도자 등을 체포하고, 통신을 차단하고, 언론검열을 시작했으며, 군인들이 국립 다카(Dhaka)대학을 점령하고, 주요 도시의 장악에 무제한적인 무력 사용을 허가하는 등 서치라이트 작전(Operation Searchlight)을 수행했다. 이 과정에서 수만 명의 민간인이 목숨을 잃었다. 2017년 3월 방글라데시 의회는 이 작전이 있었던 3월 25일을 '대량학살의 날'로 지정해 이 만행을 기억해 나가기로 했다.(2017.3.13. 중앙일보 "파키스탄이 습격한 3월 25일 기억하자…'대량학살의 날' 지정")

립군[무크티 바히니, Mukti Bahini]을 결성해 독립전쟁으로 들어간다. 이 '독립군'은 초기에는 중앙정부와의 전쟁을 잘 수행했으나, 시간이 지나면서 밀렸고, 끝내는 인도에 도움을 요청한다. 방글라데시 독립전쟁은 이렇게 인도군이 개입하면서(12월 3일) 제3차 인도-파키스탄 전쟁으로 넘어간다.

동파키스탄의 독립 투쟁에 우호적인 인도 의회는 3월 31일 방글라데시 지원을 의결하고 '무크티 바히니'에 대한 지원에 나섰다. 동파키스탄 궐기 며칠 만에 25만 명의 피난민들이 국경을 넘어 인도로 피신해 왔다. 인도는 피난민 수용소를 지어주고 식량과 의복을 공급하고, 질병까지도 돌봐 주었다. 그러나 6개월이 지나자, 피난민은 1,000만 명을 넘어섰고, 인도 중앙정부도 이들의 구호에 힘이 달리게 됐다. 사태 초기 이 문제를 '파키스탄 내부 문제'로 보고 공식적인 반응을 자제하던 인도도 "이제 파키스탄 문제는 인도의 문제도 된다"며 개입의 불가피성을 밝힌다. 인도로서는 차제에 동파키스탄을 서파키스탄에서 분리시킴으로써, 그동안 동쪽과 서쪽, 두 개의 파키스탄을 상대하던 국가 안보상의 취약점도 해소하기로 마음먹는다. 벵갈 해방 군사단체인 '무크티 바히니'에 대한 지원도 이런 맥락에서 해석할 수 있다.

당연히 파키스탄은 "인도의 그러한 행동은 파키스탄의 분열을 획책하는 무력 간섭"이라고 강하게 항의한다. 궁지에 몰린 파키스탄은 인도에 대한 공습을 단행한다. 인도 역시 육해공군을 총동원해, 동파키스탄 지원에 나섰다.

당시 전력(戰力)은 인도가 우세했다. 파키스탄은 오래 끌수록 불리한 전쟁이었다. 그래서 파키스탄은 인도가 동부 전선, 즉 동파키스탄 전투[방글라데시 독립전쟁]에 주력할 때 서부전선을 공격했다. 이는 동부전선에 집중된 인도군의 주력을 분산시키고 동파키스탄에서 패배하더라도 지난 1, 2차 전쟁에서 해결되지 않고 남아 있는 카슈미르를 완전히 장악하겠다는 속셈이었다.

그러나 인도는 이러한 파키스탄의 공격에 이미 대비하고 있어서, 별 성과를 거

---

111 현지언어로 '해방군' '독립군'이라는 뜻이다.

두지 못했다. 또 파키스탄은 미국이나 중국의 지원을 기대했으나, 별다른 지원이나 지지가 없었다. 전쟁 발발 14일째인 12월 16일, 인도군은 동파키스탄(방글라데시)의 수도 다카(Daka)를 점령했다. 파키스탄군 9만 3천 명이 항복하면서 전쟁은 끝났다. 동파키스탄은 방글라데시인민공화국[112](People's Republic of Bangladesh)으로 독립했다. 파키스탄의 힘이나 영향력은 반(半)으로 쪼그라 들었고, 인도는 서남아시아의 패권국가로 솟아났다. 방글라데시 독립의 계기가 된 제3차 인도-파키스탄 전쟁 역시 카슈미르 분쟁에 그 뿌리를 두고 있다.

앙숙, 인도-파키스탄

현대차 불매 해프닝 | 2022년 2월, 현대자동차가 인도에서 '현대차 불매' 움직임 때문에 곤욕을 치른 일이 있었다. 파키스탄에서 매년 2월 5일은 「카슈미르 연대의 날」(Kashmir Solidarity Day) 또는 「카슈미르의 날」로 불리는 국경일이다. 1990년부터 30년 넘게 지켜왔다.

이날은 인도(印度) 지배 아래에서 고통받고 있는 잠무 카슈미르의 이슬람교도들과 이 지역의 자유와 독립을 위해 순교한 카슈미르인들을 기리기 위한 날이다. 이날을 기념해 '현대자동차파키스탄'이라는 이름을 사용하는 트위터 계정에 "우리 카슈미르 형제들의 희생을 기억하며, 자유를 위한 그들의 투쟁을 지지합니다"라는 글이 올라왔다.

파키스탄인을 대상으로 작성된 이 트윗 글을 본 인도 국민들이 분노했다. 이들은 SNS 등을 통해서 현대자동차 인도법인(현대차인도)에 강력하게 항의했다. 현대자동차 불매운동이 시작된다. 당황한 현대자동차 인도법인은 2월 7일 사과문을 게시했고, 인도 외무부는 8일 인도 주재 한국대사를 초치해 강한 유감을

---

112 147,500㎢의 면적에 7,000만 명이 넘는 인구로 독립한 방글라데시는 인구 증가가 빨라 현재는 세계 8위인 1억 7,000만 명 가까운 인구를 지니고 있다. 도시국가를 제외하고는 세계에서 인구밀도가 가장 높은 나라다.

표시하고, 현대차인도는 두 번째 사과문을 발표한다. 겨우 불매운동의 불길을 잡았다.

그런데 이 트윗이 올라간 계정은 파키스탄과 일본이 합작한 다국적기업인 현대니샤트모터(Hyundai Nishat Motors)의 계정으로, 현대자동차 부품이나 완제품을 수입해 판매하고 있는 기업이지만, 한국 현대자동차의 지분이 들어간 회사가 아니다. 그런데도 인도 국민들은 '현대자동차 불매' 운운하면서 분노했다. 마치 한국에 진출한 외국 기업이 2월 22일 '다케시마의 날'을 맞아 "다케시마 수호를 위한 자위대의 노력을 지지합니다"라는 글을 올린 것과 비슷한 상황이 됐다. 카슈미르가 인도와 파키스탄에서 얼마나 휘발성이 강한 문제인지 그대로 보여주는 경우라고 볼 수 있다.

인도와 파키스탄, 핵무장 | 카슈미르의 영유권을 두고 수시로 분쟁을 빚고 있는 두 나라는 20여 년 전인 1998년 거의 동시에 핵실험을 마치고, 각각 160기 정도의 핵탄두를 보유하고 있다.[113] 인도는 국경전쟁까지 벌인 중국이 1964년 핵실험에 성공하자 비밀리 핵개발에 들어가 1974년 최초의 핵실험에 성공한다. 인도는 핵실험에 성공하고도 이를 조용히 덮어 두었다가 24년 뒤인 1998년 5월 11일과 13일 다시 3발과 2발의 동시다발 핵실험에 성공하고 이 사실을 공개한다. 보름 뒤 파키스탄도 5발의 핵폭탄을 터트리고 핵실험 성공을 발표한다. 두 나라는 핵확산금지조약(NPT) 가입국도 아니어서, 국제사회는 이들에 대해 경제제재 조치만 취했다.

인도와 파키스탄은 세 차례의 전쟁 말고도 핵실험과 핵무기 보유가 공개된 이

---

113 세계 핵탄두는 2022년 1월 기준 12,705개로 집계됐다고 스톡홀름국제평화연구소(SIPRI)가 밝혔다. 미국은 5,428개, 러시아는 5,977개로 전세계의 90%를 보유하고 있다. 전 세계의 핵탄두는 냉전이 절정이던 1986년 7만 개를 넘어섰으나, 계속 감소하고 있다. 기타 중국 350개, 프랑스 290개, 영국 225개, 파키스탄 165개, 인도 160개, 이스라엘 90개, 북한 20개(추정)로 집계됐으나, 우크라이나를 침공한 러시아가 핵무기 위협을 계속하는 바람에 향후 10년간 핵탄두 수가 증가할 우려가 있다고 예측했다. 한편 일본 닛케이신문은 2019년 6월 현재 13,880발의 핵탄두의 존재를 추정하고, 북한은 20~30발 정도를 보유한 것으로 나가사키대학 핵무기폐절연구센터의 보고서를 인용해 보도했다. ("전 세계 핵탄두 수, 13,880발…북한은 20~30발 보유", 뉴시스, 2019.6.12.)

듬해인 1999년 파키스탄이 인도령 카슈미르의 카길을 침략했으나 인도의 반격으로 패배를 자인하고 물러나야 했다. 양측에서 3천여 명이 죽거나 다친 전투가 두 달 이상 계속되는 동안 전 세계는 긴장 속에서 이 상황을 지켜보았다. 핵무기를 보유한 두 나라 간의 사상 최초의 전쟁이었기 때문이다. 그러나 다행히 핵무기는 등장하지 않았고, 재래식 무기만으로 전쟁이 진행됐다.

대화 분위기 | '카길 전쟁'이 끝나고, 두 나라 사이에는 전쟁 무용론이 대두하고 대화의 분위기가 생겨난다. 물밑에서 대화를 계속한 두 나라는 2003년 11월 카슈미르 분쟁과 관련해 휴전협정을 체결했고, 2004년 6월에는 대사급 외교 관계를 복원했다. 2005년 4월에는 파키스탄령「무자파라바드」에서 인도령 잠무카슈미르의「스리나가르」를 연결하는 170km의 버스 노선이 분단 58년 만에 개통되기도 한다. 그러나 두 나라 관계는 2008년 11월 발생한 인도 뭄바이 폭탄테러 사건[114]으로 다시 급속하게 냉각되지만, 유엔(UN) 등의 신속하고도 직접적인 개입으로 이 사건은 잘 봉합되고, 두 나라는 대화의 끈을 계속 유지하고 있다.

2013년「만모한 싱」인도 총리와「나와즈 샤리프」파키스탄 총리는 유엔에서 만나 "휴전협정의 준수"를 재다짐했으며, 관련 군사회담을 유지하기로 하는 등 위기관리에 애쓰고 있다. 두 나라는 1999년 파키스탄의 카길 침공과 철수 말고도 2014~2015, 2016~2018, 2019~2020 등 수시로 카슈미르를 둘러싸고 포격을 주고받는 등 긴장에 휩싸인다. 세계는 이들이 핵무기를 보유한 나라여서, 이들이 충돌하면 긴장한다. 전문가들은 이들 두 나라가 핵무기를 사용해 전쟁을 수행할 경우 최대 1억 2,500만 명이 사망하고 그 여파로 곡물 생산량 등이 감소해 지구상에는 기아(飢餓)가 닥치고, 회복에 10년 정도가 소요될 것으

---

114 이 사건은 파키스탄에 기반을 둔 무장 테러 단체인 "라슈카르 에 타이바(LeT, Lashkar-e-Taiba, '좋은 군대' 라는 뜻)"가 자행한 것으로, 2008년 11월 26일에 발생해 29일에 진압됐다. 테러범들은 뭄바이 시내의 호텔과 카페, 기차역 등을 공격했으며, 188명이 사망하고 293명이 다쳤다. 테러범 10명 가운데 1명만이 생포됐다. 2018년 제작 개봉된 영화「호텔 뭄바이」는 이 사건을 극화했다.

로 예측했다.[115]

식민지 인도가 두 개의 나라로 분리.독립한 지 75년이 넘은 현재, 카슈미르 지역의 정치적, 군사적, 전략적 중요성은 전혀 바뀌지 않았다. 부단히 총성은 울리지만, 전쟁으로까지는 번지지 않을 것이라는 전망이 많다. 시간이 흐르면서 분쟁의 성격이 조금씩 변화를 보이기 때문이다.

---

115 미국 럿거스대와 콜로라도대 공동연구팀이 과학저널 「사이언스 어드밴시즈」에 게재한 논문에서 인도와 파키스탄이 핵전쟁을 벌여 150kt과 100kt의 핵폭탄을 상대국 도시에 떨어뜨리면 최소 5,000만에서 1억 2,500만명이 사망할 것으로 추산된다고 밝혔다. 또 폭발로 인한 화재로 수천만톤의 검댕을 대기중에 확산시켜 지표면의 온도가 2~5도 내려가고 강수량 감소 등으로 식물의 생육도 큰 피해를 입는다고 예측했다. ("인도-파키스탄 핵전쟁 벌이면 최대 1억2500만명 사망" 2019.10.3, 한겨레신문

7. 악사이친(Aksai Chin): 중국령 카슈미르

인도-중국 분쟁

일반적으로 카슈미르(Kashmir) 영토분쟁이라고 하면 앞에서 살펴본 인도와 파키스탄 사이의 분쟁을 떠올린다. 그러나 카슈미르 분쟁에는 중국(中國, PRC)이라는 당사자가 하나 더 있다. 사실 카슈미르 분쟁은 인도와 파키스탄, 중국 등 세 나라 간의 분쟁이다. 인도와 파키스탄 사이의 카슈미르 분쟁은 1947년 이 두 나라가 영국으로부터 독립할 때 전쟁으로 맞붙었기 때문에 '카슈미르 분쟁'의 대명사, 원조 카슈미르 분쟁으로 인식된다.

그래서 인도와 중국 사이의 악사이친(Aksai Chin)[116] 분쟁은 그리 익숙하지 않다. 지금도 언론에는 뜸하게 보도된다. 지난 2020년 6월 악사이친의 남서쪽 인도와의 국경지대인 갈완(Galwan)강 계곡에서 양국 군인들이 육박전을 벌여서 군인 수십 명이 사망했다는 기사가 났을 때, 이 분쟁의 존재가 새삼 확인된 적이 있다.[117]

인도와 중국은 악사이친과 그 왼쪽(서쪽)의 삭스감(Shaksgam)계곡(트랜스카라코럼 주랑) 5,300여㎢를 둘러싸고도 분쟁 중이다. 한반도 비슷한 면적의 카슈미르(Kashmir)는 현재 인도(101,338㎢)와 파키스탄(85,846㎢) 그리고 중국(37,555㎢)

---

116 악사이친은 인도, 파키스탄, 중국 등 3개국이 분점(分占)해 대립하고 있는 카슈미르(Kashmir)의 중국 측 점유지역을 부르는 지명이다. 인도와 파키스탄 등지에서는 '악사이친(Aksai Chin)'으로 부르고, 중국은 한자음을 따라 '아커사이친'(阿克賽欽)이라고 부른다.

117 '히말라야의 육박전'이라는 이름으로 알려진 인도와 중국군의 충돌은 2020년 6월 15일 밤 악사이친 갈완강(江) 계곡에서 발생했다. 중국군이 인도 영토 안에 군사용 텐트를 건설했다며, 이를 철거하기 위해 인도 군인들이 몰려가면서 양측의 충돌이 발생했다. 이 충돌로 양측에서 군인 수십 명이 사망하고, 특히 중국이 못이 박힌 나무 몽둥이를 휘둘러 인도 군인의 희생이 컸다는 소문이 나, 인도 국민들이 중국제품 불매운동을 벌이기도 했다. 최전방 순찰대는 총기나 폭발물을 휴대하지 않기로 1996년에 합의했다. 이 때문에 양국 군은 국경 충돌 때 총격전이 아니라 난투극이나 투석전을 벌이곤 한다.

등 세 나라가 분점하고 있다. 중국은 지난 1962년 인도와 국경전쟁을 벌여 악사이친 지역을 점령한 뒤, 그냥 눌러앉아 이 땅을 점유하고 있다.

중국과 인도는 4,060km에 걸쳐 국경을 맞대고 있고, 그 가운데 3,400km 구간에는 확정된 국경선이 없다. 험악한 고산지역이기 때문이다. 양국은 국경선 대신에 실질 통제선(LAC: Line of Actual Control)이라는 애매한 선(線)을 국경선으로 삼고 있어서, 늘 불안이 감돈다.

정리하면 인도와 중국은 악사이친과 그 왼쪽(서쪽)의 삭스감 계곡[118] 등 두 지역(K-2의 산등성이)을 놓고 영토분쟁을 계속하고 있고, 삭스감계곡 아래쪽의 시아첸빙하 지역을 놓고는 인도와 파키스탄 사이에서 지금도 분쟁이 계속되고 있다. 각 지역별로 살펴본다.

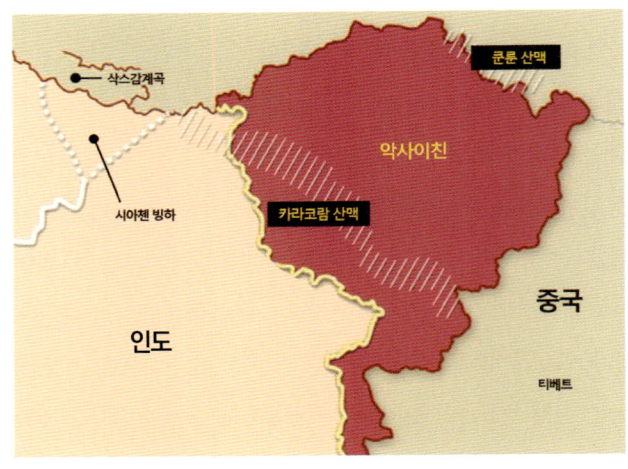

분쟁지역인 악사이친과 삭스감계곡 그리고 시아첸 빙하.

---

118 애매한 국경선 때문에 중국과 인도는 1954경부터 국경 지역에서 여러 차례 충돌을 빚었다. 그러나 인도 네루 총리는 이 문제를 심각하게 생각하지 않고 중국에 대한 우호 정책을 계속했다. 1962년 10월 20일, 중국은 선전포고 없이 서부의 악사이친, 중부의 바라호티, 동부의 롱주에서 국경을 넘어와 전쟁을 시작했다. 이 전쟁에서 인도는 어이없을 정도로 패배했다. 이 전쟁은 중국 측에서 8만여 명, 인도 측에서 만여 명의 군인이 동원돼 한 달 동안(10.20~11.21) 계속됐다. 인도 측에서 4,000여 명의 전사상자와 실종자가 발생했고 다른 4,000명 정도가 포로가 되는 등 참패했다. 중국 측은 2,400여 명의 전사상자가 났다. 중국은 이때 점령한 악사이친에서 철수하지 않고 눌러 앉아 영유권을 주장하고있다.

악사이친 | 악사이친은 티베트자치주의 북서쪽, 쿤룬산맥의 바로 서쪽 아래에 있는 지역이다. 면적은 37,555㎢ 다. 고산 지역이어서 주민은 별로 없다. 중국은 신장위구르자치구와 티베트자치구의 일부라고 주장하고, 인도는 라다크(Ladakh)연방직할령의 일부라고 주장하는 영토분쟁 지역이다. 그 과정을 살펴보면 분쟁지역이 될만한 소지도 보인다.

1865년 영국의 인도총독부는 히말라야 서부의 쿤룬(崑崙)산맥과 카라코람(Karakoram)산맥 사이에 위치한 악사이친이 인도(印度)의 영토로 표시된 지도를 작성해 중국(淸) 측에 통보했다. 그런데 1, 2차 아편전쟁에서 패배한 중국은 태평천국의 난(1850~1864)이 일어난 데다 신장(新疆)에서는 야쿱 벡(Yaqub Beg)이[119] 반란(1862~1877)을 일으켜 동투르키스탄 일대를 지배하는 등 정신이 없었다. 신장 일대가 들썩이는데 이런 변방 고산지대는 관심 밖이었을 것이다.

30여년 뒤 영국은 악사이친 지역이 인도가 아니라 청(淸)의 영토로 표시된 지도를 중국 측에 다시 건넨다. 영국은 악사이친이 중국의 영토가 되면 남하정책을 추진하는 러시아가 티베트나 인도 땅에 욕심이 있더라도, 중국 땅 악사이친을 거치면서 먼저 충돌 하게 돼, 영국 입장에서는 인도 방어에 유리하다고 계산하고 악사이친을 완충용으로 중국 측에 내준 것이다. 그런데도 중국 측은 아무런 반응이 없었다.[120] 1925년 베이징대학에서 출판한 지도에도 악사이친은 인도 영토로 표기돼 있을 정도였다. 아무리 척박하고 험악한 고산지역이라고 해도 4만㎢의 땅덩어리(악사이친)가 이리저리 굴러다니는 일은 비현실적이다.

카슈미르 영토분쟁과 관련한 최근의 동향은 인도와 파키스탄 사이보다는 중국과 인도 사이에서 더 잦은 군사적 충돌이 계속되고 있다. 2020년 6월의 갈완계곡 충돌도 바로 악사이친 실질통제선(LAC)에서 발생한 유혈충돌이다. 우리나라의 비무장지대같이 중국과 인도는 중화기 등을 실질 통제선 지역에

---

119 야쿱(Yaqub)은 '야곱(Jacob)의 아랍식 이름'이고, 벡(Beg)은 '이슬람의 귀족'을 의미한다.
120 중국-인도 국경분쟁의 씨앗은 사실 인도를 식민통치한 영국의 책임이 크다. 영국은 1865년 존슨라인, 1899년 매카트니-맥도널 라인, 1914년 맥마흔라인 등 인도총독부가 주변국가들과 마음대로 협상한 뒤 그은 국경선들이 얽혀 있어, 독립된 인도나 공산 중국 등이 국경선에 관해 불만을 품게 만들었다.

배치하지는 않았고 가벼운 무장만 허용하고 있어, 그 당시 충돌 때도 돌멩이나 몽둥이, 맨주먹 등 원시인들 같은 육박전을 벌였다. 이후 두 나라는 육박전에 능한 격투기 고수(高手)들을 국경 분쟁 지역에 배치했다는 보도까지 나왔다.[121]

시아첸 빙하 ｜ 카라코람산맥의 해발 6,700m 지점에 위치한 시아첸빙하는 70km 길이로 극지를 제외하고는 세계에서 가장 긴 빙하다. 이 빙하는 인도와 파키스탄이 독립되고 나서도 40년 가까이 방치돼 있다가, 1984년부터 인도가 군인들을 배치하고 영유권을 주장하고 있다.

그러나 파키스탄도 만만치 않아, 현재는 양국 군인들이 대치하면서 서로 자기 땅이라고 싸우고 있다. 시아첸빙하라고 하면 생소하지만, 이 빙하가 위치한 곳이 K-2 산등성이라고 하면 파악이 빠르다.

카슈미르 지역 자체가 분쟁 덩어리인 데다 아직까지 주인을 정하지 못한 시아첸빙하는 "세계에서 가장 높은 전쟁터"라는 소리를 들으며, 만여 명에 이르는 양국 군이 주둔하고 있다. 이 지역에 주둔한 인도군은 양측의 충돌이 아니라 눈사태로만 지금까지 1,000명 이상이 희생됐다.[122] 또 2012년 4월 초, 25m의 폭설이 쏟아지면서 눈사태가 발생해, 파키스탄 군인 140명이 매몰 사고로 사망하기도 했다. 당시 외신들은 "세상에서 가장 바보 같은 군사적 대치를 계속하느라 군인들이 목숨을 잃었다"라고 보도했다.[123]

밖에서 보기에는 우스꽝스러워 보이는 군사적 대치도 당사자들에게는 절박하다. 해마다 10월부터 이듬해 5월까지는 눈 때문에 통행도 어렵고 영하 50도까지 내려가 동상과 고산병 환자가 속출하는데도 두 나라는 경계를 늦추지 않고

121　유상철 기자, "중 격투기 부대에 인도는 킬러부대 반격…살벌한 국경난투극" 중앙일보, 2020.7.2.
　　중국은 인도와의 유혈 충돌이 발생한 뒤 쉐아오(雪獒:사자개)고원 반격부대라는 격투기 선수들로 구성된 부대를 편성해 대비하고 있고, 인도는 가탁(Ghatak, 힌두어로 '살인자, killer'의 뜻)돌격대를 현지에 보내기로 했다. 가탁돌격대는 35kg의 짐을 지고 산악 지형에서 40km를 쉬지 않고 달린다고 한다.
122　임병선 기자〈'가장 높은 전쟁터', 카슈미르 시아첸빙하 무너져 인도 병사 등 6명 희생〉2019.11.19. 서울신문. 고산지대 전투에서는 총상보다도 동상으로 사망하는 환자도 많다.
123　정진영 기자,〈파-인도 카슈미르 분쟁 해빙무드…군인등 140명 매몰된 시아첸 빙하지역 눈사태 계기〉국민일보, 2012.5.1

있다. 두 나라는 이 빙하지대가 메마른 국토를 적시는 강(江)의 수원지 역할을 하는 중요한 지역이라고 여긴다. 또 시아첸빙하는 인도-파키스탄 간의 카슈미르 분쟁을 판가름하는 상징성이 있다. 그래서 양국은 군대 철수를 위한 협상을 십여 차례 했지만, 진전이 없다. 이 상징성 때문에 어느 쪽도 먼저 떠나려고 하지 않는다.

삭스감 계곡(Shaksgam Tract) ㅣ 삭스감계곡은 '카라코람 회랑'(回廊)으로도 불리는 지역으로 5,300㎢의 넓이를 갖고 있다. 정확하게는 카라코람산맥에서 북쪽으로 흐르는 강 즉, 삭스감강 계곡과 야르칸드강 계곡을 말한다. 1947년 독립할 때부터 파키스탄의 영토였으나, 1963년 「중국-파키스탄 협약」에 따라 중국으로 영유권을 넘겨줘, 중국 땅이 됐다. 그러나 앞에서 살펴봤듯이 카슈미르 땅 전체가 인도와 파키스탄의 영토분쟁 지역이라, 인도는 1963년 중국-파키스탄 간의 협약 자체를 인정하지 않고 있다. 그래서 삭스감계곡은 파키스탄은 빠진 채 인도와 중국 사이에서 분쟁 지역으로 남아 아직도 다투고 있다.

이 지역은 북쪽으로는 쿤룬산맥이 위치하고 있고 남쪽으로는 브로드피크(8,047m), K2(8,611m), 가셔브룸 1, 2봉(8,080m, 8,035m) 등 8,000m 고봉을 4개나 거느린 카라코람산맥이 솟아 있는 데다가, 남동쪽에는 '세상에서 가장 높은 전쟁터'라는 시아첸빙하가 이어지는 험지 중 험지다.

지난 2018년에는 중국이 이 삭스감 계곡에 폭 10m, 길이 75km의 도로를 건설하고 있는 것으로 파악돼 인도로부터 거친 항의를 받기도 했다.

불명확한 중-인 국경선

중국, 무관심 ㅣ 중국과 인도는 긴 국경선을 접하고 있다. 험준한 산악이어서 경계가 애매하고 길기도 해, 여러 지점에서 충돌한다. 그래서 지금 살펴보고 있는 악사이친 분쟁을 카슈미르 분쟁의 한 단면으로 봐도 되고, 인도와 중국 사이의 국경분쟁 가운데, 서부 지역의 분쟁으로 봐도 된다. 인도와 중국은 악사이친 분쟁 말고도 중부 지역 도클람(Doklam)에서의 분쟁, 그리고 동부아루나찰프라데시의 영토분쟁 등이 현안으로 돼 있다.

본래 산악 지역은 산 능선을 경계로 하지만, 이는 현장 실사를 하면서 꼼꼼하게 정해야 하는데, 19세기 당시 영국은 지도를 펴놓고 그 위에 선(線)을 긋는 형태로 주변국과 국경선을 정했다. 다툼이 생길 수밖에 없다.[124]

티베트의 서쪽인 악사이친[아커싸이친] 지역도 그렇다. 워낙 험한 고산지대여서, 중국이나 영국[인도]이 방치하고 챙기지 않아, 지금 분쟁이 되고 있다. 영국의 인도총독부는 식민지 인도를 안전하게 관리하기 위해 19세기 들어서 주변국들과 국경 획정(劃定) 작업을 시작했다. 인도 총독부는 쿤룬(崑崙)산맥과 카라코람(Karakoram)산맥 사이의 악사이친이 인도(印度) 영토로 표시된 지도를 작성해 청나라 측에 건네기도 하고(1865), 30여 년 뒤에는 청(淸)의 영토로 표시된 지도를 건네기도 했지만, 중국은 대답도 않고 정신이 없었다.

티베트 합병, 봉기 | 1945년 2차 세계대전이 끝나면서 새로운 세계질서가 형성된다. 인도와 중국에도 새 나라가 들어섰다. 1950년 10월, 새 중국은 동에서는 한국전쟁, 서에서는 티베트(西藏) 침략 등 힘자랑부터 했다.

중국 인민해방군의 침공에 대항하느라 티베트왕국 군(軍) 5,700명이 전사하고 2,000여 명이 포로로 잡혔지만, 이듬해 '독립 티베트'는 끝장이 난다. 티베트는 1912년부터 1951년까지 국제적인 승인을 받지는 못해도 준독립국의 위치에 있었다. 중국으로서는 그 점이 좀 불안했다. 그래서 아예 싹을 자른다며 티베트를 합병해버렸다. 중국은 당초 합병 때의 약속과 달리 티베트에 대해 강압적인 통치를 이어간다. 자치와 종교의 자유를 보장해 준다고 했지만, 중국은 반

---

124 영국은 1860년 네팔, 시킴에 이어 1865년 부탄과 우호적인 관계를 맺은 다음, 티베트에 대해서도 개방과 통상을 요구했다. 청과 티베트가 이를 거부하면서 영국은 1888년과 1904년 두 차례 티베트와 전쟁을 치렀지만 청나라는 티베트의 개방을 거부했다. 그러나 청나라가 신해혁명으로 무너진 뒤 티베트 지도자 달라이라마 13세는 1912년 티베트가 독립 주권 국가임을 선포해, 「티베트왕국」이 출범한다(1913.2). 이 티베트왕국의 남쪽 국경이 '맥마흔라인'인데, 애매한 국경선의 대표적 예가 돼, 지금 중-인 두 나라 사이에서 분쟁이 되고 있다.

중(反中) 정서가 강한 티베트를 장악하기 위해 신장(新疆)에서 티베트(西藏)를 잇는 1,200km의 도로 건설에 바로 들어가 1957년에 끝낸다. 인도는 이 도로 가운데 179km 구간이 당시는 자국 영토인 악사이친을 지나는 것을 뒤늦게 알고 중국에 항의한다. 인도도 평균 고도 5,000m가 넘고 인적이 드문 황량한 산악지대를 챙기지도 않고 1년이나 지나서 뒤늦게 관심을 쏟는다. 중국은 1958년판 지도에 이 도로를 자국 영토 안에 처음으로 표시한다. 인도의 영토 침범 항의에 대해 그제야 중국은 "악사이친은 본래 중국 땅이었다"고 대꾸한다. 신중국 건설이 10년에 접어들면서 이제 주변을 둘러볼 여유가 생겼다.

이 지역은 고도가 높고 황량해 20세기 중반까지도 여름 한철 상인들이나 야크를 키우는 유목민들이 다니고 거주하는 주민은 거의 없었다. 지금은 군데군데 설치된 중국 군부대 표지판과 219번 국도를 따라 허접한 점포들이 간혹 들어서 있다.[125] 하지만 중국 입장에서 이 도로는 티베트와 신장을 잇는 유일한 교통로이자 군사용 도로이기 때문에 통치 차원의 의미가 크다.

1959년 3월 10일 티베트(西藏)에서 대대적인 민중봉기가 일어난다. "티베트(西藏) 독립, 한족(漢族) 철수" 등을 요구하는 수십만 명의 티베트인 가운데 9만 명이 중국군의 무자비한 진압으로 목숨을 잃는다. 티베트 지도자「달라이라마 14세」[126]는 추종자 3,000여 명과 함께 걸어서 히말라야산맥을 넘어, 북인도 다람살라(Dharamsala)로 탈출해, 인도 정부의 허락 아래 망명정부(亡命政府)를 세운다.

달라이라마의 탈출 이후 인도와 중국 사이에는 분명하지 않은 국경선을 사이

---

125 신장과 티베트를 잇는 도로는 그 뒤 219번 국도가 건설됐다. 219번 국도는 신장위구르자치주(自治州)의 카스[喀舍] 근처 예청[葉城]에서-티베트의 꺼얼[噶爾]-라쯔[拉孜] 까지 2,193km를 말한다. 그리고 2,000km 동쪽의 칭하이-티베트의 109번 국도는 북경-은천-란주-시닝-라싸까지의 3,325km를 말한다.

126 달라이라마 14세(1935~)는 1959년 티베트인 대항쟁(大抗爭) 당시 중국 측의 진압을 피해 인도로 피신해 망명정부를 세운다. 이후 그는 전 세계를 다니며 티베트 독립과 평화에 대해 설파하면서, 1989년 노벨평화상을 수상하는 등 정신적 지도자로 인정받고 있다. 고령인 달라이라마 14세는 자신이 세상을 뜨고 나면 중국은 '관제(官製) 달라이라마 15세를 앞세워 티베트 민족과 종교를 없앨 것'이라고 걱정하고 있다.

1955년 인도네시아 반둥(Bandung)에서 만난 네루와 주은래. 사진=위키피디아

에 두고 군인들 간에 충돌이 잦아진다. 이 무렵 중국 주은래[127] 총리는 국경선이[128] 라는 말 대신에 인도와의 관계에서 「실질통제선」(LAC, Line of Actual Control)' 이라는 단어를 사용한다. 주은래는 인도의 네루 수상에게 국경 분쟁과 관련한 1959년 11월의 서한에서 "중국과 인도 간의 실질통제선(實質統制線, LAC)은 동부의 소위 맥마흔라인(McMahon Line)[129]과 서부에서는 '양국이 실제로 통제를 할 수 있는 경계선'으로 돼 있다"고 언급함으로써, 이후 양국 간에 국경을 논의할 때 사용하는 용어가 된다. 중국은 '영국이나 인도가 말하는 이런저런 국경선(國

---

127 인도 정부는 1961년 초부터 '전진(前進)정책(Forward Policy)'이라는 이름으로 중국-인도 동부 국경선(맥마흔 라인)을 따라 군 초소나 기지를 설치해 왔는데, 그 가운데 상당수(60개 중 43개)는 맥마흔 라인을 넘어 중국 쪽 땅에 설치됐다. 중국도 국경선을 조사하면서 군 초소 등을 설치했는데, 어떤 경우에는 중국 측 초소 뒤쪽(중국 영토 안쪽)에 인도군 초소가 설치되기도 했다.

128 주은래(周恩來, 1898~1976)는 중국 공산주의 혁명가, 정치가. 공산중국 수립 이후 사망때까지 총리를 지낸다. 모택동을 잘 보좌하면서 공산당이 통치하는 새로운 중국의 토대를 닦았고, 성실 청렴 친화력으로 국내외 문제를 처리해 중국인의 존경을 받는다.

129 인도 식민정부의 외교 책임자 헨리 맥마흔(1862~1949) 경이 주도해 '맥마흔 라인'이라는 이름을 얻었다. 맥마흔라인은 1914년 티베트왕국과 인도제국 사이에 합의된 국경선이다. 이와 관련된 회담은 인도제국의 여름 수도인 심라(Simla)에서 열렸는데, 인도와 달리 중국은 이 국경선을 인정하지 않고 있다. 중국은 1914년 「심라협정」에서 승인된 맥마흔 라인은 독립된 정부 자격이 없는 티베트 대표가 조인한 것이어서 인정할 수 없다는 입장이다. 맥마흔라인은 1938년에 공식적으로 공개된다. 맥마흔은 제1차 세계대전 당시 중동의 운명을 결정하는 '맥마흔-후세인 서한' 소위 '맥마흔 선언'의 주인공으로 등장한다.

境線)은 인정할 수 없으니, 새 국경선 협정이 확정되기 전까지는 통제선이라고 부르겠다'는 뜻이었다.

네루 총리 │ 인도 초대 네루(J. Nehru) 총리는 인도를 강대국으로 키우겠다는 야심으로 범아시아주의(Pan-Asianism)를 주장했다. 네루는 20세기가 가기 전에 제국주의, 식민주의, 동서 냉전도 끝나고 새로운 시대가 오는데, 인도와 중국이 새 시대의 주역이 될 것이라고 믿었다. 그래서 동반자 중국에 아주 우호적이고 협조적인 자세를 보였다.

1949년 10월 중국공산당이 대륙을 통일하자 소련에 이어 두 번째로 새 정권을 승인하고, 1954년 4월 티베트와 인도 사이의 무역교류협정에 동의해 티베트가 중국의 영토임을 인정했다.

네루는 또 1955년 비동맹국가들의 모임인 반둥(Bandung)회의에 주은래를 초청해 중국의 국제무대 데뷔를 도와 이미지 세탁에 협조했고, 1950년~1958년까지 중국이 유엔(UN)에 가입해야 한다는 결의안을 주도적으로 내는가 하면, 타이완(臺灣)의 중국 반환도 주장했다.

그러나 중국의 모택동과 주은래는 인도에 대해 그렇게 호의적이지 않았다. 1954년 7월 서부 카슈미르의 악사이친, 중부 우따르 프라데시 의 바라호띠(Barahoti)와 동부 아루나찰 프라데시의 롱주(Longju) 등에 군 병력을 보내 무력 도발을 감행하는 등 인도를 건드리기 시작했다. 1955년 중국이 인도 영토인 악사이친에 179km 길이의 군용도로를 건설한 사실이 드러났는데도 네루는 그냥 넘겼다.

그러다가 1959년 3월 달라이라마(Dalai Lama)가 인도로 망명하자, 네루는 중-인 간의 현실에 대해 바로 보기 시작한다. 몇 달 뒤 주은래는 서부 악사이친의 19,200㎢와 동부 아루나찰프라데시의 48,000㎢를 중국의 영토라고 주장한다.

"인도와 중국 사이에는 국경선이 설정된 일이 없으며 영국이 설정한 경계선은 더더욱 인정한 일이 없다"고 주장했다. 네루가 제대로 뒤통수를 맞았다.

1962년, 중국-인도 국경전쟁 | 그 이후 양국 국경 지역에서는 군사적 충돌이 잦아져 1959년 한 해 동안 34차례의 충돌이 보고됐다. 네루와 주은래도 나서서 회담을 했지만, 충돌의 강도와 빈도는 점점 심해졌다.

드디어 1962년 10월 20일 중국은 선전포고도 없이 인도를 침공한다. 동부 중부 서부 등 세 지역에서 동시에 시작된 중국의 침공에 인도군은 100km 이상 밀렸다. 딱 한 달간의 전쟁으로 인도는 막대한 피해를 입고 군사적·외교적 무능을 온 세상에 드러냈다. 비동맹국의 리더는 어느덧 인도에서 중국으로 바뀌었다. 인도는 악사이친을 빼앗기고 중국이 제시한 실질통제선(LAC)을 국경으

1962년 중-인 전쟁에서 항복하는 인도군 병사. 사진=위키피디아

로 받아들여야 하는 처지가 됐다. 중국군은 1959년 주은래 수상이 인정하고 선언한 실질 통제선(LAC)으로 철수하면서 포로도 돌려보낸다. 한 달 하루 만에

---

130 주은래 중국 수상(외상 겸임)과는 달리 인도 네루 총리는 1962년 국경전쟁 당시 이 실제 통제선을 인정하지 않았다. 그는 "중국이 실제 통제선에서 20km 후방으로 물러난다고 하는 게 무슨 의미가 있는가? 중국이 우리 측을 마구 공격해 40~60km를 밀고 들어와서는 20km 물러난다고 하는 게 말이 되는 소리인가? 이건 사기극이야!" 이런 과정을 통해 실제통제선(LAC)은 공식 용어로 등장한다.

(1962.10.20.~11.21) 끝난 전쟁도 전쟁인지라, 인도 측에서는 1,383명이 전사하고 1,000여 명이 다쳤고, 4,000명이 포로로 잡혔다. 중국 측도 722명이 전사하고 1,700명이 부상했다. 중국과 협력해 아시아의 평화를 추구한다는 네루는 상심을 거듭하다가 1964년 세상을 떴다.

여전한 군사적 대치 │ 그 뒤로도 악사이친에서는 양국 군인들이 수시로 실질통제선을 넘나들며, 만나면 서로 대치한다. 2017년에는 양국 군인들이 육박전을 벌이기도 했고, 2019년 9월에는 판공호[131] 북쪽 호안(湖岸)에서 양국 군인들이 조우해 하루 동안 대치하기도 했다. 2020년 6월에는 양국군이 육탄전을 벌여 수십 명의 사망자가 생기기도 했다.

또 2019년 인도가 잠무카슈미르주(州)를 잠무-카슈미르와 라다크로 분리해 연방직할지역으로 행정구역을 개편하고 악사이친을 라다크의 관할로 편입하자 중국은 "영토 주권이 훼손됐다"며 항의하는 등 분쟁은 계속되고 있다.

---

131 판공호(Pangong Lake)는 티베트에서는 판공초(班公錯)라고 하는데, 길이 140km 너비 5km인 큰 호수로 동쪽으로 60% 정도가 티베트 땅이고 서쪽은 인도 땅으로, 이 호수를 두고 중국과 인도 두 나라 사이에서 자주 다툼이 발생하고 있다.

8. 도클람(Doklam) 분쟁: 닭의 목을 지켜라

분쟁 현황

지난 2017년 세계 언론은 중국-인도 국경의 도클람(Doklam)에서 발생한 일촉즉발의 위기에 대해 관심있게 보도한 바 있다. 도클람고원은 인도의 시킴(Sikkim)[132]주와 중국의 티베트 그리고 부탄왕국[133] 등 세 나라의 국경이 만나는 전략 요충지역이다. 도클람은 부탄에서 부르는 명칭이고, 중국에서는 둥랑(洞朗), 인도에서는 도카라(Dokala) 라고 부른다. 이 민감한 도클람고원, 그 가운데서도 중국군이 부탄과 영토분쟁이 있는 지역에서 도로 건설을 시작하자, 부탄과 상호방위조약을 맺고 있는 인도는 '공사 지역이 중국의 영토가 아니다'라고 항의하면서 비상 상태로 돌입한다.

인도와 중국 두 나라 무장병력 수천 명이 두 달 이상 대치했고 만약의 사태에 대비한 예비병력 수만 명이 국경 지역으로 이동하고 미사일과 전투기가 비상대기 태세로 전환해, 세계 언론이 주목할 수밖에 없었다. 2017년의 군사적 대치는 중국 측이 도로 건설장비들을 철수함으로써 두 달여 만에(6.16~8.28) 풀렸다. 그러나 쉽게 포기할 중국이 아니다. 2020년 중국은 도클람고원에서 소위

---

132 시킴은 인도의 서뱅골 북부에 위치해 중국의 티베트와 부탄 등과 접경하고 있다. 영국의 인도 식민지 시절 영국의 보호령이었다가 1950년 인도의 보호로, 1975년 주민투표를 거쳐 인도에 합병됐다. 면적 7,096㎢에 61만명의 주민이 있고, 인도의 22번째 주(州)다.

133 중국은 1950년 9만 명 가까운 티베트인의 목숨을 빼앗아 가면서 무력으로 티베트를 합병한 전례가 있어, 티베트(중국)와 국경을 맞대고 있는 부탄왕국으로서는 중국을 늘 조심해야 하는 나쁜 이웃으로 여긴다. 부탄왕국은 38,394㎢에 771,600명(2020)의 인구를 갖고 있다.

'남중국해전략'을 쓰고 있다. 새 가옥 20여채와 새로운 도로가 건설됐고 주민 100여 명이 국경절 축제를 즐기고 있는 모습이 목격됐다.[134]

인도의 외교적 승리 | 이 도클람 사태를 이해하기 위해서는 인도의 동북부 국경 지역의 지도를 살펴볼 필요가 있다. 인도 본토와 북동 지역 8개 주는 "닭의 목"(Chicken's Neck)이라고 불리는 좁은 회랑(回廊)을 통해 연결돼 있다. 그 회랑 가운데서도 가장 좁은 네팔과 방글라데시 사이의 실리구리 회랑(Siliguri Corridor)은 길이 60km에 동서 너비가 17~30km에 불과한 아주 좁은 통로다. 인도는 이 좁은 회랑으로 연결되는 북동 지역에 8개 주(州)의 영토가 있다. 이들 8개 주의 면적은 인도 전체의 8%인 26만 2천여㎢, 인구는 5천만 명 정도다.[135] 지난 1975년 인도에 합병된 시킴(Sikkim)주, 홍차(紅茶) 산지로 유명한 아쌈

인도 북동지역 8개 주와 '닭의 목' 실리구리 회랑.

---

134   임주리 기자, "남중국해 인공섬처럼, 히말라야 마을 짓고 '내땅' 우기는 중", 2020.12.8. 중앙일보
     '남중국해전략'이란 중국이 베트남, 필리핀 등 동남아시아 국가들과 영유권 다툼을 벌이는 남중국해에 무작정 인공섬을 건설하는 전략으로, 바다에는 인공섬을 산중에는 마을을 건설하여 일단 발을 들이민 후 이웃 국가의 영유권주장을 무시하고 땅을 차지하는 수법을 말한다.
135   1975년 시킴이 합병되기 전까지, 인도의 북동 7개 주는 "칠 자매 주"(seven sister states) 또는 "일곱 자매의 땅"(Land of seven sisters)이라는 별명도 갖고 있었다. 현재 인도연방공화국은 28개의 주와 8개의 연방직할지를 갖고 있다.

(Assam)주, 또 중국과 영토 분쟁 중인 아루나찰프라데시주도 모두 북동 지역에 있다.

인도는 전략적으로 중요한 이 좁은 회랑을 통제할 수 있는 도클람고원에 중국군이 군사 도로와 비행장 등을 건설하고, 유사시 회랑을 차단한다면, 인도의 동북부 8개 주는 '독 안에 든 쥐'가 되든지 국토가 동서로 양분될 수 있다고 우려하고 있다. 이 점이 도클람 분쟁의 핵심이다.

외교 전문가들은 중국이 도클람에서의 철수 소식을 논평하면서 "날씨 등 요소를 종합적으로 고려하고 실제 상황에 따라 관련 건설 계획을 세울 것"이라고 언급한 점을 들어, 중국이 꼬리를 내린 것으로 분석한다.[136] 국제 외교 무대에서 '무식한 강대국' '부동산 졸부' 행세를 하는 중국으로부터 양보를 받아낼 수 있는 나라는 많지 않은 것이 현실인데, 인도는 해냈다.

이렇게 두 나라가 대치만 하고 사태를 끝낸 것은 그동안 이 지역에 강화된 군비와도 관련이 있다. 두 나라는 중·장거리 미사일을 배치하고, 2013년에는 중국이 신장군구(軍區)에 전차 수백 대로 구성된 전차군단을 창설하자, 인도는 4만 명 규모의 산악타격사단을 신설해 지역에 배치하는 등 날카롭게 대치하고 있다.

중국과 몇 차례 국경 전쟁을 벌인 인도는 "동부는 보전(保全)하고, 중부는 지키며, 서부는 탈환(奪還)한다"는 원칙 아래 행동한다. 즉 아루나찰프라데시는 현재 실효적으로 지배하고 있으니까 그대로 잘 보전하고, '닭의 목'에 해당하는 중부 요충지는 부러지지 않게 잘 지켜나가고, 1962년 국경전쟁에서 밀리면서 빼앗긴 악사이친은 당연히 탈환하려고 한다. 아시아와 비동맹주의의 맹주라는 다소 허황한 꿈을 쫓다 중국에 땅을 빼앗긴 네루(Nehru)의 길을 후임자들은 따라가지 않으려 한다.

---

136 "中과 '둥랑' 대치, 인도의 외교적 승리로 끝났다" 2017.8.31., 조선일보

9. 아루나찰 프라데시: 맥마흔라인의 남쪽

분쟁 현황

티베트 남동쪽의 「아루나찰 프라데시」(Arunachal Pradesh)는 힌두어로 '해가 떠오르는 땅'이란 좋은 뜻을 갖고 있다. 넓이는 83,743㎢로 남한보다 약간 적지만 인구는 150만 명에 불과하다. 히말라야산맥이 거의 끝나가는 지역으로 아름답고 풍요로운 지역이다.

아루나찰 프라데시는 청(淸, 1616~1912)이 망하고 티베트가 사실상 독립국이[137] 되자 당시 인도를 식민 지배하고 있던 영국이 티베트왕국과 협상을 통해 얻어냈고, 인도가 독립하면서 물려받은 땅이다.

티베트와 접하는 아루나찰 프라데시의 북쪽 국경이 바로 890km 길이의 맥마흔라인(McMahon Line)이다. 당시 영국은 실측도 없이 지도를 펴놓고 산등성이를 따라 맥마흔라인을 그었기 때문에, 지금 혼란이 생기고 있다.

인도와 중국은 1962년 가을 한 달간의 짧은 전쟁을 치렀으나, 동부 국경을 넘어온 중국군이 맥마흔라인을 넘어 조건 없이 철수함으로써, 맥마흔라인을 인정한 것이 됐고, 그래서 그 라인(Line)은 아직까지 살아남았다. 인도 북동부에 위치한 아루나찰 프라데시는 서부의 카슈미르와 함께 대표적인 영토 분쟁 지

---

137 티베트(Tibet)는 청이 멸망하고 중화민국이 건국되자, 1912년 독립을 선언하고, 1913년 2월 「티베트왕국」의 수립을 선언한다. 티베트(西藏)는 토번(吐蕃)제국(618~841) 때 당(唐)나라와 패권을 다툰 이후, '중국과 대등하다'는 생각을 갖고 있었다. 토번제국 때의 영토는 지금의 티베트는 물론 네팔과 인도 일부, 신장 위구르와 중앙아시아의 일부까지 포함하는 광대한 영토를 지배했으나, 내부 분열 등으로 멸망한다. 티베트는 1751년 청 건륭제 때 복속됐다.

역으로, 인도의 북동국경특별행정구역(North East Frontier Agency)으로 관리되다가, 1987년 주(州)가 됐다.

반면 중국은 티베트가 옛날부터 중국(청)의 일부였고, 독립한 적이 없기 때문에, 티베트왕국과 영국이 확정했다는 맥마흔 라인을 인정할 수 없다는 입장이다. 중국은 아루나찰 프라데시를 「남티베트」(藏南)라고 부르면서 영유권을 주장하고 있으나, 이 지역은 지금까지 인도의 실효지배 아래 있다.

그레이트 게임, 끝나다 | 아루나찰 프라데시는 중원이 아닌 변방의 이야기여서 좀 복잡하다. 청(淸) 말기 영국은 두 차례의 아편전쟁을 통해 많은 것을 얻어 냈으나, 내륙의 티베트 개방에는 실패하고 또 통상도 하지 못하고 있었다. 영국은 식민지 인도와 중국(청)의 중간에 위치해 교류에 장애가 되는 티베트 문제를 해결하는 것이 시급하다고 판단했다. 청나라도 완고했지만, 불교가 강한 영향력을 발휘하고 있는 티베트는 더 완강했다. 영국은 인도를 "여왕의 왕관에서 가장 빛나는 보석"(Jewel in the Crown)이라고 여겼다. 그런 인도를 보호하기 위해서 영국은 러시아의 남하 저지에 외교의 초점을 맞추어왔다. 그래서 멀리는 페르시아, 아프가니스탄, 버마, 태국과의 관계를 안정시키고 가까이로는 네팔, 시킴, 부탄, 티베트까지 편안한 관계를 만들고 있었다.[138] 그런 의미에서 티베트는 영국의 인도총독부가 풀어야 하는 마지막 숙제였다.

1888년 티베트와의 1차 전쟁에서 승리한 영국은 북경의 청 정부와 조약을 맺[139]어 티베트의 문호개방을 얻어냈으나, 자유로운 통상은커녕 티베트의 반발만

---

138 19세기 들어 영국은 인도를 지키기 위해서 또 러시아는 영토 확장을 위해서, 중앙아시아에서 서로 경쟁을 벌였다. 19세기 초반 페르시아제국과의 두 차례 전쟁에서 이긴 러시아는 캅카스 지역을 챙긴 데 이어, 페르시아와 아프가니스탄을 지나 인도로 향할 것으로 보였다. 영국은 인도의 북서부 관문인 아프간을 빼앗기지 않기 위해 그리고 중앙아시아의 여러 왕국으로 러시아가 발을 들이지 못하도록 막고 싸우고 경쟁했다. 영국은 유럽에서 나폴레옹 전쟁이 끝난 뒤, 장차 러시아가 위험한 상대가 될 수 있다고 판단해 견제에 들어간다. 「그레이트게임」은 1813년(러시아-페르시아 사이의 굴리스탄조약)에서 1907년(영-러 협상)까지 이어진 영국과 러시아 사이의 100년간 유라시아 대륙에서 벌인 전략적 경쟁을 말한다.

139 영국은 1876년 청 정부와 맺은 「옌타이(煙台)조약」에서 '영국인이 여권을 갖고 티베트를 거쳐 인도와 중국을 오갈 수 있다'는 보장을 받았으나, 티베트가 이를 거부해, 1888년 전쟁을 일으켰다. 1890년 「중영회의장인조약」(中英會議藏印條約) 8개 조로 티베트는 문호를 개방하게 된다.

샀다. 이에 영국은 1904년 2차 전쟁을 시작해, 8월에는 수도 라싸(拉薩)에 진입했다. 영국은 청 정부와 조약을 맺고 "영국과 청은 티베트 정치에 간섭하지 않는다"는데 합의한다. 그러나 티베트는 여기에도 반발해 영국을 견제하기 위해 러시아와 접촉하는 등 고집을 부렸다. 이에 영국은 1907년 8월 31일, 쌍뜨페테르부르크에서 러시아와「영-러협정」을 맺고[140] 19세기 100년에 걸친 러시아와의 불신과 위협의 관계, '그레이트 게임'(The Great Game)을 끝내기로 한다.

제정러시아는 러일전쟁에서 패배하고 사회주의 사상을 흡수한 노동자와 농민들의 거친 시위에 직면해 고민이 많았다.[141] 영국도 독일이 베를린-비잔티움(터키)-바그다드(3B)를 잇는 철도 건설 즉 독일-동유럽-발칸반도-페르시아만을 연결하는 팽창정책을 구상하자 아연 긴장한다. 이 계획이 성공할 경우 영국은 유전지대인 중동에서의 이익이 침해받을 위기에 처하게 된다. 영국은 러시아와의 분쟁을 끝내고 독일과 그 동맹국에 대처할 새로운 전략이 필요했다.

그래서 영국과 러시아는 페르시아(이란)의 북부는 러시아 세력권으로, 남부는 영국의 세력권으로 하고, 중부 지역은 중립지대로 합의했다. 아프가니스탄도 러시아는 자신의 세력권이 아니라고 인정하면서 국경을 확정했고, 영국도 아프간의 내정에 간섭하지 않겠다고 약속한다. 마지막 티베트 문제, 두 나라는 티베트에 대한 중국의 종주권(宗主權)을 인정하되 영토는 보전(保全)한다. 즉 티베트 땅을 차지하기 위해 두 나라가 싸우지 않겠다는 데도 합의했다.

1913, 티베트 독립선언 | 이 무렵 청(淸)은 서양 열강으로부터는 땅과 이권을 빼앗기는 등 시달리며 살았지만, 자신의 세력권인 내몽골, 외몽골, 티베트, 칭하

---

140 「영-러협정」(Anglo-Russian Convention of 1907)은 「알렉상드르 이스볼스키」러시아 외상과 「아서 니콜슨」러시아 주재 영국대사 사이에 조인됐다. 러시아는 국내외 요인 때문에, 영국은 당시 세계 지도국으로서 세계정세가 심상치 않다고 진단해, 페르시아와 티베트, 아프가니스탄 등 러시아와의 문제들을 정리했다. 이로써 영국, 프랑스, 러시아는 '3국 협상' 체제로 들어가고, 독일, 오스트리아-헝가리, 이탈리아는 '3국 동맹' 체제로 들어가, 1914년 1차 세계대전에서 마주하게 된다.

141 러시아는 1905년 1월 쌍뜨페테르부르크에서 일어난 '피의 일요일 시위'에서 빵과 개혁을 요구하는 군중들에게 발포해 3,000명 이상이 죽거나 다치는 일이 일어나고 극동의 일본과의 전쟁에서도 패배하는 등 상황이 좋지 않았다.

이 등 내부적으로는 아주 강하게 압박하는 정책을 편다. 제국의 이완을 막으려는 것이지만, 주변 정세는 청의 뜻과는 달리 흘러간다. 1912년 외몽골이 독립[142]을 선언하고 티베트도 1913년 독립을 선언하고, 두 독립국은 「몽골티베트조약」(蒙藏條約)[143]을 맺는다. 몽골과 티베트 두 나라가 상호 독립을 승인하고 또 국제적 승인을 얻기 위해 상호 협력한다는 내용이다. 그러니 중국[중화민국]과 티베트의 사이는 아주 좋지 않았다. 영국은 당시 위안스카이(袁世凱)[144] 대총통에게 영국이 신생 중화민국(中華民國)을 승인할 테니, 중화민국은 티베트의 독립(獨立)을 인정하라고 압력을 가한다. 식민지 인도를 안정적으로 운영하기 위해서는 인도와 길게 국경을 맞대고 있는 티베트의 마음을 잡아둘 필요가 있었다. 이런 과정을 거쳐 북인도 심라(Simla)에서 1913년 10월 티베트의 위상(位相)을 놓고 3국 회담이 열린다. 인도 식민정부는 여름 한 철 무더운 콜카타(Kolkata, 캘커타)를 떠나 이곳 심라를 여름 수도로 삼는다. 해발 2,000m 정도의 히말라야 산자락에 위치한 심라는 사시사철 봄 같은 날씨를 보이는 휴양지였다. 이 아름다운 도시 심라에서 영국 인도총독부 외교 책임자인 헨리 맥마흔 경(卿), 신생 중화민국 런던주재 대사관 첸이판(陳貽範) 공사, 그리고 티베트 론첸 샤트라(Lonchen Shatra)가 전권대표(plenipotentiary) 자격으로 모였다. 또 이 지역 전문가이자 영국 외교관인 찰스 벨이 옵저버로 참여했다. 아무리 전권대표(全權代表)[145]라지만 신

---

142 청(淸)은 고비사막을 기준으로 그 안쪽은 내몽골, 바깥쪽은 외몽골로 구분해 통치했다. 신해혁명(1911)을 계기로 외몽골은 중국에서 완전히 벗어나 1924년 「몽골인민공화국」으로 독립한다. 외몽골은 현재의 몽골국과 러시아의 투바자치공화국 땅이다. 면적은 173만km²이다.
143 「몽장조약」은 중화민국 초기 혼란기(1913.2.2.) 소수민족 간의 독립과 협조에 관한 조약이라 사실 여부에 대한 의문까지 제기됐으나, 1982년 몽골어로 된 조약 원문이, 2007년에는 티베트어로 된 조약원문이 몽골기록보관소에서 발견되면서, 역사적 사실로 인정받고 있다.
144 위안스카이(1859~1916)는 청 말기 군인, 정치가, 대총통. 임오군란 이후 서울에 주재(감국대신)하면서 조선의 내정에도 심하게 간섭했다.
145 헨리 맥마흔(1862~1949)은 영국 인도식민지 정부 여름 수도인 심라에서 태어나서 외교관으로 활동했으며, 그 후 1차대전 때 중동의 전후 처리 문제를 담은 맥마흔선언으로 이름을 남겼다. 첸이판은 영국주재 중국대사관 외교관, 론첸 싸트라는 다질링에 주재하는 티베트 외교 책임자, 찰스 벨(1870~1945) 경은 당시 티베트의 지도자인 달라이라마 13세의 친구 겸 외교 고문으로 "티베트 주재 영국 식민정부 대사"라는 별칭을 가진 부탄, 시킴, 티베트 전문가였다.

1913년 심라회담의 3국 전권대표와 수행 외교관. 사진=위키피디아 코먼스

생 중화민국의 대표가 그 해 연초에 독립을 선언한 티베트를 어떻게 독립국으로 인정할 수 있겠는가? 영국의 고집으로 열린 회담이었다.

그래서 회담을 주선한 영국이 대안을 제시한다. "몽골과 같이, 티베트를 외티베트[外藏, 120만㎢]와 내티베트[內藏, 110만㎢]로 나눠, 외티베트는 자치를 승인"하고, "중국이 관리와 군대를 파견하지 않는다"는 등 11개의 조정안을 제시한다. 중국은 이 조정안도 거부하며 서명도 하지 않고 회담 자체를 거부했다.

6개월 동안 계속된 회담 중간중간 영국은 티베트 대표와 따로 만나 영국의 티베트에 대한 통상의 자유와 또 티베트와 영국령 인도의 국경 문제 등을 논의한다. 양국 대표는 중국[중화민국] 몰래 접촉했다. 티베트왕국 대표는 영국 측 제안이 썩 내키지는 않았지만, 그 당시로서는 자신들의 독립을 지원해 줄 강대국으로 영국이 유일했기 때문에 응하지 않을 수 없었다. 중국 대표가 서명을 거부한 조정안 11개 조는 영국과 티베트 간에 조인돼 「심라조약」(Simla Convention)이 됐다. 맥마흔 라인은 이 조약의 부속 문서로 들어가 티베트의 새로운 남부

---

146 영국은 티베트를 돕기 위해 현재의 티베트를 외티베트(120만㎢)로 하고, 티베트인들이 많이 흩어져 사는 칭하이성, 깐수성 남부, 스찬성 서부, 운남성 북서부를 내티베트(110만㎢)로 하는 제안을 했지만, 회담 대표가 받을 수 있는 제안이 아니었다.

국경선이 되고, 티베트가 떼어준 땅 아루나찰 프라데시는 영국을 거쳐 인도로 넘겨진다.

달라지는 인도

인도는 그동안 중국과의 몇 차례 충돌에서 전과가 좋지 않았다. 하긴 중국을 이웃한 나라치고 재미 본 나라가 없다. 1962년 10월 전쟁에서는 서부 전선에서 악사이친을 빼앗기고 인명피해도 많이 발생하는 등 크게 밀렸다. 1967년 9월, 중국은 인도의 보호국인 시킴왕국을 건드리기 위해 군대를 동원했다. 이 전쟁에서는 인도가 약간 우세를 보였다. 이 전투에서 중국군 340명이 사망하고 450명이 부상한 데 비해 인도에서는 88명이 사망하고 163명이 부상하는 데 그쳤다. 2017년의 도클람 충돌 때는 중국이 도로 건설을 중단하고 철수한 것으로 보아, 중국이 약세를 보인 상황으로 평가된다. 가장 가깝게는 2020년 6월. 갈완 계곡에서의 충돌로 서로 수십 명 이상의 사망자가 발생했다.

최근 들어 중국의 빈번한 도전과 충돌에 대처하는 인도의 자세가 조금씩 달라지고 있다. 그 대표적인 사례가 바로 보기빌(Bogibeel) 철교의 건설이다. 인도는 아루나찰 프라데시주와 아쌈주를 잇는 복층구조의 철교를 21년만인 2018년 말에 완공했다. 길이 4.9km의 보기빌(Bogibeel) 철교는 위층에는 3차선 도로가, 아래층에는 복선 철로가 깔렸다. 유사시 다리 윗부분을 전투기와 수송기 활주로로 활용할 수 있고, 60톤 무게의 탱크도 지나갈 수 있게 설계했다.[147] 브라마푸트라강을[148] 가로지르는 난공사여서, 비가 오지 않는 겨울 몇 달 동안만 공사를 해야 해 완공까지 21년이나 걸렸다. 그뿐 아니라 인도는 지난 2017년 4월 「달라이라마 14세」의 아루나찰프라데시 방문을 놓고 중국이 비난하자 "달라

147　"유사시엔 활주로로…인도, 중과 영토분쟁 지역에 최장 철교", 2018.12.31., 조선일보
148　브라마푸트라(Brahmaputra)강은 티베트 서남부에서 발원해 히말라야산맥 북쪽을 수평으로 흐르다가(얄룽짱포강), 인도의 아루나찰프라데시로 접어들어 아삼주를 지나 방글라데시(자무나강)에서 갠지스강과 합류해 거대한 삼각주를 이루며 벵골만으로 흘러든다. 길이 2,900km.의 큰 강이다.

이라마는 인도 국민의 존경을 받는 종교 지도자이며 그의 종교적, 영적 활동과 인도 내의 행보를 색안경을 끼고 봐서는 안 된다"고 대꾸한다. 이런 공방 속에서 달라이라마는 열흘 동안 이 지역을 방문해 사찰 방문과 집회 등 일정을 잘 마쳤다.[149]

그런가 하면 중국은 지난 1962년 국경 분쟁지역이었던 티베트자치구 룽저(隆子)현에서 2018년부터 대대적인 자원개발에 들어갔다. 중국연구기관들은 이 지역에 3,700억 위안(약 63조 원)에 달하는 금, 은, 희토류 등이 매장돼 있다고 전했다. 현재 이 지역에서는 광산이 새로 속속 개발되고 있으며 전력과 통신선이 가설되고 여객기 이착륙이 가능한 공항도 건설되고 있어서 새로운 분쟁이 발생할 가능성도 우려된다고 전했다.[150]

인도 보기빌 철교. 철교의 아래층에는 열차가 다니고 위층은 자동차 도로이다. 비상시 4,900m의 자동차 도로는 비상활주로로 사용된다. 사진=India Today, 2018.12.25

---

149 중국은 2016년 11월 몽골이 달라이라마의 방문을 허용하자 몽골의 철도와 광산 개발을 위해 예정돼 있던 회담을 취소하는 등 만만하게 보이는 국가에 대해서는 곧바로 보복을 가한다. 우리나라는 중국과의 관계 즉 중국 측의 보복을 두려워해, 민간단체들이 달라이라마를 초청하는 문제에 대해서도 난색을 표하고 있다.

150 배정원 기자, "중국, 남중국해 이어 히말라야 자원 개발…인도와 분쟁 우려" 2018.5.21. 조선일보

피를 부르는
영토
분쟁
TERRITORIAL DISPUTES

6

아프리카, 남미, 극지방

피를 부르는 영토분쟁 **아프리카, 남미, 극지방** 편

1. 서(西) 사하라: 사하라의 서쪽 끝

아프리카의 인공위성 합성사진. 윗쪽 밝은 부분이 사하라(Sahara) 사막 등 건조지대다. 사진=NASA

사하라 사막의 서쪽

서(西)사하라는 말 그대로 '사하라 사막의 서쪽'을 말한다. 아프리카 북서부 모로코, 알제리, 모리타니 등으로 둘러싸인 대서양 연안 26만 6,000㎢ 넓이의 땅이다. 과거 스페인의 식민지였다.

사막의 대명사로 통하는 사하라사막은 우리가 생각하는 이상으로 크고 거대하다. 모래사막은 20%에 불과하고 암석사막, 자갈사막 등이 혼재하는 사하라사막은 아프리카 북부의 10여 개 나라 즉 이집트, 리비아, 알제리, 모리타니, 말리, 니제르, 차드, 수단, 모로코, 서사하라, 튀니지를 비롯해 부르키나 파소와 나이지리아 북부까지 퍼져있는 광대한 아열대 사막이다. 지금 면적이 940만㎢인데 기후변화의 영향으로 매년 2만㎢씩 늘어나고 있다는 연구 결과가 발표됐다. 중국이나 미국의 넓이에 육박한다. '사하라'라는 단어 자체가 아랍어로 사막(砂漠)을 뜻하는 '사하라(sahra)'에서 왔으니, '사막 중의 사막'인 셈이다.

이런 배경을 지닌 땅 서사하라(Western Sahara)는 남북한보다 더 넓은 땅이지만 61만~71만 2,000명 정도가(2019) 살고 있다. 이 땅을 놓고 모로코와 사하라아랍민주공화국(SADR, Sahrawi Arab Democratic Republic)[001]이 서로 영유권을 다투고 있다. 물론 여기에도 식민지(植民地) 유산이라는 어두운 역사가 깃들어 있다.

스페인령 사하라

서사하라는 1884년부터 1975년까지 90년 정도 '스페인령사하라'(Spanish Sahara)라고 불리던 스페인의 식민지였다. 1884년은 '아프리카 분할(分割)회

---

001 사하라아랍민주공화국은 폴리사리오전선(Polisario Front)이 1976년 2월 27일 수립을 선포한 서사하라 지역 살라위족(Sahrawi, 사하라 지역에 사는 베르베르인)의 임시(망명)정부이다. 이 정부는 서사하라가 아니라 알제리의 살라위족 난민 캠프촌에 위치하고 있다. 스페인의 식민통치에서 독립하기 위해 1973년에 결성된 폴리사리오(Polisario:Popular Front for the Liberation of Saguia el Hamra and Rio de Oro)는 스페인이 철수한 뒤 모로코로부터 서사하라의 독립을 쟁취하기 위해 알제리의 지원을 받고 활동하는 반군 조직으로, 사하라아랍민주공화국을 이끄는 유일 정당이다. 유엔 회원국 84개국이 독립을 승인했다.

의'라고 불리는 베를린회담(Berlin Conference)이 열린 해다. 이 회담에서 스페인은 아프리카 북서부의 대서양 연안 모로코왕국 땅, 케이프 블랑(Cape Blanc)에서 케이프 보하도르(Cape Bojador)까지를 자국 영토로 획득한다. 이 땅이 서사하라다. 스페인은 이 지역을 사기아 엘 암라(Saguia el-Hamra), 리오 데 오로(Rio de Oro) 등 2개 지역으로 나눠, 카나리아제도(Las Islas Canarias)에 관할 관청을 두고 다스렸다. 스페인은 1912년 프랑스와 함께 모로코를 분할한 뒤, 1934~1958년에는 이프니(Ifni)와 남모로코보호령 그리고 서사하라를 합쳐 「스페인령 서아프리카」(Spanish West Africa)를 운영하기도 했다. 시간이 지나면서 스페인은 이프니 등 일부 영토를 모로코에 반환했지만, 서사하라는 끝까지 식민지로 갖고 있었다. 하지만 독립한 모로코왕국(1956)과 모리타니아이슬람공화국(1960) 등이 반환을 요구하고 유엔이 '식민지 시대를 끝내자'고 결의하는 등 국제적 압력이 계속되고, 폴리살리오(Polisario)전선의 테러 등 내부적인 요구에 밀려서 1976년 이 지역에서 철수한다.

002 1884년 11월부터 1885년 2월까지 열린 '베를린회담'은 '콩고 회담' '베를린 서아프리카회담'이라는 별칭이 있는, 유럽 국가들의 아프리카 분할회의였다. 당시 언론들은 백인들끼리 총칼로 싸우지 않고 대화를 통해 아프리카 주요 지역에 경계선을 확정했다010 "인간 정신의 승리"라고 평가하기도 했다. 독일제국의 비스마르크 총리가 주선했고, 유럽 12개국과 미국, 오스만터키 등 14개국 대표가 참석했다. 유럽 열강들의 아프리카 점유가 너무 무질서하게 이루어져 분쟁을 넘어 전쟁이 발생할 조짐이 보여, 이를 방지하기 위해 모였다. 이 회담은 콩고(Congo)에 관한 사항이 주 의제였으나, 나머지 문제도 다뤄졌다. 아프리카의 국경이 직선으로 그어져, 그 후유증이 지금도 종족 간, 국가 간에 발생하고 있다.

폴리사리오전선의 독립투쟁 | 스페인은 이 지역에서 철수하기 전인 1975년 겨울, 독재자 프랑코가 사망하기 며칠 전 모로코, 모리타니와 3자 회담(마드리드 회담)을 갖고 서사하라에 대한 역사적 연고권을 주장하는 모로코와 모리타니가 2 대 1의 비율로 나누어 갖도록 합의했으나, 서사하라 지역에 터 잡아 살고 있는 살라위족은 이미 1973년부터 '폴리사리오전선'을 결성해 독립 투쟁을 시작하고 1976년에는 「사하라아랍민주공화국(SADR)」을 수립해 무장투쟁을 개시한다.

이에 대해 모로코는 35만 명이 참여하는 '녹색행진(Green March)'을 벌이며 서사하라가 모로코의 영토임을 주장했다. 또한 모로코는 살라위족의 독립 투쟁에 대해 군사적인 대응을 시작해 서사하라 내전(內戰)이 시작된다.

이 내전에 지친 모리타니는 자신들이 갖고 있던 3분의 1 지분을 1979년에 포기하고 철수했지만, 모로코는 모리타니가 포기한 땅마저 자신의 영토, 즉 서사하라 전역이 자신의 영토라고 합병해 버린다. 모로코는 1980년부터 1987년까지 서사하라 전역에 1,600㎞ 길이의 방어용 모래언덕을 쌓고 지뢰를 매설해 폴리사리오전선과의 내전을 수행했다.

모로코와 사이가 좋지 않은 인근 알제리인민민주공화국은 폴리사리오전선의 활동을 초기부터 지원해 왔으며, 서사하라와 알제리 국경지역에 설치된 살라위족 난민(難民)캠프에 망명정부(서사하라아랍민주공화국, SADR) 수립도 허용했다. 모로코와 폴리사리오전선은 내전 종식을 위해 1988년 유엔이 중재하는 평화안을 수용했고 유엔평화유지군이 활동하고 있으며 1991년 유엔 서사하라 국민투표감시단(MINURSD)[003]이 파견됐다(유엔 결의안 690호). 그러나 유권자의 자격 문제로 국민투표는 계속 연기되고 있다. 특히 모로코는 국민투표의 결과가 뻔히 예상되는 것이어서, 계속 지연작전을 쓰고 있다.

---

003 1975년 스페인의 식민통치가 끝난후 영유권분쟁이 시작돼, 1991년 유엔이 중재안을 내서 양측이 이를 수락했다. 그래서 유엔은 유엔서사하라국민투표감시단(United Nations Mission for the Referendum in Western Sahara)을 구성해 정전협정 준수 등을 감시하고 주민투표 준비를 돕고 있다.

그러면서 모로코 정부는 서사하라에 모로코인의 정착을 늘리기 위한 이민정책, 서사하라 근무 공무원들에게는 봉급과 보너스를 추가로 지급하고 이주민들에게는 세금 감면이라는 유인책도 쓰고 있다. 국왕도 이 지역에서 여러 국제행사를 열면서 서사하라가 모로코 땅이라는 이미지 홍보에 열을 올리고 있다. 하지만 전문가들은 시간이 흐를수록 모로코 정부가 불리한 입장에 처할 것으로 전망하고 있다.

2. 차고스 제도: 인도양의 미군기지

인도양의 미군기지

영국은 인도양 지역에 차고스제도(Chagos Archipelago) 등 모두 56개의 섬을 해외 영토로 갖고 있다. 이 섬들은 영국령 인도양영토(British Indian Ocean Territory, BIOT)라고 불린다. 차고스제도도 여기(BIOT)에 포함된다. 차고스제도는 디에고 가르시아, 에그몬트, 솔로몬 등 7개의 산호섬을 중심으로 모두 60여 개의 섬으로 이루어져 있다. 몰디브에서 남쪽으로 1,600km 떨어져 있으며, 육지 면적 56㎢에 3,000여 명의 주민이 있다. 현재 모리셔스(Republic of Mauritius)[004]가 영국에 대해 반환을 요구하고 있는 영토분쟁 지역이다.

차고스제도는 16세기 포르투갈에 의해 발견됐으나 프랑스령을 거쳐 1814년 이후 영국령이 됐다. 차고스제도는 모리셔스의 일부였지만, 1968년 모리셔스가 독립할 때 포함되지 않고 영국의 자치령으로 남는다. 이 과정에서 영토분쟁이 발

디에고 가르시아의 미공군기지. 2003, 사진=미국방부

---

004 모리셔스는 아프리카의 동부, 인도양 남서부에 위치한 섬나라로, 일반적으로 인도양의 섬나라로 간주된다. 인도에서는 무려 4,000km나 떨어져 있지만, 이 나라의 다수 인구는 인도 등 서남아시아계인 점을 감안한 분류다. 2,040㎢ 면적에 124만여 명의 인구가 있다. 1968년 영국으로부터 독립했다. 아름다운 자연경관으로 많은 관광객을 모으고 있다.

생한다. 영국이 꼼수를 부렸다.

모리셔스의 독립을 2년 남겨놓은 1966년, 영국은 차고스제도에서 가장 큰 섬인 디에고 가르시아(Diego Garcia)에 미국이 군사기지를 건설할 수 있는 비밀 협정을 맺고 50년간(추가로 20년간 연장 가능) 임대해 주기로 한다. 그리고 디에고 가르시아에 거주하는 주민 2,000여 명을 모리셔스와 세이셀군도로 강제 이주시켰다(1967~1973). 당시 적절한 이주 보상도 없었고 주민들의 동의도 물론 없었다.

미국은 1971년부터 이 섬에 군사 기지(캠프 저스티스)를 건설했고, 이후 디에고 가르시아는 영국군과 미 해군 5함대[005], 미 전략공군의 주요 기지가 된다. 이 기지는 미국이 괌에 보유한 앤더슨 공군기지와 함께 아주 중요한 전략적 가치를 지닌다. 그 위치가 절묘하기 때문이다. 인도, 호주, 인도네시아, 아프리카, 중동 등이 멀지 않다. 그리고 무엇보다 주민들이 없다. 미군은 이 기지를 활용해 걸

환초로 둘러싸인 디에고 가르시아. 섬 오른쪽 멀리, 공군 활주로가 보인다. 사진=한겨레신문

---

005 미 해군 5함대는 중동지역을 담당하는 함대로 바레인에 사령부를 두고 있다. 아이젠하워, 링컨, 트루먼호 등 3척의 원자력 항공모함이 주력이며 아라비아만, 페르시아만, 오만만, 아덴만 등 중동과 아프리카 동해안 지역을 담당한다.

프전, 아프가니스탄 전쟁 등 중동에서의 전쟁을 수행했다.

유엔, 모리셔스 지지 | 모리셔스 정부는 모리셔스인과 차고스 선주민들의 동의 없이 영국이 모리셔스에서 차고스제도를 분리한 것은 불법이라고 주장하고 있다. 영국이 국제법상 인정되는 '국경선 신성의 원칙'(Uti possidetis juris)을 위반했다는 논리다. 국경선 신성의 원칙은 '한 신생국가는 그 국가가 이전에 이루었던 행정구역과 동일한 경계를 가진다'는 원칙을 말한다. 이 원칙은 신생국가의 주권이 실제 미치지 못하는 변경 지대가 원하지 않는 이유로 무주지(無主地)가 되는 사태를 막기 위한 이론이다. 1990년대 구소련이 해체될 때 구성공화국의 경계선대로 각 공화국이 탄생할 수 있었던 국제법의 원칙이다.

모리셔스는 영국이 모리셔스의 독립 직전에 모리셔스 국민과 차고스제도 주민들의 동의 절차 없이 차고스제도의 제일 큰 섬인 디에고 가르시아섬을 떼내 미국에 임대한 행위는 국제법의 이 원칙에 어긋난다는 주장인데, 많은 UN 회원국이 모리셔스의 주장에 동조하고 있다.

유엔 총회는 이 문제에 대해 국제사법재판소에 권고적 의견(Advisory Opinion)을 내려달라고 요청했고, 국제사법재판소(ICJ)는 2019년 2월 영국에 대해 "차고스제도에 대한 통치를 하루빨리 종료하라"는 권고적 의견을 냈다.

아프리카 비핵지대 조약 | 영국은 유엔의 이러한 움직임이 구속력이 없다며 애써 무시하고 있지만, 무작정 버티기는 어려울 것으로 보인다. 모리셔스도 영국이 차고스제도를 돌려준다면, 미국의 기지 사용은 보장한다는 입장이다.

문제는 디에고 가르시아 섬의 미군기지에는 핵탄두를 장착한 미 공군 전략폭격기나 원자력잠수함 등이 자주 이착륙과 기항을 한다는 데 있다. 모리셔스는 「아프리카비핵(非核)지대조약」가입국이다.[006] 이 조약은 아프리카 지역에서 핵실

---

006 아프리카비핵지대조약(African Nuclear Weapon-Free Zone Treaty)은 '펠린다바(Pelindaba)조약'이라고도 한다. 펠린다바는 남아공의 핵연구단지가 위치한 지역의 이름이다. 남아프리카공화국의 백인정권은 인종분리정책으로 외교적으로 고립되고, 인근 흑인 국가가 공산게릴라와 손잡고 침략할 것에 대비해 일찍부터 핵무기 개발에 착수해, 1980년대에 6~7개의 핵탄두를 보유하기에 이른다. 그러나 1980년대 후반 국가 안보상의 위협이 사라졌다고 판단한 남아공은 핵무기 폐기를 결정하고, 핵무기 해체에 들어

험과 핵무기의 보유와 배치 등을 금지한다. 미국이 이 딜레마를 잘 해결하지 못한다면, 캠프 저스티스의 운명이 달라질 수 있다는 예측이 나오고 있다.

이처럼 국제적인 여론은 모리셔스에게 우호적으로 형성되고 있다. 모리셔스는 2022년 2월 차고스제도에서 사상 처음으로 국기 게양식을 가졌다.[007] 과학탐사 형식으로 이루어진 방문 행사는 사전에 영국 정부에 통고됐다. 방문단은 국기를 게양하고 국가를 함께 부른 뒤, 방문을 기념하는 동판도 묻었다. 프라빈드 주그노트 모리셔스 총리는 녹음 메시지를 통해 "모리셔스가 사상 처음으로 우리 영토에 어떤 외국(영국)의 호위없이 방문했다"고 감격스러워했다.

지금의 추세를 보면 모리셔스의 차고스제도 영유권 회복도 머지않은 장래에 해결될 듯이 보인다. 역사는 이렇게 선(善)한 의지를 가진, 힘이 들더라도 옳은 길을 가는 나라에게 좋은 결과를 가져다준다는 소박한 교훈을 전해준다.

가 1994년 비핵화를 달성했다. 그 뒤 남아공은 1996년 아프리카비핵지대조약 구상을 실천에 옮겨, 현재 52개국으로부터 동의를 받았다.

007　김성진 특파원, "모리셔스, 영국과 영토분쟁 차고스제도에 첫 국기게양" 2022.2.15. 연합뉴스

3. 마요트(Mayotte): "프랑스 땅으로 남겠다"

"프랑스령으로 남겠다"

마요트는 아프리카 동남쪽 모잠비크와 마다가스카르 사이의 인도양의 코모로 제도의 4개 섬 가운데 하나로, 프랑스의 해외 데파르트망이다.[008]

프랑스는 19세기 두 차례의 전쟁을 거치고, 1897년부터 마다가스카르를 식민지로 삼아 '프랑스령 말라가시' 또는 '마다가스카르 식민지와 속령들'(Colonie de Madagascar et dépendances, 1897~1958)이라고 불렀고, 1912년에는 마다가스카르와 아프리카 본토 사이의 코모로제도의 4개 섬(2,235㎢)도 마다가스카르(587,000㎢)에 합병했다. 그러나 2차 대전이 끝나고 식민지들이 독립하면서 영국 프랑스 등이 보유한 해외 식민지에서도 독립의 불길이 거세진다. 프랑스는 1946년 마다가스카르에서 독립운동이 시작되자, 코모로제도를 다시 분리시켰다. '프랑스령 말라가시'도 자치령을 거쳐 1960년 「마다가스카르(Madagascar) 공화국」으로 완전히 독립했다. 15년 뒤, 코모로 제도로 구성된 코모로연합(Union des Comores)도 독립한다. 코모로연합은 1,862㎢에 88만 8,456(2021)명으로 작은 섬나라다. 섬 하나가 독립을 거부하고 프랑스령으로 남아서, 면적이 줄어든 채 독립했다.

코모로제도의 4개 섬(2,235㎢) 가운데, 마요트(373㎢)섬이 주민투표를 통해 독립

---

[008] 프랑스 행정체계는 광역자치단체로 레지옹(région) 13개, 중간자치단체로 데파르트망(départements) 95개 그리고 기초자치단체로 코뮌(commune) 36,644개로 돼 있다. 해외 레지옹은 프랑스령 기아나, 마요트 등 5개이다. 해외 레지옹은 데파르트망과 일치하는 관계로, 해외데파르트망이라고도 한다. 해외에는 이밖에도 해외집합체(COM), 특별공동체, 해외영토(TOM) 등이 있다.

을 거부하고 프랑스의 식민지(해외영토)로 남기로 했기 때문이다. 이 과정에서 지금의 영토분쟁이 자리한다.

"국경선 신성의 원칙 어겼다" | 현재 코모로연합은, 1975년 독립을 거부하고 프랑스 영토로 잔류한, 마요트에 대한 영유권을 주장하고 있다. 앞에서 살펴본 차고스제도의 경우처럼 '국경선 신성의 원칙'이 훼손됐다고 주장한다. 차고스제도에서는 영국이 모리셔스를 상대로 꼼수를 부렸다면, 코모로제도에서는 프랑스가 꼼수를 부려, 섬(마요뜨) 하나를 남겨두고 독립을 허용했다고 주장한다.

마요뜨(Mayotte)는 면적 373㎢, 인구 29만 9,348명(2020) 규모다. 프랑스 대통령이 마요뜨의 국가원수고, 프랑스의 상원과 하원에 각각 2명의 의원을 파견하고 있다.

코모로제도가 독립을 앞두고 실시한 국민투표에서 마요트는 1974년 63%가, 1975년 99%가 독립에 반대했다. 프랑스 영토로 남는 편이 함께 독립하기보다 여러 면에서 더 유리할 것으로 생각했기 때문이다. 실제로 마요트의 1인당 국내총생산은 $10,891(2013)로, 이웃 코모로, 마다가스카르, 모잠비크보다 월등히 높다. 아프리카의 이웃 나라들보다 소득 수준이 높다고 하나, 프랑스 본토와

의 격차가 너무 커, 마요트 주민들의 높은 상실감, 박탈감이 사회문제화 되고 있을 정도다.

또 주민의 97%가 무슬림인데다, 아프리카의 난민들까지 마요트로 몰려들면서 프랑스는 이 문제로 골치를 썩이고 있다. 마요트는 프랑스의 해외데파르트망이지만, 솅겐조약의 적용을 받지 않는다.

4. 트로믈랭(Tromelin)섬

프랑스의 기상관측소

트로믈랭섬은 인도양의 프랑스령 레위니옹(Réunion)에서 북쪽으로 500km, 마다가스카르에서 동쪽으로 450km 떨어져 있는 프랑스 해외영토(TOM)다. 섬은 길이 1,700m 폭 700m 정도로 면적은 0.8㎢(24만 평), 해수면보다 7m 높은 평평한 지형이다.

프랑스는 이 섬에 기상관측소와 과학실험용 시설을 운영하고 있다. 정박시설이 빈약해, 외부와는 1,200m 길이의 간이 활주로가 큰 역할을 한다.

현재 모리셔스(Mauritius)가 이 섬의 영유권을 주장하고 있다. 모리셔스는 영국과는 차고스제도(Chagos Archipelago)를 놓고, 프랑스와는 트로믈랭 섬의 영유권을 놓고 분쟁 중이다.

1761년 마다가스카르에서 노예들을 싣고 모리셔스로 가던 프랑스 화물선이 표류 끝에 살아남은 생존자들이 무인도인 이 섬에 상륙했다. 구조요청에도 불구하고 프랑스는 '영국군의 위협이 있다'는 이유로 구조를 미루다가 15년이 지난 1776년 프랑스 군함을 보내 이들을 구조했는데, 이 군함의 함장 이름이 '트로믈랭'이다. 이런 연유로 프랑스령이 된 이 섬은 19세기 들어 인도양에서 영향력이 큰 영국으로 넘어가, 영국식민지인 모리셔스에 속하게 됐지만, 영국과 프랑스는 1954년 합의하에 이 섬을 다시 프랑스령으로 한다.

1968년 모리셔스는 영국으로부터 독립한다. 그 이후 모리셔스는 자신들이 배제된 채 영국과 프랑스 간의 일방적인 거래에 의해 이 섬의 영유권이 몰래 넘어갔다며 프랑스에 대해 반환을 요구한다. 모리셔스는 또 이 섬이 자국의 배타적 경제수역(EEZ)에 포함된다는 이유로 반환을 요구하고 있으나, 국제적인 호응은 그리 높지 않다.

트로물랭섬의 프랑스 시설들. 2004년. 사진=위키피디아

프랑스령 남방 및 남극지역

트로물랭이 속하는 '프랑스령 남방 및 남극지역'(TAAF)은 프랑스의 남아있는 유일한 해외영토(TOM)다. 트로물랭섬이 여기에 속한다. 이 해외영토는 프랑스에 속하는 인도양 상의 4개의 섬과 프랑스가 주장하는 남극의 영토를 포함한다.[009] 면적은 남극의 아델리랜드(Adélie Land) 432,000㎢를 포함해 모두 439,781㎢이다. 이들 지역에는 군인과 연구원들이 150(겨울)~310(여름)명 정도가 거주

---

009 이 해외영토에는 아프리카 최남단의 케르겔렌 섬, 그 근처의 생폴 섬과 암스테르담 섬, 마다가스카르 남쪽의 크로제제도, 그리고 남극의 아덜리랜드, 트로물랭이 속하는 프랑스령 인도양군도를 포함한다.

하며 민간인들은 없다.

남극의 아델리랜드에는 50명 안팎의 연구원들이 근무하는 2개의 연구기지가 있으나, 남극조약에 따라 영유권이 인정되지 않는 땅이다. 프랑스는 트로믈랭섬에서도 기상관측소와 연구용 시설들을 운용하고 있다. 그러나 이 해외영토는 모두 227만㎢에 이르는 배타적경제수역(EEZ)을 갖고 있다. 프랑스는 입어료를 받고 외국 어선의 자국 EEZ에서의 조업을 허가하고 있으며, 프랑스는 매년 1,600만 유로의 관련 수입을 챙긴다.

트로믈랭섬 전경. 사진=위키피디아

5. 코리스코(Corisco)만의 섬들: "석유가 더 나올까?"

아프리카의 알짜 산유국

아프리카 서부 코리스코만(灣)에는 적도기니(Equatorial Guinea)와 가봉공화국(République Gaboaise)이 영토분쟁을 벌이고 있는 음바니에(Mbanié)와 작은 섬 두 개 그리고 코리스코섬이 위치한다. 이 가운데 음바니에와 두 개의 부속 섬은 가봉이 실효지배하고 있고, 코리스코는 적도기니가 실효지배하고 있다. 가봉과 적도기니는 모두 산유국으로 이웃 아프리카 국가들보다는 훨씬 윤택한 삶을 이어간다.

아프리카 서부 해안의 적도(赤道) 부근에 위치한 두 나라는 예전부터 아시아, 중동 지역으로 가는 선박의 기항지 역할을 했으며, 네덜란드, 영국, 프랑스의 노예무역 중심지 역할로 또 코코아의 생산지로 유명했다. 두 나라 모두 국민 다수가 기독교를 믿고 있다. 가봉(267,667㎢)은 프랑스의 식민지였다가 1960년에 독립했고, 적도기니(28,051㎢)는 스페인의 식민지였다가 1968년 독립했다.

코리스코만(灣)에 위치한 음바니에와 코코티에르스, 코가스 등 3개의 섬은 1958년까지도 스페인(적도기니)의 영유권 아래 있었으나, 먼저 프랑스에서 독립한 가봉이 영유권을 주장했다. 몇 년 뒤 적도기니가 스페인으로부터 독립하자, 가봉은 이 섬들이 자국 영토라고 법에 못 박아 버린다.

산유국이 된(1996) 적도기니는 1999년 이 섬들이 자국 해역에 포함되는 해양 경계선을 일방적으로 선포하며, 대응에 나서자 영유권 논쟁이 시작된다. 음바니에는 면적 30㎢ 정도 된다.
2003년 2월 가봉의 알리 봉고 국방장관(현 대통령)이 음바니에와 코리스코 섬을 방문해 영유권을 선포하자, 갈등이 고조된다. 적도기니는 "가봉의 불법 점거에 대해 깊은 우려와 분노를 표시한다"고 유감을 표했다. 이듬해 아프리카연합(AU) 정상회담에서 두 나라 정상은 유엔의 중재에 동

의했지만(2004.7), 십여 년 뒤에야 국제사법재판소(ICJ)에 넘긴다(2016.11). 국제사법재판소는 이 섬들에 관한 영유권 다툼 심리를 거의 다 마무리했다. 재판소는 적도기니에 대한 청문을 마치고(2021.10.5.) 가봉에 대한 심리도 끝냈다(2022.5).

석유 | 아프리카의 산유국 서열로 보면 적도기니가 약간 앞선다. 적도기니는 나이제리아와 앙골라에 이은 제3위의 산유국으로 하루 35만 배럴을 생산하고 있고, 가봉은 5위로 25만 배럴을 생산하고 있다.

원유가 생산되면서 적도 기니는 1996년부터 2005년까지 10년 동안 연평균 30.8%의 경이적인 경제 성장률을 기록한다. 적도 기니는 인구가 122만 명(2015)에 불과해 1인당 국민소득이 16,000달러(2021)를 넘는다. 가봉도 이와 비슷한 소득 수준이어서 다른 아프리카 국가(평균소득 1,766달러)들의 부러움을 살 정도다.

연안 섬들에 대한 가봉의 공격적인 자세는 이 해역에 원유와 천연가스 등의 매장 가능성이 높은 데서 비롯됐다. 원유는 적도기니와 가봉, 두 나라의 국내총생산에서 40% 정도를 차지하는 아주 중요한 산업이다. 국제적인 석유 재벌들이 관여하고 있고, 국내 정치의 부패 문제가 거론되는 점도 걱정거리다.

두 나라는 음바니에 해역의 유전에서 원유가 생산되면, 두 나라가 공통적으로 혜택을 보도록 한다는 원칙에는 합의하고, 국제사법재판소(ICJ)행을 결정했지만, 합의가 끝까지 유지될지는 조금 더 두고 봐야 한다.

코리스코섬 | 같은 코리스코만 안에 위치하지만 음바니에 보다 약간 위쪽에 위치한 코리스코섬은 현재 적도기니가 실효지배하고 있으나, 가봉이 영유권을 주장하고 있다. 두 나라는 이 섬의 영유권에 관해서는 국제사법재판소에 맡기지 않았지만, 이 섬도 유전 발견 가능성 때문에 관심의 대상이 되고 있다. 코리스코섬은 길이 6km 폭 5km, 최고 해발 35m로 면적은 14㎢ 정도다. 지리적으로 가봉(Gabon)에 더 가깝다.

6. 일레미 트라이앵글(삼각지구): 잊혀진 분쟁

잊혀진 분쟁

일레미 트라이앵글(Ilemi Triangle)['일레미 삼각지구' '일레미']는 동(東)아프리카의 영토분쟁 지역이다. 현재 이곳은 케냐(Republic of Kenya)가 실효지배하고 있으나, 이웃의 남수단(Republic of South Sudan), 에티오피아(Federal Democratic Republic of Ethiopia)도 영유권을 주장해, 세 나라 사이에서 영유권 분쟁이 진행 중이다. 오래된 분쟁이지만, 해결을 위해 나서는 국가가 없어, 서방언론으로부터 '잊혀진 분쟁'(Forgotten conflict)이라는 말을 듣는다.

10,320~14,000㎢ 넓이인 일레미 지역은 목축이 주산업으로 경제적으로 낙후된 지역인데다, 이웃 수단에서 남수단 독립 문제가 오랫동안 쟁점이 되는 등 정정 불안 때문에 주변에서 관심을 갖지 않아 잊혀진 분쟁이 됐다는 분석이다 일레미 라는 지명은 과거 이 지역 선주민인 아누아크(Anuak) 부족의 추장 이름(일레미 아크원, Ilemi Akwon)을 따서 지었다.

수단과 케냐 일대는 19세기 영국의 식민지였고 영국은 이집트와 수단 사이의 국경을 정할 때처럼, 케냐의 북쪽 국경도 일직선으로 그었다. 그러나 수많은 유목민은 이런 직선을 따라 양 떼를 몰고 다니지 않았다. 영국 등 선진국들이 지도상에다 일직선으로 그어버린 국경선이 그 뒤 실제 상황에서는 선주민 부족 간에 유혈 투쟁을 불러왔고, 국가 간의 전쟁을 부른 원인이 됐다.

---

010   이 지역을 '일레미 삼각지구' 또는 그냥 '일레미'라고 부르기도 한다. 그리고 이 지역의 면적도 나라에따라 기준이 달라서 10,320~14,000㎢로 서로 상이하게 표기된다.

일레미 트라이앵글의 영유권분쟁도 과거 100여 년 동안 4개의 선(line)이 그어지면서 비롯됐다. 모두 당시에는 필요성과 타당성을 지녔으나, 그 뒤 제대로 정리가 되지 않으면서 각국이 자국에 유리한 경계선에 집착하면서 혼란스러운 상황이 전개됐다. 한 분쟁의 해결이 다른 분쟁의 씨앗이 된 셈이다.

먼저 1902년에 그어진 '마우드 선'(Maud Line)은 에티오피아와 수단 사이의 국경선으로 영국에 의해 그어졌다.

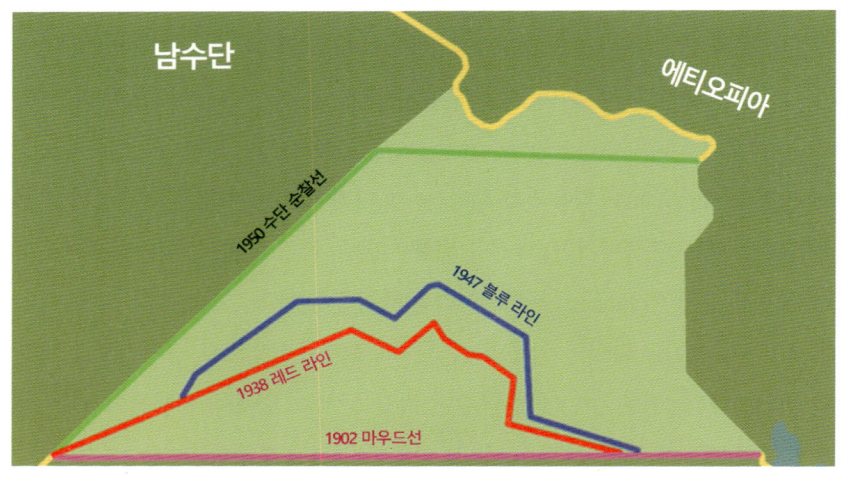

다음 1930년 초반 영국령 이집트-수단 총독과 케냐 총독은 이 지역의 유력한 유목 부족인 투르카나(Turkana) 족의 유목 범위를 정하기 위한 선을 그었고, 1936년 2차 대전을 앞두고 에티오피아를 침략한 이탈리아군이 이 경계를 인정하면서 1938년 '레드 라인'(웨이크필드 선)이 됐다.

그 뒤 2차 세계대전 기간 반격에 나선 영국군 휘하의 아프리카 현지인 연합부대가 이 지역의 이탈리아군을 물리치면서 북상을 계속해 그은 경계선이 1944년의 '블루 라인'인데, 그 후 영국 정부의 실사를 거쳐 1947년 확정된다.

전쟁이 끝난 1950년 수단은 케냐와 에티오피아의 유목 부족들이 더 이상 넘어오지 못하도록 순찰선을 그었다. 이 경계가 1950년 '초록 선'(수단순찰선)이다. 이런 과정을 거치면서 일레미 지역은 점점 복잡해지고, 케냐와 수단을 이은 남수단, 에티오피아 등 3개 나라 사이에서 해결책을 찾지 못하고 있다. 진짜 '잊혀진 분쟁'이 됐을 수도 있다.

7. 비르 타윌(Bir Tawil): 아프리카의 무주지

아프리카의 무주지

영토분쟁은 땅 하나를 놓고 복수의 주인이 나타나야 상황이 성립하는데, 드물게도 아프리카에는 인접한 두 나라가 서로 갖지 않으려 하는, 우리나라 제주도보다 약간 큰 무주지(無主地, Terra nullius)가 있다. 세계적으로 드문 경우다. 이집트와 수단(Republic of the Sudan)의 국경지대에 있는 무주지, 비르 타윌(Bir Tawil: '우물')은 두 나라가 모두 영유권을 주장하지 않는 지역이다. 면적은 2,060㎢로, 거주하는 주민도 거의 없다. 비르 타윌은 영토분쟁이 아니라, '영토포기'에 해당하는 드문 경우다. 물론 이 땅을 포기하는 이유는 양국 모두 충분하다. 이집트와 수단은 비르 타윌을 포기하는 대신 그 땅과 붙어있는 할라이브(Halaib) 지역에 대해서는 서로 영유권을 주장하고 있어, 할라이브는 영토분쟁 지역이 된다.

이야기는 영국이 이집트와 수단 등을 식민 지배하던 시절로 돌아간다. 1899년 영국은 식민 지배를 하던 이집트와 수단의 국경선을 정할 때 북위 22도선에 금을 쫙 그어, 이집트의 남부 국경, 수단의 북부 국경을 삼았다. 그때는 비르 타윌 지역은 수단에, 그 옆의 할라이브(Halaib) 트라이앵글 지역은 이집트 소속이 됐다. 비르타윌은 '우물'이라는 뜻을 가진 지명이었지만, 물이 전혀 없는 아주 황막한 지역이었고, 바다(홍해)에 인접한 할라이브는 무역이나 농업에 훨씬 적합했고, 면적도 20,580㎢로 비르타윌보다 열 배 가까이 넓었다.

황량한 비르타윌

이렇게 국경을 정한지 3년이 지난 1902년, 영국은 할라이브가 카이로(Cairo)보다는 수단의 하르툼(Khartoum)에서 훨씬 가깝다는 이유로, 할라이브를 수단으로, 비르타윌은 이집트로 관할을 바꾸어 버린다. 그 뒤 이집트(The Arab Republic of Egypt)는 1922년에, 수단은 1956년에 각각 독립한다. 독립 이후 수단과 이집트 두 나라는 비르 타윌에 대한 영유권을 주장하지 않게 된다. 비르타윌을 자국 영토라고 주장하면, 할라이브를 자동으로 포기해야 하는 논리 때문에, 비르 타윌은 영토 포기 지역이 됐다.

인접 할라이브는 수단이 독립한 이후 1992년까지 영유하고 있었으나, 남(南)수단[011]이 독립을 추구하는 등 수단의 국내 상황이 복잡해지면서 이곳에서 철수하자, 이집트가 군대를 보내 할라이브 지역을 실효지배하고 있다. 하지만 수단도 군대는 철수했지만, 할라이브에 대한 영유권을 포기한 것은 아니다. 양국이 이처럼 할라이브를 영토로 주장함에 따라 비르타윌은 자연스럽게 무주지가 됐다.

북수단왕국

'우물'이라는 지명과는 반대로 이 황막한 비르 타윌에 주인이 없다 보니, 가끔 이상한 사람들이 와서 이 땅에 왕국(王國)을 세우는 일이 언론에 보도된다. 미국인 제레미야 히튼(Jeremiah Heaton, 44)은 '공주(公主)가 되고 싶어 하는 딸' 에밀리(Emily)를 위해 딸의 일곱 살 생일인 2014년 6월 16일 이곳에 도착해, 「북수단왕국」(Kingdom of Noth Sudan)을 설립함으로써 딸과의 약속을 지키는 멋진 아버지가 됐다. 북수단왕국은 그 후 이집트로부터 독립 허가를 받았고, 현재는 유엔에 가입하기 위해 노력하고 있다.[012]

---

011 남수단공화국(Republic of South Sudan)은 수단의 남쪽, 에티오피아의 서쪽, 우간다의 북쪽에 위치한 64만 4329㎢에 1,460만 명(2022)의 인구를 지니고 있다. 2011년 7월 수단으로부터 분리 독립했다. 1956년 수단이 영국으로부터 독립한 뒤, 아랍계 무슬림인 수단과 기독교와 토착종교를 믿는 흑인들이 다수인 남수단 10개 주는 서로 이질적인 구성 때문에 내전을 계속해왔다. 2011년 7월 국민투표를 통해 독립을 달성했고, 193번째 유엔회원국이 됐다. 남수단의 분리독립에도 불구하고, 수단은 186만㎢의 면적으로 세계14번째로 넓다.

012 미국 워싱턴포스트지, 2014.7.12. 〈버지니아 남성, 아프리카에 북수단왕국 창설하고 국기를 꽂았다〉("Va. man plants flag, claims African country, calling it 'Kingdom of North Sudan') 제목으로 이 사실을 보도하고 있다.

8. 포클랜드 제도(Falkland Islands): 40년 전의 전쟁

먼 두 나라

관계 개선 | 1989년 10월 19일, 영국과 아르헨티나는 "7년 전 포클랜드 전쟁으로 생겨난 모든 적대관계를 끝내고, 새로운 외교·경제 관계를 재개하기 위한 광범위한 합의를 이뤘다"고 발표했다. 스페인 마드리드에서 만난 두 나라 대표는 런던과 부에노스아이레스에 영사관을 조속히 개설하고, 항공과 해운 관계를 재개하고, 금융과 무역에 적용해온 제약도 철폐하기로 했다. 또 전쟁으로 인한 인명과 재산 피해에 대한 배상 청구를 일절 하지 않기로 했으며, 문화·과학·스포츠 교류도 재개하기로 했다. 전쟁 전의 상태로 돌아가는 데 7년이 걸렸다.

이후 두 나라 관계는 점점 개선돼 2016년 9월 14일 두 나라 외무 장관은 "포클랜드의 지속가능한 발전과 경제성장을 제한하는 모든 장애물을 제거하는데" 합의하고 "포클랜드섬에 묻힌 아르헨티나 병사들의 신원 확인 작업에 협조하고 아르헨티나와 포클랜드섬까지의 직항편도 운항을 재개"하기로 합의했다.

그렇지만 포클랜드제도에 대한 영유권 분쟁이 끝난 것이 아니다. 2022년 알베르토 페르난데스 아르헨티나 대통령은 포클랜드전쟁 40주년 기념행사에서 말비나스 제도(포클랜드의 아르헨티나 측 명칭)에 대한 영유권을 주장하면서 이 영토의 반환을 영국 측에 요구하겠다고 밝혔다. 포화는 멈췄지만, 전쟁은 끝난 것이 아니다. 두 나라가 전쟁의 불씨는 일단 묻어두고, 함께 살아가기로 했지만, 다음 전쟁은 언제가 될지 모른다.

전쟁 | 아르헨티나와 영국은 1982년 봄(4.2~6.14), 포클랜드제도를 둘러싸고 짧지만 격렬한 전쟁을 벌였다. 아르헨티나의 도발로 시작된 소규모 전쟁이었지만 항공모함과 잠수함, 전투기, 미사일 등이 동원됐다. 영국 핵잠수함이 아르헨티나의 12,000톤급 경순양함을 격침시켜 323명의 수병이 전사했다. 그런가 하면 아르헨티나 공군은 4,800톤급 영국 구축함을 미사일로 공격해 격침시켰다. 양측에서 전투기와 헬기 등 98대가 격추됐다. 두 달간의 전쟁으로 904명의 군인이 전사했고, 2,432명이 부상하고, 11,428명이 포로가 됐다. 아르헨티나는 전쟁의 명분과 국민적 지지의 부족으로 두 달여 만에 항복했다.

이 전쟁을 보면서 세계인들은 영유권 다툼이 과거 식민지 시대의 시빗거리나 부족들의 전쟁이 아니라, 멀쩡한 선진국 사이에서도 벌어지는 분쟁이라는 깨달음을 얻었을 것이다.

일반적으로 영토분쟁은 경계를 맞대고 있는 인접 국가들 사이에서 발생한다. 인류 역사상 12,500회 이상의 전쟁이 있었고, 전쟁으로 목숨을 잃은 사람이 35억 명이나 된다고 한다. 인간들이 이토록 끊임없이 전쟁을 일으키는 가장 중요한 이유는 영토(territory) 때문이다. 전쟁을 했던 나라의 90%가 국경을 접(接)하고 있었다는 사실로 미루어 영토 문제가 바로 전쟁의 원인이었음을 잘 나타내 준다.[013] 그런데 영국과 아르헨티나 사이의 포클랜드 전쟁은 12,000km 이상 떨어진 나라끼리의 분쟁이어서 "과연 포클랜드를 실효지배하는 영국이 어떻게 대응할 것인가?"에 관심이 쏠렸는데, 역시 영국이었다. 영국은 왕자(王子)까지 전투 요원으로 파견했다.

20세기 초까지도 해외 각지에 영토를 갖고 있던 영국은 "해가 지지 않는 나라"였다. 영국의 해외영토는 아직도 많다. 우리들이 일반적으로 쓰는 표기로 보면 영령(英領) 버진아일랜드, 케이만 제도, 포클랜드 제도 등 14개나 있다. 아르헨티나와 전쟁을 치렀던 포클랜드제도(Falkland Islands)는 아르헨티나에서는 이스

---

013 이춘근 박사, "나토와 러시아의 승자는?", 2014.5 월간조선

라스 말비나스(Islas Malvinas)라고 부른다.

포클랜드섬은 영국에서 12,000km 떨어져있다.

참전한 앤드루 왕자, 1982.

포클랜드, 1982

큰 섬 2개, 작은 섬 7백 개 | 남대서양의 포클랜드(Falkland)제도는 동(東)포클랜드와 서(西)포클랜드 등 2개의 큰 섬과 주변의 작은 섬 776개를 합쳐서 부르는 이름이다. 중심지는 동포클랜드 섬의 스탠리(Stanley)로 전체 인구의 3분의 2에 해당하는 2천여 명이 거주하고 있으며, 영국군(軍) 기지도 여기에 있다. 모두 합친 면적은 우리나라 경기도 보다 약간 큰 12,200㎢, 주민은 3,200명 정도다. 포클랜드제도는 아르헨티나의 최남단인 티에라 델 푸에고섬에서[014] 북동쪽으로 약 400km 거리에 있는 반면, 영국으로부터는 12,173km 떨어져 있다. 이 섬 주위는 오징어와 새우 등 수산물이 풍부한 데다 원유와 가스 매장 가능성이 점차 높아 가고 있고, 남극 전진기지로서의 전략적 가치가 점차 중요해진다는 점

---

014 티에라 델 푸에고(Tierra del Fuego)섬은 '불의 땅'이라는 뜻으로, 티에라 델 푸에고 제도에서 가장 큰 섬으로 남아메리카 대륙과 마젤란해협을 사이에 두고 있다. 면적은 47,992㎢로 세계에서 29번째로 큰 섬이다.

에서 영국이 애착을 갖고 실효적으로 지배하고 있는 섬이다.

분쟁의 역사 | 이 섬을 놓고 영국과 아르헨티나 사이에 영유권 분쟁이 있다는 말은 발견과 소유 과정에서 두 나라의 이해가 다르다는 뜻이다. 아르헨티나는 16세기 초 포르투갈과 스페인 사람들로 구성된 마젤란 탐험대가 포클랜드제도를 처음으로 발견했다고 말한다.[015] 영국에서는 영국인 항해사 존 데이비스가 1592년 이 섬을 발견했다고 기록하고 있어 두 나라의 주장에 차이가 있다.

그러나 이 섬에 최초로 상륙한 사람은 1690년 영국인 탐험대라는 기록에는 양국이 동의한다. 이어 최초로 정착한 사람들에 관한 기록은 1764년 프랑스인들이 동 포클랜드에, 1766년 영국인들이 서 포클랜드에 정착했다가, 1770년 스페인에 점령된 뒤, 영국도 이 섬에서 철수하고 스페인도 죄수 수용소로 사용하던 이 섬에서 떠나, 주민이 없는 섬이 된다. 습도가 높고 바람이 세고, 냉량(冷涼)한 이 섬은 포클랜드 늑대와 펭귄들의 삶터가 된다. 1816년 아르헨티나가 스페인으로부터 독립하며 포클랜드제도에 관한 권리도 함께 승계했다. 그러나 영국 해군은 1833년 다시 이 섬을 점령하고, 아르헨티나인들을 추방한다.

수백 년 전의 이야기를 빼고 19세기 이후만 본다면 1816년부터 1833년까지는 아르헨티나의 영유권 행사가 인정되지만, 1833년 이후에는 영국의 영유권 행사 혹은 실효지배가 있었고, 1892년 영국의 식민지로 편입된다. 국제적으로는 영국이 주장하는 이 사실이 더 널리 인정받고 있다.

2차 세계대전이 끝나고 아르헨티나는 1946년, 1973년 두 차례에 걸쳐 이 섬의 영유권을 주장하고, 1964년에는 유엔에도 제소했다. 유엔(UN)도 두 나라가 이 섬의 영유권에 관해 협의할 것을 권유해, 이들은 1973년부터 1982년까지 꾸준하게 협상을 계속해왔으나, 영국 측은 소극적인 태도로 일관했다. 1982년

---

015 마젤란탐험대는 1519년 8월 237명의 선원이 5척의 배를 타고 스페인의 세비야를 떠난다. 3년에 걸친 항해 끝에 이들 가운데 18명만 세계 일주에 성공하고 돌아왔다. 마젤란탐험대는 1520년 10월, 남미 대륙의 끝을 돌아서 대서양에서 태평양으로 나갔는데, 이를 기념해 이 해협을 '마젤란해협'이라고 이름을 붙였다. 아르헨티나는 이 탐험대가 그 당시에 포클랜드제도를 발견한 것이라고 말한다. 마젤란(Ferdinand Magellan, 1480~1521)은 항해 도중 필리핀에서 숨을 거둔다.

3월, 아르헨티나 외무부는 '다른 방법'을 강구할 것이라고 인내심의 바닥을 드러내고, 4월에 침공을 단행했다.

아르헨티나 패배 | 아르헨티나는 "영국이 말비나스 제도[영국명 포클랜드제도]를 불법 점거하고 있어 이를 되찾겠다"고 선언하고, 아르헨티나 해병대와 특수부대 4,000명을 상륙시켰다. 아르헨티나 군은 전쟁 초기 이 섬에 주둔하고 있던 영국군 수비대 80여 명을 포로로 사로잡으며, 선전(?)했다. 이 정도 되면 미국 등 국제사회가 개입해 사태의 확산을 막는 차원에서 현상 유지가 선언될 것으로 아르헨티나는 기대했다. 그런데 오산이었다. 레이건(Reagan, 1981~1989)의 미국은 못 본 체했고 영국의 대처(M. Thatcher, 재임1979~1990) 수상은 단호했다. 영국은 만 2천 km의 바다를 건너 항공모함 2척, 구축함 8척, 호위함 15척, 잠수함 1척 등 육해공군 3만 명의 병력을 파견한다. 5월부터 영국의 반격이 시작된다. 아르헨티나는 되레 영국보다 병력의 규모가 작았다. 만 5천 명의 육해공군과 군함 38척, 전투기와 헬기 200여 대를 파견한다. 이 전쟁은 두 달 뒤인 6월 14일 아르헨티나가 철수함으로써 영국의 승리로 끝난다. 대개 영토분쟁의 경우 전면전이 아니라 제한적인 전쟁(Limited war)으로 진행돼, 피해가 크지 않은 것이 특징이다. 그런데도 두 달 남짓한 이 전쟁의 피해를 보면, 영국은 258명이 전사하고 777명이 다쳤다. 해리어 전투기 10대, 헬기 24대의 손실에 이어, 구축함 2척과 프리깃함 2척 등 함정 7척이 침몰했다. 아르헨티나 군은 649명이 전사하고 1,068명이 부상했다. 전투기 75대, 헬리콥터 25대가 떨어졌고 경순양함, 장갑함, 수송선, 경비정 등 8척의 함정이 침몰했다. 공군 위주로 대응했던 아르헨티나는 전투기의 손실이 컸다. 제한전쟁이라지만 피해가 작은 것이 아니었다.

영국, 앤드루 왕자 참전 | 포클랜드전쟁이 진행되는 동안 세계 언론은 영국 엘리자베스 2세 여왕의 둘째 아들인 앤드루 왕자의 안위에 대해 걱정한 적이 있

016　엘리자베스 2세 여왕의 큰아들은 찰스(1948~), 둘째는 앤드루(1960~), 셋째는 에드워드(1964~)이고 딸은 앤(1950~)이다. 앤드루 왕자는 정식 명칭이 '요크 공작 앤드루왕자'(Prince Andrew, Duke of York)

아르헨티나 미사일 공격을 받은 구축함 쉐필드호 침몰(1982년 5월 4일). 사진= 위키피디아

포클랜드 근해에서 침몰 중인 영국 구축함 코벤트리호.(1982년 5월 25일).

다. 당시 영국 국방부에서는 왕자의 신변 안전 문제를 감안해 항공모함 인빈서블(Invincible)호에서 헬리콥터 조종사로 참전하는 앤드루 왕자를 덜 위험한 보직으로 배치하려고 했으나, 여왕이 나서서 이를 거부했다. 앤드루는 이 전쟁기간을 포함해 1980년부터 2001년까지 복무하고, 중령으로 예편했다.

좀 거슬러 올라가면 엘리자베스 2세 여왕(1926~2022)도 공주 시절 2차 세계대전이 발발하자, 여군으로 입대해(1945~1952.2) 트럭 운전과 정비 등을 담당한 뒤, 대위로 전역했다. 남편인 필립공(1921~2021)도 해군으로 2차 대전에 참전해 시실리 상륙작전 등에 참전한 뒤, 중령으로 예편했다.

왕자의 참전을 두고 당시 언론은 '고귀하게 태어난 사람의 당연한 의무'(Noblesse Oblige)[017]라고 말하기도 하고, 영국 왕실의 전통이라고 평하기도 했다. 다 맞는 말이다.

역사에서 살펴보면 영토분쟁은 크게 3가지 방향에서 해결책이 모색된다. 첫째

로서, 1982년 포클랜드전쟁이 터지자 헬리콥터 조종사로 참전해 전투 임무를 수행했다. 지금은 달라졌지만, 당시 앤드루 왕자는 형인 찰스에 이어 왕위계승 서열 2위였다. 승계 서열 1위 큰아들 찰스도 6년간 해군에서 복무했고, 찰스와 다이아나비 사이에서 난 두 왕자 윌리엄과 해리도 장교로 아프가니스탄과 이라크 전쟁에 참전했다.

017 영국 왕실은 2022년 1월 13일 엘리자베스 여왕의 승인과 동의를 받아, 둘째 앤드루 왕자(요크 공작)의 군대 직함과 왕실의 후원을 박탈했으며 공식적인 자리에서 '전하(His Royal Highness)'라는 호칭의 사용도 금지된다고 밝혔다. 앤드루 왕자는 영국 근위보병연대 대령의 군직을 보유하고 있으며 왕실의 여러 후원행사에 참여해 왔다. 앤드루 왕자는 지난 2001년 미성년자를 성폭행했다는 의혹을 받고, 미국에서 민사재판을 받고 있다. 앤드루 왕자는 이 사건이 불거진 뒤, 지난 2019년부터 왕실의 공식 임무에서 배제됐다.

가 양측의 합의에 의해 해결되는 방식. 이것이 가장 멋진 해결책이다. 서로 주고받고 경계선을 새로 획정(劃定)하는 조약을 맺으면서 정리하는 방식인데, 이런 경우는 많지 않다.

두 번째가 국제중재재판소(PCA), 국제사법재판소(ICJ) 등에 제소해서 제3자의 판단을 구해 보는 것인데, 개인 간의 재판도 그렇지만 깔끔하게 정리하기가 쉽지 않다. 그리고 국제중재재판소 판결의 경우 강제력이 없어 이길 경우 정통성은 가질 수 있지만, 패소한 나라가 그 결정에 반발해 이행하지 않을 경우, 강제할 수단이 없다. "지연된 정의는 정의가 아니다(Justice delayed is justice denied)"라는 법언(法諺)이 여기에 해당된다. 국제사법재판소 판결의 경우, 당사자가 모두 동의해야 재판 절차에 들어갈 수가 있는 데다가 재판 결과를 이행하지 않을 경우, 이긴 쪽에서 유엔 안보리에 제소해서 다른 방법을 강구해 볼 수 있다는 장점이 있다.

세 번째가 전쟁을 통한 방법인데, 제일 확실하지만, 지는 쪽은 '작살난다'고 봐야 한다. 전쟁은 시작도 어렵지만, 이기는 전쟁을 하기 위해서는 좋은 명분과 많은 준비와 국민의 지지가 필요하다. 한 연구에 따르면 1648년부터 1987년까지 300여 년 동안 전 지구상에서 발생한 전쟁 177건 가운데 85%인 149건이 인접국 사이에서 발생하는 등 영토 관련 전쟁이었다고 한다.[018] 영토분쟁으로 인한 전쟁은 인도-파키스탄, 중국-인도, 소련-중국처럼 국경을 맞대고 있으면서 두 나라 사이에서 분쟁 중인 영토가 존재해야 하고, 이 이슈에 대한 국민적인 지지, 즉 여론이 결집돼야 승리가 가능하다. 포클랜드전쟁은 특이하게 멀리 떨어진 국가 간의 전쟁이다. 승리한 대처 영국 수상은 그 뒤로도 8년을 더 집권[019]했지만, 패배한 아르헨티나의 갈티에리(Galtieri) 대통령[020]은 패전 며칠 뒤 물러난

---

018 〈세계영토분쟁의 과거와 현재〉, 강원대학교출판부, 2014. '영토와 영토분쟁' 배재홍(강원대학교) 19 p.
019 대처(1925~2013) 수상은 1979년~1990년 집권했다. 사회당의 국유화정책과 복지정책에 반대하는 민간의 자율적인 경제활동을 중시했다. 신자유주의, 보수주의, 반공주의를 옹호한다.
020 레오폴도 갈티에리(1926~2003) 대통령은 아르헨티나의 군인 출신 대통령으로, 페론 정부에 대항해 1976년 일어난 비델라 장군의 쿠데타에 동조하면서 정치에 발을 들였다. 퇴임 후 전쟁에 대한 책임을 지

레오폴도 갈티에리 대통령(중앙), 호르헤 아나야 해군참모총장(왼쪽). 아나야는 갈티에리 대통령에게 포클랜드 전쟁을 적극적으로 부추긴 장본인이다. 사진=위키피디아

다. 그러면서도 아이러니한 것은 이 전쟁으로 말미암아 1976년부터 계속되어 온 아르헨티나의 군사정권이 종식되고, 1983년 대선에서 문민정부와 함께 민주주의가 회복됐다는 사실이다.

계속되는 영유권 논란 | 포클랜드 전쟁 30주년인 지난 2012년에도 영국과 아르헨티나 사이에는 날선 논쟁이 재연됐다. 크리스티나 페르난데스 아르헨티나 대통령[021]은 "포클랜드섬은 아르헨티나 대륙붕에 인접한 섬으로 지구의 반대편에 있는 영국의 땅이 결코 아니다"고 주장하면서 이 문제를 해결하기 위한 협상을 영국 측에 제의했다. 그러나 데이비드 캐머런 영국 총리는 "자기 나라 소유의 섬을 두고 협상을 하는 것은 말이 안 된다"면서 한마디로 거부했다.

면서 수감됐다가 풀려난 뒤 다시 재임 중의 인권탄압에 대한 책임으로 기소됐다. 갈티에리 대통령은 대통령과 3인군사평의회의장, 육군총사령관직도 겸하고 있었다.

021 크리스티나 페르난데스(Cristina Fernandes, 1953년~) 아르헨티나의 51대 대통령 네스토르 키르치네르 대통령의 부인으로, 52대 대통령으로 재임했다(2007~2015). 부부 대통령이며, 아르헨티나의 두 번째 여성 대통령이다.

그러나 상황은 계속 변한다. 아르헨티나가 민간정부에 의해 민주화된 데다 국제적인 위상이 점차 높아지고 있고, 베네수엘라 등 남미의 12개 나라도 아르헨티나의 입장을 지지하면서 아르헨티나도 물러설 기미가 없다. 남북 아메리카 35개국 회의체인 미주기구(OAS, Organization of American States)도 '협상을 통해' 영유권 문제를 해결하라고 여러 차례 촉구하고 있다.

더구나 지난 2011년 9월 영국 석유탐사회사인 록호퍼(Rockhopper Exploration)사가 포클랜드 북쪽 해역에서 석유 탐사에 성공하자 두 나라 사이의 긴장은 계속된다.[022] 게다가 원유의 매장량도 18억 배럴로 엄청난 데다가 천연가스까지 매장돼 있는 것으로 나타나 양측이 이 섬에 더욱 매달릴 가능성이 높아지고 있다.

문제는 이렇게 대립하는 나라가 있을 경우 세계적으로 통용되는 해결책의 하나는 "그렇다면 그 지역에 사는 주민들은 어떻게 생각하는가?" 즉 주민들의 반응인데, 문제는 지브롤터의 경우처럼, 포클랜드섬 주민 3천여 명도 영국의 자치령으로 남아 있기를 원한다.

지난 2013년에 실시된 주민투표에서는 주민의 98.8%가 영국령으로 남기를 희망한다는 결과가 나왔다. 아르헨티나로서는 입맛이 쓸 수밖에 없다. 영국은 1982년 전쟁에서 승리한 뒤 주민들의 자치권을 확대하고, 국방예산을 제외한 예산권의 독립 그리고 포클랜드의 200해리 해역에서 고기를 잡는 대가로 입어료(入漁料) 연간 500억 원을 확보하도록 도와주는 등 3천여 명의 주민들이 영국으로부터 얻어낸 것이 많다. 게다가 원유 채굴이 본격화되면 그 수입은 더 늘어날 것으로 기대되기 때문에 아르헨티나의 접근을 반대하고 있는 실정이다. 그래서 아르헨티나는 눈앞에 좋은 '물건'을 두고도 접근이 안 돼 속이 많이 상하고 있다.

---

022 아르헨티나 정부는 2012년 6월 4일 포클랜드제도 근해에서 5개의 영국업체가 유전개발 활동을 하는 것을 불법으로 규정했다. 록호퍼, 디자이어페트롤리엄, 아르고스 리소시즈, 포클랜드 오일 앤 가스, 보더스 앤 서던 페트롤리엄 등 5개 회사가 석유와 천연가스 탐사활동을 하고 있다.("아르헨, 영업체 포클랜드 유전개발 불법", 2012.6.5. 연합뉴스) 록호퍼 사는 이르면 2016년부터 원유 채굴이 가능하다고 했으나, 아직까지도 경제성 있는 원유는 나오지 않고 있다.

현재 영국군 1,300여 명이 4대의 수직 이착륙 전투기와 군함 등을 동원해 철저하게 실효지배하고 있다.

9. 남극(南極, Antarctica): 마지막 원시 대륙

지구의 마지막 원시대륙

영국은 아르헨티나와 전쟁을 하면서 지켜낸 포클랜드제도가 남극(南極)의 길목을 지켜주는 요충지라는 이유로 더욱 애지중지한다. 우리나라는 북반구에 있어서 그런지 남극(Antarctic)보다는 북극(北極, Arctic)이 더 가깝고 친근하게 느껴진다. 우리는 북극에 2002년부터 「다산(茶山)과학기지」를 운용하고 있으나, 남극에서는 그 4년 전인 1998년 「세종(世宗)과학기지」를 그리고 2014년부터는 「장보고(張保皐)과학기지」를 운용하고 있다. 그런데도 아직 남극은 멀다는 느낌이 든다. 재미있는 것은 이 남극 대륙에도 영유권 문제가 존재한다.

남극에는 원주민도 없었으며, 18세기에 처음 발견돼, 남극에 대한 탐험도 뒤늦게 시작된다. 영국인 탐험가 제임스 쿡(James Cook)[023]이 유럽인 가운데서는 처음으로 1773년 1월 남극권에 발을 디딘 이래로 많은 유럽인에 의해 탐험이 시작됐다.

남극은 남위 66도 33분 이남의 바다와 남극대륙을 말하는데 '지구의 마지막 원시 대륙' 또는 '사람이 살지 않는 첫 대륙' 등으로 불린다. 남극점에 최초로 발을 디딘 사람은 노르웨이 탐험가 로알 아문센(1872~1928)이다. 아문센이 이끈 원정대는 1911년 12월 19일, 남극점에 도달했다. 남극의 면적은 지구 지표 면적의 9.2%인 1,420만㎢로 중국과 인도를 합한 넓이인데, 러시아 보다는 약

---

023   제임스 쿡(1728~1779)은 하와이, 오스트렐리아 등을 탐험·발견하고, 남위 71도를 넘어 항해해, 남극권을 처음으로 탐험한 사람이라는 평가를 받는다.

간 작다. 남극은 지구상에서 가장 춥고 건조한 지역이다.

지난 1983년 7월 러시아의 보스토크 과학기지(Vostok Station)에서는 섭씨 영하 89.2도가 기록되기도 했다. 남극은 이처럼 광대한데도 여름철에는 5,000명 정도, 겨울에는 1,000명 정도의 주민만 있어, 인구가 가장 희박한 대륙이라는 말을 듣는다.

자원의 보고, 남극 | 남극에는 인류가 100년 정도 사용할 수 있는 원유와 천연가스 등 에너지자원과 지구 담수(淡水)의 65%에 달하는 수자원 그리고 또 다른 지하자원이 존재하는 것으로 밝혀지고 있다. 남극대륙은 거의 전부(99.7%)가 평균 두께 2,160m의 얼음으로 덮여 있으며 이 얼음이 다 녹는다면 지구 해수면이 60~70m 높아질 것으로 분석된다.

이런 남극도 첫 발견 이래 한동안은 무시당해 왔다. 너무 추운데다가 사람이

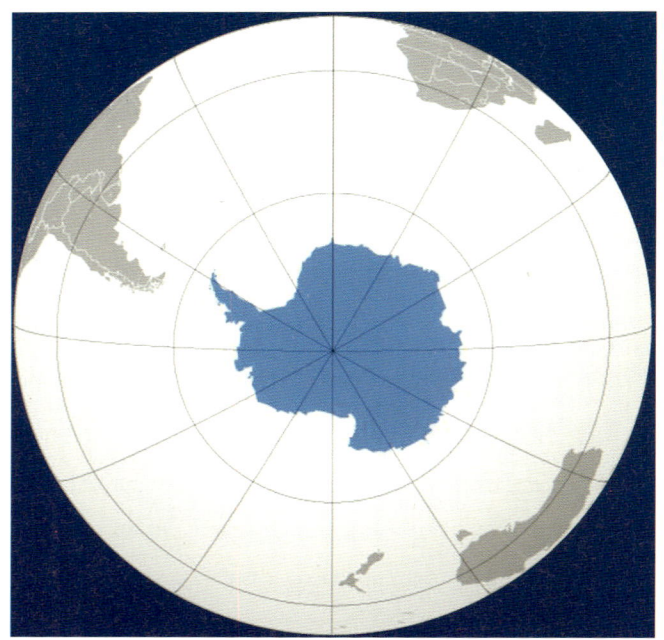

남극을 중심으로 본 지구. 남극은 왼쪽에 보이는 남미 대륙과 가깝고, 오른쪽으로 오스트렐리아와 뉴질렌드(아래) 그리고 아프리카(위)의 끝이 보인다. 사진=위키피디아

살만한 환경이 아니라는 이유 때문이었다. 그러다가 1900년을 약간 앞둔 시점 스코틀랜드의 지도제작자 존 조지 바돌로뮤(John George Bartholomew)가 남극 대륙을 Antarctica로 이름 붙이고 나서야 다들 관심을 갖게 되고 아시아, 아프리카, 북아메리카, 남아메리카에 이어 다섯 번째로 큰 대륙인 남극이 비로소 '인간의 역사' 안으로 들어오게 된다.

이러한 남극 대륙은 예전부터 남반구에 위치한 오스트렐리아, 뉴질랜드, 칠레, 아르헨티나 등 네 나라와 지역을 가리지 않고 전 세계에서 해양 활동을 해온 영국, 노르웨이, 프랑스 등 모두 7개 나라에 의해 영유권이 주장되어왔다. 그래서 미국과 러시아 등 뒤늦게 남극에 관심을 갖게 된 나라들은 미개척 지역인 남극에 대한 지속적인 탐사와 연구를 위해 남극을 평화롭게 관리할 수 있는 국제기구의 필요성을 느끼게 된다.

남극조약 체결 | 이에 따라 미국은 1959년 12월 그때까지 남극에서 활동하던 12개국(영유권을 주장하는 7개국 외에 미국과 러시아, 일본, 벨기에, 남아공 추가)을 초청해 워싱턴에서 「남극조약」(南極條約, The Antarctic Treaty)에 서명한다. 이 조약은 1961년 6월부터 발효됐다. 서명 12개국은 남극을 인류 공동 유산으로 규정하고, 2048년까지 평화적 과학 연구용으로만 이용하는데 서명했다.

좀 구체적으로 보면, 14개 조로 된 남극조약은 남위 60도 이남의 남극에 대한 평화적 이용과 과학 조사와 교육의 허용, 영유권 주장 금지, 군사행동 금지, 핵실험 금지 등을 규정하고 있다.

이 조약 이후 남극에 대한 영유권 주장은 공식적으로 동결되었으나, 그 이전에

---

024 남극(Antarctica)은 '북극(Arctica)의 반대쪽'이라는 뜻이다. 러시아탐험대가 1820년대에 남극을 발견했으나, 극심한 추위와 자원의 부족, 접근의 어려움 때문에 무시하다시피 했다고 한다.
025 우리 섬 독도(獨島)에 대한 중립적인 명칭 중에 '리앙쿠르 암초'가 있는데, 이 '리앙쿠르'라는 이름은 1849년 독도에서 난파당한 프랑스의 포경선 리앙쿠르호를 말한다. 그 뒤 유럽에서는 지금까지 독도를 '리앙쿠르 암초'(Liancourt Rocks)라고 부르고 지도에도 그렇게 표기돼 있다.
026 남극에 대한 영유권 주장은 1908년 영국이 처음으로 제기했다. 이를 계기로 1940년대까지 뉴질랜드, 프랑스, 노르웨이, 호주, 칠레, 아르헨티나 등 6개 나라가 영유권 주장에 가세해 모두 7개국이 주장했다. 이중 영국, 칠레, 아르헨티나가 주장하는 지역은 일부 겹치는 부분도 있다.

영유권을 주장했던 7개 나라들은 지금도 자기들이 주장한 경계선을 놓고 영유권 분쟁을 벌이고 있다. 왜냐하면 남극조약 제4조에 "영유권의 확대나 신규 선포는 금지되지만 조약 발효 전에 선포된 영유권을 포기하는 것은 아니다"라고 규정했기 때문이다.

특히 영유권이 중복되는 영국, 칠레, 아르헨티나 사이의 갈등은 자못 첨예하다. 영국은 2012년 43만 7,000㎢에 이르는 영국령 남극대륙 일부에 「퀸 엘리자베스 랜드」라는 이름을 붙이자, 아르헨티나는 "남의 땅에 이름을 함부로 붙인다"며 강력하게 반발하기도 했다. 앞으로 이 문제는 어떻게 발전해 나갈지 알 수 없다. 그렇지만 2,000m 두꺼운 얼음 밑에서 아무것도 살 수 없는 것 같은 데서도 살아 움직이는 것이 영토분쟁이라는 것을 아주 웅변으로 말해 주는 사례라고 하겠다.

우리나라는 1986년 33번째로 남극조약에 가입했고, 현재는 53개국이 가입해 있다(2019). 현재 남극에 과학연구기지를 설치한 나라는 20여 개국으로, 우리나라는 2개, 일본은 4개, 러시아 4개 등 모두 20여 개 국가에서 90개 정도의 연구기지를 운영하고 있다.

10. 북극 한스섬: 2022년, 위스키전쟁 끝나다

영유권 합의, 2022년

한스섬(Hans Island)은 북극(北極)권에 위치한 1.3㎢(약 40만 평) 크기의 돌섬으로 무인도다. 덴마크와 캐나다가 서로 영유권을 주장하고 있었는데, 2022년 6월 10일 두 나라가 합의를 이룸으로써 분쟁이 해소됐다. 두 나라는 한스섬의 암반 노출부를 따라 같은 면적으로 나누기로 합의함으로써 1971년 이후 51년을 끌어온 분쟁을 끝냈다.[027] 이 정도 결론은 보통 사람 둘만 모여도 낼 수 있는 결론인데 51년이나 끌어왔다니, 놀랍다.

한스섬 항공사진. 멀리 보이는 섬이 캐나다령 엘스미어섬이다(왼쪽). 한스섬은 북극권 그린란드와 엘스미어섬 사이에 위치한다. 사진=위키피디아

---

027 강진욱기자, "캐나다.덴마크. 북극 무인도 두고 벌인 '위스키전쟁' 종식, 2022.6.15., 연합뉴스

기후변화가 원인

한스섬이 위치한 「네어스해협」(Nares Channel)은 한반도 10배 정도 크기인 그린란드와[028] 한반도보다 약간 적은 엘스미어섬 사이에 위치한 35km 너비의 해협이다. 그동안 꽁꽁 얼어있어 배가 전혀 다닐 수 없다가 이 해협이 녹으면서 북대서양과 태평양을 잇는 북서항로(北西航路)의 중요한 통로로 주목받기 시작한다.

한스섬 영유권 문제는 1933년 「국제연맹」(League of Nations)[029] 산하의 국제상설사법재판소(PCIJ)가[030] 그린란드를 덴마크 영토라고 판결하면서 시작된다. 덴마크는 그린란드가 덴마크 영토임으로 한스섬은 당연히 덴마크의 영토라고 주장했고, 캐나다는 한스섬을 영국인이 발견했으므로, 그 권리가 승계돼 캐나다에 있다고 맞선다. 1971년부터 두 나라가 신경전을 시작한 가운데 1984년 덴마크의 그린란드 담당 장관이 한스섬을 방문해, 덴마크 국기를 흔들고 덴마크산 브랜디를 한 병 묻고 '덴마크에 오신 것을 환영합니다'라고 새긴 동판을 설치했다. 조용하게 경계선 문제를 협상해오던 캐나다는 덴마크 담당 각료의 한스섬 방문에 당황했다.

유쾌한 위스키 전쟁

그 뒤 두 나라는 수시로 군인들을 보내, 한스섬에 대한 주권을 확인하고 있지

---

028 세계에서 제일 큰 섬인 그린란드는 기원전부터 에스키모인 이누이트족이 정착했고, 서기 1000년경 노르만 족이 이입됐다. 둘 사이는 좋지 않았고, 차츰 노르만족 거주자는 사라졌다. 18세기경 다시 덴마크에서 그린란드의 남서쪽으로 주민들이 이주해 살기 시작하면서 그린란드령이 됐다. 동서 냉전이 시작된 1946년 미국이 덴마크에게 "1억 달러($)"에 매입하고 싶다고 했으나, 거절당한다. 지금 인구는 5만 명 정도로 외교 국방은 덴마크가 행사하고 있으며, 1979년 덴마크자치령이 된다.

029 국제연맹은 1차 세계대전이 끝나고 1920년에 창설된 인류 최초의 포괄적, 정치적 국제기구이다. 1946년 4월 마지막 총회가 열렸다. 뒤를 이은 국제연합(UN)은 2차 세계대전이 한창이던 1943년 미국 영국 소련 3개국이 모인 「테헤란회담」에서 창설이 합의돼 1945년 10월 출범했다.

030 상설국제사법재판소(PCIJ, Permanent Court of International Justice) 혹은 상설국제법원(World Court)은 국제연맹의 산하 기구로 설치돼, 1922년부터 1946년 까지 활동하고, 유엔이 창설된 뒤 그 기능이 국제사법재판소(ICJ, International Court of Justice))로 대체된다.

만, 그 방식이 평화스러운지라 세계 언론들은 미소를 보내며 그 추이를 지켜봐 왔다. 두 나라의 군인들은 이 섬에 들어가면 자국산 위스키를 한 병씩 놓고 나오는 방식으로 영유권을 주장했다. 그래서 '위스키 전쟁'(Whisky War)이라는 이름이 붙는다. 한동안 시간이 흐른 뒤인 2005년 7월, 이번에는 캐나다 국방 장관이 북극권 시찰 중 한스섬을 방문해 캐나다 국기를 세우고 "한스섬이 캐나다 령이라는 우리의 입장은 변함없습니다"라고 동행한 기자들에게 힘주어 말한다. 다음은 외무장관들의 순서가 된다. 2005년 8월, 유엔에서 만난 두 나라 외무장관은 "앞으로 한스섬을 방문할 경우, 서로 미리 통보하고, 영유권 문제 해결을 위한 공식 논의를 갖기로 합의"한다.

영유권 주장을 위해 한스섬에 상륙한 덴마크군(왼쪽)과 캐나다군. 사진=AP, 캐나다국방부

이에 따라 캐나다와 덴마크는 2018년부터 실무협상팀을 구성해 이 문제 논의에 들어가, 4년 만에 합의에 이르렀다. 영토분쟁을 마무리하는 협상으로는 최단기간으로 보인다. 두 나라가 이렇게 빨리 합의에 이른 것은 두 나라 모두 민주주의 국가라는 사실 그리고 러시아의 우크라이나 침범에서 드러났듯이 북대

서양조약기구(NATO)끼리 단합해야 한다는 큰 원칙 그리고 역시 북극에 영유권을 가진 러시아의 존재 때문에 합의가 가능했다고 분석된다.

한스섬의 존재를 둘러싼 두 나라의 분쟁이 평화적으로 끝난 데에는 이 분쟁 자체가 가벼운 분쟁에 해당한다는 사실에도 기인한다.

앞으로 이 합의는 양국 국회에서 비준을 받으면 확정된다. 이처럼 역사에서는 두 나라 간 혹은 관련국끼리 평화적으로 영유권 문제를 해결한 사례를 가끔씩 보여준다. 이런 합의는 다른 나라 사람들, 특히 영토분쟁을 안고 있는 나라 국민들에게는 희망과 부러움의 시간과 기회를 제공한다.

피를 부르는 영토분쟁 **아프리카, 남미, 극지방** 편